# Das Adobe® Illustrator® CS3 WOW! Buch

**TIPPS, TRICKS UND TECHNIKEN
DER 100 WELTBESTEN ILLUSTRATOREN**

## SHARON STEUER

Bibliografische Information der Deutschen Bibliothek

Die Deutsche Bibliothek verzeichnet diese Publikation in der Deutschen Nationalbibliographie; detaillierte bibliografische Daten Sind im Internet über http://dnb.ddb,de abrufbar.

Die Informationen in diesem Produkt werden ohne Rücksicht auf einen eventuellen Patentschutz veröffentlicht. Warennamen werden ohne Gewährleistung der freien Verwendbarkeit benutzt. Bei der Zusammenstellung von Texten und Abbildungen wurde mit größter Sorgfalt vorgegangen. Trotzdem können Fehler nicht vollständig ausgeschlossen werden. Verlag, Herausgeber und Autoren können für fehlerhafte Angaben und deren Folgen weder eine juristische Verantwortung noch irgendeine Haftung übernehmen. Für Verbesserungsvorschläge und Hinweise auf Fehler sind Verlag und Herausgeber dankbar.

Alle Rechte vorbehalten, auch die der fotomechanischen Wiedergabe und der Speicherung in elektronischen Medien. Die gewerbliche Nutzung der in diesem Produkt gezeigten Modelle und Arbeiten ist nicht zulässig.

Fast alle Hardware- und Softwarebezeichnungen und weitere Stichworte und sonstige Angaben, dic in diesem Buch erwähnt werden, sind als eingetragene Marken geschützt. Da es nicht möglich ist, in allen Fällen zeitnah zu ermitteln, ob ein Markenschutz besteht, wird das ®-Symbol in diesem Buch nicht verwendet.

Umwelthinweis:
Dieses Buch wurde auf chlorfrei gebleichtem Papier gedruckt.

Authorized translation from the English language edition, entitled The Adobe®Illustrator®CS3 Wow! Book, 1th Edition, ISBN 978-0-321-51842-2, by Steuer, Sharon; published by Pearson Education, Inc, publishing as Peachpit Press, Copyright © 2008 Sharon Steuer.

All rights reserved. No part of this book may be reproduced or transmitted in any form or by any means, electronic or mechanical, including photocopying, recording or by any information storage retrieval system, without permission from Pearson Education, Inc.

GERMAN language edition by PEARSON EDUCATION DEUTSCHLAND GmbH, Copyright © 2008
Autorisierte Übersetzung der englischsprachigen Originalausgabe mit dem Titel »The Adobe®Illustrator®CS3 Wow! Book, 1th Edition« von Steuer, Sharon, 1. Ausgabe, ISBN 978-0-321-51842-2, erschienen bei Peachpit Press, ein Imprint von Pearson Education Inc.; Copyright © 2008

Alle Rechte vorbehalten. Kein Teil des Buches darf ohne Erlaubnis der Pearson Education Inc. in fotomechanischer oder elektronischer Form reproduziert oder gespeichert werden.

© der deutschen Ausgabe 2008 Addison-Wesley Verlag,
ein Imprint der PEARSON EDUCATION DEUTSCHAND GmbH;
Martin-Kollar-Str. 10-12, 81829 München/Germany

Alle Rechte vorbehalten




10 9 8 7 6 5 4 3 2 1

10 09 08


ISBN 978-3-8273-2609-6

Übersetzung: Isolde Kommer, Großerlach und Christoph Kommer, Dresden
Satz: Tilly Mersin, Großerlach
Lektorat: Cornelia Karl, ckarl@pearson.de
Korrektorat: Petra Kienle, München
Herstellung: Claudia Bäurle, cbauerle@pearson.de
Einbandgestaltung: Marco Lindenbeck, webwo GmbH, mlindenbeck@webwo.de
Druck und Verarbeitung: Print Consult GmbH
Printed in Slovac Republic

# Wow! Auf einen Blick …

Das Adobe Illustrator CS3 Wow!-Buch ..................................................................iii
Wichtig: Bitte zuerst lesen! ..................................................................................xvi
So holen Sie das meiste aus dem Wow!-Buch heraus .........................................xviii

Kapitel 1: Illustrator-Grundlagen ............................................................................ 2
Kapitel 2: Illustrator-Zen ...................................................................................... 38
Kapitel 3: Zeichnen & Färben ............................................................................... 60
Kapitel 4: Ein Schritt weiter ................................................................................. 90
Kapitel 5: Pinsel & Symbole ............................................................................... 126
Kapitel 6: Ebenen & Aussehen ........................................................................... 154
Kapitel 7: Text .................................................................................................... 178
Kapitel 8: Angleichungen, Verläufe & Gitter ...................................................... 214
Kapitel 9: Transparenz ....................................................................................... 244
Kapitel 10: Interaktive Farbe .............................................................................. 278
Kapitel 11: Interaktive Effekte & Grafikstile ....................................................... 300
Kapitel 12: Interaktive 3D-Effekte ...................................................................... 320
Kapitel 13: Fortgeschrittene Techniken .............................................................. 344
Kapitel 14: Web & Animation ............................................................................ 374
Kapitel 15: Illustrator & andere Programme ...................................................... 398

Wow! Anhang: Illustrator-Plug-ins ..................................................................... 424
Wow! Anhang: Design Tools Monthly Tipps ...................................................... 426
Künstler ............................................................................................................. 428
Das Autoren- und Lektorenteam des Adobe-Illustrator CS3 Wow!-Buchs ............ 432
Index .................................................................................................................. 435

# Inhalt

**Wow! Auf einen Blick**..................................................................................................iii

**Wichtig: Bitte zuerst lesen!**........................................................................................viii

**So holen Sie das meiste aus dem Wow!-Buch heraus**...............................................xviii

## 1

**Illustrator-Grundlagen** ................................................................................2

Hard- und Softwareanforderungen .................................................................2

Das Dokument einrichten................................................................................2

Erleichtern Sie sich die Arbeit .........................................................................5

Mit Objekten arbeiten .....................................................................................7

Achten Sie auf Ihren Mauszeiger! ....................................................................9

Werkzeuge zur Bearbeitung von Bézier-Pfaden .............................................10

Geometrische Objekte ..................................................................................12

Objekte markieren & gruppieren...................................................................13

Das Bedienfeld Ausrichten verwenden .........................................................15

Zusammenfügen & Durchschnitt berechnen ................................................17

Mit Bedienfeldern arbeiten ...........................................................................18

Arbeitsbereiche: Legen Sie sich Ihr Handwerkszeug zurecht .........................21

Transformationen .........................................................................................21

Cleveres Arbeiten ..........................................................................................25

Ändern Sie Ihre Ansicht ................................................................................26

Farbe in Illustrator ........................................................................................30

Als PDF speichern .........................................................................................32

Bildformate ...................................................................................................33

PostScript-Druck & EPS..................................................................................34

Aktionen .......................................................................................................36

Adobe Bridge und Adobe Stock Photos ........................................................37

## 2 Illustrator-Zen .................................................................................................. 38

Häuser bauen ............................................................................................. 40
Von Rastern & Linien ................................................................................ 48
Zen-Skalierung .......................................................................................... 50
Zen-Drehung ............................................................................................. 52
Ein einfaches Objekt mit den Grundwerkzeugen erstellen ..................... 53
Ein Fingertanz .......................................................................................... 54

## 3 Zeichnen & Färben ........................................................................................ 60

Kontur und Füllung .................................................................................. 60
Die Farbbedienfelder ................................................................................ 61
Die beiden Funktionen der Pipette .......................................................... 66
Linienabschlüsse ....................................................................................... 67
Frei Transformieren-/Verflüssigen-Werkzeuge, Verzerrungsfilter ......... 68
Pfad vereinfachen ..................................................................................... 69
Vektoren löschen ...................................................................................... 69
Galerie: Tiffany Larsen ............................................................................. 71
Einfacher Realismus ................................................................................. 72
Zosia Rostomian/The Sharper Image® ..................................................... 75
Verzerrte Ansichten .................................................................................. 76
Blumen durch Verzerrungsfilter .............................................................. 78
Galerie: Laurie Grace ............................................................................... 81
Isometrische Systeme ............................................................................... 82
Komplizierte Muster ................................................................................ 84
Fortgeschrittene Technik ......................................................................... 84
Farbberatung ............................................................................................ 86
Galerie: Rick Henkel/ThoughtForm Design ........................................... 89

Inhalt ❖ v

## 4 Ein Schritt weiter ............................................................................................................ 90

Die Arbeit im Isolationsmodus ................................................................................ 90

Zusammengesetzte Pfade & zusammengesetzte Formen ............................ 91

Interaktives Abpausen ................................................................................................ 94

Die Funktion Interaktiv malen ................................................................................. 98

Galerie: Cheryl Graham ............................................................................................ 105

Ausschneiden & Verbinden .................................................................................... 106

Objekte aufteilen & färben ..................................................................................... 110

Logos interaktiv abpausen ...................................................................................... 112

Galerie: Judy Valenzuela ......................................................................................... 113

Zeichnungen einfärben ............................................................................................ 114

Galerien: Lance Jackson, Kevan Atteberry ....................................................... 117

Abpaustechniken ........................................................................................................ 120

Fortgeschrittene Technik ......................................................................................... 120

Galerien: Scott Crouse, Scott Hansen ................................................................ 123

## 5 Pinsel & Symbole ....................................................................................................... 126

Pinsel ............................................................................................................................... 126

Symbole ......................................................................................................................... 129

Symbole und Spezialpinsel .................................................................................... 132

Galerie: Cheryl Graham ............................................................................................ 133

Pinsel & Lavierungen ................................................................................................ 134

Galerien: Sharon Steuer, Lisa Jackmore, Michael Cronan ........................... 137

Musterpinsel ................................................................................................................. 142

Galerien: Nobuko Miyamoto/Yukio Miyamoto, Rick Simonson ................ 144

Symbolgrundlagen .................................................................................................... 146

Galerie: Gary Powell .................................................................................................. 149

Symbolbibliotheken ................................................................................................... 150

Natürliche Pinsel ......................................................................................................... 152

## 6 Ebenen & Aussehen ........ 154

- Verwendung der Ebenenoptionen ........ 155
- Die Objektstapelfolge festlegen ........ 158
- Auswahl & Zielauswahl im Bedienfeld Ebenen ........ 160
- Aussehen ........ 161
- Aussehen – die Feinheiten ........ 162
- Logos digitalisieren ........ 164
- Ebenen anordnen ........ 166
- Galerien: Gary Powell, Steven Gordon/Cartagram, LLC ........ 169
- Verschachtelte Ebenen ........ 172
- Aussehen ........ 174

### Fortgeschrittene Technik ........ 176
- Perspektive schaffen ........ 176

## 7 Text ........ 178

- Die sieben Bedienfelder zur Bearbeitung von Text ........ 178
- Drei Textoptionen ........ 179
- Mit verkettetem Text arbeiten ........ 182
- Text um Objekte fließen lassen ........ 183
- Zeichen- und Absatzformate ........ 183
- Profitieren Sie von der OpenType-Technologie ........ 184
- Das Glyphen-Bedienfeld ........ 185
- Der Alle-Zeilen-Setzer ........ 185
- Weitere Textfunktionen im Schrift- und Fenster-Menü ........ 186
- Schrift in Konturen konvertieren ........ 187
- Die Mehrzweckpipette ........ 189
- Das Bedienfeld Aussehen im Zusammenspiel mit Text ........ 189
- Illustrator-Text speichern und exportieren ........ 192
- Galerie: Steven Gordon/Cartagram, LLC ........ 193

| | |
|---|---|
| Kurvenreiche Texte | 194 |
| Buchcover-Design | 196 |
| Wörter maskieren | 198 |
| Galerie: Ellen Papciak-Rose | 199 |
| Eine Schrift gestalten | 200 |
| Pinseln Sie Ihren Text | 202 |
| Text quetschen | 204 |
| **Fortgeschrittene Technik** | 206 |
| Text auf alt trimmen | 206 |
| Verschobene Flächen | 208 |
| Texte subtrahieren | 210 |
| Galerie: Lance Jackson/San Francisco Chronicle | 212 |

## Angleichungen, Verläufe & Gitter ........214

| | |
|---|---|
| Angleichungen | 214 |
| Verläufe | 217 |
| Verlaufsgitter | 218 |
| Galerie: Tim Webb | 219 |
| Das einfachste Gitter | 220 |
| Galerie: Steven Gordon/Cartagram, LLC | 221 |
| Vereinigte Verläufe | 222 |
| Funkelndes Gold | 224 |
| Angepasste Radialverläufe | 226 |
| Galerien: Zosia Rostomian/The Sharper Image®, Christiane Beauregard, Steven Stankiewicz, Rick Simonson | 228 |
| Geformte Angleichungen | 234 |
| Gitterlandschaften | 236 |
| Galerien: Lance Jackson/San Francisco Chronicle Magazine, Caryl Gorska | 238 |
| **Fortgeschrittene Technik** | 240 |
| Transparente Angleichungen | 240 |
| Gitterformen | 242 |

## 9

**Transparenz** ....................................................................................... 244

Einfache Transparenz .......................................................................... 244

Deckkraftmasken ................................................................................ 245

Die Kunst der Reduktion ..................................................................... 248

Galerie: Louis Fishauf/Reactor Art + Design ....................................... 253

Transparente Farbe ............................................................................. 254

Galerie: Sharon Steuer (Film von Frank Jacoby) ................................. 257

Einfache Glanzlichter ......................................................................... 258

Galerie: Peter Cassell/1185 Design .................................................... 259

Das Einmaleins der Deckkraftmasken ............................................... 260

Schwebende Schrift ........................................................................... 262

**Fortgeschrittene Technik** ................................................................. 264

Glas und Chrom .................................................................................. 264

Transparenter Drachen ....................................................................... 266

Galerie: Adam Z Lein .......................................................................... 267

Einen Scan einfärben .......................................................................... 268

Elemente angleichen .......................................................................... 270

Deckkraftcollage ................................................................................ 272

Galerien: Kurt Hess, Peter Cassell/1185 Design ................................ 275

## 10

**Interaktive Farbe** ............................................................................. 278

Einen Arbeitsbereich für die Funktion Interaktive Farbe einrichten ... 278

Bildmaterial neu färben ...................................................................... 279

Keine magische, sondern interaktive Farbe ....................................... 283

Grafikmaterial neu färben .................................................................. 284

Modische Farben ................................................................................ 286

Schwarz neu einfärben ....................................................................... 288

**Fortgeschrittene Technik** ................................................................. 290

Tag und Nacht .................................................................................... 290

Galerie: Brenda Sutherland ................................................................ 293

Farben reduzieren .............................................................................. 294

Ein interaktiver Workflow .................................................................. 296

## 11 Interaktive Effekte & Grafikstile ............ 300

Effekte oder Filter? ............ 300
Rastereffekte ............ 300
Der Scribble-Effekt ............ 301
Verkrümmungen und Hüllen ............ 302
Pathfinder-Effekte ............ 304
Grafikstile in Illustrator ............ 304
Schabekunst ............ 306
Verkrümmungen & Hüllen ............ 308
Scribble-Grundlagen ............ 312
Galerien: Mike Schwabauer, Yukio Miyamoto, Russell Benfanti, Ted Alspach, Todd Macadangdang, Steven Gordon/Cartagram, LLC ............ 314

## 12 Interaktive 3D-Effekte ............ 320

Ein Objekt extrudieren ............ 320
Ein Objekt kreiseln ............ 321
Ein Objekt im 3D-Raum drehen ............ 322
3D-Objekte mit einer Oberflächenschattierung versehen ............ 323
Grafiken auf ein Objekt aufbringen ............ 324
Galerie: Joseph Shoulak ............ 325
3D schnell und einfach ............ 326
3D-Effekte ............ 328
3D-Logo-Objekt ............ 330
Galerie: Mike Schwabauer/Hallmark Cards ............ 331
3D-Objekte zusammenstellen ............ 332
Schnelle Kartons ............ 334
Galerien: Trina Wai, Mordy Golding, Tom Patterson/National Park Service, Joe Lertola/TIME, Ted Alspach, Michael Hamm, Mohammed Jogie, Robert Sharif ............ 336

## 13 Fortgeschrittene Techniken ..................................................................................344

Schnittmasken .................................................................................................344

Fortgeschrittene Technik ...............................................................................348

Details maskieren ...........................................................................................348

Maske auf Maske ............................................................................................350

Leuchtende Sterne..........................................................................................354

Galerien: Kenneth Batelman, Alan James Weimer, Lisa Jackmore, Jean Aubé,
Reggie Gilbert, Chris Nielsen, Brad Neal, David Cater .................................355

Modellieren mit Gittern ................................................................................364

Galerien: Yukio Miyamoto, Ann Paidrick, Scott Crouse, Marc LaMantia,
Chris Nielsen...................................................................................................367

## 14 Web & Animation...........................................................................................374

In Illustrator mit RGB arbeiten .....................................................................374

Einige Gedanken zu RGB- und CMYK-Farbe ................................................375

Formate für den Dateiexport.........................................................................378

Garten-Slices...................................................................................................382

Bilder stapeln .................................................................................................384

Wie der Blitz ...................................................................................................386

Galerie: Kevan Atteberry................................................................................389

Illustrator mit After Effects ...........................................................................390

Teile animieren ...............................................................................................390

Illustrator mit Flash .......................................................................................392

Flash-Animation .............................................................................................392

Galerie: Steven Gordon/Cartagram, LLC, Corné van Dooren .......................396

**Inhalt ❖ xi**

## 15 Illustrator & andere Programme .......... 398

Grafiken in Illustrator platzieren .......... 398
Illustrator & andere Programme .......... 399
Illustrator & Adobe Photoshop .......... 400
Illustrator & Adobe InDesign .......... 401
Illustrator, PDF & Adobe Acrobat .......... 402
Illustrator & 3D-Programme .......... 402
Galerie: Chris Spollen (Photoshop) .......... 403

**Illustrator mit Photoshop** .......... 404
Software-Staffellauf .......... 404
Galerie: Kevin Hulsey (Photoshop) .......... 407

**Illustrator mit Photoshop: fortgeschrittene Technik** .......... 408
Formen austauschen .......... 408
Galerien: Filip Yip (Photoshop), Lance Jackson (Photoshop), Ron Chan (Photoshop), April Greiman (Photoshop), Judy Stead (Photoshop), David Pounds (Photoshop), Scott Crouse und Warren Dossey (Photoshop), Eden Maxwell (Hot Door CADTools), Greg Maxson (SketchUp), Eliot Bergman (Photoshop und Maya), Bryan Christie (Photoshop, MetaTools Infini-D), Bert Monroy (Photoshop), Marcel Morin (ArcScene und Photoshop) .......... 410

**Wow! Anhang: Illustrator-Plug-ins** .......... 424
**Wow! Anhang: Design Tools Monthly Tipps** .......... 426
**Künstler** .......... 428
**Das Autoren- und Lektorenteam des Adobe-Illustrator CS3 Wow!-Buchs** .......... 432
**Index** .......... 435

# Wichtig: **Bitte zuerst lesen!**

Als ich 1994 mit dem ersten *Illustrator Wow! Book* (ohne Versionsnummer!) begann, war Adobe Illustrator noch ein recht einfaches Programm. Obwohl die erste Ausgabe nur 224 Seiten stark war, enthielt sie fast alle Details, die auch die dickeren „Bibel-Bücher" aus dieser Zeit umfassten.

Zunächst sollen die Leser erfahren, dass es sich bei der vorliegenden neunten Ausgabe des *Illustrator Wow! Book* um kein Soloprojekt mehr handelt. Um Ihnen möglichst gründlich aktualisierte Informationen zu bieten und das wiederum möglichst nahe am Auslieferungszeitpunkt der neuen Programmversion, erfordert dieses Buch nun die gemeinsamen Anstrengungen eines großen Spezialistenteams. Unser Fachlektor Jean-Claude Tremblay und ich befassen uns durchgängig mit jeder einzelnen Seite des Buchs. Autoren bearbeiten gemäß ihrer Fachkenntnisse in Illustrator einzelne Abschnitte, die vom Rest der Autoren (und unserem hervorragenden Team von Wow!-Testern) geprüft und kritisiert werden. Dieses Buch ist das Ergebnis aus der Zusammenarbeit dieser erstaunlichen, global verteilten Expertengruppe über E-Mail, iChat und PDF. Dabei verfolgten alle nur das Ziel, Ihnen, den Lesern, das bestmögliche Buch zu liefern. Ich bin ungemein stolz und voller Dankbarkeit all jenen gegenüber, die mit mir an diesem Projekt arbeiten.

Aufgrund des sprunghaft ansteigenden Preises für den Vollfarbdruck können wir die Seitenzahl des Buchs nicht weiter erhöhen, ohne den Verkaufspreis deutlich anzuheben. Da wir die derzeitige Seitenzahl beibehalten haben, konnten wir nicht mehr auf alle Aspekte von Illustrator eingehen. Das *Adobe Illustrator CS3 Wow! Book* sollte vielmehr als Nachschlagewerk von und für Künstler angesehen werden, die sich auf die Erstellung von Kunst und Designs mit Adobe Illustrator konzentrieren. Wir überlassen die meisten technischen Aspekte des Programms der umfangreichen Hilfefunktionen von Illustrator CS3.

### Wo ist das AICS3-Handbuch?

Vor langer, langer Zeit erhielt man einmal ein großes, dickes Handbuch beim Kauf von Software. Alles, was darin enthalten war (und mehr), lässt sich über *Hilfe > Illustrator-Hilfe* aufrufen. Von hier aus können Sie nach Themen und Schlüsselwörtern suchen oder auf Adobes Online-Hilfe zugreifen. Dort finden Sie immer die aktuellsten Informationen. Falls Sie ein traditionelles Buchformat bevorzugen, finden Sie das Handbuch als PDF-Datei mit dem Namen „Hilfe" neben den anderen Referenzmaterialien, die mit Ihrer Version von AICS3 ausgeliefert wurden. (In der Design Suite befindet sich das Verzeichnis „References" auf der DVD „Resources and Extras". Auf Adobe.com können Sie eine gedruckte Version des Handbuchs erwerben.)

### Plug-ins & Software auf der CD

Der technische Redakteur der *Wow!*-Reihe, Jean-Claude Tremblay, und Jay Nelson von *Design Tools Monthly* haben gemeinsam die besten Programme und Plug-ins für Illustrator auf der Wow!-CD zusammengetragen. Diese Liste finden Sie mit weiteren, von Jay Nelson aus *Design Tools Monthly* zusammengestellten Tipps zu Illustrator im Wow!-Anhang.

> **Wo finde ich mehr zur interaktiven Farbe?**
>
> Es gibt im Kapitel 3 „Zeichnen & Färben" zwei Lektionen, die mit Grundfunktionen der interaktiven Farbe arbeiten. Weiterführende Lektionen zur interaktiven Farbe finden sich im Kapitel 10 „Interaktive Farbe".

> **Zusätzliche Illustrator-Übungen**
>
> Weitere Lektionen finden Sie im Verzeichnis „Kapitel02\Zen-Lektionen" auf der Wow!-CD. In diesem Ordner befinden sich die Zen-Lektionen (die das Kapitel „Illustrator-Zen" ergänzen). Diese Lektionen führen Sie durch einige der Grundlagen bei der Arbeit mit dem Zeichenstift-Werkzeug, Bézier-Kurven, Ebenen und der Stapelfolge. Sie finden im Verzeichnis Kapitel02 auch die kommerzielle Version des „Zeichenstift-Zen" (von Sharon Steuer und Pattie Belle Hastings); diese Lektionen enthalten QuickTime-Filme, um Ihnen die Arbeit mit dem Zeichenstift-Werkzeug und mit Bézier-Kurven in Illustrator, Photoshop und InDesign zu verdeutlichen. Vielleicht entscheiden Sie sich sogar zunächst dafür, einen Kurs zu belegen, falls Sie neu zu Illustrator kommen. Laden Sie sich unter www.ssteuer.com/edu das Illustrator CS3 Wow! Course Outline von Sharon Steuer und Lisa Jackmore herunter, falls Sie selbst einen Illustrator-Kurs leiten. Die tollen Illustrator-Trainingsvideos auf der Adobe-Website sollten Sie schließlich auch nicht verpassen: http://www.adobe.com/designcenter/video_workshop/: Scrollen Sie auf der Seite, um AI aus der Liste der Anwendungen auszuwählen, und entscheiden Sie sich für ein Thema!

Um Ihnen in dieser vollständig aktualisierten, überarbeiteten und erweiterten Ausgabe von *Illustrator Wow!* möglichst viel Neues präsentieren zu können, haben wir viele der wunderbaren Arbeiten ersetzt, die nun schon in einigen Ausgaben des Buchs enthalten waren. An ihrer Stelle finden sich nun neue, prachtvolle Beispiele für Kunstwerke, die weltweit von *Illustrator Wow!*-Künstlern zur Verfügung gestellt wurden. Dazu gesellen sich zahlreiche neue und unverzichtbare Produktionstechniken sowie zeitsparende Tipps. Neben unseren Künstlern und Autoren sorgt auch unser Team von *Wow!*-Testern dafür, dass sich dieses Buch von allen übrigen abhebt. Dieses Team testet jede Lektion und jede Galerie aufs Gründlichste, um sicherzustellen, dass auch alles funktioniert. Wir halten die Lektionen absichtlich kurz, damit Sie zwischen Ihren Kunden ein oder zwei Lektionen einschieben können und sich das Buch auch im begrenzten Handlungsrahmen geführter Klassen einsetzen lässt.

Um den Inhalt des Buchs für alle Leser relevant zu halten, setze ich einen gewissen Kompetenzgrad bezüglich grundlegender Mac- und Windows-Konzepte voraus. Dazu gehören das Öffnen und Schließen von Dateien, das Starten von Anwendungen, das Kopieren von Objekten in die Zwischenablage und das Ausführen von Mausoperationen. Ich gehe auch davon aus, dass Sie die grundlegende Funktion der meisten Werkzeuge bereits kennen.

Leider lässt sich Adobe Illustrator nicht durch bloßes Durchblättern dieses Buchs erlernen; Übung ist wirklich durch nichts zu ersetzen. Die gute Nachricht ist, dass Sie immer mehr Techniken in Ihren kreativen Prozess integrieren können, je mehr Sie mit Illustrator arbeiten.

Verwenden Sie dieses Buch als Nachschlagewerk, als Leitfaden zu bestimmten Techniken oder einfach als Quelle der Inspiration. Wenn Sie das Buch fertiggelesen haben, möchte ich Sie dazu ermutigen, nochmals von vorne zu beginnen – zweifellos werden Sie dabei etwas lernen, das Ihnen beim ersten Mal entgangen ist. Je erfahrener Sie im Umgang mit Adobe Illustrator werden, desto einfacher werden Sie all die neuen Informationen und Inspirationen aus diesem Buch aufnehmen können. Frohes Illustrieren!

*Sharon Steuer*

# So holen Sie das meiste aus dem Wow!-Buch heraus …

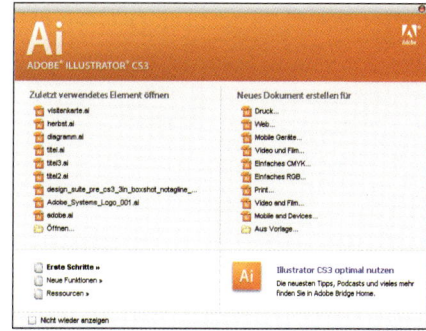

Lesen Sie zuallererst das *Wow!-Glossar* auf der beigelegten Übersichtskarte. Das Glossar enthält Definitionen der im gesamten Illustrator CS3 Wow!-Buch verwendeten Begriffe (so steht ⌘ beispielsweise für die Befehl- bzw. Apple-Taste auf dem Mac).

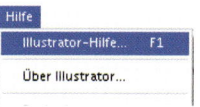

## Willkommen zu *Wow!* für Windows und Mac

Falls Sie bereits mit Adobe Photoshop oder InDesign arbeiten, werden Ihnen zahlreiche Ähnlichkeiten in der Benutzeroberfläche von Illustrator CS3 auffallen. Diese Ähnlichkeiten sollten Ihnen eine deutliche Zeitersparnis beim Erlernen eines der Programme ermöglichen. Auch Ihre Produktivität sollte in jeder Hinsicht profitieren, sobald Sie sich an die neuen Tastenkürzel und Vorgehensweisen gewöhnt haben (siehe den nachfolgenden Abschnitt „Tastenkürzel" und das Kapitel 1 „Illustrator-Grundlagen").

### Alles unter *Fenster* …

Fast jedes Bedienfeld von Illustrator kann über das Menü *Fenster* aufgerufen werden. Falls wir nicht darauf hinweisen, wo ein Bedienfeld zu finden ist, sehen Sie im *Fenster*-Menü nach!

### Tastenkürzel

Da die Tastenkürzel nun vom Anwender frei gewählt werden können, beschränken wir uns in diesem Buch auf Kombinationen, die so verbreitet sind, dass wir davon ausgehen, dass Sie die Standardeinstellung beibehalten. Zudem nennen wir Tastenkürzel zu Funktionen, die sich nicht auf andere Weise aufrufen lassen. Weitere Hinweise zum Ändern von Tastenkombinationen sowie zur Menü- und Werkzeugnavigation (etwa Zugriff auf Werkzeuge per Tastendruck und die ⇥-Taste zum Verbergen von Bedienfeldern) finden Sie im Kapitel 1 „Illustrator-Grundlagen".

### Vorbereiten Ihrer Bedienfelder (ehemals: Paletten!)

Zur Bearbeitung der Lektionen in diesem Buch könnte es vorteilhaft sein, die Option „Textobjektauswahl nur über Pfad" (siehe Tipp „Versehentlich ausgewählter Text" auf Seite 178) zu aktivieren. Wenn Ihre Bedienfelder genauso aussehen sollen wie unsere, müssen Sie die Farbfelder nach Namen sortieren. Wählen Sie *Nach Name sortieren* und *Kleine Liste* aus dem *Farbfelder*-Popup-Menü. (Halten Sie die Alt-Taste bei der Auswahl einer Ansichtsoption gedrückt, um diese zur Vorgabe für alle Farbfelder zu machen.)

Wählen Sie im Modus *Alle Farbfelder einblenden* die Optionen *Nach Name sortieren* und *Kleine Liste* aus dem Popup-Menü.

Ansicht des Bedienfelds *Farbfelder* mit der Auswahl *Nach Name sortieren* und *Kleine Liste*

### Deaktivieren der Grundeinstellung für *Aussehen*

Deaktivieren Sie *Neues Bild hat Grundform* im Bedienfeld *Aussehen*, falls Ihr derzeit markiertes Objekt alle Stilattribute an das nächste Objekt weitergeben soll (siehe rechts).

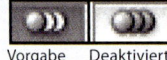

Vorgabe  Deaktiviert

1

2 Das CD-Symbol weist darauf hin, dass die Adobe Illustrator CS3 Wow!-CD entsprechende Bilddaten enthält.

### Tipp-Kästen

In diesen grauen Kästen finden Sie Tipps zu Adobe Illustrator.

3

Illustrator CS3 wird mit einer Voreinstellung ausgeliefert, welche die gewohnte Arbeitsweise von Illustrator-Experten möglicherweise einschränkt. Damit Ihr derzeit markiertes Objekt alle Stilattribute wie Pinselstriche, interaktive Effekte, Transparenz usw. an das nächste von Ihnen gezeichnete Objekt weitergibt, müssen Sie das Bedienfeld *Aussehen* über das Menü *Fenster* öffnen und die Option *Neues Bild hat Grundform* deaktivieren. Sie können diese Voreinstellung auf zwei Arten ein- oder ausschalten: 1) Klicken Sie das Symbol links unten im Bedienfeld *Aussehen* an (ein dunkles Symbol bedeutet, dass die Option aktiv ist, siehe Tipp rechts), oder 2) wählen Sie *Neues Bild hat Grundform* aus dem Popup-Menü des Bedienfelds *Aussehen* (das ✓-Hakensymbol zeigt an, dass die Option aktiv ist). Ihre neuen Einstellungen bleiben auch nach dem Schließen der Anwendung erhalten.

## Zum Aufbau

In diesem Buch begegnen Sie sechs unterschiedlichen Arten von Informationen – alle auf dem neuesten Stand von Illustrator CS3: Grundlagen, Tipps, Übungen, Arbeitstechniken, Galerien und Hinweise. Der Schwierigkeitsgrad des Buchs steigt von Kapitel zu Kapitel an.

**1. Grundlagen.** „Illustrator-Grundlagen" und „Illustrator-Zen" sind zwei ausgewachsene Grundlagenkapitel. Sie fassen die Informationen aus dem Adobe-Illustrator-Handbuch und von der Programm-CD zusammen und ergänzen diese. Jedes Kapitel beginnt mit einem allgemeinen Überblick über die Grundlagen. Diese Abschnitte wurden so gestaltet, dass sie von erfahrenen Illustrator-Anwendern schnell überflogen werden können; ich empfehle jedoch Anfängern und weniger geübten Anwendern dringend, diese sehr sorgfältig zu lesen.

**2. Tipps.** Wenn Sie dieses Symbol sehen ⊚, finden Sie zugehörige Bilddaten auf der Adobe Illustrator CS3 Wow!-CD (die wir fortan als Wow!-CD bezeichnen) im Verzeichnis des Kapitels. Die grauen und roten Kästen enthalten praktische Hinweise zur effizienteren Arbeit. Normalerweise befinden sich die Tipps neben thematisch verwandten Textstellen. Wenn Sie jedoch ungeduldig sind, können Sie das Buch auch einfach nach interessanten oder relevanten Tipps durchblättern. Die roten Pfeile und Umrandungen sowie roter Text in den Tipps (und teilweise in Verbindung mit Illustrationen) dienen dazu, ein Konzept oder eine Technik noch stärker hervorzuheben oder besser zu erklären.

**3. Übungen.** (Nichts für schwache Nerven.) Wir haben Übungen beigefügt, die Ihnen Schritt für Schritt die Metamorphose zum Meister-Illustrator ermöglichen. Das Kapitel 2 „Illustrator-Zen" und die Zen-Lektionen auf der Wow!-CD sollen Ihnen helfen, die mechanischen Abläufe (und die Seele) von Illustrator zu verinnerlichen. Gehen Sie diese Lektionen in kleinen Schritten, der Reihe nach und in einem entspannten Tempo an. Alle Fingertänze werden für Mac und Windows beschrieben.

**4. Arbeitstechniken.** In diesen Abschnitten werden von fast einhundert Illustrator Wow!-Künstlern zusammengetragene Techniken Schritt für Schritt erklärt. Die meisten Wow!-Techniken konzentrieren sich auf einen Aspekt bei der Erstellung eines Bilds. Dennoch verweisen wir häufig auf unterschiedliche Wow!-Kapitel (oder auf eine bestimmte Schritt-für-Schritt-Arbeitstechnik, einen Tipp oder eine Galerie, in der eine Arbeitstechnik vorgestellt wird). Auf diese Weise können Sie eine kurz behandelte Funktion eingehender erforschen. Sie können in einem beliebigen Kapitel beginnen. Jede Technik baut jedoch auf den zuvor erklärten Techniken auf. Sie sollten daher die Arbeitstechniken innerhalb der einzelnen Kapitel in der richtigen Reihenfolge nachvollziehen. Manche Kapitel enthalten Lektionen zu fortgeschrittenen Arbeitstechniken. Diese setzen voraus, dass Sie sich bereits sämtliche in diesem Kapitel behandelten Arbeitstechniken zu eigen gemacht haben. „Fortgeschrittene Techniken" nennt sich auch ein ganzes Kapitel, das weitergehende Tipps, Tricks und Techniken umfasst.

**5. Galerien.** Die Galerieseiten enthalten Bilder zu den nebenstehend demonstrierten Arbeitstechniken. Zu jedem Galeriebild erfolgt eine Beschreibung, wie der Künstler dieses Bild erstellt hat. Teilweise werden auch einzelne Schritte einer an anderer Stelle näher ausgeführten Arbeitstechnik dargestellt. Das Kapitel „Illustrator & andere Programme" enthält fast nur Galerieseiten, damit Sie einen Eindruck von der Flexibilität der Software erhalten.

**6. Anhänge.** Im hinteren Teil des Buchs finden Sie Quellen und Künstler, das Glossar und den allgemeinen Index. Zudem verweisen wir mitunter auf die lllustrator-Hilfe, wenn es sich um spezielle Informationen handelt, die gut im Adobe Help Viewer dokumentiert sind. Die Hilfe erreichen Sie über *Hilfe > Illustrator-Hilfe*.

# 1

# Illustrator-Grundlagen

Dieses Kapitel enthält zahlreiche Tipps und Techniken. Diese wurden sorgfältig ausgewählt, um Ihnen einen möglichst einfachen und effizienten Umgang mit Adobe Illustrator nahezubringen. Egal, ob Sie bereits ein erfahrener Illustrator-Veteran oder eher ein Neueinsteiger sind: Hier finden Sie Informationen, die Ihren Umgang mit den neuesten Funktionen optimieren.

## Hard- und Softwareanforderungen

Auf dem Softwaresektor gab es in den vergangenen fünf Jahren beträchtliche Verbesserungen, die auch vor Adobe Illustrator nicht haltgemacht haben. Die Mindestanforderungen an das System sind drastisch gestiegen. Es ist sehr gut möglich, dass Adobe Illustrator CS3 auf älteren Computersystemen nicht gut oder überhaupt nicht läuft. Illustrator CS3 benötigt mindestens 512 MB RAM. Das ist gegenüber CS2 eine Verdoppelung. Sie brauchen auch mehr Festplattenspeicher als je zuvor: mindestens 2,5 GB (ebenfalls doppelt soviel). Außerdem enthalten die Adobe Illustrator-CS3-DVDs sehr viel Bonusmaterial (Vorlagen, Bibliotheken und Schriften), das Sie möglicherweise auf Ihrer Festplatte ablegen wollen. Ihr Monitor sollte mindestens eine Auflösung von 1024 x 768 Pixel schaffen, damit Ihr Arbeitsbereich nicht zu stark überladen wirkt. Trotz alledem gibt es bedeutende Verbesserungen zum Minimieren der Bedienfelder und Maximieren Ihrer Dokumentenfläche. Sie können den Arbeitsbereich nun besser an Ihre Vorstellungen anpassen als je zuvor.

## Das Dokument einrichten

### Neue Dokumentprofile

Nach dem Start von Illustrator und sobald alle Dokumentfenster geschlossen sind, sehen Sie einen Startbildschirm. Hier stehen Ihnen zwei grundlegende Möglichkeiten für Ihre neue Sitzung zur Verfügung: Sie können die zuletzt verwendete Datei öffnen oder ein neues Dokument erstellen. Wie zu erwarten, werden unter *Zuletzt verwendetes Element öffnen* die letzten neun von Ihnen in Illustrator geöffneten Dokumente aufgeführt. Die Liste ist chronologisch sortiert; das zuletzt verwendete Dokument steht ganz oben. Am Ende der Liste befindet sich ein Ordnersymbol mit der Bezeichnung *Öffnen*. Über dieses erreichen Sie das Dialogfenster *Öffnen*. Von dort aus können Sie bereits bestehende Dateien auffinden und öffnen.

---

### Hier geht's los!

Lesen Sie unbedingt den vorhergehenden Abschnitt „So holen Sie das meiste aus dem Wow!-Buch heraus" und das *Glossar* auf der Einlegekarte.

### Mindestanforderungen an das System

**Macintosh**
- PowerPC® G4 oder G5 oder Multikernprozessor von Intel
- Mac OS X v.10.4.8

**Windows**
- Intel® Pentium® 4, Intel Centrino®, Intel Xeon® oder Intel Core™ Duo Prozessor (oder kompatibel)
- Microsoft® Windows® XP mit Service Pack 2 oder Windows Vista™ Home Premium, Business, Ultimate oder Enterprise (zertifiziert für 32-Bit-Versionen)

**Beide Systeme**
- 512 MB RAM (1 GB empfohlen)
- 2,5 GB freier Festplattenspeicher (zusätzlicher Speicherplatz während der Installation erforderlich)
- Monitorauflösung 1024 x 768 Pixel mit 16-Bit-Grafikkarte
- DVD-ROM-Laufwerk für die Installation
- QuickTime 7 für Multimedia-Funktionen erforderlich
- Internet- oder Telefonverbindung zur Produktaktivierung
- Breitband-Internet für Adobe Stock Photos, Kuler etc.

Unter *Neues Dokument erstellen für* sind sechs Standarddokumentprofile aufgeführt: *Druck, Web, Mobile Geräte, Video und Film, Einfaches CMYK* und *Einfaches RGB*. Diese enthalten jeweils vorkonfigurierte Einstellungen, auf denen Ihr neues Dokument aufbaut. Natürlich können Sie alle diese Einstellungen im nachfolgenden Dialogfenster *Neues Dokument* übergehen bzw. abändern. Denken Sie daran, dass Sie auch eigene Dokumentprofile anlegen und speichern können. Lesen Sie dazu den Tipp *Dokumentprofile erstellen* auf der rechten Seite.

Die Optionen *Neu, Neu aus Vorlage, Öffnen* und *Letzte Dateien öffnen* finden sich im Dateimenü. Im Dialogfenster *Neues Dokument* können Sie einen Namen für Ihre neue Datei vergeben, das neue Dokumentprofil, die Größe und den Farbmodus (CMYK oder RGB) sowie andere für ein bestimmtes Projekt gewünschte Parameter bestätigen. Falls der Startbildschirm nicht angezeigt wird, erreichen Sie ihn immer über das Menü *Hilfe*.

## Vorlagen verwenden

Auf dem Startbildschirm befindet sich unter *Neues Dokument erstellen für* das Symbol *Aus Vorlage*. Durch Anklicken dieses Symbols öffnet sich das Dialogfenster *Neu aus Vorlage*, das Sie zu den mit Illustrator mitgelieferten Vorlagen führt. Vorlagendateien können Sie auch über *Ablage/Datei > Neu aus Vorlage* öffnen. Um Ihre eigene Arbeit als Vorlage zu sichern, wählen Sie *Ablage/Datei > Als Vorlage speichern*. Vorlagendateien erleichtern Ihnen die Erstellung neuer Dokumente, die auf fertigen Designs beruhen. Das ist praktisch, wenn Sie mehrere Dokumente oder Seiten mit gemeinsamen Gestaltungselementen oder austauschbarem Inhalt erstellen möchten.

Illustrator verwendet ein spezielles Dateiformat für Vorlagen (mit der Dateiendung .ait). Wenn Sie *Neu aus Vorlage* wählen (aus dem Menü *Ablage/Datei* oder über *Aus Vorlage* auf dem Startbildschirm), wird aus der Vorlage ein neues Illustrator-Dokument (mit der Endung .ai) erstellt. Die ursprüngliche Vorlagendatei (.ait) bleibt unverändert und kann weiterverwendet werden. Gleichgültig, welche Veränderungen Sie an Ihrem neuen Dokument vornehmen: Die ursprüngliche Vorlagendatei bleibt davon unberührt.

Wenn Sie eine neue Datei aus einer Vorlage erstellen, lädt Illustrator automatisch neben den Inhalten der Vorlage auch deren verschiedenen Einstellungen wie Abmessungen, Farbfelder, Zeichenformate, Symbole oder Hilfslinien.

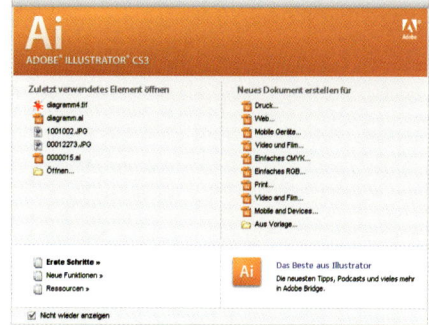

Der Startbildschirm bietet Ihnen mehrere nützliche Auswahlmöglichkeiten zur Eröffnung Ihrer Arbeitssitzung sowie bequemen Zugriff auf Informationen und Extras.

### Adobe-Training

Zusätzlich zu *Hilfe > Illustrator-Hilfe* finden Sie eine ausgezeichnete Quelle unter http://www.adobe.com/de/designcenter/.

### Dokumentprofile erstellen

Machen Sie das Verzeichnis *New Document Profiles* auf Ihrer Festplatte ausfindig. Duplizieren Sie eines der darin enthaltenen Profile, öffnen Sie es in Illustrator, passen Sie es an (verändern Sie beispielsweise den Inhalt oder Farbmodus ...) und speichern Sie es dann unter demselben Pfad. Daraufhin wird es im Startbildschirm angezeigt. Es ist sehr wichtig, bei der Erstellung eines eigenen Profils von einem der sechs bestehenden Standarddokumentprofile auszugehen (Druck, Web, Video usw.). Wenn Sie ein selbst angepasstes Profil für die Druckausgabe wünschen, duplizieren Sie zunächst das Dokumentprofil *Druck* (durch Drücken von ⌘+D/Strg+D und anschließendes Umbenennen). Auf diese Weise behalten Sie die Metadaten bei, mit denen Illustrator die Dokumentprofiltypen (etwa Druck oder Web) auseinanderhalten kann.

### Vorlagen ohne Ende

Das Vorlagenverzeichnis von Illustrator befindet sich innerhalb des Ordners *Coole Extras*, der sich wiederum im Programmverzeichnis von Illustrator befindet. Hier finden Sie die über 200 kostenlos mit Illustrator ausgelieferten Vorlagen – und hier können Sie auch Ihre selbst angefertigten Vorlagen speichern. (Das bietet sich an, weil Sie standardmäßig hierhergeleitet werden, wenn Sie eine neue Datei über *Ablage/Datei > Neu aus Vorlage* erstellen).

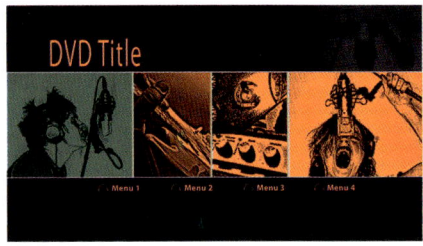

Eine der Gratisvorlagen von Illustrator CS3 – hierbei handelt es sich um ein DVD-Menü (Dokumentprofil: Video und Film).

### Abkürzung aus dem Startbildschirm

Klicken Sie im Startbildschirm unter *Neues Dokument erstellen für* ein beliebiges Dokumentprofil mit gedrückter Alt-Taste an, um das Dialogfenster *Neues Dokument* zu überspringen.

### Interaktive Druckvorschau

Die Druckvorschau im Druckdialog erlaubt es Ihnen, die Grafiken auf der Seite zu verschieben. Mit einem Doppelklick auf die Miniaturansicht können Sie den Seiteninhalt wieder zentrieren.
 *Mordy Golding*

Sie können so viele Vorlagen erstellen, wie Sie mögen oder benötigen. Außerdem können Sie die über 200 professionell gestalteten Vorlagen verwenden, die mit Illustrator ausgeliefert werden – darunter finden Sie alles von Visitenkarten über Webseiten bis hin zu Speisekarten für Restaurants.

## Die Zeichenfläche

Der im Dokumentfenster liegende, von einer durchgezogenen schwarzen Linie begrenzte Kasten legt die Abmessungen der Zeichenfläche und somit die Größe des fertigen Dokuments fest. Mit einem Doppelklick auf das *Hand*-Werkzeug (oder mit ⌘+0 / Strg+0) passen Sie Ihr Bild an das aktuelle Fenster an und zentrieren die Ansicht. Sie können *Ansicht > Seitenaufteilung einblenden* wählen, um die gepunkteten Linien anzuzeigen, welche den druckbaren Bereich Ihres Dokuments markieren. Verwenden Sie den Seitenpositionierer, um die gepunktete Linie auf der Zeichenfläche zu verschieben und damit die Seitenparameter zu verändern.

Mit den ausgefeilten Druckeinstellungen von Illustrator (*Ablage/Datei > Drucken*) können Sie sehr präzise bestimmen, was gedruckt werden soll. Im Popup-Menü *Drucken > Einrichten > Bild zuschneiden auf* stehen Ihnen die Optionen *Zeichenfläche*, *Begrenzungsrahmen um Bildmaterial* und *Schnittbereich* zur Verfügung. *Zeichenfläche* richtet sich bei der Festlegung des Druckbereichs nach den Abmessungen Ihrer Illustrator-Seite. Bei *Begrenzungsrahmen um Bildmaterial* wird der Begrenzungsrahmen um Ihre Illustration zugrunde gelegt. Bei *Schnittbereich* wird der von Ihnen auf der Zeichenfläche definierte Schnittbereich gedruckt. (Für Web- und Videodokumente sollten Sie stets den Schnittbereich als Druckbereich verwenden; die Zeichenflächen für diese Dokumentprofile sind sehr groß. Im Kapitel 14 „Web & Animation" erfahren Sie mehr darüber.

## Der umfassende Druckdialog

Illustrators allumfassendes Dialogfenster *Drucken* bietet Ihnen mit einer einzigen Oberfläche Zugriff auf sämtliche Druckfunktionen. Sie brauchen nicht erst ein Dialogfenster zur Seiteneinrichtung zu bemühen, um etwa Seitengröße und -ausrichtung zu bestimmen. (Es empfiehlt sich sogar, alle Einstellungen aus dem Druckdialog heraus vorzunehmen.)

Der Vorschaubereich zeigt Ihnen im Druckdialog den druckbaren Seitenbereich an. Sie können in diesem Dialog Bilder skalieren und erhalten vor dem Drucken eine Vorschau davon. Durch Ziehen des Vorschaubilds können Sie genau bestimmen, welcher Teil

Ihrer Zeichenfläche gedruckt werden soll (Sie können auch Teile der Montagefläche mit einbeziehen – also Abschnitte von Illustrationen, die außerhalb der Grenzen der Zeichenfläche liegen). Dementsprechend brauchen Sie nicht die Größe der Zeichenfläche selbst zu verändern oder Objekte zu verschieben oder zu skalieren, um einen bestimmten Bereich in einer anderen Vergrößerungsstufe auszugeben.

Zudem können Sie in Illustrator Ihre Druckoptionen als zeitsparende Vorgaben speichern. Wenn Sie zum Beispiel häufig mit sehr großflächigen Medien arbeiten, können Sie die entsprechende Druckskalierung einstellen und diese als leicht zugängliche Druckvorgabe speichern. Bei der Verwendung einer Druckvorgabe brauchen Sie die einzelnen Parameter nicht vor jedem Druckvorgang zu überprüfen und einzustellen.

## Erleichtern Sie sich die Arbeit

Nehmen Sie sich genügend Zeit für diesen Abschnitt, um die verschiedenen Möglichkeiten zur Auswahl von Werkzeugen und für den Zugriff auf die Funktionen von Illustrator kennenzulernen. Durch diese einfachen Navigationstechniken müssen Sie nicht ständig mit der Maus das Bedienfeld *Werkzeuge* ansteuern oder sich einzig auf die Menüs verlassen.

### Tastenkürzel für Werkzeuge und Navigation

Sparen Sie Zeit und drücken Sie eine Taste, statt das Bedienfeld *Werkzeuge* zu verwenden. Drücken Sie die Taste T für das *Text*-Werkzeug, P für das *Zeichenstift*-Werkzeug usw. Jedem Werkzeug im Bedienfeld *Werkzeuge* ist ein Tastenkürzel zugeordnet. Wenn Sie den Mauszeiger auf den einzelnen Werkzeugen platzieren, erfahren Sie die vorgegebenen Tastenkürzel für die Werkzeuge. Die *QuickInfo* muss dazu aktiviert sein. Dies entspricht der Standardeinstellung. Das Tastenkürzel erscheint dann eingeklammert neben der Werkzeugbezeichnung. (Die *QuickInfo* kann in den allgemeinen Voreinstellungen ein- und ausgeschaltet werden).

**Anmerkung:** Die Tastenkürzel sind im Textmodus nicht verfügbar. Drücken Sie Esc, um den Textmodus zu verlassen und ein Tastenkürzel anzuwenden. Ihr Text bleibt mitsamt der vorgenommenen Veränderungen erhalten.

### Tastenkürzel ändern

Möchten Sie ein Tastenkürzel für ein Werkzeug oder einen Menüeintrag ändern, öffnen Sie das Dialogfenster *Tastaturbefehle* (über *Bearbeiten > Tastaturbefehle*). Sobald Sie einen Tastatur-

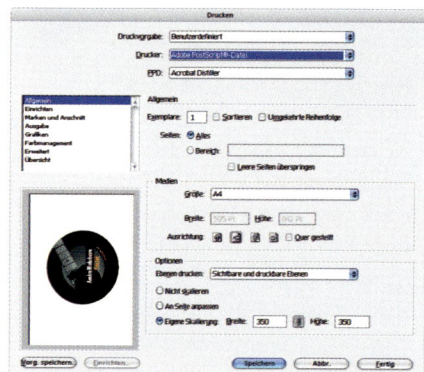

Der umfassende Druckdialog von Illustrator – beachten Sie den Vorschaubereich in der unteren linken Ecke. Hier wird der druckbare Seitenbereich angezeigt und Sie können Ihre Grafik für den Druck skalieren und ausrichten.

### Druckeinstellungen für Mac-Nutzer

Sie sollten alle Ihre Einstellungen im Druckdialog von Illustrator, nicht im systemeigenen Dialogfenster zur Seitenausrichtung vornehmen. Falls Sie etwas vergessen, gibt Illustrator eine Warnmeldung aus.

### Benutzerdefinierte Tastaturbefehle

Über *Bearbeiten > Tastaturbefehle* können Sie einem Menüeintrag oder einem Werkzeug ein Tastenkürzel zuweisen. Jegliche Veränderung führt zu einer Umbenennung des Satzes in „Benutzerdefiniert". Falls Sie einen bereits zugewiesenen Tastaturbefehl wählen, erhalten Sie eine Warnung, dass dieser bereits in Verwendung ist und dass er im Zweifelsfall seine derzeitige *Funktion* verliert. Beim Verlassen des Dialogfensters werden Sie zum Speichern Ihres benutzerdefinierten Satzes aufgefordert. Sie können keine *Standardwerte* überschreiben.

## Skalierung und Konturstärke

Mit einem Doppelklick auf das *Skalieren*-Werkzeug können Sie die Größe Ihrer Auswahl verändern und die Linienstärken dabei entweder mit verändern oder nicht.

- Markieren Sie das Kontrollfeld *Konturen und Effekte skalieren*, um eine Auswahl mitsamt Linienstärken zu skalieren.
- Zur Erhaltung Ihrer Linienstärken beim Skalieren wählen Sie die Option *Konturen und Effekte skalieren* ab.
- Um die Linienstärken um 50% zu verringern, ohne die Objekte zu skalieren, vergrößern Sie die Auswahl zunächst ohne die Option *Konturen und Effekte skalieren* auf 200%. Verkleinern Sie dann unter Verwendung dieser Option auf 50%. Kehren Sie diese Arbeitsschritte für größere Linienstärken um.

PAPCIAK-ROSE

Verschiedene Optionen im Bedienfeld *Steuerung* bei Auswahl eines Vektorobjekts (kein Text)

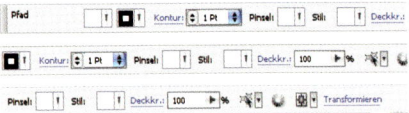

Verschiedene Optionen im Bedienfeld *Steuerung* bei Auswahl eines Textobjekts

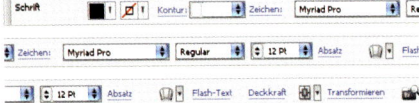

Verschiedene Optionen im Bedienfeld *Steuerung* bei Auswahl einer interaktiven Malgruppe (die Funktion *Interaktiv malen* wird im Kapitel 4 „Ein Schritt weiter" beschrieben)

befehl ändern, wird der Satz in „Benutzerdefiniert" umbenannt. Wenn Sie das Dialogfenster danach verlassen möchten, werden Sie dazu aufgefordert, Ihre geänderten Tastenkürzel in einer neuen Tastaturbefehlsdatei zu speichern. Diese angepasste Datei wird mit der Endung „.kys" im Verzeichnis *Preferences > Adobe Illustrator CS3 Settings* abgelegt. Außerdem werden Sie bei jeder Veränderung eines gesicherten Tastaturbefehlssatzes (nicht den Illustrator-Standardwerten) gefragt, ob Sie diesen überschreiben möchten.

Über die Schaltfläche *Speichern* können Sie auch eine neue Tastaturbefehlsdatei anlegen. Klicken Sie auf die Schaltfläche *Text exportieren*, wenn Sie eine Textdatei zum Nachschlagen innerhalb eines Tastaturbefehlssatzes benötigen oder diesen ausdrucken möchten.

**Anmerkung:** Die meisten Bedienfeldelemente können nicht verändert werden. Die wenigen veränderlichen Elemente finden Sie am unteren Ende der Liste der Menübefehle im Dialogfenster *Bearbeiten > Tastaturbefehle*.

### Das Bedienfeld Steuerung

Das Bedienfeld *Steuerung* ist einer der praktischsten Bestandteile von Illustrator. Standardmäßig ist es oberhalb des Arbeitsbereichs verankert. Es handelt sich um ein kontextsensitives Bedienfeld, das je nach ausgewähltem Objekt verschiedene Werkzeuge und Einstellungen anbietet. Wenn Sie beispielsweise ein Textobjekt markieren, enthält das Bedienfeld Einstellungsmöglichkeiten zur Textformatierung; bei Auswahl eines Grafikobjekts werden je nach Objekttyp hingegen Optionen wie *Kontur, Pinsel, Stil* und eventuell die Schaltflächen *Umw.* und *Zurücksetzen* angezeigt. Haben Sie mehrere Objekte markiert, enthält das Bedienfeld *Steuerung* neben den anderen Optionen noch Schaltflächen zum Ausrichten und Verteilen der ausgewählten Objekte.

Sie können das Bedienfeld *Steuerung* mit einem Klick auf seine Menüschaltfläche individuell anpassen. Nun können Sie festlegen, dass das Bedienfeld am unteren statt am oberen Rand des Arbeitsbereichs verankert werden soll. Außerdem lässt sich die Anzeige einzelner Steuerelemente ein- und ausschalten. Das Bedienfeld *Steuerung* lässt sich auch an seinem Griff an eine beliebige Position ziehen. Es wird dann als schwebendes Bedienfeld dargestellt. Wenn Sie es an den oberen oder unteren Rand des Arbeitsbereichs ziehen, erkennen Sie ab einem bestimmten Punkt einen blauen Markierungsbalken. In diesem Moment können Sie die Maustaste loslassen, um das Bedienfeld wieder zu verankern.

Wenn Sie im Bedienfeld *Steuerung* unterstrichene Wörter sehen, können Sie durch Anklicken derselben relevante Informationen anzeigen. Klicken Sie zum Beispiel das Wort *Kontur* an, werden Ihnen die Konturoptionen als eine Art Popup-Bedienfeld angezeigt. Durch Anklicken des Worts *Deckkraft* öffnet sich ein Transparenzbedienfeld. Ein Klick auf die Pfeile fördert nützliche Mini-Popups zutage, ein Klick auf den Pfeil rechts neben *Deckkraft* etwa einen praktischen Deckkraftregler!

### Kontextmenüs

Falls Sie noch nicht mit Kontextmenüs vertraut sind, werden Sie die damit erreichbare Zeitersparnis sicher schätzen lernen. Windows-Nutzer betätigen einfach die rechte Maustaste. Falls Sie an einem Mac mit nur einer Maustaste arbeiten, halten Sie die `Ctrl`-Taste gedrückt und klicken und halten anschließend die Maustaste gedrückt. In beiden Fällen erscheint ein Menü, das speziell auf das Werkzeug oder Objekt, mit dem Sie gerade arbeiten, zugeschnitten ist. Somit steht Ihnen eine weitere Möglichkeit zur Optionsauswahl zur Verfügung.

### Bedienfelder herauslösen

Sie können Untergruppen von Werkzeugen aus dem Bedienfeld *Werkzeuge* herauslösen. Auf diese Weise lässt sich die ganze Untergruppe an eine andere Position ziehen. Klicken Sie auf ein Werkzeug mit einem Popup-Menü, ziehen Sie den Mauszeiger auf die mit einem Pfeil markierte Seite des Popup-Menüs und lassen Sie die Maustaste los.

## Mit Objekten arbeiten

### Ankerpunkte, Linien und Bézier-Kurven

Illustrator erzeugt Objekte mit sogenannten „Ankerpunkten". Diese werden mit gekrümmten oder geraden Umrisslinien, sogenannten „Pfaden", verbunden. Die Pfade werden im Modus *Pfadansicht* angezeigt. (Wählen Sie *Ansicht > Pfadansicht*, um diesen Modus zu aktivieren, und *Ansicht > Vorschau*, um ihn wieder zu verlassen.) Illustrator verwaltet Informationen über die Position und Größe jedes Pfads. Dazu kommen noch etwa ein Dutzend Pfadattribute wie Flächenfarbe und Konturstärke und -farbe. Da Sie Objekte erzeugen, können Sie auch deren Stapelfolge beeinflussen. Objekte lassen sich auch zu einer Gruppe zusammenfassen, so dass Sie sie wie ein einzelnes Objekt als Gesamtheit auswählen können. Sie können die Gruppierung später bei Bedarf sogar wieder aufheben.

Ein Beispiel für ein anklickbares, unterstrichenes Wort im Bedienfeld *Steuerung*. Wenn Sie auf das Wort *Kontur* klicken, erscheint eine Dropdown-Version des Konturbedienfelds.

#### Schwebebalken

Sie können das Bedienfeld *Steuerung* auch „schweben" lassen und an eine beliebige Position ziehen. Dazu brauchen Sie nur den Griffbalken an der linken Kante des Bedienfelds zu erfassen. Um das Bedienfeld wieder zu verankern, ziehen Sie es einfach erneut an den oberen oder unteren Rand Ihres Arbeitsbereichs. Sobald Sie den blauen Balken sehen, können Sie loslassen und es wird wieder verankert.

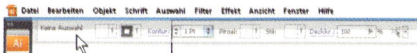

Beim Verschieben eines Bedienfelds erscheint ein blauer Balken, der anzeigt, wo es verankert werden kann.

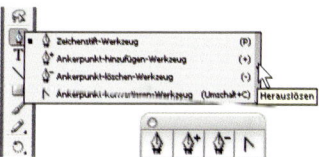

Bedienfelder herauslösen

#### Maßeinheiten verändern

Die Maßeinheiten für Lineale, Bedienfelder und einige Dialogfenster oder Filter sowie zum Bemessen von Konturen und Text können im Bereich *Einheiten und Anzeigeleistung* der Voreinstellungen verändert werden.

*Anmerkung: Klicken Sie die Lineale mit gedrückter `Ctrl`-Taste (Mac) bzw. der rechten Maustaste (Mac oder Windows) an, um unterschiedliche Maßeinheiten zu verwenden. Alternativ lassen sich die Linealeinheiten mit `⌘`/`Strg`+`Alt`+`⇧`+`U` durchschalten.*

Erzeugen von Ankerpunkten für gerade Linien durch Klicken mit dem Zeichenstift-Werkzeug

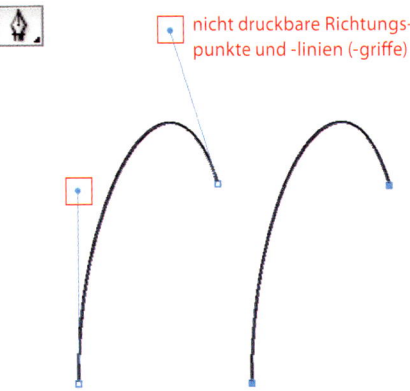

Klicken und Ziehen mit dem Zeichenstift-Werkzeug zur Erstellung von Ankerpunkten und herausgezogenen Richtungslinien für Kurven

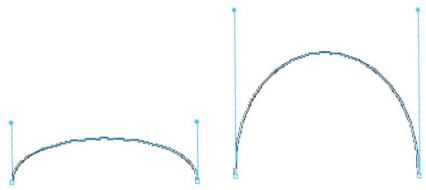

Kurze Richtungsgriffe ergeben flache Kurven, lange Griffe ausladende Kurven

Länge und Winkel der Richtungsgriffe bestimmen die „Gestik" der Kurven.

Wenn Sie in der Schule in Geometrie aufgepasst haben, erinnern Sie sich wahrscheinlich daran, dass die kürzeste Verbindung zwischen zwei Punkten eine gerade Linie ist. Illustrator setzt diese Regel so um, dass jede Linie durch zwei Ankerpunkte definiert wird, die Sie entweder durch Klicken mit dem *Zeichenstift*-Werkzeug oder durch Zeichnen mit dem *Liniensegment*-Werkzeug erzeugen.

Bei der mathematischen Beschreibung von Rechtecken und Ellipsen errechnet Illustrator den Mittelpunkt und die Seitenlängen oder den Radius anhand der von Ihnen angegebenen Gesamthöhe- und breite.

Für komplexere Formen mit frei geformten Kurven ermöglicht Ihnen Illustrator die Erstellung von Bézier-Kurven mit dem *Zeichenstift*-Werkzeug. Diese sind bestimmt durch beim Drucken nicht sichtbare Ankerpunkte (die den Pfad an diesen Stellen buchstäblich verankern) und Richtungspunkte (welche den Winkel und die Steilheit der Kurve festlegen). Damit diese Richtungspunkte einfacher zu erkennen und zu verändern sind, ist jeder davon durch eine beim Drucken nicht sichtbare Richtungslinie mit seinem Ankerpunkt verbunden. Diese Richtungslinie wird auch als Richtungsgriff bezeichnet.

Die Richtungspunkte und -griffe sind zu sehen, wenn Sie einen Pfad mit dem *Zeichenstift*-Werkzeug erstellen oder entweder mit dem *Direktauswahl*-Werkzeug oder einem der vom *Zeichenstift*-Werkzeug aus zugänglichen Werkzeuge zur Pfadbearbeitung bearbeiten (siehe nebenstehende Abbildungen). Auch wenn all das kompliziert klingen mag, kann das Verändern von Bézier-Kurven intuitiv werden. Die Beherrschung dieser Kurven, wenn auch zu Anfang unangenehm, ist die Quintessenz der Arbeit mit Illustrator. Zudem kann es sich auch in Photoshop und InDesign als sehr hilfreich erweisen, den Umgang mit dem *Zeichenstift*-Werkzeug zu beherrschen.

**Mehr über Bézier-Kurven**

Falls Sie noch nie mit Bézier-Kurven gearbeitet haben, nehmen Sie sich etwas Zeit, um die Adobe-Trainingsmaterialien durchzugehen. Außerdem finden Sie im Verzeichnis „Kapitel02\zen_Lektionen" auf der *Wow!-CD* einige „Zen"-Übungslektionen, mit deren Hilfe Sie Ihre Bézier-Fähigkeiten verfeinern können (zum Beispiel die Bézier-Lektionen „Zen des Zeichenstifts", die QuickTime-Demonstrationen zum Zeichnen und Bearbeiten von Pfaden und Kurven enthalten).

Viele Grafikprogramme verwenden Bézier-Kurven. Daher ist es sehr wichtig, den Umgang mit dem *Zeichenstift*-Werkzeug zu meistern, auch wenn es anfangs schwierig erscheint. Friskets in Corel Painter, Pfade in Photoshop und InDesign, die Pfad- und Extrusionsansicht vieler 3D-Programme verwenden allesamt die Bézier-Kurve.

Der Schlüssel zum Erlernen von Bézier-Kurven liegt darin, die ersten Lektionen maßvoll anzugehen und aufzuhören, sobald Sie frustriert werden. Die Designerin Kathleen Tinkel beschreibt die Bézier-Richtungslinien als „der Kurvengestik folgend". Diese künstlerische Betrachtungsweise sollte es Ihnen erleichtern, fließende Bézier-Kurven zu erstellen.

### Einige abschließende Regeln zu Bézier-Kurven

- Länge und Winkel der Richtungsgriffe bestimmen die daraus entstehenden Kurven.
- Um eine fließende Kurve zu erhalten, platzieren Sie Ankerpunkte auf beiden Seiten eines Bogens, nicht dazwischen.
- Je weniger Ankerpunkte eine Kurve enthält, desto fließender wirkt sie und desto schneller wird sie gedruckt.
- Passen Sie Höhe und Winkel einer Kurve durch Ziehen der Richtungspunkte an oder ziehen Sie die Kurve selbst, um ihre Höhe zu verändern.

## Achten Sie auf Ihren Mauszeiger!

Die Mauszeiger verändern sich in Illustrator je nach ausgewähltem Werkzeug und nach der Funktion, die Sie gerade ausführen können. Wenn Sie auf den Mauszeiger achten, vermeiden Sie die häufigsten in Illustrator begangenen Fehler.

### Bei Auswahl des Zeichenstift-Werkzeugs

- Bevor Sie beginnen, stellt der Mauszeiger das *Zeichenstift*-Werkzeug mit einem „×" dar. Das bedeutet, dass Sie mit einem neuen Objekt beginnen.
- Sobald Sie mit dem Zeichnen Ihres Objekts begonnen haben, verändert sich Ihr Mauszeiger in einen normalen Zeichenstift. Das bedeutet, dass Sie einem bestehenden Objekt etwas hinzufügen.
- Sobald Ihr Mauszeiger in die Nähe eines bestehenden Ankerpunkts kommt, verändert er sich in einen Zeichenstift mit einem

#### Schnelles Umschalten zwischen Werkzeugen

Sie können mit ⌘/Strg sofort vom *Auswahl-* zum *Direktauswahl*-Werkzeug umschalten. ⌘/Strg+Alt aktiviert das *Gruppenauswahl*-Werkzeug.

#### Kommen Sie auf den Punkt

Über *Voreinstellungen > Auswahl und Ankerpunkt-Anzeige* können Sie die Größe der Ankerpunkte und Griffe anpassen. Eine neue Funktion bietet zudem die Möglichkeit, unter dem Mauszeiger befindliche Ankerpunkte anzuzeigen.

  Ein Objekt beginnen

 Einen Punkt hinzufügen

 Einen Punkt entfernen

 Eine Ecke erzeugen (Mauszeiger ist über einem bestehenden Punkt)

 Von einem Ankerpunkt aus weiterzeichnen

 Zwei Liniensegmente verbinden

 Ein Objekt schließen

Grundlegende Rückmeldungen des Mauszeigers für das Zeichenstift-Werkzeug

#### Der unausgefüllte Ausrichtungspfeil

Solange *An Punkt ausrichten* in den Voreinstellungen unter *Auswahl und Ankerpunkte* ausgewählt und Ihr Objekt markiert ist, können Sie mit dem Direktauswahl-Werkzeug zu jedem Pfad oder Punkt gehörige Objekte erfassen und ziehen, bis sie an einer Hilfslinie oder einem anderen Ankerpunkt einrasten. Achten Sie darauf, dass der Mauszeiger dabei als unausgefüllter weißer Pfeil dargestellt wird.

„–"-Zeichen. Das bedeutet, dass Sie den Ankerpunkt löschen können! Wenn Sie auf diesen Ankerpunkt klicken und dann ziehen, zeichnen Sie diese Kurve neu. Wenn Sie die Alt-Taste beim Drag&Drop dieses Punkts gedrückt halten, ziehen Sie eine neue Richtungslinie heraus und erzeugen eine Ecke (wie bei den Blättern einer Blüte). Wenn Sie auf den Punkt klicken, löschen Sie die daraus hervorgehende Richtungslinie und können daher eine gerade Linie an die Kurve anschließen.

- Sobald der Mauszeiger in die Nähe eines ein Objekt abschließenden Ankerpunkts kommt, verändert er sich in einen Zeichenstift mit einem angehängten Kreis. Das signalisiert Ihnen, dass Sie dabei sind, den Pfad zu schließen. Sobald Sie dies getan haben, verändert sich der Mauszeiger zurück in einen Zeichenstift mit einem „×" und Sie können ein neues Objekt beginnen.

- Wenn Sie das *Direktauswahl*-Werkzeug zum zwischenzeitlichen Anpassen des Objekts verwenden, achten Sie unbedingt auf Ihren Mauszeiger, ehe Sie am Objekt weiterarbeiten. Falls er immer noch wie ein normaler Zeichenstift aussieht, können Sie den nächsten Punkt zu Ihrem Objekt hinzufügen. Zeigt das *Zeichenstift*-Werkzeug zusätzlich ein „×" (Sie sind dabei, ein neues Objekt zu beginnen), dann müssen Sie Ihren letzten Punkt nochmals zeichnen. Beim Annähern an diesen Punkt verändert sich der Mauszeiger in einen Zeichenstift mit „/"; klicken und ziehen Sie über diesem letzten Punkt, um die letzte Kurve nochmals zu zeichnen.

Um während des Zeichnens eine Ecke an einem Punkt auszuformen, halten Sie die Alt-Taste gedrückt, während Sie klicken und eine neue Richtungslinie herausziehen.

## Werkzeuge zur Bearbeitung von Bézier-Pfaden

Bei den Werkzeugen zur Bearbeitung von Bézier-Pfaden handelt es sich um die Gruppe von Werkzeugen, die zur Bearbeitung von Illustrator-Pfaden eingesetzt werden können. Um darauf zuzugreifen, halten Sie die Symbole des *Zeichenstift*-, *Buntstift*- oder *Scheren*-Werkzeugs gedrückt und ziehen Sie, um eines der anderen Werkzeuge auszuwählen. Sie können dieses Bedienfeld auch ablösen. (Informieren Sie sich im Kapitel 4 „Ein Schritt weiter" über das Bedienfeld *Pathfinder*, um zu erfahren, wie Pfade zu neuen Objekten kombiniert werden können.)

- Das *Zeichenstift*-Werkzeug mit automatischem Hinzufügen/Löschen kann eine Vielzahl an Funktionen übernehmen. Mit der standardmäßig aktivierten, aber in den allgemeinen Voreinstellungen abschaltbaren Option *Automatisches Hinzufügen/*

---

### Methoden zur Erzeugung nicht fortlaufender Kurven

Eine nicht fortlaufende Bézier-Kurve ist über eine Ecke an eine Linie oder andere Kurve angebunden.

- Um während des Zeichnens eine nicht fortlaufende Kurve zu erzeugen, haben Sie zwei Möglichkeiten.
- Drücken Sie die Alt-Taste, während Sie die Kurve durch Klicken und Ziehen zeichnen – ziehen Sie den Griff dann in eine andere Richtung. Zeigen Sie mit dem *Zeichenstift*-Werkzeug auf den letzten Ankerpunkt und drücken Sie die Alt-Taste. Klicken und ziehen Sie mit gedrückter Maustaste, um die Kurvenkrümmung zu bestimmen.
- Um eine Kurve zu einer Linie hinzuzufügen: Platzieren Sie das *Zeichenstift*-Werkzeug auf dem Ankerpunkt einer Linie. Klicken und ziehen Sie dann einen Richtungsgriff für Ihre nächste Kurve heraus.
- Durch Ziehen mit dem *Ankerpunkt-konvertieren*-Werkzeug glätten Sie nicht fortlaufende Ankerpunkte und Kurven.

### Neu und einfacher

Wenn ein Pfad markiert ist, erhalten Sie im Bedienfeld *Steuerung* neue Schaltflächen zum Umgang mit Bézier-Pfaden. Über *Voreinstellungen > Auswahl & Ankerpunkt-Anzeige* können Sie zudem Darstellung und Handhabbarkeit von Punkten und Linien verbessern.

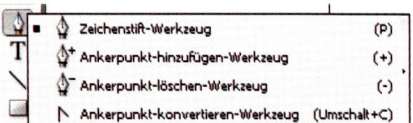

*Löschen* können Sie mit dem *Zeichenstift*-Werkzeug automatisch zum *Ankerpunkt-hinzufügen*-Werkzeug wechseln, wenn sich der Mauszeiger über einem markierten Pfadsegment befindet. Ebenso wird das *Ankerpunkt-löschen*-Werkzeug aktiviert, wenn sich der Mauszeiger über einem Ankerpunkt befindet. Um die Funktion *Automatisches Hinzufügen/Löschen* des *Zeichenstift*-Werkzeugs kurzzeitig außer Kraft zu setzen, drücken Sie die ⇧-Taste. Soll der Pfad nicht auf einen festen Winkel beschränkt werden, lassen Sie die ⇧-Taste wieder los, ehe Sie die Maustaste freigeben.

- Das *Ankerpunkt-konvertieren*-Werkzeug verbirgt sich hinter dem *Zeichenstift*-Werkzeug (⇧+C). Es wandelt einen Ankerpunkt durch Anklicken von einer fortlaufenden Kurve in einen Eckpunkt um. Um einen Eckpunkt in eine fortlaufende Kurve umzuwandeln, klicken Sie auf einen Ankerpunkt und ziehen gegen den Uhrzeigersinn einen neuen Richtungsgriff heraus (alternativ drehen Sie den Punkt, bis er die Kurve glättet). Um eine fortlaufende in eine nicht fortlaufende Kurve umzuwandeln (also in zwei gesonderte Kurven, die an einem Punkt verbunden sind), erfassen Sie den Richtungspunkt und halten Sie beim Ziehen an die neue Position die Alt-Taste gedrückt. Bei ausgewähltem *Zeichenstift*-Werkzeug können Sie vorübergehend auf das *Ankerpunkt-konvertieren*-Werkzeug zugreifen, indem Sie Alt drücken.

- Das *Ankerpunkt-hinzufügen*-Werkzeug ist über das *Zeichenstift*-Popup-Menü oder über die +-Taste erreichbar. Es fügt dem Pfad an der von Ihnen angeklickten Stelle einen Ankerpunkt hinzu.

- Das *Ankerpunkt-löschen*-Werkzeug ist über das *Zeichenstift*-Popup-Menü oder über die --Taste erreichbar. Es löscht den angeklickten Ankerpunkt.

**Anmerkung:** Wenn Sie die *Ankerpunkt-hinzufügen/löschen*-Werkzeuge durch die Taste + oder - aufrufen, gelangen Sie mit der Taste P zurück zum *Zeichenstift*-Werkzeug.

- Das *Buntstift*-Werkzeug formt einen markierten Pfad um, wenn in seinen Voreinstellungen die Option *Ausgewählte Pfade bearbeiten* markiert ist. Markieren Sie einen Pfad und zeichen Sie auf oder nahe dem Pfad, um seine Form zu verändern.

- Das *Glätten*-Werkzeug glättet die Punkte auf bereits gezeichneten Pfaden, durch Glätten der Ecken und Entfernen von Punkten. Beim Bewegen des *Glätten*-Werkzeugs über Ihren Pfad versucht das Werkzeug, die Originalform des Pfads möglichst weitgehend zu bewahren.

---

### Häufige Fehler ausmerzen

**Vermeiden Sie diese häufigen Fehler**

- Wenn Sie versuchen, die Markierung eines Objekts aufzuheben, indem Sie neben das Objekt klicken, dabei aber noch das *Zeichenstift*-Werkzeug aktiviert haben, verstreuen Sie zusätzliche Punkte auf Ihrer Zeichenfläche. Dies könnte später zu Problemen führen. Falls Ihnen dieser Fehler auffällt, machen Sie Ihre Eingabe rückgängig. Um einzelne Ankerpunkte zu entfernen, wählen Sie *Auswahl > Objekt > Einzelne Ankerpunkte* und drücken Sie dann *Entfernen*. (Alternativ funktioniert auch *Objekt > Pfad > Aufräumen*.) Am besten denken Sie immer daran, beim Klicken ⌘/Strg gedrückt zu halten; der Mauszeiger schaltet dann vorübergehend auf das *Auswahl*-Werkzeug um. Sie können dann gefahrlos klicken, um eine Auswahl aufzuheben.

- Wenn Sie versuchen, ein mit dem *Direktauswahl*-Werkzeug markiertes Objekt zu löschen, entfernen Sie nur die ausgewählten Punkte oder Pfade. Das verbleibende Restobjekt ist danach komplett markiert, so dass Sie es durch erneutes Löschen komplett entfernen können.

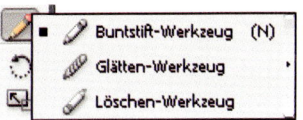

### Riesenspaß mit Formen

Ellipse, Polygon, Stern und Spirale sind in Verbindung mit den nachfolgenden Tastenkombinationen großartige Werkzeuge:

- Durch Ziehen mit gedrückter Leertaste verschieben Sie Ihr Objekt.
- ⇧ fixiert das Seitenverhältnis des Objekts.
- ↑ erhöht die Anzahl von Punkten eines Sterns, Seiten eines Polygons und Windungen einer Spirale.
- ↓ verringert die Anzahl von Punkten eines Sterns, Seiten eines Polygons und Windungen einer Spirale.
- Alt vergrößert den Winkel der Punkte eines Sterns.
- Beim Ziehen mit gedrückter ⌘/Strg bleibt der innere Radius eines Sterns fixiert bzw. die Steigung einer Spirale kann angepasst werden.

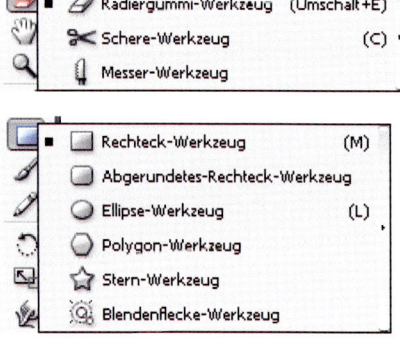

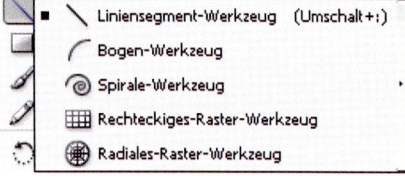

• Das *Löschen*-Werkzeug entfernt Teile eines markierten Pfads (verwenden Sie ein beliebiges *Auswahl*-Werkzeug, um den Pfad zu markieren). Im Kapitel 3 „Zeichnen & Färben" erfahren Sie mehr über das *Löschen*-Werkzeug.

• Das *Radiergummi*-Werkzeug zeichnet eine Schneise aus Vektorobjekten, durch die Sie „hindurchfahren". Falls ein Vektorobjekt markiert ist, wirkt sich das *Radiergummi*-Werkzeug nur auf dieses Objekt aus. Ist nichts ausgewählt, sind alle vom *Radiergummi*-Werkzeug berührten Objekte betroffen (auf allen nicht gesperrten und eingeblendeten Ebenen). Im Kapitel 3 „Zeichnen & Färben" erfahren Sie mehr über das *Radiergummi*-Werkzeug.

• Das *Schere*-Werkzeug trennt einen Pfad an der von Ihnen angeklickten Stelle auf. Dies geschieht durch Hinzufügen zweier unabhängiger, markierter Ankerpunkte, die genau übereinanderliegen. Um nur einen der Punkte zu markieren, heben Sie die Markierung des Objekts auf und klicken dann mit dem *Direktauswahl*-Werkzeug auf die Stelle, die Sie durchtrennen möchten. So können Sie den oberen Ankerpunkt markieren und zur Seite ziehen, damit Sie die beiden Punkte besser erkennen können.

• Das *Messer*-Werkzeug durchtrennt alle entsperrten, eingeblendeten Objekte und geschlossenen Pfade. Ziehen Sie das *Messer*-Werkzeug einfach über das zu durchtrennende Objekt und markieren Sie dann die Objekte, die Sie verschieben oder entfernen möchten. Halten Sie die Alt-Taste gedrückt, um einen geradlinigen Schnitt zu garantieren.

## Geometrische Objekte

Die *Ellipsen*-, *Abgerundetes Rechteck*-, *Polygon*- und *Stern*-Werkzeuge erzeugen als „geometrische Primitive" bezeichnete Objekte. Diese Objekte sind mathematisch beschriebene, symmetrische Pfade, die um einen nicht druckbaren Ankerpunkt in ihrem Zentrum angeordnet sind. (Damit der Mittelpunkt eines Sterns oder Polygons sichtbar wird, müssen Sie *Fenster > Attribute* wählen und das Symbol *Mitte einblenden* anklicken.) Die Mittelpunkte geometrischer Objekte können Sie aneinander oder an anderen Objekten und Hilfslinien einrasten lassen. Sie können diese geometrischen Objekte numerisch oder von Hand erstellen (im nachfolgenden Abschnitt erhalten Sie dazu entsprechende Hinweise). Die verborgenen Werkzeuge erreichen Sie vom *Rechteck*-Werkzeug im Bedienfeld *Werkzeuge* aus über das Popup-Bedienfeld. (Im Kapitel 2 „Illustrator-Zen" sowie im Tipp links finden Sie Übungen zum Erstellen und Verändern geometrischer Objekte.

- Möchten Sie eine geometrische Form von Hand erstellen, wählen Sie das gewünschte geometrische Werkzeug aus. Formen Sie das Objekt dann von einer Ecke zur anderen durch Klicken und Ziehen. Um das Objekt aus der Mitte heraus zu erstellen, halten Sie die Alt-Taste gedrückt und ziehen vom Zentrum aus nach außen (halten Sie die Alt-Taste gedrückt, bis Sie die Maustaste loslassen, um sicherzustellen, dass der Zeichenvorgang aus der Mitte heraus erfolgt). Sobald Sie die geometrischen Objekte gezeichnet haben, lassen sich diese genau wie andere Pfade bearbeiten.

- Möchten Sie ein geometrisches Objekt mit numerischen Eingaben erzeugen, wählen Sie das gewünschte geometrische Werkzeug und klicken Sie auf die Zeichenfläche, um die obere linke Ecke Ihres Objekts festzulegen. Geben Sie die gewünschten Abmessungen in das Dialogfenster ein und klicken Sie auf *OK*. Um das Objekt numerisch aus dem Zentrum heraus zu erstellen, klicken Sie mit gedrückter Alt-Taste auf die Zeichenfläche.

Zum Zeichnen eines Bogens wählen Sie das *Bogen*-Werkzeug und klicken und ziehen dann, um mit dem Zeichen des Bogens zu beginnen. Drücken Sie die F-Taste, um den Bogen von konvex auf konkav umzuschalten, und verwenden Sie die ↓- und ↑-Tasten, um den Radius des Bogens anzupassen. Die C-Taste „schließt" den Bogen durch Anfügen der rechtwinkligen Achsen und die X-Taste spiegelt den Bogen, ohne diese Achsen zu verändern. F spiegelt sowohl Bogen als auch Achsen. Lassen Sie die Maustaste los, um den Bogen fertigzustellen.

Zum Zeichnen eines Rasters wählen Sie entweder das *Rechteckiges-Raster*-Werkzeug oder das *Radiales-Raster*-Werkzeug. Klicken und ziehen Sie, um mit dem Zeichnen des Rasters zu beginnen. Sie können die Form des Rasters beim Zeichnen durch Drücken verschiedener Tasten beeinflussen (Details finden Sie in der Illustrator-Hilfe). Lassen Sie die Maustaste los, um das Raster fertigzustellen.

## Objekte markieren & gruppieren

### Markieren

Das *Auswahl*-Menü bietet Ihnen einfachen Zugriff auf grundlegende Auswahlbefehle, darunter auch die Möglichkeit, bestimmte Objekt- und Attributtypen zu markieren. Mit den Auswahlwerkzeugen lassen sich einzelne oder mehrere Objekte zugleich markieren. Sie können die Zielsymbole im Bedienfeld *Ebenen* verwenden, um Objekte, Gruppen und Ebenen zu markieren oder als Ziel auszuwählen. Wenn Sie eine Gruppe oder Ebene als Ziel

---

**Toleranzeinstellungen der Werkzeuge**

Mit der Maus oder auch einem digitalen Stift erstellte Freihandzeichnungen können äußerst unelegant wirken. Die Buntstift-, Glätten- und Pinsel-Werkzeuge verfügen über Hilfsoptionen, mit denen Sie unterschiedliche Pfadarten erstellen können, ohne ständig Ankerpunkte nachjustieren zu müssen. Die Palette reicht dabei von sehr realistischen bis hin zu wohlgeformteren, anmutigeren Schwüngen. Mit einem Doppelklick auf das Werkzeug gelangen Sie zu den Einstellungen.

- **Genauigkeit** erhöht oder verringert den Abstand zwischen den auf dem erzeugten oder bearbeiteten Pfad gelegenen Ankerpunkten. Je kleiner der Wert, desto mehr Punkte enthält der Pfad und umgekehrt.
- **Glättung** beeinflusst die prozentuale Glättung beim Erstellen und Bearbeiten von Pfaden. Geringere Werte ergeben realistischere Linien und Pinselstriche, höhere Werte führen zu weniger realistischen, aber eleganteren Linien.

*Anmerkung: Das Schließen von mit dem Buntstift- und Pinsel-Werkzeug erstellten Pfaden ist etwas umständlich. Wenn Sie zum Schließen des Pfads die Alt-Taste gedrückt halten, werden der erste und letzte Ankerpunkt durch ein gerades Liniensegment verbunden. Wenn Sie die Alt-Taste gedrückt halten und etwas über den ersten Ankerpunkt hinausfahren, schließt sich der Pfad automatisch. Geringe Werte in den Werkzeug-Voreinstellungen erleichtern das Schließen.*

*Sandee Cohen*

### Wenn Sie nicht gruppieren können …

Falls Sie beim Gruppieren von Objekten die Nachricht „Objekte, die Teil unterschiedlicher Gruppen sind, können nicht gruppiert werden" erhalten:

- Stellen Sie sicher, dass die zu gruppierenden Objekte komplett markiert sind.
- Schneiden Sie die Objekte aus.
- Fügen Sie die Objekte mit *Davor einfügen* oder *Dahinter einfügen* wieder an genau derselben Stelle in Ihr Bild ein (siehe Einleitung des Kapitels 6 „Ebenen & Aussehen"). Wählen Sie *Objekt > Gruppieren*, solange die Objekte noch markiert sind.

Auswahl-Werkzeug    Direktauswahl-Werkzeug    Gruppenauswahl-Werkzeug

### Gruppierungen effizient aufheben

Sie müssen eine Gruppe nicht auflösen, um ein einzelnes Gruppenobjekt zu markieren. Verwenden Sie dazu einfach das Gruppenauswahl-Werkzeug. Zum Gruppieren markieren Sie die Objekte und drücken ⌘/Strg+G. Zum Aufheben der Gruppierung markieren Sie die Gruppe mit dem Auswahl-Werkzeug und führen den Befehl *Gruppierung aufheben* für jede zu entfernende Gruppierungsebene jeweils einmal aus. Am Beispiel des Fahrrads im nebenstehenden Abschnitt „Gruppieren und Markieren" bewirkt ein Markieren des gesamten Fahrrads mit nachfolgendem Drücken von ⌘/Strg+G, dass beim ersten Tastendruck die zuletzt angewendete Gruppierung aufgehoben wird. Viermaliges Drücken der Tastenkombination würde alle Gruppierungen entfernen.

---

auswählen, werden alle darin enthaltenen Elemente markiert und die Gruppe oder Ebene wird in den Bedienfeldern *Aussehen* und *Grafikstile* ausgewählt. Genaue Anleitungen zur Zielauswahl und Markierung über das *Ebenen*-Bedienfeld finden Sie im Kapitel 6 „Ebenen & Aussehen".

Verwenden Sie das *Lasso*-Werkzeug, um einen kompletten Pfad oder mehrere Pfade durch Einkreisen zu markieren. In Kombination mit der Alt-Taste subtrahiert das *Lasso*-Werkzeug komplette Pfade von einer Auswahl (dazu ist jedoch mitunter eine gewisse Finesse erforderlich). Zusammen mit der ⇧-Taste können mit dem *Lasso*-Werkzeug ganze Pfade zu einer Auswahl hinzugefügt werden.

Sie können das *Direktauswahl*-Werkzeug oder das *Lasso*-Werkzeug auch verwenden, um einzelne Ankerpunkte oder Pfadsegmente zu markieren. Klicken Sie zur Auswahl von Punkten mit dem *Direktauswahl*-Werkzeug oder klicken und ziehen Sie einen Auswahlrahmen um den auszuwählenden Bereich. Mit dem *Lasso* kreisen Sie die auszuwählenden Punkte oder Pfadsegmente ein. In Kombination mit der Alt-Taste subtrahieren *Lasso*- und *Direktauswahl*-Werkzeug Punkte aus einer Auswahl; ⇧ und *Lasso*-Werkzeug fügen Ankerpunkte zu einer Auswahl hinzu.

**Gruppieren und Markieren**

Viele Programme bieten eine Gruppierungsfunktion, so dass Sie mehrere Objekte als Einheit behandeln können. In Illustrator werden Objekte beim Gruppieren alle auf dieselbe Ebene gelegt und es entsteht im *Ebenen*-Bedienfeld eine Art Container mit der Bezeichnung „<Gruppe>". Denken Sie daran, nicht *Gruppieren* zu wählen, wenn Ihre Objekte auf unterschiedlichen Ebenen liegen sollen. Weitere Informationen zu Ebenen und Objekten finden Sie im Kapitel 6 „Ebenen & Aussehen". Wann *sollten* Sie Objekte also gruppieren? Gruppieren Sie Objekte, wenn Sie diese wiederholt als eine Einheit markieren möchten oder ein Aussehen auf die gesamte Gruppe anwenden möchten. Nehmen wir die Illustration eines Fahrrads als Beispiel: Verwenden Sie die *Gruppieren*-Funktion für die Speichen eines Rads. Gruppieren Sie dann die beiden Räder des Fahrrads, dann die Räder mit dem Rahmen. Wir werden im Folgenden noch ein wenig bei diesem hypothetischen Fahrrad bleiben.

• Mit dem *Direktauswahl*-Werkzeug. Klicken Sie mit dem *Direktauswahl*-Werkzeug auf einen Punkt oder Pfad, um diesen Punkt oder Teil des Pfads auszuwählen. Wenn Sie auf die Speiche eines Rads klicken, markieren Sie den von Ihnen angeklickten Teil des Speichenpfads.

- Mit dem *Auswahl*-Werkzeug. Wenn Sie mit dem *Auswahl*-Werkzeug auf ein Objekt klicken, markieren Sie die größte Gruppe, die dieses Objekt beinhaltet. In unserem Beispiel wäre dies das gesamte Fahrrad.

- Mit dem *Gruppenauswahl*-Werkzeug. Verwenden Sie das *Gruppenauswahl*-Werkzeug, um nacheinander Untergruppen auszuwählen. Der erste Klick mit dem *Gruppenauswahl*-Werkzeug markiert eine einzelne Speiche. Der nächste Klick bezieht alle Speichen in die Auswahl mit ein. Der dritte Klick markiert das gesamte Rad; der vierte beide Räder und der fünfte schließlich das komplette Fahrrad. (Alternativ ziehen Sie einen Auswahlrahmen um Teile der Objekte auf, um alle zu markieren). Um mit dem *Gruppenauswahl*-Werkzeug markierte Objekte zu verschieben, ziehen Sie, ohne die Maus loszulassen. Wenn Sie mit dem *Gruppenauswahl*-Werkzeug immer weiterklicken, fügen Sie Ihrer Auswahl stets weitere Gruppen hinzu.

- Beachten Sie die „Fingertanz"-Lektionen im „Zen"-Kapitel. Dieser Abschnitt enthält eine Reihe von Auswahlübungen.

## Das Bedienfeld Ausrichten verwenden

Das Bedienfeld *Ausrichten* (*Fenster > Ausrichten*) enthält ein sehr nützliches Werkzeugsortiment, mit dem Sie die Ausrichtung oder Verteilung markierter Objekte oder Ankerpunkte beeinflussen können. Wenn Sie Objekte mit dem *Auswahl-* oder *Gruppenauswahl*-Werkzeug markieren, können Sie diese über die hier enthaltenen Funktionen ausrichten und verteilen. Falls Ihre Auswahl jedoch auch nur einzelne mit dem *Direktauswahl-* oder *Lasso*-Werkzeug markierte Ankerpunkte enthält, richten diese Funktionen *alle Punkte in den markierten Objekten* aus, als hätten Sie die Funktion *Durchschnitt berechnen* angewendet (der nachfolgende Abschnitt widmet sich den Funktionen *Zusammenfügen* und *Durchschnitt berechnen*). Obwohl sich die meisten Einstellungen zum Ausrichten und Verteilen auch im Bedienfeld *Steuerung* finden, gibt es einige sehr mächtige Optionen, die nur über das *Ausrichten*-Bedienfeld selbst zugänglich sind. Wenn Sie also Objekte über das Bedienfeld *Steuerung* ausrichten oder verteilen, müssen Sie möglicherweise das Bedienfeld *Ausrichten* öffnen, um auf einige seiner erweiterten Funktionen wie etwa *Basisobjekt abbrechen* oder die Einstellungsmöglichkeiten zur Verteilung des Abstands zurückzugreifen.

Mit einem Klick auf das doppelte Dreieck im Register des Bedienfelds *Ausrichten* stellen Sie sicher, dass alle Optionen des Bedienfelds angezeigt werden. Alternativ wählen Sie *Optionen einblenden* aus dem Bedienfeldmenü.

**Keine Paletten mehr**

In CS3 heißen Paletten jetzt Bedienfelder. Die einzige Ausnahme bildet Photoshop, wo sie unerklärlicherweise weiterhin als Paletten bezeichnet werden.

Das *Ausrichten*-Bedienfeld mit all seinen Optionen

**Warnung zum Ausrichten**

Sobald Sie im *Ausrichten*-Bedienfeld einen Wert für *Abstand verteilen* eingeben, müssen Sie jedes Mal ein Basisobjekt auswählen. Setzen Sie den Wert auf *Auto* zurück, falls Sie diese Warnmeldung erhalten.

*Mordy Golding*

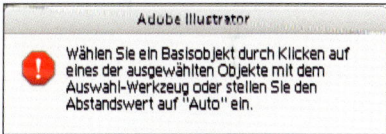

*Vorschaubegrenzungen verwenden* hilft bei der optischen Ausrichtung konturierter Objekte, liefert aber zusammen mit interaktiven Grafikeffekten wie Schlagschatten mysteriöse Ergebnisse: Die linken Rechtecke wurden nicht ausgerichtet; in der Mitte dieselben Rechtecke, jeweils beide rechts und oben ausgerichtet; rechts wurden die Rechteckpaare mit der Option *Vorschaubegrenzungen verwenden* rechts und oben ausgerichtet.

### Maßeinheiten in Bedienfelder eingeben

Zur Verwendung der aktuellen Maßeinheit geben Sie die Zahl in das Eingabefeld ein und drücken dann ⇥, um zum nächsten Feld zu wechseln oder ↵. Um eine abweichende Maßeinheit zu verwenden, geben Sie *nach* der Zahl „*in*" oder " (für Zoll), „*p*" (Punkt), „*p*" (Pica) oder „*mm*" (Millimeter) ein und drücken ↵. Um zum Textblock einer Grafik zurückzukehren, drücken Sie ⇧+↵. Sie können auch *Berechnungen* in Bedienfeldern ausführen. Zum Festlegen der Größe eines Rechtecks könnten Sie beispielsweise 72 pt + 2 mm als Höhe eingeben. Illustrator führt die Berechnung für Sie aus und wendet das Ergebnis an. Auch partielle Berechnungen sind möglich; wenn Sie zum Beispiel + 2 eingeben, fügt Illustrator den Wert 2 in der von Ihnen derzeit verwendeten Einheit hinzu. Probieren Sie es aus!

### Warnung zum Zusammenfügen

Wenn Sie eine Fehlermeldung erhalten, dass zwei Punkte nicht zusammengefügt werden können, tun Sie zusätzlich zu den Bedingungen der Warnmeldung Folgendes:

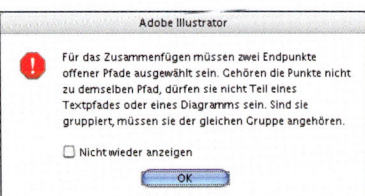

- Stellen Sie sicher, dass Sie nur zwei Punkte markiert haben (und nicht versehentlich ein dritter, einzelner Ankerpunkt ausgewählt wurde).
- Vergewissern Sie sich, dass Sie *Endpunkte*, keine Mittelpunkte, markiert haben.

---

Mit dem Bedienfeld *Ausrichten* können Sie Objekte entlang einer bestimmten Achse ausrichten – entweder anhand einer der Objektkanten oder der Ankerpunkte der Objekte. Markieren Sie zunächst die auszurichtenden oder zu verteilenden Objekte. Wenn Sie relativ zum Begrenzungsrahmen aller markierten Objekte ausrichten oder verteilen möchten, klicken Sie einfach im Bedienfeld *Ausrichten* auf die Schaltfläche, die der von Ihnen gewünschten Anordnung entspricht.

Falls Sie relativ zu einem bestimmten Objekt ausrichten oder verteilen wollen, klicken Sie zuerst alle Objekte an, die ausgerichtet werden sollen. Dann klicken Sie innerhalb der Selektion auf das Objekt, an dem Sie die anderen Objekte ausrichten möchten, um es als Basisobjekt zu definieren. Klicken Sie anschließend die passende Schaltfläche im Bedienfeld *Ausrichten* an. (Sie können jederzeit bei weiterhin aktiver ursprünglicher Objektauswahl aus dem Bedienfeldmenü *Basisobjekt abbrechen* wählen. Damit setzen Sie die Einstellungen zurück und die Ausrichtung oder Verteilung bezieht sich nicht mehr auf das zuvor angeklickte Objekt.)

Sie können Objekte auch an der Zeichenfläche oder dem Schnittbereich ausrichten. Dazu wählen Sie *An Zeichenfläche ausrichten* oder *An Schnittbereich ausrichten* aus dem Menü und klicken anschließend die passende Schaltfläche im Bedienfeld an. Diese Funktion finden Sie auch im Bedienfeld *Steuerung*.

Beachten Sie, dass Illustrator standardmäßig die Pfade von Objekten zu deren Ausrichtung oder Verteilung verwendet. Sie können jedoch auch die Konturkante zur Bestimmung von Ausrichtung und Verteilung heranziehen. Das ist bei Objekten mit unterschiedlicher Konturstärke sinnvoll. Denken Sie aber daran, dass die Konturkante sämtliche auf das Objekt angewendeten Effekte mit einschließt. Diese können etwa im Fall von Schlagschatten weit über die sichtbare Kante der Kontur hinausgehen.

Im Bedienfeld *Ausrichten* können Sie sogar genaue Abstände zur Verteilung von Objekten eingeben. Markieren Sie zunächst die zu verteilenden Objekte und geben Sie dann im Feld *Abstand verteilen* des Bedienfelds *Ausrichten* den gewünschten Objektabstand ein. (Denken Sie daran, dass Sie eventuell zunächst den Befehl *Optionen einblenden* wählen müssen, damit das Feld *Abstand verteilen* im Bedienfeld *Ausrichten* angezeigt wird.) Klicken Sie mit dem *Auswahl*-Werkzeug auf den Pfad des Objekts, das nicht verschoben werden soll und in Bezug zu welchem die anderen Objekte verteilt werden sollen. Klicken Sie dann entweder auf die Schaltfläche *Horizontal verteilen: Abstand* oder auf *Vertikal verteilen: Abstand*. (Wählen Sie *Auto* aus dem Popup-Menü, um diese Option zu deaktivieren).

## Zusammenfügen & Durchschnitt berechnen

Bei *Zusammenfügen* und *Durchschnitt berechnen* handelt es sich um zwei der nützlichsten Funktionen von Illustrator. (Beide sind im Menü unter *Objekt > Pfad* oder im Kontextmenü zu finden. Es gibt nun auch die Schaltfläche *Ausgewählte Endpunkte verbinden* im Bedienfeld *Steuerung*.)

Verwenden Sie zur Durchschnittsberechnung das *Direktauswahl*- oder *Lasso*-Werkzeug, um beliebig viele Punkte aus beliebig vielen Objekten mit gedrückter ⇧-Taste oder einem Auswahlrahmen zu markieren. Berechnen Sie dann den Durchschnitt über das Kontextmenü (Ctrl-Klick am Mac bzw. Rechtsklick am Mac und unter Windows). Sie können die markierten Punkte dabei horizontal, vertikal oder an beiden Achsen ausrichten.

Die Funktion *Durchschnitt berechnen* (oder die *Ausrichten*-Schaltflächen) lässt sich auch dazu verwenden, zwei markierte Endpunkte aufeinanderzulegen.

Die Funktion *Zusammenfügen* funktioniert je nach markierten Objekten unterschiedlich.

- Wenn die beiden offenen Endpunkte direkt übereinanderliegen, öffnet *Zusammenfügen* ein Dialogfenster, in dem abgefragt wird, ob die Verbindungsstelle eine Ecke oder einen glatten Übergang ergeben soll. Ein Übergang ist ein gekrümmter Bézier-Anker, der zwei Kurven glatt zusammenfügt. Seine Richtungsgriffe lassen sich nur zusammen bewegen; jeder andere Punkt, der zwei Pfade verbindet, ist ein Eckpunkt. Sobald Sie auf *OK* geklickt haben, verschmelzen beide Punkte zu einem einzelnen Punkt. Denken Sie aber daran, dass ein wirklich glatter Übergang nur unter den richtigen Rahmenbedingungen entstehen kann: Die beiden von Ihnen zu verbindenden Kurven müssen die Möglichkeit haben, zu einer glatten Kurve zusammenzulaufen. Ansonsten erhalten Sie einen Eckpunkt, auch wenn Sie im Dialogfenster *Übergang* auswählen.

- Wenn die beiden offenen Endpunkte nicht direkt übereinanderliegen, verbindet *Zusammenfügen* beide Punkte mit einer Linie. Wenn Sie versuchen, zwei Punkte miteinander zu einem einzelnen Punkt zu verschmelzen, und dabei kein Dialogfenster erscheint, dann haben Sie Ihre Punkte lediglich mit einer Linie verbunden! Machen Sie den Befehl rückgängig (⌘/Strg+Z) und lesen Sie weiter unten dem Abschnitt „Den Durchschnitt berechnen und Zusammenfügen in einem Schritt".

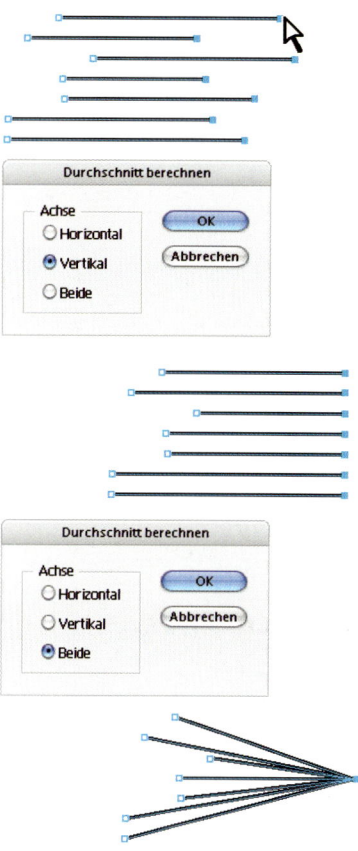

Mit dem Befehl *Durchschnitt berechnen* wurden die markierten Endpunkte vertikal ausgerichtet; anschließend wurde die Option *Beide* gewählt.

### Kontur und Fläche kopieren

Kontur- und Flächeneinstellungen lassen sich einfach von einem Objekt auf das nächste übertragen. Markieren Sie ein Objekt mit den Kontur- und Flächenmerkmalen, die Sie für Ihr nächstes Objekt wünschen. Illustrator nimmt diese Attribute automatisch auf und das nachfolgend gezeichnete Objekt erhält dieselbe Kontur und Füllung wie das zuletzt markierte.

*Anmerkung: Dies funktioniert nicht mit Text.*

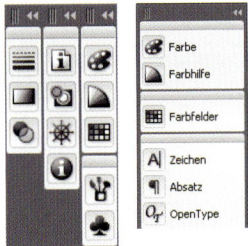

Die Verankerung der Bedienfelder ist frei konfigurierbar

Ein paar Beispiele für die Anordnung von Bedienfeldern und zu Registergruppen zusammengefassten Bedienfeldern, unterschiedlich auf- und zugeklappt

- Wenn Sie einen offenen Pfad mit dem *Auswahl*-Werkzeug markieren, schließt die Funktion *Zusammenfügen* den Pfad (in diesem Fall müssen Sie die Endpunkte nicht markieren).

- Wenn die beiden offenen Endpunkte zu verschiedenen Objekten gehören, verbindet *Zusammenfügen* die beiden Pfade zu einem Pfad.

- Den Durchschnitt berechnen und Zusammenfügen in einem Schritt können Sie mit dem Tastenbefehl ⌘/Strg+Alt+⇧+J. Dazu gibt es keine Entsprechung im Menü! Dieser Befehl erzeugt beim Zusammenfügen zweier Linien eine Ecke bzw. beim Zusammenfügen zweier Kurven oder einer Linie mit einer Kurve eine nicht fortlaufende Kurve.

## Mit Bedienfeldern arbeiten

Die meisten Bedienfelder von Illustrator sind über das Menü *Fenster* zugänglich. Standardmäßig erscheinen die Symbole einiger Bedienfelder am rechten Rand Ihres Arbeitsbereichs. In CS3 sind sie dort sogar „verankert" und die Verankerung der Bedienfelder ist voll konfigurierbar! Sie können die Symbolansicht der verankerten Bedienfelder vergrößern oder verkleinern, indem Sie deren linke Kante nach links oder rechts ziehen. Wenn Sie nach links ziehen, erscheinen Symbole und Bezeichnungen. Beim Ziehen nach rechts stellen Sie fest, dass die Bedienfeldspalte so weit verkleinert werden kann, dass nur noch die entsprechenden Symbole dargestellt werden.

Die verankerten Bedienfelder können in mehreren Spalten und Zeilen angeordnet werden – ziehen Sie einfach ein Bedienfeld neben ein anderes. Wenn Sie nahe genug sind, erscheint ein blauer Balken. Dieser zeigt Ihnen, dass das Bedienfeld durch einfaches Loslassen der Maustaste verankert werden kann.

Durch Anklicken eines Bedienfeldsymbols öffnet sich das komplette Bedienfeld. Ein geöffnetes Bedienfeld klappt zudem automatisch ein, sobald Sie ein anderes Bedienfeldsymbol auswählen. Durch Anklicken des doppelten Pfeils in der oberen rechten Ecke der verankerten Bedienfelder expandiert die gesamte Spalte und alle in Register unterteilten Bedienfeldgruppen werden in voller Größe sichtbar. Wenn Sie sich zu einer Registergruppe zusammengefasste Bedienfelder gleichzeitig anzeigen lassen möchten, können Sie das Register für eines der Bedienfelder erfassen und es nach oben, unten, rechts oder links ziehen, um es für sich alleine, an einem anderen Bedienfeld oder mit einer Gruppe verankerter Bedienfelder zu verankern. Beachten Sie die blaue Linie, die die Verankerungsstelle anzeigt.

Natürlich können Sie jederzeit einzelne Bedienfelder aus den verankerten Bedienfeldern herauslösen und an einer beliebigen Position schweben lassen. Sobald ein Bedienfeld schwebt, klappt es nicht mehr automatisch ein und beim Schließen schrumpft es nicht auf Symbolgröße zusammen. Schwebende Bedienfelder müssen Sie zurück auf die rechte Bildschirmseite ziehen, um sie wieder zu verankern und Zugriff auf ihr Symbol zu haben.

Falls Sie eine bestimmte Anordnung Ihrer verankerten Bedienfelder speichern möchten, wählen Sie *Fenster > Arbeitsbereich > Arbeitsbereich speichern*. Im untenstehenden Abschnitt „Arbeitsbereiche: Legen Sie sich Ihr Handwerkszeug zurecht" erfahren Sie mehr über Arbeitsbereiche.

• Zu Registern zusammengefasste Bedienfelder lassen sich umgruppieren, um Arbeitsfläche zu sparen. Verringern Sie den Platzbedarf von Bedienfeldern, indem Sie sie zu Gruppen zusammenfassen. Ziehen Sie das Register eines Bedienfelds auf ein anderes Bedienfeld, um es dort einzufügen. Sie können ein Register auch an die Unterkante eines Bedienfelds ziehen, um die Bedienfelder übereinander zu verankern.

• Die meisten Bedienfelder können vergrößert oder verkleinert werden. Wenn sich in der unteren rechten Ecke ein Größenänderungssymbol befindet, können Sie das Bedienfeld durch Anklicken und Ziehen desselben vergrößern oder verkleinern. Bedienfelder verfügen auch über Popup-Menüs mit weiteren Optionen. Wenn ein Bedienfeld zusätzliche Optionen anbietet, befindet sich ein doppelter Pfeil links neben dem Namen des Bedienfelds. Klicken Sie diesen Pfeil an, um durch die verschiedenen Optionen zu blättern. Durch Doppelklicks auf die Titelleiste schalten Sie die verschiedenen Anzeigemodi von maximiert bis eingeklappt durch.

• Einfaches Zurücksetzen von Bedienfeldern. Einige Bedienfelder (darunter *Zeichen*, *Opentype* und *Absatz*) enthalten den Befehl *Bedienfeld zurücksetzen*, mit dem Sie auf einfache Weise die Standardeinstellungen des Bedienfelds wiederherstellen können.

• Sie müssen Ihr(e) Objekt(e) markieren, ehe Sie Veränderungen vornehmen können. Sobald die Objekte markiert sind, können Sie innerhalb des Bedienfelds auf die Bezeichnung oder in das Feld eines beliebigen Eingabefelds klicken und mit der Eingabe beginnen. Wenn für Ihre Eingabe nur begrenzte Auswahlmöglichkeiten zur Verfügung stehen (etwa eine Schriftart oder ein Zeichenformat), versucht Illustrator, Ihr Wort zu vervollständigen; tippen Sie einfach, bis die Auswahl zu sehen ist. Bei der Eingabe in ein Textfeld können Sie mit der ⇥-Taste zu den anderen Textfeldern des Bedienfelds wechseln.

### Bedienfelder wie durch Zauberhand

Verwenden Sie ⇥, um Bedienfelder anzuzeigen und zu verbergen (⇧+⇥ verbirgt die Bedienfelder, Werkzeug- und Bedienfeldsteuerung bleiben jedoch sichtbar). Dazu darf allerdings das *Text*-Werkzeug nicht aktiviert sein. Wenn die Bedienfelder verborgen sind, können Sie mit der Maus über den Bereich fahren, in dem sie zuletzt angezeigt wurden, und sie erscheinen wieder wie von Geisterhand!

### Superwinzige Bedienfelder

Mit einem Doppelklick auf den Bedienfeldnamen oder einen einfachen Klick auf den Doppelpfeil im Register schalten Sie die auf- und zugeklappten Ansichten des Bedienfelds durch. Nur Bedienfelder mit zusätzlich einblendbaren Optionen verfügen über den Doppelpfeil.

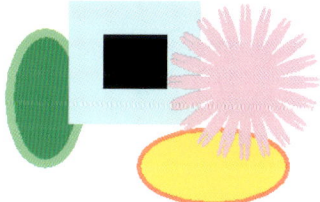

Die Originalobjekte

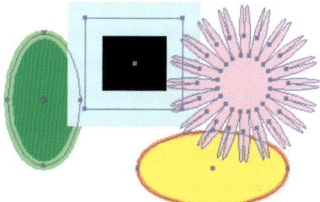

Markierte Objekte (der untere Teil des Werkzeug-Bedienfelds zeigt an, dass unterschiedliche Konturen und Flächen markiert wurden)

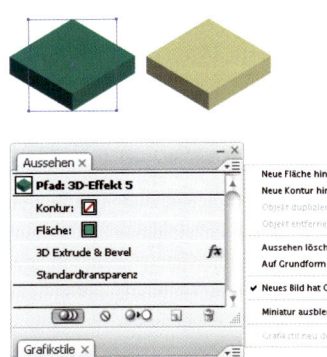

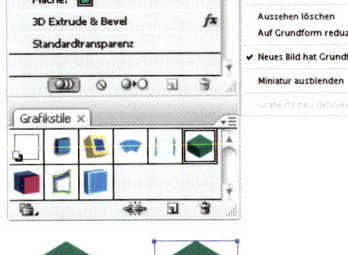

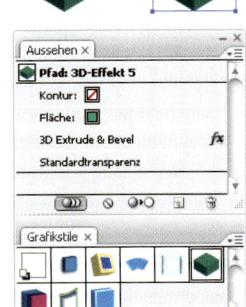

Um einen Grafikstil für ein komplettes Dokument zu aktualisieren oder zu ersetzen, markieren Sie ein Objekt und wenden Sie den zu aktualisierenden oder zu ersetzenden Stil an. Nehmen Sie Veränderungen am Aussehen des markierten Objekts vor und wählen Sie aus dem Menü des *Aussehen*-Bedienfelds *Grafikstil neu definieren*. Der Name des Stils wird neben dem Neu definieren-Befehl angezeigt. Damit aktualisieren Sie in der ganzen Datei alle Objekte, die diesen Grafikstil verwenden. Doppelklicken Sie auf den Platzhalter im *Grafikstile*-Bedienfeld, um den Namen des Stils zu verändern.

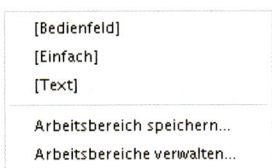

*Fenster > Arbeitsbereich* zeigt vorgefertigte und selbst definierte Arbeitsbereiche an.

**Wichtig:** Wenn Sie die Eingabe in ein Textfeld abgeschlossen haben, müssen Sie ⏎ drücken. Damit teilen Sie der Anwendung mit, dass Sie bereit sind, an anderer Stelle Text einzugeben oder an Ihrer Grafik weiterzuarbeiten.

• Es gibt viele Möglichkeiten, ein Objekt mit einer Flächen- oder Konturfarbe zu versehen. Schalten Sie zwischen der Fläche oder Kontur eines markierten Objekts um, indem Sie das Flächen- oder Kontursymbol im unteren Bereich des Bedienfelds anklicken, oder schalten Sie mit der X -Taste zwischen beiden um. Verwenden Sie die / -Taste, um Kontur oder Fläche auf *Ohne* zu setzen. Zur Auswahl der Farbe bestehen folgende Möglichkeiten: 1) Verschieben der Regler oder Aufnehmen einer Farbe aus dem Farbbalken im Bedienfeld *Farbe*, 2) Anklicken eines Farbfelds im Bedienfeld *Farbfelder*, 3) Aufnehmen von Farben im Farbwähler oder 4) Verwendung des *Pipette*-Werkzeugs zur Aufnahme von Farben aus anderen Objekten Ihrer Datei. Zudem können Sie Farbfelder aus Bedienfeldern auf markierte Objekte oder das Kontur/Fläche-Symbol im Bedienfeld *Werkzeuge* ziehen.

• Unterschiedliche Aussehen lassen sich mit Objekten, Objektgruppen oder Ebenen verknüpfen. *Aussehen*-Attribute sind Eigenschaften, die das Erscheinungsbild eines Objekts beeinflussen, ohne die ihm zugrunde liegende Struktur zu verändern – etwa Konturen, Flächen, Transparenzen und Effekte. Der Begriff *Aussehen* bezieht sich in diesem Buch auf sämtliche *Aussehen*-Attribute eines Objekts. Alle Objekte besitzen ein Aussehen, selbst wenn dieses Aussehen „ohne Fläche und ohne Kontur" lautet.

• Sie können einen Grafikstil auf ein Objekt, eine Objektgruppe oder eine Ebene anwenden. Die Gesamtsumme der angewandten Charakteristika lässt sich im Bedienfeld *Grafikstile* als Grafikstil speichern. Grafikstile sind aktualisierbare Kombinationen von Flächen, Konturen, Füllmethoden, Deckkrafteinstellungen und Effekten. Details zur Kombination von Effekten im Bedienfeld *Grafikstile* finden Sie im Kapitel 11 „Interaktive Effekte & Grafikstile", insbesondere in der Einleitung und in der Lektion „Schabekunst".

## Arbeitsbereiche: Legen Sie sich Ihr Handwerkszeug zurecht

Wo wir schon einmal bei den Bedienfeldern sind – sobald Sie die Bedienfelder und anderen Features des Arbeitsbereichs an Ihre Wünsche angepasst haben, können Sie diese Anordnung als benutzerdefinierten Arbeitsbereich abspeichern. Wenn Sie verschiedene Aufgaben gerne mit unterschiedlichen Bedienfeldanordnungen lösen, können Sie mehrere Arbeitsbereiche speichern und während der Arbeit zwischen diesen wechseln. Mehrere Benutzer eines Rechners können ihre eigenen Arbeitsbereiche speichern.

Um einen benutzerdefinierten Arbeitsbereich zu speichern, ordnen Sie zunächst alle Bildschirmelemente wunschgemäß an und wählen dann *Fenster > Arbeitsbereich > Arbeitsbereich speichern*. Geben Sie einen Namen für Ihren Arbeitsbereich in das Namensfeld ein und klicken Sie auf *OK*. Sobald Sie einen eigenen Arbeitsbereich gespeichert haben, erscheint sein Name im Untermenü *Fenster > Arbeitsbereich*, so dass Sie durch einfaches Auswählen der Namen zwischen den verschiedenen Arbeitsbereichen umschalten können. Sie können auch jederzeit im Arbeitsbereich-Untermenü auf *[Einfach]* klicken, um den ursprünglichen Arbeitsbereich von Illustrator wiederherzustellen.

Im Dialogfenster *Arbeitsbereiche verwalten* können Sie Ihre eigenen Arbeitsbereiche jederzeit löschen, duplizieren oder umbenennen. Wählen Sie *Fenster > Arbeitsbereich > Arbeitsbereiche verwalten* und wählen Sie den Namen eines bestehenden benutzerdefinierten Arbeitsbereichs aus der Liste aus. Durch Ändern des Texts im Namensfeld können Sie ihn umbenennen. Ein Klick auf die Schaltfläche *Neu* dupliziert den markierten Arbeitsbereich; über das Papierkorb-Symbol kann er gelöscht werden.

## Transformationen

Verschieben, Skalieren, Drehen, Spiegeln und Verbiegen sind allesamt Operationen, die eine Transformation des ausgewählten Objekts bewirken. Da sich dieses Kapitel mit den Grundlagen von Illustrator beschäftigt, konzentriert sich dieser Abschnitt auf die Werkzeuge und Bedienfelder, mit deren Hilfe Sie Transformationen durchführen können. Mehr über interaktive Effekte mit Transformierungen erfahren Sie im Kapitel 11 „Interaktive Effekte & Grafikstile". Markieren Sie zunächst das zu transformierende Objekt. Wenn Ihnen eine soeben angewendete Transformation nicht zusagt, verwenden Sie den Befehl *Rückgängig*, ehe Sie eine neue Transformation anwenden – ansonsten wenden Sie eine neue Transformation zusätzlich zur vorhergehenden an. In Illus-

---

**Arbeitsbereiche weitergeben**

Am Mac werden die Arbeitsbereiche unter *Users > Library > Preferences > Adobe Illustrator CS3 Settings > Workspaces* gespeichert. Sie können einen Arbeitsbereich auch auf anderen Mac-Rechnern verwenden. Dazu speichern Sie die Arbeitsbereichdatei an dem oben genannten Speicherort. Unter Windows wird der Arbeitsbereich unter *C:\Dokumente und Einstellungen\<Nutzername>\Anwendungsdaten\Adobe\Adobe Illustrator CS3 Settings\Workspaces* gespeichert. Ersetzen Sie *<Nutzername>* durch Ihren eigenen Benutzernamen. Je nach Bildschirmgröße müssen Sie eventuell die Bedienfelder umherziehen und den Arbeitsbereich dann erneut speichern. Auf der *Wow! CD* finden Sie einige benutzerdefinierte Arbeitsbereiche.

**Tastenkombinationen in Bedienfeldern**

Halten Sie zusätzlich zur Taste ⏎ beim Zuweisen von Transformierungen noch die Tastenkombination ⇧/Alt gedrückt. Damit erzeugen Sie eine Kopie des transformierten Objekts. Klicken Sie im Bedienfeld *Transformieren* oder *Steuerung* auf einen Punkt im Schaubild, um den Referenzpunkt des ausgewählten Objekts zu ändern.

**Komplexe Dateien skalieren …**

Möchten Sie eine Datei mit interaktiven Effekten, Pinseln, Mustern, Verläufen und Verlaufsgittern skalieren, ist es wahrscheinlich am besten, wenn Sie das fertige Bild skalieren, nachdem Sie es im Seitenlayoutprogramm – etwa Illustrator oder QuarkXPress – platziert haben.

### Erneut transformieren

Illustrator merkt sich Ihre letzte Transformierung – vom einfachen Verschieben bis hin zum Drehen einer Objektkopie. Verwenden Sie das Kontextmenü, um den Effekt zu wiederholen (*Transformieren > Erneut transformieren*), oder betätigen Sie die Tastenkombination ⌘+D/Strg+D.

### Objekte auf eine exakte Größe skalieren

- Mit dem Bedienfeld *Transformieren* oder dem Bedienfeld *Steuerung*: Geben Sie die neue Breite oder Höhe in das Bedienfeld ein und drücken Sie ⌘+↵/Strg+↵. (Oder klicken Sie im Bedienfeld auf das Kettensymbol, um proportional zu skalieren.)
- Durch einen Platzhalter: Erzeugen Sie einen Platzhalter in Form eines Rechtecks in der Größe Ihres Bilds. Ziehen Sie mit gedrückter Alt-Taste von der oberen linken Ecke des Platzhalters aus ein weiteres Rechteck in den Zielabmessungen auf. Wählen Sie den Platzhalter aus und ziehen Sie mit dem *Skalieren*-Werkzeug seine linke obere Ecke auf die rechte untere Ecke des Zielrechtecks (mit gedrückter ⇧-Taste skalieren Sie nur in eine Richtung). Löschen Sie die Rechtecke, wählen Sie die zu skalierenden Objekte aus, doppelklicken Sie auf das Werkzeug *Skalieren* und bestätigen Sie mit *OK*.

*Anmerkung:* Wenn Sie Objekte skalieren, sollten Sie sich vergewissern, dass Sie entweder im entsprechenden *Transformieren*-Dialog oder in den allgemeinen Voreinstellungen die Option *Konturen und Effekte skalieren* aktiviert haben.

- ☐ Japanische Schnittmarken verwenden
- ☐ Muster transformieren
- ☑ Konturen und Effekte skalieren
- ☐ Vorschaubegrenzungen verwenden

---

trator können Sie die meisten Transformationen manuell durchführen oder exakte Zahlenwerte in ein Dialogfenster eingeben. Illustrator merkt sich die zuletzt durchgeführte Transformation und speichert die Zahlen im entsprechenden Dialogfenster, bis Sie einen neuen Transformationswert eingeben oder das Programm neu starten. Wenn Sie beispielsweise zuvor ein Bild ohne die Option *Konturen und Effekte skalieren* skaliert haben, werden bei der nächsten Skalierung (von Hand oder durch Eingabe von Zahlenwerten) Ihre Konturen und Effekte nicht berücksichtigt. (Lesen Sie auch den Tipp „Erneut transformieren" auf der linken Seite und das Kapitel 2 „Illustrator-Zen", das Übungen zu Transformationen enthält.)

## Der Begrenzungsrahmen

Der Begrenzungsrahmen sollte nicht mit dem *Frei-transformieren*-Werkzeug verwechselt werden. (Letzteres bietet zusätzliche Funktionen an und wird weiter unten besprochen.) Der Begrenzungsrahmen umgibt mit dem *Auswahl*-Werkzeug (ausgefüllter Pfeil) markierte Objekte. Er kann zum schnellen Verschieben, Skalieren, Drehen oder Duplizieren von Objekten verwendet werden. Mit dem Begrenzungsrahmen lassen sich auf einfache Weise mehrere Objekte zugleich skalieren. Markieren Sie die Objekte, klicken Sie auf eine Ecke des Begrenzungsrahmens und ziehen Sie. Drücken Sie die ⇧-Taste zur Wahrung des Seitenverhältnisses während des Skalierungsvorgangs. Standardmäßig wird der Begrenzungsrahmen angezeigt. Über *Ansicht > Begrenzungsrahmen ein-/ausblenden* können Sie ihn ein- oder ausschalten. Bei der Arbeit mit dem *Direktauswahl*-Werkzeug wird er vorübergehend verborgen. Um den Begrenzungsrahmen nach einer Transformation wieder parallel zur Seite auszurichten, wählen Sie *Objekt > Transformieren > Begrenzungsrahmen zurücksetzen*.

*Anmerkung:* Solange einer der Griffe des Begrenzungsrahmens markiert ist, erzeugt die gedrückte Alt-Taste bei der Transformation mittels Begrenzungsrahmen kein Duplikat, sondern bewirkt stattdessen eine mittelpunktsbezogene Transformation.

## Verschieben

Statt Objekte manuell zu erfassen und zu ziehen, können Sie die neue Position auch mit Zahlenwerten bestimmen: Über das Kontextmenü oder einen Doppelklick auf das *Auswahl*-Werkzeug gelangen Sie in den *Verschieben*-Dialog (markieren Sie die Vorschauoption). Klicken und ziehen Sie mit dem *Mess*-Werkzeug, um die zurückzulegende Entfernung zu bestimmen. Wenn Sie sofort danach den *Verschieben*-Dialog öffnen, enthält dieser bereits die ermittelten Werte und Sie müssen nur noch auf *OK* klicken oder ⏎ drücken.

### Das Frei-transformieren-Werkzeug

Mit dem *Frei-transformieren*-Werkzeug lassen sich Objekte auf einfache Weise transformieren, sobald Sie die zahlreichen Tastenkombinationen kennen, die zur Nutzung seiner vielfältigen Funktionen erforderlich sind. Neben einfachen Transformationen, die auch mit dem Begrenzungsrahmen möglich sind (etwa Drehen und Skalieren), können Sie die Objekte auch verbiegen und mit Perspektive sowie Verzerrungen versehen (siehe Tipp „Variationen beim freien Transformieren" und die Lektion „Verzerrte Ansichten" im Kapitel 3 „Zeichnen & Färben"). Denken Sie daran, dass das *Frei-transformieren*-Werkzeug seine Transformationen in Bezug auf einen fixierten Mittelpunkt ausführt, der sich nicht verschieben lässt. Wenn Sie von einer anderen Position aus transformieren müssen, verwenden Sie eines der separaten Transformationswerkzeuge, das Bedienfeld *Transformieren* oder den Befehl *Einzeln transformieren*.

### Das Bedienfeld Transformieren

Von diesem Bedienfeld aus können Sie numerische Tranformationen durchführen, bei denen Breite, Höhe und Position eines Objekts im Dokument festgelegt werden. Auch Drehen und Verbiegen ist möglich. Im Bedienfeldmenü befinden sich Optionen zum horizontalen und vertikalen Spiegeln. Sie können wählen, ob das Objekt, das Muster oder beides transformiert werden soll und ob Konturen und Effekte mitskaliert werden. Das aktuelle Bedienfeld *Transformieren* verhält sich etwas seltsam: Sie können nach dem Anwenden der Transformation *Erneut transformieren*, aber die Information in den Textfeldern bleibt nicht immer erhalten. Um Ihre Zahleneingaben zu erhalten, wenden Sie Transformationen über das Dialogfenster des Transformationswerkzeugs an, wie im nächsten Abschnitt beschrieben.

### Einzelne Transformationswerkzeuge

Zum Skalieren, Drehen, Spiegeln und Verbiegen von Objekten an variablen Mittelpunkten können Sie zunächst klicken, um das Zentrum für die Transformation manuell zu bestimmen, und dann das Objekt mit der Maus transformieren. Übungen zu manuellen Transformationen mit diesen Werkzeugen finden Sie im „Zen"-Kapitel. Jedes Transformationswerkzeug verfügt über ein

---

**Variationen beim freien Transformieren**

Mit dem Werkzeug *Frei transformieren* können Sie ausgewählten Objekten die folgenden Transformierungen zuweisen:

- **Drehen** – klicken Sie außerhalb des Begrenzungsrahmens und ziehen Sie.
- **Skalieren** – klicken Sie auf eine Ecke des Begrenzungsrahmens und ziehen Sie. Per Alt + Ziehen skalieren Sie aus der Mitte und Per ⇧ + Ziehen skalieren Sie proportional.
- **Verzerren** – klicken Sie auf einen Eckgriff des Begrenzungsrahmens und ziehen Sie mit gedrückter ⌘/Strg-Taste.
- **Neigen** – klicken Sie auf einen Kantengriff des Begrenzungsrahmens und ziehen Sie mit gedrückter ⌘/Strg-Taste.
- **Perspektivisch verzerren** – klicken Sie auf einen Eckgriff des Begrenzungsrahmens und ziehen Sie mit gedrückter Tastenkombination ⌘/Strg+Alt+⇧.

---

**Illustrator beobachtet Sie …**

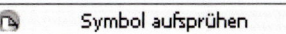

Die Statuszeile in der linken unteren Ecke des Dokumentfensters ist in Wirklichkeit ein Popup-Menü, mit dem Sie das aktuelle Werkzeug, Datum und Uhrzeit, die Anzahl der rückgängig gemachten Schritte oder das Dokumentfarbprofil wählen können (sowie – falls zutreffend – den Version-Cue-Status).

✓ Version Cue-Status
   Aktuelles Werkzeug
   Datum und Uhrzeit
   Anzahl Rückgängig-Schritte

   Farbprofil des Dokuments

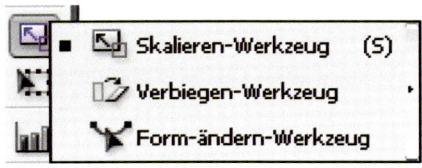

*Atteberry_Hexe_umformen.ai*   ATTEBERRY

Kevan Atteberry zeichnete mit einem Kreide-Bildpinsel eine Haarlocke und verwendete dann das *Form-ändern*-Werkzeug, um sie neu zu formen. Er hielt beim Ziehen die ⌘/Strg-Taste gedrückt, um Kopien zu erzeugen.

Dialogfenster, in dem Sie seine Parameter festlegen und angeben, ob das Objekt transformiert oder eine Kopie mit der entsprechenden Transformation angelegt werden soll. Weiterhin bestimmen Sie, ob nur die Objekte und/oder möglicherweise vorhandene Füllmuster transformiert werden sollen. (Mehr zum Transformieren von Mustern finden Sie im Kapitel 3 „Zeichnen & Färben".)

Hier sind drei weitere Möglichkeiten, die einzelnen Transformationswerkzeuge auf Objekte anzuwenden:

• Führen Sie einen Doppelklick auf ein Transformationswerkzeug aus, um den Dialog zu öffnen. (Sie können auch ↵ drücken, wenn bereits ein Transformationswerkzeug ausgewählt wurde.) Auf diese Weise können Sie Objekte mittels Zahlenwerten transformieren. Als Bezugspunkt dient die Mitte des Objekts.

• Klicken Sie Ihr Bild mit einem Transformationswerkzeug an, während Sie die Alt-Taste gedrückt halten. Das Dialogfenster zur numerischen Transformation wird geöffnet. Als Bezugspunkt dient die von Ihnen angeklickte Stelle.

• Klicken Sie mit einem Transformationswerkzeug auf Ihr Bild und ziehen Sie, um die markierten Objekte zu transformieren. Als Bezugspunkt dient die Mitte der markierten Objekte.

### Form ändern & Verbiegen

Das *Form-ändern*-Werkzeug unterscheidet sich von den übrigen Transformationswerkzeugen. Wählen Sie zunächst alle Punkte des Pfads, dessen Form Sie ändern möchten (verwenden Sie das *Gruppenauswahl*- oder *Auswahl*-Werkzeug). Wählen Sie dann das *Form-ändern*-Werkzeug, das sich hinter dem *Skalieren*-Werkzeug verbirgt, und markieren Sie alle Punkte, die verändert werden sollen, mit einem Auswahlrahmen oder mit der ⇧-Taste. Ziehen Sie die Punkte dann, um die Form des Pfads zu verändern. Die markierten Punkte bewegen sich als Einheit, jedoch nicht alle um dieselbe Distanz, wie es mit dem *Direktauswahl*-Werkzeug der Fall wäre. Stattdessen bewegen sich die nahe am Mauszeiger liegenden Punkte weiter, die weiter entfernt liegenden weniger weit.

Hinter dem *Skalieren*-Werkzeug finden Sie auch noch das *Verbiegen*-Werkzeug, mit dem sich Objekte neigen lassen.

### Einzeln transformieren

Öffnen Sie das Dialogfenster *Einzeln transformieren*, um mehrere Transformationen gleichzeitig auszuführen (*Objekt > Transformieren > Einzeln transformieren*). Sie können die Transformationen an einem oder mehreren Objekten durchführen. Dieses Dia-

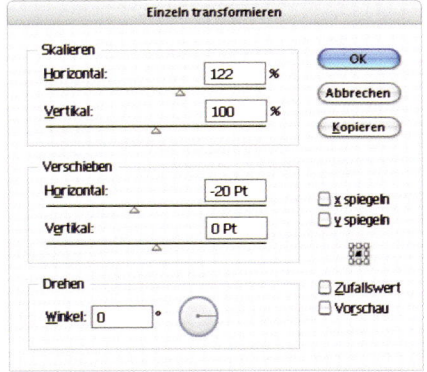

Das Dialogfenster *Einzeln transformieren (Objekt > Transformieren > Einzeln transformieren)*

logfenster bietet zusätzlich die Möglichkeit, Objekte an der X- und Y-Achse zu spiegeln und den Ursprung zu verändern. Möchten Sie eine Transformation anwenden und diese später eventuell noch verändern, versuchen Sie es mit einem Transformationseffekt (im Kapitel 11 „Interaktive Effekte & Grafikstile" erfahren Sie mehr über interaktive Effekte).

## Cleveres Arbeiten

### Sicherungsstrategien

Speichern Sie Ihre Arbeit alle paar Minuten ab. Das ist wahrscheinlich der wertvollste Ratschlag, den Sie je bekommen werden. Wählen Sie *Ablage/Datei > Speichern unter*, sobald Sie größere Veränderungen an Ihrem Bild vorgenommen haben, und vergeben Sie einen neuen Dateinamen.

Es ist viel zeitsparender, unterschiedliche Bildversionen zu speichern, als wieder auf einer früheren Version aufzubauen. Fertigen Sie zumindestens einmal täglich eine Sicherheitskopie Ihrer Arbeit an, ehe Sie den Rechner ausschalten. Stellen Sie sich einfach folgende Frage: „Was brauche ich, wenn sich dieser Computer nie mehr starten lässt?" Entwickeln Sie ein Backup-System mit CDs, DVDs, externen Laufwerken, DAT-Bändern oder optischen Datenträgern, mit dem Sie Ihre gesamte Arbeit archivieren können. Verwenden Sie ein Programm wie Retrospect von Dantz, um Ihren Archiven neue und veränderte Dateien automatisch hinzuzufügen.

Gewöhnen Sie sich an, quasi alles zu archivieren, und entwickeln Sie ein System zur Dateibezeichnung, das Ihnen dabei hilft, Ihre laufende Arbeit nachzuverfolgen, und das Ihnen das Wiederherstellen einer Arbeitsdatei im Bedarfsfall erleichtert. Achten Sie auch darauf, alle Dateien in einem benannten, datierten Verzeichnis aufzubewahren, in dem sie von anderen Projekten unterschieden werden können. (Weitere Informationen zum Sichern in anderen Dateiformaten finden Sie im Abschnitt „Bildformate" im weiteren Verlauf dieses Kapitels.)

### Mehrere Schritte rückgängig machen

In einigen Programmen können Sie nur den letzten Arbeitsschritt zurücknehmen. Illustrator ermöglicht Ihnen das Widerrufen „unbegrenzt vieler" Schritte. In der Praxis ist die Anzahl dieser Schritte also nur vom verfügbaren Speicher abhängig.

Sogar nach dem Speichern einer Datei können Sie Ihre Schritte weiterhin rückgängig machen (oder wiederherstellen), solange

> **Die Vorschau unterbrechen**
>
> Sie müssen nicht warten, bis Illustrator mit der Neuzeichnung der Vorschau fertig ist, bevor Sie das nächste Menü öffnen oder eine andere Aufgabe ausführen. Sie können die Neuzeichnung unterbrechen und in den Modus *Pfadansicht* wechseln, indem Sie `Strg`/`⌘`+`.` oder – nur unter Windows – die `Esc`-Taste drücken.

> **Zwei Ansichten**
>
> Illustrator erlaubt Ihnen im Modus *Pixelvorschau* ein präzises Anti-Aliasing. Im Modus *Überdruckenvorschau* können Sie überdruckte Objekte und Überfüllungen anzeigen.

Mit dem Befehl *Speichern unter* können Sie Zwischenstände Ihres Projekts unter unterschiedlichen Dateinamen speichern. Diese Strategie kann sehr sinnvoll sein, wenn Sie aus irgendeinem Grund zu einer vorherigen Version zurückkehren müssen.

> **Vergessen Sie Ihre Ecken nicht!**
>
> Wenn Sie Ihre Ecken in Illustrator mit *Ansicht > Ecken ausblenden* oder `⌘`/`Strg`+`H` ausgeblendet haben, bleiben sie für alle folgenden Pfade und Auswahlen unsichtbar. Wenn Sie versuchen, einen Pfad auszuwählen oder ein neues Objekt zu zeichnen, Ankerpunkte und Pfad aber nicht sichtbar sind, wählen Sie *Ansicht > Begrenzung einblenden*.

> **Das Bedienfeld Navigator**
>
> Das Bedienfeld *Navigator* (immer im Vorschau-Modus) bietet verschiedene Möglichkeiten, Dokumente ein- und auszuzoomen:
> - Doppelklicken Sie auf die Hügelsymbole am unteren Rand des Bedienfelds, um die Zoomstufe in 200%-Schritten zu erhöhen oder zu verringern.
> - Halten Sie die ⌘/Strg-Taste gedrückt und ziehen Sie einen Rahmen um den Bereich in der Navigator-Vorschau, den Sie ein- oder auszoomen möchten.
> - Aktivieren Sie im Bedienfeldmenü den Befehl *Nur Zeichenfläche/Schnittbereich anzeigen*, damit sich die Ansicht auf die Zeichenfläche beschränkt. Dies ist hilfreich, wenn Sie an einem Dokument mit Objekten auf der Montagefläche arbeiten (außerhalb der Seitenbegrenzungen), die Ihre Aufmerksamkeit ablenken.
>
> Sie können die Farbe des Rahmens um die Vorschau in den *Bedienfeldoptionen* im *Bedienfeldmenü* ändern.
>
> **Hinweis:** Die Arbeit mit dem Navigator könnte sich verlangsamen, wenn Ihre Datei viele Textobjekte enthält. Der Navigator erzeugt eine Miniaturansicht des Dokuments. Jedes Mal, wenn sie scrollen oder zoomen, muss der Navigator die Vorschau neu zeichnen. Wenn Sie das Navigator-Bedienfeld nicht benötigen, sollten Sie es schließen.

Sie die Datei nicht geschlossen und wieder geöffnet haben. Sie können also die aktuelle Version sichern, in einen früheren Zustand zurückversetzen und erneut speichern, unter einem anderen Namen ablegen oder die Arbeit von einem früheren Stadium aus fortsetzen. Sobald Sie eine Datei schließen, wird Ihr Arbeitsverlauf jedoch aus dem Speicher gelöscht, so dass Sie Ihre Schritte beim nächsten Öffnen der Datei nicht mehr zurückverfolgen können.

Auch mit *Ablage/Datei > Zurück zur letzten Version* können Sie die zuletzt gespeicherte Version einer Datei wiederherstellen. Dieser Schritt lässt sich jedoch nicht rückgängig machen, seien Sie also vorsichtig damit.

**Anmerkung:** Nicht alle Operationen lassen sich rückgängig machen. Änderungen an den Voreinstellungen oder der Bildschirmvergrößerung können beispielsweise nicht zurückgenommen werden.

## Ändern Sie Ihre Ansicht

Vom *Ansicht*-Menü aus können Sie diverse Elemente ein- und ausblenden, etwa Raster, Hilfslinien, magnetische Hilfslinien, Transparenzraster, Ecken, Zeichenflächen und Seitenaufteilungen.

### Vorschau und Pfadansicht

Verwenden Sie die *Vorschau* und die *Pfadansicht*, um die Geschwindigkeit des Bildschirmaufbaus zu beeinflussen. Schalten Sie zwischen den beiden Modi über das *Ansicht*-Menü um. Im *Vorschau*-Modus betrachten Sie das Dokument in Farbe, im *Pfadansicht*-Modus sehen Sie nur die Drahtgitter der Objekte.

Illustrator bietet auch eine großartige Möglichkeit, Geschwindigkeit und Qualität des Bildschirmaufbaus bei Verwendung des *Hand*-Werkzeugs zu beeinflussen. Im Bereich *Einheiten und Anzeigeleistung* der Voreinstellungen gibt es einen Regler zur Einstellung der Anzeigeleistung für das *Hand*-Werkzeug. Hier können Sie Ihren persönlichen Kompromiss aus Geschwindigkeit und Qualität der Aktualisierungen treffen.

### Neue Ansicht

Um ehrlich zu sein, funktioniert diese Funktion nicht mehr zuverlässig, seit die Ebenenstruktur von Illustrator um Unterebenen und Objekte erweitert wurde. Theoretisch können Sie durch Auswahl von *Ansicht > Neue Ansicht* Ihr derzeitiges Betrachtungsfenster samt Vergrößerungsfaktor und verborgenen, gesperrten

> **Wo ist das Fenster geblieben?**
>
> Wenn Sie viele Fenster geöffnet haben, wählen Sie einfach die Datei, die Sie aktivieren möchten, aus der Liste der Dateien am Ende des *Fenster*-Menüs.

oder im Vorschaumodus befindlichen Ebenen sichern. Benutzerdefinierte Ansichten erscheinen am Ende des Ansicht-Menüs, von wo aus Sie eine gespeicherte Ansicht aufrufen können. Eine Ansicht lässt sich umbenennen; die Ansichten selbst lassen sich jedoch nicht bearbeiten. (Ausführliche Erläuterungen zu Ebenen und Unterebenen finden Sie im Kapitel 6 „Ebenen & Aussehen".)

## Neues Fenster

Illustrator kann verschiedene Ansichten Ihres aktuellen Bilds gleichzeitig anzeigen. Auf diese Weise betrachten Sie verschiedene Proofeinstellungen, Überdrucken- oder Pixelvorschauen und Vergrößerungsstufen separat. Die Größe jedes Fensters lässt sich einzeln anpassen und die Ecken lassen sich jeweils separat ein- oder ausblenden. Auch können verschiedene Ebenen verborgen oder gesperrt werden und es stehen Ihnen die Modi *Vorschau* oder *Pfadansicht* zur Verfügung (siehe Kapitel 6 „Ebenen & Aussehen" und Abschnitt „Ecken ausblenden/Begrenzung einblenden" im weiteren Verlauf des Kapitels). Bei der Verwendung mehrerer Fenster für eine Datei können Sie zum Beispiel das gesamte Bild im *Vorschau*-Modus betrachten, während Sie unter starker Vergrößerung im *Pfadansicht*-Modus arbeiten. Das kann sinnvoll sein, wenn Sie einen großen Monitor oder mehrere Monitore verwenden. Die meisten Fenstereinstellungen werden beim Speichern Ihrer Datei mit gesichert.

## Fenstersteuerung

Ganz unten im Werkzeug-Bedienfeld befinden sich vier Einstellungen zum Ändern des Bildschirmmodus. Die Grundeinstellung ist der *Standard-Bildschirmmodus* (der Arbeitsplatz ist neben Ihrem Dokumentfenster zu sehen). Im *Vollbildmodus mit Menüleiste* ist das Dokumentfenster zu sehen, jedoch ist das Bild in der Mitte fixiert; es ist kein Arbeitsplatz mehr zu sehen, das Menü ist zugänglich. *Vollbildmodus* verhält sich identisch, jedoch ohne Menüzugriff. Im *Maximierten Bildschirmmodus* wird das Dokumentfenster innerhalb des Programmfensters größtmöglich dargestellt. Sie können die verschiedenen Ansichten mit der F-Taste durchschalten.

## Ein- und Auszoomen

Illustrator bietet unterschiedlichste Möglichkeiten zum Ein- und Auszoomen:

- Im Menü *Ansicht* finden Sie die Optionen *Ein-/Auszoomen*, *Originalgröße* und *In Fenster einpassen*.

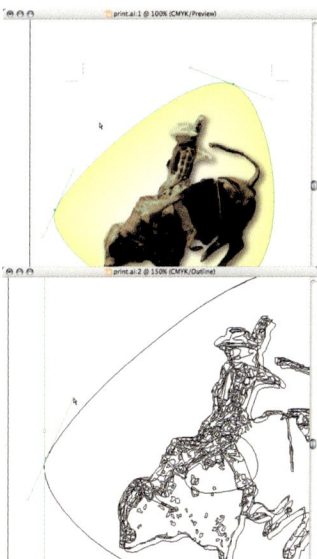

*Fenster > Neues Fenster* ermöglicht Ihnen eine andere Ansicht derselben Illustration. Jedes Fenster kann andere Abmessungen und einen anderen Ansichtsmodus haben (Vorschau, Pfadansicht usw.), unterschiedliche Zoomstufen und unterschiedliche sichtbare Ebenen.

### Zoom-Tastenkürzel während der Eingabe

Drücken Sie ⌘/Strg+=, um einzuzoomen, und ⌘/Strg+-, um auszuzoomen. Dies funktioniert sogar, wenn Sie im Texteingabemodus mit dem *Text*-Werkzeug Text eingeben.

### Flottes Zoomen

Die aktuelle Vergrößerungsstufe wird in der linken unteren Ecke Ihres Dokuments angezeigt. Im Popup-Menü erhalten Sie eine Liste von Prozentsätzen (3,13% bis 6400%) oder den Befehl *Ganzes Bild*. Alternativ klicken Sie in das Textfeld und geben einen beliebigen Prozentsatz innerhalb des Minimal- oder Maximalwerts ein.

> **Zum Verständnis: magnetische Hilfslinien**
>
> Es gibt eine Vielzahl von Voreinstellungen für magnetische Hilfslinien:
> - *Texttipps* zeigen Informationen über ein Objekt, wenn der Mauszeiger darauf zeigt. Dies ist nützlich, wenn Sie ein bestimmtes Objekt innerhalb einer komplizierten Illustration identifizieren möchten.
> - *Konstruktionslinien* sind die temporären Hilfslinien, die Ihnen die Ausrichtung von Objekten und Ankerpunkten erleichtern.
> - *Transformieren-Werkzeuge* unterstützen Sie bei Transformationen.
> - Mit der *Objekthervorhebung* erscheint der Ankerpunkt, Mittelpunkt und Pfad eines nicht ausgewählten Objekts, wenn der Mauszeiger sich innerhalb einer festgelegten Toleranz in der Nähe des Objekts befindet. Dies kann sehr nützlich sein, wenn Sie Objekte aneinander ausrichten möchten. Für beste Ergebnisse beim Ausrichten wählen Sie den Ankerpunkt eines Objekts oder den Mittelpunkt.
>
> **Hinweis:** *Magnetische Hilfslinien verlangsamen Ihre Arbeit an sehr großen Dateien. Auch ist die Ausrichtung an magnetischen Hilfslinien nicht möglich, wenn* Ansicht > Am Raster ausrichten *aktiviert ist.*

- Mit dem *Zoomwerkzeug*. Klicken Sie, um die Darstellung zu vergrößern. Mit gedrückter Alt-Taste zoomen Sie beim Klicken eine Stufe heraus. Alternativ markieren Sie durch Klicken und Ziehen einen Bereich, mit dem Illustrator dann versucht, das aktuelle Fenster auszufüllen.

- Verwenden der ⌘/Strg-Taste zum Zoomen. Unter Verwendung jedes Werkzeugs können Sie mit ⌘/Strg+- aus- und mit ⌘/Strg++ einzoomen. Oder Sie halten die Tastenkombination ⌘/Strg+Leertaste gedrückt. Sie können dann klicken und ziehen, um einzuzoomen. Mit zusätzlich gedrückter Alt-Taste zoomen Sie aus.

- Verwenden Sie Kontextmenüs. Solange nichts ausgewählt ist, gelangen Sie über einen Klick mit gedrückter Ctrl-Taste (Mac) bzw. Rechtsklick in ein Kontextmenü. Von dort aus können Sie ein- und auszoomen, die Ansicht verändern, Arbeitsschritte rückgängig machen und Hilfslinien, Raster und Lineale ein- oder ausblenden.

- *Navigator*-Bedienfeld. Mit dem Bedienfeld *Navigator* können Sie schnell ein- und auszoomen und den Ansichtsbereich über die Miniaturansicht im Bedienfeld verändern (siehe Tipp „Das Bedienfeld Navigator" auf Seite 26).

### Lineale, Hilfslinien, magnetische Hilfslinien und Raster

Blenden Sie die Hilfslinien im Menü *Ansicht* ein oder aus oder verwenden Sie das Tastenkürzel ⌘/Strg+; bzw. das Kontextmenü, solange nichts in Ihrem Dokument markiert ist. Die Maßeinheiten der Lineale werden für ein Dokument in den Dokumenteinstellungen festgelegt. Wenn alle neuen Dokumente eine bestimmte Maßeinheit verwenden sollen, verändern Sie die Voreinstellungen für die Maßeinheiten (*Voreinstellungen > Einheiten und Anzeigeleistung*).

Auch wenn sich das Lineal in der linken oberen Ecke befindet, liegt der Ursprung (0,0) in der linken unteren Seitenecke. Um den Linealursprung zu verändern, erfassen Sie die linke obere Ecke (die Stelle, wo sich das horizontale und das vertikale Lineal treffen) und ziehen Sie das Fadenkreuz an die gewünschte Position. Die Nullpunkte der Lineale werden dann auf die Stelle gesetzt, an der Sie die Maustaste loslassen. Um die Standardeinstellungen wiederherzustellen, genügt ein Doppelklick in die linke obere Ecke. Vorsicht – das Verändern des Linealursprungs führt zur Neuausrichtung aller Muster und wirkt sich auch auf die Ausrichtung bei *Davor/Dahinter einfügen* zwischen unterschiedlichen Dokumenten aus. (Mehr zu *Davor/Dahinter einfügen* erfahren Sie im Kapitel 6 „Ebenen & Aussehen".)

> **In der Klemme? Hier kommt Hilfe.**
>
> Adobe bietet viele Möglichkeiten, die Arbeit mit Illustrator zu erlernen und mit Problemen fertigzuwerden. Wählen Sie *Hilfe > Illustrator-Hilfe* oder drücken Sie F1.

Um einfache vertikale oder horizontale Linealhilfslinien zu erstellen, klicken Sie auf eines der Lineale und ziehen Sie eine Hilfslinie in Ihr Bild. Farbe und Stil der Hilfslinien können Sie in den Voreinstellungen festlegen. Hilfslinien sind nach der Erstellung automatisch gesperrt.

Um eine Hilfslinie rasch zu entsperren, führen Sie einen Doppelklick mit gedrückten ⌘/Strg+⇧-Tasten darauf aus. Sie können Hilfslinien in der *Vorschau*-Ansicht über das Kontextmenü sperren und entsperren.

Beachten Sie, dass sich das Sperren und Entsperren von Hilfslinien auf alle geöffneten Dokumente auswirkt. Falls in Ihrem Dokument zu viele Hilfslinien angezeigt werden, wählen Sie einfach *Ansicht > Hilfslinien > Hilfslinien ausblenden*.

Mit *Ansicht > Hilfslinien > Hilfslinien einblenden* machen Sie sie wieder sichtbar. Wenn alle Hilfslinien komplett gelöscht werden sollen, wählen Sie *Ansicht > Hilfslinien > Hilfslinien löschen*. Das wirkt sich nur auf Hilfslinien aus, die auf sichtbaren, entsperrten Ebenen liegen. Auf gesperrten oder verborgenen Ebenen befindliche Hilfslinien bleiben hingegen erhalten.

In der Lektion „Perspektive schaffen" im Kapitel 6 „Ebenen & Aussehen" erfahren Sie, wie sich aus Objekten oder Pfaden benutzerdefinierte Hilfslinien erzeugen lassen.

Magnetische Hilfslinien können etwas nervtötend sein, wenn sie bei der Arbeit ständig aufblinken. Mit ein wenig Übung und Verständnis werden Sie jedoch herausfinden, wie sie sich in Ihren Workflow einbinden lassen (siehe Tipp links). Illustrator verfügt zudem über automatische Raster.

Zur Anzeige der Raster wählen Sie *Ansicht > Raster einblenden* oder verwenden Sie das Kontextmenü. Über *Voreinstellungen > Hilfslinien und Raster* lassen sich auch Farbe, Linienstil (gepunktet oder durchgezogen) und Größe der Rasterunterteilungen festlegen. Im Menü *Ansicht* aktivieren Sie auch die Funktion *Am Raster ausrichten* (siehe Tipp „Die starke Rasterfunktion" rechts).

**Wichtig:** Wenn Sie die X- und Y-Achsen in den allgemeinen Voreinstellungen über das Feld *Bildachse* anpassen, wirkt sich dies auf die gezeichneten Objekte und Transformierungen in Ihrem Raster aus, weil diese dem geänderten Winkel folgen, wenn Sie ein neues Objekt erzeugen.

### Die starke Rasterfunktion

Passen Sie Ihre Raster in Illustrator an. Wählen Sie einen Rasterstil und eine Farbe.

- Wählen Sie *Ansicht > Raster einblenden*, verwenden Sie das Kontextmenü oder betätigen Sie die Tastenkombination ⌘/Strg+<.
- Schalten Sie die Ausrichtung am Raster über das Menü *Ansicht* ein und aus oder verwenden Sie die Tastenkombination ⌘/Strg+⇧+<.
- Stellen Sie die Rasterlinien und Unterteilungen für Ihr Raster über *Voreinstellungen > Hilfslinien und Raster* ein und wählen Sie entweder gepunktete oder durchgezogene Unterteilungen und deren Farbe.
- Um das Raster vor oder hinter Ihrer Illustration anzuzeigen, aktivieren oder deaktivieren Sie das Kontrollkästchen *Raster im Hintergrund* in denselben Voreinstellungen.
- Drehen Sie das Raster, indem Sie in den allgemeinen Voreinstellungen einen Drehwinkel in das Feld *Bildachse* eingeben.

**Hinweis:** *Die Bildachse beeinflusst den Winkel, in dem Objekte gezeichnet und verschoben werden. Mehr über die Verwendung dieser Funktion für isometrische Grafiken erfahren Sie im Kapitel 3* „Zeichnen & Färben".

### AICS3-Dateien werden beschnitten!

Anders als in Illustrator-Versionen vor CS2 werden Grafiken, die sich über die Papiergröße hinaus erstrecken, abgeschnitten, wenn Sie ein AiCS2 oder CS3-Bild in einer anderen Anwendung wie Photoshop, InDesign oder einer vorherigen Version von Illustrator platzieren oder öffnen. Dies lässt sich durch die Wahl einer größeren Papiergröße vermeiden, bevor Sie als CS3-Datei speichern.

## Begrenzungsrahmen und Ecken ausblenden

Wenn Sie den Befehl *Ecken ausblenden* aktivieren und dabei auch den Befehl *Begrenzungsrahmen einblenden* aktiviert haben (beide im Menü *Ansicht*), bleibt der Begrenzungsrahmen sichtbar, während die Ankerpunkte und Pfade der Objekte ausgeblendet werden.

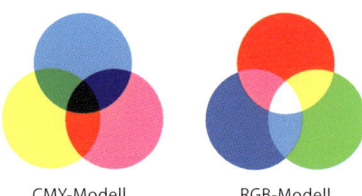

CMY-Modell   RGB-Modell

Die subtraktiven CMY (Cyan, Magenta, Gelb)-Farben werden dunkler, wenn sie gemischt werden. Die additiven RGB (Rot, Grün, Blau)-Farben ergeben in Kombination Weiß.

## RGB in CMYK konvertieren

Obwohl Sie in Illustrator über *Datei > Dokumentfarbmodus > CMYK/RGB* Konvertierungen von RGB nach CMYK (und umgekehrt) vornehmen können, ergeben solche Konvertierungen eventuell unerwünschte Farbstiche. Konsultieren Sie die *Illustrator-Hilfe*, Ihren Dienstleister und/oder Ihre Druckerei für detaillierte Anweisungen auf der Grundlage Ihres Jobs.

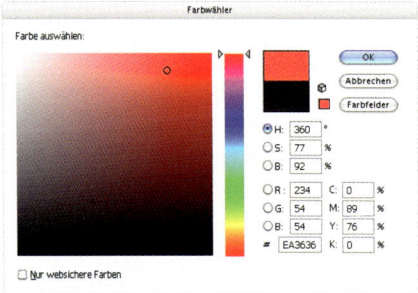

Adobe Farbwähler

## Transparenzraster & farbiges Papier simulieren

Sie können den Hintergrund der Zeichenfläche als Transparenzraster (zum besseren Erkennen von Transparenz) oder Farbe anzeigen lassen. Beide Attribute – sowohl das Transparenzraster als auch die simulierte Papierfarbe – werden beim Drucken nicht berücksichtigt.

Zur Anzeige des Transparenzrasters wählen Sie *Ansicht > Transparenzraster einblenden*. Verändern Sie die Rasterfarben im Bereich *Transparenz* des Dialogfensters *Dokument einrichten*. Wenn Sie beide Rasterfarben auf denselben Farbwert setzen, können Sie statt des weißen Hintergrunds einen farbigen verwenden (siehe Kapitel 9 „Transparenz".

## Ecken ausblenden/Begrenzung einblenden

Falls der Anblick der ganzen Ankerpunkte und farbigen Objektpfade Sie zu sehr von der eigentlichen Arbeit mit Ihren markierten Objekten im aktuellen Dokumentfenster ablenkt, wählen Sie *Ansicht > Ecken ausblenden*. Mit *Ansicht > Begrenzung einblenden* machen Sie sie wieder sichtbar. Der Tastaturbefehl zum Umschalten lautet ⌘/Strg+H. Sobald Sie die Ecken verbergen, werden auch die Ecken der nachfolgend angelegten Pfade nicht mehr dargestellt, bis Sie die Begrenzungen wieder einblenden. Die von Ihnen gewählte Einstellung bleibt beim Speichern der Datei erhalten.

# Farbe in Illustrator

Die heutigen Computerbildschirme für Endverbraucher erzeugen Farben aus einer Mischung roten, grünen und blauen Lichts (RGB). Sie stimmen daher nicht mit der Farbwiedergabe des CMYK-Vierfarbdrucks auf Papier mit den Druckfarben Cyan, Magenta, Gelb und Schwarz überein. Daher müssen Sie die derzeitige Anzeigetechnik mit Notlösungen wie einer Monitorkalibrierung an die Gegebenheiten anpassen.

## In RBG oder CMYK arbeiten

In Illustrator können Sie sowohl im RGB- als auch im CMYK-Modus arbeiten und drucken. Das ist ein fragwürdiger Segen, weil leuchtende RGB-Farben beim Druckprozess nicht sauber reproduziert werden können. Die RGB-Farben wirken nach dem Drucken dementsprechend sumpfig oder gedämpft. Wenn Ihr Bild am Ende gedruckt werden soll, arbeiten Sie in CMYK!

Verwenden Sie den RGB-Farbraum, wenn Sie Bilder erstellen, die auf einem Bildschirm dargestellt werden sollen, oder um eine Volltonfarbe auf Ihrem Drucker zu simulieren. Mehr zur Arbeit in RGB erfahren Sie im Kapitel 14 „Web & Animation".

**Nur ein Farbraum**

Beim Anlegen eines neuen Dokuments wählen Sie einen Farbmodus beziehungsweise Farbraum. Illustrator bietet nun nicht mehr die Möglichkeit, mehrere Farbräume gleichzeitig zu verwenden. Wenn Sie im Druckbereich arbeiten, stellen Sie vor der Ausgabe immer sicher, dass Ihre Dateien das passende Farbmodell verwenden. Der Farbmodus des Dokuments wird immer in der Titelleiste neben dem Dateinamen angegeben. Sie können den Farbmodus des Dokuments jederzeit über *Ablage/Datei > Dokumentfarbmodus* in RGB- oder CMYK-Farbe ändern.

Beim Öffnen älterer Illustrator-Dokumente, die Objekte mit gemischten Farbräumen enthalten, erscheint eine Warnmeldung mit der Aufforderung, einen Farbmodus zu wählen (RGB oder CMYK). Derzeit werden verknüpfte Bilder nicht in den Farbmodus des Dokuments konvertiert. Wenn Sie im Bedienfeld *Dokumentinformationen Verknüpfte Bilder* wählen, ist die Information *Art* irreführend. Wenn Sie zum Beispiel ein CMYK-Dokument mit einem verknüpften RGB-Bild haben, wird der Typ des verknüpften Bilds als *Transparentes CMYK* ausgegeben. Das verknüpfte Bild selbst wurde nicht umgewandelt, aber seine Voransicht wurde nach CMYK konvertiert.

**Farbsysteme und -bibliotheken**

Zwar liegen Ihre Dokumente entweder in RGB oder CMYK vor; doch können Sie Farben auch mit HSB-Reglern mischen (Farbton, Sättigung und Helligkeit). Sie können auch Farben aus anderen Farbsystemen auswählen, etwa aus den 216 websicheren Farben oder dem Farbwähler. Sie haben Zugriff auf die Focoltone-, DIC Color-, Toyo-, Trumatch- und Pantone-Bibliotheken oder die Webpalette, wenn Sie *Farbfelder-Bibliothek öffnen* aus dem *Farbfelder*-Popup-Menü wählen. Weitere Möglichkeiten bieten die Popup-Menüs des Bedienfelds *Steuerung* (durch Anklicken der Flächen- oder Konturfarbe oder des Pfeils) und das Menü *Fenster*. Denken Sie daran, dass sich Farbbibliotheken als gesonderte, nicht bearbeitbare Bedienfelder öffnen. Sobald Sie jedoch ein Farbfeld daraus verwenden, wird es automatisch in Ihr Bedienfeld *Farbfelder* übernommen, von wo aus Sie es bearbeiten können. Standardmäßig zeigt das Bedienfeld *Farbfelder* nur Farbfelder ohne Bezeichnungen an. Sollen Ihre Bedienfelder aussehen

---

**Gamut-Warnung**

Wenn Sie in CMYK drucken möchten und im Bedienfeld *Farbe* eine Gamut-Warnung sehen, befindet sich die aktuelle Farbe außerhalb des druckbaren Bereichs. Wechseln Sie entweder im Pop-up-Menü *Farbe* in den CMYK-Modus oder klicken Sie neben der Gamut-Warnung auf das Kästchen *Innerhalb des Farbumfangs*. Dann erhalten Sie eine RGB- oder HSB-Annäherung. Wenn Sie in den Modus CMYK wechseln, sehen Sie die tatsächlichen Farbwerte.

**Der Proof in der Vorschau**

Möchten Sie die bestmögliche Bildschirmvorschau für Ihre Illustration sehen? Wählen Sie *Ansicht > Überdruckvorschau* für die beste Möglichkeit, einen Farbproof auf Ihrem Bildschirm durchzuführen und zu überprüfen, wie Ihre Grafik gedruckt aussehen wird.

**Farbfelder austauschen**

Die Funktion *Farbbibliothek als ASE speichern* gibt Ihnen die Möglichkeit, Farbfelder zwischen den CS3-Anwendungen auszutauschen. In Illustrator erzeugte Farbfelder können Sie so für die Verwendung in Photoshop und InDesign speichern und umgekehrt. Mehr über diese neue Funktion erfahren Sie im Kapitel 3 „Zeichnen & Färben".

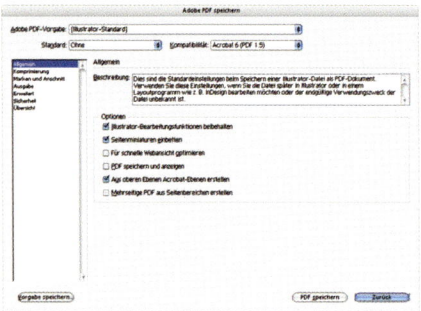

Das Dialogfenster *Adobe PDF speichern* (wählen Sie im Menü *Format* des Dialogfensters *Datei > Speichern* oder *Datei > Speichern unter* den Eintrag *Illustrator PDF*)

```
Acrobat 4 (PDF 1.3)
Acrobat 5 (PDF 1.4)
Acrobat 6 (PDF 1.5)
Acrobat 7 (PDF 1.6)
Acrobat 8 (PDF 1.7)
```

Das Menü *Kompatibilität* im Dialogfenster *Adobe PDF speichern*

```
Benutzerdefiniert

[Illustrator-Standard]

[Qualitativ hochwertiger Druck]
[PDF/X-1a:2001]
[PDF/X-3:2002]
[PDF/X-4:2007]
[Druckausgabequalität]
[Kleinste Dateigröße]
```

Das Menü *Adobe PDF-Vorgabe* im Dialogfenster *Adobe PDF speichern*

### PDF-Einstellungen abklären

Wenn Sie eine PDF-Datei für den Dienstleister oder die Druckerei vorbereiten, denken Sie daran, den Produktionspartner nach der letztendlichen Ausgabeauflösung und anderen Einstellungen zu fragen. Es ist vielleicht notwendig, die Einstellungen für einen bestimmten Dienstleister zu ändern. In diesem Fall ist es sinnvoll, eine benutzerdefinierte Vorgabe zu erzeugen.

wie die in diesem Buch gezeigten, wechseln Sie im Bedienfeldmenü auf *Listenansicht*. Wenn Sie die Alt-Taste beim Auswählen einer Ansichtsoption gedrückt halten, werden alle Farbfelder auf die gewählte Darstellung umgeschaltet. Auf Stile, Pinsel oder Farbfelder aus anderen Dateien können Sie ebenfalls zugreifen. Verwenden Sie dazu die Befehle *Fenster > Farbfeldbibliotheken/Grafikstil-Bibliotheken/Pinsel-Bibliotheken/Symbol-Bibliotheken > Andere Bibliothek*. Der Menübefehl *Bibliothek öffnen* in den Bedienfeldern *Grafikstile*, *Pinsel*, *Symbole* und *Farbfelder* erfüllt jeweils denselben Zweck. Zudem befindet sich in der unteren linken Ecke der genannten Bedienfelder eine neue Schaltfläche zum Laden der Bibliotheken. Wählen Sie dann die Datei, die das gewünschte Element beinhaltet. Damit öffnet sich ein neues Bedienfeld mit den Komponenten dieses Dokuments. Um eine Komponente automatisch aus einer geöffneten Bibliothek in Ihr aktuelles Dokument zu übernehmen, wenden Sie den Grafikstil, den Pinsel, das Symbol oder das Farbfeld einfach an – oder ziehen Sie das Farbfeld aus seinem Bibliotheks-Bedienfeld in das Bedienfeld des Dokuments. (Weitere Informationen zur Arbeit mit Farbfeldern finden Sie in der Einleitung des Kapitels 3 „Zeichnen & Färben".)

## Als PDF speichern

Auch wenn Sie PDF- und Illustrator-Dateien bisher vielleicht als zwei Paar Stiefel betrachtet haben, besitzen diese viele Gemeinsamkeiten. Solange Sie im Dialogfenster *Illustrator-Optionen* die Option *PDF-kompatible Datei erstellen* markiert haben, handelt es sich bei Ihrer gespeicherten Illustrator-Datei (.ai) *tatsächlich* um eine PDF-Datei, die sich mit Adobe Reader und anderen PDF-Betrachtern öffnen lässt.

Illustrator lässt Sie jedoch auch genaueren Einfluss auf das zu erstellende PDF-Produkt nehmen. So können Sie die zu verwendende PDF-Version wählen und erhalten praktische PDF-Vorgaben, mit denen Sie schnell PDF-Dateien mit unterschiedlichen Einstellungen und Zielsetzungen abspeichern können.

Um eine Datei als PDF zu speichern, wählen Sie *Ablage/Datei > Sichern* oder *Sichern unter* und anschließend *Adobe PDF* aus dem Menü *Format*. Nachdem Sie auf *Sichern* geklickt haben, erscheint das Dialogfenster *Adobe PDF speichern*, in dem Sie aus zahlreichen Optionen und Einstellungen wählen können. Dazu gehören unter anderem *Kompatibilität* (PDF-Version), *Komprimierung*, *Marken und Anschnitt* und Sicherheitseinstellungen.

Im Menü *Kompatibilität* können Sie aus verschiedenen PDF-Versionen wählen. Der Standard von Illustrator CS3 ist PDF 1.5. Dieses Format ist kompatibel zu Acrobat 6. Sie können auch die neueren

Formate PDF 1.6 und 1.7 verwenden, die zu Acrobat 7 bzw. 8 kompatibel sind und bereits fortschrittliche Funktionen wie PDF-Ebenen in Reserve halten. Diese Dateien sind jedoch möglicherweise nicht kompatibel zu früheren Acrobat-Versionen. Wenn Sie eine Datei möglichst umfassend verbreiten möchten, sollten Sie also vielleicht eher PDF 1.4 oder sogar 1.3 verwenden, um maximale Kompatibilität zu gewährleisten. PDF 1.3 ist kompatibel zu Acrobat 4 und kann von der größten Anwendergruppe betrachtet und ausgedruckt werden; dieses Format unterstützt jedoch keine Transparenz. (Gelegentlich kann Ihnen genau diese Eigenschaft sogar entgegenkommen – zum Beispiel, wenn Sie die Transparenz zur Übermittlung an die Druckerei aus der Datei herausrechnen wollen.)

Aus dem Menü *Adobe PDF-Vorgabe* können Sie schnell auf häufig verwendete PDF-Vorgaben zugreifen. Über den Menüpunkt *Benutzerdefiniert* legen Sie bei Bedarf Ihre eigenen Vorgaben an. Dazu nehmen Sie Ihre Einstellungen vor und klicken dann die Schaltfläche *Vorgabe speichern* am unteren Rand des Dialogfensters. Illustrator enthält zudem einige vordefinierte Vorgaben, mit denen Sie experimentieren können. PDF-Einstellungen können auch zwischen den verschiedenen Anwendungen der Creative Suite ausgetauscht werden.

## Bildformate

Möglicherweise müssen Sie ein Dokument öffnen, das in einer früheren Version von Illustrator erzeugt wurde (in FreeHand, CorelDraw und einigen 3D-Programmen können Sie Bilder in älteren Illustrator-Formaten speichern). Ziehen Sie die Datei auf das Illustrator-Symbol oder öffnen Sie sie von Illustrator aus mit dem Befehl *Ablage/Datei > Öffnen*. Ihr Dokument wird in das Format von Illustrator CS3 umgewandelt und an den Dateinamen wird der Text *[Konvertiert]* angehängt. Möchten Sie in einem früheren Format als Illustrator CS3 speichern, wählen Sie zunächst *Ablage/Datei > Sichern unter* und dann *Adobe Illustrator* aus dem *Format*-Menü. Nachdem Sie einen Dateinamen vergeben und *Speichern* angeklickt haben, erscheint das Dialogfenster *Illustrator-Optionen* mit einem Popup-Menü für die Dateiversion. Hier haben Sie die Auswahl zwischen einer Anzahl von älteren AI-Versionen.

Wenn Sie eine ältere Datei mit Textobjekten öffnen, erscheint ein Dialogfenster, in dem abgefragt wird, wie die Konvertierung des Texts gehandhabt werden soll, da die derzeitige Textdarstellungsengine von Illustrator sich in ihrer Arbeitsweise stark von jener der Versionen vor CS unterscheidet. Im Kapitel 7 „Text" (und in der Illustrator-Hilfe) finden Sie nähere Informationen zum Umgang mit altem Text.

> ### Verknüpfungen verwalten
>
> Das Bedienfeld *Verknüpfungen* enthält eine fortlaufende (und aktualisierbare) Liste aller Bilder in Ihrem Dokument, ob diese nun verknüpft oder eingebettet sind. Dieses Bedienfeld enthält die folgenden Schlüsselfunktionen:
>
> - Sie können hier schnell herausfinden, ob Ihnen eine Verknüpfung fehlt (Fragezeichensymbol in der Zeile der Verknüpfung) oder aktualisiert werden muss (Ausrufezeichensymbol).
> - Sie können einen Link ersetzen, aktualisieren, ansteuern oder bearbeiten, indem Sie auf das entsprechende Symbol klicken.
> - Über das Bedienfeldmenü können Sie ein verknüpftes Bild in ein eingebettetes Bild ändern.
> - Sie können Informationen über die Verknüpfung anzeigen (Dateiname, Speicherort, Größe, Art, Änderungsdatum und vorgenommene Transformierungen). Dazu doppelklicken Sie auf die jeweilige Verknüpfung und öffnen damit das Dialogfenster *Verknüpfungsinformationen* (nicht für alle Formate sind sämtliche Informationen verfügbar).

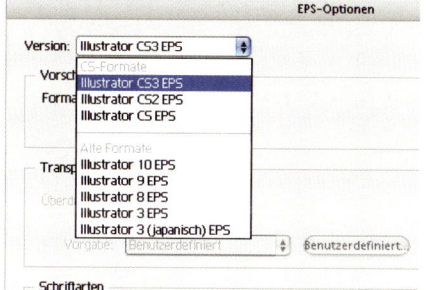

Um auf alte Formate zuzugreifen, müssen Sie zuerst das Standard-Illustrator-Format (.ai) aus dem Dialogfenster *Speichern* oder *Speichern unter* wählen. Im resultierenden Dialogfenster *Illustrator-Optionen* wählen Sie dann das gewünschte alte Format aus dem Popup-Menü *Version*.

### Illustrator-CS3-Dateien …

Auch in früheren Versionen von Illustrator können Sie Illustrator-CS3-Dateien öffnen. Voraussetzung ist, dass die Datei mit aktivierter Option *PDF-kompatible Datei erstellen* gespeichert wird. Sie erhalten eine Warnmeldung über das Öffnen der Datei und verlieren alle Ebenen, Farbfelder, Symbole, Stile und manche bearbeitbaren Texte. Die Datei behält jedoch ihr Aussehen.

### Neue PostScript-Levels

Adobe PostScript Level 3 (PS3) verbessert den Druck, sorgt für glattere Verläufe und erzeugt bessere Ergebnisse mit Dateien, die Transparenzen enthalten. Technische Informationen über PS3 erhalten Sie auf *adobe.com*, wenn Sie nach „PostScript 3" suchen. Sie können andere Suchbegriffe hinzufügen, über die Sie Informationen benötigen, zum Beispiel „trapping" (Überfüllung) oder „printing" (ohne Anführungszeichen).

### Sind Pixelbilder die Lösung?

Die meisten Druckprobleme in Illustrator haben mit Transparenzen und Transparenzreduzierung zu tun. Die optimale Einstellung für den *Pixelbilder-/Vektoren*-Regler in den *Transparenzreduzierungsvorgaben* wäre, wenn Sie ihn komplett auf Vektoren ziehen würden. Wenn es aber Probleme beim Drucken gibt, können Sie versuchen, ihn auf Pixelbilder zu ziehen. Das kann in manchen Fällen hilfreich sein. Die *Transparenzreduzierungsvorgaben* erreichen Sie unter anderem über den Druckdialog und das Bedienfeld *Reduzierungsvorschau*. Mehr darüber erfahren Sie im Kapitel 9 „Transparenz".

## Andere Bildformate

Illustrator unterstützt zahlreiche Dateiformate (etwa SWF, SVG, GIF, JPEG, TIFF, PICT, PCX, Pixar und Photoshop). Sie können auch PDF-Dokumente und sogar „rohe" PostScript-dateien direkt mit Illustrator öffnen und bearbeiten. Beim Platzieren von Bildern in einem Dokument können Sie entscheiden, ob diese Dateien verknüpft bleiben (siehe Tipp „*Verknüpfungen verwalten*" auf der vorhergehende Seite) oder zu eingebetteten Bildobjekten werden sollen (im Kapitel 15 „Illustrator & andere Programme" finden Sie Einzelheiten zum Einbetten und im Kapitel 14 „Web & Animation" nähere Informationen zu im Web gebräuchlichen Formaten). Mit *Ablage/Datei > Öffnen* werden die Bilder eingebettet. In der Illustrator-Hilfe und den Liesmich-Dateien finden Sie Listen der von dieser Version unterstützten Dateitypen. Auf der Adobe-Website (www.adobe.com) erhalten Sie die aktuellsten Informationen zu unterstützten Dateitypen und Plug-Ins für andere Dateiformate. Mehr zu Dateiformaten können Sie im Kapitel 15 „Illustrator & andere Programme" nachlesen.

## PostScript-Druck & EPS

Wenn Ihre Illustration fertig zum Drucken ist, sollten Sie für optimale Resultate einen PostScript Drucker verwenden. Adobe besitzt die Rechte an der PostScript-Sprache und lizenziert diese, weshalb PostScript-Drucker etwas teurer sind als nicht PostScript-fähige Geräte. Sie können auf vielen nicht PostScript-fähigen Druckern Proofs Ihrer Bilder erstellen. Illustrator-Bilder werden häufig einwandfrei auf diesen Geräten ausgegeben, aber manchmal kann es zu Problemen kommen. Je neuer das PostScript-Gerät ist, desto schneller und problemloser funktioniert in der Regel die Ausgabe.

Drucker, die PostScript Level 2 oder 3 beherrschen, bieten ein klareres Druckbild und sogar einige Spezialeffekte wie Illustrators Integration der Smooth-Shading-Technologie von PostScript Level 3 (die Verläufe deutlich besser wiedergeben und Probleme durch Streifenbildung reduzieren sollte). Schließlich werden Ihre Texte und Bilder auch umso schneller gedruckt, je mehr Speicher Sie in Ihrem Drucker installiert haben. Bei entscheidenden Druckjobs zahlt sich eine gute Kommunikation mit Ihrem Dienstleister aus. Für diesen Fälle sollten Sie sich angewöhnen, Testdruckläufe zu fahren, um mögliche Probleme zu erkennen.

Falls Sie QuarkXPress für das Seitenlayout verwenden möchten, benötigen Sie möglicherweise *Speichern unter > Illustrator EPS*. Anders als Anwendungen von Adobe interpretiert XPress Illustrator-Dateien teilweise nicht vollständig korrekt. Encapsulated PostScript (EPS) ist im Grunde genommen ein totes Format; aber manchmal ist es immer noch die einzige Lösung. Mit dem Adobe PDF-Format könnten Sie aber ebenfalls Glück haben. Probieren Sie es also aus oder fragen Sie Ihren Dienstleister oder Ihren Kunden, welches Format sie bevorzugen.

### Druckprobleme beheben und vermeiden

Wenn Sie Probleme beim Drucken haben, vergewissern Sie sich zunächst, dass Ihre platzierten Bilder richtig verknüpft und die zum Drucken des Dokuments benötigten Schriften geladen sind. Überprüfen Sie das Dokument anschließend auf komplexe Objekte (z.B. Objekte mit vielen Punkten, zusammengesetzte Masken bzw. Formen oder Verlaufsgitter). (Im Kapitel 8 „Angleichungen, Verläufe & Gitter" werden Probleme beim Drucken von Objekten mit Verlaufsgittern näher beschrieben.) Verwenden Sie den Befehl *Kopie speichern* (um die Originaldatei zu erhalten), entfernen Sie die komplexen Objekte oder das komplexe Objekt und versuchen Sie die Ausgabe. Falls das nicht funktioniert, prüfen Sie, ob die Dialogfenster *Ablage/Datei > Dokument einrichten* und *Ablage/Datei > Drucken* die richtigen Einstellungen für Ihr Ausgabegerät enthalten.

Denken Sie daran, dass der umfassende Druckdialog von Illustrator viele Funktionen enthält, die vor Illustrator CS in den Dialogfenstern zur Seiteneinstellung und Separation zu finden waren. Der aktuelle Druckdialog gibt Ihnen jedoch viel mehr Einfluss auf jeden Teil des Ausgabeprozesses.

Wenn Sie Transparenzen oder Effekte mit Transparenz einsetzen, empfiehlt es sich, das Druckergebnis vorab im Bedienfeld *Fenster > Reduzierungsvorschau* zu begutachten. Informationen zu diesem Bedienfeld und andere Möglichkeiten zur Veränderung der Reduzierungseinstellungen finden Sie im Kapitel 9 „Transparenz". Die Druckergebnisse hängen von diesen Einstellungen ab. Weiterführende technische Unterstützung zum Drucken und zu Transparenz erhalten Sie auf der Adobe-Website (www.adobe.com).

### Mehr über die Beeinflussung der Größe Ihrer Dateien

In der Hauptsache sind eingebundene Bildobjekte, Pfade mit Mustern, Pinsel, komplexe Muster, eine Vielzahl von Füllmethoden und Verläufen (insbesondere Objekte mit Verlaufsgittern und Angleichungen zwischen Verläufen, verknüpfte Pixelgrafiken und Transparenz für einen Anstieg der Dateigröße verantwortlich. Verknüpfte Pixelbilder können zwar groß sein, doch ist dasselbe Bild als eingebettetes Bildobjekt noch deutlich größer. Trotzdem

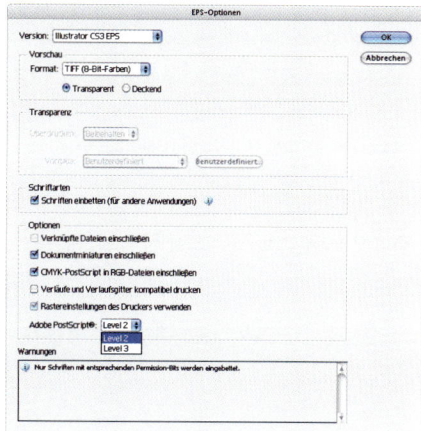

EPS ist vielleicht tot, aber Sie können Ihre Illustrator-Datei trotzdem im EPS-Format speichern, wenn Sie es für ältere Anwendungen benötigen.

#### Räumen Sie Pfade und Objekte auf

Wählen Sie *Objekt > Pfad > Aufräumen* und aktivieren Sie die Elemente, die Sie aus Ihrem Dokument entfernen möchten. Wählen Sie *Einzelne Ankerpunkte, Ungefüllte Objekte* und/oder *Leere Textpfade*. Klicken Sie auf *OK*, um diese Elemente zu entfernen.

#### Wissensdatenbank

Unter *Fenster > Adobe Labs* finden Sie das Bedienfeld *KnowHow*. Es bietet kontextsensitive Informationen, wie Tastenkombinationen, über das Werkzeug, das Sie ausgewählt haben. Es dient auch als Suchmaschine für die Illustrator-Hilfe und sogar für Artikel im Web zu den von Ihnen eingegebenen Themen.

> **Kleinere Illustrator-Dateien …**
>
> Damit die Dateigröße klein bleibt und die Speicherung schneller verläuft, können Sie die PDF-Kompatibilität abschalten (aber nur, wenn Sie diese nicht für das Platzieren oder Öffnen der Datei in einer anderen Anwendung benötigen).

> **Die Dateigröße minimieren**
>
> Bevor Sie versuchen, die Größe Ihrer Datei zu minimieren, stellen Sie sicher, dass Sie an einer Kopie arbeiten. Entfernen Sie dann alle nicht verwendeten Farben, Muster und Pinsel. Sie können dies mit einem Satz Standardaktionen ohne Probleme verwirklichen. Wählen Sie dazu den Befehl *Fenster > Aktionen* und dann *Nicht verwendete Bedienfeldelemente*. Klicken Sie auf die Schaltfläche *Aktuelle Auswahl abspielen*, um alle nicht verwendeten Grafikstile, Pinsel, Farbfelder und Symbole zu löschen. Um nur die Elemente in einem bestimmten Bedienfeld (zum Beispiel nur die Pinsel oder nur die Symbole) zu löschen, können Sie die Ansicht der Aktion *Nicht verwendete Bedienfeldelemente* erweitern und die gewünschte Aktion auswählen. Sobald Sie alle unnötigen Elemente gelöscht haben, speichern Sie die kleinere Version der Datei.

> **Objekte in einer Aktion speichern**
>
> Beim Aufzeichnen einer Aktion verwenden Sie das Bedienfeld *Attribute* (*Notiz einblenden*), um ein Objekt zu benennen. Außerdem verwenden Sie den Befehl *Objekt auswählen* im Bedienfeldmenü des Bedienfelds *Aktionen*, um den Namen des Objekts einzugeben und es damit auszuwählen.

müssen Sie beim Versenden Ihrer Illustrator-Datei alle platzierten Bilder (und Schriften) einbetten, damit der Empfänger diese richtig ausgeben kann. Die meisten Dienstleister empfehlen dringend, eigene Dateien im Adobe Portable Document Format (PDF) einzureichen. Dabei werden Ihre Datei, Bilder und Schriften zu einer einzelnen, relativ kleinen PDF-Datei „gebündelt", was den Ausgabeprozess stark vereinfacht und besser vorhersagbar macht (sprechen Sie sich im Vorfeld immer mit Ihrem Dienstleister ab).

## Aktionen

Aktionen bestehen aus einer Reihe von Befehlen oder Ereignissen, die Sie im Bedienfeld *Aktionen* aufnehmen und als Satz abspeichern. Einen einmal aufgenommenen Satz können Sie wieder abspielen und somit komplexe oder sich wiederholende Aufgaben automatisieren (etwa das Platzieren von Passkreuzen oder das Löschen aller nicht verwendeten Stile).

Markieren Sie die Aktion im Bedienfeld *Aktionen* und aktivieren Sie sie durch Anklicken der Schaltfläche *Abspielen* am unteren Rand des Bedienfelds. Sie können die Aktion auch einer Funktionstaste (F-Taste) auf Ihrer Tastatur zuordnen und dann per Tastendruck abspielen. Sie können einen Aktionssatz, eine einzelne Aktion oder einen Befehl aus einer Aktion zum Abspielen auswählen. Um einen einzelnen Befehl vom Abspielen einer Aktion auszuschließen, deaktivieren Sie das Kontrollfeld zu seiner Linken.

Zum Abspielen mancher Aktionstypen ist es erforderlich, dass Sie zunächst ein Objekt oder einen Text markieren. Über das Popup-Menü können Sie Aktionssätze laden.

Da Sie Aktionen zuerst aufnehmen und innerhalb eines Aktionssatzes speichern müssen, klicken Sie zum Erstellen einer neuen Aktion zunächst das Symbol *Neuen Satz erstellen* an oder wählen Sie *Neuer Satz* aus dem Popup-Menü. Benennen Sie den Aktionssatz und klicken Sie auf *OK*. Klicken Sie das Symbol *Neue Aktion erstellen* an, währen der neue Satz markiert ist, vergeben Sie einen Namen für die Aktion und klicken Sie auf *Aufzeichnung beginnen*. Illustrator zeichnet Ihre Befehle und Schritte auf, bis Sie auf *Aufzeichnung beenden* klicken. Um die Aufzeichnung fortzusetzen, klicken Sie auf den letzten Schritt, wählen *Aufzeichnung beginnen* und fügen Sie der Aktion weitere Schritte hinzu. Ist Ihre Aufnahme fertig, speichern Sie Ihre Aktionsdatei durch Auswahl des Aktionssatzes über *Aktionen speichern* aus dem Popup-Menü.

Denken Sie bei der Aufnahme daran, dass sich nicht alle Befehle oder Werkzeuge aufzeichnen lassen. Das *Zeichenstift*-Werkzeug selbst kann beispielsweise nicht aufgenommen werden, aber Sie können mit dem *Zeichenstift*-Werkzeug erstellte Pfade zu einer Aktion hinzufügen, indem Sie einen Pfad markieren und im Popup-Menü *Pfadauswahl einfügen* wählen. Die Aufzeichnung von Aktionen erfordert etwas Übung. Lassen Sie sich also nicht entmutigen und fertigen Sie immer eine Sicherungskopie Ihrer Datei an.

## Adobe Bridge und Adobe Stock Photos

Die Creative Suite 3 enthält ein Dateimanager-Programm namens Adobe Bridge. Adobe bezeichnet es als „zentralen Ort zur Dateiverwaltung" für Ihre Projektdateien, Anwendungen und Einstellungen. Es handelt sich um eine Brücke sowohl im Sinne einer Kommandozentrale als auch im Sinne einer Verbindung zwischen unterschiedlichen Orten. Von Bridge aus betrachten Sie Dateien, durchsuchen, sortieren, verwalten, bearbeiten sie und geben sie frei. Somit stellt Bridge eine Schnittstelle zwischen den verschiedenen Anwendungen der Creative Suite dar.

Mit Bridge und einer bestehenden Internetverbindung haben Sie Zugriff auf Adobe Stock Photos, wo Sie kommerzielle Bilder und Fotos recherchieren und erwerben können. Über *Ablage/ Datei > Durchsuchen* gelangen Sie auf Adobe Bridge Home, wo auch Tipps, Techniken, Podcasts, Inteviews und Trainingsvideos verfügbar sind.

### Auflösungs-Templates

Wenn Sie mehrere Dokumente erzeugen und alle dieselbe Auflösung haben sollen, können Sie sich diese Aufgabe durch die neuen Illustrator-Vorlagen vereinfachen. Richten Sie einfach ein neues Dokument mit der gewünschten Einstellung ein und speichern Sie es als Template-Datei (.ait) (*Datei > Als Vorlage speichern*). Dann können Sie auf Wunsch beliebig viele neue Dokumente auf der Grundlage Ihres Templates erzeugen – alle erhalten die von Ihnen gewünschte Einstellung.

### Adobe Stock Photos

Adobe Bridge hilft Ihnen nicht nur, die Dateien auf Ihrem Rechner zu durchsuchen und zu verwalten; es ist auch Ihre Verbindung zu Adobe Stock Photos, eine neue Funktion, mit der Sie lizenzfreie Bilder aus einer Anzahl von erstklassigen Fotoagenturen auswählen können. Zusätzlich können Sie über ein Warenkorbsystem Bilder suchen und kaufen.

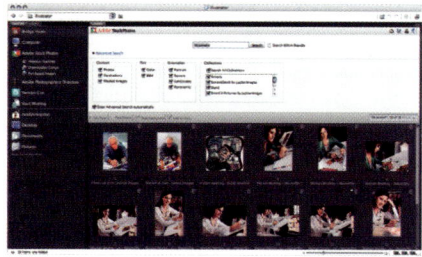

In Adobe Bridge können Sie Bilder aus einem einzigen Fenster heraus sehr bequem durchsuchen und verwalten.

# 2

**Zen:** „Das Streben nach Erleuchtung durch Innenschau und Intuition, nicht durch das Studieren von Schriften." *

# Illustrator-Zen

Sie sind mit den grundlegenden Funktionen Ihres Computers vertraut. Sie sind die Anleitungen im Benutzerhandbuch oder in der Illustrator-Hilfe durchgegangen. Sie haben lange genug mit Illustrator gearbeitet, um die Arbeitsweise jedes Werkzeugs zumindest in der Theorie zu kennen. Sie wissen vielleicht sogar, wie Bézier-Kurven erstellt werden. Und nun? Wie können Sie mit all diesem Wissen zur Meisterschaft über das Medium gelangen?

Wie beim Erlernen jeder neuen künstlerischen Technik (etwa Lithografie, Aquarellmalerei oder Airbrush) ist der Umgang mit den Werkzeugen nur der Anfang. Erst wenn Sie in der Technik oder in dem Medium denken und sehen, können Sie diese Werkzeuge wirklich kreativ nutzen. Ehe Sie herausfinden können, wie Sie ein Bild am besten konstruieren, müssen Sie zumindest einige der Möglichkeiten visualisieren können. Damit Sie Illustrator beherrschen, sollten Sie zunächst verstehen, dass die größte Stärke der Anwendung nicht in ihren zahlreichen Funktionen und Werkzeugen liegt, sondern in ihren unheimlich flexiblen Möglichkeiten zur Konstruktion von Bildern. Der erste Teil dieses Kapitels stellt Ihnen daher unterschiedliche Ansätze und Techniken zur Erzeugung und Transformierung von Objekten vor.

Sobald Sie einmal begonnen haben, „in Illustrator zu denken", können Sie die Arbeitsschritte bis zum fertigen Ergebnis *visualisieren*. Wie lässt sich ein Bild am einfachsten und elegantesten konstruieren? Welche Werkzeuge verwenden Sie dazu? Bleiben Sie auch während der Arbeit flexibel und ändern Sie bei Bedarf den Kurs, um etwas Neues auszuprobieren. Gestatten Sie sich folgende Frage: „Wie kann ich außerdem noch zum gewünschten Ergebnis gelangen?"

*Übernommen aus *Webster's New World Dictionary of the English Language*

Ein weiterer wichtiger Punkt zur Beherrschung von Illustrator (oder jedes anderen neuen Mediums) ist die Verbesserung Ihrer Hand/Augen-Koordination. Auf Illustrator übertragen bedeutet dies: Sie sollten die Tastenkürzel so gut kennen, dass Sie über die Tastatur sofortigen Zugriff auf Werkzeuge und Funktionen erhalten. Beide Augen auf den Bildschirm gerichtet, eine Hand an der Maus und die andere auf der Tastatur – so kann ein erfahrener Illustrator-Anwender in einem Bruchteil der normalerweise benötigten Zeit Objekte erstellen und verändern. Im zweiten Teil dieses Kapitels erlernen Sie den „Fingertanz", den Sie als wirklich geübter Poweruser benötigen.

Die Fähigkeit, das volle Potenzial der einfachen Werkzeuge und Funktionen auszunutzen, wird Sie schließlich zum wahren Illustrator-Meister machen. Betrachten Sie dieses Kapitel als Meditation. Beschränken Sie sich erforderlichenfalls auf kurze Sitzungen. Machen Sie sich bewusst, dass diese Übungen nicht zum Durchpauken von Wiederholungen gedacht sind. Vielmehr sollen sie Ihrem Geist die vorhandenen Möglichkeiten offenbaren. Wenn Sie in Gedanken unterschiedliche Konzepte zur Erstellung eines Bilds ablaufen lassen können, dienen die vielen hundert in diesem Buch verteilten Hinweise, Tipps, Tricks und Arbeitstechniken vielleicht als Ausgangspunkt für tiefergehende Nachforschungen. Nehmen Sie sich die Zeit, dieses Kapitel zu erkunden und in sich aufzunehmen. Dann erfahren Sie, was ich unter „Illustrator-Zen" verstehe. Mit diesem magischen Programm, zunächst kryptisch und unintuitiv, können Sie kreative Ergebnisse erzielen, die in keinem anderen Medium möglich sind.

# Häuser bauen

Sequenzielle Übungen zur Objektkonstruktion

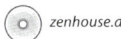 zenhouse.ai

**Überblick:** Erkunden Sie unterschiedliche Ansätze zur Konstruktion desselben Objekts mit den grundlegenden Konstruktionswerkzeugen von Illustrator.

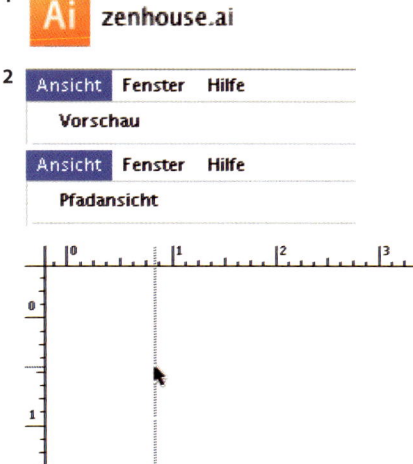

Eine Hilfslinie aus dem Lineal herausziehen

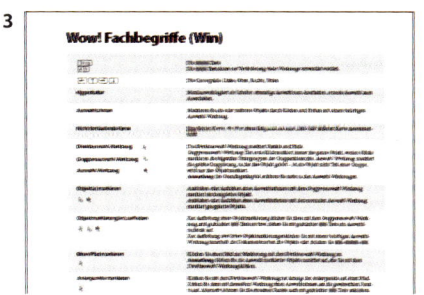

Halten Sie die ⇧-Taste gedrückt, um nur horizontale/vertikale Bewegungen zuzulassen. Weitergehende Hilfe zu den Modifikatortasten finden Sie am Ende dieses Kapitels in der „Fingertanz"-Lektion.

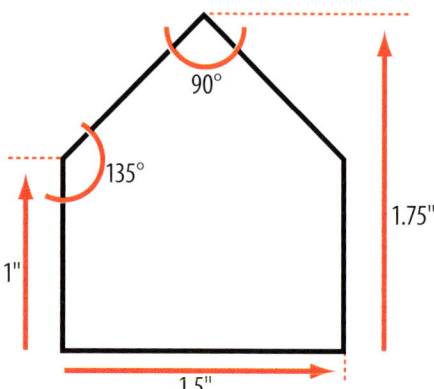

In diesen Übungsabfolgen werden unterschiedliche Möglichkeiten zur Konstruktion desselben einfachen Objekts – eines Hauses – untersucht. Anhand dieser Übungen sollen Sie die Flexibilität erkunden, die Illustrator bei der Konstruktion von Objekten ermöglicht. Wundern Sie sich also nicht, wenn einige Übungen umständlicher erscheinen als andere.

Stellen Sie *Einheit > Allgemein* (unter *Voreinstellungen > Einheiten & Anzeigeleistung*) auf *Millimeter*, damit Sie leichter folgen können. Lesen Sie sich bitte auch die nachfolgenden Empfehlungen durch.

1. **Verwenden Sie bei Bedarf zunächst die Datei** *zenhouse.ai* **als Richtlinie.** Kopieren Sie die Datei *zenhouse.ai* aus dem Verzeichnis *Kapitel02* auf der WOW!-CD auf Ihre Festplatte.

2. **Verwenden Sie die Befehle** *Pfadansicht* **und** *Lineale einblenden* **aus dem Menü** *Ansicht.* In der Pfadansicht sehen Sie keine Flächen und Konturen, die Sie ablenken könnten. Dafür werden die Mittelpunkte geometrischer Objekte durch ein „×" markiert. Aus den Linealen können Sie Hilfslinien „herausziehen".

3. **Lesen Sie das Wow!-Glossar durch.** Unbedingt lesen sollten Sie *Zur Verwendung dieses Buchs* und das *Glossar* auf der Einlegekarte.

4. **Verwenden Sie** *Modifikator*-**Tasten.** In diesen Übungen werden die Tasten ⇧ und Alt verwendet. Diese müssen Sie *bis nach* dem Loslassen der Maustaste gedrückt halten. Machen Sie bei einem Fehler von der *Rückgängig*-Funktion Gebrauch und versuchen Sie es erneut. Manche Funktionen sind auch im Kontextmenü vertreten. Probieren Sie für häufig verwendete Menübefehle auch die Tastenkürzel aus.

## Übung 1:

Verwenden Sie das *Ankerpunkt-hinzufügen*-Werkzeug

**1. Öffnen Sie die Datei *zenhouse.ai* und erstellen Sie ein Rechteck sowie eine vertikale Hilfslinie.** Klicken Sie auf die linke Ecke, an der die Seitenwand auf das Dach trifft, und erstellen Sie ein Rechteck von 30 mm x 20 mm. Ziehen Sie eine vertikale Hilfslinie aus dem Lineal und lassen Sie diese am Mittelpunkt einrasten.

**2. Fügen Sie oben einen Ankerpunkt hinzu.** Klicken Sie mit dem *Ankerpunkt-hinzufügen*-Werkzeug auf den Schnittpunkt des oberen Liniensegments mit der Mittelhilfslinie.

**3. Ziehen Sie den neuen Punkt nach oben.** Fassen Sie den neuen Punkt mit dem *Direktauswahl*-Werkzeug und ziehen Sie ihn nach oben an die richtige Position. Verwenden Sie das Zenhouse als Orientierung.

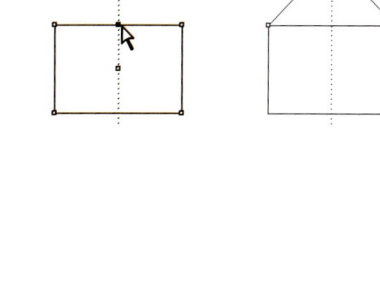

## Übung 2:

Erzeugen Sie einen Zusatzpunkt.

**1. Erstellen Sie ein Rechteck, löschen Sie den oberen Pfad und platzieren Sie einen Mittelpunkt.** Erstellen Sie ein Rechteck mit 30 mm x 20 mm. Markieren Sie das obere Pfadsegment mit dem *Direktauswahl*-Werkzeug und löschen Sie es. Fügen Sie mit dem *Zeichenstift*-Werkzeug einen Punkt über dem Mittelpunkt des Rechtecks ein.

**2. Verschieben Sie den Punkt nach oben.** Öffnen Sie das Dialogfenster *Verschieben* mit einem Doppelklick auf eines der Auswahlwerkzeuge im Bedienfeld *Werkzeuge*. Geben Sie als vertikale Position *25 mm* ein. Der Punkt wird um diesen Wert nach oben verschoben.

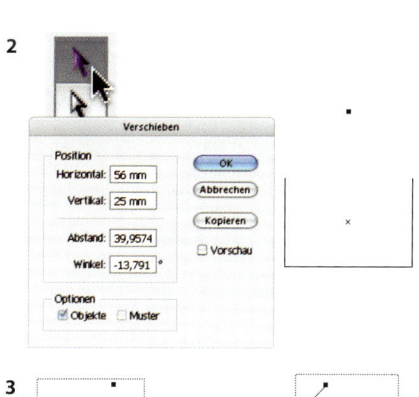

**3. Markieren Sie den Punkt und fügen Sie ihn mit beiden Seiten zusammen.** Markieren Sie mit dem *Direktauswahl*-Werkzeug die beiden linken Punkte und fügen Sie sie zusammen (*Objekt > Pfad > Zusammenfügen* oder ⌘/Strg+J). Wiederholen Sie dasselbe mit den beiden rechten Punkten.

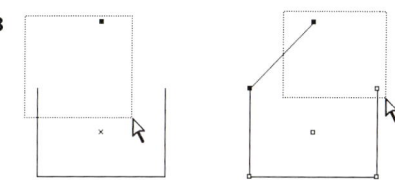

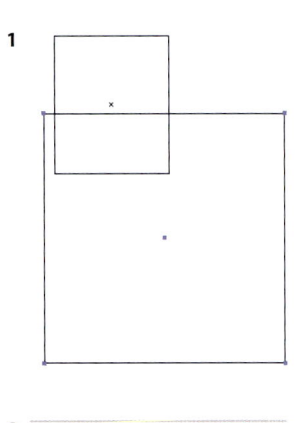

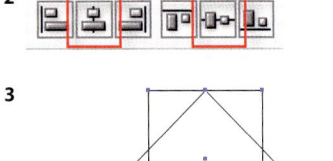

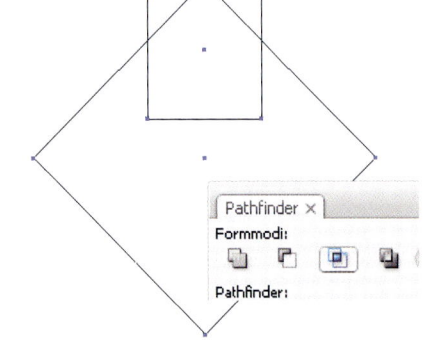

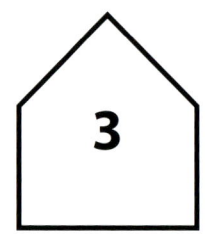

## Übung 3:

Erstellen Sie zwei Rechtecke. Drehen Sie eines davon, richten Sie es aus und wenden Sie die Funktion *Schnittmenge von Formbereichen* an.

1. **Erstellen Sie zwei Rechtecke und drehen Sie das zweite.** Klicken Sie mit dem *Rechteck*-Werkzeug und erzeugen Sie ein Rechteck mit 30 mm x 35 mm. Klicken Sie dann erneut mit dem *Rechteck*-Werkzeug an eine beliebige Stelle und erzeugen Sie ein zweites Rechteck mit 63,59 mm x 63,59 mm. Lassen Sie dieses Rechteck markiert und führen Sie einen Doppelklick mit dem *Drehen*-Werkzeug aus. Geben Sie einen Winkel von 45° an.

2. **Richten Sie die Rechtecke aus.** Markieren Sie beide Rechtecke und klicken Sie im Bedienfeld auf die Schaltflächen *Horizontal zentriert ausrichten* und *Oben ausrichten*. Stellen Sie dann eine weiße Fläche und eine schwarze Kontur ein.

3. **Verwenden Sie den *Pathfinder*-Befehl *Schnittmenge von Formbereichen*.** Klicken Sie im Bedienfeld *Pathfinder* (Menü *Fenster*) auf das Symbol *Schnittmenge von Formbereichen*. Schalten Sie im Menü *Ansicht* in den Vorschaumodus um, damit die Ergebnisse zu sehen sind.

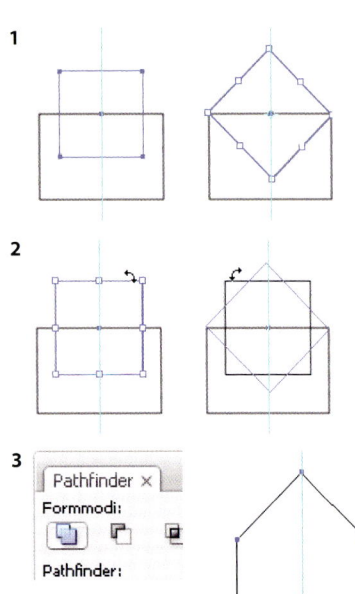

## Übung 4:

Verwendung eigener Hilfslinien, Drehen und Hinzufügen

1. **Erstellen Sie zwei Rechtecke.** Erstellen Sie ein Rechteck (30 mm x 20 mm) und ziehen Sie dann eine vertikale Hilfslinie heraus, die am Mittelpunkt des Rechtecks einrastet. Halten Sie die Alt -Taste gedrückt und klicken Sie mit dem *Rechteck*-Werkzeug auf die Schnittstelle der Mittelhilfslinie mit dem oberen Liniensegment. Geben Sie 21 mm x 21 mm ein.

2. **Drehen Sie das Quadrat.** Bewegen Sie Ihren Mauszeiger mit dem *Auswahl*-Werkzeug an dem Quadrat entlang, bis ein Drehsymbol erscheint. Halten Sie die ⇧-Taste gedrückt und ziehen Sie, bis das Quadrat die richtige Lage eingenommen hat.

3. **Auswählen und Hinzufügen.** Wählen Sie *Auswahl > Alles auswählen* (⌘/Strg+A), dann *Fenster > Pathfinder* und klicken Sie auf das Symbol *Dem Formbereich hinzufügen*. Schalten Sie in den Vorschaumodus, um die einzelne Form zu sehen!

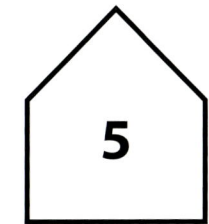

## Übung 5:

Verwenden Sie den Befehl *Ankerpunkte hinzufügen* an einem dreiseitigen Polygon.

1. **Erstellen Sie ein dreiseitiges Polygon.** Klicken Sie mit dem *Polygon*-Werkzeug, das sich unter dem *Rechteck*-Werkzeug verbirgt, einmal auf die Zeichenfläche und geben Sie als Radius 25,98 mm sowie drei Seiten an.

2. **Verwenden Sie den Befehl *Ankerpunkte hinzufügen*.** Wählen Sie bei immer noch markiertem Polygonobjekt *Objekt > Pfad > Ankerpunkte hinzufügen*.

3. **Berechnen Sie den Durchschnitt der beiden linken und der beiden rechten Punkte.** Markieren Sie die beiden linken Punkte mit dem *Direktauswahl*-Werkzeug und berechnen Sie deren Durchschnitt entlang der vertikalen Achse. (Kontextmenü: *Durchschnitt berechnen* oder *Objekt > Pfad > Durchschnitt berechnen*). Wiederholen Sie dasselbe mit den beiden rechten Punkten.

4. **Löschen Sie den unteren Punkt.** Entfernen Sie den unteren Punkt, indem Sie ihn mit dem *Ankerpunkt-löschen*-Werkzeug anklicken.

5. **Verschieben Sie den oberen Punkt nach unten.** Markieren Sie den oberen Punkt mit dem *Direktauswahl*-Werkzeug. Durch einen Doppelklick auf das *Direktauswahl*-Werkzeug im Bedienfeld *Werkzeuge* öffnet sich das Dialogfenster *Verschieben*. Geben Sie dort einen vertikalen Abstand von -3,72 mm und einen Winkel von 90° ein.

6. **Verschieben Sie die Seiten in Richtung Mitte.** Klicken Sie die rechte Seite des Hauses mit dem *Direktauswahl*-Werkzeug an und ziehen Sie sie in Richtung Mitte, bis die Dachlinie glatt erscheint (mit gedrückter ⇧-Taste beschränken Sie um die Ziehbewegung auf die Horizontale). Wiederholen Sie dasselbe auf der linken Seite. Stattdessen können Sie auch die rechte Seite markieren und sie mit der ←-Taste in Richtung Mitte verrücken, bis die Dachkante glatt aussieht. Klicken Sie dann auf die linke Seite und rücken Sie sie mit der →-Taste in Richtung Mitte. (Verändern Sie im Bedarfsfall die Tastaturschrittweite in den allgemeinen Voreinstellungen).

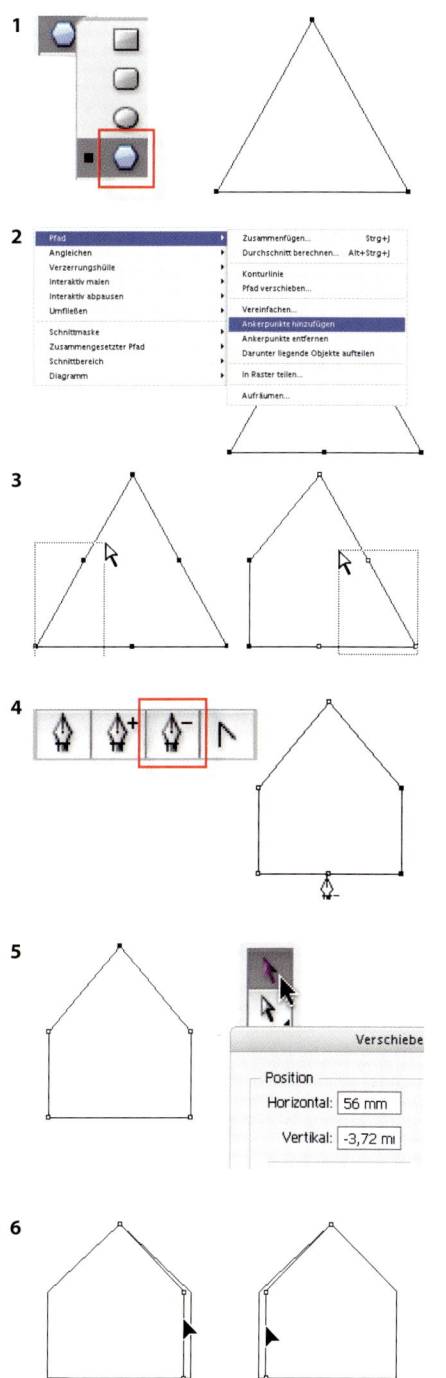

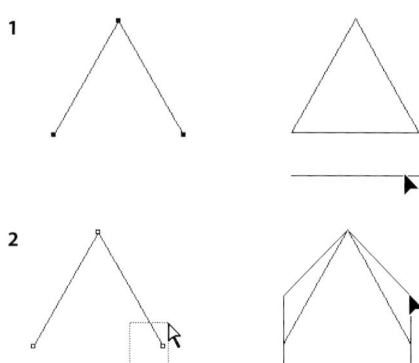
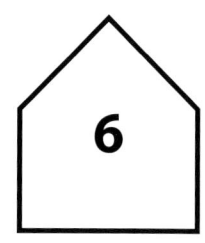

**Übung 6:**

Einen Pfad ausschneiden und davor einfügen

**1. Schneiden Sie die Unterseite eines Dreiecks aus, fügen Sie sie ein und verschieben Sie sie.** Klicken Sie mit dem *Polygon*-Werkzeug in die Datei *zenhouse.ai* und geben Sie drei Seiten und einen Radius von 17,32 mm an. Markieren Sie den unteren Pfad mit dem *Direktauswahl*-Werkzeug und schneiden Sie ihn aus. Fügen Sie ihn mit *Bearbeiten > Davor einfügen* (⌘/Strg+F) wieder ein. Halten Sie dann die Maustaste auf dem unteren Pfad gedrückt und ziehen Sie ihn in Position.

**2. Erstellen Sie die Seiten und rücken Sie die Mittelpunkte zurecht.** Nehmen Sie eine Direktauswahl der beiden rechten Punkte vor und fügen Sie sie zusammen. Wiederholen Sie dasselbe mit den beiden linken Punkten. Markieren Sie schließlich die beiden Mittelpunkte und erfassen Sie einen davon; ziehen Sie nach oben, um *beide* zu verschieben.

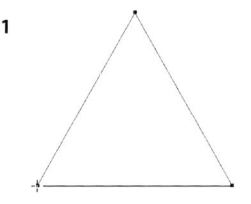

**Übung 7:**

Fügen Sie zwei Objekte zusammen

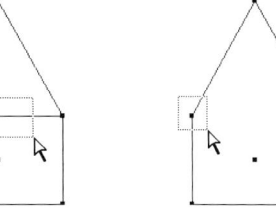
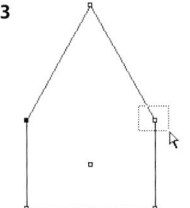
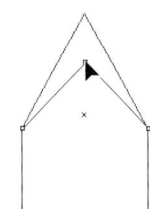

**1. Erstellen Sie zwei Objekte.** Klicken Sie mit dem *Polygon*-Werkzeug auf die Zeichenfläche und geben Sie drei Seiten und einen Radius von 17,32 mm ein. Vergrößern Sie die untere rechte Ecke und klicken Sie mit dem *Rechteck*-Werkzeug genau auf den linken unteren Ankerpunkt. Erzeugen Sie ein Rechteck mit 30 mm x 20 mm.

**2. Löschen Sie die mittleren Linien und fügen Sie die Ecken zusammen.** Ziehen Sie mit dem Direktauswahl-Werkzeug einen Auswahlrahmen um die mittleren Trennlinien auf und löschen Sie diese. Markieren Sie die Eckpunkte links oben. Berechnen Sie deren Durchschnitt und fügen Sie sie zusammen. Dazu berechnen Sie entweder zuerst den Durchschnitt und fügen anschließend zusammen (beide Optionen finden sich im Menü *Objekt > Pfad*) oder Sie drücken ⌘/Strg+Alt+J, um gleichzeitig den Durchschnitt zu berechnen und zusammenzufügen. Markieren Sie die Punkte oben rechts und gehen Sie ebenso vor.

**3. Ziehen Sie den oberen Punkt nach unten.** Erfassen Sie den oberen Punkt, halten Sie die ⇧-Taste gedrückt und ziehen Sie ihn in Position.

## Übung 8:

Verwenden Sie *Ankerpunkte hinzufügen* und anschließend *Durchschnitt berechnen* und *Zusammenfügen*.

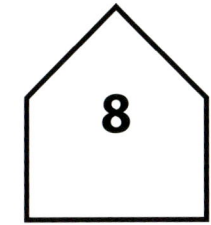

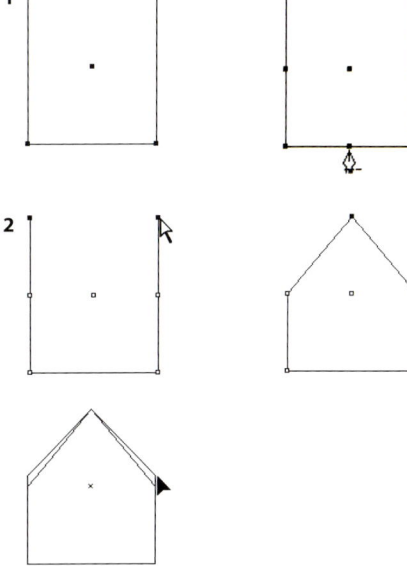

1. **Erstellen Sie in *zenhouse.ai* ein Rechteck, löschen Sie den oberen Pfad, fügen Sie Ankerpunkte hinzu, löschen Sie den unteren Punkt.** Erstellen Sie ein hohes Rechteck (30 mm x 35 mm) und löschen Sie den oberen Pfad. Wählen Sie *Objekt > Pfad > Ankerpunkte hinzufügen* und entfernen Sie den unteren Punkt mit dem *Ankerpunkt-löschen*-Werkzeug.

2. **Markieren Sie die oberen Punkte, berechnen Sie deren Durchschnitt und fügen Sie sie zusammen.** Bringen Sie die Mitten in Position. Wählen Sie die beiden oberen Punkte mit dem *Direktauswahl*-Werkzeug aus, berechnen Sie den Durchschnitt und fügen Sie sie zusammen (siehe Übung 7, Schritt 2). Markieren Sie dann die mittleren Punkte, erfassen Sie einen davon und ziehen Sie mithilfe der ⇧-Taste beide an die gewünschte Position auf dem Zenhouse.

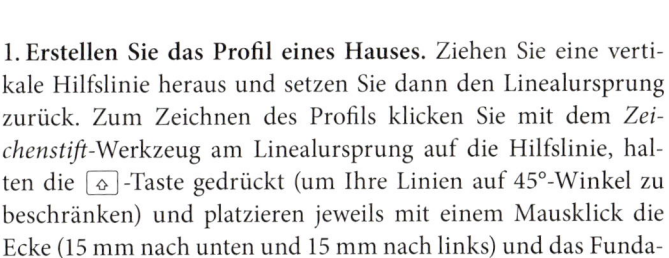

## Übung 9:

Spiegeln Sie ein Zeichenstift-Profil.

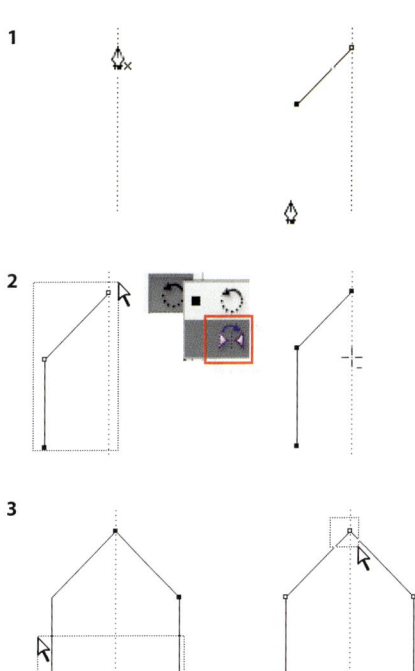

1. **Erstellen Sie das Profil eines Hauses.** Ziehen Sie eine vertikale Hilfslinie heraus und setzen Sie dann den Linealursprung zurück. Zum Zeichnen des Profils klicken Sie mit dem *Zeichenstift*-Werkzeug am Linealursprung auf die Hilfslinie, halten die ⇧-Taste gedrückt (um Ihre Linien auf 45°-Winkel zu beschränken) und platzieren jeweils mit einem Mausklick die Ecke (15 mm nach unten und 15 mm nach links) und das Fundament (20 mm nach unten).

2. **Spiegeln Sie eine Kopie des Profils.** Markieren Sie alle drei Punkte des Hausprofils. Klicken Sie mit dem *Spiegeln*-Werkzeug unter Zuhilfenahme der Alt-Taste auf die Hilfslinie. Geben Sie einen Winkel von 90° an und klicken Sie auf *Kopieren*.

3. **Fügen Sie die beiden Profile zusammen.** Markieren Sie die beiden unteren Punkte mit dem *Direktauswahl*-Werkzeug und fügen Sie sie zusammen. Markieren Sie dann ebenso die beiden oberen Punkte, berechnen Sie deren Durchschnitt und fügen Sie sie zusammen (⌘/Strg+⇧+Alt+J) oder *Durchschnitt berechnen* und anschließend *Objekt > Pfad > Zusammenfügen*.

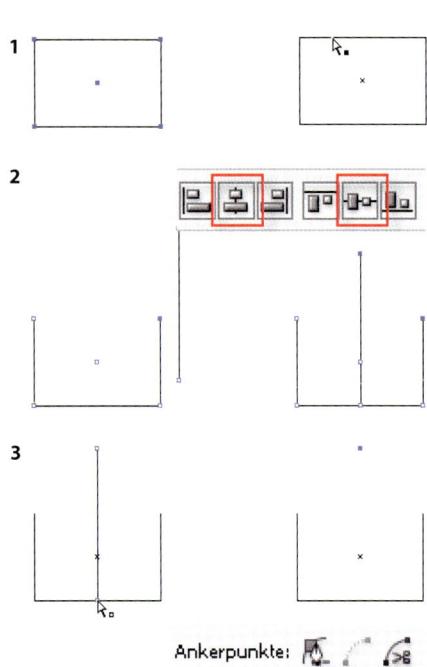
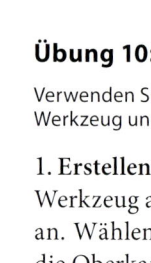

## Übung 10:

Verwenden Sie das Liniensegment-Werkzeug und die Ausrichten-Funktionen.

1. **Erstellen Sie ein Rechteck.** Klicken Sie mit dem *Rechteck*-Werkzeug auf Ihre Zeichenfläche und geben Sie 30 mm x 20 mm an. Wählen Sie *Auswahl > Auswahl aufheben*. Klicken Sie dann die Oberkante des Rechtecks an und löschen Sie diese.

2. **Erstellen und Ausrichten der Spitze.** Klicken Sie mit dem Liniensegment-Werkzeug an eine beliebige Stelle und geben Sie eine Länge von 35 mm und einen Winkel von 90° an. Markieren Sie beide Objekte und klicken Sie im Bedienfeld *Steuerung* auf die Symbole *Horizontal zentriert ausrichten* und *Unten ausrichten*. Heben Sie die Auswahl anschließend auf.

3. **Löschen Sie den unteren Punkt und formen Sie die Spitze.** Markieren Sie den unteren Linienpunkt mit dem *Direktauswahl*-Werkzeug und löschen Sie ihn. Ziehen Sie dann einen Auswahlrahmen um den oberen Punkt und eine der Seiten auf. Klicken Sie im Bedienfeld *Steuerung* auf die Schaltfläche *Ausgewählte Endpunkte verbinden*. Wiederholen Sie den Vorgang für die andere Seite des Dachs.

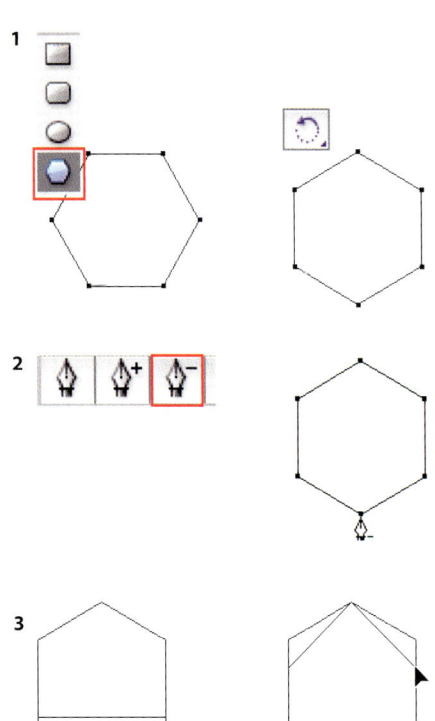

## Übung 11

Erstellen Sie ein sechsseitiges Polygon.

1. **Erstellen Sie unter Verwendung von *zenhouse.ai* ein Sechseck.** Öffnen Sie die Datei *zenhouse.ai*. Klicken Sie mit dem *Polygon*-Werkzeug auf die Zeichenfläche und geben Sie sechs Seiten und einen Radius von 17,32 mm an. Geben Sie nach einem Doppelklick auf das *Drehen*-Werkzeug einen Winkel von 30° an. Richten Sie die Spitze des Objekts an der Hausvorlage aus.

2. **Löschen Sie den unteren Punkt.** Klicken Sie den unteren Punkt mit dem *Ankerpunkt-löschen*-Werkzeug an, um ihn zu entfernen.

3. **Verschieben Sie Punktepaare.** Markieren Sie die beiden unteren Punkte mit dem *Direktauswahl*-Werkzeug. Erfassen Sie einen der Punkte und ziehen Sie mit gedrückter ⇧-Taste in vertikaler Richtung. Verfahren Sie ebenso mit den beiden mittleren Punkten.

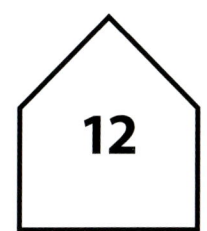

## Übung 12:

Drehen Sie mit magnetischen Hilfslinien und erstellen Sie ein *Interaktiv Malen*-Objekt.

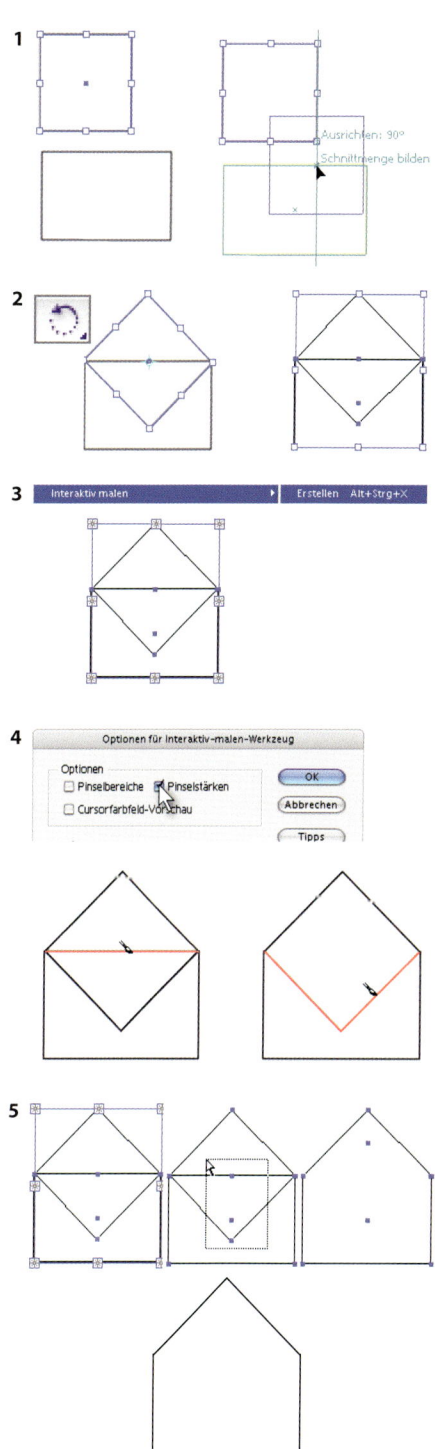

**1. Erstellen Sie zwei Rechtecke.** Aktivieren Sie *Ansicht > Magnetische Hilfslinien*. Erstellen Sie ein Rechteck mit 30 mm x 20 mm und eines mit 21 mm x 21 mm. Erfassen Sie den Mittelpunkt des Quadrats und ziehen Sie es in Richtung des breiten Rechtecks, bis das Wort „Mitte" erscheint. Bewegen Sie es dann nach oben, bis die Worte „Schnittmenge bilden" und „Ausrichten 90°" erscheinen.

**2. Drehen Sie das Quadrat.** Führen Sie bei markiertem Quadrat einen Doppelklick auf das *Drehen*-Werkzeug aus und geben Sie 45° an.

**3. Erstellen Sie ein** *Interaktiv malen*-**Objekt.** Markieren Sie beide Objekte und wählen Sie *Objekt > Interaktiv malen > Erstellen*.

**4. Verwenden Sie das** *Interaktiv-malen*-**Werkzeug zum „Übermalen" der inneren Linien.** Schalten Sie im Menü *Ansicht* in den Vorschau-Modus und stellen Sie die Fläche auf *weiß*, die Kontur auf *Ohne*. Rufen Sie mit einem Doppelklick auf das Werkzeugsymbol die Optionen des *Interaktiv-malen*-Werkzeugs auf. Deaktivieren Sie dort *Pinselbereiche* und schalten Sie *Pinselstärken* hinzu. Klicken Sie auf *OK*. Wählen Sie *Ohne* als Kontur und „übermalen" Sie damit die inneren Dreieckslinien.

**5. Wenn Sie das Innere des Hauses beim Malen problemlos als ein Objekt behandeln möchten, löschen Sie die inneren Linien.** Kehren Sie im Menü *Ansicht* in die Pfadansicht zurück. Beachten Sie, dass beim Erstellen eines *Interaktiv malen*-Objekts weiterhin die einzelnen Formen der Originalobjekte beibehalten werden – selbst wenn Sie die Konturen separat einfärben. Sie *können* Objekte desselben Stils (wie die weiß gefüllten Hausobjekte) jedoch zu einem Objekt zusammenführen, indem Sie die Trennlinien entfernen.

Damit das Innere des Hauses wie eine Fläche agiert, müssen Sie die trennenden Dreieckslinien entfernen. Ziehen Sie mit dem *Direktauswahl*-Werkzeug einen Auswahlrahmen um die inneren Linien auf und löschen Sie diese. Zurück im Vorschau-Modus erkennen Sie, dass das Haus noch intakt ist.

# Von Rastern & Linien

Vier Wege zur Erstellung eines quadratischen Rasters

**Überblick:** Finden Sie unterschiedliche Wege zur Konstruktion desselben einfachen Rasters.

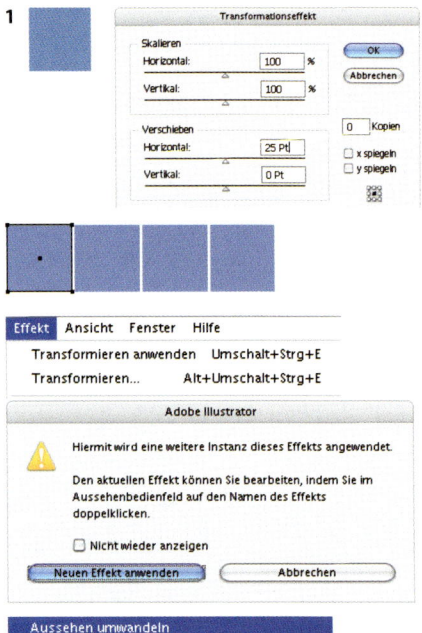

Zeichnen Sie ein Quadrat, wählen Sie *Effekt > Verzerrungs- und Transformationsfilter > Transformieren* und geben Sie eine horizontale Verschiebung von 25 pt und drei Kopien an. Wiederholen Sie den Befehl mit 25 pt vertikal und drei Kopien. Damit Sie die Quadrate bearbeiten können, wählen Sie *Objekt > Aussehen umwandeln*.

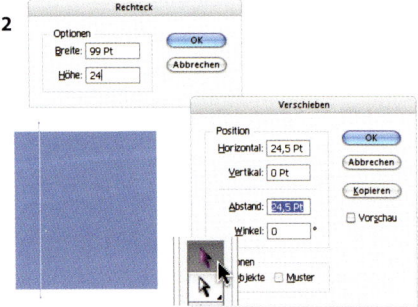

Ein Klick auf *Höhe* oder *Breite* in einem Dialogfenster kopiert den anderen Wert; nach dem Erstellen einer vertikalen Linie und der Anwahl des Befehls von *Verschieben* zum Erstellen einer Kopie.

Selten gibt es nur eine richtige Möglichkeit, ein Objekt zu erstellen. Wenn verschiedene Illustrator-Experten vor ein Problem gestellt werden, entscheiden Sie sich für unterschiedliche Lösungswege. Anhand dieses sauberen, von Jack Tom für Craik Consulting, Inc. gestalteten Logos können wir hervorragend verschiedene Wege zur Erstellung eines einfachen Rasters aus blauen, durch weiße Linien voneinander getrennten Quadraten untersuchen.

Jedes Gehirn funktioniert anders; auf die für Sie offensichtlichsten Lösungen wäre jemand anders womöglich nicht gekommen. Wenn Änderungen des Designs Sie zum Überdenken Ihres ursprünglichen Ansatzes zwingen (zum Beispiel wenn der Kunde statt der weißen Logobereiche ein Hintergrundfoto durchscheinen lassen möchte), probieren Sie eine andere Konstruktionsmethode aus.

**1. Einzelne kleine Quadrate erstellen.** Klicken Sie mit dem *Rechteck*-Werkzeug in Ihre Zeichenfläche und definieren Sie ein Quadrat von 24 pt x 24 pt. Weisen Sie dem immer noch markierten Quadrat über das Bedienfeld *Farbfelder* eine blaue Farbe zu. Für die horizontale Reihe wählen Sie *Effekt > Verzerrungs- und Transformationsfilter > Transformieren*. Geben Sie eine horizontale Verschiebung von 24,5 pt und drei Kopien an und klicken Sie auf *OK*. Zur vertikalen Ausfüllung des Rasters wählen Sie den *Transformieren*-Befehl oben im Menü *Effekt* und bestätigen die erscheinende Warnmeldung mit *Neuen Effekt anwenden*. Geben Sie dieses Mal eine vertikale Verschiebung von -25 pt und drei Kopien an. Wenn Sie die Rechtecke später einzeln bearbeiten möchten, können Sie den interaktiven Effekt mit *Objekt > Aussehen umwandeln* umwandeln.

**2. Zeichnen eines großen Rechtecks mit darüberliegenden weißen Linien.** Diese Methode benötigt etwas mehr Zeit als die anderen, bietet aber auch mehr Gestaltungsfreiraum. Bei der Konstruktion des vorliegenden Logos legte Jack Tom weiße Linien über ein großes blaues Quadrat. Auf diese Weise konnte er genau bestimmen, wie und wo die einzelnen Linien mit der „Logofigur" zusammenspielen. Er löschte einen Linienteil unter dem großen weißen Oval und verschob andere Linien geringfügig in horizontaler oder vertikaler Richtung.

Um ein großes Quadrat zu erstellen, wählen Sie eine blaue Flächenfarbe und klicken mit dem *Rechteck*-Werkzeug auf die Zeichenfläche. Geben Sie als Breite 99 pt an und klicken Sie auf das Wort *Höhe*, um dort automatisch denselben Wert (99 pt) einzutragen. Halten Sie die ⇧-Taste gedrückt und zeichnen Sie eine vertikale Linie, die über Ihrem Quadrat beginnt und bis darunter hinaus reicht. Stellen Sie als Fläche *Ohne* und als Kontur *Weiß* ein. Für eine zweite Linie doppelklicken Sie im Bedienfeld *Werkzeuge* auf ein Auswahlwerkzeug und geben im Dialogfenster *Verschieben* 25 pt für *Horizontal* und 0 für *Vertikal* ein. Klicken Sie dann auf *Kopieren*. Die dritte Linie erhalten Sie durch Drücken von ⌘/Strg+D. Diese Tastenkombination entspricht dem Befehl *Erneut Transformieren*. Für die Querlinien markieren Sie die drei Linien, gruppieren sie (⌘/Strg+G), doppelklicken auf das *Drehen*-Werkzeug, geben 90° ein und klicken auf *Kopieren*. Zum Ausrichten der Linien am Quadrat wählen Sie alles aus (⌘/Strg+A) und klicken auf das Quadrat. Damit kennzeichnen Sie es als das Objekt, an dem die anderen Objekte ausgerichtet werden sollen. Klicken Sie dann im Bedienfeld *Steuerung* auf die Symbole zur horizontal und vertikal zentrierten Ausrichtung.

**3. Aufteilen des Quadrats mit einem Raster.** Dieses spezielle Raster lässt sich auch auf eine andere Weise erstellen. Wählen Sie eine blaue Flächenfarbe, klicken Sie mit dem *Rechteck*-Werkzeug und geben Sie als Breite und Höhe jeweils 99pt an. Wählen Sie jetzt *Objekt > Pfad > In Raster teilen* und geben Sie vier Zeilen und vier Spalten an. Ignorieren Sie Höhe und Breite, aber geben Sie als Abstand jeweils 1 pt an.

**4. Verwendung des *Rechteckiges-Raster*-Werkzeugs.** Stellen Sie Ihre Kontur für dieses einfache Raster auf 1 pt, weiß und wählen Sie eine blaue Fläche. Wählen Sie das *Rechteckiges-Raster*-Werkzeug (aus dem Popup-Menü des *Liniensegment*-Werkzeugs), klicken Sie auf die Zeichenfläche und geben Sie als Höhe und Breite je 100 pt an. Verwenden Sie jeweils drei horizontale und vertikale Unterteilungen und achten Sie darauf, dass die beiden Optionen *Äußeres Rechteck als Rahmen verwenden* und *Raster füllen* aktiviert sind. Klicken Sie auf *OK*.

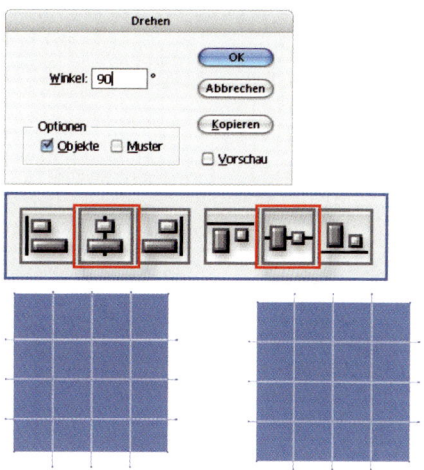

Nach dem Erstellen der drei vertikalen Linien: *Drehen* für die horizontalen Kopien; Ausrichtung der Linien am Quadrat.

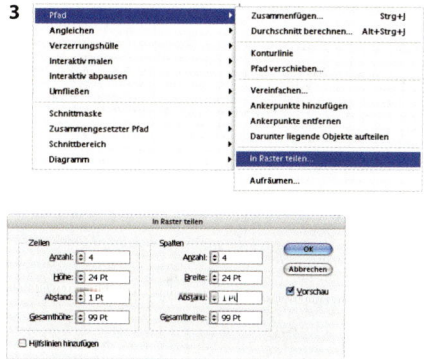

Die Parameter wurden in das Dialogfenster *In Raster teilen* eingegeben.

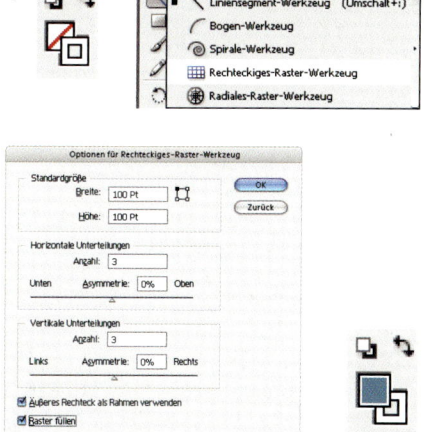

Das Werkzeug *Rechteckiges Raster* einstellen

# Zen-Skalierung (mit dem *Skalieren*-Werkzeug)

**Anmerkung:** Behalten Sie mit der ⇧-Taste die Proportionen bei. Übungen zur Zen-Skalierung finden sich auch auf der Wow!-CD.

**1 Proportional nach oben skalieren.** Klicken Sie die Spitze an, erfassen Sie die untere rechte Ecke (UR), ziehen Sie nach oben.

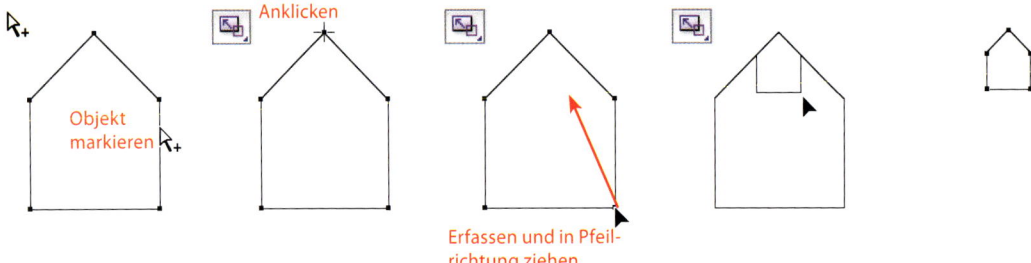

**2 Horizontal in Richtung Mitte skalieren.** Klicken Sie die Spitze an, erfassen Sie UR, ziehen Sie nach innen.

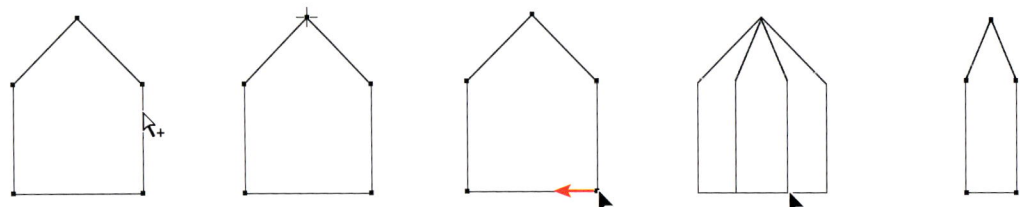

**3 Vertikal nach oben skalieren.** Klicken Sie die Spitze an, erfassen Sie UR, ziehen Sie gerade nach oben.

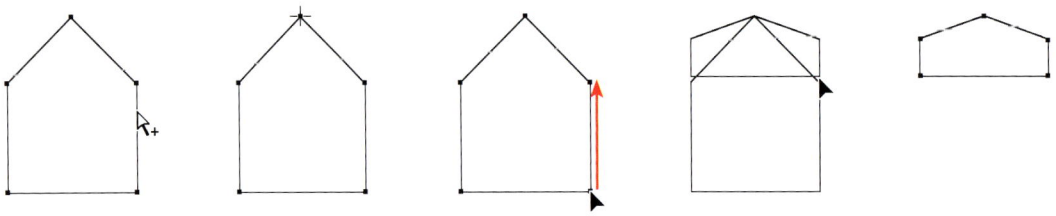

**4 Objekt vertikal skalieren und spiegeln.** Klicken Sie die Spitze an, erfassen Sie UR, ziehen Sie gerade nach oben.

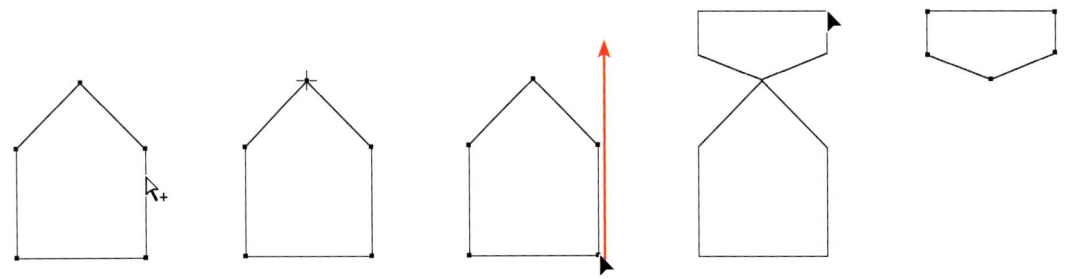

# Zen-Skalierung (mit dem *Skalieren*-Werkzeug, Fortsetzung)

**Anmerkung:** Verwenden Sie die ⇧-Taste, um das Seitenverhältnis beizubehalten. Übungen zur Zen-Skalierung finden sich auch auf der Wow!-CD.

**5 Proportional nach unten links skalieren (UL).** Klicken Sie auf UL, erfassen Sie den Punkt oben rechts, ziehen Sie nach UL.

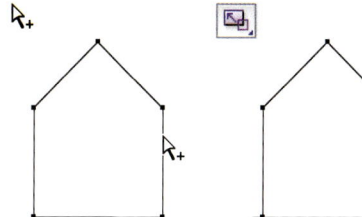 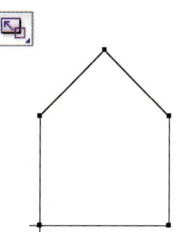 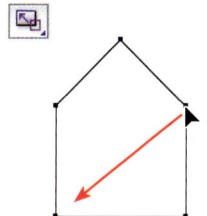 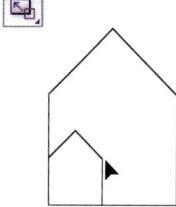 

**6 Horizontal nach links skalieren.** Klicken Sie auf UL, erfassen Sie dann Punkt unten rechts (UR), ziehen Sie nach links.

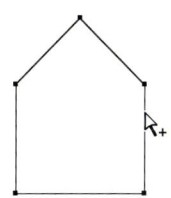 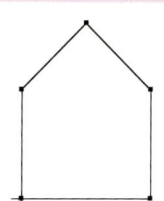 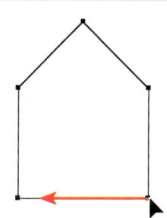 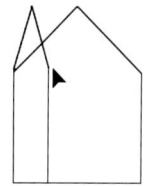 

**7 Vertikal nach unten skalieren.** Klicken Sie unten in die Mitte, erfassen Sie die Spitze, ziehen Sie nach unten.

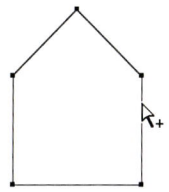 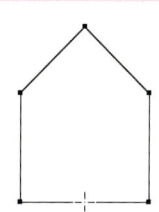 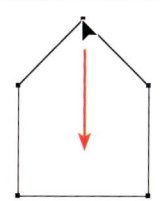 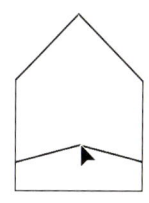 

**8 Proportional in Richtung Mitte skalieren.** Klicken Sie den Mittelpunkt an, erfassen Sie eine Ecke, ziehen Sie in die Mitte.

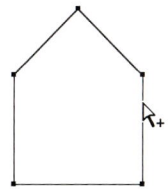 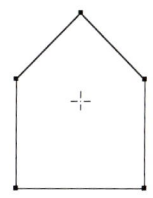 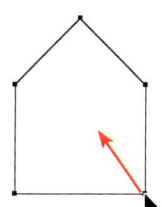 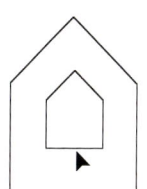 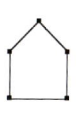

Zum Skalieren um die Mitte können Sie auch mit dem Skalieren-Werkzeug außerhalb des Objekts klicken und in Richtung Mitte ziehen.

# Zen-Drehung (mit dem *Drehen*-Werkzeug)

Anmerkung: Verwenden Sie die ⇧-Taste, um die Bewegung einzuschränken. Übungen zur Zen-Drehung finden sich auch auf der Wow!-CD.

**1 Um den Mittelpunkt drehen.** Klicken Sie auf den Mittelpunkt, erfassen Sie dann die untere rechte Ecke (UR) und ziehen Sie.

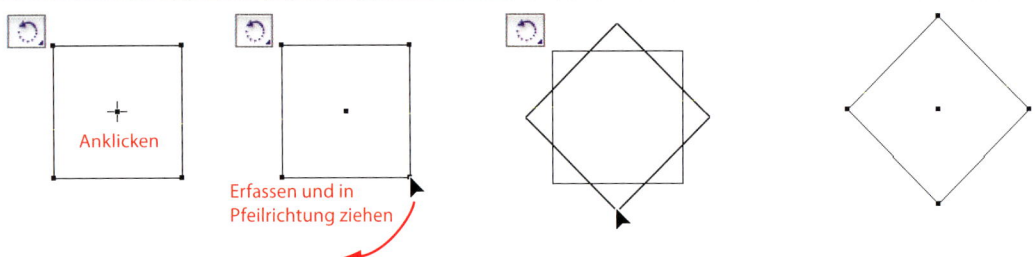

Anklicken

Erfassen und in Pfeilrichtung ziehen

Zum Drehen um den Mittelpunkt können Sie auch mit dem *Drehen*-Werkzeug außerhalb des Objekts klicken und in Richtung Mitte ziehen.

**2 Um eine Ecke drehen.** Klicken Sie auf die obere linke Ecke, erfassen Sie dann UR und ziehen Sie.

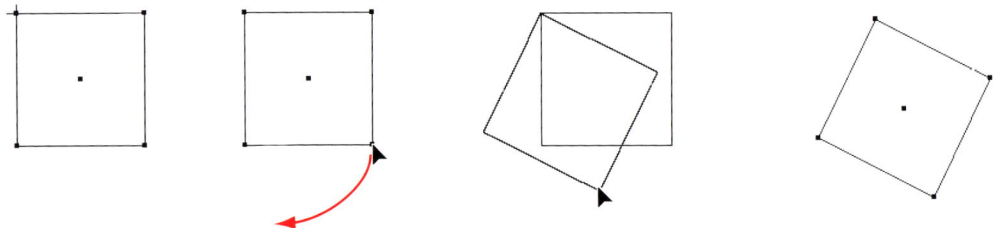

**3 Um einen externen Punkt drehen.** Klicken Sie über die linke Ecke, erfassen Sie dann UR und ziehen Sie.

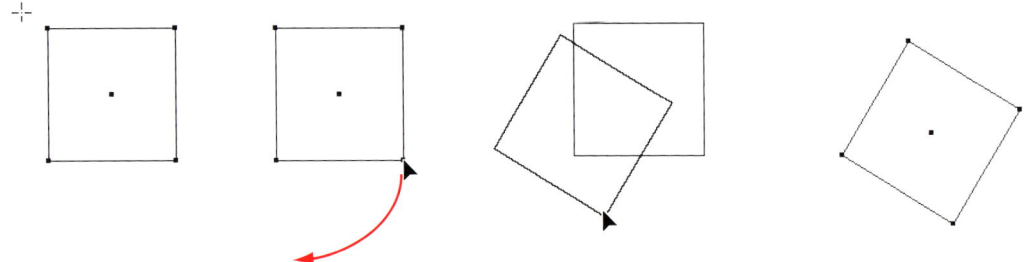

**4 Einen Pfad teilweise drehen.** Erfassen Sie Ankerpunkte mit dem Auswahlrechteck des Direktauswahl-Werkzeugs und verwenden Sie dann das Drehen-Werkzeug.

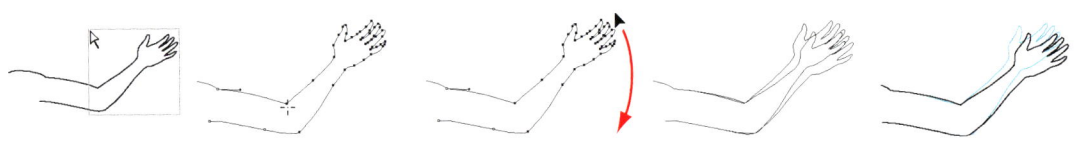

Ziehen Sie mit den Direktauswahl-Werkzeug ein Auswahlrechteck um den Unterarm auf.

Klicken Sie mit dem Drehen-Werkzeug auf den Ellenbogen, erfassen Sie die Hand und ziehen Sie sie herum.

# Ein einfaches Objekt mit den Grundwerkzeugen erstellen

Legende: Klicken Sie auf das ROTE Kreuz, fassen Sie den GRAUEN Pfeil und ziehen Sie in Richtung des SCHWARZEN Pfeils.

| | | | | |
|---|---|---|---|---|
| Zeichnen Sie eine Ellipse und ziehen Sie mit gedrückter Alt-Taste eine Kopie heraus. | Skalieren Sie die Kopie mit dem *Skalieren*-Werkzeug. | Skalieren Sie eine Kopie der mittleren Ellipse und spiegeln Sie diese dabei. | Zeichnen Sie ein flaches und ein hohes Rechteck. | Skalieren Sie die beiden oberen Punkte nach außen. |
|  | 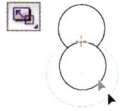 | 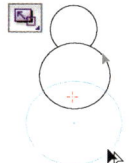 | 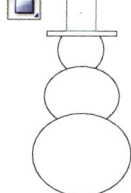 | 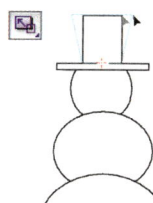 |
| Verbiegen Sie die Hutspitze. | Markieren Sie den gesamten Hut bei gedrückter ⇧-Taste mit dem *Gruppenauswahl*-Werkzeug und drehen Sie ihn. | Zeichnen Sie mit dem *Zeichenstift*-Werkzeug einen Arm mit drei Punkten. | Markieren Sie den obersten Punkt und ziehen Sie mit gedrückter Alt-Taste. Wiederholen Sie dies. | Ziehen Sie mit dem *Gruppenauswahl*-Werkzeug einen Auswahlrahmen um den Arm auf. |
| 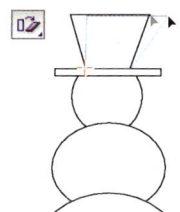  | 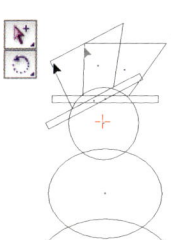 | 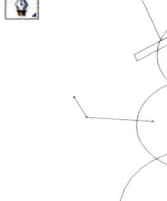 | 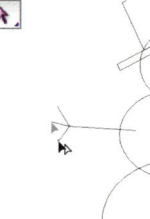 | 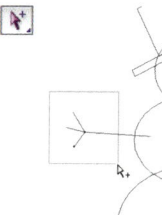 |
| Verwenden Sie das *Spiegeln*-Werkzeug mit gedrückter Alt-Taste an dem Arm. | Fügen Sie mit dem *Ankerpunkt-hinzufügen*-Werkzeug einen Ellenbogen hinzu. | Ziehen Sie mit dem *Gruppenauswahl*-Werkzeug einen Auswahlrahmen um den Unterarm auf. | Drehen Sie den Unterarmpfad nach oben. | Zeichnen Sie ein Rechteck, löschen Sie den rechten Pfad. |
| 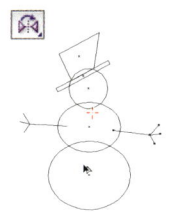 | 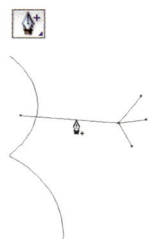 | 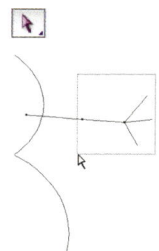 | 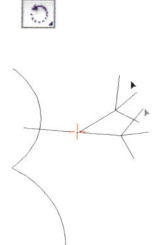 | 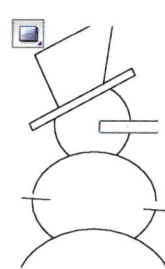 |
| Schließen Sie das Rechteck, zeichnen Sie den Mund. | Füllen Sie den Hut, zeichnen Sie ein Auge, ziehen Sie mit Alt Auge und Knöpfe heraus. | Markieren Sie mehrere Ellipsenpunkte bei gedrückter ⇧-Taste mit dem *Gruppenauswahl*-Werkzeug. | Erfassen Sie einen markierten Punkt, ziehen Sie bis zu einer leichten Verzerrung. | Der fertige Schneemann |
| 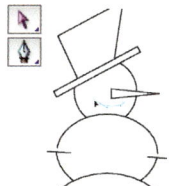 |  |  |  |  |

# Ein Fingertanz

Mit den Illustrator-Tastenkombinationen auf der Überholspur

**Überblick:** Erlernen Sie den Fingertanz mit den besten Illustrator-Tastenkombinationen und sparen Sie dadurch wertvolle Arbeitsstunden.

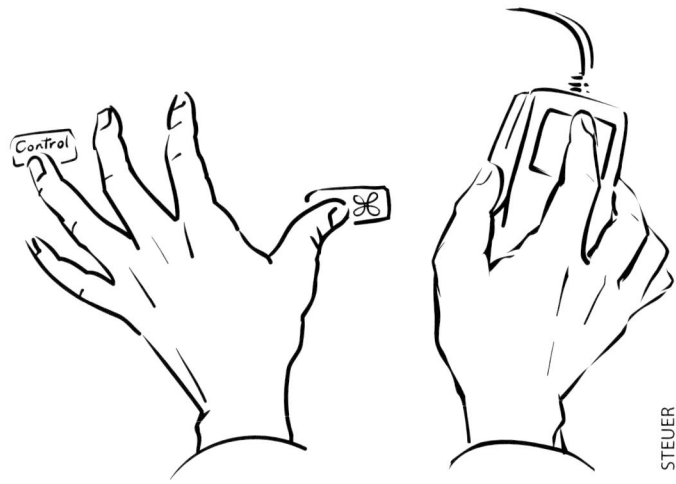

Rufen Sie Ihre Auswahlwerkzeuge mit der Maus aus dem Bedienfeld *Werkzeuge* auf? Dann ist diese Lektion richtig für Sie. Mit ein wenig Zeit und Übung können Sie Ihre Maus befreien, so dass Sie damit praktisch nur noch zeichnen. Ihre andere Hand wird lernen, über die Tastatur zu tanzen – sie wird alle Ihre Auswahlwerkzeuge ansteuern, alle Funktionen der Werkzeuge zum Erstellen und Verändern von Objekten ausreizen, die Zoom- und *Hand*-Werkzeuge aktivieren und außerdem die *Rückgängig*- und *Wiederholen*-Funktionen sofort zugänglich machen.

Dieser „Fingertanz" ist beim Erlernen des Umgangs mit Illustrator wahrscheinlich am schwierigsten. Arbeiten Sie diese Lektionen der Reihe nach durch. Erwarten Sie aber nicht, dass Sie sie in einer oder zwei Sitzungen fertigstellen können. Verwenden Sie die *Rückgängig*-Funktion (⌘/Strg+Z), wenn Sie einen Fehler machen. Probieren Sie einige Übungen und wenden Sie sich dann wieder Ihrer eigenen Arbeit zu. Binden Sie dabei das soeben Gelernte mit ein. Machen Sie eine Pause, sobald Sie der Frust überkommt. Versuchen Sie später – das können Stunden, Tage oder Wochen sein – eine weitere Lektion. Und vergessen Sie nicht, zu atmen.

Auf der Einlegekarte befindet sich eine Übersicht über die Tastenkombinationen des Fingertanzes.

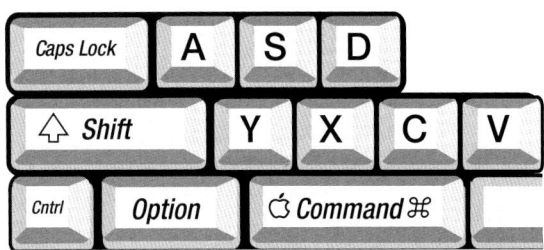

**Regel 1: Lassen Sie immer einen Finger auf der ⌘/Strg-Taste.** Selbst wenn Sie ein neues Grafiktablett mit Tastaturzeichen verwenden, sollte die Hand, mit der Sie nicht zeichnen, in den meisten Fällen auf der richtigen Tastatur liegen; ein Finger (oder Daumen) befindet sich dabei auf der ⌘/Strg-Taste. Diese Position ermöglicht Ihnen schnellen Zugriff auf den unverzichtbaren *Rückgängig*-Befehl (⌘/Strg+Z).

**Regel 2: Machen Sie Fehler rückgängig.** Dies ist bei der Arbeit am Computer ein so wichtiger Aspekt, dass ich mich gerne wiederhole. Wenn Sie sich nur eine einzige Tastenkombination merken können, dann bitte *Rückgängig* (⌘/Strg+Z).

**Regel 3: Die ⌘/Strg-Taste verwandelt Ihren Mauszeiger in das zuletzt benutzte Auswahlwerkzeug.** Die ⌘/Strg-Taste ermöglicht in Illustrator nicht nur den schnellen Zugriff auf den *Rückgängig*-Befehl. Sie kann noch viel mehr: Diese Taste wandelt jedes Werkzeug in den zuletzt verwendeten Auswahlpfeil um. In den folgenden Übungen werden Sie schnell feststellen, dass es sich bei dem *Direktauswahl*-Werkzeug um den vielseitigsten Auswahlpfeil handelt.

**Regel 4: Achten Sie auf Ihren Mauszeiger.** Wenn Sie lernen, auf Ihren Mauszeiger zu achten, können Sie die meisten Fehler schon im Vorfeld vermeiden. Falls Ihnen das nicht gelingt (und Sie zum Beispiel versehentlich ein Objekt ziehen und kopieren), verwenden Sie die Funktion *Rückgängig* und versuchen Sie es erneut.

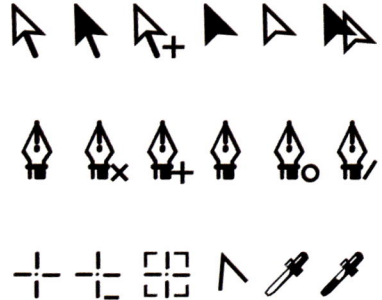

**Regel 5: Achten Sie genau darauf, wann Sie die einzelnen Tasten gedrückt halten.** Die meisten Modifikatortasten halten unterschiedliche Funktionen bereit, je nachdem, wann sie gedrückt werden. Befolgen Sie Regel Nummer 4 und achten Sie auf Ihren Mauszeiger. Dann sehen Sie, was die gedrückte Taste bewirkt.

**Regel 6: Halten Sie die Taste(n) gedrückt, bis Sie die Maustaste losgelassen haben.** Damit die Modifikatortaste Ihre Aktion tatsächlich verändern kann, müssen Sie sie bis zum Freigeben der Maustaste gedrückt halten.

**Regel 7: Arbeiten Sie in der Pfadansicht.** Gewöhnen Sie sich an, zum Konstruieren oder Verändern von Objekten die Pfadansicht zu verwenden. Zur farblichen Gestaltung Ihres Bilds müssen Sie natürlich in den Vorschau-Modus wechseln. Das Erlernen der Tastenkombinationen geht jedoch in der Pfadansicht wesentlich schneller und einfacher vonstatten. Schalten Sie im Menü *Ansicht* oder über ⌘/Strg+Y zwischen den beiden Anzeigemodi um.

# DIE FINGERTÄNZE

Zeichnen Sie durch Ziehen mit dem *Rechteck*-Werkzeug ein Rechteck, bevor Sie mit dieser Übungsabfolge beginnen. Wählen Sie dann das *Direktauswahl*-Werkzeug aus.

**1 Fingertanz** Ein ausgewähltes Objekt erfassen und verschieben

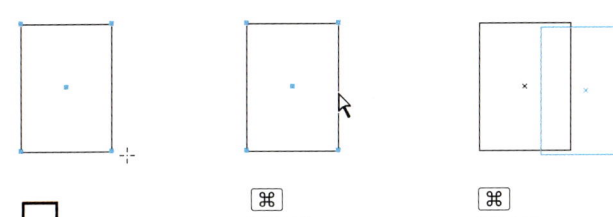 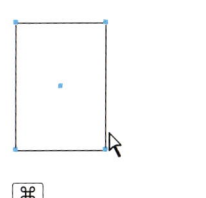 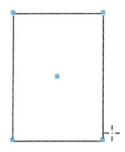

**2 Fingertanz** Die Markierung des Objekts aufheben, einen Pfad auswählen und diesen verschieben

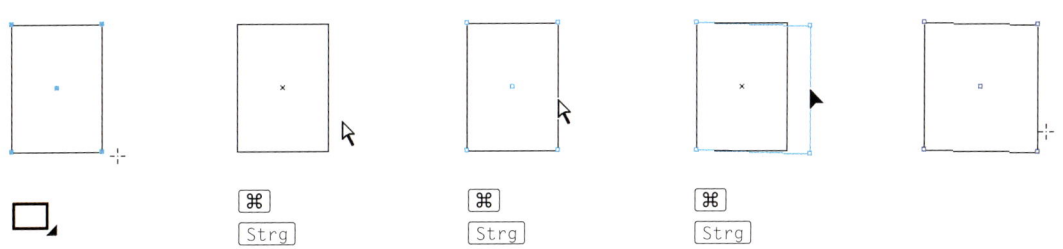

**3 Fingertanz** Ein markiertes Objekt horizontal verschieben

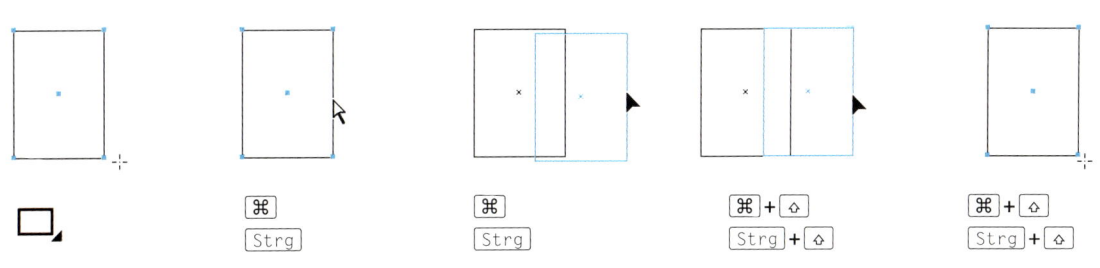

**4 Fingertanz** Die Objektauswahl aufheben, einen Pfad auswählen und diesen horizontal verschieben

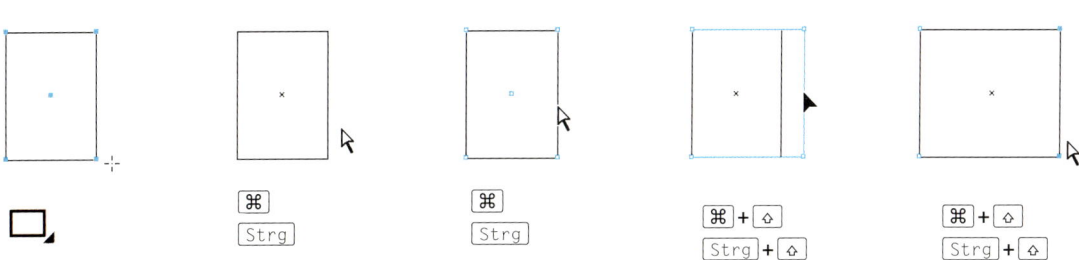

Kapitel 2 Illustrator-Zen ❖ 57

# DIE FINGERTÄNZE

Zeichnen Sie durch Ziehen mit dem *Rechteck*-Werkzeug ein Rechteck, bevor Sie mit dieser Übungsabfolge beginnen. Wählen Sie dann das *Direktauswahl*-Werkzeug aus.

**5 Fingertanz** Die Kopie eines markierten Objekts verschieben

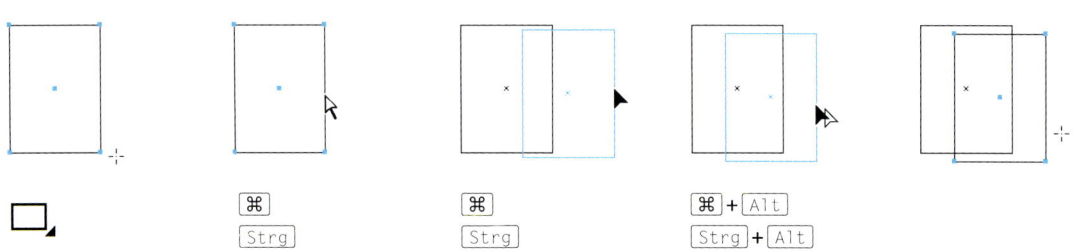

**6 Fingertanz** Die Objektmarkierung aufheben, die Kopie eines Pfads verschieben

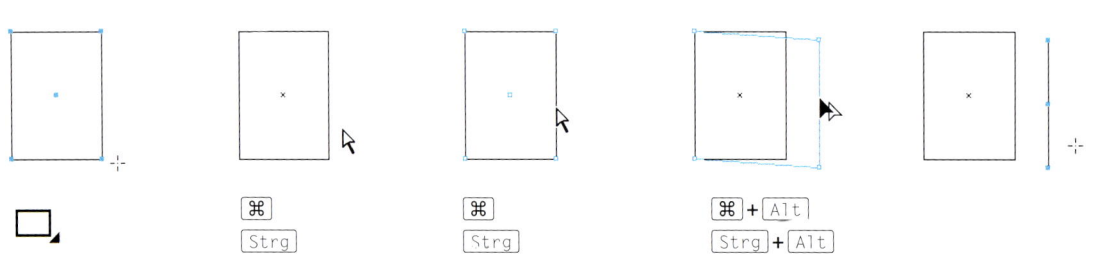

**7 Fingertanz** Die Kopie eines markierten Objekts verschieben

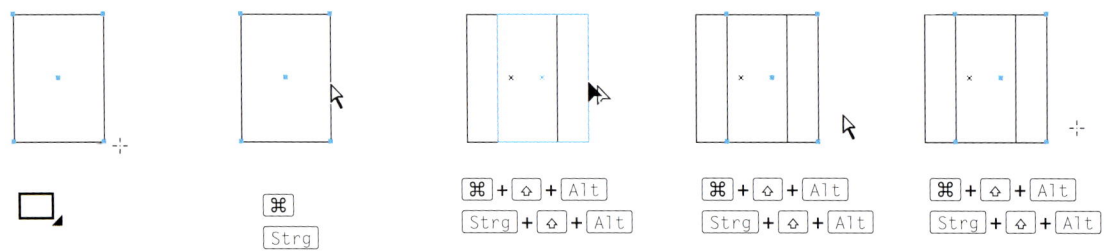

**8 Fingertanz** Eine Markierung aufheben, eine Pfadkopie horizontal verschieben

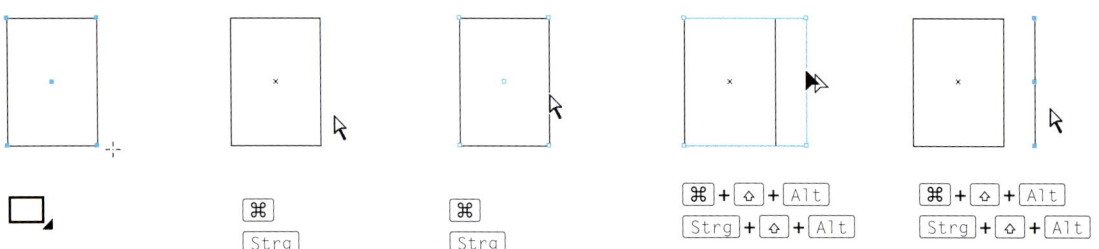

# DIE FINGERTÄNZE

Zeichnen Sie durch Ziehen mit dem *Rechteck*-Werkzeug ein Rechteck, bevor Sie mit dieser Übungsabfolge beginnen. Wählen Sie dann das *Gruppenauswahl*-Werkzeug aus.

**9 Fingertanz** Die Markierung aufheben, eine Gruppe auswählen, eine Kopie der Gruppe verschieben

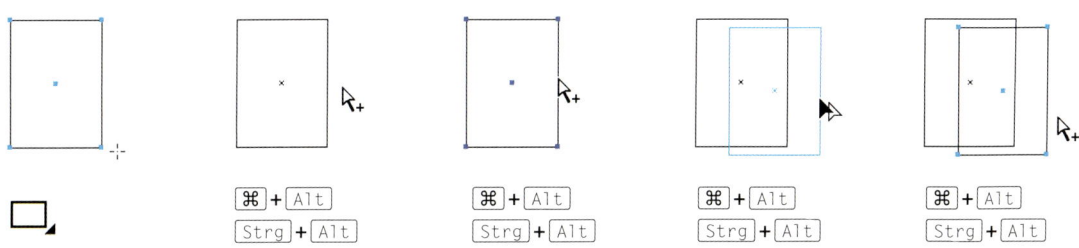

**10 Fingertanz** Eine Gruppe auswählen, ein Objekt horizontal verschieben

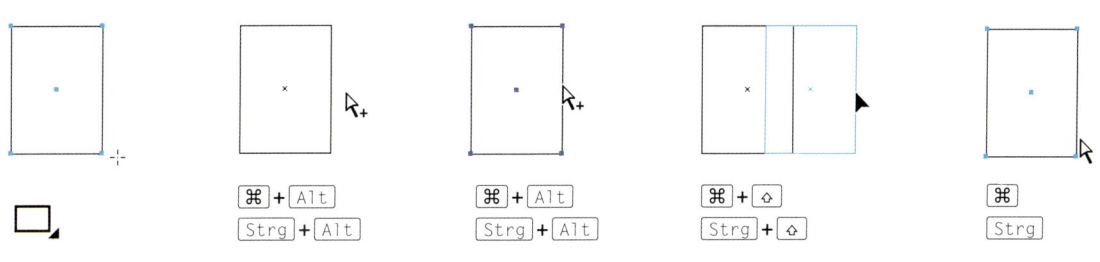

**11 Fingertanz** Kopien horizontal verschieben, die Auswahl erweitern

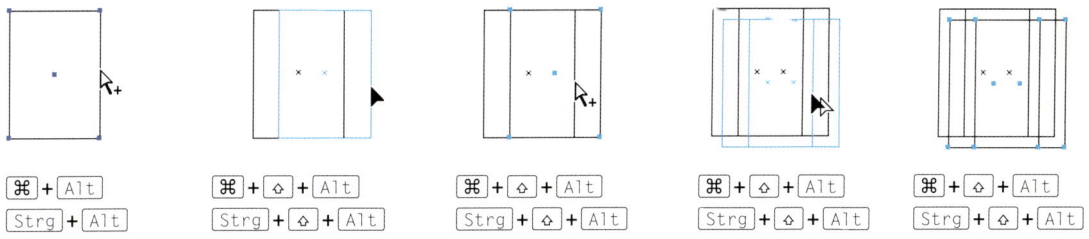

**12 Fingertanz** Eine Kopie verschieben, eine Auswahl hinzufügen, verschieben

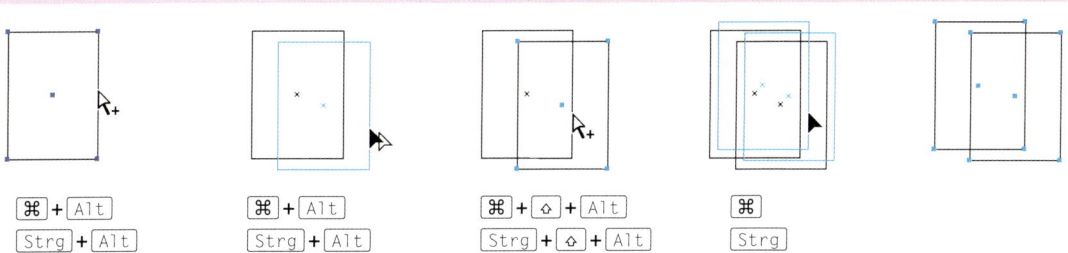

Kapitel 2 Illustrator-Zen ❖ 59

# Zeichnen & Färben

Dieses Kapitel geht hinsichtlich der Illustrator-Zeichen- und -Farbwerkzeuge und -Bedienfelder über die vorigen Kapitel hinaus. Es beschäftigt sich unter anderem mit den einfacheren Funktionen der neuen Technologie, die Adobe „Interaktive Farbe" nennt (mehr über diese Technologie erfahren Sie im Kapitel 10 „Interaktive Farbe"). Sobald Sie diese Grundlagen beherrschen, können Sie mit den anspruchsvolleren Techniken in den folgenden Kapiteln fortfahren.

## Kontur und Füllung

Jedes in Illustrator gezeichnete Objekt besteht aus zwei Komponenten, die Sie getrennt voneinander gestalten können: Fläche und Kontur. Die Fläche ist der Bereich innerhalb eines Pfads. Die gewählte Flächenfüllung kann eine einheitliche Farbe, ein Verlauf, ein Muster oder auch „Ohne" sein (Letzteres bedeutet, dass das Objekt überhaupt keine Flächenfüllung aufweist). Wenn Sie einen offenen Pfad mit nicht verbundenen Endpunkten füllen, wird er dabei so behandelt, als wären die beiden Endpunkte durch eine gerade Linie verbunden (auch wenn dies nicht der Fall ist).

Die Kontur ist der Umriss Ihres gezeichneten Objekts. Die Fläche ist also der von einem Pfad umschlossene Raum. Dieser Pfad kann mit der gewünschten Kontur versehen werden. Sie weisen dem Pfad dazu Attribute zu, zum Beispiel eine Konturstärke, einen Konturstil – etwa durchgezogen oder gestrichelt – und den Stil der Linienenden und Gehrungsecken. Sie können Ihrem Pfad auch die Kontur „Ohne" zuweisen. In diesem Fall hat er überhaupt keinen sichtbaren Umriss. Gestrichelte Linien, Linienenden und Gehrungsecken werden später in diesem Kapitel behandelt. Sie können auch bestimmen, ob die Kontur an der Mitte, der Innen- oder der Außenseite eines geschlossenen Pfads ausgerichtet wird. Dazu wählen Sie einen geschlossenen Pfad aus und klicken im Bedienfeld *Kontur* auf die entsprechende Schaltfläche in der Gruppe *Kontur ausr.* Die Kontur kann damit mittig, innen und außen auf dem Pfad ausgerichtet werden.

### Viele Möglichkeiten zur Definition der Kontur oder Fläche

Um die Füllung oder Kontur für ein Objekt festzulegen, wählen Sie dieses zuerst aus und klicken anschließend im unteren Bereich des Bedienfelds *Werkzeuge* auf das Symbol *Fläche* oder *Kontur*.

Dieser offene Pfad wird als Kontur, mit Kontur und Fläche (Mitte) und nur mit Fläche (rechts) angezeigt. Beachten Sie, dass die Flächenfarbe zugewiesen wird, als ob eine gerade Linie die beiden Endpunkte verbinden würde.

> **Fläche und Kontur vertauschen**
>
> Mit der Taste [X] werden in den Bedienfeldern *Werkzeuge* und *Füllung* abwechselnd die Felder *Fläche* und *Füllung* aktiviert. Das jeweils aktive Feld erscheint im Vordergrund. Betätigen Sie [⇧]+[X], werden die aktuellen Attribute oder Inhalte der Felder *Kontur* und *Füllung* beim aktiven Objekt vertauscht. Wenn Sie beispielsweise mit einer weißen Fläche und einer schwarzen Kontur beginnen, erhalten Sie nach dem Drücken der Tastenkombination [⇧]+[X] eine schwarze Fläche und eine weiße Kontur.
>
> **Beachten Sie:** Weil sich Verläufe nicht auf Konturen anwenden lassen, funktioniert die Tastenkombination [⇧]+[X] nicht, wenn die aktuelle Fläche ein Verlauf ist.

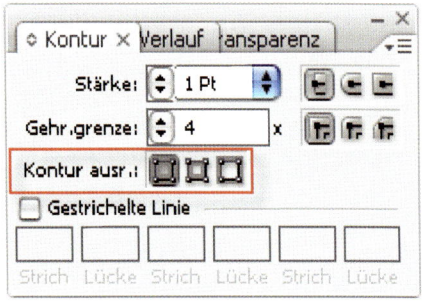

Die Schaltflächen *Kontur ausr.* im Bedienfeld *Kontur* (mittig, innen und außen)

Mit der Taste ⓧ schalten Sie zwischen Füllung und Kontur um. Möchten Sie die Fläche oder Kontur eines Objekts auf „Ohne" setzen, betätigen Sie die ⌗-Taste oder klicken im Bedienfeld *Werkzeuge* oder *Farbe* auf *Ohne* (das kleine weiße, rot durchgestrichene Kästchen).

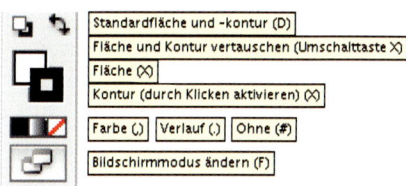

*Kontur* und *Fläche* im Bedienfeld *Werkzeuge* auswählen

Mit den folgenden Techniken legen Sie die gewünschte Flächen- oder Konturfarbe fest:

1) Ziehen Sie die Regler oder klicken Sie im Farbbalken auf eine Farbe. 2) Klicken Sie im Bedienfeld *Farbfelder* auf ein Farbfeld. 3) Nehmen Sie mit dem *Pipette*-Werkzeug die Farbe von anderen Objekten in Ihrer Datei auf. 4) Nehmen Sie eine Farbe aus dem Farbwähler auf. 5) Klicken Sie im Bedienfeld *Farbhilfe* auf ein Farbfeld. 6) Oder klicken Sie im Bedienfeld *Steuerung* auf die Symbole *Fläche* bzw. *Füllung*.

Um den Adobe Farbwähler zu öffnen, doppelklicken Sie im Bedienfeld *Werkzeuge* bzw. *Farbe* auf das Symbol *Fläche* oder *Kontur*. Weiterhin können Sie Farbfelder aus Bedienfeldern auf ausgewählte oder nicht ausgewählte Objekte oder auf das Symbol *Fläche* bzw. *Füllung* im Bedienfeld *Werkzeuge* ziehen.

## Die Farbbedienfelder

Es gibt nun vier verschiedene Bedienfelder zum Umgang mit Farbe: *Farbe, Farbfelder, Farbhilfe* und *kuler* (sprich: „cooler" – siehe Tipp rechts für weitere Informationen zu *kuler*). Standardmäßig zeigt der Andockbereich immer nur ein Bedienfeld an. Damit Sie mehrere Bedienfelder gleichzeitig sehen, müssen Sie jedes einzelne Bedienfeld aus dem Andockbereich auf die Arbeitsfläche ziehen oder die Bedienfelder in der erweiterten Ansicht des Andockbereichs umordnen. Sie erreichen die Bedienfelder auch aus dem Menü *Fenster* (im ersten Kapitel, „Illustrator-Grundlagen", erfahren Sie mehr zum Umgang mit Bedienfeldern).

### Das Bedienfeld Farbe

Das Bedienfeld *Farbe* bietet eine Sammlung von Werkzeugen zum Mischen von Farben und zum Anwenden dieser Farben auf Ihr Bild. Neben den Schiebereglern und Eingabefeldern zum Auffinden genauer Farbzusammensetzungen enthält das Bedienfeld unten links auch eine Schaltfläche *Ohne*, mit der sie einer Fläche oder Kontur überhaupt keine Farbe zuweisen können. Es gibt auch ein balkenförmiges Farbspektrum zum Anklicken und Schaltflächen für Schwarz und Weiß.

Der kleine 3D-Würfel, der häufig neben Ihrer Farbe erscheint, ist eine Webfarben-Warnung. Adobe behält diese einfache Funktion

### Werkzeugleiste und Flächenfarbe

Wenn Sie in der Werkzeugleiste auf die Symbole *Fläche* oder *Kontur* klicken, erhalten Sie das Bedienfeld *Farbfelder*. Halten Sie dabei noch die ⇧-Taste gedrückt, erhalten Sie das Bedienfeld *Farbe*.

### Wie cool ist kuler?

**kuler** (in Kleinbuchstaben) ist der Name für eine experimentelle Anwendung von Adobe Labs, die nur in den englischsprachigen Versionen von Illustrator enthalten ist. (Mehr über **kuler** erfahren Sie im Kapitel 10 „Interaktive Farbe".)

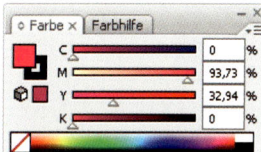 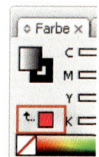

Das Bedienfeld *Farbe*. Die Regler zeigen die Einstellungen der Flächen- oder Konturfarbe – je nachdem, welche Farbe aktiviert ist. Rechts das Farbfeld *Letzte Farbe* (rot umrandet). Wenn Sie nach der Auswahl eines Verlaufs oder Musters oder des Stils *Ohne* zur zuletzt verwendeten Farbe zurückkehren möchten, klicken Sie es an.

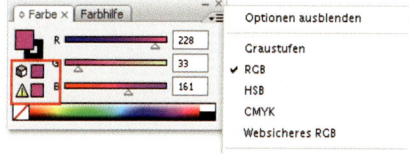

Rot umrandet der Bereich der Warnfelder für Webfarben und Überschreitung des Farbumfangs. Rechts das Popup-Menü des Bedienfelds *Farbe*.

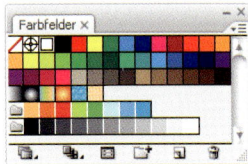

Das Bedienfeld *Farbfelder* mit allen Farbfeldern

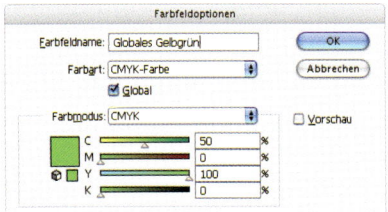

Farbfeldoptionen für eine globale CMYK-Farbe

Die Listenansicht des Bedienfelds *Farbfelder* mit reinen Farbfeldern; die beiden oberen Farbfelder sind globale Farben, die mittleren beiden Volltonfarben und die letzten beiden Prozessfarben (links liegt das Dokument im CMYK-Modus vor, rechts dieselben Farben für ein Dokument im RGB-Modus).

Dieselben Farbfelder wie im vorherigen Bild, dieses Mal als große Miniaturen dargestellt; links zwei globale Farben (ein weißes Dreieck), in der Mitte zwei Volltonfarben (weißes Dreieck mit einem Punkt), rechts zwei Prozessfarben.

> **Kürzel im Bedienfeld Farbfelder**
>
> Wenn Sie beim Anklicken der Schaltfläche *Neues Farbfeld* ⌘/Strg gedrückt halten, erzeugen Sie eine Volltonfarbe. Halten Sie ⌘/Strg+⇧ gedrückt, erhalten Sie eine neue globale Farbe. Drücken Sie die Taste Alt, nehmen Sie die Farbe als Farbfeld in das Bedienfeld *Farbe* auf.

bei, obwohl für die meisten Anwender websichere Farben inzwischen eigentlich kein Thema mehr sind. Wenn Sie diesen Bereich des Bedienfelds *Farben* anklicken, wird die Farbe automatisch in die nächste Entsprechung einer websicheren Farbe umgewandelt. Beim Erstellen von Bildern für das Web können Sie gegebenenfalls auch die Option *Websicheres RGB* aus dem Menü des Bedienfelds *Farbe* wählen.

Im Menü finden sich auch die Optionen *Umkehren* und *Komplementär*. Wenn Sie die Illustrator-Hilfe nach diesen Begriffen durchsuchen, erhalten Sie von Adobe weitere Informationen.

Wenn Sie ein Bild für die Druckausgabe erstellen und eine Farbe außerhalb des CMYK-Gamuts auswählen oder zusammenmischen, erscheint ein Ausrufezeichen im Bedienfeld *Farbe*. Illustrator zeigt Ihnen dann eine innerhalb des Farbumfangs liegende Farbe, die nach Ansicht der Software eine gute Entsprechung bietet. Mit einem Klick auf das Mini-Farbfeld akzeptieren Sie den Vorschlag.

### Das Bedienfeld Farbfelder

Um eine im Bedienfeld *Farbe* definierte Farbe zu speichern, ziehen Sie diese auf das Bedienfeld *Farbfelder* oder klicken einfach auf die Schaltfläche *Neues Farbfeld* im unteren Teil des Bedienfelds *Farbfelder*. Auch durch Auswahl von *Neues Farbfeld* im Menü des Bedienfelds *Farbfelder* oder *Neues Farbfeld erstellen* im Menü des Bedienfelds *Farbe* erhalten Sie ein neues Farbfeld.

Wann immer Sie Objekte mit selbst definierten Farbfeldern oder Stilen zwischen verschiedenen Dokumenten kopieren und einfügen, werden von Illustrator automatisch auch diese Elemente in die Bedienfelder des neuen Dokuments übernommen.

Das Dialogfenster *Farbfeldoptionen* ist über einen Doppelklick auf ein beliebiges Farbfeld oder durch Anklicken der Schaltfläche *Farbfeldoptionen* am unteren Rand des Bedienfelds *Farbfelder* zugänglich. Hier können Sie die einzelnen Attribute eines Farbfelds verändern – etwa Name, Farbmodus, Farbzusammensetzung und die Farbart (CMYK-Farbe, globale CMYK-Farbe oder Volltonfarbe; siehe nachfolgender Abschnitt). Für Farbfelder von Verläufen oder Mustern enthält das Dialogfenster *Farbfeldoptionen* nur das Namensattribut.

### CMYK-Farben, globale CMYK-Farben und Volltonfarben

Für einfarbige Füllungen bietet Illustrator drei Möglichkeiten: CMYK-Farben, globale CMYK-Farben und Volltonfarben. Diese drei Farbarten werden im Bedienfeld *Farbfelder* unterschiedlich dargestellt, so dass sie sich optisch gut voneinander abheben.

- CMYK-Farben sind Prozessfarben, die beim Drucken aus einer Mischung der vier CMYK-Farbwerte entstehen: Cyan, Magenta, Gelb und Schwarz. (Wenn Sie ein RGB-Dokument statt eines Druckdokuments bearbeiten, setzen sich die Farben aus Rot, Grün und Blau zusammen.)

- Globale CMYK-Farben sind Prozessfarben mit einem zusätzlichen Vorteil: Wenn Sie das Farbfeld für eine globale CMYK-Farbe aktualisieren, aktualisiert Illustrator diese Farbe für alle Objekte innerhalb des Dokuments, die diese Farbe verwenden. Eine globale CMYK-Farbe erkennen Sie an dem kleinen Dreieck in der unteren rechten Ecke des Farbfelds (wenn im Bedienfeld die Miniaturansicht ausgewählt wurde) oder in der Listenansicht durch das Symbol für globale Farben. Eine globale Prozessfarbe erhalten Sie durch Aktivieren der Option *Global* im Dialogfenster *Neues Farbfeld* oder *Farbfeldoptionen*. (Standardmäßig ist das Kontrollfeld *Global* nicht markiert.)

- Volltonfarben sind spezielle Farben für Druckjobs, die eine vorgemischte Farbe statt einer Zusammensetzung der vier Standarddruckfarben erfordern. Durch den Einsatz einer Volltonfarbe können Sie Farben außerhalb des CMYK-Gamut verwenden oder eine bessere Farbübereinstimmung erzielen als mit CMYK. Im Dialogfenster *Neues Farbfeld* definieren Sie durch Auswahl von *Volltonfarbe* aus dem Menü *Farbart* eine Farbe als Volltonfarbe. Weiterhin besteht die Möglichkeit, eine Volltonfarbe aus einer Farbfeldbibliothek, etwa einer der unterschiedlichen Pantone-Bibliotheken, auszuwählen. Hierzu verwenden Sie die Schaltfläche *Menü „Farbfeldbibliotheken"* und treffen Ihre Auswahl unter *Farbtafeln*. Alle Volltonfarben sind global und werden daher automatisch aktualisiert. In der Miniaturansicht des Bedienfelds zeigen die Farbfelder ein kleines Dreieck in der unteren rechten Ecke und einen kleinen Punkt oder „Spot". In der Listenansicht erscheint das Symbol für Volltonfarben.

## Farbgruppen erzeugen

Sie können nun mit der Schaltfläche *Neue Farbgruppe* Ihre eigenen Farbgruppen anlegen und speichern. Sie befindet sich unten in der Mitte des Bedienfelds *Farbfelder*. Zum Erstellen einer neuen Gruppe markieren Sie einfach mehrere Farben aus dem Bedienfeld *Farbfelder*, indem Sie per Mausklick mit gedrückter ⇧-Taste aufeinanderfolgende Farbfelder oder mit gedrückter ⌘/Strg-Taste vereinzelte Farbfelder auswählen. Klicken Sie dann auf die Schaltfläche *Neue Farbgruppe*. Alternativ wählen Sie Objekte mit den gewünschten Farben aus und klicken dann auf die Schaltflä-

### Auf die Bibliotheken zugreifen

Die Schaltfläche *Menü „Farbfeldbibliotheken"* unten links im Bedienfeld *Farbfelder* bietet einfachen Zugriff auf Farbfeldbibliotheken für bestimmte Farbsysteme (etwa Pantone oder Trumatch). Über *Andere Bibliothek* können Sie zudem auf gespeicherte Farben aus anderen Dokumenten zugreifen.

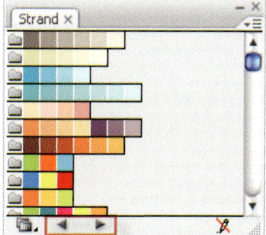

Bedienfelder von Farbfeldbibliotheken haben unten nach rechts und links weisende Pfeilschaltflächen. Mit einem Klick auf einen Pfeil wechseln Sie in demselben Bedienfeld zur nächsten Farbfeldbibliothek.

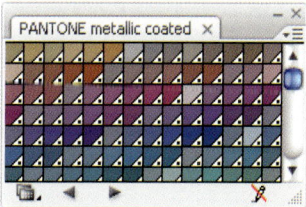

Alle Farbfelder in dieser Pantone-Bibliothek weisen weiße Dreiecke mit Punkten auf. Es handelt sich also sowohl um globale als auch um Volltonfarben.

### Von einem Farbfeld zum nächsten

Um ein neues Volltonfarbfeld direkt aus einem bestehenden Farbfeld zu erzeugen, markieren Sie ein Farbfeld und klicken dann mit gedrückter Tastenkombination ⌘/Strg+Alt die Schaltfläche *Neues Farbfeld* an (unten rechts im Bedienfeld *Farbfelder*). Genauso erzeugen Sie mit gedrückter Tastenkombination ⌘/Strg+Alt+⇧ ein neues Farbfeld für eine globale CMYK-Farbe.

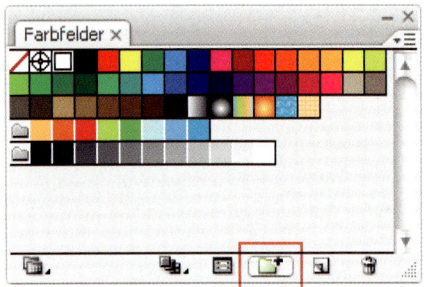

Über die Schaltfläche *Neue Farbgruppe* können Sie das Bedienfeld *Farbfelder* gliedern, indem Sie ausgewählte Farben zu Gruppen zusammenfassen. Sie bestimmen auch den Gruppennamen.

### Beim Löschen von Farbfeldern

Wenn Sie markierte Farbfelder mit einem Klick auf das *Papierkorb*-Symbol im Bedienfeld *Farbfelder* löschen, erhalten Sie von Illustrator keine Warnung, dass Sie eventuell im Dokument verwendete Farben löschen. Stattdessen werden zur Füllung von Objekten verwendete globale Farben und Volltonfarben in nicht globale CMYK-Farben umgewandelt. Wählen Sie sicherheitshalber *Alle nicht verwendeten auswählen* und klicken Sie anschließend auf das Papierkorbsymbol.

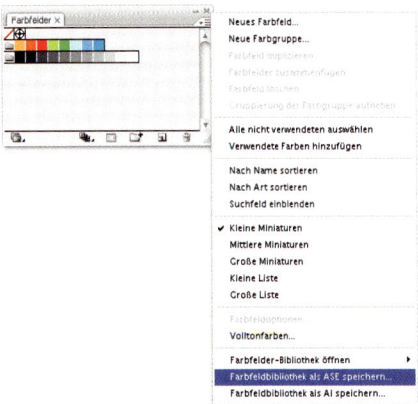

Die Option *Farbfeldbibliothek als ASE speichern* im Menü des Bedienfelds *Farbfelder* ermöglicht das Abspeichern von eigenen Farbfeldbibliotheken zur Verwendung in anderen Adobe-Anwendungen.

che *Neue Farbgruppe*. Sie erhalten Gelegenheit, einen Namen für die Farbgruppe zu vergeben. Diese wird dann gespeichert und ist bereit für den Einsatz im Bedienfeld *Farbfelder*.

## Benutzerdefinierte Farbfeldbibliotheken

Es gibt unterschiedliche Möglichkeiten, auf Farbfeldbibliotheken zuzugreifen. Die einfachste Methode bietet wahrscheinlich die Schaltfläche *Menü „Farbfeldbibliotheken"* links unten im Bedienfeld *Farbfelder* (siehe auch den Tipp „Auf die Bibliotheken zugreifen" weiter vorne in diesem Abschnitt).

Nachdem Sie das Bedienfeld *Farbfelder* zu Ihrer Zufriedenheit eingerichtet haben, können Sie es als benutzerdefinierte Farbfeldbibliothek zur Verwendung mit anderen Dokumenten abspeichern. Auf diese Weise ersparen Sie sich gegebenenfalls später doppelten Aufwand. Das Speichern einer Farbfeldbibliothek ist einfach – klicken Sie die Schaltfläche *Menü „Farbfeldbibliotheken"* in der linken unteren Ecke des Bedienfelds *Farbfelder* an und wählen Sie *Farbfelder speichern*. Damit wird Ihre Farbfeldbibliothek vorgabenmäßig im Verzeichnis *Adobe Illustrator CS3 Settings\Farbfelder* gespeichert. (Genauere Informationen zum Speicherort von Farbbibliotheken finden Sie in der Illustrator-Hilfe, wenn Sie nach „Farbfeldbibliotheken" suchen.)

## Farbfelder austauschen

Innerhalb der Adobe Creative Suite lassen sich Farbfelder einfach zwischen den unterschiedlichen Adobe-Anwendungen austauschen. Sie können also Ihre Illustrator-Farbfelder zur Verwendung in InDesign oder Ihre Photoshop-Farbfelder zur Verwendung in Illustrator abspeichern usw.

Um Illustrator-Farbfelder zur Verwendung in anderen Adobe-Anwendungen zu speichern, richten Sie das Bedienfeld *Farbfelder* mit den gewünschten Farbfeldern ein und entfernen alle unnötigen Einträge. Wählen Sie dann aus dem Popup-Menü des Bedienfelds *Farbbibliothek als ASE speichern* und speichern Sie die Farbfelderbibliothek an einem geeigneten Ort. Nun können Sie die gesicherte Farbfelderbibliothek (Dateiendung „.ase") in die meisten anderen Adobe-Anwendungen laden. Ebenso können Sie aus anderen Anwendungen heraus Farbfeldbibliotheken zur Verwendung in Illustrator speichern (im .ase-Format). Zum Laden einer Farbfeldbibliothek in Illustrator wählen Sie aus dem Menü *Farbfeldbibliotheken* im Bedienfeld *Farbfelder* den Befehl *Andere Bibliothek*. Sie erhalten ein Dialogfenster, in dem Sie die in einer anderen Anwendung gespeicherte Farbfelderbibliothek auswählen können.

## Farbhilfe

Im Bedienfeld *Farbhilfe* können Sie Farbgruppen erzeugen, von denen Illustrator „glaubt," dass sie gut zu derzeitigen Farbe passen. Die Vorschläge beruhen auf wissenschaftlichen „Harmonieregeln" der Farbenlehre. Das Bedienfeld *Farbhilfe* stellt eine von verschiedenen Verbesserungen in Illustrator dar, die Adobe zusammenfassend als „Interaktive Farbe" bezeichnet. Sie können sich das Bedienfeld *Farbhilfe* als eine Art Farblabor vorstellen, in dem Sie Regeln der Farbenlehre auf Ihre Ausgangsfarbe anwenden können.

Das Variationsraster nimmt die größte Fläche im Bedienfeld *Farbhilfe* ein. Es befindet sich direkt unter dem Menü *Harmonieregeln* (wählen Sie unbedingt zunächst den Befehl *Optionen einblenden* aus dem Popup-Menü des Bedienfelds).

In vertikaler Richtung enthält das Raster verschiedene Farbtöne, die sich aus der gewählten Harmonieregel ergeben. Horizontal erhalten Sie Variationen der einzelnen harmonierenden Farben (oder Farbtöne). Das Raster kann dabei drei verschiedene Variationen anzeigen: *Farbtöne/Schattierungen*, *warm/kalt* oder *strahlend/gedeckt*.

Als ein Beispiel zur Anwendung der Farbhilfe wählen Sie *Komplementär 2* aus dem Dropdown-Menü *Harmonieregeln* (einer Auflistung klassischer Farbharmonien). Damit erhalten Sie im Variationsraster analoge Farben (im Farbkreis benachbarte Farben). Im dargestellten Beispiel (oben) zeigt der Bereich des Menüs *Harmonieregeln* unsere rote Ausgangsfarbe und fünf Komplementärtöne – sechs verschiedene Farbtöne.

Sehen Sie, dass dieselben fünf Farbtöne in der Mitte des Variationsrasters vertikal nach unten gestapelt sind? Die Ausgangsfarbe befindet sich ganz oben, die anderen harmonierenden Farben darunter. Links von jedem Farbton befinden sich Schattierungen (dunklere Farbwerte) dieses Farbtons und rechts Farbtöne (hellere Farbwerte).

Mit den Schaltflächen am unteren Rand der Farbhilfe können Sie die Farben auf eine bestimmte Farbfeldbibliothek beschränken, das Dialogfenster *Interaktive Farbe* aufrufen (mehr dazu im Kapitel 10 „Interaktive Farbe") und eine Farbgruppe im Bedienfeld *Farbfelder* speichern. Nachdem Sie die gewünschten Farben erreicht haben, können Sie diese als Kontur oder Fläche auf Ihr Bild anwenden, indem Sie eine Farbe aus dem Bedienfeld *Farbhilfe* herausziehen oder ein oder mehrere Objekte in Ihrem Bild markieren und anschließend eine Farbe im Variationsraster anklicken.

Das Bedienfeld *Farbhilfe* zeigt Schattierungen (rechts) und Farbtöne (links) eines bestimmten Rots (der Ausgangsfarbe) und seiner Komplementärfarben (Grüntöne) an.

### Farbhilfeoptionen

Standardmäßig bietet Ihnen das Bedienfeld *Farbhilfe* sieben Stufen an – sieben Schattierungen links und sieben hellere Farbtöne rechts von der Quellfarbe und jeder entsprechend Ihrer Auswahl harmonierenden Farbe. Mit dem Befehl *Farbhilfeoptionen* aus dem Popup-Menü des Bedienfelds *Farbhilfe* können Sie dieses Verhalten jedoch ändern und die Anzahl der Schritte anpassen. Auch die Stärke der Variation lässt sich hier über den Schieberegler einstellen. *Weniger* ergibt geringere Unterschiede zwischen den einzelnen Schattierungen/Farbtönen (bzw. *Warm/kalt-* und *Strahlend/gedeckt-*Tönen). *Mehr* ergibt eine größere Varianz zwischen den angezeigten Abstufungen.

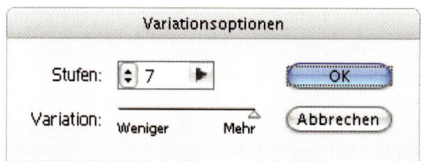

Von links nach rechts: das *Pipette*-Werkzeug, der Mauszeiger im normalen Aufnahmemodus, im Anwendungsmodus ([Alt]), mit [Alt]+[⇧] zum Hinzufügen (nicht Ersetzen) von *Aussehen*-Attributen und für Text

### Vom Desktop aufnehmen

Auch Attribute von beliebigen Objekten auf dem Desktop/Schreibtisch können Sie mit der Pipette aufnehmen. Denken Sie aber daran, dass die Pipette außerhalb des aktuellen Illustrator-Dokuments nur RGB-Farben aufnehmen kann. Um Attribute vom Desktop/Schreibtisch aufzunehmen, markieren Sie zunächst die Objekte, deren Attribute verändert werden sollen. Wählen Sie dann das *Pipette*-Werkzeug, klicken Sie an eine beliebige Stelle in Ihrem Dokument und halten Sie die Maustaste gedrückt, während Sie den Mauszeiger über das aufzunehmende Objekt auf dem Desktop bewegen. Sobald der Mauszeiger sich über dem Objekt befindet, lassen Sie die Maustaste los und die aufgenommenen Attribute werden auf das markierte Objekt angewendet.

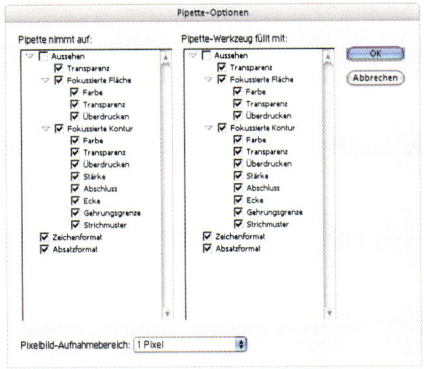

Mit den Optionen der Pipette bestimmen Sie, was aufgenommen und/oder angewendet wird. Neben Kontur, Fläche, Farbe und Textformatierung können Sie mit der Pipette auch Stile und Zeichenattribute (die später in diesem Buch besprochen werden) kopieren.

## Die beiden Funktionen der Pipette

Mit dem Werkzeug *Pipette* übertragen Sie *Aussehen*-Attribute wie Kontur-, Flächen-, Farb- und Textattribute von einem Objekt auf ein anderes. Dabei gilt: Die Pipette nimmt Textattribute auf *und* wendet sie auch wieder an. Es gibt zwei Betriebsarten der Pipette: die aufnehmende Pipette und die anwendende Pipette.

Um mit der Pipette Attribute eines Objekts in ein anderes zu kopieren, wählen Sie zunächst das *Pipette*-Werkzeug aus dem Bedienfeld *Werkzeuge* aus und platzieren es über einem nicht markierten Objekt. Sie erkennen, dass sich die Pipette im Aufnahmemodus befindet (sie zeigt nach unten links). Klicken Sie auf das Objekt, dessen Attribute aufgenommen werden sollen. Bewegen Sie die Pipette nun über das nicht markierte Objekt, auf das Sie die soeben aufgenommenen Attribute übertragen möchten, und halten Sie die [Alt]-Taste gedrückt. Die Pipette schaltet dadurch in den Anwendungsmodus um: Sie zeigt nach rechts unten und erscheint gefüllt. Mit einem Klick auf das Objekt wenden Sie die vom ersten Objekt aufgenommenen Attribute darauf an.

Eine alternative Methode kommt mit einem einzigen Schritt aus: Markieren Sie zuerst das Objekt, dessen *Aussehen*-Attribute verändert werden sollen, und bewegen Sie die Pipette dann über das nicht markierte Objekt, dessen Attribute Sie übernehmen möchten. Mit einem Klick nehmen Sie die Attribute des nicht markierten Objekts auf und übertragen sie zugleich auf das zuvor ausgewählte Objekt. (Bei dieser Methode sehen Sie keine Veränderung des *Pipette*-Werkzeugs vom Aufnahme- in den Anwendungsmodus, weil alles in einem Schritt abläuft.)

Neben den Farben eines Objekts lassen sich mit der Pipette auch Farben aus Pixel- und Gitterobjekten aufnehmen. Die [⇧]-Taste kann die Funktion der Pipette verändern: Standardmäßig nimmt ein normaler Klick mit dem *Pipette*-Werkzeug alle Flächen- und Konturattribute auf (das komplette Aussehen eines Objekts samt interaktiver Effekte). Bei der Verwendung der oben beschriebenen Ein-Klick-Methode können Sie durch die [⇧]-Taste auch nur die Farbe aufnehmen, anstatt alle weiteren *Aussehen*-Attribute ebenfalls mit einzubeziehen. Damit wenden Sie die aufgenommene Farbe auf die Kontur oder Fläche an, je nachdem, was gerade in der Werkzeugleiste aktiviert ist. Wenn Sie beim Klicken [⇧]+[Alt] gedrückt halten, *fügen* Sie dem Aussehen des markierten Objekts die *Aussehen*-Attribute eines Objekts *hinzu*, anstatt sie nur zu ersetzen.

Sie können im Dialogfenster *Pipette-Optionen* (Doppelklick auf das *Pipette*-Werkzeug im Bedienfeld *Werkzeuge*) bestimmen, welche Attribute die Pipette aufnimmt und anwendet. In diesem Dialogfenster befindet sich unten das Menü *Pixelbild-Aufnahmebereich*, in dem Sie die Fläche festlegen können, aus der die Pipette Farbproben aus Pixelbildern zieht.

Die Auswahl reicht von *1 Pixel* über *3x3 Pixel Durchschnitt* bis hin zu *5x5 Pixel Durchschnitt*. Die Durchschnittsberechnung erfolgt jeweils über die angegebene Fläche um die von Ihnen angeklickte Stelle herum. (Durch Mittelwerte erhalten Sie einen genaueren Farbwert der tatsächlichen Farbe, als ihn das menschliche Auge wahrnehmen kann).

## Linienabschlüsse

Konturierte Linien scheinen in der Pfadansicht manchmal perfekt zu passen, überlappen jedoch in der Vorschau sichtbar. Dieses Problem lässt sich durch Ändern der Linienabschlüsse im Konturbedienfeld lösen. Legen Sie einfach mit einem der drei unten beschriebenen Linienabschlussstile fest, wie die Endpunkte Ihrer markierten Pfade in der Vorschau dargestellt werden.

Die erste, standardmäßige Auswahlmöglichkeit ist ein abgeflachter Abschluss; der Pfad endet hierbei am letzten Ankerpunkt. Abgeflachte Abschlüsse sind zur exakten Platzierung eines Pfads in Bezug auf einen anderen wichtig.

Die nächste Option ist ein abgerundeter Abschluss, der den Endpunkt abrundet und ihn natürlicher wirken lässt. Abgerundete Abschlüsse eignen sich besonders dazu, die Wirkung alleinstehender Liniensegmente abzumildern. Der überstehende Abschluss verlängert Linien und Striche um eine halbe Konturstärke über den Endpunkt hinaus. Linienabschlussstile beeinflussen auch die Form gestrichelter Linien (siehe Abbildung).

## Eckenformen

Die Eckenoptionen im Konturbedienfeld bestimmen die Form einer Konturlinie an ihren Eckpunkten. Alle drei Stile bestimmen nur die äußere Eckenform, die Innenseite der Ecke ist immer spitzwinklig.

Die standardmäßige Gehrungsecke erzeugt eine spitze Ecke. Die Länge der Spitze hängt von Linienstärke, Eckenwinkel (spitze Winkel ergeben längere Spitzen, siehe Abbildung links) und der

> ### Vierfarbdruck
> Bilder mit Volltonfarben können Sie in Vierfarbauszügen drucken, indem Sie im Druckdialog die Ausgabeoption *Alle Volltonfarben in Prozessfarben konvertieren* markieren. Dabei kann es jedoch zu Farbverschiebungen kommen.

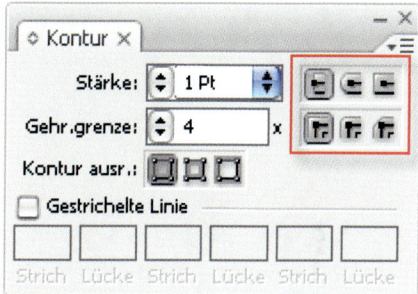

Das Bedienfeld *Kontur* mit markiertem Bereich *Abschlüsse/Ecken*

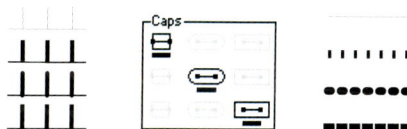

Links von oben nach unten: jeweils drei Linien in der Pfadansicht und im Vorschaumodus mit abgeflachten, abgerundeten und überstehenden Abschlüssen. Rechts von oben nach unten: eine 5 pt starke gestrichelte Linie mit einem Strich von 2 pt und einer Lücke von 6 pt in der Pfadansicht und im Vorschaumodus mit abgeflachten, abgerundeten und überstehenden Abschlüssen.

Eine gestrichelte Linie mit abgeflachten Abschlüssen (oben) und dieselbe Linie mit abgerundeten Abschlüssen (unten).

In CS3 wird eine gestrichelte Linie (oben) durch den Befehl *Objekt > Pfad > Konturlinie* erwartungsgemäß in Konturlinien (unten) umgewandelt.

> **Störrischer Einrastpunkt**
>
> Wenn ein Objekt nervtötend an der falschen Stelle „einrastet", bewegen Sie es von dort weg und lassen Sie los. Erfassen Sie das Objekt dann erneut an dem Punkt, an dem Sie es ausrichten möchten, und versuchen Sie es noch einmal.

Ein Pfad in der Pfadansicht, dann im Vorschau-Modus mit einer Gehrungsecke sowie einer abgerundeten und abgeflachten Ecke.

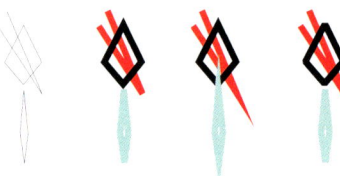

Pfadansicht   Gehrungs-   Gehrungs-   Gehrungs-
              grenze 4x   grenze 12x  grenze 1x

Objekte mit einer Konturstärke von 6 pt und unterschiedlichen Gehrungsgrenzen verdeutlichen, dass die Linienwinkel die Gehrungsgrenzen beeinflussen.

 Das *Frei-transformieren*-Werkzeug

Das herausgelöste Bedienfeld der *Verflüssigen*-Verzerrungswerkzeuge ist über das *Verkrümmen*-Werkzeug zugänglich (siehe „Herauslösen von Bedienfeldern" im Kapitel 1 „Illustrator-Grundlagen").

Durch Verwendung eines Filters statt eines Effekts bearbeiten Sie Ihre Pfade direkt und der Bildschirmaufbau wird beschleunigt. In der Mitte wurde *Filter > Verzerrungsfilter > Zusammenziehen und aufblasen* auf einen Kreis angewendet. Rechts die Darstellung von *Effekt > Verzerrungs- und Transformationsfilter > Zusammenziehen und aufblasen*.

im Konturbedienfeld festgelegten Gehrungsgrenze ab. Die Gehrungsgrenze kann von 1x (immer stumpf) bis 500x reichen. In der Regel sieht die standardmäßige Gehrungsecke mit einer Gehrungsgrenze von 4x gut aus.

Die Option *Abgerundete Ecke* erzeugt eine von außen abgerundete Ecke, deren Radius die Hälfte der Konturstärke beträgt. Mit *Abgeflachte Ecke* erhalten Sie eine von außen abgeschnittene Ecke, die einer Gehrungsecke mit Gehrungsgrenze 1x entspricht.

## Frei Transformieren-/Verflüssigen-Werkzeuge, Verzerrungsfilter

Mit dem *Frei-transformieren*-Werkzeug verzerren Sie Größe und Form eines Objekts durch Ziehen der Eckpunkte seines Begrenzungsrahmens. Sie beginnen zunächst mit dem Ziehen eines Begrenzungsrahmen-Eckpunkts und halten dann beim Weiterziehen zusätzlich ⌘/Strg gedrückt. Die Form des Objekts verzerrt sich zusehends, je weiter Sie die Eckpunkte des Begrenzungsrahmens ziehen.

Mit den „*Verflüssigen*"-Verzerrungswerkzeugen können Sie Objekte manuell verzerren, indem Sie die Maus über sie hinwegziehen. Die *Verkrümmen-, Strudel-, Zusammenziehen-, Aufblasen-, Ausbuchten-, Kristallisieren-* und *Zerknittern*-Werkzeuge funktionieren nicht nur mit Vektorobjekten, sondern auch mit eingebetteten Pixelgrafiken. Halten Sie die Alt-Taste gedrückt, um die Größe des *Verflüssigen*-Pinsels durch Ziehen zu verändern.

Ähnliche Verzerrungsfunktionen finden sich sowohl im Filtermenü (wählen Sie dort das obere der beiden Verzerrungsfilter-Untermenüs) als auch im Effektmenü (wählen Sie *Effekt > Verzerrungs- und Transformationsfilter*). Diese speziellen Funktionen unterscheiden sich etwas von den *Verflüssigen*-Verzerrungswerkzeugen und bieten einige Vorteile. So können Sie etwa exakt denselben Effekt über *Filter > Letzten Filter anwenden* erneut anwenden.

Die Versionen aus dem Effektmenü sind interaktiv und können als Grafikstile gespeichert werden (weitere Informationen zu interaktiven Effekten im Kapitel 11 „Interaktive Effekte & Grafikstile"). Sie lassen sich auch zur Erzeugung von Zwischenbildern für Animationen einsetzen, wenn Angleichungen nicht die erwünschten Resultate ergeben oder zu aufwändig sind.

Die Verzerrungsfilter umfassen *Frei verzerren, Zusammenziehen & Aufblasen, Aufrauen, Tweak, Wirbel* und *Zickzack*. All diese Filter verzerren Pfade anhand ihrer Ankerpunkte. Sie erzielen Verzerrungen durch die Verschiebung (und möglicherweise Hinzufügung) von Ankerpunkten. Bei aktivierter Vorschauoption im Dialogfenster können Sie die mit unterschiedlichen Einstellungen erzielten Resultate vergleichen.

Viele der Funktionen der Funktion *Frei verzerren* lassen sich auch mit dem *Frei-transformieren*-Werkzeug durchführen. (Mehr über das *Frei-transformieren*-Werkzeug erfahren Sie in der Lektion „Verzerrte Ansichten" im weiteren Verlauf des Kapitels.)

## Pfad vereinfachen

Weniger ist mehr, wenn es um die Anzahl von Ankerpunkten geht, über die ein Pfad definiert ist. Je mehr Ankerpunkte, desto komplizierter der Pfad – das führt zu größeren Dateien und erschwert die Verarbeitung bei der Ausgabe. Der Befehl *Vereinfachen* (*Objekt > Pfad > Vereinfachen*) entfernt überflüssige Ankerpunkte aus einem oder mehreren ausgewählten Pfaden, ohne größere Veränderungen an der ursprünglichen Pfadform vorzunehmen.

Zwei Schieber bestimmen Stärke und Typ der Vereinfachung. Aktivieren Sie die beiden Optionen *Original anzeigen* und *Vorschau*, damit Sie den Effekt der Schieberegler beim Einstellen verfolgen können. Die Vorschauoption zeigt gleichzeitig auch die ursprüngliche und der aktuellen Einstellung entsprechende Anzahl an Punkten in der Kurve an.

Mit dem Regler *Kurvengenauigkeit* bestimmen Sie, wie genau der neue Pfad sich am Originalpfad orientieren soll. Je höher der Prozentwert, desto mehr Ankerpunkte verbleiben und desto näher liegt der neue Pfad am Original. Die Endpunkte eines offenen Pfads werden nie verändert. Der *Winkel-Schwellenwert* bestimmt, wann Eckpunkte geglättet werden. Je höher der Schwellenwert, desto wahrscheinlicher wird eine Ecke nicht geglättet.

## Vektoren löschen

Löschen bedeutet nicht unbedingt, Zeichenfehler zu beheben. Das Löschen oder Wegnehmen kann auch eine wichtige Rolle bei der Entwicklung Ihrer Zeichnung spielen. Wie ein Bildhauer können Sie zum Formen von Objekten nicht nur Elemente hinzufügen, sondern auch Teile wegnehmen.

Illustrator bietet zwei verschiedene Werkzeuge zum Löschen von Vektoren an. Das *Löschen*-Werkzeug entfernt Abschnitte aus markierten Pfaden und das *Radiergummi*-Werkzeug subtrahiert Bereiche von Objekten.

### Einzelne Ankerpunkte entfernen …

Mit dem Befehl *Objekt > Pfad > Aufräumen* entfernen Sie einzelne Ankerpunkte, ungefüllte Objekte oder leere Textpfade. Möchten Sie die einzelnen Ankerpunkte vor dem Löschen anzeigen, wählen Sie sie mit *Auswahl > Objekt > Einzelne Ankerpunkte* aus und drücken Sie dann die Entf-Taste. (Vorsicht, einzelne Pinselstrich-Punkte könnten ebenfalls gelöscht werden!)

Mit *Objekt > Pfad > Vereinfachen* können Sie die Anzahl der Punkte reduzieren und die Schrift stilisieren.

### Brauchen Sie mehr Punkte?

Mit dem *Ankerpunkt-hinzufügen*-Werkzeug fügen Sie an bestimmten Stellen entlang Ihres Pfads Punkte hinzu. Oder benutzen Sie den Befehl *Objekt > Pfad > Ankerpunkte hinzufügen*, um jeweils genau einen Punkt zwischen jedes bestehende Punktepaar entlang Ihres Pfads einzufügen.

Das *Löschen*-Werkzeug

 Das *Radiergummi*-Werkzeug (⇧+E)

## Das Löschen-Werkzeug

Das *Löschen*-Werkzeug entfernt Teile eines markierten Pfads. (Sie müssen den Pfad zunächst mit einem der Auswahlwerkzeuge markieren.) Durch Ziehen über den Pfad können Sie komplette Abschnitte löschen beziehungsweise entfernen. Sie müssen entlang des Pfads ziehen – wenn Sie diagonal oder senkrecht zum Pfad löschen, sind die Ergebnisse weniger gut vorauszusehen.

## Das Radiergummi-Werkzeug

Das *Radiergummi*-Werkzeug zieht eine Schneise aus Vektorobjekten. Falls ein Vektorobjekt markiert ist, wirkt sich das *Radiergummi*-Werkzeug nur auf dieses Objekt aus. Ist nichts ausgewählt, sind alle vom *Radiergummi*-Werkzeug berührten Objekte betroffen (durch alle Ebenen hindurch). Das *Radiergummi*-Werkzeug hat keine Auswirkungen auf platzierte Pixelbilder oder Texte. Sie können Texte jedoch in Pfade umwandeln (*Schrift > Verketteter Text > In Pfade umwandeln*) und anschließend das *Radiergummi*-Werkzeug anwenden. Manche Objekte müssen zudem umgewandelt werden, ehe Sie Teile davon löschen können (Symbole, Verzerrungen, Diagramme, Angleichungen und Gitter).

Mit einem Doppelklick auf das *Radiergummi*-Werkzeug öffnen Sie das Dialogfenster *Radiergummioptionen*. Hier können Sie Winkel, Rundheit und Durchmesser Ihres Radierers einstellen.

In den Popup-Menüs rechts von den einzelnen Optionen können Sie verschiedene Formvarianten des Werkzeugs einstellen. Zur Auswahl stehen *Fixiert, Zufällig, Druck, Stylusrad, Neigung, Ortung* und *Drehung* (manche Optionen sind nur bei Verwendung von Grafiktabletts mit Zeichenstiften verfügbar). Weitere Informationen erhalten Sie in der Illustrator-Hilfe unter dem Stichwort „Radiergummi".

### In einem Auswahlrahmen radieren

Mit aktiviertem *Radiergummi*-Werkzeug können Sie mit gedrückter Alt-Taste einen rechteckigen Auswahlrahmen um einen Bereich ziehen und alles innerhalb dieses Bereichs löschen. Um den Kasten auf ein Quadrat zu beschränken, ziehen Sie mit gedrückten Alt+⇧-Tasten. Sie können den Radiergummi durch Drücken der ⇧-Taste auch auf Winkel von 0°, 45° oder 90° beschränken.

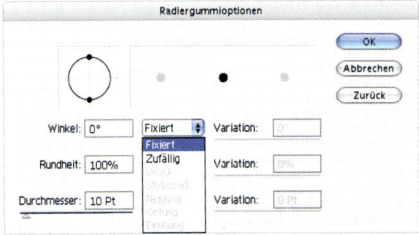

Im Dialogfenster *Radiergummioptionen* können Sie die Form des zu verwendenden Radiergummis festlegen.

### Konturen und Effekte radieren

Konturen und interaktive Effekte beeinflussen das Erscheinungsbild Ihres Objekts nach der Anwendung des *Radiergummi*-Werkzeugs. Damit Sie das gewünschte Aussehen erhalten, müssen Sie das Objekt möglicherweise vor dem Radieren umwandeln (teilweise auch mehrmals, je nach Anzahl der Konturen und interaktiven Effekte). Wenn Sie das Objekt vor dem Radieren umwandeln, werden ebenfalls drucksensitive Pinselstriche beibehalten. In Brenda Sutherlands „BSutherland_Radierer1_Pinsel" und „BSutherland_Radierer2_Konturen_Effekte" auf der WOW! CD erhalten Sie dazu nähere Informationen.

# GALERIE

*Larson Tiffany_Wolf.ai*

## Tiffany Larsen

Tiffany Larsen verwendete eigene Muster, um den großen bösen Wolf mit realistischen Stofftexturen einzukleiden. Für das Muster des Baumwollkleids erstellte sie zunächst ein Schachbrettmuster mit dem *Rechteck*-Werkzeug. In das Schachbrett zeichnete Larsen kleinere Quadrate unterschiedlicher Größe, um ein abgetragenes Erscheinungsbild zu simulieren. Sie maskierte dann das gruppierte Schachbrett auf die gewünschte Größe und erzeugte ein Muster, indem sie das Schachbrett auf das Bedienfeld *Farbfelder* zog. Für die Spitzenborte (kleines Bild rechts) zeichnete Larsen innerhalb eines Quadrats unterschiedliche Kreise mit weißer

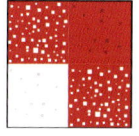 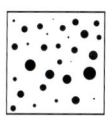

Fläche und ohne Kontur. Mit dem *Direktauswahl*-Werkzeug markierte sie das Quadrat und die Kreise und wandelte ihre Auswahl in einen zusammengesetzten Pfad um (*Objekt > Zusammengesetzter Pfad > Erstellen*). So erhielt sie transparente Löcher (im Kapitel 13 „Fortgeschrittene Techniken" erfahren Sie mehr über Masken). Larsen wandelte die Auswahl über *Bearbeiten > Muster festlegen* in ein Muster um. Im Bedienfeld *Kontur* legte sie die Nähte als gestrichelte Linie mit 1 pt Strichlänge und Lücken von 2 pt an.

# Einfacher Realismus

Realismus durch Geometrie und Beobachtung

 Kelley Andrea_MITChip.ai

**Überblick:** Zeichnen Sie ein mechanisches Objekt; verwenden Sie dazu die Werkzeuge *Rechteck*, *Abgerundetes Rechteck* und *Ellipse*; füllen Sie alle Pfade mit Farbtönen; erwecken Sie mit einzelnen Glanzlichtern und versetzten Schatten den Eindruck von Tiefe.

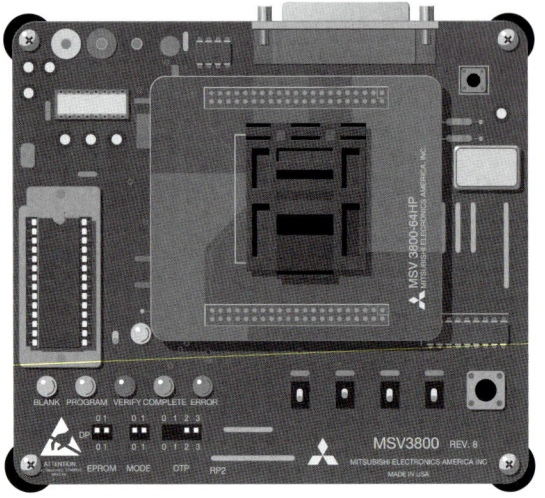

1

Die Standardfläche und -kontur im Bedienfeld *Werkzeuge*; Einstellung der Standardkonturstärke für Objekte

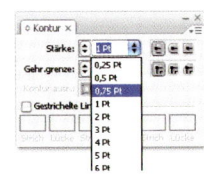

Konstruktion der Grundformen mit abgerundeten Rechtecken und Ellipsen

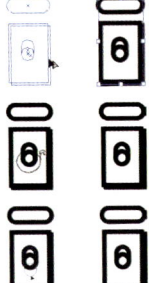

Wenn Sie eine Auswahl mit gedrückten [Alt]+[⇧]-Tasten ziehen, duplizieren Sie Ihre Auswahl und richten sie gleichzeitig am Original aus; das *Lasso*-Werkzeug wird zur Auswahl bestimmter Punkte verwendet; ziehen Sie mit gedrückter [⇧]-Taste, um die markierten Punkte eingeschränkt zu verschieben.

Viele Leute glauben, dass man Realismus mit Illustrator nur durch aufwändige Verläufe und Angleichungen erreichen kann. Diese Illustration von Andrea Kelley beweist jedoch, dass künstlerische Beobachtungsgabe das eigentliche Geheimnis ist. Mittels Beobachtung und den einfachsten Illlustrator-Techniken zeichnete Kelley für ein Handbuch Ihres Kunden Mitsubishi technische Produktillustrationen von Computerplatinen.

**1. Ein technisches Objekt aus sich wiederholenden geometrischen Formen durch veränderte Objektkopien konstruieren.** Die meisten Künstler sind der Ansicht, nicht eine komplexe Perspektive, sondern genaue Beobachtung sei einer der wichtigsten Aspekte bei der Erstellung von Illustrationen. Um Ihre Fähigkeiten zur Untersuchung von Objektformen und -details zu schärfen, wählen Sie sich ein einfaches mechanisches Gerät zur Darstellung in Graustufen aus. Legen Sie zunächst ein neues Illustrator-Dokument an. Experimentieren Sie dann mit den Werkzeugen *Ellipse*, *Rechteck* und *Abgerundetes Rechteck*, um die grundlegenden Elemente des Geräts wiederzugeben. Wenn Sie Ihr erstes Objekt erstellt haben, vergewissern Sie sich, dass es markiert ist, und klicken Sie im Bedienfeld *Werkzeuge* auf das Symbol *Standardfläche und -kontur*. Öffnen Sie das Bedienfeld *Kontur* (Fenster > Kontur) und wählen Sie aus dem Menü *Stärke* eine Konturstärke von 0,75 pt. Alle Objekte, die Sie von nun an erstellen, erhalten dieselbe Fläche und Kontur wie Ihr erstes Objekt.

Da mechanische und elektronische Geräte häufig mehrere ähnliche Komponenten haben, können Sie Zeit sparen, indem Sie ein bereits gezeichnetes Objekt kopieren und anschließend die Form der

Kopie anpassen. Sie können Ihre Kopie leicht am Original ausrichten, indem Sie die Tastenkombination [Alt]+[⇧] gedrückt halten, während Sie die Kopie aus dem ausgewählten Objekt heraus und an die gewünschte Position ziehen. Magnetische Hilfslinien (Menü *Ansicht*) können die Ausrichtung ebenfalls erleichtern.

Um eine Schalterreihe darzustellen, zog Kelley einen markierten Schalter und schränkte dabei mit gedrückter Tastenkombination [Alt]+[⇧] die Verschiebungsrichtung ein. Dann streckte sie die Kopie des Schalters, indem sie eine Seite des Schaltknopfs mit dem *Lasso*-Werkzeug erfasste und sie mit gedrückter [⇧]-Taste genau senkrecht nach unten zog. Diesen Vorgang wiederholte sie, um eine Reihe von Schaltern mit derselben Grundplatte, jedoch unterschiedlich langen Schaltknöpfen zu erzeugen.

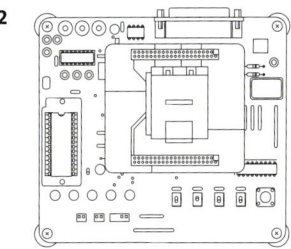

Die Zeichnung, bevor ausgewählte Pfade grau gefüllt wurden.

**2. Farbtöne zum Füllen von Objekten verwenden.** Zu diesem Zeitpunkt sind alle Objekte weiß gefüllt und weisen eine schwarze Kontur auf. Wählen Sie ein einzelnes Objekt aus und setzen Sie im Bedienfeld *Farbe* (*Fenster > Farbe*) die Kontur auf *Ohne* und die Fläche auf Schwarz. Öffnen Sie das Bedienfeld *Farbfelder* (*Fenster > Farbfelder*) und klicken Sie mit gedrückter [Alt]-Taste auf das Symbol *Neues Farbfeld*. Nennen Sie es „Schwarz-Global" und aktivieren Sie die Option *Global*. Mit einem Klick auf *OK* speichern Sie die neue Farbe. Erzeugen Sie dann im Bedienfeld *Farbe* mit dem Farbton-Regler ([T]) einen Farbton. Füllen Sie die Fläche weiterer Objekte mit dem globalen Schwarz (achten Sie darauf, die Kontur auf *Ohne* zu setzen) und passen Sie die Farbtöne für die einzelnen Objekte mit dem Farbtonregler an, bis Sie mit den Schattierungen zufrieden sind. Kelley verwendete Werte von 10 bis 90 Prozent. Die meisten Objekte liegen zwischen 55 und 75 Prozent Schwarz.

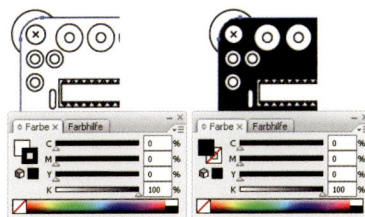

Links: Der ausgewählte Pfad erhielt die Standardumriss- und Flächenfarben; rechts: das ausgewählte Objekt erhielt eine schwarze Fläche und keine Kontur.

**3. Einige sorgfältig platzierte Glanzlichter erzeugen.** Betrachten Sie das von Ihnen gezeichnete Objekt genau und entscheiden Sie, wo Glanzlichter platziert werden sollen. Markieren Sie bei Linien, die der Objektkontur folgen, den Objektpfad komplett oder teilweise mit dem *Direktauswahl*-Werkzeug, kopieren Sie die Pfadauswahl (*Bearbeiten > Kopieren*) und fügen Sie sie im Vordergrund ein (*Bearbeiten > Davor einfügen*). Ändern Sie die Fläche Ihres Pfads im Bedienfeld *Farbe* auf *Ohne* und stellen Sie über den Farbtonregler für die Kontur einen leichten Grauwert ein. Während der Glanzlichtpfad noch ausgewählt ist, können Sie die Konturstärke über das Feld *Stärke* im Bedienfeld *Kontur* anpassen. Wenn Sie ein Glanzlicht verkürzen möchten, trennen Sie seinen Pfad mit dem *Schere*-Werkzeug, markieren dann die unerwünschten Segmente mit dem *Direktauswahl*-Werkzeug und löschen sie.

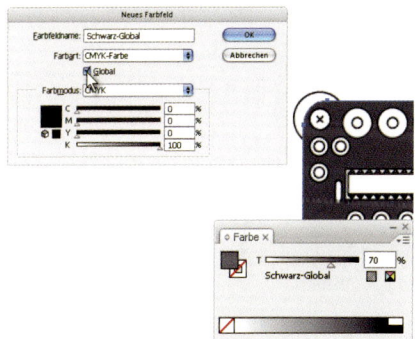

Eine neue globale Farbe wurde im Bedienfeld *Farbfelder* erzeugt. Über den T-Regler im Bedienfeld *Farbe* wurde die Kontur auf 70% Schwarz gesetzt.

Einzelne Pfade wurden mit Farbtönen des globalen Schwarz von 10% bis 90% gefüllt.

**3**

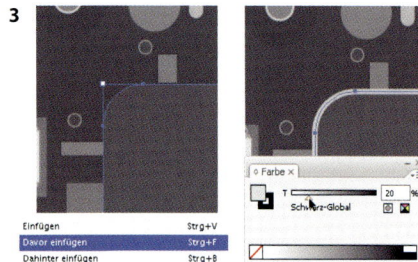

*Davor einfügen* wurde auf einen markierten, kopierten Pfad angewandt, so dass dieser direkt auf sich selbst dupliziert wurde; Kontur und Fläche des duplizierten Pfads wurden verändert. Damit entstand eine hervorgehobene Kontur.

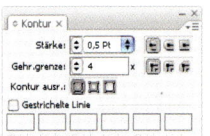

Mit dem *Stärke*-Feld im Bedienfeld *Kontur* wurde die Stärke des hervorgehobenen Pfads reguliert.

Kleine Kreise mit einer Fläche von 0% Schwarz (weiß) und einem dunkleren, innen liegenden, bogenförmigen Pfad zur Simulation von Tiefe; ein markierter Pfad wurde bei gedrückter Tastenkombination Alt+⇧ mit kontrollierter Verschiebung dupliziert.

**4**

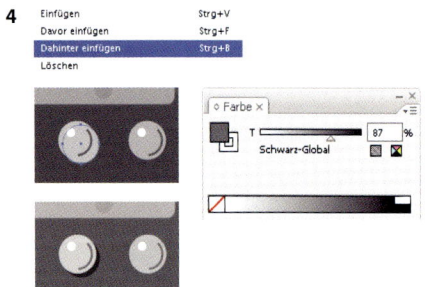

Ein Drehknopf wurde kopiert und der Befehl *Dahinter einfügen* ausgewählt; mit den Pfeiltasten wurde die Kopie verschoben; der Flächen-Farbton wurde auf 87% Schwarz gesetzt und damit entstand aus der Kopie ein Schatten.

Für einige der Knöpfe und Drehregler auf dem Chip verwendete Kelley zur Simulation von Tiefe runde Glanzlichter mit einem Farbton von 0% (weiß) und einen innen liegenden gebogenen Pfad mit einem dunkleren Wert. Wenn Sie mit den Glanzlichtern auf einem bestimmten Knopf zufrieden sind, markieren Sie die Pfade (sowohl die Glanzlichter als auch den Knopf) und duplizieren Sie die Objekte, indem Sie sie mit gedrückter Alt-Taste ziehen. (Mit gedrückter Tastenkombination Alt+⇧ kopieren Sie die Objekte und schränken dabei die Verschiebungsrichtung ein.)

Kelley verwendete für die Glanzlichter Linien mit einer Stärke von 0,2 bis 0,57 pt und Farben, deren Farbton von 10 bis 50 Prozent variierte. Sie verwendete für einige der Glanzlichter auch sorgfältig platzierte weiße Kreise. Probieren Sie im Bedienfeld *Kontur* verschiedene Linienabschlüsse und Eckenformen aus (Näheres zu Abschlüssen und Ecken im Abschnitt *Linienabschlüsse* und den entsprechenden Abbildungen in der Einleitung dieses Kapitels).

**4. Schatten erstellen.** Wiederholen Sie die obigen Arbeitsschritte, wobei Sie dieses Mal jedoch dunklere Farbtöne auf duplizierten und im Hintergrund eingefügten Pfaden verwenden, um Schatten zu erzeugen. Wählen Sie einen Pfad aus, der einen Schatten ergeben soll, kopieren Sie ihn und wählen Sie *Bearbeiten > Dahinter einfügen*. Damit setzen Sie eine Kopie des Pfads direkt hinter dem Originalpfad ein. Versetzen Sie die Kopie mit den Pfeiltasten und ändern Sie die Flächenfüllung im Bedienfeld *Farbe* in einen dunkleren Farbton.

Verwenden Sie eventuell Effekte zum Erzeugen von Schatten und Glanzlichtern. Im Kapitel 11 „Interaktive Effekte & Grafikstile" finden Sie weitere Informationen zum Aufbau von *Aussehen*-Attributen mit mehreren Konturen, die sich auch als Stile zur Verwendung in anderen Bildern speichern lassen.

### Symbole für schnellere Aktualisierung und kleinere Dateien

Definieren Sie ein Bildobjekt als Symbol, wenn Sie alle Instanzen dieses Bildobjekts später auf einfache Weise aktualisieren möchten. (Symbole führen auch zu kleineren Dateigrößen beim Export im Flash-Format.) Im Kapitel 5 „Pinsel & Symbole" erfahren Sie mehr über Symbole.

# GALERIE

Rostomian

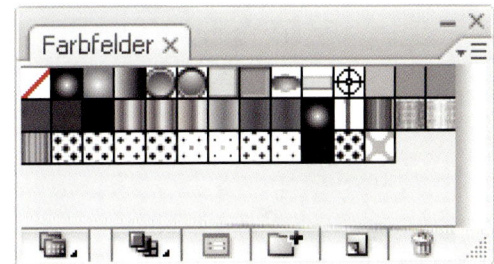

## Zosia Rostomian/The Sharper Image®

Mit einer pfiffigen Mixtur aus selbst definierten Verläufen und Mustern aus der Farbfeldbibliothek erstellte Zosia Rostomian eine anspruchsvolle Illustration. Rostomian muss häufig zahlreiche Produktillustrationen in einem engen Zeitrahmen erstellen und die Musterbibliothek beschleunigt diesen Prozess. Zunächst fügte Rostomian dem Bedienfeld *Farbfelder* Muster hinzu. Sie klickte auf die Schaltfläche *Menü „Farbfeldbibliotheken"* in der unteren linken Ecke des Bedienfelds *Farbfelder* und wählte *Muster > Einfache Grafiken > Einfache Grafiken_Muster2*. Sie markierte das Objekt und füllte es mit einem gepunkteten Muster aus dem Bedienfeld *Farbfelder*. Sie experimentierte, bis sie ein Muster fand, das ihren Erwartungen schon nahe kam. Bei markiertem gefülltem Objekt wählte sie *Objekt > Transformieren > Skalieren*. Rostomian aktivierte *Gleichmäßig*, gab einen Prozentwert ein und wählte dann unter *Optionen* den Befehl *Muster*. Sie aktivierte die Vorschauoption und experimentierte mit verschiedenen Prozentwerten, bis das Muster optimal skaliert war. Mehr von Rostomians Zeichentechnik sehen Sie in ihren Galerien im Kapitel 8 „Angleichungen, Verläufe & Gitter".

**Kapitel 3** Zeichnen & Färben

# Verzerrte Ansichten

Frei transformieren für gesteigerte Produktivität

 AtteberryBugsbugs_Fertig.ai

**Überblick:** Zeichnen Sie Grundelemente in einer „normalen" Frontalansicht und transformieren Sie anschließend Kopien für bestimmte Illustrationen oder Einzelbilder; erzeugen Sie durch freies Transformieren eine perspektivische Wirkung.

Die Teile werden zu separaten Gruppen zusammengefügt, damit die Objekte nicht für jede Ansicht neu gezeichnet werden müssen.

**1**

Zusammengesetzter Charakter vor Verwendung des *Frei-transformieren*-Werkzeugs zum Verändern der Maske.

Die Erstellung von Charakteren, die während einer Bildergeschichte oder Animation unterschiedliche Körperhaltungen einnehmen, erfordert eine besondere Vorausplanung. Um die komplexen Elemente nicht immer wieder zeichnen zu müssen, legt Kevan Atteberry modulare Teile für seine Charaktere an. Alle komplexen Teile liegen zunächst in einer „neutralen" Position vor. Anschließend platziert er die Teile der Charaktere mit dem *Frei-transformieren*-Werkzeug so, wie es die jeweilige Illustration erfordert. Zudem zeichnet er auch Elemente, deren perspektivische Darstellung zeitaufwändig wäre, flach und passt sie mit dem *Frei-transformieren*-Werkzeug an.

**1. Die Käfermasken von vorne zeichnen und anschließend in ausdrucksstarke Positionen transformieren.** Da die Käfermasken die Gefühlsebene der Geschichte übermitteln müssen, handelt es sich bei ihnen um die komplexesten Teile. Atteberry konstruierte sie in einer Frontalansicht. Für die Freihandzeichnungen verwendete er eine Kombination von *Pinsel*- oder *Buntstift*-Werkzeug. Er formte und färbte sie dann mit zusammengesetzten Pfaden und Angleichungen (mehr über Angleichungen erfahren Sie im Kapitel 8 „Angleichungen, Verläufe & Gitter"). Schließlich gruppierte er alle Elemente (⌘/Strg+G), damit er diese Maske als eine Einheit transformieren konnte.

**2. Die Masken in ausdrucksstarke Positionen transformieren.** Atteberry sicherte die Originalmasken und arbeitete mit Duplikaten. Als Nächstes transformierte er die Masken für die Illustration in die endgültige Position. Er wendete das *Frei-*

*transformieren*-Werkzeug ([E]) auf eine markierte Maskenkopie an, damit er diese wunschgemäß skalieren, drehen und verzerren konnte, ohne unterschiedliche Transformationsbefehle verwenden zu müssen. Bei der Verwendung des *Frei-transformieren*-Werkzeugs ist die Kenntnis der Modifikatortasten unerlässlich. Atteberry bewegte den Mauszeiger dicht neben den Begrenzungsrahmen, bis er den gebogenen, doppelseitigen Pfeil erkannte, der darauf hinweist, dass sich das Objekt durch Klicken und Ziehen drehen lässt. Zum Verzerren klickte er auf eine Ecke des Begrenzungsrahmens und drückte dann zusätzlich die [⌘]/[Strg]-Taste. (Es ist wichtig, vor Verwendung der Modifikatortaste zu klicken, da Sie das *Frei-transformieren*-Werkzeug sonst kurzzeitig in das *Auswahl*-Werkzeug umwandeln.) Nachdem sich der Mauszeiger in eine einzelne Pfeilspitze verwandelt hatte, verzerrte er diesen Bereich der Maske, indem er an der Ecke zog. Durch Anklicken eines in der Mitte des Begrenzungsrahmens gelegenen Griffs und anschließendes Drücken von [⌘]/[Strg] konnte er die Maske entlang einer Seite verbiegen. Zusätzliches Drücken der [Alt]-Taste ermöglicht die Schrägstellung des Objekts in zwei Richtungen zugleich. Er skalierte die Maske durch Anklicken eines beliebigen Begrenzungsrahmengriffs, wobei er einen doppelseitigen Mauspfeil erhielt, und anschließendes Ziehen ohne weitere Modifikatortasten. Um die Proportionen beim Skalieren beizubehalten, verwendete er zusätzlich die [⇧]-Taste. Die [Alt]-Taste ermöglichte es ihm, das Objekt um seinen Mittelpunkt herum zu skalieren. Auf diese Weise platzierte Atteberry die Masken so, dass sie zum jeweiligen Körper in der Illustration (oder dem Einzelbild) passten. Er verwendete das *Frei-transformieren*-Werkzeug auch auf manchen Käferkörpern und -gliedmaßen, um Bewegung darzustellen.

**3. Mit dem *Frei-transformieren*-Werkzeug eine perspektivische Wirkung erzielen.** Für diese Illustration aus der Käferserie zeichnete Atteberry die Fußbodenplatten einzeln auf einem flachen Untergrund. Die Tiefenwirkung der Platten erzielte er, indem er die schwarz gefüllten Plattenobjekte auf einer Ebene über einem einfarbigen Rechteck platzierte. Er gruppierte und kopierte die Platten und versetzte sie gerade so weit, dass die schwarzen Platten, auf die er einen Gaußschen Weichzeichner anwendete, zu den Schatten der Platten wurden. Er markierte dann beide Plattengruppen und wählte erneut das *Frei-transformieren*-Werkzeug. Dieses Mal klickte er einen oberen Eckpunkt an, hielt die Tastenkombination [⌘]/[Strg]+[Alt]+[⇧] gedrückt und zog horizontal, um die perspektivische Transformation zu erhalten.

Verwendung des *Frei-transformieren*-Werkzeugs mit und ohne Modifikatortasten zum Drehen, Verbiegen, Skalieren und Verzerren

Die wiederverwendbaren, transformierten Grundbestandteile des Charakters

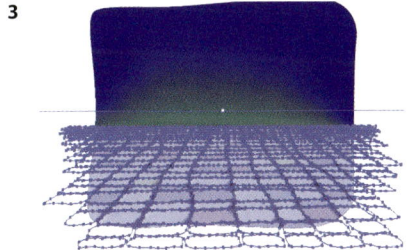

Mit dem *Frei-transformieren*-Werkzeug in die Zentralperspektive transformierte Bodenplatten

# Blumen durch Verzerrungsfilter

Anwenden von Verzerrungsfiltern zur Erstellung von Blumen

 *Grace Laurie_Garten*

**Überblick:** Erstellen Sie grobe Kreise; duplizieren, skalieren und rotieren Sie diese zur Konstruktion einer Rose; füllen Sie Objekte mit einem radialen Verlauf; wenden Sie unterschiedliche Verzerrungsfilter auf die Kopien an; ändern Sie die Farbe über das Dialogfenster *Interaktive Farbe*.

**1**

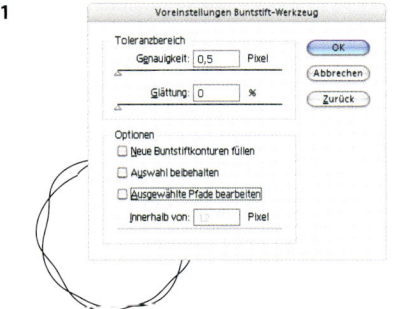

Voreinstellungen des *Buntstift*-Werkzeugs; zwei ungefähr kreisförmige Pfade wurden gezeichnet.

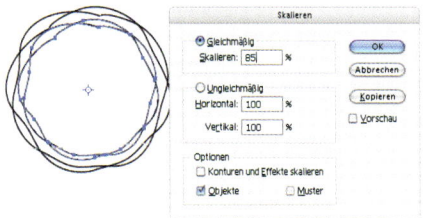

Ein kleineres, konzentrisch angeordnetes Kreispaar wurde über das Dialogfenster des *Skalieren*-Werkzeugs erzeugt.

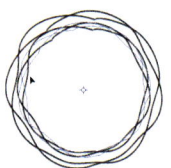 

Das zuletzt erstellte Kreispaar wurde mit dem *Drehen*-Werkzeug gedreht (links); die fertig konstruierte Blume vor dem Einfärben – die Mitte der Blume besteht aus einigen kleinen Kreisen (rechts).

Die Künstlerin Laurie Grace verwendete zwei grob gezeichnete Kreispfade und eine Reihe von Verzerrungsfiltern zur Konstruktion der filigranen Blumen in ihrer Illustration. Diese färbte sie mit verschiedenen radialen Verläufen ein. (Im Kapitel 11 „Interaktive Effekte & Grafikstile" finden Sie Beispiele zur Verwendung „interaktiver" Filter.)

**1. Kreisförmige Pfade zeichnen; Pfadkopien zur Erzeugung einer Rose skalieren und drehen.** Um zwei etwa kreisförmige Pfade zu zeichnen, aktivieren Sie mit einem Doppelklick auf das *Buntstift*-Werkzeug das Dialogfenster *Voreinstellungen Buntstift-Werkzeug*. Damit der Pfad möglichst genau Ihrem groben Buntstiftgekritzel folgt, stellen Sie in der Gruppe *Toleranzbereich* die *Genauigkeit* auf 0,5 Pixel und die *Glättung* auf 0%. Lassen Sie alle drei Optionen deaktiviert. Stellen Sie im Bedienfeld *Steuerung* oder *Farbe* als Fläche *Ohne* und als Kontur *Schwarz* ein. Zeichnen Sie einen grob kreisförmigen Pfad von 2-3 cm Durchmesser und schließen Sie den Pfad am Schluss mit gedrückter Alt -Taste automatisch. Zeichnen Sie dann einen weiteren ungefähren Kreis gerade innerhalb des zuvor gezeichneten Kreises oder mit diesem überlappend.

Markieren Sie beide Pfade durch Ziehen mit dem *Auswahl-* oder *Lasso-*Werkzeug. Damit Sie ein kleineres dupliziertes Kreispaar erhalten, das in den zuvor gezeichneten Kreisen liegt, führen Sie einen Doppelklick auf das *Skalieren-*Werkzeug aus, wählen einen Skalierungsfaktor unter 100% (Grace verwendete 85%) und klicken auf die Schaltfläche *Kopieren*. Wählen Sie das *Drehen-*Werkzeug, solange das letzte Paar noch markiert ist, und klicken und ziehen Sie in der gewünschten Drehrichtung auf das Bild.

Skalieren/kopieren und rotieren Sie weitere ausgewählte Kreispaare, bis die von Ihnen erstellte Blütenform fast mit Kreisen ausgefüllt ist. Drehen Sie nach dem Erstellen weiterhin einige der Paare, um die Position der Blütenblätter in der fertigen Rose zu variieren. Für die Mitte der Rose klicken Sie auf das *Buntstift-*Werkzeug und zeichnen Sie einige kleine konzentrische Kreise. Markieren Sie alle Pfade in Ihrer Blütenkonstruktion mit dem *Lasso-* oder *Auswahl-*Werkzeug und wählen Sie *Objekt > Gruppieren*.

**2. Die Blüte mit einem kreisförmigen Verlauf einfärben.** Für einen Effekt, der die Blütenblätter echter Blumen nachempfindet, wendete Grace einen benutzerdefinierten kreisförmigen Verlauf auf ihre Rose an. Klicken Sie im *Farbfelder-*Bedienfeld auf die Schaltfläche Menü „Farbfeldarten einblenden" und wählen Sie *Verlaufsfelder einblenden*. Klicken Sie dann auf das orange Farbfeld *Radialer Verlauf 2*. Um die Farben des Verlaufs zu ändern, müssen sowohl das *Verlaufs-* als auch das *Farb-*Bedienfeld geöffnet sein (*Fenster-Menü* oder Ziehen aus dem Verankerungsbereich). Klicken Sie im Bedienfeld *Verlauf* einmal auf den linken Verlaufsregler (den Anfangspunkt des Verlaufs) und passen Sie die Farbregler im Bedienfeld *Farbe* an. (Für den linken Regler wählte Grace 100% M und sie bewegte den Y-Regler auf 0%.) Klicken Sie als Nächstes auf den rechten Verlaufsregler (die letzte Farbe des Verlaufs) und passen Sie seine Farbe im Bedienfeld *Farbe* an. Grace wählte 34% M (0% Y). Um den Anteil von 100% Magenta in Ihren gefüllten Objekten zu erhöhen, ziehen Sie den linken Regler nach rechts und lassen Sie ihn an der gewünschten Stelle los. (Grace wählte eine Position von etwa 45%). Schließlich erstellen Sie Ihr neues Verlaufsfarbfeld mit einem Klick auf die Schaltfläche *Neues Farbfeld* im Bedienfeld *Farbfelder*. Geben Sie einen Namen für Ihr Farbfeld ein (zum Beispiel „Rosa Blumenverlauf") und klicken Sie auf *OK*. Mit der Tastenkombination ⌘/Strg+H blenden Sie die Ecken der markierten Rose aus. Stellen Sie die Fläche auf „Rosa Blumenverlauf" und die Kontur auf *Ohne*. (Mehr zu Verläufen erfahren Sie im Kapitel 8 „Angleichungen, Verläufe & Gitter".)

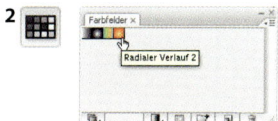

Ein Farbfeld mit einem kreisförmigen Verlauf wurde ausgewählt.

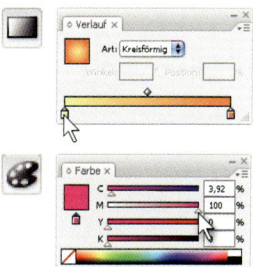

Die Farbeinstellungen für den Anfangspunkt des Verlaufsreglers wurden angepasst.

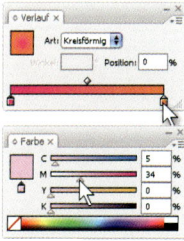

Die Farbeinstellungen für den Endpunkt des Verlaufsreglers wurden angepasst.

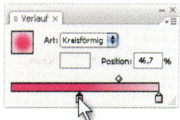

Der Regler für den Verlaufsbeginn wurde verschoben.

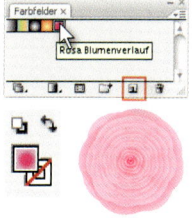

Ein neues Verlaufsfeld wurde erstellt (oben). Die Fläche wurde auf das Farbfeld „Rosa Blumenverlauf" und die Kontur auf *Ohne* gesetzt (unten links/rechts).

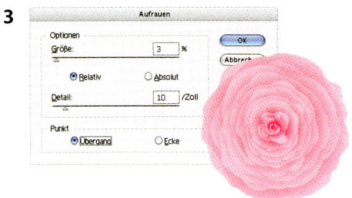

Die Einstellungen für den *Aufrauen*-Filter; die fertige Rose

**3. Den *Aufrauen*-Filter anwenden.** Grace erzielte mit dem *Aufrauen*-Filter einen realistischen, ausgefransten Blütenblatteffekt. Markieren Sie die Rose, verbergen Sie die Ecken und wählen Sie *Filter > Verzerrungsfilter > Aufrauen*. Experimentieren Sie mit den Einstellungen. Grace verwendete 3% *Größe*, 5/Zoll *Detail* sowie Übergangspunkte. Aktivieren Sie das Kontrollkästchen *Vorschau*, damit Sie die Auswirkungen des Filters kontrollieren können. Wenden Sie Ihre Einstellungen mit *OK* an.

Die fertige Rose diente Grace als Grundlage für einige weitere der in ihrer Illustration enthaltenen Blumen. Dazu wendete sie andere Verzerrungsfilter auf Kopien der Rose an (aktivieren Sie bei der Arbeit mit sämtlichen Verzerrungsfiltern auf jeden Fall das Kontrollkästchen *Vorschau*). Duplizieren Sie die ganze Rose durch Ziehen mit dem *Auswahl*-Werkzeug bei gedrückter Alt-Taste. Wählen Sie für die markierte Kopie *Filter > Verzerrungsfilter > Zusammenziehen und aufblasen*, aktivieren Sie die Vorschau und stellen Sie 33% Aufblasen ein. Wenden Sie den Filter mit einem Klick auf *OK* an. Verwenden Sie denselben Filter auf eine andere Kopie der Rose, diesmal mit einer Einstellung von -40% *Zusammenziehen*. Für eine dritte Kopie der Rose wählen Sie *Filter > Verzerrungsfilter > Zickzack* und stellen die Größe auf 18 px, wählen *Absolut*, 5 *Wellen pro Segment* und *Eckig* im Bereich *Punkt*. Mit einer vierten Kopie der Rose wählen Sie wieder *Filter > Verzerrungsfilter > Aufrauen*. Stellen Sie die Größe auf 15 px, wählen Sie *Absolut*, stellen Sie *Detail* auf 23/Zoll und wählen Sie *Übergang* im Bereich *Punkte*. (Denken Sie daran, dass Sie mit ⌘/Strg+H die Ecken Ihrer Auswahl wieder einblenden können.)

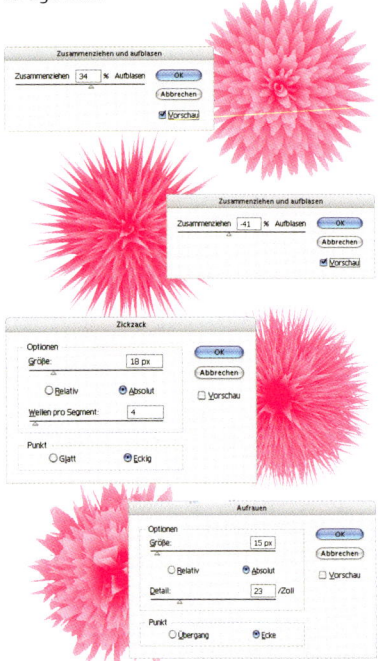

Weitere Verzerrungsfilter wurden auf Kopien der fertigen Rosenillustration angewandt.

**4. Die Blütenfarben mit der Funktion *Interaktive Farbe* ändern.** Um die Farben einer Blüte oder Blütengruppe zu verändern, markieren Sie die gewünschten Objekte und klicken Sie im Bedienfeld *Steuerung* auf die Schaltfläche *Bildmaterial neu färben*. Wählen Sie dann im darauf folgenden Dialogfenster *Interaktive Farbe* das Register *Bearbeiten* und vergewissern Sie sich, dass *Bildmaterial neu färben* aktiviert ist. Jeder der Kreise in dem Farbkreis ist eine Farbmarkierung, die eine Farbe aus Ihrer Blume repräsentiert. Um eine Farbe zu bearbeiten, können Sie ihre Farbmarkierung innerhalb des Farbkreises verschieben, die Helligkeits- oder HSB-Regler verschieben oder mit den anderen Farbanpassungsoptionen von der Funktion *Interaktive Farbe* experimentieren. Klicken Sie auf *OK*, wenn Sie mit Ihren Farben zufrieden sind. Die von Ihnen neu erstellten Verläufe werden auf die zuvor ausgewählten Objekte angewendet und automatisch im Bedienfeld *Farbfelder* gespeichert.

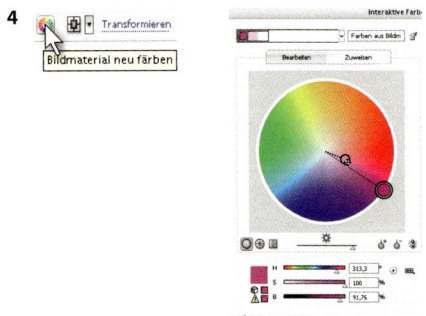

Die Schaltfläche *Bildmaterial neu färben* wurde nach der Auswahl der Blüten angeklickt, anschließend wurden die Farben im Dialogfenster *Interaktive Farbe* bearbeitet.

# GALERIE

 Grace Laurie_Garten

## Laurie Grace

Ausgehend von dem in der letzten Übung erstellten Blumenmotiv nahm Laurie Grace bei einigen Blumen verschiedene Änderungen hinsichtlich Farbe und Größe vor. Über *Filter > Verzerrungsfilter > Aufrauen* wandelte sie die anderen Blumen ab. Mit dem *Zeichenstift*-Werkzeug zeichnete sie einzelne Blütenblätter für weitere Blumen. Sie klickte das *Drehen*-Werkzeug mit gedrückter Alt -Taste an, gab 30° ein und klickte auf *Kopieren*. Mit ⌘/ Strg + D führte sie die Drehung bis 360° fort. Um das dekorative Design zu begrünen, zeichnete sie mit den Werkzeugen *Zeichenstift* und *Buntstift* Stängel und Blätter. Dann wendete sie auf einige der Zeichenstiftlinien und Blätter die Verzerrungsfilter *Zickzack* und *Wirbel* an. Mittels einiger Verlaufsgitterobjekte fügte sie Farbe hinzu (siehe Kapitel 8 „Angleichungen, Verläufe & Gitter").

# Isometrische Systeme

Werkzeuge & Formeln zur isometrischen Projektion

*Hess_IsoBeispiel.ai*

**Überblick:** Erstellen Sie detaillierte, maßstabsgetreue Zeichnungen von drei Seitenansichten eines Objekts; verwenden Sie eine isometrische Formel zur Transformation der Objekte; setzen Sie sie mithilfe des Auswahl-Werkzeugs und *An Punkt ausrichten* zusammen; erstellen Sie nicht quaderförmige Objekte.

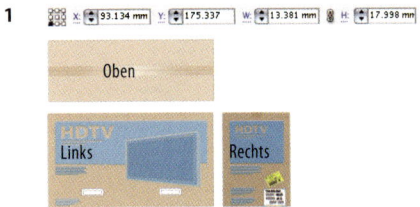

Falls die Ansichten der Oberseite sowie der linken und rechten Seite aus mehreren Elementen bestehen, werden sie zunächst jeweils für sich zu einer Gruppe zusammengefasst. Die Seitenansicht wird immer links, die Frontalansicht rechts platziert.

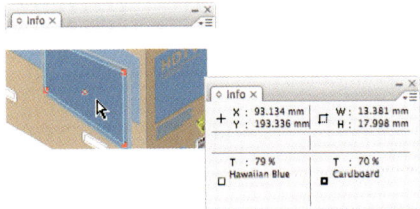

Das Bedienfeld *Steuerung* oder *Info* eignet sich zum maßstabsgetreuen Zeichnen.

### Ellipsen in Kisten versteckt

Um ein elliptisches Objekt in isometrischer Ansicht zu konstruieren, zeichnen Sie zunächst ein Rechteck, das eine Seitenfläche der „Kiste" ausfüllt. Skalieren, verbiegen und drehen Sie das Rechteck und verbinden Sie es mit dem Rest des Objekts. Zeichnen Sie nun eine Ellipse in das Rechteck, die all dessen Kanten berührt. Löschen Sie das Rechteck.

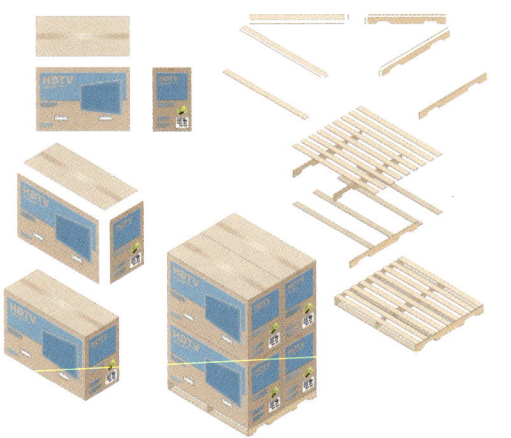

Thoughtform

Technische Zeichnungen werden oft in isometrischer Darstellung angefertigt. Adobe Illustrator verfügt über unterschiedliche Funktionen, mit denen Sie Objekte zusammensetzen und in isometrische Darstellung umwandeln können. Kurt Hess erstellte die Schaubilder auf diesen Seiten mithilfe einer dreistufigen ISO-Formel.

**1. Detaillierte, maßstabsgetreue Objektansichten von vorne, oben und der Seite anfertigen.** Wenn Sie mit einer technischen Zeichnung beginnen, sollten Sie die Einheiten in Ihren *Allgemeinen Voreinstellungen* so festlegen, dass sie die größeren Einheiten wiedergeben, in denen Ihr tatsächliches Objekt bemessen wird. 4 mm auf dem Papier könnten zum Beispiel 2 cm der realen Abmessungen entsprechen. Wenn Sie dann die Tastaturschrittweite in den *Allgemeinen Voreinstellungen* auf 1 mm stellen, können Sie eine Linie oder ein Objekt mit den Pfeiltasten um 5 mm entsprechend der physikalischen Objektabmessungen bewegen. Lesen Sie im Bedienfeld *Steuerung* oder *Info* (*Fenster > Info*) die Breite und Höhe zwischen markierten Punkten auf bereits gezeichneten Objekten ab und geben Sie die Entfernungen über diese Bedienfelder direkt ein. Aktivieren Sie *Ansicht > An Punkt ausrichten*, damit Sie die Kanten besser zusammenfügen können, und *Ansicht > Magnetische Hilfslinien*, um Winkel und Überschneidungspunkte aufzufinden. Zeichnen Sie die sichtbaren Komponenten des Objekts (normalerweise die Ober-, Vorder- sowie eine Seitenansicht) in einer flachen 2D-Perspektive bzw. Draufsicht und markieren Sie dann die Elemente der Seitenflächen. Schließlich gruppieren Sie diese mit ⌘/Strg+G als Vorbereitung auf die Transformation in eine isometrische Projektion.

**2. Die Objekte mit einer isometrischen Formel transformieren und anschließend zusammenfügen.** Um Ihre Elemente zu einer isometrischen Ansicht zusammenzufügen, können Sie die *Transformieren*-Werkzeuge im Bedienfeld *Werkzeuge*, den Befehl *Objekt > Transformieren* oder das Bedienfeld *Transformieren* verwenden. Zum Zusammenfügen der Kiste markieren Sie alle drei Ansichten. Führen Sie einen Doppelklick auf das *Skalieren*-Werkzeug aus und skalieren Sie die Teile auf 100% horizontal und 86,6% vertikal. Wählen Sie als Nächstes die linke Seitenansicht aus und verbiegen Sie sie mit *Objekt > Transformieren > Verbiegen* unter einem Winkel von -30°. Wenn Sie Oberseite und linke Seitenansicht aneinander ausgerichtet haben (Abbildung A), verbiegen Sie Oberseite und rechte Seitenansicht unter einem Winkel von 30°. Drehen Sie nun die rechte Seite um 30°, Ober- und linke Seite um -30°. Falls Sie Oberseite und rechte Seitenansicht aneinander ausgerichtet haben (Abbildung B), verbiegen Sie stattdessen die Oberseite gemeinsam mit der linken Seitenansicht um -30°, die rechte Seitenansicht wiederum um 30°. Drehen Sie dann Ober- und rechte Seite um 30°. Die linke Seite erhält eine Drehung um -30°. Die Tabelle rechts gibt die Verbiegungs- und Drehwinkel an.

Um Oberseite sowie rechte und linke Seite zusammenzufügen, verwenden Sie das *Auswahl*-Werkzeug. Erfassen Sie einen Ankerpunkt der rechten Seitenansicht, der an der linken Seitenansicht angrenzen soll, und ziehen Sie ihn, bis er an der richtigen Stelle einrastet. (Der Mauspfeil ist nicht mehr ausgefüllt.) Markieren Sie als Nächstes die Oberseite und ziehen Sie sie an die richtige Position. Markieren Sie schließlich das komplette Objekt und gruppieren Sie es, damit Sie es später einfacher auswählen können.

**3. Elemente zeichnen, die über eine einfache Kiste hinausgehen.** Für diese Holzpalette zeichnen Sie eine obere Latte und ein Seitenteil. Die rechte Seitenansicht ist immer an der 30°-Achse ausgerichtet (siehe Abbildung rechts), auch wenn es sich dabei nicht um die „Vorderseite" des echten Objekts handelt. Skalieren Sie genauso wie zuvor. Wenn Sie Oberseite und linke Seitenansicht aneinander ausgerichtet haben (Abbildung A), verbiegen Sie Oberseite und rechte Seitenansicht mit einem Winkel von 30°, die linke Seite mit -30°. Drehen Sie die rechte Seite um 30°, die linke und obere Seite um -30°. Falls Sie Oberseite und rechte Seitenansicht aneinander ausgerichtet haben (Abbildung B), verbiegen Sie die Oberseite gemeinsam mit der linken Seitenansicht um -30°, die rechte Seitenansicht um 30°. Drehen Sie rechte und obere Ansicht um 30°, die linke Seite um -30°. Duplizieren und ziehen Sie jedes Element für die gegenüberliegende Seite in Position. Fügen Sie sie so zusammen, als würde es sich dabei um Oberseite und rechte Seite einer Kiste handeln. Erzeugen Sie die dazwischen liegenden Latten durch Auswahl der äußeren Latten und einen anschließenden Doppelklick auf das *Angleichen*-Werkzeug. Wählen Sie für den Abstand *Festgelegte Stufen* und geben Sie die Anzahl der dazwischen liegenden Latten ein (mehr darüber erfahren Sie im Kapitel 8 „Angleichungen, Verläufe & Gitter".)

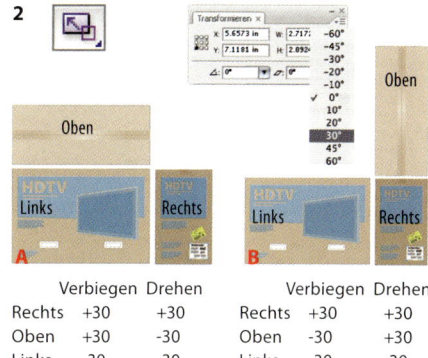

|  | Verbiegen | Drehen |  | Verbiegen | Drehen |
|---|---|---|---|---|---|
| Rechts | +30 | +30 | Rechts | +30 | +30 |
| Oben | +30 | -30 | Oben | -30 | +30 |
| Links | -30 | -30 | Links | -30 | -30 |

Mit dem *Skalieren*-Werkzeug und im Bedienfeld *Transformieren* wurde die entsprechende Formel angewandt, je nachdem ob die Oberseite an der linken (A) oder rechten (B) Seite ausgerichtet ist.

Verbiegen und Drehen, anschließend wurden die Seiten entlang der Winkelachsen zusammengefügt, durch Ziehen eines Ankerpunkts mit dem Auswahlwerkzeug, bis der Mauspfeil nicht mehr ausgefüllt ist und die Kanten aneinander einrasten (*Ansicht >An Punkt ausrichten*).

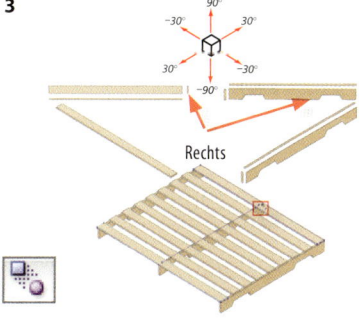

Die Teile wurden zusammengefügt, es wurde festgelegt, welche Teile auf der (positiven) 30°-Achse betrachtet werden; die Teile wurden dupliziert und zurechtgezogen. Das *Angleichen*-Werkzeug wurde mit der Funktion *Festgelegte Schritte* zur Fertigstellung der Palette verwendet.

### Automatisierte isometrische Aktionen

Rick Henkel von ThoughtForm hat WOW-Aktionen zur Automatisierung isometrischer Formeln erstellt (zu finden auf der WOW!-CD).

# Komplizierte Muster

Gestaltung komplexer, sich wiederholender Muster

 Weimer Alan_Komplexe Muster.ai

## Fortgeschrittene Technik

**Überblick:** Entwerfen Sie eine ungefähre Komposition; platzieren Sie eine festgelegte Musterbegrenzung hinter den anderen Ebenen; verwenden Sie einen Rahmen zur Erzeugung von Schnittmarken; kopieren Sie Elemente und richten Sie sie mithilfe von Schnittmarken aus; legen Sie ein Muster fest und verwenden Sie es.

**1**

Oben: Die Musterelemente wurden zu einem einfachen Design angeordnet; unten: die rechteckige Musterkachel wurde hinter den Musterelementen eingefügt.

Über der markierten rechteckigen Musterkachel wurden Schnittmarken erstellt.

WEIMER

Illustrator wird mit vielen wundervollen Mustern ausgeliefert und in der *Illustrator-Hilfe* werden die Grundlagen der Mustererzeugung gut beschrieben. Was aber, wenn Sie ein komplexeres Muster erzeugen möchten?

Durch einen einfachen Trick können Sie mit Schnittmarken eine mühsame Abfolge von Versuchen und Irrtümern umgehen. Mit etwas Hilfe durch die Autorin und Beraterin Sandee Cohen verwendete Alan James Weimer die nachfolgende Technik zur Gestaltung einer komplizierten Kachel, die sich nahtlos als sich wiederholendes Muster ausdrucken lässt.

**1. Das Basismuster erstellen, ein Begrenzungsrechteck zeichnen und Schnittmarken erstellen.** Erstellen Sie ein Design, dessen Gestaltungselemente sich noch etwas umordnen lassen.

**Hinweis:** Musterkacheln können keine verknüpften Bilder enthalten – wenn Sie ein verknüpftes Bild in ein Muster einbeziehen möchten, markieren Sie es und klicken Sie im Bedienfeld *Steuerung* auf *Einbetten*.

Zeichnen Sie mit dem *Rechteck*-Werkzeug einen Rahmen um den Bildteil, der sich wiederholen soll. Dieses Rechteck stellt die Grenze der Musterkachel dar. Befördern Sie das Rechteck ganz ans Ende der Liste im Bedienfeld *Ebenen* oder unter Ihre Zeichenebene (*Objekt > Anordnen > In den Hintergrund*). Dieses Begrenzungsrechteck, das die Wiederholung Ihres Musters bestimmt, darf keine Kontur oder Fläche aufweisen und auch nicht gedreht oder verbogen sein. Vergewissern Sie sich, dass dieses Rechteck ausgewählt ist, und wählen Sie *Filter > Erstellungsfilter > Schnittmarken*. Heben Sie zuletzt die Gruppierung dieser Marken auf. (Im nächsten Schritt verwenden Sie die Marken zur Ausrichtung von Elementen, die über die Musterkachel hinausragen.)

2. **Die sich wiederholenden Elemente ausarbeiten.** Wenn Ihr Muster ein Element aufweist, das über die Kante der Musterkachel hinausragt, kopieren Sie dieses Element und fügen es auf der gegenüberliegenden Seite der Kachel ein. Wenn zum Beispiel eine Blüte unterhalb der Kachel hinausragt, fügen Sie eine Kopie des Blütenüberstands an der Oberkante der Kachel ein, so dass bei Wiederholung des Musters die ganze Blume zu sehen ist. Dazu markieren Sie ein Element, das ober- oder unterhalb der Kachel hinausragt, und wählen Sie mit gedrückter ⇧-Taste die nächstgelegene Schnittmarke aus (platzieren Sie den Mauszeiger auf einem Endpunkt der Schnittmarke). Drücken Sie die Tastenkombination ⇧+Alt und ziehen Sie das Element samt Schnittmarke nach oben, bis der Mauszeiger am Endpunkt der oberen horizontalen Schnittmarke einrastet. (Die Alt-Taste kopiert die ausgewählten Elemente, während ⇧ die Ziehbewegung auf horizontale und vertikale Richtung beschränkt.) Durch Einschalten der magnetischen Hilfslinien im Menü *Ansicht* kann die horizontale und vertikale Ausrichtung beim Ziehen von Objekten vereinfacht werden. (Für alle Elemente, die links oder rechts von der Kachel überlappen, markieren Sie das Element und die vertikale Schnittmarke und halten Sie beim Zurechtrücken ⇧+Alt gedrückt.)

3. **Das Muster überprüfen und optimieren.** Um Ihr Muster zu überprüfen, markieren Sie die Musterelemente (samt dem begrenzenden Rechteck) und wählen Sie dann entweder *Bearbeiten > Muster festlegen*, wenn Sie Ihrem Muster einen Namen geben möchten, oder ziehen Sie Ihre Auswahl auf das Bedienfeld *Farbfelder* (mit einem Doppelklick auf das Farbfeld können Sie dann ebenfalls einen Namen vergeben). Erstellen Sie ein neues Rechteck und wählen Sie Ihr Muster im Bedienfeld *Farbfelder* als Flächenfüllung aus. Illustrator füllt das Rechteck mit dem sich wiederholenden Muster. Wenn Sie die Musterkachel überarbeiten und anschließend das Musterfarbfeld aktualisieren möchten, markieren Sie die Musterelemente erneut, verwenden Sie dann aber beim Ziehen der Elemente auf das zuvor erstellte Musterfarbfeld zusätzlich die Alt-Taste.

2

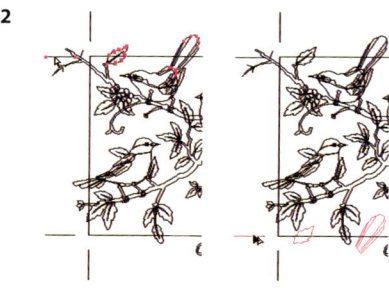

Links wurden das Blatt und eine horizontale Schnittmarke ausgewählt; rechts wurde eine Kopie des Blatts und der Schnittmarke an die richtige Position des Kachelmusters gezogen.

Fertige Gestaltung der Musterkachel, vor der Umwandlung in ein Musterfarbfeld im Bedienfeld *Farbfelder*

3

Über *Bearbeiten > Muster festlegen* wurde ein neues Farbfeld erstellt.

### Beschleunigter Bildaufbau mit Mustern

Beschleunigen Sie die Aktualisierung von Objekten, die mit komplexen Mustern gefüllt sind, indem Sie für das Objekt im Ebenenbedienfeld die Pfadansicht einstellen (eine genaue Anleitung finden Sie im Kapitel 6 „Ebenen & Aussehen").

# Farbberatung

Inspiration aus dem Bedienfeld *Farbhilfe*

Whyte_Zirkus

## Fortgeschrittene Technik

**Überblick:** Nehmen Sie im Bedienfeld *Farbhilfe* Einstellungen zur Erzeugung von Farbgruppen vor; erstellen und speichern Sie auf Harmonien beruhende Farbgruppen im Bedienfeld *Farbhilfe*; verwenden, modifizieren und speichern Sie Farbgruppen mit dem Dialogfenster *Interaktive Farbe*.

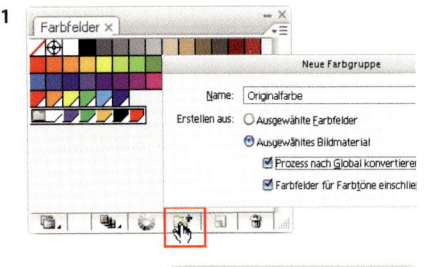

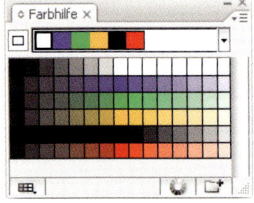

Die ursprünglichen Bildfarben wurden aus dem Bedienfeld *Farbfelder* heraus als Farbgruppe gespeichert; dadurch wird automatisch eine Farbgruppe mit Variationen im Bedienfeld *Farbhilfe* platziert.

In diesem für eine Kinderspendenaktion erstellten Poster „Ein Tag im Zirkus" verwendete der Künstler Hugh Whyte eine sehr spezielle Farbpalette. Mit dem Bedienfeld *Farbhilfe* können Sie sehr einfach Farbgruppen neuer Paletten, die auf bestehenden Farben beruhen, erzeugen und speichern. Mit der Funktion *Interaktive Farbe* können Sie Ihre neuen Farbgruppen auf ein bestehendes Bild anwenden und dann weiter mit der Farbanwendung experimentieren.

**1. Das Bedienfeld *Farbhilfe* so einstellen, dass sich anhand einer Ausgangsfarbe neue Farben erzeugen lassen.** Verwenden Sie für Ihren ersten Versuch das Zirkusbild auf der Wow!-CD oder ein anderes Bild mit einem begrenzten Farbumfang. Damit vermeiden Sie unübersichtlich viele Farbfelder in Ihrem Originalbild. Da Sie sowohl mit dem Bedienfeld *Farbfelder* als auch dem Bedienfeld *Farbhilfe* arbeiten werden, ziehen Sie beide aus dem Verankerungsbereich heraus, damit sie gut erkennbar in schwebender Ansicht dargestellt werden. Markieren Sie die Originalvorlage und klicken Sie im Bedienfeld *Farbfelder* auf die Schaltfläche *Neue Farbgruppe*. Damit speichern Sie die derzeitigen Farben Ihres Bilds als Gruppe, die Ihnen im Bedienfeld *Farbhilfe* zur Verfügung steht. Behalten Sie im Dialogfenster *Farbgruppe* die Standardeinstellungen bei und benennen Sie die Gruppe in „Originalfarben" um. Heben Sie die Auswahl der Vorlage auf. Um Ihre neuen Farbgruppen auf den ursprünglichen Farbbeziehungen aufzubauen, klicken Sie auf das kleine Ordnersymbol neben den Farbguppenfeldern. Damit markieren Sie die gesamte Gruppe, die dann im Bedienfeld Farbhilfe erscheint.

**2. Farbgruppen im Bedienfeld *Farbhilfe* erzeugen und im Bedienfeld *Farbfelder* abspeichern.** Als Nächstes erzeugen Sie im Bedienfeld *Farbhilfe* eine Auswahl von Farbgruppen. Beachten Sie, dass die mittlere Spalte der Farbfelder im Bedienfeld *Farbhilfe* Ihre Originalfarben wiedergibt. Rechts davon befinden sich hellere Versionen dieser Farben (Farbtöne), links dunklere Versionen (Schattierungen). Markieren Sie die oberste Farbe in der dritten Spalte von rechts und wählen Sie mit gedrückter ⇧-Taste die gesamte senkrechte Spalte aus. (Nicht zusammenhängende Farben markieren Sie mit gedrückter ⌘/Strg-Taste.) Betätigen Sie die Schaltfläche *Farbgruppe in Farbfeldbedienfeld speichern*. Verändern Sie nun die Beziehungen der Farben untereinander, indem Sie im Bedienfeldmenü des Bedienfelds *Farbhilfe* die Option *Warm/kalt anzeigen* wählen. Markieren Sie wieder die dritte Spalte von rechts und speichern Sie diese neue, kühlere Farbgruppe im Bedienfeld *Farbfelder*. Markieren Sie die Gruppe durch Anklicken des zugehörigen Ordnersymbols, wählen Sie *Farbgruppen-Optionen* aus dem Palettenmenü des Bedienfelds *Farbfelder* und benennen Sie die Gruppe zum Beispiel in „Kühlere Originalfarben" um, indem Sie den Namen in das angezeigte Dialogfenster eingeben. Wählen Sie diese Gruppe aus, um sie im Bedienfeld *Farbhilfe* als neue Ausgangsgruppe für die Harmonieregeln zu verwenden. (Im weiteren Verlauf dieser Lektion erstellen Sie auf dieser Gruppe basierende Farbgruppen.) Um die aktuelle Farbgruppe zu wechseln, klicken Sie auf ein beliebiges Farbfeld und klicken dann im Bedienfeld *Farbhilfe* die Schaltfläche *Aktuelle Farbe als Basisfarbe einstellen* an. Eine veränderte Ausgangsfarbe wirkt sich auf alle darauf basierenden Harmonieregeln aus.

Klicken Sie den Menüpfeil rechts von Ihren aktuellen Farben an und wählen Sie die gewünschte Harmonieregel, etwa – wie hier gezeigt – *Linke Komplementärfarbe*. Speichern Sie die Gruppe und benennen Sie sie in „Linke Komplementärfarbe aus kühleren Farben" um. Denken Sie daran, dass Sie beim Erstellen neuer Farbgruppen mit weniger Farbfeldern als im Originalbild die Farbvariation des Bilds verringern. Eine Harmonieregel enthält maximal fünf Farbfelder; aber das Bedienfeld enthält Variationen, die auf diesen fünf Farbfeldern beruhen. Sie können ein beliebiges Farbfeld aus dem Bedienfeld *Farbhilfe* oder *Farbfelder* in jede im Bedienfeld *Farbfelder* gespeicherte Farbgruppe hineinziehen. Ebenfalls können Sie Farben aus einer Farbgruppe in das Bedienfeld *Farbfelder* ziehen.

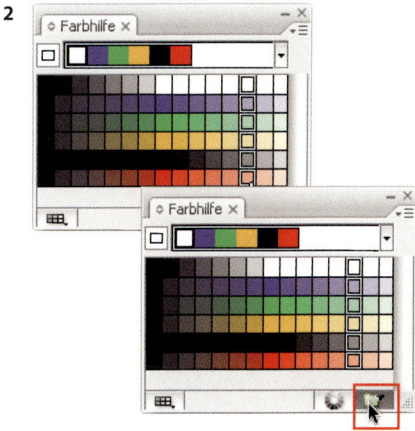

Von allen Originalfarben wurde ein Farbton ausgewählt; die neue Farbgruppe wurde im Bedienfeld *Farbfelder* gespeichert.

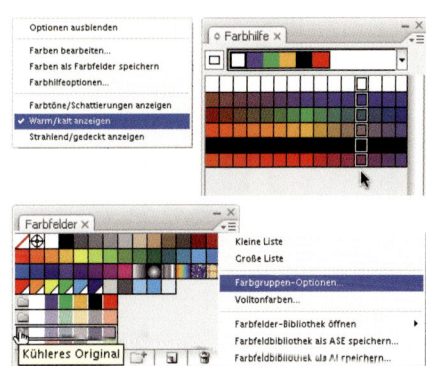

Die Farbfelderanzeige wurde im Menü des Bedienfelds *Farbhilfe* geändert; eine neue Farbgruppe wurde markiert, gespeichert und umbenannt.

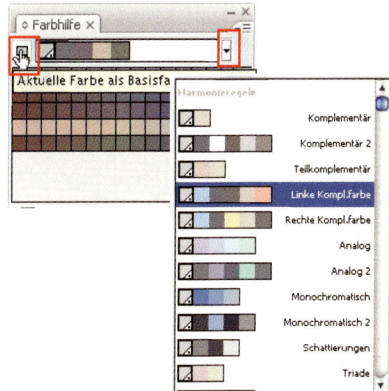

Eine Grundfarbe für eine Harmonieregel wurde bestimmt; eine neue Harmonieregel wurde aus der *Farbhilfe*-Liste ausgewählt.

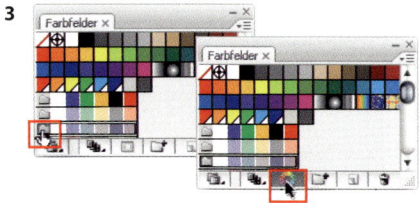

Eine Farbgruppe wurde über das zugeordnete Ordnersymbol ausgewählt, so dass keine Farbe tatsächlich markiert oder angewendet wird; das Dialogfenster *Interaktive Farbe* wird über die Schaltfläche *Farbgruppe bearbeiten oder anwenden* geöffnet.

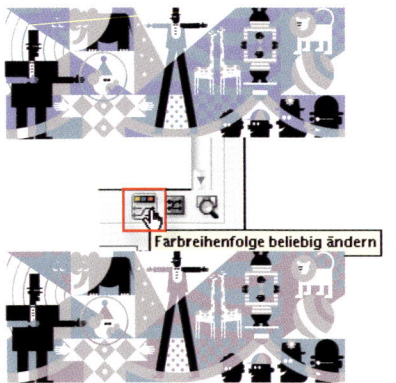

Die Schaltfläche *Farbreihenfolge beliebig ändern* im Register *Zuweisen*.

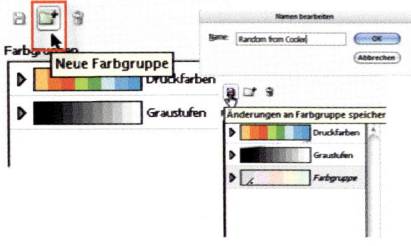

Eine neue Farbgruppe ODER Veränderungen an einer bestehenden Farbgruppe werden gespeichert.

Zufällige Änderung von Sättigung und Helligkeit der Pastellfarbgruppe

**3. Farbgruppen anwenden und neue Farbgruppen mit *Interaktive Farbe* erstellen.** Speichern Sie Ihr Originalbild sicherheitshalber durch Auswahl von *Datei > Speichern unter* unter einem anderen Namen ab. (Speichern Sie die Datei immer wieder unter einem anderen Namen, sobald Ihnen eine Version gelungen ist, die Ihnen zusagt. Auf diese Weise überschreiben Sie Ihre frühere Arbeit nicht.) Markieren Sie Ihr Bild und wählen Sie dann die Farbgruppe „Kühlere Originalfarben" aus, indem Sie das daneben liegende Ordnersymbol anklicken. Falls Sie versehentlich auf ein Farbfeld statt auf das Ordnersymbol der Farbgruppe klicken und diese Farbe auf Ihr Bild angewendet wird, wählen Sie *Rückgängig*. Sie sollten nur auf das Ordnersymbol klicken, damit ein Begrenzungsrahmen um Ihre Farbgruppe erscheint, ohne dass eine Farbe markiert ist.

Öffnen Sie das Dialogfenster *Interaktive Farbe* mit einem Klick auf die Schaltfläche *Farbgruppe bearbeiten oder anwenden*. Standardmäßig lassen sich Schwarz und Weiß nicht durch eine der anderen Farben innerhalb der Farbgruppe verändern. Die Farbfelder der Gruppe „Kühlere Originalfarben" ersetzen die verbleibenden Farben durch eine zufällige Auswahl der in der Farbgruppe enthaltenen Farbfelder. Falls Sie eine neue Version ausprobieren möchten, wechseln Sie in das Register *Zuweisen* und klicken Sie dann die Schaltfläche *Farbreihenfolge beliebig ändern* an. Dieser Befehl weist beliebige Farbfelder aus der Farbgruppe zu. Sie können weiterklicken, bis Sie eine ansprechende Kombination gefunden haben. Dabei ist jedoch Vorsicht geboten, denn im Dialogfenster *Interaktive Farbe* gibt es keine *Rückgängig*-Funktion. Sie können also eine verworfene Kombination nicht wiederherstellen. Betätigen Sie daher für jede ansprechende Kombination die Schaltfläche *Neue Farbgruppe* und speichern Sie diese Kombination als neue Farbgruppe. Durch einen Doppelklick auf den Namen können Sie diesen verändern. Achten Sie darauf, nicht auf die Schaltfläche *Änderungen an Farbgruppe speichern* (das Diskettensymbol) zu klicken, es sei denn, Sie wollen die zuvor ausgewählte Farbgruppe, deren Name nun kursiv dargestellt wird, überschreiben. Wenn Ihnen die Richtung Ihrer Veränderungen nicht mehr zusagt, greifen Sie auf eine zuvor gespeicherte Farbgruppe zurück und erzeugen Sie von dort aus erneut verschiedene Farbversionen. Sobald Sie auf eine Kombination stoßen, die Sie anwenden möchten, klicken Sie auf *OK* und sichern Sie die Datei unter einem neuen Namen. Wenn Sie Ihre neuen Farbgruppen speichern möchten, ohne das Bild zu verändern, deaktivieren Sie die Option *Bildmaterial neu färben* oder klicken Sie auf *Farben aus ausgewähltem Bildmaterial erfassen* und dann *OK*.

# GALERIE

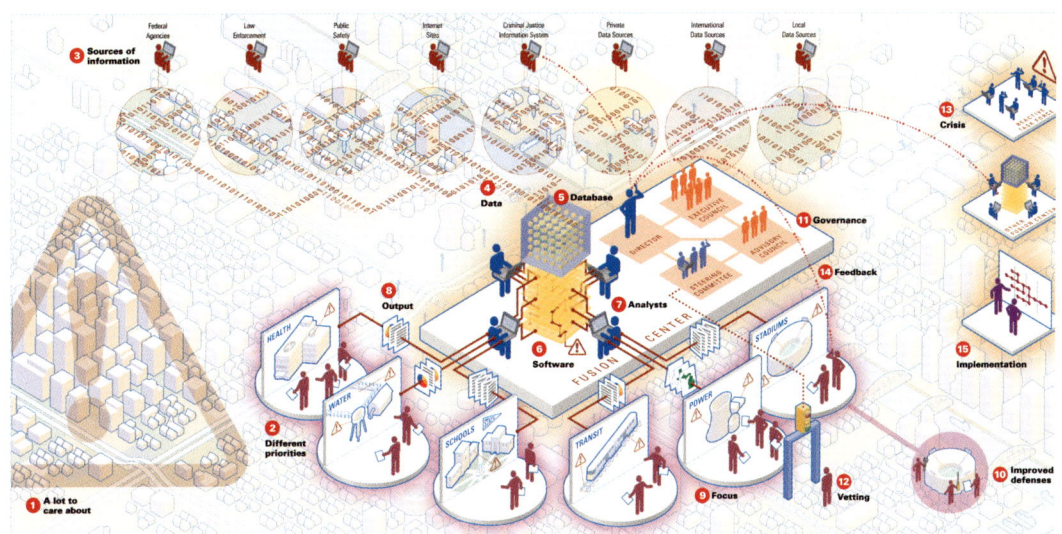

Thoughtform

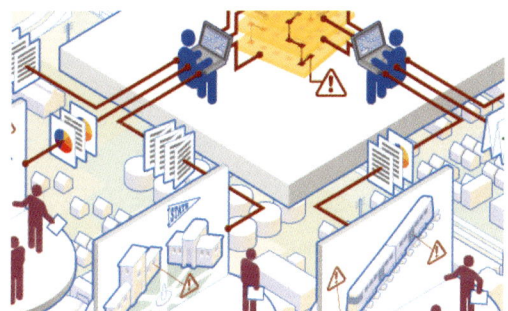

## Rick Henkel/ThoughtForm Design

Bei dieser Illustration für ein Informationsverteilungssystem verwendete Rick Henkel eine isometrische Ansicht, wie sie häufig in technischen Darstellungen zu finden ist. Zunächst fertigte er ein Hintergrund„raster" aus eingefärbten Rechtecken in isometrischer Ansicht an. Darüber legte er einfache Objekte verschiedener Formen, um die Stadt darzustellen. Als nächstes baute er die Plattformen für die mit dem System verbundenen Bereiche auf, wobei die Verbindungen durch Linien und Punkte repräsentiert werden. Henkel und seine Kollegen bei ThoughtForm Design verwenden „Bibliotheken" mit Objekten wie den Stadtgebäuden, den Plattformen und den Figuren, die für unterschiedliche Projekte immer wieder eingesetzt werden können. Sie speichern Dateien nach Objektkategorie geordnet ab. Somit kann Henkel sein Hauptaugenmerk auf eine Illustration legen, die einen ungestörten Einblick in den Informationsfluss ermöglicht. Zu diesem Zweck ist die isometrische Darstellung besonders geeignet. Zusätzliche Effekte wie Transparenz und Glühen sehen nicht nur gut aus, sondern heben auch wichtige Informationen für den Betrachter hervor.

# 4

# Ein Schritt weiter

In den vorigen Kapiteln haben Sie die Grundlagen des Zeichnens und Kolorierens mit Illustrator erlernt. Dieses Kapitel führt Sie in die Welt der zusammengesetzten Pfade und zusammengesetzten Formen (dazu gehört auch das Bedienfeld *Pathfinder*) und der Funktionen *Interaktiv abpausen* und *Interaktiv malen*. Mit *Interaktiv abpausen* übertragen Sie ein Pixelbild in detaillierte, exakte Vektorpfade, die interaktiv und bearbeitbar bleiben. Mit der Funktion *Interaktiv malen* können Sie Teile einer Vektorgrafik intuitiver einfärben, als wenn Sie von Hand auf Papier oder Leinwand malen würden.

Dieses Kapitel beginnt mit einer Funktion namens Isolationsmodus, die verwirrend (vielleicht sogar erschreckend) wirken kann, wenn Sie ihr unvorbereitet begegnen. Sie ist aber ein hilfreicher Teil der Arbeit mit Gruppen im Allgemeinen und mit der Funktion *Interaktiv malen* im Besonderen.

Die Schnecke in diesem Bild ist eine Gruppe, die sich momentan im Isolationsmodus befindet. Der graue Balken am oberen Fensterrand enthält den Namen der Gruppe. Die anderen Elemente des Bilds – der grüne Hintergrund, die Grashalme und der Himmel – sind alle abgeblendet. Daran erkennen Sie, dass sie gesperrt sind und nur die Gruppe mit der Schnecke bearbeitet werden kann.

## Die Arbeit im Isolationsmodus

Wenn Sie mit einer Gruppe von Objekten jedweder Art arbeiten, können Sie dafür den Illustrator-Isolationsmodus verwenden. Damit lassen sich Bestandteile dieser Gruppe bearbeiten, ohne dass Sie versehentlich etwas anderes verändern. Der Isolationsmodus wurde verbessert. Er ist nun einfacher zu verwenden und weniger verwirrend. Außerdem wurde er seit seiner Ersteinführung stark erweitert. Dennoch ist es immer noch möglich, den Isolationsmodus versehentlich auszulösen, besonders wenn Sie nicht damit vertraut sind. Schon aus diesem Grund sollten Sie wissen, wie er funktioniert und wie Sie ihn bei unbeabsichtigter Aktivierung wieder verlassen.

Nehmen wir an, Sie haben eine bereits gruppierte Grafik. Um in den Isolationsmodus zu gelangen, aktivieren Sie das *Auswahl-Werkzeug* und doppelklicken auf eines der Objekte der vorhandenen Gruppe. Sie sehen am oberen Rand Ihres Dokumentfensters einen grauen Balken mit dem Namen der Gruppe. Dieses teilt Ihnen mit, dass Sie gerade in den Isolationsmodus gewechselt sind. Nun erscheinen alle Objekte auf der Zeichenfläche, außer der gerade isolierten Gruppe, ausgegraut. Daran erkennen Sie, dass alle anderen Objekte gesperrt sind. Von nun an wird alles, was Sie Ihrer Zeichenfläche hinzufügen, automatisch als Teil der isolierten Gruppe betrachtet. Im Isolationsmodus betreffen sämtliche vorgenommenen Bearbeitungen, einschließlich der Erzeugung neuer und dem Löschen vorhandener Objekte, die Gruppe.

### Den Isolationsmodus kontrollieren

Wenn Sie eine Gruppe ausgewählt haben, zeigt das Bedienfeld *Steuerung* eine Schaltfläche, mit der Sie den Isolationsmodus öffnen können. Mit derselben Schaltfläche beenden Sie den Isolationsmodus auch wieder.
*Mordy Golding*

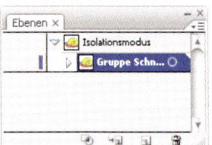

### Das Bedienfeld *Ebenen* im Isolationsmodus

Im Isolationsmodus sind nur die Elemente in der isolierten Gruppe oder Unterebene im Bedienfeld *Ebenen* sichtbar. Sobald Sie den Isolationsmodus verlassen, erscheinen die anderen Ebenen und Gruppen wieder im Bedienfeld *Ebenen*.

Zum Verlassen des Isolationsmodus stehen Ihnen verschiedene Möglichkeiten offen: Klicken Sie an eine beliebige Stelle des grauen Balkens am oberen Rand des Bildschirms, doppelklicken Sie an eine beliebige Stelle der Zeichenfläche außerhalb der isolierten Gruppe oder klicken Sie im Bedienfeld *Steuerung* auf die Schaltfläche *Isolierte Gruppe beenden*. Als letzte Möglichkeit wählen Sie aus dem Kontextmenü, das Sie mit einem Rechtsklick bzw. einem Klick mit gedrückter Ctrl-Taste öffnen, den Befehl *Isolierte Gruppe beenden*. Der graue Balken verschwindet und Sie arbeiten wieder mit der normalen Gruppe. Beachten Sie außerdem, dass Sie unter *Voreinstellungen > Allgemein* jederzeit das Kontrollkästchen *Zum Isolieren doppelklicken* deaktivieren können, wenn Sie eine versehentliche Aktivierung des Isolationsmodus vermeiden möchten.

Auch wenn Sie nicht bewusst eine Gruppe über den Befehl *Gruppieren* erzeugt haben, können Sie den Isolationsmodus für Objektgruppen wie Überblendungen, zusammengesetzte Pfade oder interaktive Malobjekte öffnen.

Außer Gruppen lassen sich auch alle Unterebenen isolieren. Wählen Sie die Unterebenen einfach im Bedienfeld *Ebenen* aus und wählen Sie aus dem Bedienfeldmenü den Befehl *Isolationsmodus aufrufen*. (Beachten Sie jedoch, dass die übergeordneten Ebenen nicht isoliert werden können.) Der *Isolationsmodus* funktioniert bei Unterebenen auf dieselbe Weise wie bei Gruppen. Die Ausnahme ist, dass es im Bedienfeld *Steuerung* keine *Beenden*-Schaltfläche gibt. Die Bearbeitung von Symbolen findet ebenfalls im Isolationsmodus statt – mehr über die Arbeit mit Symbolen im Isolationsmodus erfahren Sie im einleitenden Teil des Kapitels 5 „Pinsel & Symbole".

## Zusammengesetzte Pfade & zusammengesetzte Formen

Häufig ist es einfacher, ein Objekt durch die Kombination zweier oder mehrerer relativ einfacher Formen zu erzeugen, als wenn Sie das komplexe Ergebnis direkt zeichnen würden. Glücklicherweise enthält Illustrator Tools, mit denen Sie solche Objekte ohne Schwierigkeiten zu den gewünschten Ergebnissen kombinieren können. Es gibt zwei effektive Möglichkeiten, Objekte zu kombinieren:

1) Zusammengesetzte Pfade, die interaktiv und bearbeitbar bleiben und 2) *Pathfinder*-Befehle, die „destruktiv" und permanent sind, so dass sich die Formen nicht in ihren ursprünglichen bearbeitbaren Zustand zurückversetzen lassen (außer über den Befehl *Bearbeiten > Rückgängig*).

### Beschränkungen des Isolationsmodus

Im Isolationsmodus gibt es keine Pfadansicht. Sie können Objekte nur über das Bedienfeld *Ebenen* ein-/ausblenden bzw. (ent)sperren.

Von links nach rechts: zwei Ellipsen (die innere Ellipse hat keine Füllung, erscheint aber wegen der schwarzen Füllung der größeren, dahinter liegenden Ellipse schwarz); als Teil eines zusammengesetzten Pfads (die innere Ellipse stanzt ein Loch in die äußere). Derselbe zusammengesetzte Pfad mit einer inneren Ellipse. Er wurde mit dem *Direktauswahl*-Werkzeug ausgewählt und nach rechts bewegt. Sie sehen daran, dass sich das Loch nur an der Überlappungsstelle der Objekte befindet.

### Zusammengesetzte Formen und Pfade fungieren als Einheit

Auch nicht überlappende zusammengesetzte Formen und Pfade sind sinnvoll. Verwandeln Sie mehrere Objekte in eine zusammengesetzte Form/einen zusammengesetzten Pfad, wenn diese wie ein einziges Objekt funktionieren sollen.

### Zusammengesetzte Pfade umwandeln

- Ist eine zusammengesetzte Form so komplex, dass ihre Bearbeitung deutlich verlangsamt wird, wandeln Sie sie um.
- Alle Operationen, die vom Begrenzungsrahmen ausgehen, verhalten sich bei der umgewandelten Form anders, wenn diese Form einen kleineren Begrenzungsrahmen hat als die bearbeitbare zusammengesetzte Form. Dies wirkt sich auf alle *Ausrichten*-Befehle und bestimmte Transformierungen aus.
- Sie müssen eine zusammengesetzte Form umwandeln, bevor Sie sie als Hülle nutzen können. Mehr darüber erfahren Sie im Kapitel 11 „Interaktive Effekte & Grafikstile".

*Pierre Louveaux*

Newman

Diese Illustration von Gary Newman ist ein Beispiel für einzelne Umrissbuchstaben, die in einen zusammengesetzten Pfad konvertiert wurden und somit als Einheit fungieren. Newman verwendete den zusammengesetzten Pfad als Maske.

GORSKA

Die Lektion „Making a Typeface" im Kapitel 7 „Text" demonstriert, wie Caryl Gorska ihre eigenen Buchstaben einschließlich der Löcher für das Buchstabeninnere mit den Pathfinder-Formmodi gestaltete und sie dann in zusammengesetzte Pfade umwandelte.

### Zusammengesetzte Pfade oder Formen?

Die schnelle Antwort auf diese Frage lautet: Einfache Objekte sollten Sie mit zusammengesetzten Pfaden kombinieren oder Löcher hineinstanzen. Bei komplexen Objekten (wie interaktivem Text) oder Effekten sollten Sie zusammengesetzte Pfade verwenden. Auch wenn Sie mehr Kontrolle über die Interaktion der Objekte untereinander benötigen, sind zusammengesetzte Pfade das Richtige.

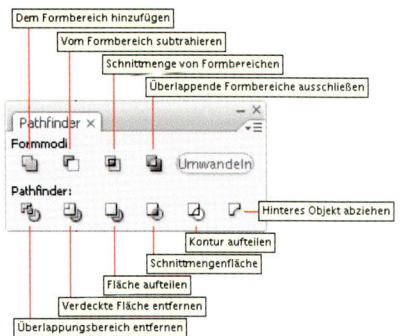

Das Bedienfeld *Pathfinder* enthält zwei Symbolreihen: die Formmodi (wie in zusammengesetzten Pfaden) und die destruktiven *Pathfinder*-Befehle. Beispiele für die Funktionsweise dieser Befehle zeigen Ihnen die Abbildungen auf den nächsten Seiten. Im Abschnitt *Das Bedienfeld Pathfinder* weiter hinten in diesem Kapitel erhalten Sie eine ausführliche Erläuterung des Bedienfelds.

## Zusammengesetzte Pfade

Ein zusammengesetzter Pfad besteht aus einem oder mehreren Pfaden, die zu einer Einheit kombiniert wurden. Ein sehr nützliches Merkmal zusammengesetzter Pfade ist, dass Sie aus der Überschneidungsfläche der Originalobjekte ein Loch erzeugen können. Diese Löcher sind aus anderen Flächen ausgeschnittene Bereiche (wie die Mitte eines Donut oder der Buchstabe O), durch den Sie darunter liegende Objekte sehen können.

Um einen zusammengesetzten Pfad zu erzeugen, das heißt ein Donut oder der Buchstabe O, zeichnen Sie zuerst eine Ellipse und dann eine kleinere Ellipse, die das Mittelloch des O darstellt. Wählen Sie die beiden Pfade aus und wählen Sie *Objekt > Zusammengesetzter Pfad > Erstellen*. Wählen Sie das fertige Grafikobjekt aus und weisen Sie ihm eine Flächenfarbe Ihrer Wahl zu – das Loch bleibt leer. Möchten Sie einen der Pfade innerhalb eines zusammengesetzten Pfads ändern, wählen Sie das *Direktauswahl*-Werkzeug. Möchten Sie den zusammengesetzten Pfad als Einheit bearbeiten, wählen Sie das *Gruppenauswahl-* oder *Auswahl*-Werkzeug.

Aber nicht nur für Löcher sind zusammengesetzte Pfade geeignet, sondern auch, wenn sich mehrere Objekte wie eine Einheit verhalten sollen. Als anspruchsvolle Anwendung dieser Technik lassen sich einzelne Objekte als eine Einheit behandeln, mit der andere Objekte maskiert werden können. Ein Beispiel, bei dem einzelne konturierte Textelemente verwendet werden, zeigt die Abbildung „Careers" von Gary Newman.

### Löcher und Füllungen mit zusammengesetzten Pfaden

Bei einfachen Löchern erhalten Sie mit dem Befehl *Zusammengesetzter Pfad > Erstellen* normalerweise das gewünschte Ergebnis. Wenn Ihr zusammengesetzter Pfad aus mehreren überlappenden Formen besteht oder wenn Sie nicht die gewünschten Löcher erhalten, verwenden Sie zusammengesetzte Formen, die im nächsten Abschnitt beschrieben werden. Diese verleihen Ihnen vollständige Kontrolle. Bestimmte Ergebnisse erzielen Sie ausschließlich mit zusammengesetzten Formen.

### Zusammengesetzte Formen

Eine zusammengesetzte Form ist eine interaktive Kombination von Formen, die durch die *Pathfinder*-Operationen *Hinzufügen, Subtrahieren, Schnittmenge* und/oder *Ausschließen* erzeugt wurden. Die Abbildungen auf dieser Seite zeigen Ihnen, wie diese Operationen funktionieren.

Zusammengesetzte Formen lassen sich aus zwei oder mehr Pfaden, anderen zusammengesetzten Formen, Text, Hüllen, Angleichungen, Gruppen oder beliebigen Grafiken mit Vektoreffekten erstellen.

Wenn Sie eine zusammengesetzte Form erzeugen möchten, zeigen Sie mit *Fenster > Pathfinder* das Bedienfeld *Pathfinder* an. Wählen Sie dann Ihre Objekte aus und wählen Sie aus dem Bedienfeldmenü den Befehl *Zusammengesetzte Form erstellen*. Um einen bestimmten Formmodus zuzuweisen, wählen Sie eine Komponente Ihrer zusammengesetzten Form und klicken Sie auf die entsprechende *Formmodus*-Schaltfläche in der oberen Reihe des Bedienfelds *Pathfinder*.

**Hinweis:** Wenn Sie Ihre nicht gruppierten Objekte einfach auswählen und eine der *Formmodus*-Schaltflächen auswählen, erhalten Sie eine zusammengesetzte Form und weisen die gewählte Form den Objekten zu.

## Die Vor- und Nachteile zusammengesetzter Formen

Komplexe Objekte lassen sich mit zusammengesetzten Formen kombinieren und bleiben bearbeitbar. Wie Sie jetzt wissen, lassen sich Objekte mit zusammengesetzten Formen auf vielfältige Weise kombinieren. Dazu gehören die Operationen *Hinzufügen, Subtrahieren, Schnittmenge* und *Ausschließen*. Diese Formmodi bleiben interaktiv und Sie können der zusammengesetzten Form weitere Formmodi sowie vielfältige Effekte zuweisen (oder diese entfernen). Wenn Sie in späteren Kapiteln mit interaktiven Effekten wie Hüllen, Verkrümmungen und Schlagschatten arbeiten, sollten Sie daran denken, dass Sie in Ihre zusammengesetzten Formen Effekte integrieren können und die Objekte dabei doch interaktiv bleiben – selbst wenn es bearbeitbare Schriften sind. Zusammengesetzte Formen können Sie auch in Photoshop übertragen (mehr dazu in der Lektion „Formen austauschen" im Kapitel 15 „Illustrator & andere Programme").

Beachten Sie, dass die Leistungsfähigkeit zusammengesetzter Pfade ihren Preis hat. Bei zusammengesetzten Pfaden muss Illustrator viele Berechnungen für Sie durchführen. Deshalb können zu viele zusammengesetzte Formen oder zusammengesetzte Pfade mit zu vielen Operationen oder Effekten die Bildschirmdarstellung verlangsamen. Zwar sind zusammengesetzte Pfade viel weniger leistungsfähig und flexibel, sie verlangsamen die Neuzeichnung auf dem Bildschirm aber nicht. Wenn Sie also mit einfachen Objekten arbeiten, sind zusammengesetzte Pfade besser geeignet.

*Dem Formbereich hinzufügen.* Genau wie in den vorigen Beispielen zeigt die erste Spalte die Originalformen, die zweite Spalte die Ergebnisse im *Vorschau*-Modus und die dritte Spalte die resultierenden ausgewählten Objekte, so dass Sie die Auswirkungen der Operation deutlicher erkennen können.

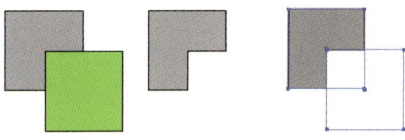

*Vom Formbereich subtrahieren*

*Schnittmenge von Formbereichen*

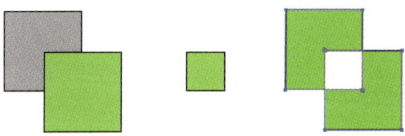

*Überlappende Formbereiche ausschließen*

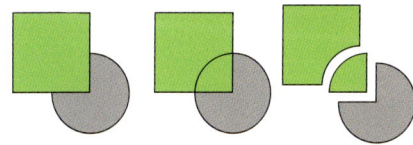

*Fläche aufteilen.* Bei diesem sowie den folgenden Beispielen zeigt das erste Bild die Originalform, das zweite Bild die Ergebnisse der Operation im *Vorschau*-Modus und das dritte Bild zeigt die ausgewählten und/oder auseinandergezogenen resultierenden Objekte, so dass Sie die Auswirkungen besser erkennen können.

*Überlappungsbereich entfernen*

*Verdeckte Fläche entfernen.* Beachten Sie, dass *Verdeckte Fläche entfernen* nur korrekt funktioniert, wenn beide Objekte dieselbe Farbe haben. Sonst hat dieser Befehl dieselben Auswirkungen wie *Überlappungsbereich entfernen.*

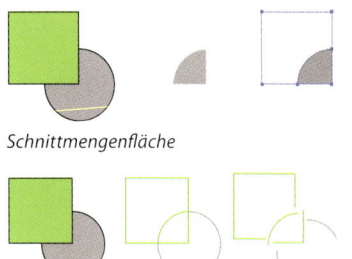

*Schnittmengenfläche*

*Kontur aufteilen.* Beachten Sie, dass Illustrator hier standardmäßig einen Umriss von 0 zuweist. Wir haben manuell einen 2-Punkt-Umriss zugewiesen.

*Hinteres Objekt abziehen*

GIBLIN

Damit Sie die Funktion *Interaktiv abpausen* in Kombination mit der Funktion *Interaktiv malen* verwenden können, müssen Sie kein Raketenwissenschaftler sein (die zuletzt genannte Funktion wird im folgenden Abschnitt besprochen). Die beiden Funktionen sind darauf ausgelegt, Hand in Hand zu arbeiten. Für die oben gezeigte farbige Rakete scannte Ian Giblin zunächst eine Handzeichnung ein und erzeugte dann die Abpausung in der Mitte mit der Funktion *Interaktiv abpausen*. Nachdem er die Abpausung in eine interaktive Malgruppe konvertiert hatte, konnte er die Rakete mit dem *Interaktiv malen*-Werkzeug einfärben.

## Das Bedienfeld Pathfinder

Das Bedienfeld *Pathfinder* (siehe Abbildungsreihe ab der vorigen Seite) enthält im oberen Bereich die interaktiven Formbefehle und in der unteren Reihe die permanenten *Pathfinder*-Befehle. Mit den *Pathfinder*-Operationen *Unterteilen, Überlappungsbereich entfernen, Verdeckte Fläche entfernen, Schnittmengenfläche, Kontur aufteilen* und *Hinteres Objekt abziehen* verbinden oder trennen Sie ausgewählte Objekte. Den interaktiven Formmodi der oberen Reihe können Sie ebenfalls permanente *Pathfinder*-Befehle zuweisen. Eine Möglichkeit hierzu ist, dass Sie beim Klick auf eine der Schaltflächen die Alt-Taste gedrückt halten. Haben Sie bereits einen interaktiven Formmodus zugewiesen, können Sie ihn in einen dauerhaft zugewiesenen Pathfinder-Effekt umwandeln. Dazu wählen Sie die Objekte aus und klicken im Bedienfeld *Pathfinder* auf die Schaltfläche *Umwandeln*.

Mit den *Pathfinder*-Befehlen *Unterteilen, Überlappungsbereich entfernen, Verdeckte Fläche entfernen, Schnittmengenfläche* und *Kontur aufteilen* kombinieren Sie Objekte nicht, sondern trennen sie. Stellen Sie sich einfach Ausstechformen für Weihnachtsplätzchen vor. Bevor Sie die Befehle *Überlappungsbereich entfernen* und *Verdeckte Fläche entfernen* verwenden können, müssen Sie die Objekte füllen.

Im Gegensatz zu Objekten, die Sie mit zusammengesetzten Pfaden erstellen, verändert die Anwendung der *Pathfinder*-Befehle Ihre Grafik permanent. Die *Pathfinder*-Befehle sind demnach vorzuziehen, wenn Sie weitere Operationen an den veränderten Pfaden vornehmen müssen. Wenden Sie beispielsweise den Befehl *Unterteilen* wie in der Abbildung links an, können Sie die resultierenden Teile herausziehen oder weiterbearbeiten. Im Gegensatz dazu die beiden aus der Operation *Überlappende Formbereiche ausschließen* resultierenden Elemente: Diese lassen sich nicht trennen, weil die zugrunde liegenden Pfade nicht wirklich verändert wurden.

## Interaktives Abpausen

Hegten Sie jemals den Wunsch, ein Pixelbild, beispielsweise ein Foto oder eine gescannte Zeichnung, automatisch in detaillierte, exakte Vektorpfade zu verwandeln? Das Werkzeug *Interaktiv abpausen* erfüllt Ihnen diesen Wunsch. In wenigen Minuten (manchmal auch in wenigen Sekunden) wandelt die Funktion Ihr Originalbild in Vektorgrafiken um. Diese können ohne Qualitätsverlust bearbeitet, skaliert und anderweitig manipuliert werden.

Die Funktion *Interaktiv abpausen* gewährt Ihnen vollständige Kontrolle über den gewünschten Detailreichtum. Sie können unter anderem einen Farbmodus und eine Farbpalette für das abgepauste Objekt bestimmen, Füll- und Kontureigenschaften, die Schärfe der Eckwinkel, Einstellungen zur Weichzeichnung und Neuberechnung und vieles mehr festlegen. Über die Abpausvorgaben können Sie Ihre Abpausoptionen speichern und das nächste Mal schnell darauf zugreifen.

Das Beste ist, dass das mit der Funktion *Interaktiv abpausen* erzeugte Objekt bearbeitbar bleibt. Das heißt, dass Sie die Parameter und Ergebnisse jederzeit anpassen können. Sobald Ihnen Ihr abgepaustes Objekt gefällt, bearbeiten Sie die Vektorpfade oder konvertieren es in ein interaktives Malobjekt und profitieren von den neuen, intuitiven Möglichkeiten dieses Features.

**Die Grundlagen des interaktiven Abpausens**

Für eine interaktive Abpausung öffnen oder platzieren Sie zunächst das Quellbild. Nachdem Sie dieses ausgewählt haben, können Sie wählen, ob Sie das Objekt mit den Standardeinstellungen abpausen möchten. Dazu klicken Sie im Bedienfeld *Steuerung* einfach die Schaltfläche *Interaktiv abpausen* oder wählen *Objekt > Interaktiv abpausen > erstellen*. Möchten Sie zuvor die Abpausoptionen kontrollieren, klicken Sie im Bedienfeld *Steuerung* auf die Schaltfläche *Abpausvorgaben und -optionen* (das kleine schwarze Dreieck rechts von der Schaltfläche *Interaktiv abpausen)* und wählen *Abpausoptionen*. Sie erreichen die Abpausoptionen auch über den Menübefehl *Objekt > Interaktiv abpausen > Abpausoptionen*. Für einen schnellen Überblick über die unterschiedlichen Optionen im Dialogfenster *Abpausoptionen* suchen Sie in der Illustrator-Hilfe nach *Interaktiv abpausen*.

Aktivieren Sie das Kontrollkästchen *Vorschau*, damit Sie im Voraus sehen, wie Ihre Abpausung aussehen wird. Beachten Sie jedoch, dass dies Ihre Arbeit beträchtlich verlangsamen kann.

Bevor Sie die Abpausung vornehmen, wählen Sie gegebenenfalls im Dialogfenster *Abpausoptionen* eine Abpausvorgabe (aus dem Popup-Menü *Vorgabe*) oder klicken Sie im Bedienfeld *Steuerung* auf das Symbol *Abpausvorgaben und -optionen*. Wenn Sie eine Einstellung erzeugen und von dieser annehmen, dass Sie sie in Zukunft auch anderen Bildern zuweisen möchten, können Sie Ihre momentane Einstellung zeitsparend als benutzerdefinierte Abpausvorgabe speichern.

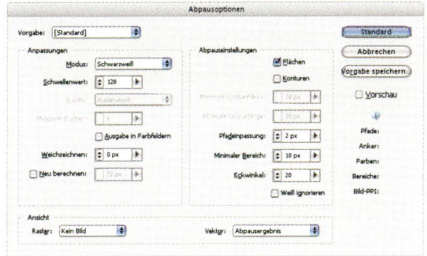

Das Dialogfenster *Abpausoptionen* ist eine wichtige Station, wenn Sie die Ergebnisse Ihrer Abpausung kontrollieren möchten.

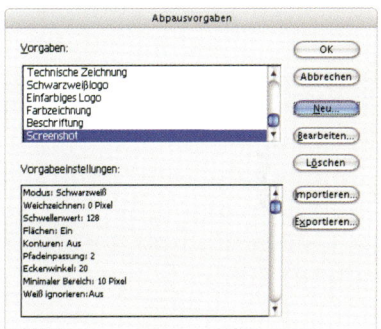

Die Abpausvorgaben verwalten Sie im Dialogfenster *Abpausvorgaben*.

Die Schaltflächen für die Rasterbild- (links) und die Vektoransicht (rechts) im Bedienfeld *Steuerung*

Betrachten Sie Kevan Atteberrys Galerie unter Verwendung von *Interaktiv abpausen* weiter hinten in diesem Kapitel.

### Das Quellbild anzeigen

In vielen Fällen ist die Originalquelle nicht deutlich sichtbar, gleichgültig, welche Ansicht des Rasterbilds Sie in den *Abpausoptionen* oder im Bedienfeld *Steuerung* eingestellt haben. Als Abhilfe setzen Sie die Vektoransicht entweder auf *Kein Abpausergebnis* oder auf *Konturen*.

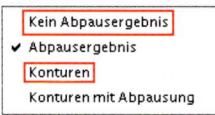

### Abpauspapier

Adobe bietet zur Funktion *Interaktiv abpausen* eine technische Information namens *Creating Vector Content: Using Live Trace*. Sie finden diese als *creating_vector_content.pdf* in englischer Sprache auf der Wow!-CD.

Für eine Abpausung mit den Standardeinstellungen klicken Sie im Bedienfeld *Steuerung* auf die Schaltfläche *Interaktiv abpausen*.

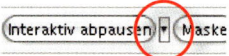

Über die Schaltfläche *Abpausvorgaben und -optionen* im Bedienfeld *Steuerung* öffnen Sie das Dialogfenster *Abpausoptionen* oder wählen eine Abpausvorgabe.

☑ Weiß ignorieren

Neu in CS3 ist das Kontrollkästchen *Weiß ignorieren*. Damit können Sie automatisch einen weißen Hintergrund aus Ihrem Abpausobjekt entfernen.

### Die Benennung von Abpausobjekten

Alle Abpausobjekte erscheinen im Bedienfeld *Ebenen* mit dem Standardnamen „Abpausen" – bis Sie ihnen einen neuen Namen geben, sie umwandeln oder sie in interaktive Malobjekte konvertieren.

Dazu nehmen Sie die gewünschten Einstellungen im Dialogfenster *Abpausoptionen* vor und klicken dann auf die Schaltfläche *Vorgabe speichern*. Illustrator fordert Sie auf, einen Namen für Ihre neue Vorgabe einzugeben. Danach klicken Sie auf *OK*. Ihre neue Vorgabe ist im Popup-Menü *Vorgabe* des Bedienfelds *Steuerung* verfügbar, wenn Sie entweder ein Pixelbild oder ein bereits interaktiv abgepaustes Objekt auswählen.

Übrigens finden Sie Ihre Voreinstellung auch im Popup-Menü *Vorgabe* in den *Abpausoptionen*. Zur Verwaltung Ihrer Abpausvorgaben wählen Sie *Bearbeiten > Abpausvorgaben* und öffnen damit das Dialogfenster *Abpausvorgaben*. Hier bearbeiten Sie vorhandene Vorgaben oder löschen sie, erzeugen neue Vorgaben oder speichern mit einem Klick auf die Schaltfläche *Exportieren* Ihre Vorgaben zum Austausch mit anderen Nutzern in eine Datei. Möchten Sie Vorgaben aus einer exportierten Datei laden, klicken Sie einfach auf die Schaltfläche *Importieren* und navigieren zu Ihrer gespeicherten Vorgabe.

Wenn Sie die Abpausoptionen in der gewünschten Weise eingerichtet haben, klicken Sie auf *Abpausen*, lehnen sich zurück und sehen der Funktion *Interaktiv abpausen* bei der Arbeit zu. Sobald Ihr Bild interaktiv abgepaust ist, können Sie die Anzeige des abgepausten Objekts ändern oder die Ergebnisse der Abpausung anpassen.

### Die Darstellung eines interaktiv abgepausten Objekts ändern

Weil die Funktion *Interaktiv abpausen* definitionsgemäß interaktiv ist, bleibt Ihr Originalbild unverändert. Das interaktiv abgepauste Objekt besteht demnach aus zwei Teilen: dem Originalpixelbild und der interaktiven Abpausung. Obwohl standardmäßig nur das Abpausergebnis sichtbar ist, können Sie die Darstellung beider Teile des interaktiv abgepausten Objekts ändern.

Wählen Sie zuerst das *Interaktiv abpausen*-Objekt aus. Dann können Sie bestimmen, ob (und wie) das Originalbild dargestellt wird. Wählen Sie dazu *Objekt > Interaktiv abpausen* oder klicken Sie im Bedienfeld *Steuerung* auf die Schaltfläche *Verschiedene Ansichten des Rasterbilds in der Vorschau anzeigen*. Mit *Kein Bild* blenden Sie das Quellbild komplett aus. Mit *Originalbild* zeigen Sie das Quellbild unter dem abgepausten Ergebnis an, mit *Angepasstes Bild* stellen Sie das Bild mit allen während des Abpausvorgangs zugewiesenen Anpassungen dar und mit *Transparentes Bild* zeigen Sie eine abgeblendete Version des Quellbilds an.

Bei ausgewähltem abgepaustem Objekt können Sie auch die Darstellung des Abpausergebnisses anpassen. Wählen Sie dazu *Objekt > Interaktiv abpausen* oder klicken Sie auf die Schaltfläche *Verschiedene Ansichten des Vektorergebnisses in der Vorschau anzeigen.* Mit *Kein Abpausergebnis* blenden Sie das Ergebnis der Abpausung komplett aus, mit *Abpausergebnis* blenden Sie es vollständig ein. Mit *Konturen* stellen Sie nur die Umrisse des Abpausergebnisses dar und mit *Konturen mit Abpausung* zeigen Sie das Abpausergebnis mit sichtbaren Umrissen an.

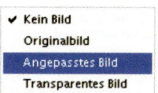

Die Optionen im Menü *Verschiedene Ansichten des Rasterbilds*

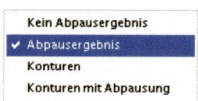

Die Optionen im Menü *Verschiedene Ansichten des Vektorergebnisses*

### Das Ergebnis einer interaktiven Abpausung anpassen

Weil Ihr interaktiv abgepaustes Objekt bearbeitbar ist, können Sie die Ergebnisse der Abpausung jederzeit anpassen. Markieren Sie dazu einfach Ihr interaktiv abgepaustes Objekt und wählen Sie eine neue Vorgabe aus dem Popup-Menü *Vorgabe* des Bedienfelds *Steuerung*. Alternativ klicken Sie im Bedienfeld *Steuerung* auf die Schaltfläche *Abpausoptionen* oder wählen *Objekt > Interaktiv abpausen > Abpausoptionen*. Mit dem Befehl *Abpausoptionen* erhalten Sie dasselbe Dialogfenster *Abpausoptionen* wie vor dem Abpausen des Objekts und können die Optionen nach Ihren Wünschen anpassen und ändern. Weisen Sie die Abpausung schließlich mit *Abpausen* erneut zu. Beachten Sie auch, dass Sie bestimmte Grundoptionen für Ihr Abpausergebnis anpassen können (nämlich *Maximale Farben* und *Min. Bereich*), ohne das Dialogfenster überhaupt zu öffnen.

### Farbfeldbibliotheken im Zusammenspiel mit der interaktiven Abpausung nutzen

Bei Bedarf erzeugen Sie eine spezielle Farbbibliothek, die nur die Farben enthält, die Sie beim Abpausen verwenden möchten. Anschließend können Sie im Dialogfenster *Abpausoptionen* den Namen dieser Farbbibliothek aus dem Popup-Menü *Palette* wählen. Dazu lässt sich auch eine beliebige vorhandene Farbbibliothek verwenden. In beiden Fällen muss die Farbbibliothek geöffnet sein, bevor Sie das Dialogfenster *Abpausoptionen* anwählen, weil sonst ihr Name nicht im Popup-Menü *Palette* erscheint.

### Umwandlung in ein interaktives Malobjekt oder mehrere Pfade

Die Funktion *Interaktiv abpausen* arbeitet Hand in Hand mit der neuen Funktion *Interaktiv malen* (mehr darüber erfahren Sie im nachfolgenden Abschnitt). Sobald Sie mit Ihrem abgepausten Objekt zufrieden sind, konvertieren Sie es in ein interaktives Malobjekt. Dieses können Sie intuitiv mit dem *Interaktiv malen*-Werk-

> **Eine Abpausung testen**
>
> Speichern Sie eine kleine, repräsentative, zugeschnittene Version Ihres Bilds und testen Sie Ihre *Interaktiv abpausen*-Einstellungen mit dieser kleinen Datei. Speichern Sie Ihre Einstellungen und weisen Sie sie dann der großen Datei zu!
> *Kevan Atteberry*

> **Schnellkonvertierung**
>
> Sie können eine Abpausung vornehmen und sie in einem Schritt in eine interaktive Malgruppe oder einen Satz Pfade konvertieren. Wählen Sie dazu *Objekt > Interaktiv abpausen > Erstellen und für interaktives Malen konvertieren* oder *Objekt > Interaktiv abpausen > Erstellen* und *Umwandeln*. Alternativ klicken Sie mit gedrückter Alt-Taste auf die Schaltfläche *Abpausen* und konvertieren das Ergebnis damit direkt in Pfade.

> **Ein abgepaustes Objekt zurückwandeln**
>
> Wenn Sie die Abpausung entfernen, aber das Originalpixelbild belassen möchten, müssen Sie das Abpausobjekt lediglich zurückwandeln. Dazu wählen Sie es aus und wählen *Objekt > Interaktiv abpausen > Zurückwandeln*.

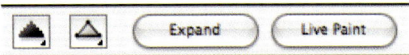

Die Schaltflächen *Umwandeln* und *Interaktiv malen* im Bedienfeld *Steuerung*

> **Erst zoomen, dann abpausen**
>
> Aus den *Interaktiv abpausen*-Optionen heraus können Sie die Zoomstufe oder Ansicht nicht ändern. Zoomen Sie sich deshalb in den gewünschten Bereich, bevor Sie die *Interaktiv abpausen*-Optionen öffnen.

> **Farbfelder und interaktive Abpausung**
>
> Die Lektion „Abpaustechniken" weiter hinten in diesem Kapitel zeigt Ihnen ein Beispiel für die Arbeit mit Farbfeldern im Zusammenspiel mit der Funktion *Interaktiv abpausen*.

> **EPS-Bilder abpausen**
>
> Illustrator kann nur schwer EPS-Bilder abpausen, weil das Programm nicht auf die vollständigen Bilddaten zugreifen kann. Wenn Ihnen als Quellbild eine EPS-Datei vorliegt, bietet sich demnach vor der Abpausung eine Einbettung an.
> Jean-Claude Tremblay

> **Über diesen Abschnitt**
>
> Dieser Abschnitt ist teilweise dem Artikel „Live Painting Is a Bucket of Fun", entnommen, der auf CreativePro.com veröffentlicht wurde. Auf www.creativepro.com gibt es noch weitere tolle Illustrator How-To-Artikel in englischer Sprache.

zeug färben. Wenn Sie die Elemente der abgepausten Grafik als Einzelobjekte bearbeiten möchten, konvertieren Sie das abgepauste Objekt auch in Pfade.

Ob Sie Ihr Objekt nun in ein interaktives Malobjekt oder in Pfade konvertieren – bedenken Sie auf jeden Fall, dass Ihre Abpausung nach diesem Schritt nicht mehr interaktiv und bearbeitbar ist. Konvertieren Sie Ihre Abpausung also erst, wenn Sie damit zufrieden sind. Um die Abpausung in ein interaktives Malobjekt zu konvertieren, wählen Sie sie einfach aus und klicken im Bedienfeld *Steuerung* auf die Schaltfläche *Interaktiv malen*. Alternativ wählen Sie *Objekt > Interaktiv abpausen > Für interaktives Malen konvertieren*. Möchten Sie die Abpausung in gruppierte Pfade konvertieren, klicken Sie im Bedienfeld *Steuerung* auf die Schaltfläche *Umwandeln* oder wählen Sie *Objekt > Interaktiv abpausen > Umwandeln*.

Beim Umwandeln der Abpausung können Sie Ihre momentanen Anzeigeoptionen beibehalten, indem Sie *Objekt > Interaktiv abpausen > Wie angezeigt umwandeln* wählen. In diesem Fall bestimmen Ihre Raster- und Vektoransichtseinstellungen, was nach der Umwandlung zu sehen ist.

Haben Sie als Vektoransicht beispielsweise *Handzeichnung* gewählt und als Rasteransicht *Kein Bild*, erhalten Sie nach Auswahl des Befehls *Wie angezeigt umwandeln* Pfade ohne Umriss und ohne Füllung und auch kein sichtbares Quellbild. Wenn Sie andererseits das Quellbild auch nach der Umwandlung als Hilfe für die Pfade beibehalten möchten, könnten Sie als Rasteransicht *Originalbild* wählen. Wenn Sie an diesem Punkt *Wie angezeigt umwandeln* wählen, wird Ihr Quellbild ebenfalls beibehalten und mit den neuen Pfaden gruppiert.

## Die Funktion Interaktiv malen

Mit der Funktion *Interaktiv malen* von Illustrator können Sie jeder umgrenzten Fläche in Ihrer Grafik Farben, Verläufe und andere Füllungen unmittelbar zuweisen, ohne dass Sie zuerst sicherstellen müssen, dass es sich um ein separates Vektorobjekt handelt. Damit können Sie Formen und Flächen so füllen, wie Ihr Auge sie wahrnimmt – gerade als würden Sie eine Zeichnung von Hand kolorieren.

### Intuitiv malen

Nehmen wir an, Sie zeichnen wie im Beispiel auf der rechten Seite drei Quadrate, die so angeordnet sind, dass der Raum zwischen ihnen ein Dreieck formt. Nach den normalen Illustrator-Regeln könnten Sie dieses Dreieck nicht einfärben, weil es kein selbstständiges Vektorobjekt ist, sondern lediglich der leere Raum zwischen den Quadraten. Hier kommt die Funktion *Interaktiv malen* ins Spiel. Diese Funktion ermöglicht es Ihnen, die Regeln zu ändern, wenn sie Ihnen nicht gefallen! Definieren Sie einfach das Objekt, das Sie einfärben möchten, als interaktive Malgruppe. Und plötzlich können Sie jeden gewünschten umschlossenen Bereich einfärben, gleichgültig, ob er ein eigenständiges Vektorobjekt ist oder nicht.

Die drei Quadrate wurden so angeordnet, dass sich in der Mitte ein dreieckiger Raum ergibt.

Und so färben Sie den leeren dreieckigen Bereich: Wählen Sie zuerst die drei Quadrate mit dem Auswahlwerkzeug aus. Anschließend wählen Sie das *Interaktiv malen*-Werkzeug (es befindet sich im Bedienfeld *Werkzeuge* unter der Pipette) und wandeln Sie die ausgewählten Quadrate mit einem Klick in eine interaktive Malgruppe um. (Alternativ konvertieren Sie ausgewählte Objekte mit *Objekt > Interaktiv malen > Erstellen* oder der Tastenkombination ⌘/Strg+Alt+X in eine interaktive Malgruppe.) Sie sehen um die Quadrate einen speziellen Begrenzungsrahmen mit kleinen Sternen an den Griffen. Dieser Begrenzungsrahmen unterscheidet eine *Interaktiv malen-* von einer normalen Gruppe.

Wenn Sie mit dem *Interaktiv malen*-Werkzeug auf eine ausgewählte Gruppe klicken, wird diese in eine interaktive Malgruppe konvertiert. Beachten Sie den nützlichen Tooltip neben dem Mauszeiger.

Wählen Sie nun ein Hellgrün als Füllfarbe und bewegen Sie dann das *Interaktiv malen*-Werkzeug über den dreieckigen Rahmen. Das Dreieck wird hervorgehoben. Sie sehen daran, dass der Bereich bereit zum Füllen ist. Klicken Sie auf das Dreieck und – voilà – es wird mit der gewählten Farbe gefüllt.

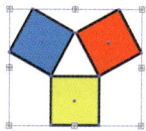

Wenn Sie mit dem *Auswahl*-Werkzeug eine interaktive Malgruppe auswählen, sehen Sie diesen speziellen Begrenzungsrahmen.

Übrigens können Sie das Verhalten des *Interaktiv malen*-Werkzeugs ändern. Dazu führen Sie im Bedienfeld *Werkzeuge* einen Doppelklick auf sein Symbol aus. Das Dialogfenster *Optionen für Interaktiv malen-Werkzeug* öffnet sich. Hier legen Sie verschiedene Optionen fest, beispielsweise ob das *Interaktiv-malen-Werkzeug* die Füllung oder den Umriss oder beides färben soll. Weiterhin ändern Sie die Farbe und Größe der Hervorhebung, die angezeigt wird, wenn Sie sich mit dem Werkzeug auf einem passenden Bereich befinden. Beachten Sie auch, dass Sie die Pfade in interaktive Malgruppen jederzeit mit dem Stift oder anderen Werkzeugen bearbeiten können.

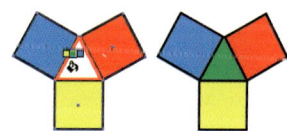

Links: Wenn Sie das *Interaktiv malen*-Werkzeug über einem Bereich platzieren, der gefüllt werden kann, wird dieser hervorgehoben. Rechts: Nachdem Sie mit dem Werkzeug geklickt haben, wird der Bereich mit Farbe gefüllt.

### Konturen mit der Funktion Interaktiv malen färben

Wie im vorhergehenden Abschnitt erwähnt, können Sie das *Interaktiv-malen*-Werkzeug sowohl zum Einfärben von Konturen als auch von Flächen verwenden. Vergewissern Sie sich, dass im Dialogfenster *Interaktiv malen* das Kontrollkästchen *Pinselstärken* aktiviert ist. Dann weist das *Interaktiv malen*-Werkzeug die Kontureigenschaften zu, die Sie vor dem Klick mit dem Werkzeug definiert haben. Vergewissern Sie sich, dass Sie beim Einfärben der

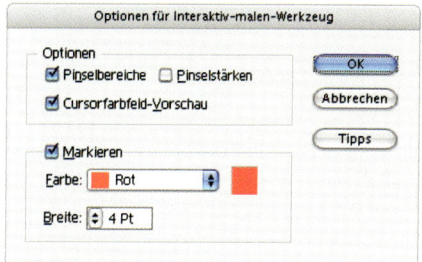

Mit einem Doppelklick auf das *Interaktiv malen*-Werkzeug im Bedienfeld *Werkzeuge* öffnen Sie die zugehörigen Optionen.

Links: Das *Interaktiv malen*-Werkzeug wurde so positioniert, dass die Füllung gefärbt werden kann.
Mitte: Wenn der Mauszeiger so positioniert wird, dass der Umriss gefüllt werden kann, wird der Mauszeiger von einem Farbeimer zu einem kleinen Pinsel und der Umriss wird hervorgehoben.
Rechts: Nach dem Zuweisen des Umrisses für alle drei Seiten des Dreiecks.

Links: der Originalumriss des Schmetterlings
Mitte: Mit *Interaktiv malen* können Sie den Bereich des Flügels um die beiden Punkte herum färben.
Rechts: der vollständig gefärbte Schmetterling

> ### Die Cursorfarbfeld-Vorschau
>
> Mit der Funktion *Cursorfarbfeld-Vorschau* des *Interaktiv malen*-Werkzeugs wechseln Sie schnell zwischen den Farben im Bedienfeld *Farbfelder*, und zwar sowohl innerhalb als auch zwischen Farbgruppen. Die Vorschau wird sichtbar, wenn Sie eine Farbe aus dem Bedienfeld *Farbfelder* wählen und damit einen Bereich füllen. Das mittlere Quadrat ist die ausgewählte Farbe und die Quadrate rechts und links davon sind die im Bedienfeld *Farbfelder* benachbarten Farben. Bewegen Sie sich mit den ←- und →-Tasten zum vorhergehenden oder nächsten Farbfeld und wechseln Sie mit den ↑- und ↓-Tasten zwischen den Farbgruppen und der allgemeinen Farbfeldergruppe. Sie können die Farbfeldervorschau jederzeit deaktivieren, indem Sie einen Doppelklick auf das *Interaktiv malen*-Werkzeug ausführen und das Kontrollkästchen *Cursorfarbfeld-Vorschau* in den Optionen für das *Interaktiv malen*-Werkzeug deaktivieren. Standardmäßig ist die Vorschau eingeschaltet.

Kontur das Werkzeug so positionieren, dass der Umriss und nicht die Füllung markiert wird.

Auch wenn Sie im Dialogfenster *Optionen für Interaktiv malen-Werkzeug* das Kontrollkästchen *Pinselstärken* nicht aktiviert haben, können Sie trotzdem jederzeit Konturen füllen. Halten Sie dazu die ⇧-Taste gedrückt, wenn Sie mit dem Werkzeug klicken.

Beachten Sie, dass die momentan im Bedienfeld *Kontur* (oder im Bedienfeld *Steuerung*) festgelegten Pinselattribute das Aussehen der vom Werkzeug erzeugten Kontur bestimmen. Stellen Sie diese Eigenschaften also entsprechend ein, bevor Sie klicken.

### Die zweidimensionale Welt des Interaktiv malen-Werkzeugs

Eine Regel, die bei der Arbeit mit einer interaktiven Malgruppe auf der Strecke bleibt, ist die Stapelreihenfolge. In der interaktiven Malgruppe werden alle Elemente behandelt, als würden sie sich auf derselben Ebene befinden.

Hier ein Beispiel: Der einfache Schmetterling links soll mit dem *Interaktiv malen*-Werkzeug eingefärbt werden. Wenn das Werkzeug über den linken Flügel bewegt wird, markiert Illustrator den Bereich des Flügels, der die beiden Punkte umgibt. Sie können also den Hauptteil des Flügels färben, ohne gleichzeitig die Punkte zu füllen. (Die Punkte können Sie separat färben, indem Sie das *Interaktiv malen*-Werkzeug direkt darüber bewegen.) Nach den normalen Illustrator-Regeln müssten Sie sicherstellen, dass sich die beiden Punkte in der Stapelfolge über der Flügelform befinden, so dass sie beim Färben des Flügels nicht übermalt würden. Aber in der zweidimensionalen Welt des *Interaktiv malen*-Werkzeugs betrachtet Illustrator die Punkte als separate Einheiten, so dass Sie einfach um sie herum füllen können.

### Die Füllung wählen (bzw. die Füllung entfernen)

Sie haben gesehen, wie Sie mit der Funktion *Interaktiv malen* Farbe auf geschlossene Bereiche auftragen – aber das *Interaktiv malen*-Werkzeug kann Objekte nicht nur mit flächigen Farben, sondern mit allen Füllungsarten färben. Das bedeutet, dass Sie Ihr Objekt mit einem Verlauf, einem Muster oder auch überhaupt keiner Füllung versehen können.

Erzeugen Sie zwei überlappende Kreise mit einer einfarbigen Füllung und konvertieren Sie sie in eine interaktive Malgruppe. Nun füllen Sie den Zwischenraum zwischen den beiden Kreisen mit einem Verlauf (dazu wählen Sie aus dem Bedienfeld *Verläufe* ein Verlaufsfarbfeld und klicken mit dem *Interaktiv malen*-Werkzeug auf den Zwischenraum). Sie können den Zwischenraum sogar mit *Keine* füllen, so dass er zu einem Loch wird, durch das darunter liegende Objekte oder Füllungen hindurchscheinen. Für ein Beispiel, was Sie damit anfangen können, lesen Sie Sandee Cohens Tipp „Ein Loch ausstanzen".

Links: Positionierung des Farbeimers über der Schnittstelle der Kreise. Rechts: Nach einem Klick auf die Schnittstelle wird sie mit einem Regenbogenverlauf gefüllt.

## Der interaktive Teil der Funktion Interaktiv malen

„Interaktiv" bedeutet in Bezug auf das *Interaktiv malen*-Werkzeug, dass Ihre Füllungen bearbeitbar bleiben und sich mit Ihren Objekten ändern, wenn Sie deren Größe ändern, sie transformieren oder verschieben. Wenn Sie zwei überlappende Kreise verschieben oder skalieren, behält der Zwischenraum seine Füllung bei, auch wenn sich seine Größe, Form und Position ändern.

Links: die Originalkreise. Mitte: Der rote Kreis wurde unter den grünen bewegt. Rechts: Größen- und Formänderung beider Kreise. Die Schnittstelle behält die Füllung, auch wenn sie verändert wird.

## Einer interaktiven Malgruppe Pfade hinzufügen

Nachdem Sie eine interaktive Malgruppe erzeugt haben, möchten Sie ihr eventuell einige Pfade hinzufügen. Zum Glück ist es einfach, einer interaktiven Malgruppe neue Mitglieder hinzuzufügen. Nehmen wir an, Sie möchten den Körper des Schmetterlings mit weiteren Streifen versehen. Dazu könnten Sie Linien mit dem *Stift*- oder dem *Linien*-Werkzeug ziehen. Als Nächstes wählen Sie die Linien und die interaktive Malgruppe mit dem Schmetterling aus und klicken im Bedienfeld *Steuerung* auf die Schaltfläche *Interaktiv malen*. Alternativ wählen Sie *Objekt > Interaktiv malen > Zusammenfügen*. Die sechs Linien werden zur interaktiven Malgruppe hinzugefügt. Wenn Sie die Zwischenräume einfärben, erhalten Sie drei Streifen.

Es gibt jedoch eine noch einfachere Möglichkeit, neue Pfade zur interaktiven Malgruppe hinzuzufügen: die Arbeit im Isolationsmodus, der am Anfang dieses Kapitels erläutert wurde.

Mit dem *Auswahl*-Werkzeug doppelklicken Sie auf ein Objekt in einer vorhandenen Gruppe (oder in diesem Fall eine interaktive Malgruppe). Sie sehen am oberen Rand Ihres Fensters den grauen Balken mit dem momentanen Namen Ihrer Gruppe (demselben, der im Bedienfeld *Ebenen* angezeigt wird). Daran erkennen Sie, dass Sie sich nun im Isolationsmodus befinden. Sobald Sie den grauen Balken sehen, ist Ihre Gruppe isoliert und alles, was Sie der Zeichenfläche hinzufügen, wird automatisch als Teil der Gruppe betrachtet.

Im Fall des Schmetterlings gelangen Sie also in den Isolationsmodus, wenn Sie mit dem *Auswahl*-Werkzeug auf einen Teil des Schmetterlings doppelklicken. Zeichnen Sie nun Ihre Streifen, die automatisch ein Teil der interaktiven Malgruppe werden. Um den

### Ein Loch ausstanzen

Mit der Funktion *Interaktiv malen* können Sie ein transparentes „Loch" in einem Objekt erzeugen. Dazu wählen Sie das Farbfeld *Ohne* aus und füllen mit dem *Interaktiv malen*-Werkzeug einen Bereich – wie die Mitte dieses Donut!

*Sandee Cohen*

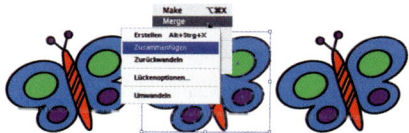

Links: Zum Körper des Schmetterlings wurden sechs Linien hinzugefügt. Mitte: Der interaktiven Malgruppe wurden die neuen Pfade hinzugefügt. Rechts: die Zwischenräume zwischen den Linien wurden orange gefärbt und so entstanden die drei Streifen.

### Füllungen erneut zuweisen

Wenn Sie einen Pfad so bewegen, dass ein umschlossener gefärbter zu einem nicht gefärbten Bereich wird, erinnert sich Illustrator leider nicht daran, dass der Bereich vor der Bearbeitung mit einer Farbe gefüllt war. Verschieben Sie den Pfad wieder an seine Originalposition, erhalten Sie die Füllung nicht zurück und müssen die Farbe erneut zuweisen.

*Mordy Golding*

> **Lückenfüller**
>
> Nach dem Auswählen einer interaktiven Malgruppe können Sie das Dialogfenster *Lückenoptionen* auch mit einem Klick auf das Symbol im Bedienfeld *Steuerung* öffnen.

 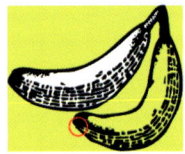

Links: Die Bananen vor dem Einfärben. Rechts: Der Kreis markiert die Lücke, wegen der die Farbe auch den Bereich außerhalb der Banane färbte.

Das Dialogfenster *Lückenoptionen*

Weil die Lücke kein Problem mehr darstellte, war es nun einfach, die Bananen gelb zu färben.

Aktivieren Sie im Dialogfenster *Lückenoptionen* die Kontrollkästchen *Lückensuche* und *Vorschau* und wählen Sie als Farbe für die Lückenvorschau ein Grün.

Isolationsmodus zu verlassen, klicken Sie auf den grauen Balken oder doppelklicken Sie auf die Zeichenfläche bzw. irgendein Objekt, das sich nicht in der Gruppe befindet.

### Die Lückenoptionen des Interaktiv malen-Werkzeugs

Wie Sie gesehen haben, können Sie mit der Funktion *Interaktiv malen* jeden umschlossenen Bereich einfärben. Das Schlüsselwort lautet jedoch „Umschlossen". Was passiert, wenn der Bereich, den Sie füllen möchten, nicht komplett geschlossen ist? Was ist, wenn sich zwischen den Pfaden um den Bereich eine oder mehrere kleine Öffnung(en) befindet, so dass ein „Leck" entsteht? Hier kommt das praktische Dialogfenster *Lückenoptionen* ins Spiel.

Links sehen Sie ein Beispiel, das von der Autorin und Trainerin Sandee Cohen entwickelt wurde. Sandee erzeugte diese Bananen, indem sie ein Pixelbild interaktiv abpauste. Sie konvertierte die Abpausung dann in eine interaktive Malgruppe und wollte die Bananen gelb färben. Wie Sie aber im rechten Bild sehen können, floss die Farbe aus der unteren Banane heraus, als sie sie mit dem *Interaktiv malen*-Werkzeug anklickte. Schuld war die kleine Lücke am Ende der Banane (in der Abbildung mit einem roten Kreis gekennzeichnet). Um dieses Problem zu beheben, wählte Sandee die Bananen aus und wählte *Objekt > Interaktiv malen > Lückenoptionen*.

Über das Dropdown-Menü *Pinsel stoppt bei* im oberen Dialogfensterbereich änderte Sandee die Einstellung von *Kleine Lücken* in *Große Lücken*. Dadurch ignorierte das *Interaktiv malen*-Werkzeug die relativ kleine Lücke am Ende der Banane, sodass sie die Banane gelb färben konnte, als gäbe es keine Lücke. Wenn Sandee noch exakter hätte arbeiten wollen, hätte sie bestimmen können, wie groß eine Lücke genau sein muss, damit das *Interaktiv malen*-Werkzeug sie als Öffnung erkennt. Dazu hätte sie das Kontrollkästchen *Benutzerdefiniert* aktivieren und einen Wert in das Feld eingeben müssen. Wenn Sie beim Öffnen des Dialogfensters *Lückenoptionen* keine interaktiven Malgruppen ausgewählt haben, werden die gewählten Einstellungen zum Standardwert für alle neuen interaktiven Malgruppen.

Sie können mit dem Dialogfenster *Lückenoptionen* auch Lücken in Ihrer Illustration entdecken. Betrachten wir noch einmal das Beispiel mit den drei Quadraten. Nehmen wir an, dass es Ihnen nicht gelingt, das Dreieck hervorzuheben, wenn Sie das *Interaktiv malen*-Werkzeug darüber bewegen. Das ist ein deutliches Anzeichen, dass die Quadrate vielleicht nicht genau aneinander stoßen. In diesem Fall können Sie – wie links gezeigt – über die Funktion *Lückensuche* feststellen, wo das Problem liegt. Wählen Sie die

Quadrate aus, öffnen Sie das Dialogfenster *Lückenoptionen*, aktivieren Sie das Kontrollkästchen *Vorschau* und wählen Sie Grün als Hervorhebungsfarbe aus dem Drop-down-Menü *Farbe für die Lückenvorschau*. Rechts sehen Sie die resultierende Vorschau. Die problematischen Lücken sind grün hervorgehoben. Nun lassen sich die Quadrate leicht ein wenig dichter zusammenrücken und damit die Lücken entfernen.

Illustrator schließt Lücken sogar automatisch für Sie, wenn Sie am unteren Rand des Dialogfensters auf die Schaltfläche *Lücken mit Pfaden schließen* klicken. Beachten Sie jedoch, dass Illustrator die Lücken in den gewählten Objekten stets durch gerade Linien schließt. Stellen Sie sicher, dass Sie an diesen Stellen wirklich gerade Pfade möchten und überprüfen Sie die Ergebnisse genau. Wenn Sie ein *Interaktiv abpausen*-Objekt in ein *Interaktiv malen*-Objekt konvertieren, wird die Lückensuche deaktiviert, auch wenn Sie diese vor der Konvertierung eingeschaltet haben. Reaktivieren Sie sie im Bedarfsfall einfach.

## Interaktive Malgruppen umwandeln (oder Zurückwandeln)

Wenn Sie mit dem Einfärben einer interaktiven Malgruppe fertig sind, möchten Sie vielleicht andere Bearbeitungen an den Objekten der Gruppe vornehmen – für manche davon müssen die Objekte die Gefilde des *Interaktiv malen*-Werkzeugs verlassen. Zum Beispiel möchten Sie die Objekte in der Gruppe vielleicht als einzelne Elemente bearbeiten, sobald Sie sie eingefärbt haben. Hier kommt die Umwandlung ins Spiel.

Wenn Sie Ihre interaktive Malgruppe auswählen und *Objekt > Interaktiv malen > Umwandeln* wählen oder im Bedienfeld *Steuerung* auf die Schaltfläche *Umwandeln* klicken, werden die ausgewählten Objekte in normale Vektorpfade konvertiert. Ihr Aussehen ändert sich dadurch nicht; es sind jedoch keine interaktiven Malobjekte mehr. Sie werden in einzelne gefüllte und konturierte Pfade konvertiert, die sich nach den „normalen" Regeln verhalten, die Sie durch die *Interaktiv malen*-Funktion brechen konnten.

Andererseits möchten Sie die Objekte in Ihrer interaktiven Malgruppe vielleicht in den Zustand vor dem Interaktiven Malen zurückkonvertieren. Vielleicht möchten Sie sie ein wenig überarbeiten, bevor Sie sie füllen, oder sie auf die herkömmliche Weise ohne *Interaktiv malen* färben. Kein Problem – wählen Sie einfach *Objekt > Interaktiv malen > Zurückwandeln*. Ihre Objekte werden damit in normale Pfade zurückkonvertiert.

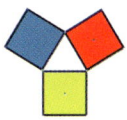

Die kleinen grünen Punkte an den Ecken des Dreiecks zeigen, wo sich Lücken befinden.

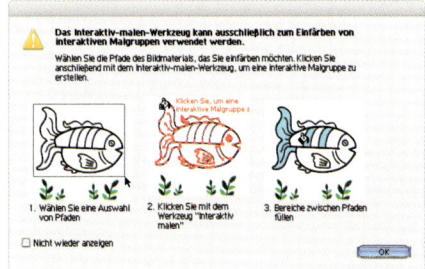

Wenn Sie mit dem *Interaktiv malen*-Werkzeug klicken und keine Pfade ausgewählt haben, sehen Sie das oben gezeigte, sehr informative Dialogfenster.

### Interaktive Malgruppen aufteilen

Bei interaktiven Malgruppen aus vielen komplexen Pfaden arbeitet die Lückensuche nur langsam. Sie erhalten eine bessere Performance, wenn Sie sehr große in mehrere kleinere interaktive Malgruppen aufteilen.
*Mordy Golding*

### Mehrere Bereiche einfärben

Mit dem *Interaktiv malen*-Werkzeug können Sie in einem Schritt mehrere Bereiche mit einer einzigen Farbe einfärben. Dazu klicken Sie in einen Bereich und ziehen über weitere angrenzende Bereiche.

### Auch durch Löschen können Sie Löcher erzeugen!

Es gibt noch eine andere Möglichkeit, Löcher wie in einem Donut zu erzeugen: Markieren und löschen Sie den entsprechenden Bereich mit dem *Interaktiv malen-Auswahlwerkzeug*!

> **Einfach-, Zweifach- und Dreifachklick**
>
> Beim *Interaktiv malen*-Werkzeug und beim *Interaktiv malen-Auswahlwerkzeug* gibt es drei Klickmöglichkeiten:
> - Füllen oder markieren Sie einen Bereich mit einem einzelnen Klick.
> - Mit einem Doppelklick versehen Sie den Bereich mit einer „Flutfüllung" oder markieren benachbarte Bereiche mit derselben Farbe.
> - Mit einem Dreifachklick füllen oder wählen Sie alle Bereiche, die momentan dieselbe Füllung haben.

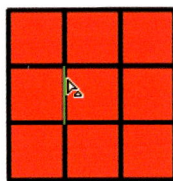

Markieren Sie einen Linienabschnitt mit dem *Interaktiv malen Auswahlwerkzeug*.

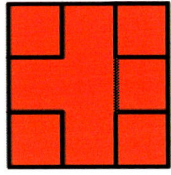

Wählen und löschen Sie die vier Liniensegmente um das mittlere Quadrat.

Nach dem Löschen der vier Segmente färben Sie die vier Eckquadrate weiß und heben damit das rote Kreuz hervor.

## Pfade auf intuitive Weise bearbeiten

Sie haben gesehen, wie Sie mit dem *Interaktiv malen*-Werkzeug Flächen so füllen können, wie das Auge sie wahrnimmt. Mit Illustrator können Sie aber auch Pfade auf diese Weise bearbeiten.

Mit dem im Bedienfeld *Werkzeuge* neben dem *Interaktiv malen*-Werkzeug angesiedelten *Interaktiv malen*-Auswahlwerkzeug wählen und verändern Sie bestimmte Pfadteile auf der Grundlage ihres Aussehens und nicht auf aufgrund ihres Aufbaus.

Mit einem Doppelklick legen Sie genau wie beim *Interaktiv malen*-Werkzeug Optionen für das *Interaktiv malen-Auswahlwerkzeug* fest. Bevor Sie mit dem nächsten Schritt fortfahren, sollten Sie sich über das Dialogfenster *Optionen für interaktive Malauswahl* vergewissern, dass Sie sowohl Konturen als auch Flächen auswählen können. Im nächsten Schritt arbeiten Sie mit einem roten Objekt. Ändern Sie deshalb die Markierungsfarbe beispielsweise in Grün, damit sie sich gegenüber der roten Füllung abhebt.

Erzeugen Sie zuerst ein Raster aus neun Quadraten. Dazu zeichnen Sie ein großes rotes Quadrat mit einem schwarzen Umriss und legen dann vier sich überschneidende schwarzen Linien über diese Quadrat. Konvertieren Sie das gesamte Raster anschließend in eine interaktive Malgruppe.

Wenn Sie nun das *Interaktiv malen-Auswahlwerkzeug* über die Trennlinien bewegen, können Sie die kleineren Segmente der Linien auswählen, die sich durch die Überschneidung gebildet haben. Nun müssen Sie nur vier dieser kleinen Segmente auswählen und löschen und Sie erhalten das kreuzförmige Objekt im Zentrum des großen Quadrats. Dann können Sie die vier Eckquadrate mit dem *Interaktiv malen*-Werkzeug weiß färben und – voilà – das Ergebnis ist ein rotes Kreuz auf einem weißen Hintergrund.

# GALERIE

Graham

## Cheryl Graham

Die Funktion *Interaktiv abpausen* ist eine ideale Ergänzung zum hochkontrastigen Zeichenstil von Cheryl Graham. Graham fügte das Foto mit *Datei > Platzieren* ein und klickte dann im Bedienfeld *Steuerung* auf die Schaltfläche *Interaktiv abpausen*. Sie verwendete die Schwarzweiß-Standardeinstellung, weil sie wusste, dass diese mit ihrem mittleren Detailreichtum den gewünschten Effekt ergeben würde. Graham pauste das Foto dann über die Schaltflächen im Bedienfeld *Steuerung* erneut ab. Weil sie einen größeren weißen Bereich wünschte, verringerte sie den Schwellenwert dabei auf 90. Weil sie für die Augen und das Haar mehr Detailreichtum wünschte, setzte sie die *Pfadeinpassung* auf *1 px* mit einem *Minimalen Bereich* von *4 px* (kleines Bild unten). Sie war mit dem Ergebnis zufrieden und klickte auf *Abpausen*. Graham speicherte diese Einstellungen nicht, weil jedes Foto normalerweise eine andere Kombination von Abpausoptionen und entsprechend viele Experimente benötigt. Graham konvertierte das abgepauste Objekt mit einem Klick auf die Schaltfläche *Umwandeln* im Bedienfeld *Steuerung* in bearbeitbare Pfade. Sie verfeinerte die Pfade mit dem *Glätten*-Werkzeug. Die übrigen Details des Porträts zeichnete sie mit dem *Zeichenstift*-Werkzeug und Variationen des Pinsels *Kunststrukturen > Pinselstrich 1*. (Mehr über Grahams Zeichentechnik erfahren Sie in ihrer Galerie im Kapitel 5 „Pinsel & Symbole".)

# Ausschneiden & Verbinden

Grundlegende Pfadkonstruktion mit *Pathfinder*-Befehle

**Überblick:** Gestalten Sie eine Illustration aus überlappenden Objekten; verwenden Sie das Bedienfeld *Pathfinder*, um Objekte zu verbinden und zu zerschneiden, Linien mit Kreisen zu verbinden und Objekte aus anderen Objekten auszuschneiden.

FOX / BLACKDOG (Art Director: Jeff Carino, Landor Associates)

**1**

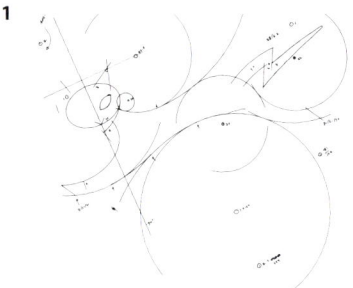

Diese Zeichnung fertigte Fox mit einem Zirkel an. HINWEIS: Fox erzeugte dieses Bild spiegelverkehrt. Als letzten Schritt spiegelte er das fertige Bild mit dem *Spiegeln*-Werkzeug (mehr über das Spiegeln erfahren Sie im Kapitel 2 „Illustrator-Zen").

**2**

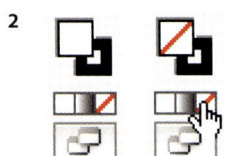

Im Bedienfeld *Werkzeuge* wird vor dem Zeichnen die Flächenfarbe auf *Ohne* gesetzt.

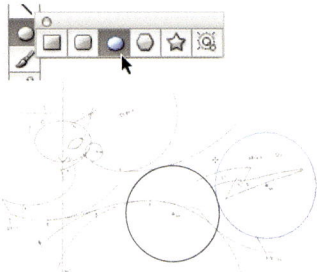

Mit dem *Ellipse*-Werkzeug und gedrückter ⇧ + Alt -Taste werden über der platzierten Vorlage exakte Kreise aus der Mitte gezeichnet.

Für die Neugestaltung des klassischen „9 Leben"-Katzensymbols, das auf den Eveready-Batterien seit mehr als 50 Jahren abgebildet ist, begann Mark Fox mit einer Handzeichnung. Sobald diese angenommen wurde, färbte er die Zeichnung mit einem Tuschestift und einem Zirkel und rekonstruierte die Tuschezeichnung in Illustrator mit dauerhaften (destruktiven) Pathfinder-Befehlen. Die obere Reihe im Bedienfeld *Pathfinder* sind Formmodi, bei denen die Objekte bearbeitbar bleiben, so dass Sie noch Anpassungen vornehmen können. Damit diese Formmodi dauerhaft werden und Sie mit dem nächsten Schritt fortfahren können, wählen Sie die Objekte aus und klicken auf die Schaltfläche *Umwandeln*. Alternativ können Sie jeden Formmodus in einem Schritt dauerhaft zuweisen, indem Sie die Alt -Taste gedrückt halten, wenn Sie das erste Mal auf die Form-Symbole klicken. Die *Pathfinder*-Symbole in der unteren Reihe sind immer permanent. Besonders wenn Sie mit dauerhaften Pathfinder-Funktionen arbeiten, sollten Sie immer wieder Versionen Ihrer Arbeit speichern.

**1. Eine Zeichnung erzeugen und als Vorlagenebene platzieren.** Fox erzeugte mit einem Zirkel eine exakte Zeichnung aus fließenden Kurven. Er verwendete seine Tuschezeichnung als Vorlage und baute dann die Zirkelkreise in Illustrator nach. Fertigen Sie Ihre eigene Zeichnung unter Verwendung traditioneller Materialien an und scannen Sie sie dann ein oder zeichnen Sie sie direkt in einem Malprogramm wie Painter oder Photoshop. Speichern Sie Ihre Zeichnung im PSD- oder TIF-Format und platzieren Sie sie als Vorlage in einem neuen Illustrator-Dokument. Dazu wählen Sie *Datei > Platzieren*, klicken auf das Vorlagenbild, aktivieren das Kontrollkästchen *Vorlage* und klicken auf *Platzieren* (im Kapitel 6 „Ebenen & Aussehen" erfahren Sie mehr über Vorlagen).

**2. Die Vorlage unter Verwendung aneinandergrenzender und überlappender Objekte von Hand abpausen.** Damit Sie Ihre Objekte während der Arbeit sehen, sollten Sie vor dem Zeichnen im Menü *Ansicht* den Vorschaumodus einschalten, die Flächenfarbe auf *Ohne* und die Konturfarbe auf Schwarz setzen. Erzeugen Sie nun mit den Werkzeugen *Ellipse* und *Rechteck* die Grundformen, aus denen Ihr Bild bestehen wird. Mit manchen Kreisen erzeugte Fox die Formen selbst (zum Beispiel das Hinterteil der Katze), mit anderen definiert er die Bereiche, die später aus anderen ausgeschnitten würden (wie die Wölbung des Unterbauchs). Perfekte Kreise oder Rechtecke erzeugen Sie mit gedrückter ⇧-Taste, während Sie mit den Werkzeugen *Ellipse* und *Rechteck* zeichnen. Standardmäßig werden Ellipsen und Rechtecke von einer Ecke aus gezeichnet. Um die Objekte aus der Mitte heraus zu zeichnen, halten Sie die Alt-Taste beim Zeichnen gedrückt. Möchten Sie einen Kreis aus seinem Mittelpunkt heraus zeichnen, halten Sie die Tastenkombination ⇧+Alt beim Zeichnen gedrückt – lassen Sie die Tasten nicht los, bevor Sie Ihre Maustaste freigeben. Weil Fox in der Handzeichnung alles in Millimetern maß, erzeugte er seine Kreise numerisch. Er klickte jeweils mit dem *Ellipse*-Werkzeug und gedrückter Alt-Taste auf die Mittelpunkte, die auf seiner Vorlage markiert waren, gab den korrekten Durchmesser für die Breite und die Höhe ein und klickte auf *OK*.

**3. Kurven durch die Kombination unterschiedlicher Kreisabschnitte erzeugen.** Sobald Sie Ihre Pfade gezeichnet und positioniert haben, kombinieren Sie mit dem Bedienfeld *Pathfinder* Teile unterschiedlicher Kreise und erzeugen damit komplexe Kurven. Nachdem Sie die grundlegenden Kreise gezeichnet haben, durchschneiden Sie die Kreise mit dem *Liniensegment*-Werkzeug an dem Punkt, an dem Sie sie verbinden möchten. Wählen Sie dann *Objekt > Pfad > Darunter liegende Objekte aufteilen*. Wählen Sie die nicht benötigten Unterabschnitte der geteilten Kreise und löschen Sie sie. Um einzelne angrenzende Kurven aufzuteilen, klicken Sie im Bedienfeld *Pathfinder* auf das Symbol *Dem Formbereich hinzufügen*. Klicken Sie auf die Schaltfläche *Umwandeln*, um die Operation dauerhaft anzuwenden.

**4. Objekte über den *Pathfinder*-Befehl *Schnittmenge bilden* erzeugen.** Möchten Sie einen Abschnitt beibehalten, an dem sich Objekte überlappen, verwenden Sie den Befehl *Schnittmenge bilden*. Fox erzeugte damit die Augen und die Nase der Katze. Für die Form der Augen zeichnete er einen Kreis und erzeugte dann ein Duplikat, indem er mit dem *Auswahl*-Werkzeug zog und dabei die Alt-Taste drückte. Dann positionierte er zwei Kreise

**3**

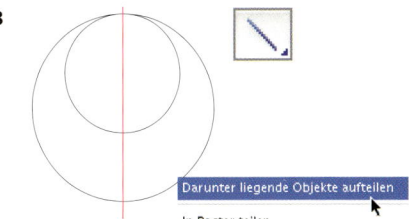

Zeichnen Sie eine Linie zur Markierung der zukünftigen Verbindungspunkte der Objekte und wählen Sie *Objekt > Pfad > Darunter liegende Objekte aufteilen.*

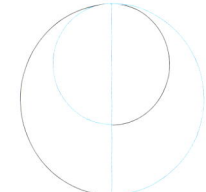

Markieren und löschen Sie unerwünschte Abschnitte von Objekten, die kein Teil der fertigen Kurve sind.

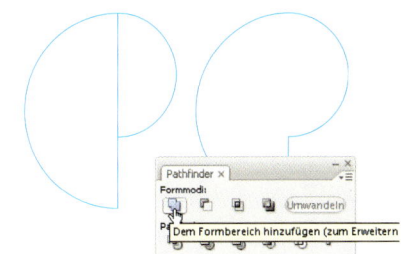

Sobald nur noch die Elemente, die Sie miteinander verbinden möchten, übrig sind, wählen Sie sie aus und klicken im Bedienfeld *Pathfinder* auf das Symbol *Dem Formbereich hinzufügen*. (Später weisen Sie die Operation mit der Schaltfläche *Umwandeln* permanent zu.)

**4**

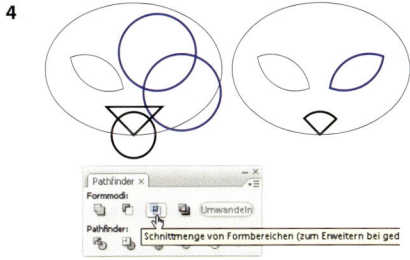

Augen und Nase werden mit dem *Pathfinder*-Befehl *Schnittmenge von Formbereichen* erzeugt.

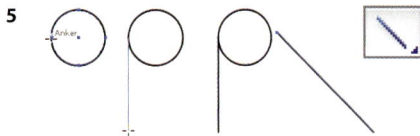

Von einem Ankerpunkt auf dem Kreis aus wurde eine Linie gezeichnet; eine weitere gewinkelte Linie wurde in geringer Entfernung gezeichnet.

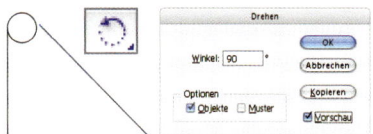

Eine lotrechte Kopie der gewinkelten Linie wurde mit einem Doppelklick auf das *Drehen*-Werkzeug und einem Winkel von 90° Grad erzeugt.

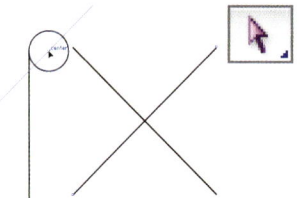

Die lotrechte Kopie wurde auf den Kreismittelpunkt verschoben und in eine Hilfslinie konvertiert.

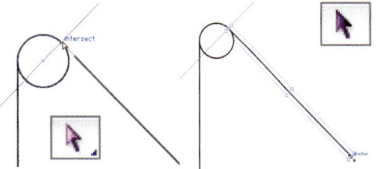

Die gewinkelte Linie wurde an der Hilfslinie auf die Kreistangente verschoben und dann verlängert.

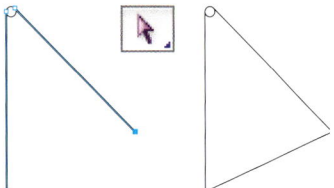

Die beiden Endankerpunkte der Linien wurden ausgewählt und mit *Zusammenfügen* verbunden.

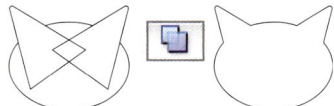

Mit dem Pathfinder-Befehl *Dem Formbereich hinzufügen* wurde der Kreis an die eckige Form angefügt; rechts der fertige Katzenkopf.

so, dass die Überlappung die gewünschte Form erzeugte, und wählte beide Kreise aus. Fox klickte mit gedrückter Alt-Taste auf das Symbol *Schnittmenge von Formbereichen*. Dadurch wies er in einem Schritt die Operationen *Schnittmenge von Formbereichen* und *Umwandeln* zu.

**5. Den Kreisen Linien hinzufügen.** Fox formte das Ohr der Katze, indem er gewinkelte Linien mit einem winzigen Kreis verband. Damit es eine glatte Verbindung gibt, müssen die Linien tangential zum Kreis liegen (den Kreis also nur an einem Ankerpunkt berühren). Schalten Sie die magnetischen Hilfslinien im Menü *Ansicht* ein, damit Sie präzise arbeiten können.

Beginnen Sie mit dem *Ellipse*-Werkzeug und zeichnen Sie einen kleinen Kreis. Wählen Sie anschließend das *Liniensegment*-Werkzeug und platzieren Sie den Cursor über dem linken seitlichen Ankerpunkt des Kreises. Sobald Sie das Wort „Anker" sehen, klicken und ziehen Sie von diesem Ankerpunkt aus eine senkrechte Linie nach unten.

Eine tangentiale Linie, die nicht an einem Ankerpunkt beginnt, ist schwieriger zu zeichnen. Ziehen Sie zunächst eine andere Linie, die vom Kreis ausgeht und den von Ihnen gewünschten Winkel hat (mit gedrückter ⇧-Taste beschränken Sie die Bewegung auf horizontale, vertikale und 45°-Winkel). Damit Sie den Tangentenpunkt für diese Linie finden, erzeugen Sie eine Linie, die im rechten Winkel zur ersten Linie steht. Lassen Sie die Linie ausgewählt, doppelklicken Sie auf das *Drehen*-Werkzeug, geben Sie 90° ein und klicken Sie auf *Kopieren*. Klicken Sie die rechtwinklige Kopie Ihrer Linie neben der Mitte mit dem *Direktauswahl*- oder dem *Gruppenauswahl*-Werkzeug an und ziehen Sie sie in Richtung des Kreiszentrums. Geben Sie die Maustaste frei, wenn Sie das Wort „Mitte" sehen. Lassen Sie die Linie ausgewählt und konvertieren Sie sie mit *Ansicht > Hilfslinien > Hilfslinien erstellen* in eine Hilfslinie. Nun wählen Sie die Linie aus, indem Sie mit dem *Direktauswahl*-Werkzeug einen Auswahlrahmen aufziehen oder sie mit dem *Gruppenauswahl*-Werkzeug anklicken. Schließlich klicken Sie mit dem *Direktauswahl*- oder dem *Gruppenauswahl*-Werkzeug auf den Ankerpunkt und ziehen ihn an die Stelle, wo die rechtwinklige Linie an den Kreis angrenzt. Lassen Sie die Maustaste los, wenn Sie die Wörter *Schnittmenge bilden* sehen.

Um die Länge der beiden Linien anzupassen, aktivieren Sie das *Auswahl*-Werkzeug, wählen die Linie aus und ziehen den Begrenzungsrahmen vom mittleren Endgriff am offenen Ankerpunkt aus.

Der *Pathfinder*-Befehl *Dem Formbereich hinzufügen* ignoriert Linien. Um die Linien an den Kreis anzuheften, wählen Sie deshalb zuerst die Linien gemeinsam aus und erzeugen damit eine zweidimensionale Form. Mit dem *Direktauswahl*-Werkzeug umfahren Sie die beiden offenen Ankerpunkte und wählen *Objekt > Pfad > Zusammenfügen* (Strg/⌘+J). Die Punkte werden durch eine Linie verbunden.

Um die gewinkelte Form schließlich mit dem Kreis zu vereinigen, wählen Sie beide aus, halten die Alt-Taste gedrückt und klicken auf das *Pathfinder*-Symbol *Dem Formbereich hinzufügen*. Um die Ohren mit dem Kopf zu verbinden, verwendete Fox ebenfalls den Befehl *Dem Formbereich hinzufügen*. Er drehte das erste Ohr in die richtige Position und erstellte mit dem *Spiegeln*-Werkzeug eine Kopie des anderen Ohrs. Mehr über Drehung und Spiegelung erfahren Sie im Kapitel 2 „Illustrator-Zen".

**6. Teile des Pfads mit anderen Objekten ausschneiden.** Für die hintere Flanke der Katze schnitt Fox mit einem großen Objekt einen Bereich aus einem anderen Kreis aus (zog ihn ab). Markieren Sie den als Stanzform verwendeten Pfad mit dem *Auswahl*-Werkzeug und platzieren Sie ihn in der obersten Ebene der Stapelordnung an der exakten Position. Dazu wählen Sie entweder *Objekt > Anordnen > In den Vordergrund* oder *Bearbeiten > Ausschneiden* und dann *Bearbeiten > Davor einfügen* (Strg/⌘+F). Wählen Sie die Stanzform und die auszuschneidenden Objekte aus und klicken Sie im Bedienfeld *Pathfinder* auf die Schaltfläche *Von Formbereich subtrahieren*.

### Bessere Darstellung von Pathfinder-Effekten

Wenn Ihre Objekte eine Kontur, aber keine Füllung aufweisen, können Sie beides vertauschen, damit Sie die Auswirkungen der *Pathfinder*-Befehle besser erkennen können. Dazu wählen Sie die Objekte aus und klicken im unteren Bereich des Bedienfelds *Werkzeuge* auf den Pfeil *Fläche und Kontur vertauschen*. Mit einem weiteren Klick machen Sie dies wieder rückgängig.

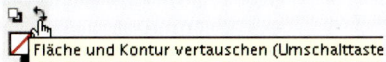

**6**

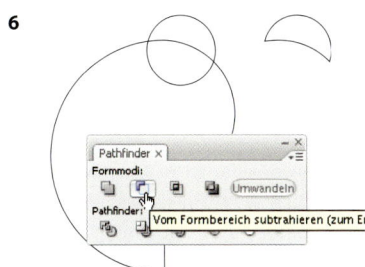

Mit dem Symbol *Von Formbereich subtrahieren* schneiden Sie ein Objekt aus einem anderen aus.

### Manuelles Zerschneiden von Objekten

Obwohl die Technik nicht so präzise ist wie die Schaltfläche *Vom Formbereich subtrahieren* in Verbindung mit einer Linie, *können* Sie mit dem *Schere*-Werkzeug einen Pfad – auch einen offenen – zerschneiden. Schalten Sie die magnetischen Hilfslinien im Menü *Ansicht* ein und klicken Sie mit dem *Schere*-Werkzeug an die Stelle, an der das Wort *Pfad* erscheint. Illustrator platziert zwei dicht nebeneinanderliegende Punkte auf dem Pfad. Um diese zu trennen, heben Sie zunächst die Auswahl des gesamten Pfads auf und klicken anschließend mit dem Werkzeug *Direktauswahl* auf die neuen Punkte, um den obersten auszuwählen. Nun ziehen Sie ihn an eine andere Stelle oder löschen ihn.

### Offene Pfade schließen und mit einer glatten Verbindung versehen

Der Pathfinder-Befehl *Dem Formbereich hinzufügen* schließt zwei offene Pfade und verbindet sie mit einer geraden Linie. Mit der folgenden Methode können Sie zwei offene Pfade manuell verbinden oder einen Pfad mit glattem Übergang schließen. Weil Sie nur zwei Punkte auf einmal auswählen können, markieren Sie zuerst die einzelnen Ankerpunkte mit *Auswahl > Objekt > Einzelne Ankerpunkte*. Bevor Sie die Punkte durch eine glatte Linie verbinden können, müssen Sie sicherstellen, dass sie genau aufeinanderliegen. Mit dem *Direktauswahl*- oder *Lasso*-Werkzeug markieren Sie zwei Endankerpunkte und wählen *Objekt > Pfad > Durchschnitt berechnen (Beide)*. Klicken Sie auf *OK* und wählen Sie *Objekt > Pfad > Zusammenfügen*. Klicken Sie wieder auf *OK*. Um in einem Schritt den Durchschnitt der Punkte zu berechnen und sie zusammenzufügen, drücken Sie die Tastenkombination Strg/⌘+⇧+Alt+J. Einen entsprechenden Menübefehl gibt es nicht.

# Objekte aufteilen & färben

Die Pathfinder-Befehle *Fläche aufteilen* & *Subtrahieren* anwenden

**Überblick:** Erzeugen Sie eine Illustration mit überlappenden Elementen. Erzeugen Sie mit dem Befehl *Fläche aufteilen* einzelne Pfade und löschen Sie nicht benötigte Pfade. Erzeugen Sie mit dem Befehl *Subtrahieren* „Löcher" und zusammengesetzte Pfade; unterteilen Sie erneut und färben Sie die unterteilten Objekte ein.

pirman / photo: joshua mchugh

**1**

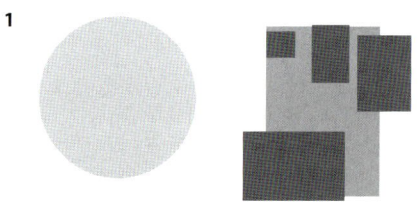

Mit dem *Rechteck*- und dem *Ellipse*-Werkzeug wurden die grundlegenden Elemente erzeugt.

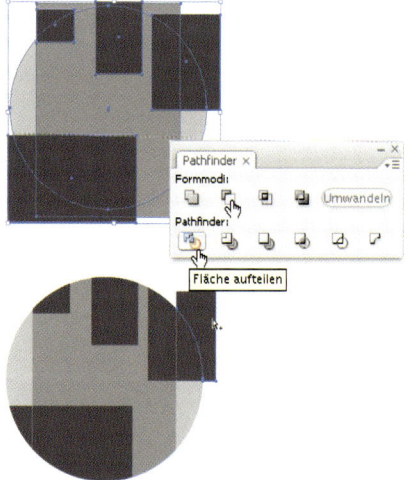

(Oben) Alle Pfade wurden ausgewählt. Im Bedienfeld *Pathfinder* wurde auf *Fläche aufteilen* geklickt; (unten) überflüssige Pfade wurden gelöscht.

Das Bedienfeld *Pathfinder* enthält viele Möglichkeiten zum Verbinden von Objekten. John Pirman gestaltete diese Disco-Uhr für die „Make Time"-Veranstaltung der Worldstudio Foundation. Er veränderte die Objekte mit den *Pathfinder*-Optionen *Unterteilen* und *Subtrahieren* permanent. Damit wurde es möglich, die Farben der Bereiche dieser Illustration einzeln anzupassen.

**1. Pfade erzeugen und positionieren, überlappende Pfade aufteilen.** Pirman erzeugte einen Kreis und mehrere Rechtecke, die als Hintergrund dienen sollten (die Rechtecke sollten später die Figuren auf dem Zifferblatt unterteilen). In einem neuen Illustrator-Dokument zeichnen Sie mit dem *Ellipse*-Werkzeug und gedrückter ⇧-Taste einen gefüllten Kreis ohne Kontur. Dann zeichnen Sie mit dem *Rechteck*-Werkzeug mehrere Rechtecke mit unterschiedlichen Grauwerten und ohne Kontur. Bewegen Sie die Rechtecke mit einem *Auswahl*-Werkzeug umher, bis Sie mit ihrer Anordnung zufrieden sind. Als Nächstes wählen Sie *Auswahl > Alles auswählen*, öffnen das Bedienfeld *Pathfinder* (*Fenster > Pathfinder*) und klicken im unteren Bereich des Bedienfelds auf die Schaltfläche *Fläche aufteilen*. Alle überlappenden Pfade werden in getrennte, bearbeitbare Objekte aufgeteilt. Um die zusätzlichen Pfade außerhalb dieses „geteilten Kreises" zu löschen, wählen Sie zuerst *Auswahl > Auswahl aufheben*, wählen die Pfade dann aus und drücken die Entf-Taste.

**2. „Löcher" mit dem Befehl *Abziehen* erzeugen.** Als Nächstes zeichnete Pirman mit den Werkzeugen *Zeichenstift* und *Buntstift* eine Reihe von menschlichen Umrissen und ordnete sie passend zum Hintergrund an. Bei Figuren mit „negativen Flächen" (zum

Beispiel einem Arm, der einen anderen Teil des Körpers teilweise berührt) schnitt er mit dem *Pathfinder*-Befehl *Subtrahieren* die Bereiche als „Löcher" aus, so dass die dahinterliegenden Objekte hindurchschienen. Für die Konvertierung der umschlossenen Bereiche in permanente Löcher vergewissern Sie sich zuerst, dass sich Ihre umschlossenen Pfade in der Stapelordnung über der restlichen Figur befinden. Als Nächstes legen Sie einfarbige Füllungen ohne Kontur für alle Objekte fest. Wählen Sie dann die Figur und die umschlossenen Flächen aus und klicken Sie mit gedrückter Alt -Taste im Bedienfeld *Pathfinder* auf die Schaltfläche *Subtrahieren* (wenn Sie einen der *Pathfinder*-Befehle in der oberen Reihe des Bedienfelds mit gedrückter Alt -Taste zuweisen, wird diese Aktion dauerhaft). Ihre durchlöcherte Figur ist nun zu einem zusammengesetzten Pfad geworden. Ordnen Sie die Figur mit dem *Auswahl*-Werkzeug neu an, positionieren Sie die Löcher mit dem *Gruppenauswahl*-Werkzeug oder bearbeiten Sie die Pfade mit dem *Direktauswahl*-Werkzeug.

Pirman erzeugte eine Farbfeldergruppe aus Blau- und Grüntönen sowie Weiß, um sie seinen Figuren zuzuweisen. Dann positionierte er die einzelnen Figuren über dem Hintergrund mit dem geteilten Kreis und zerteilte die Figuren mit den Hintergrundobjekten. Für diese Technik wählen Sie verschiedene Flächenfüllungen für Ihre Figuren und ordnen diese vor Ihrem geteilten Hintergrund an (die Stapelreihenfolge spielt keine Rolle). Als Nächstes wählen Sie alle Pfade mit *Auswahl > Alles auswählen* aus und klicken im Bedienfeld *Pathfinder* auf *Fläche aufteilen*. Wieder werden nun alle überlappenden Pfade in einzelne Pfade aufgeteilt. Wählen Sie die Pfade außerhalb der Hintergrundform mit dem Werkzeug *Gruppenauswahl* aus und löschen Sie sie. Anschließend wählen Sie einzelne Abschnitte der Figuren aus und ändern ihre Farbe. Pirman verwendete Farben mit ähnlichen Werten, um die geteilten Figuren visuell zu integrieren.

Nachdem er die Figuren geteilt hatte, färbte Pirman die verschiedenen Figurenabschnitte mit den Palettenfarben neu. Außerdem nahm er weitere Anpassungen des Hintergrunds vor. Dazu färben Sie über das Bedienfeld *Farbe* alle Pfade, aus denen die vollständige geteilte Illustration besteht. Klicken Sie mit dem Werkzeug *Gruppenauswahl* auf die individuellen Pfade innerhalb der Kreisform und versehen Sie sie mit der gewünschten Flächenfarbe. (Im Kapitel 10 „Interaktive Farbe" erfahren Sie, wie Sie ein ganzes Bild mit der Funktion *Interaktive Farbe* neu einfärben können.)

**2**

Eine Figur mit geschlossenen Objekten („negativem Raum") wurde erzeugt. Alle Bestandteile der Figur wurden ausgewählt; der Befehl *Pathfinder > Subtrahieren* wurde mit gedrückter Alt -Taste angewandt (oben rechts). Die Figur ist danach ein zusammengesetzter Pfad.

Gefüllte Figuren; die gefärbten Figuren wurden über dem aus dem unterteilten Kreis bestehenden Hintergrund platziert.

Einzelne Objekte werden mit unterschiedlichen Farben gestaltet.

# Logos interaktiv abpausen

Verwenden Sie ein gerastertes Logo für eine interaktive Abpausung

**Überblick:** Überarbeiten Sie ein Vektorobjekt, indem Sie es rastern und es dann mit der Funktion *Interaktiv abpausen* rekonstruieren, um sauberere, ökonomische Pfade zu erzielen.

Jolynne Roorda

**1**

Die erste Version des Logos, die schon lange durch spätere Versionen ersetzt wurde

Die ungenauen Pfade sollten vereinfacht werden, um zukünftige Modifikationen zu erleichtern.

Wählen Sie im Bedienfeld *Steuerung* die Vorgabe *Einfarbiges Logo*.

Die schwarzen Pfade wurden markiert; zuvor wurde dis Schaltfläche *Umwandeln* im Bedienfeld *Steuerung* betätigt.

Die *Interaktiv abpausen*-Voreinstellung *Einfarbiges Logo* kann für die Rekonstruktion von Vektorlogos aus Rasterbildern sehr gut geeignet sein. Jolynne Roorda verfügte zwar bereits über die Vektorversion dieses Logos; es war jedoch mehrfach überarbeitet worden und sie wollte eine Version mit sauberem Aufbau produzieren. Sie beschloss, dass sie mit der Rasterung und interaktiven Abpausung der momentanen Logoversion am schnellsten zu präziseren Pfaden kommen würde.

**1. Das Logo rastern und es mit der Funktion *Interaktiv abpausen* erneut vektorisieren.** Roorda öffnete die Datei mit dem Logo und duplizierte die Ebene mit der Illustration. Sie wählte das Logo aus und rasterte es in einer ausreichend hohen Auflösung, so dass sich glatte Kurven ergaben. Dann wählte sie über die Dropdown-Liste im Bedienfeld *Steuerung* die Vorgabe *Einfarbiges Logo* aus. Diese Vorgabe paust das Original exakt ab, ignoriert aber weiße Flächen, so dass der Hintergrund transparent wird. Im vorliegenden Schwarzweißlogo wird Weiß als Teil der Abpausung belassen. Die *[Standard]*-Vorgabe arbeitet mit einem niedrigeren Schwellenwert und paust die Vorlage ungenauer durch.

Würden Roorda die Standardeinstellungen für die Vorgabe *Einfarbiges Logo* nicht gefallen, könnte sie auf die Schaltfläche *Dialogfenster Abpausoptionen* klicken, das Kontrollkästchen *Vorschau* aktivieren und die Einstellungen anpassen.

Nachdem Sie das Logo abgepaust hatte, wandelte Roorda die Abpausung mit der Schaltfläche *Umwandeln* im Bedienfeld *Steuerung* in normale Pfade zurück. Sie wusste, dass das Logo in vielen verschiedenen Situationen benötigt würde, und deshalb sollte es problemlos möglich sein, die Datei auch mit älterer Software zu öffnen oder zu drucken. Sie wählte dann den schwarz gefüllten Bereich aus und färbte ihn mit dem Türkis des Unternehmens.

# GALERIE

 Valenzuela_Kaiserin.ai

## Judy Valenzuela

Dieser Sessel ist Teil eines Satzes Tarotkarten. Judy Valenzuela zeichnete ihn zuerst von Hand und scannte ihn ein. Sie wünschte ein spontanes Aussehen und wusste, dass dieses Aussehen mit der Funktion *Interaktiv abpausen* erhalten bleiben und das Bild doch als Vektorobjekt bearbeitbar würde. Also wählte sie *Farbzeichnung* als Vorgabe. Diese Vorgabe führte zu einer relativ ungenauen Abpausung, die die fließenden Linien der Zeichnung erhielt. Damit die zuvor übergangenen Linien mit erfasst wurden, passte sie den Schwellenwert von den standardmäßigen 180 auf 245 an und aktivierte das Kontrollkästchen *Weiß ignorieren*. Bevor sie den Stuhl in ein interaktives Malobjekt konvertierte, klickte Valenzuela auf *Umwandeln*. Weil die Funktion *Interaktiv malen* bei einer ungenauen Abpausung nicht immer die gewünschten geschlossenen Formen erzeugt, können Lücken entstehen. Valenzuela wusste, dass die Funktion *Interaktives Malen* möglicherweise ihren Thronsessel überfüllen würde. Auch mit *Umwandeln* können diese Lücken eventuell nicht geschlossen werden. Damit das spontane Aussehen des Motivs erhalten bliebe, fügte sie kalligrafische Pinselstriche hinzu. Unbedeutendere Formen zeichnete sie von Hand oder per Transformierung. Schlagschatten verleihen der Zeichnung ein räumliches Aussehen. Zum Schluss vervollständigte sie die Tarotkarte mit dem Text.

# Zeichnungen einfärben

Von der Zeichnung zur interaktiven Abpausung mit interaktiver Füllung

 Joly Dave_Roboter-Zeichnungen_faerben.ai

**Überblick:** Importieren Sie eine Zeichnung in Illustrator; weisen Sie die Funktion *Interaktiv abpausen* zu; konvertieren Sie sie in eine interaktive Malgruppe und färben Sie sie mit dem *Interaktiv malen*-Werkzeug.

1

Der erste Entwurf der Roboterzeichnung

Die verfeinerte Version der Zeichnung

Dave Joly zeichnete diesen Roboter als Visualisierungsübung für ein Animationsprojekt. Joly fertigte zunächst von Hand eine grobe Zeichnung an. Er stellte dann fest, dass die neuen Funktionen *Interaktiv abpausen* und *Interaktiv malen* eine beträchtliche Abkürzung zwischen seiner Zeichnung und einer ausgefeilten Illustrator-Grafik darstellten. Wenn Zeichnungen eingefärbt werden sollen, spielen die Funktionen *Interaktiv abpausen* und *Interaktiv malen* gut zusammen.

1. **Die anfängliche Roboterskizze anfertigen.** Joly zeichnete den Roboter in Corel Painter mit den natürlichen Medien. Dann entfernte er überflüssige Details und verstärkte die Linien, damit das Bild später leichter abpausbar würde. Als er fertig war, speicherte er das Bild als Photoshop-Datei.

Obwohl Joly seine ursprüngliche Zeichnung in Painter anfertigte, können Sie Ihre Idee genauso gut auf Papier skizzieren und einscannen. Wenn notwendig, können Sie die gescannte Zeichnung in einem Bildbearbeitungsprogramm wie Adobe Photoshop bearbeiten, bevor Sie sie in Illustrator öffnen.

**2. Interaktiv abpausen.** In Illustrator können Sie mit *Datei > Öffnen* ein Photoshop-Bild als neues Dokument öffnen. Alternativ fügen Sie das Bild mit *Datei > Platzieren* in ein vorhandenes Illustrator-Dokument ein. Wählen Sie das Bild auf der Arbeitsfläche aus und klicken Sie im Bedienfeld *Steuerung* auf die Schaltfläche *Interaktiv abpausen*.

Mit der Funktion *Interaktiv abpausen* pausen Sie das Bild nicht einfach ab; Sie erzeugen vielmehr auch ein *Interaktiv abpausen*-Objekt, das sowohl aus dem Originalbild als auch der Abpausung besteht. Anders als bei einer manuellen Abpausung können Sie die Abpausoptionen anpassen und damit die Ergebnisse auch nachträglich noch jederzeit verändern. Im Bedienfeld *Steuerung* wählen Sie aus dem Popup-Menü *Vorgaben* eine Abpausvorgabe oder öffnen mit der Schaltfläche *Optionen* das Dialogfenster *Abpausoptionen*. In diesem finden Sie mehr Optionen zum interaktiven Abpausen. Die Standard-Abpausvorgabe erzeugt hochkontrastige Schwarzweißstrichgrafiken, die sich für das interaktive Malen gut eignen. Deshalb musste Joly für dieses Projekt keine *Interaktiv abpausen*-Optionen ändern.

**3. Bereiche mit *Interaktiv malen* füllen.** Bei ausgewählter Abpausung klickte Joly im Bedienfeld *Steuerung* auf die Schaltfläche *Interaktiv malen* und konvertierte sie von einem interaktiven Abpausobjekt in eine interaktive Malgruppe. Nun enthielt das Objekt zwar nicht mehr das Originalbild und ließ sich nicht mehr erneut abpausen; aber es erhielt *Interaktiv malen*-Attribute: Joly konnte alle umschlossenen Bereiche in der interaktiven Malgruppe füllen und mit einer Kontur versehen, ohne dass er einen Pfad für die Flächen zeichnen musste. Joly wählte das *Interaktiv malen*-Werkzeug und wählte aus dem Bedienfeld *Steuerung* eine Flächenfarbe. Er bewegte das *Interaktiv malen*-Werkzeug über einen Bereich und erhielt eine rote Kontur, die einen interaktiv füllbaren Bereich signalisierte. Wenn er diesen Bereich füllen wollte, klickte er ihn an. Alternativ zog er über mehrere Bereiche, um sie zu füllen.

Zunächst lief die Farbe wegen der Lücken zwischen den handgezeichneten schwarzen Linien dafür in die umgebenden Bereiche. Joly entfernte die Farbe mit *Bearbeiten > Rückgängig* wieder und klickte dann im Bedienfeld *Steuerung* auf die Schaltfläche *Lückenoptionen*, um das gleichnamige Dialogfenster zu öffnen. Hier bestimmen Sie über das Popup-Menü *Pinsel stoppt bei* oder das Kontrollkästchen *Benutzerdefiniert* die Größe der Lücke, die automatisch geschlossen werden soll. Bei aktiviertem Kontrollkästchen *Vorschau* signalisieren rote Punkte auf der Zeichenfläche die gefundenen Lücken. Bei diesem Projekt stellte Joly fest, dass die Einstellung *Große Lücken* gut funktionierte.

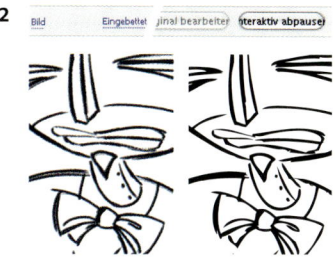

Bildoptionen im Bedienfeld *Steuerung* (oben) für ein markiertes Bild (unten links); das Bild nach Anklicken der Schaltfläche *Interaktiv abpausen* (unten rechts).

Das Bedienfeld *Steuerung* für das ausgewählte *Interaktiv abpausen*-Objekt. Die *Optionen*-Schaltfläche für die *Abpausoptionen* ist markiert.

Das Bedienfeld *Steuerung* für die ausgewählte interaktive Malgruppe. Die *Optionen*-Schaltfläche für die Lückenoptionen ist markiert.

Ein Klick mit dem *Interaktiv malen*-Werkzeug auf das Gesicht des Roboters ohne Lückensuche (links) und nach der Suche nach großen Lücken (rechts).

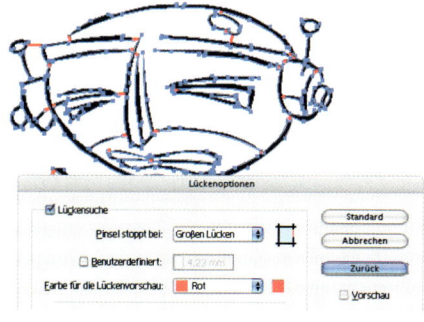

Das Dialogfenster *Lückenoptionen* und die bei aktiviertem Kontrollkästchen *Vorschau* in der Zeichenfläche rot markierten Lücken.

4

Joly zeichnete zusätzliche Details als Pfade über dem interaktiven Malobjekt. Die Füllungen des interaktiven Malobjekts wurden hier zur Verdeutlichung entfernt.

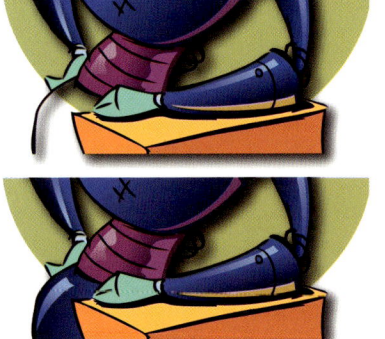

Sehr große Lücke in der linken unteren Ecke (oben) und der blaue gefüllte Pfad, den Joly zeichnete (unten)

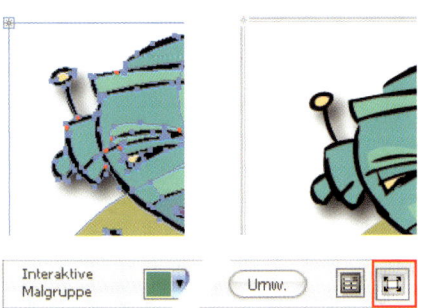

Der Begrenzungsrahmen der interaktiven Malgruppe bei deaktiviertem (oben links) und aktiviertem Isolationsmodus (oben rechts). Der Modus wird über die Schaltfläche *Ausgewählte Gruppe isolieren* (markiert) im Bedienfeld *Steuerung* (unten) festgelegt.

4. **Die Zeichnung fertigstellen.** Joly färbte den Rest der Zeichnung mit dem *Interaktiv malen*-Werkzeug ein, wobei er das Flächenfarbfeld bei Bedarf änderte und auf die gewünschten *Interaktiv malen*-Bereiche klickte oder darüberzog. Joly zeichnete auch zusätzliche Pfade für weitere Details, Glanzlichter und Schattierungen.

Einige Bereiche, wie die Hüfte links unten in der Illustration, wiesen Lücken auf, die zu groß für die Einstellungen der automatischen Lückensuche waren. Joly zeichnete für diese Bereiche neue Pfade. Er erzeugte diese Pfade außerhalb des interaktiven Malobjekts und füllte sie unter Verwendung der traditionellen Methode: Er wählte die einzelnen Pfade mit dem *Auswahl*-Werkzeug aus und klickte dann das entsprechende Farbfeld an. Sie können Pfade auch durch den Wechsel in den Gruppenisolationsmodus einer vorhandenen interaktiven Malgruppe hinzufügen. Bei ausgewählter interaktiver Malgruppe klicken Sie dazu im Bedienfeld *Steuerung* auf das Symbol *Ausgewählte Gruppe isolieren*. Der Rahmen der interaktiven Malgruppe wird daraufhin grau. Wenn sich eine interaktive Malgruppe im Isolationsmodus befindet, wird ein neu gezeichneter Pfad zur vorhandenen interaktiven Malgruppe hinzugefügt und kann dann mit dem *Interaktiv malen*-Werkzeug gefüllt werden. Verlassen Sie den Gruppenisolationsmodus mit einem erneuten Klick auf die Schaltfläche.

### Fläche und Kontur mit dem *Interaktiv malen*-Werkzeug bestimmen

Sie können bestimmen, ob das *Interaktiv malen*-Werkzeug Flächen oder Konturen färbt. Im Bedienfeld *Werkzeuge* öffnen Sie das Dialogfenster *Optionen für Interaktiv-malen-Werkzeug* mit einem Doppelklick auf das *Interaktiv malen*-Werkzeug und aktivieren oder deaktivieren die Kontrollkästchen *Pinselbereiche* und *Pinselstärken*. Wenn nur ein Kontrollkästchen aktiviert ist, kehren Sie mit gedrückter ⇧-Taste die Funktionsweise des Werkzeugs vorübergehend um. Standardmäßig färben Sie beispielsweise mit einem Klick Flächen und mit einem Klick bei gedrückter ⇧-Taste Konturen. Wenn beide Kontrollkästchen aktiviert sind, färbt das *Interaktiv malen*-Werkzeug automatisch die Kontur oder Fläche, je nachdem, wie nahe sich das Werkzeug an einer Kontur befindet.

# GALERIE

JACKSON

## Lance Jackson

Lance Jackson erzeugte diese Porträts für einen Sonderbereich des San Francisco Chronicle über besonders bekannte Geschäftsführer. Jackson fertigte zuerst Bleistiftzeichnungen der Direktoren auf Papier an. Er scannte diese Zeichnungen, speicherte sie im JPEG-Format und wandte in Illustrator die Funktion *Interaktiv abpausen* auf die Bilder an. Er passte die *Interaktiv abpausen*-Einstellungen wie den Schwellenwert an, damit er bei jeder Zeichnung exakt den gewünschten Tonwertbereich erhielt. Jackson wandelte die abgepausten Ergebnisse um, um die Pfade bearbeiten und ihnen bei Bedarf zusätzliche Füllungen zuweisen zu können.

# GALERIE

## Kevan Atteberry

Der Illustrator Kevan Atteberry zeichnete mit Papier und Bleistift die Troll-Teile (oben links). Atteberry erzeugt seine Charaktere in Teilen, um Teile eines Charakters hinter anderen platzieren, die Positionierung einer Körperhaltung anpassen usw. zu können. Früher legte er einfach seine eingescannten Linienzeichnungen über die farbigen Objekte (die er mit Angleichungen erzeugte). Mittlerweile wendet er zuerst die Funktion *Interaktiv abpausen* auf seine Zeichnungen an. Weil jedes Bild abweichende Einstellungen erfordert und weil es eine Weile dauern kann, bis die Funktion *Interaktiv abpausen* die Änderungen der Einstellungen anzeigt, entwickelte Atteberry einen raffinierten Workflow: Beim Scannen einer Illustration speichert er zusätzlich ein kleines, repräsentatives Detail des Bilds. Er platzierte das kleine Trolldetail in Illustrator und wählte es aus. Dann wandte er den Befehl *Objekt > Interaktiv abpausen > Abpausoptionen* darauf an. In den Abpausoptionen aktivierte er die Vorschau, setzte den Modus auf *Graustufen* mit einer maximalen Farbanzahl von 4. Er experimentierte mit den *Weichzeichnen*-Einstellungen, so dass die nicht zur Zeichnung gehörenden Details der Trolle minimiert wurden, die Umrisse der Bleistiftzeichnung aber erhalten blieben. Er speicherte die Vorgaben mit einem Klick auf die Schaltfläche *Vorgabe speichern* und klickte auf *Abpausen*. Dann platzierte er die Hauptzeichnung und öffnete das Dialogfenster *Abpausoptionen* erneut, wählte die neue Einstellung aus dem Popup-Menü *Vorgabe* und klickte auf *Abpausen*. Atteberry wandelte das abgepauste Objekt mit dem *Objekt > Umwandeln* in separate Vektorobjekte mit schwarzer und weißer Füllung sowie zwei Grautönen um (ein Detail sehen Sie über dem Bedienfeld *Ebenen*). Um die weißen Bereiche zu löschen, klicke er einen davon mit dem *Direktauswahl*-Werkzeug an, wählte *Auswahl > Gleich > Flächenfarbe* und löschte die Auswahl. Weil die Grautöne die geplanten Farben nicht einfach überlagern, sondern abdunkeln sollten, wählte er beide Grautöne mit *Auswahl > Gleich > Flächenfarbe*. Im Bedienfeld *Transparenz* änderte er die Füllmethode von *Normal* in *Multiplizieren* und reduzierte die Deckkraft auf 58% (dazu klicken Sie auf das Dreieck rechts von der Deckkraft und ziehen den Regler). Atteberry erzeugte unter den vorhandenen weitere Ebenen und kolorierte die Teile mit dem *Zeichenstift*- und dem *Buntstift*-Werkzeug mit Angleichungen (mehr darüber im Kapitel 8 „Angleichungen, Verläufe & Gitter").

# GALERIE

Atteberry

## Kevan Atteberry

Mit der Kompositionszeichnung (rechts) als Vorlage und den Trollteilen von der gegenüberliegenden Galerie stellte Kevan Atteberry seine Illustration zusammen. Bevor er die Teile zusammensetzte, wählte er jedoch die einzelnen „Teile", die aus den interaktiven abgepausten und umgewandelten Liniengrafiken und den inneren gefüllten Formen und Angleichungen bestanden (mehr darüber in seiner Lektion im Kapitel 8 „Angleichungen, Verläufe & Gitter"), und gruppierte sie mit Strg/ ⌘+G. Dadurch konnte Atteberry die einzelnen Teile mit dem *Auswahl*-Werkzeug anklicken und sie damit alle auswählen. Er konnte die Teile, aus denen die Charaktere bestanden, dann problemlos verschieben und sie im Bedienfeld *Ebenen* neu anordnen. Sobald die Charaktere gestaltet waren, platzierte er sie in der aus Angleichungen erzeugten Szene.

Kapitel 4 Ein Schritt weiter ❖ 119

# Abpaustechniken

Die Funktion *Interaktiv abpausen* für automatisches und manuelles Abpausen verwenden

## Fortgeschrittene Technik

**Überblick:** Verwenden Sie dasselbe Bild als Grundlage für einen mit *Interaktiv abpausen* erzeugten Hintergrund und einen von Hand abgepausten Vordergrund.

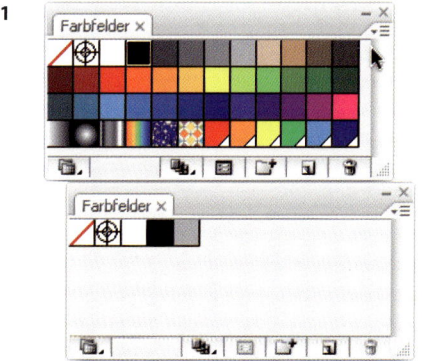

1

Das Bedienfeld *Farbfelder* vor und nach dem Entfernen nicht verwendeter Farbfelder

Dieses Originalfoto verwendete Crouse als Ausgangspunkt für den interaktiv abgepausten Hintergrund und den von Hand abgepausten Vordergrund.

Scott Crouse zeichnete dieses Porträt von George Jenkins, dem Gründer von Publix Markets, als Teil einer Wandbilderserie für die Kette „Publix grocery". Um die warmherzige, freundliche Persönlichkeit von „Mr. George" zu vermitteln, pauste Crouse das Porträt von Hand von einem Foto ab und versah es mit einem persönlichen Illustrationsstil. Weil das Hintergrundbild nicht so markant sein musste, sparte Crouse Zeit, indem er es mit der Funktion *Interaktiv abpausen* aus demselben Foto erzeugte. Um die manuelle Abpausung zu erleichtern, vereinfacht Crouse seine Bilder durch eine Einschränkung der Tonwertstufen und durch Entfernen überflüssiger Details. In manchen Fällen kann die Funktion *Interaktiv abpausen* Photoshop bei dieser vorbereitenden Arbeit ersetzen.

**1. Das Dokument vorbereiten.** Crouse wählte aus dem Bedienfeldmenü des Bedienfelds *Farbfelder* den Befehl *Alle nicht verwendeten auswählen* und löschte dann die ausgewählten Farbfelder mit einem Klick auf das Papierkorbsymbol im Bedienfeld *Farbfelder*. Dadurch wurde es später leichter, die durch die Funktion *Interaktiv abpausen* erzeugten Farbfelder zu sehen.

Crouse wählte das Originalfoto von Mr. George mit *Datei > Platzieren* aus und fügte es in die Zeichenfläche ein.

**2. Die Bildebene kopieren.** Zur Trennung des Vordergrunds und des Hintergrunds können Sie das Bild so duplizieren, dass die Duplikate genau übereinanderliegen. Ziehen Sie die Originalebene (nicht nur das Bild) im Bedienfeld *Ebenen* auf das Symbol *Neue Ebene* und benennen Sie sie mit einem Doppelklick auf ihren Namen um.

Damit Änderungen an anderen als den bearbeiteten Ebenen unmöglich werden, sperren Sie alle nicht verwendeten Ebenen mit einem Klick in die Vorhängeschloss-Spalte. Der Hintergrund wird im nächsten Schritt bearbeitet. Deshalb sperren Sie zu diesem Zeitpunkt die Vordergrundebene.

**3. Den Hintergrund abpausen.** Crouse wählte das Foto aus und wählte *Objekt > Interaktiv abpausen > Abpausoptionen*. Wenn Sie etwa die folgenden Einstellungen wählen, erhalten Sie ähnliche Ergebnisse wie Crouse:

Als *Modus* wählen Sie *Graustufen*. In das Feld *Maximale Farben* geben Sie *3* ein (manche Bilder benötigen mehr Tonwertstufen) und aktivieren das Kontrollkästchen *Ausgabe in Farbfeldern*. Für die übrigen Optionen belassen Sie die Standardeinstellungen. Weisen Sie die Einstellungen mit einem Klick auf *Abpausen* zu. Die Abpausung ist bearbeitbar, so dass Sie die Einstellungen über *Objekt > Interaktiv abpausen > Abpausoptionen* jederzeit anpassen können.

**4. Die Farben der Hintergrundgrafik anpassen.** Damit das Motiv besser heraussticht, gestaltete Crouse den Hintergrund hell und mit niedrigen Kontrast. Das in Schritt 3 aktivierte Kontrollkästchen *Ausgabe in Farbfeldern* fügte dem Bedienfeld *Farbfelder* globale Farbfelder hinzu, die dem *Interaktiv abpausen*-Objekt zugewiesen wurden. Durch diese praktische Methode werden bei der Bearbeitung eines globalen Farbfelds alle zugewiesenen Instanzen dieser Farbe aktualisiert. Mit einem Doppelklick bearbeiten Sie die neuen globalen, durch die Funktion *Interaktiv abpausen* erzeugten Farbfelder. Im vorliegenden Beispiel wurden die Graustufen in Farben geändert und insgesamt aufgehellt.

**5. Die Vordergrundkopie für die manuelle Abpausung.** Im Bedienfeld *Ebenen* sperren Sie die Hintergrund- und entsperren die Vordergrundebene. Wählen Sie das Vordergrundbild und öffnen Sie mit einem Klick auf die Schaltfläche *Abpausoptionen* im Bedienfeld *Steuerung* die *Interaktiv abpausen*-Einstellungen für das ausgewählte Bild. Hier wurde der Wert *Maximale Farben* in *7* geändert, *Weichzeichnen* in *1 px*, *Neu berechnen* in *150 dpi*, *Pfadeinpassung* in *1 px* und *Minimaler Bereich* in *10 px*. Die optimalen Werte hängen von der Auflösung des Bilds ab. Probie-

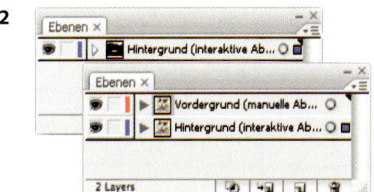

Das Bedienfeld *Ebenen* vor (oben) und nach (unten) dem Duplizieren der Bildebene und dem Sperren der Vordergrundebene

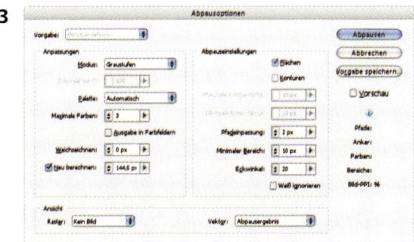

Das Dialogfenster *Abpausoptionen*

Vor (links) und nach (rechts) der Bearbeitung des interaktiven Abpauserergebnisses. Die weißen Dreiecke stellen die globalen Farbfelder dar.

Die Schaltfläche *Abpausoptionen* befindet sich im Bedienfeld *Steuerung* rechts vom Popup-Menü *Vorgaben*

Ein Detail des Originalbilds (links) und nach der Anpassung für die manuelle Abpausung mit *Interaktiv abpausen* (rechts)

**6**

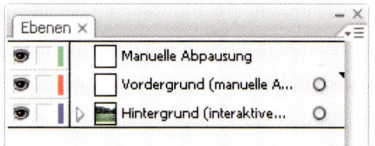

Das Dialogfenster *In Pixelbild umwandeln*

Das Bedienfeld *Ebenen* enthält das Vordergrundbild als Vorlage und eine neue Ebene für die manuelle Abpausung.

**7**

Die fertige Abpausung über der abgeblendeten Vorlage (oben) und mit ausgeblendeter Vorlage, so dass der tatsächliche Hintergrund sichtbar wird (unten).

ren Sie es also mit unterschiedlichen Einstellungen, bis Sie das gewünschte Ergebnis erhalten.

**6. Die Vorlage rastern.** Das *Interaktiv abpausen*-Objekt enthält viele Vektorobjekte, die eventuell nur langsam neu gezeichnet werden. Wenn Sie es in ein Rasterobjekt konvertieren, wird es vereinfacht und die Bildschirmdarstellung während der manuellen Abpausung beschleunigt sich. Um das *Interaktiv abpausen*-Objekt zu rastern, wählen Sie es aus und weisen ihm den Befehl *Objekt > In Pixelbild umwandeln* zu. Eine mittlere Auflösung ist ein guter Kompromiss zwischen einer vernünftigen Anzeigegeschwindigkeit und der Möglichkeit, unter hoher Vergrößerungsstufe abzupausen. Im Bedienfeld *Ebenen* doppelklicken Sie auf die Ebene mit dem Vordergrundabpausbild, wählen *Vorlage* und klicken auf *OK*. Damit wird die Ebene gesperrt und abgeblendet. Sie wird damit zur idealen Vorlage für eine manuelle Abpausung. Erstellen Sie mit einem Klick auf das Symbol *Neue Ebene* eine Ebene für die Pfade, die bei der manuellen Abpausung gezeichnet werden.

**Den Vordergrund manuell abpausen.** Crouse pauste das Vorlagenbild mit dem *Zeichenstift*-Werkzeug ab und erhielt das Porträt für den Vordergrund. Das Ziel einer manuellen Abpausung ist eine persönliche Interpretation des Originalbilds. Deshalb pauste Crouse die Vorlage nicht exakt ab, sondern fügte im Bedarfsfall Pfade hinzu, bearbeitete oder entfernte sie.

Mit den gezeichneten Pfaden verstärkte und verbesserte Crouse die gewünschte Stimmung und den Ausdruck der Illustration und die körperliche und mimische Ausstrahlung des Motivs. Als er mit seiner Abpausung zufrieden war, speicherte Crouse mit *Speichern unter* eine Kopie seiner Arbeitsdatei. Nachdem er die Originalversion gespeichert hatte, löschte er in seiner endgültigen Version die Vorlage und beließ seinen manuell abgepausten Vordergrund über dem interaktiv abgepausten Hintergrund.

### Ein Bild für die Abpausung in Photoshop vorbereiten

Beim *Interaktiven Abpausen* werden Pfade entlang deutlicher Kontraständerungen erzeugt. Bei manchen Fotos sind die Bereiche, die Sie interaktiv abpausen möchten, nicht kontraststark genug. Dies lässt sich ändern, indem Sie das Bild in Photoshop öffnen und den Bildkontrast mit einer *Gradationskurven*-Einstellungsebene erhöhen oder verringern oder bei Bedarf andere Änderungen vornehmen. Nachdem Sie ein platziertes Bild außerhalb Illustrator bearbeitet haben, lässt sich dieses über das Bedienfeld *Verknüpfungen* aktualisieren. Das *Interaktiv abpausen*-Objekt wird ebenfalls aktualisiert.

# GALERIE

## Scott Crouse

Für diese Cheerleaderin der Miami Dolphins verwendete Scott Crouse viele Techniken, die er auch für die vorige Illustration eingesetzt hatte.

Mit der Funktion *Interaktiv abpausen* pauste Crouse ein wichtiges Vordergrundelement ab – nämlich die Pompons. Diese sind so komplex, dass es zu lange dauern würde, sie von Hand abzupausen. Crouse stellte fest, dass es viel schneller ging, die Pompons mit der Funktion *Interaktiv abpausen* abzupausen und dass das Ergebnis sich wegen der ungeordneten Natur der Pompons nicht sehr von der Handabpausung unterscheiden würde. Crouse pauste zuerst die Cheerleaderin, aber nicht die Pompons mit dem *Zeichenstift*-Werkzeug ab. Dann isolierte er die Pompons vom übrigen Originalbild, damit die Funktion *Interaktiv abpausen* den Umriss der Pompons klar abpausen konnte. Dazu öffnete er das Originalbild in Photoshop, pauste den Umriss der Pompons ab und wies allen Objekten außer den Pompons eine einheitliche grüne Füllung zu. Um mehr Kontrolle über die letztendlichen Farben zu erhalten, verwendete Crouse auch Photoshop, um eine *Tontrennung*-Einstellungsebene und den Filter *Helligkeit interpolieren* zuzuweisen. Außerdem konvertierte er das Bild in indizierte Farben mit der adaptiven Farbpalette und 14 Farben. Er öffnete die bearbeitete Photoshop-Datei in Illustrator und wies den Befehl *Interaktiv abpausen* zu. Crouse arbeitete mit den Standardoptionen der Funktion *Interaktiv abpausen* – mit ein paar Ausnahmen: Den *Modus* setzte er auf *Farbe*, die Anzahl der Farben auf 14. Er aktivierte das Kontrollkästchen *Ausgabe in Farbfeldern*. Crouse hellte dann die mit *Interaktiv abpausen* erzeugten Farbfelder auf. Zum Schluss löschte er den grünen Bereich und positionierte die abgepausten Pompons über dem Rest der Zeichnung, die er zuvor von Hand abgepaust hatte.

# GALERIE

Hansen

## Scott Hansen

Für dieses Cover von Game Developer, ein Magazin für Beschäftigte in der Videospielbranche, pauste Scott Hansen seine Zeichnung eines Hochschulabsolventen (rechts oben) mit der Funktion *Interaktiv abpausen* ab. Hansen wollte einen Hochschulabgänger darstellen, der über seine Möglichkeiten in der Videospielbranche nachdachte: Programmierer, Designer oder Künstler. Hansen verwendete die mit *Interaktiv abpausen* erzeugte Version als Ausgangspunkt und erzeugte zusätzliche geschlossene Bereiche innerhalb des ursprünglich abgepausten Objekts. Damit definierte er Zonen, die er mit unterschiedlichen Farben oder Farbtönen füllen wollte. Hansen „säuberte" die abgepausten Objekte auch, weil sie viele überflüssige Linien und Punkte enthielten. Er glättete die gezackten Abschnitte mit dem *Ankerpunkt löschen-* und dem *Glätten*-Werkzeug (die fertige gesäuberte Version sehen Sie in der Pfadansicht in der Abbildung oben). Wie in den meisten seiner Projekte erledigte Hansen die Feinarbeit in Photoshop (im Kapitel 15 „Illustrator & andere Programme" erfahren Sie mehr über die Bearbeitung von Illustrator-Objekten in Photoshop).

# GALERIE

## Scott Hansen

Vor einer nationalen Tour beauftragte das Musiker-Duo Dusty Brown den Künstler Scott Hansen mit einem Tourplakat. Um in seiner Komposition grafische Musterelemente nachzuahmen, wollte Hansen einen vektorisierten Pinselstrich verwenden. Er malte einen echten Pinselstrich, scannte ihn und platzierte ihn in Illustrator. Nachdem er die Kontur ausgewählt hatte, verwandelte er den Pinselstrich mit der Funktion *Interaktiv abpausen* in ein schwarzes Vektorobjekt (oberer schwarzer Pinselstrich). Damit der Pinselstrich besser auf die Objekte passte, denen er ihn zuweisen wollte, verwendete er das *Frei verzerren*-Werkzeug und drehte und streckte den Pinselstrich. Dann löschte er mit dem *Direktauswahl*-Werkzeug einige der Details des Pinselstrichs und positionierte andere Teile neu. Nachdem der Pinselstrich seinen Vorstellungen nun eher entsprach, klickte er im Bedienfeld *Pathfinder* auf das Symbol *Verdeckte Fläche entfernen* und formte damit den endgültigen Pinselstrich. Er öffnete die Kontur als Form in Photoshop und füllte sie mit derselben beigen Farbe wie den Hintergrund. Er duplizierte die Formen auf Ebenen über den Musterelementen, so dass sie Teile der darunterliegenden blauen und roten Muster überdeckten (mehr über Formen und Photoshop erfahren Sie im Kapitel 15 „Illustrator & andere Programme").

Hansen

# 5

# Pinsel & Symbole

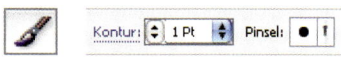

Die Taste B aktiviert das *Pinsel*-Werkzeug; Pinseloptionen im Bedienfeld *Steuerung*.

Mit Pinseln und Symbolen erzielen Sie das Äquivalent zu den verschiedensten traditionellen Illustrationswerkzeugen, zum Beispiel Bleistiften, tropfenden oder spritzenden Pinseln, Farbstiften und Kreiden, Kalligrafiestiften und Sprühdosen, die einfache Farbkleckse, komplexe Illustrationen und vieles mehr aufsprühen können. Sie können diese Werkzeuge mit einem Zeichentablett, mit einer Maus oder einem Trackball verwenden.

Außer den Beispielen in diesem Kapitel finden Sie im ganzen Buch zahlreiche Schritt-für-Schritt-Lektionen und Galerien mit Pinseln.

## Pinsel kontrollieren

Pinsel haben im Bedienfeld *Steuerung* ihren eigenen Platz (siehe oben). Mit einem Klick auf das Feld *Pinsel* oder den zugehörigen Pfeil greifen Sie auf das Popup-Bedienfeld *Pinsel* und das Bedienfeldmenü zu. Im Bedienfeld *Steuerung* können Sie die Konturfarbe und -stärke ändern – Ihr Originalpinsel hat eine Konturbreite von 1 pt. Die Änderung der Konturstärke erhöht oder verringert die Größe des gewählten Pinsels.

## Pinsel benennen

Wenn Sie viele Pinsel erstellen, sollten Sie ihre wichtigsten Eigenschaften in die Pinselnamen aufnehmen (dies ist bei kalligrafischen Pinseln besonders sinnvoll). Sonst erhalten Sie eventuell eine Vielzahl von Pinseln mit demselben Symbol. Schalten Sie in die Listenansicht, um die Namen der Pinsel anzuzeigen und diese manuell zu sortieren.

## Pinselbibliotheken laden

Das neue Symbol *Menü „Pinsel-Bibliotheken"* im Bedienfeld *Pinsel* erleichtert Ihnen das Laden der gewünschten Bibliothek. Mit den Pfeiltasten am unteren Rand der geladenen Bibliothek können Sie schnell zwischen den Bibliotheken wechseln.

## Pinsel

Es gibt vier grundlegende Pinselarten: Kalligrafiepinsel, Bildpinsel, Spezialpinsel und Musterpinsel. Pinsel lassen sich für Illustrationen aller Art verwenden – von der Nachahmung traditioneller Zeichenwerkzeuge bis hin zum Aufbringen komplexer Muster und Texturen. Pinselstriche lassen sich entweder mit dem *Pinsel*-Werkzeug erzeugen oder einem zuvor gezeichneten Pfad zuweisen.

Mit den Kalligrafiepinseln erzeugte Striche wirken so, als hätten Sie sie mit einem echten Kalligrafiestift oder -pinsel oder mit einem Filzstift gezogen. Sie können die Größe, einen Variationsgrad, eine Rundheit und den Winkel festlegen. Darüber hinaus lassen sich die genannten Eigenschaften auf *Fixiert*, *Druck* oder *Zufallswert* setzen.

Bildpinsel bestehen aus einer oder mehreren Grafiken, die entlang des mit ihnen erzeugten Pfads angeordnet sind. Sie simulieren mit Bildpinseln tropfende und spritzende Tintenstifte, Kreide, nasse oder trockene Pinsel, Wasserfarben und vieles mehr. Zur Erzeugung eines Bildpinsels können Sie beinahe alle Grafiken verwenden: die Blätter eines Baums, Sterne, Grashalme usw.

Mit Spezialpinsel streuen Sie Grafikkopien entlang eines Pfads: Blumen auf einer Wiese, Bienen in der Luft, Sterne am Himmel. Größe, Abstand, Streuung, Drehung und Farbe können entlang des Pfads variieren.

Musterpinsel sind mit der Illustrator-Musterfunktion verwandt. Mit Musterpinseln malen Sie Muster entlang eines Pfads. Zuerst definieren Sie die Kacheln, aus denen Ihr Muster bestehen wird. Beispielsweise können Sie Eisenbahnschienensymbole für eine

Landkarte, mehrfarbige gestrichelte Linien, Kettenglieder oder Gras erzeugen. Diese Muster werden aus bis zu fünf von Ihnen erzeugten Kachelarten definiert: *Kante, äußere Ecke, innere Ecke, Anfang* und *Ende*. Außerdem gibt es drei Methoden, diese Kacheln zusammenzufügen: *Auf Kantenlänge anpassen, Freiraum einfügen* und *Musterposition ändern*.

**Grafiken für die Erzeugung von Pinseln**

Bild-, Spezial- und Musterpinsel erzeugen Sie aus einfachen Linien und Füllungen und daraus generierten Objektgruppen sowie aus Angleichungen und manchen interaktiven Effekten. Manche komplexen Illustrationen können nicht für die Erzeugung von Pinseln verwendet werden. Dazu gehören beispielsweise Verläufe, Gitter, Rasterbilder und die komplizierteren interaktiven Effekte wie etwa 3D-Grafiken.

**Mit Pinseln arbeiten**

Mit einem Doppelklick auf das *Pinsel*-Werkzeug legen Sie die Vorgaben für alle Pinsel auf Anwendungsebene fest. Bei *Genauigkeit* und *Glättung* sorgen niedrigere Werte für eine exaktere Darstellung, höhere Werte bewirken eine glattere Darstellung.

Aktivieren Sie das Kontrollkästchen *Neue Pinselkonturen füllen*, wenn der Pinselpfad neben der Umriss- auch die Füllfarbe erhalten soll. Wenn die Kontrollkästchen *Auswahl beibehalten* und *Ausgewählte Pfade bearbeiten* aktiviert sind, bleibt der zuletzt gezeichnete Pfad ausgewählt. Erzeugen Sie einen neuen Pfad in der Nähe des ausgewählten Pfads, wird dieser neu gezeichnet. Wenn Sie eine dieser Optionen deaktivieren, erhalten Sie statt einer Neuzeichnung des zuletzt gezeichneten Pfads mehrere Pinselstriche nebeneinander.

Deaktivieren Sie *Auswahl beibehalten*, wenn die Auswahl der Pfade beim Zeichnen aufgehoben werden soll. Deaktivieren Sie hingegen *Ausgewählte Pfade bearbeiten*, können Sie keine Pfade neu zeichnen, auch wenn Sie mit dem *Pinsel*-Werkzeug neben ausgewählten Pfaden arbeiten. Ist diese Option aktiviert, bestimmt der Regler *Ausgewählte Pfade bearbeiten*, wie nahe Sie sich am ausgewählten Pfad befinden müssen, damit kein neuer Pfad erzeugt, sondern der vorhandene neu gezeichnet wird. Je niedriger der Wert, desto näher müssen Sie am ausgewählten Pfad sein, damit er neu gezeichnet wird.

Um einen Pinsel zu bearbeiten, führen Sie im Bedienfeld *Pinsel* einen Doppelklick darauf aus. Alternativ ziehen Sie ihn aus dem Bedienfeld *Pinsel* heraus, bearbeiten ihn und ziehen die neue Grafik

**Einen Pinselpfad schließen**

Um einen Pfad unter Verwendung des Pinsel-Werkzeugs zu schließen, halten Sie die Alt-Taste gedrückt, *nachdem* Sie mit dem Erzeugen des Pfads begonnen haben. Dann geben Sie die Maustaste frei, bevor Sie den Pfad schließen.

**Pinselstriche umkehren**

Wenn Sie die Richtung eines Pinselstrichs auf einem offenen Pfad ändern möchten, wählen Sie diesen zuerst aus und klicken dann mit dem *Zeichenstift*-Werkzeug auf einen Endpunkt, um die neue Richtung zu diesem Punkt hin zu ändern.    *David Nelson*

**Pinselobjekte automatisch ersetzen**

Möchten Sie alle Vorkommen eines Pinsels ersetzen, halten Sie die Alt-Taste gedrückt und ziehen Sie im Bedienfeld *Pinsel* den gewünschten auf den bisherigen Pinsel (eventuell duplizieren Sie zuerst den zu ersetzenden Pinsel).    *David Nelson*

**Pinsel skalieren**

Zum Skalieren von Grafiken, die Pfade mit Pinselstrichen enthalten, aktivieren Sie in den allgemeinen Voreinstellungen oder in den Dialogfenstern zum Transformieren (*Drehen, Skalieren* usw.) das Kontrollkästchen *Konturen und Effekte skalieren*.

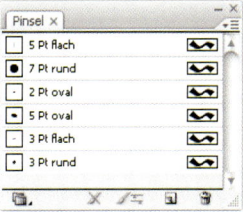

Die Eigenschaften der Pinsel wurden in die Pinselnamen aufgenommen. Die Listenansicht vereinfacht die Identifikation der Pinsel.

> **Pinsel zu Ebenen**
>
> Spezialpinsel-Grafiken können für die Verwendung in Animationen ohne Weiteres in einzelne Ebenen zerlegt werden. Genaue Informationen über die Verteilung von Grafiken auf Ebenen erfahren Sie im Abschnitt „In Ebenen zurückwandeln" im Kapitel 14 „Web & Animation".

> **Hier steht aber, dass ich mit Druck arbeiten kann ...**
>
> In den Illustrator-Vorversionen konnten Sie die Druckeinstellungen in den Optionen für Kalligrafie- und Spezialpinsel nur anzeigen, wenn Sie ein druckempfindliches Grafiktablett an Ihren Rechner angeschlossen hatten. Nun hingegen werden diese Popup-Optionen angezeigt (und können ausgewählt werden), auch wenn Sie kein Tablett angeschlossen haben. Fehlt Ihnen jedoch ein Tablett, das die verschiedenen Druck- und Neigungsoptionen unterstützt, haben diese Einstellungen keine Auswirkungen auf Ihre Pinselstriche.

> **Mehr über Pinsel**
>
> - Wenn Sie einen Pfad mit einer Pinselkontur einfügen, wird dieser Pinsel dem Bedienfeld hinzugefügt.
> - Konvertieren Sie einen zugewiesenen Pinsel in bearbeitbare Grafiken, indem Sie den Pfad markieren und *Objekt > Aussehen umwandeln* wählen.
> - Ziehen Sie einen Pinsel aus dem Bedienfeld *Pinsel* heraus, um die Pinselgrafik zu bearbeiten.
> - Wenn Sie einen Pinsel aus einem zugewiesenen Pinselpfad, einer Angleichung, einem Verlauf oder einem Verlaufsgitter erzeugen möchten, wandeln Sie diese(n) zuerst um (*Objekt > Umwandeln*).

wieder in das Bedienfeld *Pinsel*. Möchten Sie einen Pinsel ersetzen, halten Sie die Alt-Taste gedrückt und ziehen Sie den neuen Pinsel im Bedienfeld an die Stelle des ursprünglichen Pinsels.

Im folgenden Dialogfenster können Sie dann entweder alle Instanzen des bereits im Dokument verwendeten mit dem neuen Pinsel ersetzen oder eine neue Pinselkopie im Bedienfeld erzeugen.

Wenn Sie dann auf *OK* klicken und im angezeigten Dialogfenster die Schaltfläche *Konturen beibehalten* aktivieren, sind die zuvor mit dem Pinsel erzeugten Striche nicht mehr mit diesem verbunden. Möchten Sie Änderungen an Pinselstrichen vornehmen, die nicht mehr mit einem Pinsel im Bedienfeld verbunden sind, müssen Sie das Dialogfenster *Kontur-Optionen* entweder mit einem Klick auf die Schaltfläche *Optionen für ausgewähltes Objekt*, dem gleichnamigen Befehl aus dem *Pinsel*-Bedienfeldmenü oder einem Doppelklick auf die Kontur im Bedienfeld *Aussehen* öffnen.

Es gibt für Pinsel Einfärbemethoden *Ohne*, *Farbtöne*, *Farbtöne/Schattier.* und *Farbton-Verschieb.* Wählen Sie *Ohne*, werden die Farben des Pinsels so verwendet, wie sie definiert wurden und wie sie im Bedienfeld *Pinsel* angezeigt werden. Bei der Methode *Farbtöne* wird die aktuelle Konturfarbe für den Pinsel verwendet, gleichgültig, welche Farbe der Pinsel im Bedienfeld *Pinsel* hat. Klicken Sie im Dialogfenster *Bildpinsel-Optionen* auf die Schaltfläche *Tipps*. Hier erhalten Sie ausführliche Erläuterungen und Beispiele zur Funktion der vier Farbmodi.

Wenn Sie mit einem drucksensitiven Stift und Tablett arbeiten, einen Kalligrafiepinsel und eine entsprechende Einstellung im Dialogfenster *Optionen* wählen, arbeiten Sie je nach dem Druck, den Sie auf das Grafiktablett ausüben, mit variabler Umrissstärke und Pinselform. Wenn Ihr Tablett die Neigung des Zeichenstifts erkennen kann, wählen Sie im Dialogfenster *Kalligraphiepinsel-Optionen* den Eintrag *Neigung* aus einem der Popup-Menüs und erhöhen Sie die zugehörige Variation. Besonders ausdrucksvolle Ergebnisse erhalten Sie, wenn Sie den Neigungswinkel einer abgeflachten Pinselspitze auf einen hohen Variationswert setzen. Dann beeinflusst der Winkel, in dem Sie Ihren Stift halten, den Pinselstrich. Sie erhalten damit beim Zeichnen eine dramatische Variation in der Stärke und/oder Form der Pinselstriche. Bei den Druckeinstellungen für Spezialpinsel können Sie die Größe, den Abstand und die Streuung der Pinselgrafik einstellen. Wenn Sie kein Tablett besitzen, probieren Sie es mit den *Zufallswert*-Einstellungen in den Optionen für die Kalligrafie- und den Spezialpinsel.

## Symbole

Symbole sind spezielle Grafiken, die Sie im Bedienfeld *Symbole* speichern. In diesem Bedienfeld können Sie dann eine oder mehrere Kopien (Instanzen genannt) der Symbole in Ihre Illustration einfügen.

Wenn Sie an einem Symbol Änderungen vornehmen, werden diese Änderungen automatisch allen Instanzen dieses Symbols zugewiesen.

Symbole lassen sich aus beinahe allen in Illustrator erzeugten Grafiken erzeugen. Die einzigen Ausnahmen sind manche Arten von komplexen Gruppierungen (zum Beispiel Diagrammgruppen) und platzierte Grafiken, die nicht verknüpft, sondern eingebettet sein müssen.

Illustrator CS3 bietet über die Bedienfelder *Steuerung* und *Symbole* eine Vielzahl neuer Steuerungsmöglichkeiten. Damit wird die Arbeit mit Symbolen noch bequemer.

## Das Bedienfeld Symbole

Das Bedienfeld *Symbole* enthält genau wie die Bedienfelder *Pinsel* und *Farbfelder* eine praktische Schaltfläche Menü „Symbol-Bibliotheken" im linken unteren Bedienfeldeckbereich. Damit können Sie andere Symbolbibliotheken hinzuladen oder die momentan im Bedienfeld befindlichen Symbole als neue Bibliothek speichern.

Die Schaltfläche *Symbolinstanz platzieren* platziert eine neue Instanz des aktuell ausgewählten Symbols auf der Seite. Durch einen Klick auf die Schaltfläche *Verknüpfung mit Symbol aufheben* wird die ausgewählte Instanz unabhängig. Sie ist nun eine normale Grafik und keine Symbolinstanz mehr. Diese Grafik können Sie zurück in das Bedienfeld *Symbole* ziehen, um ein neues Symbol zu erzeugen. Oder Sie ersetzen das Originalsymbol mit dieser neuen Version, indem Sie das neue Symbol mit gedrückter Alt-Taste auf das bisherige ziehen.

Die Schaltflächen *Neues Symbol* und *Symbol löschen* runden das Bedienfeld ab. Im Tipp *Symboloptionen übergehen* rechts erfahren Sie mehr über die veränderte Funktionsweise der Schaltfläche *Neues Symbol*.

### Das Radiergummi-Werkzeug bei Pinselpfaden

Wenn Sie das neue *Radiergummi*-Werkzeug auf Pinselpfade anwenden, erhalten Sie nicht unbedingt die erwarteten Ergebnisse. Im Ordner *BSutherland-Radierer1-Pinsel* auf der *Wow!-CD* erfahren Sie mehr darüber und über einige Lösungsmöglichkeiten.

### Symbol schnell erzeugen

Wenn Sie eine Grafik auswählen und dann die F8-Taste drücken, haben Sie schnell und einfach ein neues Symbol erzeugt. Das neue Symbol erscheint im Bedienfeld *Symbole* und die ausgewählte Grafik wird automatisch durch eine Instanz des neuen Symbols ersetzt. *Jean-Claude Tremblay*

Die Schaltflächen am unteren Rand des Bedienfelds *Symbole*. Von links nach rechts: Menü „Symbol-Bibliotheken", Symbolinstanz platzieren, Verknüpfung mit Symbol aufheben, Symboloptionen, Neues Symbol und Symbol löschen.

### Symboloptionen übergehen

Wenn Sie in Illustrator CS3 auf die Schaltfläche *Neues Symbol* klicken, wird standardmäßig das Dialogfenster *Symboloptionen* geöffnet. Möchten Sie das Dialogfenster *Symboloptionen* übergehen, halten Sie beim Klicken auf die Schaltfläche die Alt-Taste gedrückt. (In den Vorversionen funktionierte dies gerade andersherum. Lassen Sie sich davon nicht verwirren!)

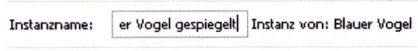

Das Feld *Instanzname* im Bedienfeld *Steuerung*

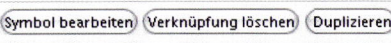

Die Schaltflächen *Symbol bearbeiten*, *Verknüpfung löschen* und *Duplizieren* im Bedienfeld *Steuerung*

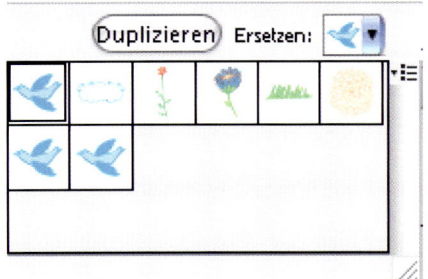

Das Feld *Ersetzen* im Bedienfeld *Steuerung* und die Dropdown-Version des Bedienfelds *Symbole*, das beim Anklicken des Felds geöffnet wird

Die übrigen Steuerelemente im Bedienfeld *Steuerung* bei ausgewähltem Symbol (die sich übrigens je nach Einstellung unterscheiden können). Von links nach rechts: *Deckkraft*, *Bildmaterial neu färben*, *An Zeichenfläche ausrichten* und *Transformieren*.

Das Symbol neben dem Feld *Instanzname* zeigt, ob das Symbol als Grafik oder als Filmclip definiert ist (mehr darüber im Tipp unten).

> **Symbole und Flash**
>
> Symbole sind die beste Möglichkeit, Illustrator für Flash-Animationen zu nutzen. Mehr über die Arbeit mit Symbolen und Flash erfahren Sie im Kapitel 14 „Web & Animation".

Ein weiteres praktisches neues Element ist der Befehl *Alle Instanzen auswählen* im Bedienfeldmenü des Bedienfelds *Symbole*. Dieser wählt sofort alle Instanzen des momentan ausgewählten Symbols in Ihrem Dokument aus.

## Symbole und das Bedienfeld Steuerung

Wenn Sie eine Symbolinstanz auswählen, sehen Sie, dass das Bedienfeld *Steuerung* Ihnen nun verschiedene nützliche Steuerelemente bietet. Dazu gehört ein Feld, in dem Sie der Instanz ihren eigenen Namen zuweisen können. Es gibt auch eine Schaltfläche *Symbol bearbeiten*, die Sie in den im folgenden Abschnitt besprochenen Isolationsmodus bringt, die Schaltfläche *Verknüpfung löschen*, die die Verknüpfung zwischen der ausgewählten Instanz und dem dazugehörigen übergeordneten Symbol löst, sowie die Schaltfläche *Duplizieren*, die eine schnelle Kopie des der ausgewählten Instanz übergeordneten Symbols im Bedienfeld *Symbole* erzeugt.

Das Feld *Ersetzen* im Bedienfeld *Steuerung* bietet Ihnen eine praktische Dropdown-Version des Bedienfelds *Symbole*. Hier können Sie das aktuelle durch ein anderes Symbol ersetzen. Damit sparen Sie sich den Schritt, das Bedienfeld *Symbole* selbst zu öffnen, so dass Ihr Bildschirm nicht so überfüllt wirkt.

## Symbole im Isolationsmodus bearbeiten

Das Bearbeiten von Symbolen ist gegenüber den Vorversionen viel einfacher geworden. Zur Bearbeitung von Symbolen bieten sich Ihnen die folgenden Möglichkeiten: Doppelklicken Sie auf ein Symbol im Bedienfeld *Symbole*; doppelklicken Sie auf eine Instanz des Symbols Ihrer Grafik; klicken Sie im Bedienfeld *Steuerung* auf die Schaltfläche *Symbol bearbeiten* oder wählen Sie im Bedienfeldmenü den Befehl *Symbol bearbeiten*.

Sobald Sie eine dieser Aktionen ausgeführt haben, öffnet Illustrator das Symbol im Isolationsmodus, so dass Sie es leichter bearbeiten können. Wenn Ihnen der Isolationsmodus neu ist, informieren Sie sich im Kapitel 4 „Ein Schritt weiter" über seine Grundlagen. Denken Sie daran, dass es verschiedene einfache Möglichkeiten gibt, den Isolationsmodus zu verlassen, wenn Sie mit der Bearbeitung fertig sind oder wenn Sie ihn versehentlich geöffnet haben: Klicken Sie an einer beliebigen Stelle in die graue Isolationsmodusleiste am oberen Bildschirmrand; doppelklicken Sie außerhalb des isolierten Symbols an eine beliebige Stelle der Zeichenfläche, klicken Sie im Bedienfeld *Steuerung* auf die Schaltfläche *Isolierte Gruppe beenden* oder öffnen Sie mit einem Klick der rechten Maustaste bzw. – am Mac – mit gedrückter `Ctrl`-Taste das Kontextmenü und wählen Sie den Befehl *Isolierte Gruppe beenden*.

Nachdem Sie den Isolationsmodus verlassen haben, spiegeln sich alle vorgenommenen Änderungen im Bedienfeld sofort am übergeordneten Symbol sowie an sämtlichen Symbolinstanzen auf der Zeichenfläche.

**Die Symbol-Werkzeuge**

Es gibt acht verschiedene Symbol-Werkzeuge. Mit dem *Symbolaufsprühen*-Werkzeug sprühen Sie ausgewählte Symbole auf Ihre Zeichenfläche. Eine solche Gruppe von aufgesprühten Symbolen – ein Symbolsatz – ist von einem Begrenzungsrahmen umgeben. (Innerhalb des Satzes können Sie mit den Auswahlwerkzeugen keine einzelnen Instanzen markieren.) Anschließend verwenden Sie eines der anderen Symbol-Werkzeuge – das *Symbol verschieben*-Werkzeug, das *Symbol stauchen*-Werkzeug, das *Symbol skalieren*-Werkzeug, das *Symbol drehen*-Werkzeug, das *Symbol färben*-Werkzeug, das *Symbol transparent gestalten*-Werkzeug oder das *Symbol gestalten*-Werkzeug –, um die Symbole im Symbolsatz zu bearbeiten.

Möchten Sie einem vorhandenen Symbolsatz Symbole hinzufügen, wählen Sie ihn zunächst aus. Dann wählen Sie aus dem Bedienfeld *Symbole* das Symbol, das Sie hinzufügen möchten – es kann mit den bereits im Symbolsatz vorhandenen Symbolen identisch sein oder sich von diesen unterscheiden – und sprühen es auf die Zeichenfläche. Wenn Sie im standardmäßigen Modus *Durchschnitt berechnen* arbeiten, können Ihre neuen Symbolinstanzen Attribute wie Größe, Drehung, Transparenz und Stil von benachbarten Symbolen in demselben Symbolsatz „erben". In der Illustrator-Hilfe finden Sie mehr über den Modus *Durchschnitt berechnen* und benutzerdefinierte Modi.

Beim Hinzufügen oder Bearbeiten von Symbolinstanzen sollten Sie sicherstellen, dass Sie sowohl den Symbolsatz als auch das/die entsprechende(n) Symbol(e) im Bedienfeld *Symbole* ausgewählt haben. Sonst scheinen die Symbol-Werkzeuge nicht zu funktionieren. Um Symbole aus einem vorhandenen Symbolsatz zu entfernen, halten Sie die `Alt`-Taste gedrückt und klicken mit dem *Symbol aufsprühen*-Werkzeug. Einzelheiten über die Erzeugung und Gestaltung von Symbolen erfahren Sie in der Lektion *Symbolgrundlagen* weiter hinten in diesem Kapitel.

> **Symbole zu Ebenen**
>
> Symbolgrafiken können für die Verwendung in Animationen ohne Weiteres in einzelne Ebenen zerlegt werden. Aktivieren Sie die Ebene mit der Symbolgrafik und wählen Sie im Bedienfeldmenü des Bedienfelds *Ebenen* den Befehl *Ebenen für Objekte erstellen (Sequenz)*. Mehr darüber erfahren Sie im Abschnitt „In Ebenen zurückwandeln" in der Einführung zum Kapitel 14 „Web & Animation".

Gesprühte, skalierte und gefärbte Symbole

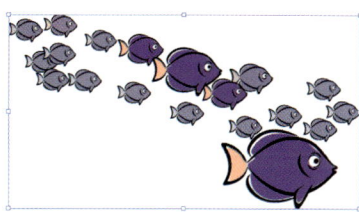

Im benutzerdefinierten Modus hinzugefügte Symbole; die neuen Symbole haben alle dieselbe Farbe und Größe.

Im Modus *Durchschnitt berechnen* hinzugefügte Symbole; Farbe und Größe der neuen Symbole wurden aus den Eigenschaften der benachbarten Symbole berechnet (wie durch den Pinselradius festgelegt).

## Symbole und Spezialpinsel

Symbole sind bezüglich der Änderungsmöglichkeiten nach der Zuweisung flexibler als Spezialpinsel. Sie können für Symbole mehr Grafikarten verwenden (beispielsweise Rasterbilder oder mit Verläufen gefüllte Objekte). Trotzdem haben Spezialpinsel einen Vorteil: Sie ermöglichen Ihnen mehr Kontrolle, wenn Sie mit einem druckempfindlichen Grafiktablett arbeiten.

Mit den Symbol-Werkzeugen können Sie viele Eigenschaften, wie etwa Größe, Drehung und Abstand, einzelner Symbole in einem Symbolsatz ändern. Bei Spezialpinseln werden die Eigenschaften dem gesamten Satz zugewiesen – Sie können keine Eigenschaften eines einzelnen Objekts in einem Satz ändern. Bei Symbolen können Sie die Originalgrafik im Bedienfeld *Symbole* neu definieren, wobei alle Instanzen diese Änderungen widerspiegeln. Mit Spezialpinseln können Sie auch die Originalgrafik nach den Änderungen aktualisieren (mehr darüber im Tipp „Pinselobjekte automatisch ersetzen" weiter vorne in diesem Kapitel). Bei der Verwendung von Symbolen können Sie einzelne Instanzen aus einem Satz entfernen. Spezialpinsel-Einzelobjekte lassen sich nicht löschen, außer wenn Sie die Grafik zunächst umwandeln.

Im Gegensatz zu anderen Vektorgrafiktypen werden die Grafikobjekte innerhalb von Symbolen durch die Voreinstellung *Konturen und Effekte skalieren* nicht beeinflusst. Spezialpinselgrafiken folgen ihren eigenen Regeln.

### Den Werkzeugdurchmesser ändern

Um den Durchmesser eines Werkzeugs zu ändern, müssen Sie nicht unbedingt das Dialogfenster dieses Werkzeugs öffnen. Stattdessen können Sie den Durchmesser auch mit der [<]-Taste interaktiv verkleinern oder ihn mit der Taste [>] interaktiv vergrößern.
*Vicki Loader*

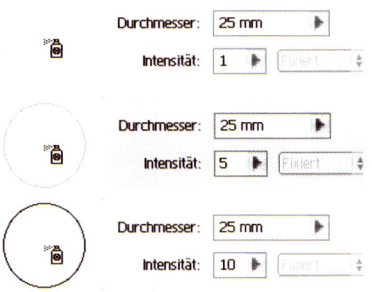

Bei aktiviertem Kontrollkästchen *Pinselgröße und Intensität anzeigen* erkennen Sie die Intensität des Symbol-Werkzeugs am Grauwert des Kreises, der die Pinselgröße darstellt.

### Die Pinselintensität ändern

Mit der Tastenkombination ([⇧]+[(]) verringern Sie die Intensität eines Symbol-Werkzeugs, mit ([⇧]+[)]) erhöhen Sie die Intensität.

### Symbolintensität und -dichte

Die Option *Symbolintensität* bestimmt, wie schnell die Symbolinstanzen auf die Zeichenfläche gesprüht werden. Die Option *Dichte* bestimmt, wie dicht sie beisammen liegen. Sie können die Dichte auch nachträglich ändern. Wählen Sie dazu einfach den Symbolsatz und passen Sie den *Dichte*-Regler an.

### Symboltyp: Grafik oder Filmclip?

Im Dialogfenster *Symboloptionen* sehen Sie neben *Art* zwei Optionsfelder: *Grafik* und *Filmclip*. Erstaunlicherweise liegt der Standard auf *Filmclip*. Keine Sorge – diese Einstellung spielt nur dann eine Rolle, wenn Sie Objekte in Flash einfügen, und kann in Flash selbst noch geändert werden. Wenn Sie Ihre Objekte nicht in Flash weiterbearbeiten möchten, können Sie die Optionen ohne Weiteres ignorieren. Mehr über die Arbeit mit Flash und Symbolen erfahren Sie im Kapitel 14 „Web & Animation".

# GALERIE

## Cheryl Graham

Cheryl Graham gestaltete dieses lebhafte Porträtbild mit einem benutzerdefinierten Bildpinsel, der den verschmierten Strich eines Kohlestifts simulieren sollte. Für den „Dreadlock"-Bildpinsel zeichnete Graham mit dem *Ellipse*-Werkzeug Ellipsen in unterschiedlichen Größen (Detailabbildung links). Sie wählte die Ellipsen aus und wies ihnen den Befehl *Pathfinder > Dem Formbereich hinzufügen* zu (Detailabbildung in der Mitte). Dann wählte sie das *Verkrümmen*-Werkzeug und verwischte die Kanten der Ellipsengruppe (Detailabbildung rechts). Dabei änderte sie häufig den Durchmesser des *Verkrümmen*-Werkzeugs, indem sie mit gedrückter Alt -Taste zog. Graham wählte die Illustration aus und zog sie in das Bedienfeld *Pinsel*, um einen Bildpinsel zu erstellen. Für schnelle Farbänderungen wählte sie *Farbton-Verschieb*. Sie zeichnete mit dem Dreadlock-Pinsel zuerst die einzelnen Haarsträhnen. Für die Gesichtsform zeichnete sie mit dem *Zeichenstift-* und dem *Buntstift-*Werkzeug zusätzliche Pfade. Mit den auf vielfältige Weise modifizierten Dreadlock- und Standard-Kalligrafie-Pinseln malte sie außerdem das Gesicht. Während der Arbeit erhöhte oder verringerte Graham die Konturbreite und damit die Form und Stärke der Pinsel drastisch. Gelegentlich wies sie einem Pinselstrich einen interaktiven Effekt zu (*Effekt > Verzerrungs- und Transformationsfilter > Tweak*) oder verwendete die Werkzeuge *Drehen*, *Verbiegen* und *Skalieren*. Graham wies einer Reihe von Pinseln und Formen Transparenz- und Füllmethoden wie *Überlagern*, *Multiplizieren* und *Negativ multiplizieren* zu. Bei der Gestaltung des dynamischen Porträts wechselte sie zwischen allen diesen Methoden. Mehr über die Verwendung dieser Funktionen erfahren Sie in den Kapiteln 11 „Interaktive Effekte & Grafikstile sowie 9 Transparenz".

# Pinsel & Lavierungen

mit naturalistischen Buntstift- und Tintenpinseln und Lavierungen

*SteuerSharon_Pinsel&Lavierungen1.ai,*
*SteuerSharon_Pinsel&Lavierungen2.ai*

**Übersicht:** Passen Sie die Einstellungen des *Pinsel*-Werkzeugs an, erzeugen Sie einen eigenen Kalligrafie-Pinsel; beginnen Sie mit einem vorhandenen Bild; experimentieren Sie mit anderen Pinseln und fügen Sie Lavierungen hinzu.

1

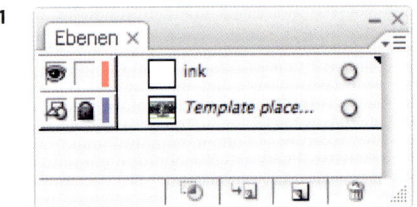

Die Standardebene 1 wurde in *ink* umbenannt. Das Originalfoto wurde als Illustrator-Vorlage unter der Zeichnung platziert.

Das Originalfoto (links). Über der abgeblendeten Vorlage wurden Pinselstriche gezeichnet (Mitte). Die Vorlage wurde ausgeblendet (rechts).

### Mit Druck arbeiten

Nur Pinselstriche, die von Anfang an mit aktivierten Druckeinstellungen gezeichnet wurden, erhalten die entsprechenden Einstellungen. Beachten Sie auch, dass sich die Pinselform verändern kann, wenn Sie einen Pinsel neu zuweisen, nachdem Sie mit einem anderen experimentiert haben.

Mit Illustrator lassen sich leicht spontane Mal- und Kalligrafiestriche erzeugen – und vielleicht mit mehr Flexibilität als in irgendeinem anderen digitalen Medium. Sharon Steuer gestaltete diese Zeichnung des Place des Vosges in Paris mit einem druckempfindlichen Wacom-Tablett und zwei verschiedenen Illustrator-Pinseln. Sie erzeugte einen Pinsel für die dünnen, dunklen Striche und verwendete einen vordefinierten Pinsel für die darunter liegenden grauen Lavierungen. Mit einem druckempfindlichen, stiftartigen Stylus und einem Tablett können Sie variable, reaktive Striche erzeugen und diese anschließend als Pfade bearbeiten. Experimentieren Sie auch, indem Sie vorhandenen Pfaden unterschiedliche Pinsel zuweisen.

**1. Vorhandene Grafiken als Vorlagenebene importieren.** Sie können mit einer leeren Illustrator-Zeichenfläche beginnen. Wenn Sie aber eine Handzeichnung, ein gescanntes Foto oder ein Foto aus der Digitalkamera als Vorlage verwenden möchten, richten Sie es als nicht druckende Vorlagenebene ein. Für ihr Vorlagenbild verwendete Steuer ein gescanntes TIF-Bild vom Place des Vosges. Wenn Sie ein Bild als Vorlagenebene verwenden möchten, wählen Sie *Datei > Platzieren*, suchen die Datei heraus, aktivieren die Kontrollkästchen *Verknüpfen* und *Vorlage* und klicken auf *Platzieren*. Wird das Bild zu groß importiert, entsperren Sie die Vorlagenebene, geben in das Bedienfeld *Transformieren* einen vernünftigeren Wert für die *Breite* ein und skalieren das Bild mit der Tastenkombination ⌃Strg/⌘+↵ proportional.

Schalten Sie mit der Tastenkombination [Strg]/[⌘]+[⇧]+[W] zwischen der Anzeige und dem Ausblenden der Vorlagenebene um oder klicken Sie in die Spalte *Sichtbarkeit* des Bedienfelds *Ebenen* (das Symbol für die Vorlagenebene ist ein winziges Dreieck/Kreis/Quadrat statt des Augensymbols). Illustrator blendet das Bild automatisch ab, so dass Sie Ihre Zeichnung besser sehen können.

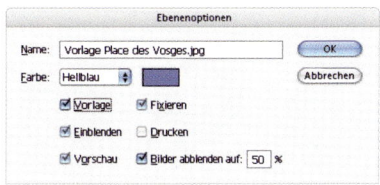

Die Optionen der Vorlagenebene anpassen

Die Vorlagenebene lässt sich mit einem Doppelklick auf ihr Symbol anpassen. Ändern Sie dann die Optionen im Dialogfenster *Ebenenoptionen*. Wenn Sie ein Bild als Vorlage importieren, aktiviert Illustrator automatisch die Kontrollkästchen *Vorlage*, *Fixieren* und *Abblenden*. Das Kontrollkästchen *Fixieren* lässt sich bei aktiviertem Kontrollkästchen *Vorlage* nicht deaktivieren. Sie können die Ebene jedoch im Bedienfeld *Ebenen* entsperren.

2. **Die *Voreinstellungen Pinsel-Werkzeug* und einen kalligraphischen Pinsel anpassen.** Damit Sie frei und mit exakten Details zeichnen können, passen Sie die Standardpinsel-Werkzeugeinstellungen an. Öffnen Sie das Dialogfenster *Voreinstellungen Pinsel-Werkzeug* mit einem Doppelklick auf das *Pinsel*-Werkzeug im Bedienfeld *Werkzeuge*. Ziehen Sie die Regler *Genauigkeit* und *Glättung* ganz nach links, setzt Illustrator Ihre Pinselstriche genau um. Vergewissern Sie sich, dass das Kontrollkästchen *Neue Pinselkonturen füllen* deaktiviert ist. Die anderen Einstellungen müssen Sie nicht ändern.

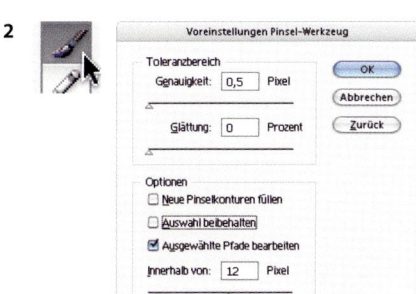

Die Voreinstellungen des *Pinsel*-Werkzeugs anpassen

Für einen benutzerdefinierten Pinsel klicken Sie am unteren Rand des Bedienfelds *Pinsel* auf das Symbol *Neuer Pinsel* und erzeugen mit *OK* einen neuen Kalligrafie-Pinsel. Experimentieren Sie mit verschiedenen Einstellungen, geben Sie Ihrem Pinsel einen Namen und klicken Sie auf *OK*. Für die vorliegende Illustration wählte Steuer die folgenden Einstellungen: Winkel = 90°, fixiert; Rundheit = 10%, fixiert; Durchmesser = 4 pt, Druck, Variation = 4 pt. Wenn Sie kein druckempfindliches Grafiktablett haben, probieren Sie es mit *Zufallswert* als Einstellung für alle drei Pinseloptionen, denn *Druck* hätte in diesem Fall keine Auswirkungen. Der Pinsel verwendet Ihre aktuelle Konturfarbe (wenn es keine Konturfarbe gibt, wird die vorherige Konturfarbe oder die Füllfarbe verwendet). Nun können Sie zeichnen. Wenn Ihnen ein Pinselstrich nicht gefällt, gehen Sie folgendermaßen vor: 1) Löschen Sie ihn mit dem Befehl *Rückgängig*, 2) bearbeiten Sie den Pfad mit dem *Direktauswahl*-Werkzeug oder 3) wählen Sie die den Pfad aus und versuchen Sie, ihn mit dem *Pinsel*-Werkzeug neu zu zeichnen (die Auswahlkonturen blenden Sie mit *Ansicht > Ecken ausblenden/Begrenzungen einblen-

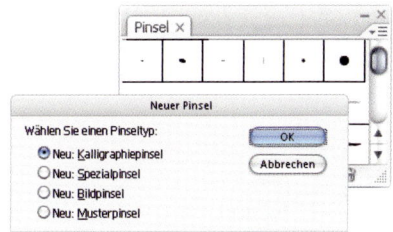

Einen neuen Kalligrafie-Pinsel erstellen

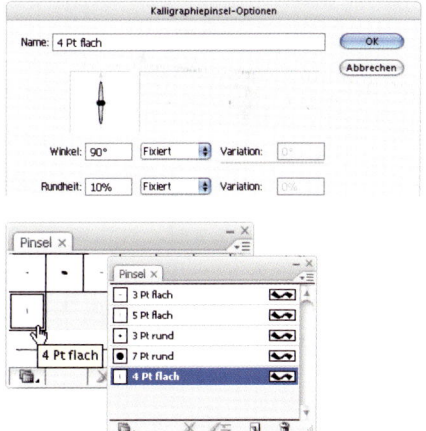

Winkel, Rundheit und Durchmesser können auf den Druck reagieren, zufällig variieren oder fixiert bleiben; der neue Pinsel im Bedienfeld *Pinsel* in der Miniatur- und der Listenansicht.

**3**

Links: Diese Pinselstriche wurden mit Steuers benutzerdefiniertem 4-pt-Pinsel erzeugt; Mitte: der standardmäßige runde 3-pt-Pinsel von Adobe wurde zugewiesen; rechts: ein elliptischer 1-pt-Pinsel.

**4**

Originalzeichnung vor der zusätzlichen Lavierung

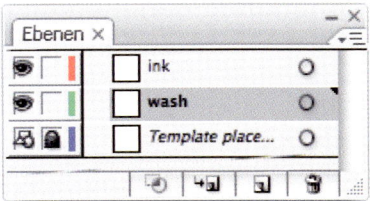

Eine neue Ebene (wash) wurde zwischen der Ebene mit den vorhandenen dunkleren Strichen und der Vorlagenebene platziert.

Die grauen Pinselstriche für die Lavierung wurden unter den dunkleren Strichen angebracht; im Vordergrund der dafür verwendete Pinsel.

*den* ein oder aus 5). Möchten Sie einen Pinsel bearbeiten, heben Sie die Auswahl aller Objekte auf (*Auswahl > Auswahl aufheben*), doppelklicken im Bedienfeld *Pinsel* auf den Pinsel und nehmen die gewünschten Änderungen vor. Illustrator fragt Sie, ob Sie die neuen Einstellungen auf bereits mit diesem Pinsel gezeichnete Konturen anwenden möchten. Wenn Sie dies möchten, klicken Sie auf *Auf Konturen anwenden*. Klicken Sie hingegen auf *Konturen beibehalten*, gelten die neuen Einstellungen nur für Pinselstriche, die Sie von nun an erzeugen. Dadurch werden die ursprünglichen Striche vom bearbeiteten Pinsel getrennt. Es ist sicherer, eine Kopie des Pinsels zu bearbeiten. Dazu duplizieren Sie ihn, indem Sie ihn auf das Symbol *Neuer Pinsel* ziehen, und bearbeiten anschließend die Kopie.

**3. Mit der Illustration experimentieren.** Speichern Sie alle gelungenen Versionen Ihrer Illustration. Nun versuchen Sie, bestimmten Strichen und der gesamten Grafik unterschiedliche Pinsel zuzuweisen. Laden Sie über die Schaltfläche *Menü „Pinsel-Bibliotheken"* im Bedienfeld *Pinsel* zusätzliche Pinsel hinzu.

**4. Eine Lavierung hinzufügen.** Steuer erweckte in ihrer Illustration durch eine graue Lavierung unter den dunklen Pinselstrichen den Eindruck von Tiefe. Damit Sie die Lavierung problemlos bearbeiten können, ohne die dunklen Tintenstriche zu beeinflussen, erzeugen Sie zwischen der Tusche- und der Vorlagenebene eine neue Ebene und malen hier die Lavierung. Damit beim Erzeugen der Lavur keine anderen Ebenen verändert werden, sperren Sie alle Ebenen außer derjenigen, auf der Sie arbeiten. Dazu klicken Sie mit gedrückter Alt-Taste auf das *Sperren*-Symbol der Lavurebene.

Wählen oder erzeugen Sie einen Pinsel, der sich für die Lavierung eignet. Verwenden Sie eine helle Lavierungsfarbe. Steuer wählte *Trockene Tinte 2* aus der mit Illustrator installierten Bibliothek *Künstlerisch_Tinte*. Im Bedienfeld *Ebenen* machen Sie die Lavurebene mit einem Klick zur aktuellen Zeichenebene und erzeugen dann die Lavierung.

### Transparente Pinselstriche

Standardmäßig sind Pinselstriche deckend. Sie können auch mit halbtransparenten Pinselstrichen malen und damit bestimmte Tusche- oder Aquarelltechniken simulieren. An den Stellen, wo die Pinselstriche übereinander liegen, werden sie dunkler. Mehr darüber erfahren Sie in der Lektion „Transparente Farbe" im Kapitel 9 „Transparenz".

# GALERIE

🔘 SteuerSharon_Pinsel&Lavierungen2.ai

## Sharon Steuer

Diese Zeichnung ist eine erweiterte Version der Stift- und Tuschezeichnung der vorigen Lektion. Steuer wollte diese Version durch den kleinen Noah auf einem Fahrrad ergänzen. Ein Foto von Noah auf einem Karussell-Motorrad war eine perfekte Zeichenvorlage. Das Foto wies jedoch in die falsche Richtung. Um es zu spiegeln, markierte Steuer das Bild, wählte *Objekt > Transformieren > Spiegeln* und aktivierte das Optionsfeld *Vertikal*. Allerdings lag die Zeichnung des Brunnens auf dem Bereich, an dem sie Noah einfügen wollte. Steuer löste dieses Problem mit einer Technik, die bei einer traditionellen Zeichnung nicht möglich ist: Sie zeichnete mit dem *Buntstift*-Werkzeug einen Pfad über die vorhandene Zeichnung und füllte ihn weiß, damit die Papierfarbe wieder zutage kam. In diesen leeren Bereich konnte sie die Zeichnung von Noah einfügen. Diese schien nun von Anfang an dort gewesen zu sein. Steuer zeichnete Noah auf einer separaten Ebene und konnte ihn deshalb unabhängig vom Rest der Zeichnung bearbeiten.

# GALERIE

*JackmoreLisa_Vogelbad.ai*

## Lisa Jackmore

Lisa Jackmore ließ sich von einer zerknitterten Seite aus einem antiken Gartenheft inspirieren und verlieh dieser Illustration ein verblichenes, texturiertes Aussehen, als ob auch nach dem Radieren noch Bleistiftstriche sichtbar wären. Jackmore erzeugte zuerst eine Palette eigener Bildpinsel aus Original- und veränderten Bildpinseln. Sie erzeugte Texturen für den Hintergrund, indem sie mit dem *Buntstift*-Werkzeug unter Verwendung verschiedener Konturbreiten Kritzeleien erzeugte. Sie wählte jede einzelne Kritzelei aus, zog sie in das Bedienfeld *Pinsel* und erzeugte so einen neuen *Bildpinsel*. Jackmore wählte die Einfärbemethode *Farbton-Verschieb.*, so dass sie die Pinselfarbe während des Malens mit dem Bildpinsel variieren konnte. Sie zeichnete die Weinrebe und das Vogelbad mit einem druckempfindlichen Zeichentablett und unterschiedlichen Breiten der Bildpinsel *Kreide – Gekritzel* und *Bleistift – Breit*. Jackmore erzeugte eine Pinselkopie und änderte im Dialogfenster *Bildpinsel-Optionen* die Breite, indem sie einen anderen Prozentwert eingab. Bevor Sie mit diesen Pinseln malte, deaktivierte sie im Dialogfenster *Voreinstellungen Pinsel-Werkzeug* die Optionen *Neue Pinselkonturen füllen* und *Auswahl beibehalten*. Dadurch konnte sie mehrere Pfade dicht nebeneinander zeichnen, ohne versehentlich die jeweils vorige Linie neu zu zeichnen. Jackmore zog dann mit dem *Glätten*-Werkzeug über die ausgewählten Pinselstriche und löschte damit alle überflüssigen Punkte.

# GALERIE

## Lisa Jackmore

Für die Pinseldetails in diesem Bild modifizierte Lisa Jackmore den benutzerdefinierten Bildpinsel aus der Zeichnung auf der vorigen Seite, die sie „Kritzelpinsel" nannte. Sie wählte einige Kritzelpinsel aus und reduzierte ihre Deckkraft über den *Deckkraft*-Regler im Bedienfeld *Steuerung*. Jackmore zeichnete den Rahmen mit einem selbst erzeugten *Bildpinsel*. Dazu zeichnete sie einen Pfad mit dem *Zeichenstift*-Werkzeug. Sie veränderte den Pfad mit einer Kombination der Werkzeuge *Spiegeln* und *Verbiegen*. Jackmore wählte mit dem Werkzeug *Direktauswahl* Punkte auf dem Pfad aus und bearbeitete sie mit den Werkzeugen *Spiegeln* und *Verbiegen*.

So erzielte sie den Eindruck einer Federzeichnung. Dann wählte sie den Pfad aus und zog ihn in das Bedienfeld *Pinsel*, um einen *Bildpinsel* zu erzeugen. Für Textur in der braunen Ellipse verwendete sie einen Pinsel aus mehreren mit dem Bildpinsel *Bleistift – Breit* gezeichneten Strichen. Sie gruppierte die Striche, zog die Gruppe in das Bedienfeld *Pinsel* und erzeugte so einen Bildpinsel. Anschließend schloss sie die Pinselstriche mit einer Schnittmaske in der Ellipse ein (mittlere Detailabbildung). Um die Größe des Pinsels zu reduzieren, doppelklickte sie im Bedienfeld *Pinsel* und verringerte die Breite.

# GALERIE

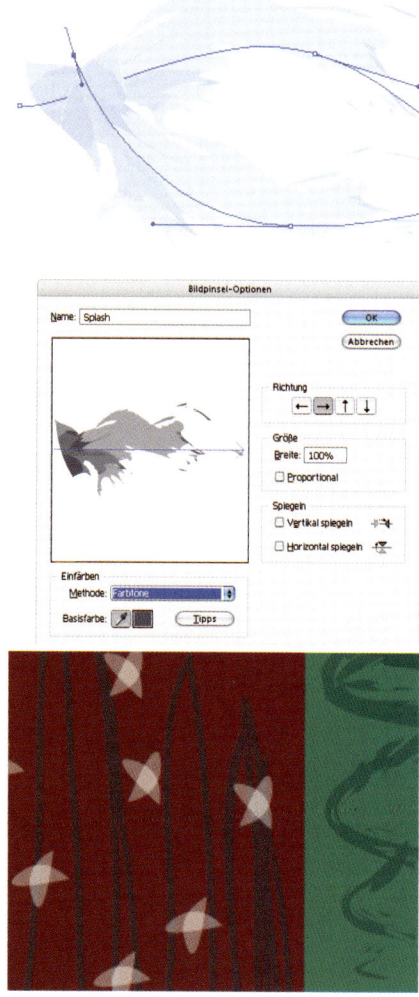

## Michael Cronan

Um die Farbe, den ethnischen Einfluss und den Geist der populären Sehenswürdigkeiten von San Francisco nachzuempfinden, verwendet Michael Cronan nicht nur über die Jahre hinweg gesammelte Bildpinsel, sondern erzeugt auch seine eigenen Pinsel. Beim japanischen Teegarten lenkte Cronan die Aufmerksamkeit auf den Koi-Teich. Das Gras erzeugte er mit dem *Bleistift*-Pinsel und die verschiedenen Farbtöne des Strauchwerks mit dem *Kohle*-Pinsel. (Beide finden Sie unter *Pinsel-Bibliothek > Künstlerisch*.) Anschließend erzeugte er einen eigenen Pinsel mit Transparenz und stellte damit dar, wie die Koi-Karpfen die Oberfläche des Teichs durchbrechen. Die Pinsel *Trockene Tinte* und *Kreide* taten ein Übriges zur starken Textur dieses Plakats. Cronan zeichnete auch einzelne gefüllte Objekte und erzeugte durch mehrfaches Duplizieren eine gemusterte Textur. Er erzeugte mit dem *Buntstift*-Werkzeug eine freie Zeichnung und zerlegte die Objekte mit den *Pathfinder*-Befehlen in abstrakte Muster. So versah Cronan seine Illustration mit einem informellen und frischen Aussehen.

# GALERIE

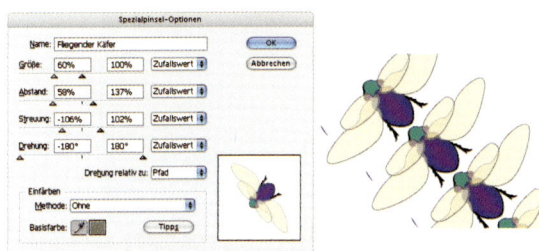
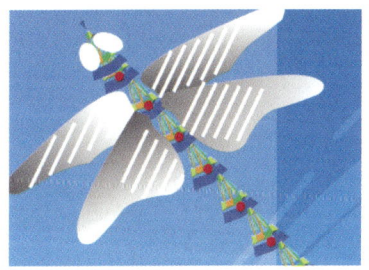

## Michael Cronan

Als weiteren Teil seiner Plakatserie für die Parks von San Francisco gestaltete Michael Cronan mit seiner Sammlung von Bildpinseln, Spezialpinseln und Musterpinseln Marina Green. Er machte ausgiebig Gebrauch von Pinseln, die traditionelle Medien nachahmen. Adobe Illustrator bietet seit Jahren viele solche Pinsel als Teil der Installation, zum Beispiel *Trockene Tinte*, *Kreide* und *Buntstift*. Mit dem Pinsel *Federkiel 5* zeichnete er von der Mähne des Drachen bis zur Golden Gate Bridge und der Grasstruktur des Marina Green eine Vielzahl von Elementen. Er gab dem Pinsel *Federkiel 5* den beschreibenden Namen *Federkiel mit variabler Länge*, damit er den Pinsel im Bedienfeld *Pinsel* leichter finden konnte. Für die Sterne um die Schrift herum erzeugte Cronan einen Spezialpinsel. Einen anderen Spezialpinsel, der aus einem fliegenden Käfer bestand, modifizierte er und verwendete ihn für einen der Drachen. Ein Polynesisches Design wurde zu einem Musterpinsel für den Schwanz des Drachens, den er mit dem *Buntstift*-Werkzeug zeichnete. Außerdem zeichnete er für einige Elemente Vektorobjekte und Grundformen und färbte sie mit einfarbigen oder Verlaufsfüllungen.

# Musterpinsel

Details mit dem Musterpinsel gestalten

 *Maxson_Rucksack.ai*

**Überblick:** Erzeugen Sie die einzelnen Teile des Musterpinsels; platzieren Sie die Elemente im Bedienfeld *Farbfelder* und geben Sie ihnen eindeutige Namen; erzeugen Sie die Pinsel im Dialogfenster *Musterpinsel-Optionen*.

### Musterpinsel anpassen

Musterpinsel können auch nach der Erstellung noch skaliert, gespiegelt und in einen Pfad eingepasst werden. Dazu doppelklicken Sie im Bedienfeld *Pinsel* auf den Pinsel und öffnen damit das Dialogfenster *Musterpinsel-Optionen*.

Maxson

1

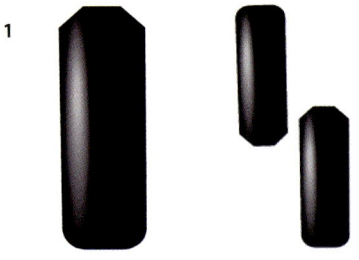

Ein Reißverschlusszahn wurde gezeichnet, wobei das *Angleichen*-Werkzeug für das Glanzlicht verwendet wurde. Das Objekt wurde für die Erzeugung des Musterpinsels umgewandelt. Anschließend wurde ein Duplikat zur Darstellung der Zähne positioniert.

Begrenzungsrahmen und Objekte wurden ausgewählt; die Objekte für den Musterpinsel wurden ins Bedienfeld *Farbfelder* gezogen und benannt.

Viele Illustrator-Pinsel ahmen traditionelle Zeichentechniken nach. Greg Maxson konzentriert seine Bemühungen hingegen häufig auf Musterpinsel, mit denen er den Zeitaufwand für die von ihm illustrierten konkreten Objekte verringern kann. Bei dieser Produktgrafik sparte Maxson mit zwei Reißverschluss-Pinseln viele Arbeitsstunden. Einer dieser Pinsel stellte die Zähne des Reißverschlusses dar; der andere beinhaltete den Schieber und den Stopper des Reißverschlusses. Maxson wusste: Weil er diese Pinsel immer wieder brauchen würde, würde ihm etwas Zeitaufwand beim Erzeugen eines Musterpinsels künftig viel Zeit sparen.

**1. Die Teile des Reißverschlusses zeichnen.** Maxson gestaltete zuerst die Zähne des Reißverschlusses. Er zeichnete ein einfaches Rechteck für die Basis und dann eine kleine, helle Ellipse auf einer größeren schwarzen Ellipse für das Spitzlicht. Maxson wählte beide Objekte aus und doppelklickte auf das *Angleichen*-Werkzeug. Hier kontrollierte er mit der Option *Festgelegte Stufen* die Komplexität des Pinsels. Mit der Tastenkombination Strg/ ⌘ + Alt + B erzeugte er eine Angleichung für das Spitzlicht und platzierte dieses auf der Basis. Weil Musterpinsel nicht aus Objekten mit Angleichungen erzeugt werden können, konvertierte er das Objekt mit *Objekt > Umwandeln* in eine Anzahl gruppierter Pfade (mehr über Angleichungen erfahren Sie im Kapitel 8 „Angleichungen, Verläufe & Gitter"). Maxson duplizierte den Reißverschluss-„Zahn" und positionierte die Kopie wie in einem echten Reißverschluss. Dann zeichnete er hinter den Zähnen einen Rahmen ohne Kontur und Füllung. So entstand um jedes Zahnpaar ein Raum, der dem Abstand zwischen den einzelnen Zähnen entsprach. Somit erhielt er einen gleichmäßigen Abstand zwischen den Zähnen. Er wählte alle Objekte aus und wählte *Bearbeiten > Muster festlegen*. Er gab dem Farbfeld einen aussagekräftigen Namen. Die Muster-Farbfelder sind die „Kacheln", aus denen ein Musterpinsel besteht.

Anschließend erzeugte Maxson den Reißverschlussstopper und -schieber. Damit der Eindruck entstand, dass der Schieber und der Stopper die Zähne überlappten, legte er diese Elemente auf bereits vorbereitete Kopien der Zähne. Er stellte sicher, dass Stopper und Schieber im Verhältnis zu den senkrecht auf dem Pfad stehenden Reißverschlusszähnen in die richtige Richtung wiesen, und platzierte sie einzeln im Bedienfeld *Farbfelder*.

**2. Den Musterpinsel erzeugen und einsetzen.** Maxson erstellte den Musterpinsel für die Reißverschlusszähne, indem er das *Pinsel*-Bedienfeldmenü öffnete und *Neuer Pinsel* wählte. Er aktivierte das Optionsfeld *Neu: Musterpinsel* und öffnete das Dialogfenster *Musterpinsel-Optionen*. Maxson gab seinem Musterpinsel einen beschreibenden Namen, wählte das erste Feld im Schaubild (*Musterelement: Kante*) und anschließend das Muster mit dem einzelnen Zahn. Nun erschien im ersten Feld ein Vorschaubild des ausgewählten Musters; die anderen Felder waren leer. Dann klickte er auf *OK* und platzierte damit den Pinsel im Bedienfeld.

Für die Version mit dem Stopper und dem Schieber wählte er aus dem Bedienfeld *Pinsel* erneut den Befehl *Neuer Pinsel* und dann dasselbe Zahnmuster (*Musterelement: Kante*). Er ließ die Eckkacheln unberücksichtigt und wählte das Farbfeld mit dem Reißverschlussschieber als Startkachel, den Reißverschlussstopper als Endkachel. Er gab seinem neuen Musterpinsel einen passenden Namen und klickte auf *OK*.

Nun setzte Maxson seine neuen Pinsel ein. Für jeden Reißverschluss zeichnete er einen Pfad. Für den langen vertikalen Reißverschluss nahm er den Pinsel mit Schieber und Stopper. Der kurze Reißverschluss bestand nur aus dem Pinsel mit den Zähnen, weil der Schieber eine eigene Illustration erforderte.

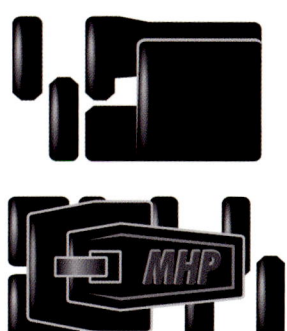

Reißverschlussstopper und -schieber wurden in der nach außen weisenden Position angeordnet, in der sich die Musterpinsel für die Kacheln befinden.

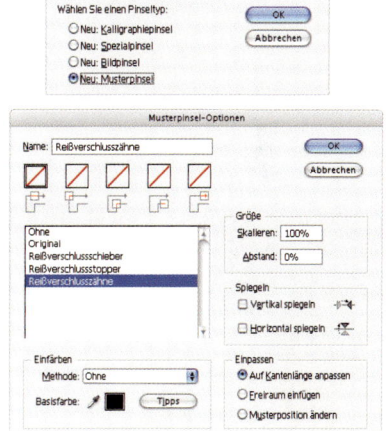

Um den nur aus Zähnen bestehenden Reißverschluss darzustellen, wird ein neuer Musterpinsel mit nur einem Kanten-Musterelement auf der gesamten Pfadlänge wiederholt.

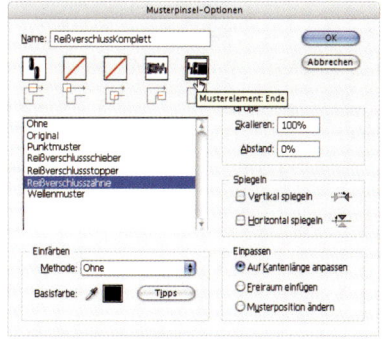

Ein Musterpinsel mit Start- und Endkacheln wurde für den Reißverschluss mit dem Schieber und dem Stopper erzeugt.

# GALERIE

 NMiyamoto_Halskette.ai

## Nobuko Miyamoto/Yukio Miyamoto

Die Gestaltung dieser aufwändigen Perlenkette erscheint auf den ersten Blick sehr kompliziert. Mit einem Musterpinsel zeichnet sich die Halskette aber buchstäblich wie von selbst. Nobuko Miyamoto gestaltete die Halskette und erzeugte das Perlenelement (Detail oben) mit einer Mischung aus einfarbig gefüllten Objekten und Objekten mit Angleichungen. Besondere Aufmerksamkeit widmete sie den Enden der Perlen. Hier war eine nahtlose Verbindung notwendig, wenn die einzelnen Perlen aneinander aufgereiht wurden. Sie wählte das Kettenobjekt und zog mit gedrückter Tastenkombination ⇧+Alt eine Kopie auf die andere Seite der Perle. Dann markierte sie die Kette und klickte mit dem *Spiegeln*-Werkzeug über und unter die Kette, um sie vertikal zu spiegeln. Yukio Miyamoto erzeugte anschließend den Musterpinsel mit dem Perlenelement. Er wählte die Perle aus und gruppierte sie. Yukio klickte das Symbol *Neuer Pinsel* am unteren Rand des Bedienfelds *Pinsel* an, wählte *Neu: Musterpinsel* und klickte auf *OK*. Im Dialogfenster *Musterpinsel-Optionen* beließ er die Einfärbemethode auf *Ohne* und wählte unter *Einpassen* die Option *Auf Kantenlänge anpassen*. Für die Halskette selbst zeichnete Nobuko mit dem *Pinsel*-Werkzeug einen Pfad und wählte im Bedienfeld *Pinsel* den Perlen-Musterpinsel. Nachdem er die Kette als Musterpinsel definiert hatte, konnte er die Halskette problemlos auf jede Länge oder jeden Pfad anpassen.

# GALERIE

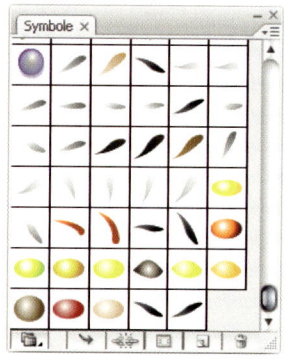
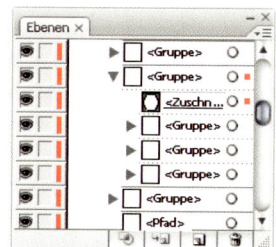

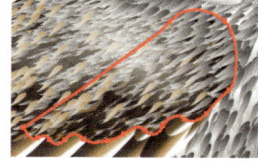
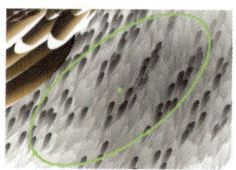

Simonson_Schwirrammer.ai

## Rick Simonson

Rick Simonson wollte die Schwirrammer in seiner Illustration möglichst realistisch darstellen. Er entschied sich deshalb für die Symbolfunktion von Illustrator, um die vielen hundert benötigten Federn und Körner zu erzeugen. Er zeichnete geschlossene Pfade für einzelne Federn in den unterschiedlichen Farben und Positionen, so dass er den Körper des Vogels bedecken konnte. Mit Verlaufsfüllungen gestaltete er die Federn plastisch. Er stellte das Wachstumsmuster echter Federn dar, indem er einige Federn duplizierte und drehte. Dann klickte er im Bedienfeld *Symbole* mit gedrückter Alt -Taste auf das Symbol *Neues Symbol*. Durch diese Aktion fügte er das ausgewählte Objekt hinzu, ohne das Dialogfenster *Symbol-Optionen* zu öffnen. Simonson zeichnete den eigentlichen Vogelkörper und begann, kleine Bereiche mit Federschichten zu füllen. Dazu verwendete er das *Symbol aufsprühen*-Werkzeug mit kurzen Strichen, so dass er die Platzierung der Federn bestimmen konnte. Außerdem formte er die gefiederten Bereiche mit Schnittmasken. (Im Kapitel 13 „Fortgeschrittene Techniken" erhalten Sie weitere Informationen über Schnittmasken.) Für den Glanz und die Schattierung reduzierte er die Deckkraft über das Bedienfeld *Transparenz* und versah die Bereiche mit Transparenzmasken (mehr darüber im Kapitel 9 „Transparenz"). Die Körper erzeugte er mit denselben Techniken.

# Symbolgrundlagen

Symbole erzeugen und einsetzen

 HollinKaoru_Symbolgrundlagen.ai

**Überblick:** Erzeugen Sie Hintergrundelemente; definieren Sie Symbole; verwenden Sie die Symbol-Werkzeuge zur Platzierung und Anpassung von Symbolen.

Die Handzeichnung

1

Die Hintergrundgrafik

Kaoru Hollin erzeugte diese tropische Szene für Adobe als Beispiel für die Leistungsfähigkeit und Effektvielfalt der neuen Symbolwerkzeuge. Nachdem er eine konzeptuelle Zeichnung angefertigt hatte, definierte Hollin eine Symbolbibliothek und platzierte und justierte die Symbole dann mit den Symbolwerkzeugen.

**1. Die Hintergrundgrafik anfertigen.** Auf der Grundlage ihrer Zeichnung erzeugte Hollin die Hintergrundzeichnung mit acht einfachen, in Ebenen aufgebauten Objekten, die sie mit Verläufen füllte. Die leuchtenden Farben erhielt Hollins, indem sie die einzelnen Objekte mit verschiedenen Transparenzgraden versah. Damit das Wasser tiefer wirkte, wies sie der oberen Wasserkante den Befehl *Effekte > Stilisierungsfilter > Schein nach innen* und der unteren Wasserkante den Befehl *Schein nach außen* zu.

Mit Verläufen, Transparenzen und Effekten beschäftigen wir uns weiter hinten in diesem Buch.

**2. Symbol erzeugen.** Hollin erzeugte die Grafiken für die zwanzig Symbole, aus denen die Illustration bestehen sollte. Wenn Sie eine Grafik in ein Symbol konvertieren möchten, wählen Sie sie aus und ziehen sie entweder in das Bedienfeld *Symbole* oder drücken F8. Illustrator vertauscht Ihre Grafik auf der Zeichenfläche dann mit einer Symbolinstanz. Um die Originalgrafik auf der Zeichenfläche beizubehalten, ziehen Sie die Grafik mit gedrückter ⇧-Taste in das Bedienfeld *Symbole*.

**3. Symbole zuweisen.** Nachdem sie eine neue Ebene für die Fische erzeugt hatte, aktivierte Hollins das Fischsymbol im Bedienfeld *Symbole* und erzeugte den Fischschwarm mit einem einzelnen Strich des *Symbol aufsprühen*-Werkzeugs. Wenn Sie mit dem Werkzeug *Symbol aufsprühen* experimentieren möchten, doppelklicken Sie auf eines der Symbol-Werkzeuge. Im angezeigten Dialogfenster *Symbol-Werkzeug-Optionen* passen Sie die Einstellungen für *Durchmesser* und *Intensität* sowie die Geschwindigkeit Ihrer Sprühstriche an. Sie benötigen beim Sprühen weder einen exakten Wert noch eine präzise Platzierung der einzelnen Symbole, weil Sie diese und andere Symboleigenschaften mit den übrigen Symbol-Werkzeugen noch anpassen können.

**4. Die Größe der Symbole anpassen.** Mit dem *Symbol skalieren*-Werkzeug verlieh Hollins dem Bild Tiefe. Sie verkleinerte damit einige Fische. Standardmäßig vergrößert das *Symbol skalieren*-Werkzeug die Größe von Symbolen innerhalb des Pinselradius des Werkzeugs. Damit ein Symbol kleiner wird, halten Sie die Alt-Taste gedrückt und malen mit dem *Symbol skalieren*-Werkzeug darüber.

Damit der Durchmesser eines Symbol-Werkzeugs sichtbar wird, doppelklicken Sie auf ein beliebiges Symbol-Werkzeug und aktivieren das Kontrollkästchen *Pinselgröße und Intensität anzeigen*. Bei Pinseln vergrößern bzw. verkleinern Sie den Durchmesser des Symbols mit den Tasten > bzw. <.

**5. Die Transparenz und Farbe des Symbols anpassen.** Das Aussehen von Symbolen verändern Sie mit den Werkzeugen *Symbol transparent gestalten*, *Symbol färben* und *Symbol gestalten*. Das *Symbol transparent gestalten*-Werkzeug passt die Transparenz von Symbolen an. Das *Symbol färben*-Werkzeug nähert die Farbe des Symbols der aktuellen Füllfarbe an, wobei die Helligkeit erhalten bleibt. Das *Symbol gestalten*-Werkzeug gibt Ihnen die Möglichkeit, Stile mit variablen Werten aus dem Bedienfeld *Grafikstile* zu verwenden. In der Illustrator-Hilfe finden Sie nähere

**2**

Die 20 Grafiken der für die Illustration verwendeten Symbole

**3**

Die Fische nach ihrer Erstellung mit dem *Symbol aufsprühen*-Werkzeug

Das abgelöste Bedienfeld der Symbol-Werkzeuge

Um auf die übrigen Symbol-Werkzeuge zuzugreifen, klicken Sie mit gedrückter Tastenkombination Ctrl + Alt bzw. klicken mit gedrückter Alt-Taste und der rechten Maustaste und ziehen auf das Werkzeug, das Sie verwenden möchten. Mordy Golding

**4**

Hollin verkleinerte einige Fische mit dem *Symbol skalieren*-Werkzeug. Mit dieser Technik erzeugte sie den Eindruck von Tiefe.

**5**

Mit dem *Symbol färben*-Werkzeug und der Methode *Zufallswert* variierte Hollin die Farbe der Fische.

**6**

Mit dem *Symbol drehen*-Werkzeug passte sie die Drehung der Symbole an.

**7**

Mit dem *Symbol verschieben*-Werkzeug und einer kleineren Werkzeugspitze wurde die Position der Fische justiert.

**8**

Die fertigen Fische nach weiteren Feinarbeiten mit dem *Symbol skalieren*-, dem *Symbol verschieben*- und dem *Symbol drehen*-Werkzeug

### Die Stapelfolge von Symbolen

Um die Stapelfolge Ihrer Symbole zu ändern, verwenden Sie das *Symbol verschieben*-Werkzeug folgendermaßen:

- Bringen Sie die Symbolinstanz durch einen Klick mit gedrückter ⇧-Taste in den Vordergrund.
- Mit gedrückter Alt-Taste setzen Sie sie in den Hintergrund.

Informationen über die Färbemethoden und die Arbeit mit diesen Werkzeugen.

Hollin färbte die Fische mit dem *Symbol färben*-Werkzeug bei ausgewählter Methode *Zufallswert* und mit einem einzigen Pinselstrich. Später verwendete sie auch bei dem Hibiskus und den Seesternen das *Symbol färben*-Werkzeug und bei den Schmetterlingen das *Symbol transparent gestalten*-Werkzeug.

**6. Symbole drehen.** Mit dem Werkzeug *Symbol drehen* bei ausgewählter Methode *Benutzerdefiniert* passte Hollin die Ausrichtung der Fische zunächst grob an. (Mit diesem Werkzeug wird die Rotation entsprechend der Richtung, in die die Maus bewegt wird, eingestellt.) Für eine Erläuterung der Modi *Benutzerdefiniert* und *Durchschnitt berechnen* lesen Sie den Abschnitt *Mit Symbolen arbeiten* in der Einführung zu diesem Kapitel und die Illustrator-Hilfe.

**7. Symbole verschieben.** Hollin justierte die Position der Fische mit dem Werkzeug *Symbol verschieben* und einem kleineren Pinsel.

Das *Symbol verschieben*-Werkzeug ist ungeeignet, wenn Sie Symbole über große Strecken verschieben möchten. Um die Verschiebung der Symbole zu maximieren, stellen Sie die Pinselgröße zunächst größtmöglich ein – mindestens so groß wie das Symbol, das Sie bewegen möchten. Ziehen Sie dann über das Symbol, als ob Sie das Symbol mit einem Besen vor sich herschieben wollten.

**8. Symbole löschen.** An diesem Punkt fand Hollin, dass der Schwarm aus zu vielen Fischen bestand. Die überzähligen Fische entfernte Hollin mit dem *Symbol-aufsprühen*-Werkzeug bei gedrückter Alt-Taste. Sie wählte eine kleine Pinselgröße und klickte auf die Fische, die sie entfernen wollte.

Schließlich nahm Hollin weitere Änderungen mit den Werkzeugen *Symbol skalieren*, *Symbol verschieben* und *Symbol drehen* vor, damit der Schwarm sich den Wellen im Hintergrund besser anpasste.

# GALERIE

🔘 *PowellGary_Galerie-Symbole.ai*

## Gary Powell

Gary Powell gestaltete diese Illustration mit seinen eigenen Symbolen. Er begann mit einer Vorlagenebene und pauste zwei Kiefernzapfen und einen einfachen Zweig von Hand ab. Er kombinierte die drei Elemente zu verschiedenen Variationen. Sobald er mit den Variationen fertig war, gruppierte er sie und zog sie in das Bedienfeld *Symbole*. Powell verwendete nur fünf Symbole. Mit dem *Symbolaufsprühen-* und dem *Symbol drehen*-Werkzeug sprühte er per Zufallswert Zweige in das Bild und drehte sie an die gewünschte Position. Schließlich fand er in der Bibliothek *Natur* das Wolkensymbol, sprühte ein paar Wolken in das Bild und verlieh ihnen mit dem *Symbol skalieren*-Werkzeug einen Tiefeneffekt.

# Symbolbibliotheken

Symbole und eine Symbol-Vorgabendatei erzeugen

 IAN_WOWSymbol_BibliothekBeispiel

**Überblick:** Erstellen Sie eine Grafik; fügen Sie sie dem Bedienfeld *Symbole* hinzu; speichern Sie die Datei als Symbolbibliothek und öffnen Sie sie über das Bedienfeld *Symbole*.

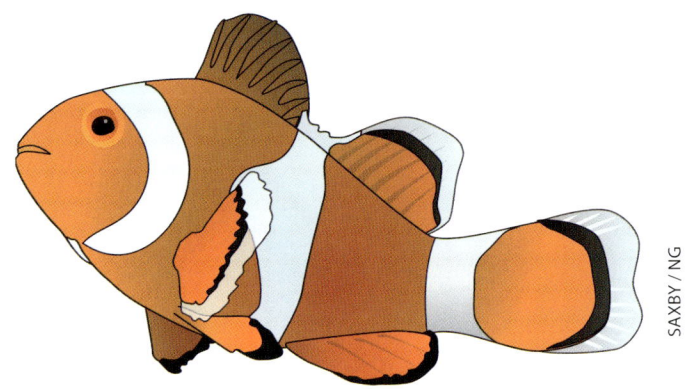

SAXBY / NG

**1**

Das Originalbild (ein Foto von Richard Ng für iStock Photo, www.istockphoto.com/richard_ng)

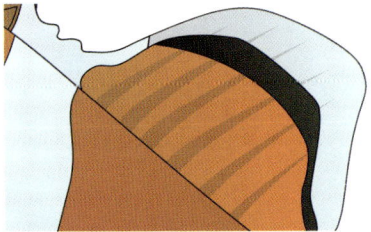

Vergrößerung der Rückenflosse. Die Rückenflosse wurde mit einem Verlauf mit 75% Deckkraft und die Flossenstrahlen mit Schwarz mit 12% Deckkraft gefüllt.

### Interaktiv abpausen

Die Funktion *Interaktiv abpausen* erzeugt automatisch Vektorgrafiken aus Fotos. Allerdings müssen Sie wahrscheinlich die Einstellungen in den Abpausoptionen anpassen, weil Sie sonst komplexe Grafiken mit überflüssigen Objekten, Punkten und Linien erhalten (weitere Informationen über die Arbeit mit der Funktion erhalten Sie im Kapitel 4 „Ein Schritt weiter").

Um die Kommunikation über Umweltprobleme zwischen Wissenschaftlern und Naturschützern zu vereinfachen, gestaltete das Center für Environmental Science der University of Maryland eine Symbolbibliothek für Berichte, Websites und Multimedia. Diese Symbole – über 1500 an der Zahl – unterliegen keinen Copyright-Beschränkungen. Ein Beispiel der Symbole finden Sie auf der Wow!-CD im Ordner *IAN_WOWSymbol_BibliothekBeispiel*. Das letzte Update der Symbolbibliotheksdateien finden Sie auf http:/6/ian.umces.edu.

**1. Ein Bild importieren und abpausen und Objekte mit Verlaufsfüllungen zeichnen.** Es gibt viele Quellen für Bilder, die Sie aus dem Internet herunterladen können. Hier findet sich ein wahrer Schatz an visueller Inspiration für Ihre Symbole. Die Gestalterin Tracey Saxby platzierte ein Foto von einem Clownfisch von iStockphoto (www.istockphoto.com/richard_ng) auf einer Vorlagenebene und begann mit den Werkzeugen *Zeichenstift* und *Buntstift* mit dem Abpausen. Wenn Sie eine Symbolbibliothek erstellen möchten – eine Datei, auf die Sie in Illustrator über ein zusätzliches Symbol-Bedienfeld zugreifen können – sollten Sie einfache Grafiken mit nur wenigen Punkten, Linien und Füllungen verwenden. Durch diese Vorgehensweise erhalten Ihre Symbole eine geringe Dateigröße und werden schneller geladen, wenn Sie sie in einen Flash-Film oder in eine andere digitale Datei einfügen.

Saxby stellte den Clownfisch fertig, indem sie die Objekte mit linearen und radialen Verlaufsfüllungen versah. Bei manchen Objekten, wie Flossen oder Federn, können Sie auch mit der Deckkraft und einer weichen Kante (*Effekt > Stilisierungsfilter > Weiche*

*Kante*) experimentieren und die Grafiken mit diesen Funktionen mit Transparenz ausstatten und in den Symbolhintergrund ausblenden.

**2. Aus der Grafik ein Illustrator-Symbol erzeugen und das Bedienfeld *Symbole* organisieren.** Sobald sie die Grafik fertig hatte, öffnete sie das Bedienfeld *Symbole*. Sie wählte die Clownfisch-Grafik aus, zog sie in das Bedienfeld *Symbole* und gab in das Feld *Name* „Clownfisch" ein.

Bei Bedarf ordnen Sie die Reihenfolge der Symbole im Bedienfeld *Symbole* neu an, damit Sie oder andere das gewünschte Symbol leichter finden können. Dazu ziehen Sie das Symbol im Bedienfeld an eine neue Stelle. Bedenken Sie auch, dass Sie Ihre Symbole benennen sollten und Illustrator diese alphabetisch sortieren kann. Dazu öffnen Sie das Bedienfeldmenü des Bedienfelds *Symbole* und wählen *Nach Name sortieren*. (Illustrator berücksichtigt Großbuchstaben in den Symbolnamen; *Zebrafisch* erscheint bei alphabetischer Sortierung im Bedienfeld vor *Kaiserfisch*.)

**3. Die Symboldatei als Illustrator-Symbolbibliothek speichern und die Bibliothek öffnen.** Damit Sie künftig schnell auf Ihre Symbolbibliothek zugreifen können, speichern Sie sie als benutzerdefinierte Symbolbibliothek. Dazu wählen Sie *Symbolbibliothek speichern* aus dem Bedienfeldmenü *Symbole* und speichern Ihre Bibliothek am Standardspeicherort. Künftig können Sie auf diese Bibliothek zugreifen, indem Sie auf das Symbol *Menü „Symbolbibliotheken"* am linken unteren Bedienfeldrand klicken und Ihre eigene Bibliothek aus dem Menü *Benutzerdefiniert* auswählen.

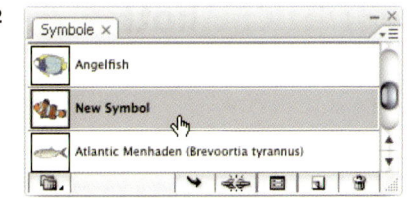

Das Bedienfeld *Symbole*, nachdem die Grafiken in das Bedienfeld gezogen wurden, um ein neues Symbol zu erzeugen

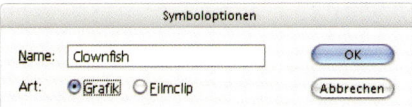

Das Dialogfenster *Symboloptionen* nach einem Doppelklick im Bedienfeld *Symbole*

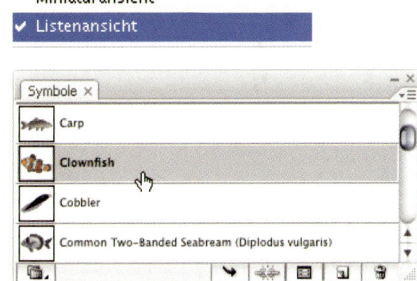

Oben: Die Auswahl *Nach Name sortieren* im Bedienfeldmenü *Symbole*. Unten: das Bedienfeld *Symbole* mit dem Clownfisch-Symbol und den übrigen, alphabetisch sortierten Symbolen.

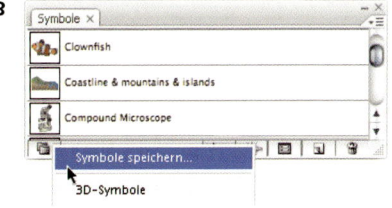

Auswahl des Befehls *Symbole speichern* über die Schaltfläche *Menü „Symbol-Bibliotheken"*

Zugriff auf Symbole im unteren Bereich der Schaltfläche *Menü „Symbol-Bibliotheken"*

---

**Eine Bibliothek über Bridge CS3 laden**

Wussten Sie, dass Sie dokumentspezifische Bibliotheken laden können, wenn Sie mit Bridge CS3 arbeiten? Wenn Sie am Mac die `Ctrl`-Taste gedrückt halten oder unter Windows mit der rechten Maustaste auf ein Vorschaubild eines nativen Illustrator-Dokuments klicken, sehen Sie im unteren Bereich des Kontextmenüs die Option *Als AI-Bibliothek öffnen* mit der Wahlmöglichkeit, Pinsel, Grafiken, Farbfelder oder Symbole aus dieser Datei zu laden.

*Jean-Claude Tremblay*

# Natürliche Pinsel

Naturillustrationen mit mehreren Pinseln

 *AtteberryKevan_NaturPinsel.ai*

**Überblick:** Gestalten Sie eine Grafik und erzeugen Sie einen Bildpinsel; erzeugen Sie Objekte mit dem Bildpinsel; erzeugen Sie einen Musterpinsel aus den mit dem Pinsel erstellten Objekten, erzeugen und verwenden Sie einen Spezialpinsel.

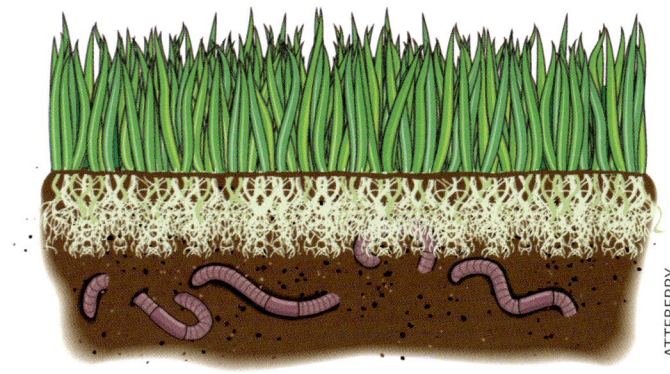

Die drei Objekte ergeben zusammen einen Grashalm.

Die Optionsgruppe *Einfärben* und die Schaltfläche *Tipps* im Dialogfenster *Bildpinsel-Optionen*

Der fertige Bildpinsel

Mit dem *Pinsel*-Werkzeug erzeugte Pfade

Kevan Atteberry hatte die Aufgabe, gesunde und nicht gesunde Rasenfläche und Bodengrund gegenüberzustellen. Diese Grafiken sollten auf Verpackungen für organischen Dünger gedruckt werden. Kevan Atteberry erzeugte mit den fortgeschrittenen Funktionen des *Pinsel*-Werkzeugs seine eigenen Pinsel für Gras, Erde und Würmer. Mithilfe der von ihm erzeugten Kunst- und Spezialpinsel entwickelte Atteberry einen einfachen Weg, die visuell komplexen Elemente seiner Illustration zu erzeugen.

**1. Grafiken für die Pinsel gestalten, einen Bildpinsel erzeugen und modifizierte Kopien von Pinselpfaden erstellen.** Die Gestaltung eines komplexen, natürlich aussehenden Grasbüschels war eine Herausforderung, die Atteberry durch die Erzeugung von Bildpinseln löste. Zuerst zeichnete er einen Grashalm aus drei überlappenden Objekten. Er wählte die Objekte aus und zog sie in das Bedienfeld *Pinsel*. Im Dialogfenster *Neuer Pinsel* wählte er *Neuer Bildpinsel* und klickte auf *OK*. Dann klickte Atteberry im Bereich *Färben* des Dialogfensters *Bildpinsel-Optionen* auf das Menü *Methode* und wählte *Farbtöne/Schattier..* (Wenn Sie nicht sicher sind, wie sich die einzelnen Methoden auf die Pinsel auswirken, zeigen Sie mit einem Klick auf die Schaltfläche *Tipps* ein informatives Dialogfenster einen visuellen Vergleich der unterschiedlichen Methoden an.

Nachdem er den Pinsel erzeugt hatte, zeichnete Atteberry mit dem *Pinsel*-Werkzeug verschiedene Pfade. Dabei wählte er beim Zeichnen für jeden Halm eine andere Grünschattierung. Wenn Sie eine große Anzahl Objekte erzeugen, können Sie eventuell Zeit sparen, indem Sie Pfadduplikate erzeugen und diese dann so bearbeiten, dass sie unterschiedlich aussehen. Dazu kopieren Sie Ihre Pfade, fügen sie ein und variieren dann die Größe und Ausrichtung der Kopien mit den Werkzeugen *Skalieren*, *Drehen* und *Spiegeln*. Wiederholen Sie diesen Vorgang, bis Sie den in Ihrer Illustration vorgesehenen Raum mit komplexen Pinselpfaden gefüllt haben.

**2. Aus den Pinselpfaden einen Musterpinsel erzeugen.** Einen Schritt weiter gehen Sie, indem Sie aus Ihrer Grafik einen Musterpinsel erzeugen. Falls Sie die Objekte in Ihrer Illustration entlang eines wellenförmigen Pfads platzieren oder strecken müssen, wird Ihre Illustration mit dieser Technik flexibler. Um einen Musterpinsel zu erzeugen, wählen Sie Ihre Objekte und ziehen sie in das Bedienfeld *Pinsel*. Im Dialogfenster *Neuer Pinsel* wählen Sie *Neu: Musterpinsel*; im Dialogfenster *Musterpinsel-Optionen* lassen Sie die Standardeinstellung *Musterelement: Kante* stehen und passen die *Einfärben* und *Einpassen*-Einstellungen im Bedarfsfall an. (Atteberry wählte *Auf Kantenlänge anpassen*, so dass das Gras automatisch entsprechend der Länge des gezeichneten Pfads gestreckt würde.)

**3. Einen *Bildpinsel* erzeugen, Pinselstriche zeichnen und mit soliden und mit Verläufen gefüllten Pfaden überdecken.** Für das gesunde Ökosystem zeichnete Atteberry eine Regenwurmgrafik, konvertierte diese in einen weiteren *Bildpinsel* und zeichnete dann mit dem *Pinsel*-Werkzeug und dem Regenwurm-Pinsel mehrere Pfade. Hinter den Würmern zeichnete er einen geschlossenen Pfad. Er füllte diesen braun, um den Erdboden im Hintergrund zu erzeugen. Um Teile des Regenwurms zu verdecken, zeichnete er braun gefüllte Pfade auf einer Ebene über den Würmern. Für die Wurmlöcher und -röhren erzeugte er dunkelbraune Angleichungen in der Form von Halbmonden und Zylindern.

**4. Einen Spezialpinsel erstellen und verwenden.** Um der braunen Erde eine natürliche Komplexität zu verleihen, fügte Atteberry zufällige Partikel hinzu. Er zeichnete zuerst kleine Formen, die er mit hellem und dunklem Braun füllte. Dann wählte er die Formen aus und zog sie in das Bedienfeld *Pinsel*. Er wählte im Dialogfenster *Neuer Pinsel* das Optionsfeld *Neu: Spezialpinsel* und stellte die Einstellungen im Dialogfenster *Spezialpinsel-Optionen* ein. Als Nächstes zeichnete er bei weiterhin ausgewähltem neuen Pinsel einen verschnörkelten Pfad, der die Erdpartikel entlang des Pfads streute.

Skalierte, gespiegelte und gedrehte Pinselpfade

**2**

Die ausgewählten Pfade ergeben den Musterpinsel.

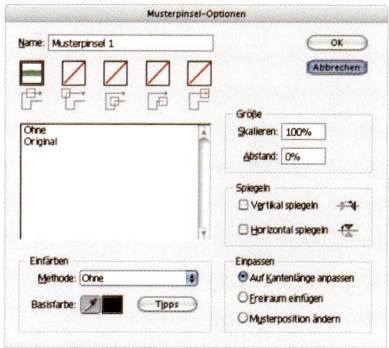

Das Dialogfenster *Musterpinsel-Optionen*

**3**

Die Wurmgrafik für den *Bildpinsel*

Ein mit dem Wurmbildpinsel gezeichneter und dann teilweise von gefüllten Pfaden überdeckter Pfad

**4**

Oben: die Partikelformen, aus denen der Spezialpinsel erzeugt wurde; unten: der für den Pinsel verwendete Pfad

# 6

# Ebenen & Aussehen

Mit Ebenen können Sie komplizierte Zeichnungen viel besser organisieren und sich Ihre Arbeit erleichtern. Stellen Sie sich Ebenen als übereinanderliegende Klarsichtfolien vor, mit denen Sie viele Dutzende von Objekten – selbst Objektgruppen – auseinanderhalten können. Neue Dokumente enthalten standardmäßig eine einzige Ebene; Sie können aber beliebig viele zusätzliche Ebenen und Unterebenen erstellen. Auch die Stapelfolge der Ebenen lässt sich verändern und Sie können Ebenen sperren, ausblenden oder kopieren. Objekte lassen sich von einer Ebene zur anderen kopieren. Im Bedienfeld *Ebenen* können Sie Objekte und Gruppen auswählen und die Ebenen auch expandieren, um die darin enthaltenen Einzelpfade oder Gruppen zu identifizieren und auszuwählen.

Beim Hinzufügen von Ebenen zum Bedienfeld *Ebenen* (siehe auch Tipp links) sind verschiedene Tastenkürzel hilfreich. Mit einem Klick auf das Symbol *Neue Ebene erstellen* fügen Sie über der aktuellen eine neue Ebene ein (die Nummerierung erfolgt fortlaufend). Halten Sie beim Klicken dieses Symbols die Alt-Taste gedrückt, um beim Hinzufügen der Ebene die Ebenenoptionen zu öffnen. Möchten Sie die Ebene ganz oben im Bedienfeld *Ebenen* einfügen, halten Sie stattdessen ⌘/Strg gedrückt. Soll die Ebene unterhalb der aktuellen Ebene erstellt und dabei das Dialogfenster *Ebenenoptionen* geöffnet werden, verwenden Sie beim Anklicken der Schaltfläche *Neue Ebene erstellen* die Tastenkombination ⌘/Strg+Alt. Schließlich lassen sich Ebenen, Unterebenen, Gruppen oder Pfade leicht duplizieren, indem Sie sie auf das Symbol *Neue Ebene erstellen* am unteren Rand des Bedienfelds *Ebenen* ziehen. Zum Löschen ausgewählter Ebenen klicken Sie auf das Papierkorbsymbol oder ziehen Sie die Ebenen darauf.

Auch Unterebenen helfen, Ordnung zu halten. Unterebenen sind in der darüber aufgeführten Ebene enthalten. Wenn Sie die übergeordnete Ebene löschen, gehen auch alle darin enthaltenen Unterebenen verloren.

Ein weiteres Symbol im Bedienfeld *Ebenen* ist eine Zielscheibe (der Kreis rechts neben dem Ebenennamen). Der später in diesem Kapitel folgende Abschnitt „Auswahl & Zielauswahl im Bedienfeld Ebenen" enthält Näheres zum Zielauswahlsymbol, zur Auswahl von Zielen im Bedienfeld *Ebenen*. Dort erfahren Sie, was es mit der ganzen Zielgeschichte auf sich hat.

### Navigation im Bedienfeld *Ebenen*

- Klicken Sie zum Ein- und Ausblenden einer Ebene auf das Augensymbol.

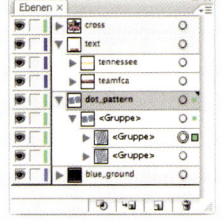

- Zum Sperren einer Ebene klicken Sie in die Spalte rechts von den Augensymbolen (es erscheint ein Vorhängeschloss). Ein erneuter Klick entsperrt die Ebene.
- Zum Sperren/Ensperren oder Ein-/Ausblenden aller *anderen* Ebenen klicken Sie mit gedrückter Alt-Taste auf ein Vorhängeschloss- oder Augensymbol.
- Zum Duplizieren einer Ebene ziehen Sie diese entweder auf *Neue Ebene erstellen* oder *Neue Unterebene erstellen*.
- Mehrere übereinanderliegende Ebenen markieren Sie durch Anklicken einer Ebene und Anklicken einer weiteren Ebene mit gedrückter ⇧-Taste. Beliebige Ebenen markieren Sie durch Anklicken in beliebiger Reihenfolge mit gedrückter ⌘/Strg-Taste.
- Ein Doppelklick auf eine beliebige Ebene öffnet das Dialogfenster *Ebenenoptionen* für diese Ebene (das funktioniert auch mit mehreren markierten Ebenen).

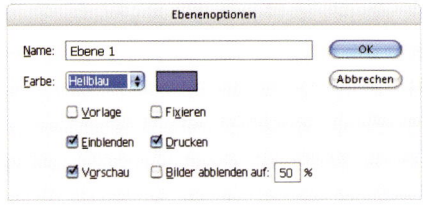

Ebenenoptionen (Doppelklick auf einen Ebenennamen)

## Ebenenoptionen verwenden

Dieses Dialogfenster erscheint nach einem Doppelklick auf eine Ebene, Unterebene oder eine Objekt- oder Gruppenbezeichnung im Bedienfeld *Ebenen*. Die Ebenenoptionen enthalten zum Beispiel den Namen sowie den Anzeige- und/oder Sperrstatus. Möchten Sie auch nach dem Umbenennen den Überblick über die Art der Elemente behalten, belassen Sie den Namen der Unterkomponente. So können Sie beispielsweise eine Gruppe neu benennen, um die Ebenenliste besser zu organisieren, aber die Bezeichnung in den spitzen Klammern als Teil des Namens beibehalten (zum Beispiel *Blume <Gruppe>*).

Mit einem Doppelklick auf einen Ebennamen, Unterebenennamen oder einen von mehreren markierten Ebenen-/Unterebenennamen erhalten Sie Zugriff auf die nachfolgend beschriebenen Ebenenoptionen:

- **Ebenenname.** Aussagekräftige Ebenenbezeichnungen halten beim Erstellen komplizierter Bilder Ihren Job und Ihr Gehirn in Ordnung.

- **Ebenenfarbe.** Die Farbe einer Ebene wird neben ihrem Listenpfeil angezeigt. Sie bestimmt die Auswahlfarbe für Pfade, Ankerpunkte, Begrenzungsrahmen und magnetische Hilfslinien. Passen Sie die Ebenenfarbe so an, dass sich die Markierungen vom Bildmaterial abheben.

- **Vorlagenebene.** Bei den Illustrator-Vorlagenebenen handelt es sich um einen speziellen Ebenentyp, der weder gedruckt noch exportiert wird. Er ist immer dann von Nutzen, wenn Sie ein neues Bild auf vorhandenem Bildmaterial aufbauen möchten. Sie können zum Beispiel das vorhandene Bildmaterial auf einer nicht druckbaren Vorlagenebene platzieren und dann von Hand auf einer normalen, druckbaren Ebene nachfahren. Zum Erstellen von Vorlagenebenen gibt es drei Möglichkeiten: die Auswahl von *Vorlage* aus dem *Ebenen*-Bedienfeldmenü, ein Doppelklick auf einen Ebenennamen und anschließendes Aktivieren der Option *Vorlage* oder die Option *Vorlage* beim ersten Platzieren eines Bilds in Illustrator. Vorlagenebenen sind standardmäßig gesperrt. Möchten Sie eine Vorlage entsperren, um sie beispielsweise anzupassen oder zu bearbeiten, klicken Sie auf das Vorhängeschlosssymbol links vom Ebenennamen.

Sie können unbegrenzt viele Vorlagenebenen verwenden; in Steven Gordons Kartengalerie hinter dieser Kapiteleinleitung finden Sie Beispiele für die Anwendung mehrerer Vorlagenebenen.

> **Wenn sich ein Objekt nicht markieren lässt …**
>
> Wenn Sie Probleme beim Markieren eines Objekts haben, überprüfen/versuchen Sie Folgendes:
> - Ist die Ebene des Objekts gesperrt?
> - Ist das Objekt gesperrt?
> - Sind die Ecken ausgeblendet?
> - Suchen Sie die Miniaturansicht in der Ebenenliste und klicken Sie auf das Zielauswahlsymbol.
>
> Wenn Sie immer wieder das falsche Objekt markieren, versuchen Sie es erneut, nachdem Sie
> - in die Pfadansicht gewechselt haben.
> - die Ansicht vergrößert haben.
> - die Miniaturansicht in der Ebenenliste gesucht und auf das Zielsymbol geklickt haben.
> - das markierte Objekt mit *Objekt > Ausblenden > Auswahl* (⌘/Strg+3) ausgeblendet oder mit *Objekt > Sperren > Auswahl* (⌘/Strg+2) gesperrt haben.
> - das Objekt auf eine andere Eben verschoben und diese gesperrt, ausgeblendet oder in den Vorschaumodus versetzt haben.
> - nach Objekten mit Transparenz gesucht haben. Die Überlappung von Transparenzbereichen verhindert die Auswahl.
> - in *Voreinstellungen > Schrift* die Option *Textobjektauswahl nur über Pfad* aktiviert haben.

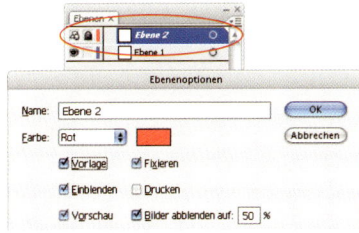

Im Bedienfeld *Ebenen* werden die Namen von Vorlagenebenen kursiv dargestellt; Vorlagenebenen sind zudem standardmäßig gesperrt. Anstelle des Augensymbols steht ein Vorlagensymbol. Auf einer Vorlagenebene eingesetzte Pixelbilder werden abgeblendet (einstellbar in den Ebenenoptionen).

### Objekte umschichten

Um die Stapelfolge mehrerer Objekte zu verändern, gibt es folgende Möglichkeiten:
- Ordnen Sie die Ebenen um, auf denen sich die Objekte befinden.
- Schneiden Sie die unteren Objekte aus, markieren Sie das oberste Objekt und *fügen* Sie *davor ein* (dabei muss *Ebenen beim Einfügen merken* ausgeschaltet sein).
- Ziehen Sie die Auswahlrechtecke von einer Ebene auf eine andere.
- Markieren Sie mit der ⇧-Taste mehrere Ebenen gleichzeitig und wählen Sie *Umgekehrte Reihenfolge* aus dem Popup-Menü des Bedienfelds *Ebenen*.
- Bewegen Sie mit *Objekt > Anordnen > In den Vordergrund/Schrittweise nach vorne/Schrittweise nach hinten/In den Hintergrund* Objekte innerhalb einer Ebene.
- Markieren Sie die zu bewegenden Objekte; erstellen Sie eine neue Ebene (klicken Sie dazu das Symbol *Neue Ebene erstellen* an) oder markieren Sie eine Ebene, in die Sie diese Objekte verschieben möchten. Wählen Sie dann *Objekt > Anordnen > In aktuelle Ebene verschieben*.
- Wenn es sich bei der Auswahl um eine Angleichung handelt, wählen Sie *Objekt > Angleichen > Farbrichtung umkehren*.

### *Kursive* Ebenenbezeichnungen?

Wenn ein Ebenenname kursiv dargestellt wird, wird diese Ebene von Illustrator aus nicht gedruckt. Ist der Name kursiv und das Vorlagensymbol wird angezeigt, können Sie sicher sein, dass die Ebene nicht gedruckt wird (siehe Abschnitt „Vorlagenebene" auf der vorigen Seite).

---

**Anmerkung:** Vorlagenebenen sind nicht mit der Vorlagenfunktion von Illustrator CS zu verwechseln. Bei Vorlagen handelt es sich um ein bestimmtes Dateiformat mit der Endung „.ait"; **Vorlagenebenen** sind dagegen einfach ein bestimmter Ebenentyp. Mehr zu **Vorlagen** finden Sie im Kapitel 1 „Illustrator-Grundlagen".

- **Ebene ein-/ausblenden.** Diese Option funktioniert genauso wie das Ein- und Ausblenden durch einen Klick auf das Augensymbol (siehe Tipp „Navigation im Bedienfeld Ebenen" zu Beginn dieser Kapiteleinleitung). Standardmäßig wird eine ausgeblendete Ebene beim Drucken nicht ausgegeben.

- **Vorschaumodus/Pfadansicht.** Falls sich bestimmte Objekte leichter in der Pfadansicht bearbeiten lassen oder im Vorschaumodus viel Zeit zum Bildaufbau benötigen (etwa komplizierte Muster, interaktive Angleichungen oder Verläufe), kann es von Vorteil sein, für diese Ebenen (oder Objekte) die Pfadansicht zu wählen. Diese Option schalten Sie durch einen Klick auf das Augensymbol in der Sichtbarkeitsspalte mit gedrückter ⌘/Strg-Taste ein und aus. Alternativ führen Sie einen Doppelklick auf die markierten Ebenen aus und schalten in den Ebenenoptionen die Option *Vorschau* aus, um die Pfadansicht für diese Ebenen zu aktivieren.

- **Ebene sperren/entsperren.** Diese Option entspricht dem Sperren und Entsperren durch Anklicken der Sperren-Spalte im Bedienfeld *Ebenen* (siehe Tipp „Navigation im Bedienfeld Ebenen" zu Kapitelbeginn).

- **Drucken.** Wenn Sie aus Illustrator heraus drucken, können Sie mit dieser Option die Standardeinstellung übergehen, in der sichtbare Ebenen gedruckt werden. Wenn Sie auf einen Blick erkennen wollen, dass eine Ebene nicht gedruckt wird, wandeln Sie diese in eine Vorlagenebene um (siehe Tipp „Kursive Ebenenbezeichnungen?" links).

- **Bilder abblenden.** Sie können nur Pixelbilder von 1%-99% Deckkraft abblenden, nicht jedoch Illustrator-Vektorobjekte.

## Das Popup-Menü Ebenen

Dieser Abschnitt behandelt Funktionen, die nur im Popup-Menü *Ebenen* vertreten sind und die in dieser Einleitung bisher noch nicht angesprochen wurden.

Durch die Möglichkeiten, Unterebenen innerhalb von Ebenen anzulegen und Gruppenobjekte zu erstellen, steigt die Gefahr der Verwirrung. Es kann schwierig sein, in der Ebenenliste vergrabene Objekte aufzufinden. Verwenden Sie zum Lokalisieren bestimmter Objekte die Befehle *Objekt suchen* oder *Ebene suchen* (wenn in den Bedienfeldoptionen *Nur Ebenen einblenden* aktiviert ist). Haben Sie mehrere Ebenen markiert, ist die Option *Ausgewählte zusammenfügen* verfügbar; damit werden *sichtbare* Objekte in der obersten Ebene platziert. Mit dem Befehl *Auf Hintergrundebene reduzieren* lassen sich alle sichtbaren Objekte in einer Ebene zusammenfassen (denken Sie aber daran, dass Sie dabei die auf die betroffenen Ebenen angewandten Effekte und Masken verlieren könnten). Damit Sie eine neue Datei mit einer reduzierten Version erhalten, entsperren Sie alle Ebenen und Objekte, wählen *Auswahl > Alles auswählen*, kopieren die Auswahl, erstellen ein neues Dokument und fügen den Inhalt der Zwischenablage wieder ein (bei ausgeschalteter Funktion *Ebenen beim Einfügen merken*).

*Ebenen beim Einfügen merken* ist eine tolle Funktion: Wenn sie aktiviert ist, behalten eingefügte Objekte ihre Ebenenfolge bei; ist die Option ausgeschaltet, werden Objekte in die ausgewählte Ebene eingefügt. Falls die Ebenen nicht existieren, erstellt sie die Funktion *Ebenen beim Einfügen merken* für Sie! Diese Funktion kann sogar noch nach dem Kopieren der Objekte ein- und ausgeschaltet werden – wenn Sie also den Inhalt der Zwischenablage einfügen und die Option lieber ein- bzw. ausgeschaltet gehabt hätten, verwenden Sie *Rückgängig*, schalten die Option *Ebenen beim Einfügen merken* um und fügen erneut ein.

*In neuer Ebene sammeln* verschiebt alle markierten Ebenen in eine neue Ebene. Mit *Ebenen für Objekte erstellen (Aufbau)* oder *Ebenen für Objekte erstellen (Sequenz)* können Sie Objektgruppen wie eine Angleichung, eine Ebene oder mit einem Pinsel erstelltes Bildmaterial in einzelne Objektebenen aufteilen. (Im Kapitel 14 „Web & Animation" finden Sie Anwendungsbeispiele für diese Optionen zur Animation.)

*Umgekehrte Reihenfolge* kehrt die Stapelfolge der markierten Ebenen innerhalb einer übergeordneten Ebene um. Die Aktionen *Alle Ebenen/Andere ausblenden*, *Alle Ebenen/Andere Vorschau* und *Alle Ebenen/Andere sperren* beziehen sich jeweils auf nicht markierte Ebenen oder Objekte.

Die *Bedienfeldoptionen* bestimmen die Anzeige der Ebenen. Das ist eine große Hilfe für Grafiker, die komplizierte Dateien mit mehreren Ebenen bearbeiten. *Nur Ebenen einblenden* verbirgt den Listenpfeil, so dass Sie nur noch die Miniaturansicht der übergeordneten Ebene erhalten. Beim Hinzufügen von Unterebenen erscheint der Pfeil wieder. Sie können in diesem Modus jedoch weiterhin keine Gruppen oder einzelnen Pfade als Ziel auswählen.

Popup-Menü im Bedienfeld *Ebenen*

### Groß ... oder gar nicht

Die Miniaturen im Bedienfeld *Ebenen* können sich bei der Suche und Auswahl von Objekten als sehr hilfreich erweisen. Manchmal sind sie jedoch schwer zu erkennen. Stellen Sie die Zeilengröße für eine genauere Anzeige größer ein – bis zu 100 Pixel sind möglich! Wenn Sie zu viele Ebenen haben, können Sie die Miniatursymbole auch ganz abschalten.

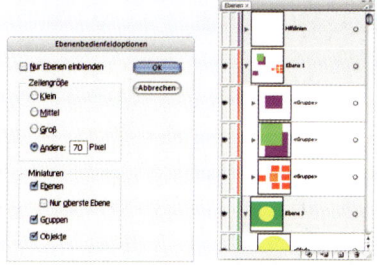

> **Mehrere Versionen in einer Datei?**
>
> Wenn Sie mithilfe von Ebenen innerhalb eines Dokuments verschiedene Variationen oder Versionen desselben Layouts für die Druckvorstufe anfertigen (z.B. bei einem mehrsprachigen Entwurf), achten Sie darauf, Ihrem Dienstleister detaillierte Anweisungen mitzuliefern, welche Ebenen er für welche Version ein- oder ausschalten soll. Ein narrensicheres Ergebnis erhalten Sie, wenn Sie die einzelnen Versionen der Datei nur mit den benötigten Ebenen in separaten Dateien ablegen, die Sie separat ausgeben können.
> *Jean-Claude Tremblay*

> **Markieren zum Ebenenwechsel**
>
> Anstatt die aktive Ebene durch Auswahl einer neuen Ebene im Bedienfeld *Ebenen* zu wechseln, können Sie auch Illustrator die Arbeit überlassen. Wenn Sie ein Objekt aus einer entsperrten Ebene auswählen, wird dessen Ebene automatisch aktiviert. Das nächste von Ihnen erstellte Objekt hat denselben Stil wie das zuletzt markierte und wird auch auf derselben aktiven Ebene angelegt.

> ***Alle* Objekte auswählen**
>
> Zunächst entsperren und blenden Sie im Bedienfeld *Ebenen* alles ein. Klicken und ziehen Sie durch die Augen- und Vorhängeschlossspalte oder stellen Sie sicher, dass die Optionen *Alle entsperren* und *Alles einblenden* im Menü *Objekt* ausgegraut sind. Wählen Sie dann *Auswahl > Alles auswählen* oder drücken Sie die Tasten ⌘/Strg+A.

Die *Zeilengröße* bestimmt die Größe der Miniaturansichten der Ebenen. Sie können eine Größe von klein (keine Miniaturansicht) bis groß angeben oder im Feld *Andere* eine Größe bis 100 Pixel spezifizieren.

Im Bereich *Miniaturen* lässt sich die Anzeige der Miniaturansichten individuell für *Ebenen, nur oberste Ebene* (wenn *Ebenen* markiert ist), *Gruppen* und *Objekte* einstellen.

## Die Objektstapelfolge festlegen

Ebenen sind zur Organisation und Gestaltung Ihrer Illustration unverzichtbar. Der Einfluss auf die Stapelfolge von Objekten innerhalb einer Ebene ist jedoch ebenso wichtig. Die intuitiven Ebenen und Unterebenen geben ihre hierarchisch gegliederten Inhalte preis, wenn Sie den Listenpfeil anklicken. Nachfolgend erhalten Sie eine Zusammenfassung der Funktionen zur Beeinflussung der Stapelfolge von Objekten in Ebenen und Unterebenen.

### Unterebenen und die hierarchische Ebenenstruktur

Neben normalen Ebenen gibt es noch Unterebenen und Gruppen, die jeweils als Container für Objekte und Bilder dienen. Wenn Sie die Schaltfläche *Neue Unterebene erstellen* anklicken, wird eine neue, mit der aktuellen Ebene verschachtelte Unterebene erstellt. In die Unterebene eingefügtes Bildmaterial liegt unterhalb des Materials in der Hauptebene. Wenn eine Unterebene markiert ist, bewirkt ein Klick auf die Schaltfläche *Neue Ebene erstellen* die Erstellung einer neuen Unterebene über der aktuellen Unterebene. Durch Hinzufügen weiterer Ebenen werden die Inhalte in der Stapelfolge ganz oben bzw. oberhalb der aktuellen Ebenen abgelegt.

Beim Gruppieren von Objekten wird automatisch eine Containerebene namens <Gruppe> angelegt. Doppelklicken Sie auf diese Ebene, um ihre Optionen anzuzeigen. Gruppenebenen verhalten sich ähnlich wie Unterebenen. Sie können sie als Ziel zum Anwenden von Aussehen auswählen und die Veränderungen wirken sich auf alle Objekte innerhalb der Gruppe aus. In einigen Fällen, etwa beim Einsatz von *Pathfinder*-Effekten, müssen Objekte zum Anwenden des Effekts gruppiert und die Gruppenebene muss als Ziel ausgewählt werden.

**Hinweis:** Wenn Sie Ihre Gruppe umbenennen, wundern Sie sich vielleicht später, dass sie sich nicht wie eine normale Ebene verhält. Behalten Sie deshalb <Gruppe> als Teil des Namens bei.

## Davor einfügen, Dahinter einfügen (Menü Bearbeiten)

Wenn Sie *Davor einfügen* oder *Dahinter einfügen* wählen, ohne dass etwas markiert ist, fügt Illustrator das ausgeschnittene oder kopierte Objekt ganz oben oder unten auf der aktuellen Ebene ein. Haben Sie hingegen ein Objekt markiert, fügt Illustrator das ausgeschnittene oder kopierte Objekt *direkt* ober- bzw. unterhalb des markierten Objekts in die Stapelfolge ein. Ein zweiter und ebenso wichtiger Aspekt ist, dass die beiden Funktionen ausgeschnittene oder kopierte Objekte an exakt der gleichen Stelle, gemessen vom *Linealursprung* (X/Y-Koordinaten), einfügen. Durch diese Möglichkeit übertragen Sie mit *Bearbeiten > Davor/Dahinter einfügen* Elemente mit perfekter Passung und Ausrichtung von einem Dokument in ein anderes. (Im Verzeichnis zu Kapitel 2 auf der Wow!-CD finden Sie die „Zen_Lektionen". In einer davon werden die *Einfügen*-Befehle behandelt: 2a Zen_Ebenen_Verschieben_Einfuegen.ai.)

## Alle sperren/entsperren (Menü Objekt)

Als es noch nicht möglich war, in Illustrator Ebenen zu öffnen und ihre einzelnen Objekte zu markieren, waren die Befehle *Alle sperren/entsperren* unverzichtbar. Heutzutage sind sie nicht mehr ganz so wichtig, sie können aber immer noch sehr sinnvoll sein, wenn Sie Ihren Pfad innerhalb der Eheneninhalte nicht ausfindig machen können.

Wenn Sie ein Objekt markieren wollen und dabei versehentlich ein darüber liegendes Objekt auswählen, können Sie dieses sperren (⌘/Strg+2 oder *Objekt > Sperren*) und dann erneut klicken. Wiederholen Sie den Vorgang, bis Sie das richtige Objekt markiert haben. Wählen Sie *Alle entsperren* (⌘/Strg+Alt+2), wenn Sie fertig sind.

## Alles einblenden/ausblenden (Menü Objekt)

Alternativ können Sie ausgewählte Objekte mit *Objekt > Ausblenden > Auswahl* (⌘/Strg+3) ausblenden. Um alle ausgeblendeten Objekte anzuzeigen, wählen Sie *Objekt > Alles einblenden* (⌘/Strg+Alt+3).

**Warnung:** Ausgeblendete Objekte können gedruckt werden, wenn sie auf sichtbaren Ebenen liegen. Wenn Sie Ihre Datei außer Haus drucken lassen und Ihr Workflow den *Ausblenden*-Befehl enthält, verwenden Sie unbedingt *Objekt > Alles einblenden*, bevor Sie die endgültige Datei abspeichern. Und Vorsicht – *Alles einblenden* blendet stets alle ausgeblendeten Objekte und unsichtbaren Ebenen ein!

---

### Wann bedeutet gesperrt wirklich gesperrt?

Seit der „Illustrator-Steinzeit" blieben gesperrte oder ausgeblendete Objekte grundsätzlich gesperrt oder ausgeblendet, selbst wenn sie Teil einer Gruppe waren. Seit der Einführung der *Zielauswahl* (siehe Abschnitt „Auswahl & Zielauswahl im Bedienfeld *Ebenen*" in diesem Kapitel) kommt es jedoch darauf an, wie Sie die Gruppe zu Beginn markieren. Davon hängt ab, ob Sie die gesamte Gruppe bearbeiten (egal, ob sie gesperrt oder ausgeblendet ist) oder lediglich die derzeit eingeblendeten und entsperrten Gruppenelemente bearbeiten:

- Um die derzeit eingeblendeten und entsperrten Objekte einer Gruppe zu bearbeiten, ziehen Sie entweder einen Auswahlrahmen mit dem *Direktauswahl*-Werkzeug um die Gruppe oder markieren die <Gruppe> im Bedienfeld *Ebenen*, indem Sie rechts neben ihr Zielauswahlsymbol klicken.
- Um alle Elemente einer Gruppe einzubeziehen, auch die gesperrten und ausgeblendeten, klicken Sie im Bedienfeld *Ebenen* auf das Zielauswahlsymbol der Gruppe.

### Auswahl im Steuerungsbedienfeld

Achten Sie im Steuerungsbedienfeld auf die Schaltfläche *Ähnliche Objekte auswählen* (und das dazugehörige Popup-Menü). Sie bietet eine praktische Alternative zur Auswahl von Objekten. Im Auswahlmenü werden Ihnen einige raffinierte Optionen auffallen (*Auswahl > Gleich* und *Auswahl > Objekt*).

## Auswahl oder Zielauswahl?

Es gibt nun unterschiedliche Möglichkeiten, eine Auswahl zu treffen, und verschiedene andere Möglichkeiten, ein Objekt zum Ziel zu erklären. Der Hauptunterschied besteht darin, dass eine Auswahl nicht immer mit einer Zielauswahl gleichzusetzen ist, eine Zielauswahl jedoch immer auch zu einer Auswahl führt. In diesem Beispiel enthält „Ebene 1" das markierte Objekt, ist aber derzeit nicht als Ziel ausgewählt. Momentan ist der eingekreiste „<Pfad>" das Ziel.

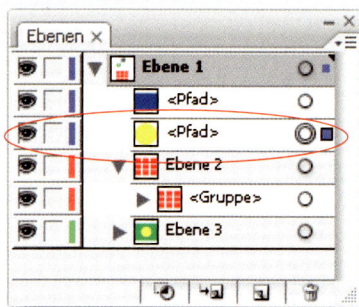

 Zielauswahlsymbol für beliebige Ebenen oder Unterbestandteile

 Auswahl ist derzeit auch Ziel

 Auswahlindikator für eine Containerebene

 Auswahlindikator (alle Objekte markiert)

## Symbole für Ebenenaussehen

Ein Objekt hat die Grundform, solange keine multiplen Flächen oder Konturen, Transparenzen, Effekte oder Pinselkonturen darauf angewandt sind. Im Bedienfeld *Ebenen* erkennen Sie dies durch einen ungefüllten Kreis. Komplexere Aussehen werden durch ein mit einem Verlauf gefülltes Symbol im Bedienfeld *Ebenen* angezeigt.

*In den Vorder-/Hintergrund, Schrittweise nach vorne/hinten.* Diese Befehle beziehen sich auf Objekte innerhalb einer Ebene. *Objekt > Anordnen > Schrittweise nach vorne* stapelt ein Objekt direkt über dem darüber liegenden Objekt; *In den Vordergrund* holt ein Objekt vor alle anderen Objekte der Ebene. Ebenso verfrachtet *In den Hintergrund* ein Objekt ganz ans Ende der Stapelfolge, während *Schrittweise nach hinten* das Objekt hinter seinem nächsten Nachbarobjekt ablegt.

Anmerkung: *Schrittweise nach vorne/hinten* funktioniert am besten mit einfachen Objektgruppierungen und kann in komplexen Bildern zu unvorhersehbaren Ergebnissen führen. Wenn Sie Ihr Ziel damit nicht erreichen, klappen Sie das Bedienfeld *Ebenen* auf und verlagern Sie Ihren Pfad oder Ihre Gruppe.

## Auswahl & Zielauswahl im Bedienfeld Ebenen

Für Auswahlen gibt es verschiedene Möglichkeiten. Klicken Sie das Zielauswahlsymbol einer Ebene an oder klicken Sie mit gedrückter Alt-Taste auf den Ebenennamen, um alle entsperrten und sichtbaren Objekte in der Ebene, inklusive Unterebenen und Objekte in Gruppen, zu markieren. Klicken Sie auf das Zielauswahlsymbol einer Unterebene, um alle Objekte der Unterebene, inklusive weiterer Unterebenen und Gruppen, zu markieren. Ein Klick auf das Zielauswahlsymbol einer Gruppe führt ebenfalls zur Markierung aller in der Gruppe enthaltenen Objekte. Wenn Sie die ⇧-Taste gedrückt halten, können Sie mehrere Zielauswahlsymbole anklicken und damit unterschiedliche Objekte auf verschiedenen Ebenen, inklusive Unterebenen und Gruppen, markieren. Wenn Sie das Aussehen einer Ebene, Unterebene oder Gruppe verändern möchten, müssen Sie zunächst durch Anklicken des *Zielauswahl*-Symbols Ihre Auswahl treffen und anschließend Ihre Anpassungen durchführen.

Falls Sie nur einige (aber nicht alle) Objekte einer Ebene ausgewählt haben, erscheint rechts von Zielauswahlsymbol ein kleines Quadrat. Mit einem Klick auf dieses Quadrat markieren Sie alle Objekte in der Ebene oder Gruppe. Ein größeres Quadrat deutet darauf hin, dass bereits alle Objekte in dieser Ebene oder Gruppe markiert sind. Durch Anklicken der kleinen Fläche rechts vom Zielauswahlsymbol werden ebenfalls alle Objekte der Ebene, Unterebene oder Gruppe markiert.

Wichtig: Wenn Sie eine übergeordnete Ebene als Ziel ausgewählt haben und Konturen, Flächen, Effekte oder Transparenz anwenden und Sie diese Ebene dann kopieren und in ein neues Dokument einfügen, gehen alle auf *diese Ebene* angewendeten Aussehenattribute im neuen Dokument verloren, selbst wenn *Ebenen beim Einfügen merken* eingeschaltet ist. Probieren Sie die folgende Behelfslösung von Jean-Claude Tremblay (Sie können damit auch die auf die Ebene angewendeten Masken und Effekte erhalten): Da die Attribute einer übergeordneten Ebene nicht beibehalten werden und beim Einfügen in ein neues Dokument keine Warnung angezeigt wird, müssen Sie die übergeordnete Ebene mit einer anderen Ebene verschachteln und in eine Unterebene umwandeln. Kopieren Sie diese Ebene dann und fügen Sie sie in das neue Dokument ein. Die Aussehenattribute bleiben dabei erhalten.

Auf Grundform reduzieren
Aussehen löschen
Neues Bild behält Aussehen bei

## Aussehen

Ein Aussehen besteht aus einer Ansammlung von Konturen, Flächen, Effekten und Transparenzeinstellungen. Aussehen lassen sich auf beliebige Pfade, Objekte (auch Text), Gruppen, Unterebenen oder Ebenen anwenden. Die genauen Aussehenattribute einer Auswahl werden im Bedienfeld *Aussehen* angezeigt. Attribute innerhalb des Aussehens werden dem Bedienfeld in der Reihenfolge ihrer Anwendung hinzugefügt. Wenn Sie die Reihenfolge der Attribute verändern, ändert sich auch das Aussehen. Ein Objekt und seine übergeordneten Gruppen und Ebenen können jeweils über eigene Aussehen verfügen.

Um ein Aussehen anzuwenden, treffen Sie eine Auswahl oder klicken Sie auf ein Zielauswahlsymbol (Bedienfeld *Ebenen*). Fügen Sie dann Transparenz, Effekte, multiple Flächenfüllungen und/oder multiple Konturen hinzu (siehe Abschnitt „Hinzufügen von Flächen und Konturen"). Wenn Sie eine Gruppe, Unterebene oder Ebene markiert haben, werden Konturen und Flächen auf die einzelnen Objekte innerhalb der Auswahl angewendet, jedwede Effekte oder Transparenzeinstellungen beziehen sich jedoch auf das *Ziel* (siehe Tipp *Auswahl oder Zielauswahl?* auf der gegenüberliegenden Seite). Ziehen Sie das Zielsymbol im Bedienfeld *Ebenen* von einer Ebene zur nächsten, um das Aussehen zu verschieben, oder kopieren Sie dieses durch Ziehen mit gedrückter Alt-Taste. Möchten Sie ein Aussehen weiterverwenden, sichern Sie es im Bedienfeld *Grafikstile* als Stil (mehr zu Grafikstilen erfahren Sie im Kapitel 11 „Interaktive Effekte & Grafikstile").

### Bedienfeld Aussehen

Wenn Sie ein Element markiert oder als Ziel ausgewählt haben, zeigt das Bedienfeld *Aussehen* alle Attribute der aktuellen Auswahl an. Wenn keine Auswahl besteht, zeigt das Bedienfeld die Attribute des als Nächstes zu zeichnenden Objekts an. Ist das derzeitige

### Aussehen verschieben und kopieren

Ziehen Sie das kreisförmige Aussehensymbol im Bedienfeld *Ebenen* von einem Objekt, einer Gruppe oder Ebene zum nächsten, um das Aussehen zu verschieben. Zum Kopieren des Aussehens halten Sie beim Ziehen die Alt-Taste gedrückt.

### Wenn Sie ein Aussehen nicht erkennen können

Wenn Sie ein Aussehen überarbeiten möchten, auf dem Bildschirm aber keine Änderung zu erkennen ist, überprüfen Sie Folgendes:
- Sind Ihre Objekte markiert?
- Befinden Sie sich im Vorschaumodus?

### Symbole im Bedienfeld *Aussehen*

Die Symbole für Effekte und Transparenz erscheinen im Bedienfeld *Aussehen* für Ebenen oder Gruppen, die Elemente mit diesen Attributen enthalten. Im Tipp *Untersuchen Sie Ihre Dateien genau* am Ende dieser Einleitung erfahren Sie, wie Sie in jedem Illustrator-Bild die verwendeten Effekte ausfindig machen können.

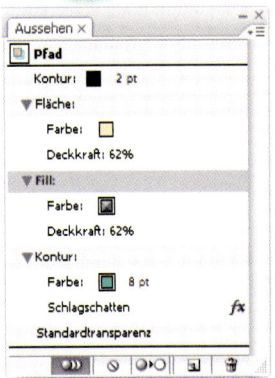
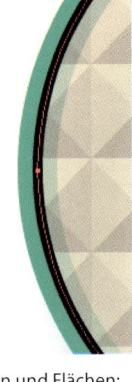

Ein Beispiel für mehrfache Konturen und Flächen; darunter eine 2pt starke, schwarze Kontur, eine vollfarbige grüne Fläche mit einer Deckkraft von 66%, eine mit einem Muster gefüllte Fläche mit 45% Deckkraft, eine 8pt starke grüne Kontur und ein Schlagschatteneffekt (im Kapitel 11 „Interaktive Effekte & Grafikstile" erfahren Sie mehr zu interaktiven Effekten).

### Neues Bild hat Grundform

Die Option *Neues Bild hat Grundform* im Bedienfeld *Aussehen* ist standardmäßig eingeschaltet. Solange Sie diese also nicht deaktivieren (entweder im Popup-Menü oder durch Anklicken der Schaltfläche *Neues Bild hat Grundform*), wendet Illustrator keine Effekte, Pinselkonturen, Transparenzen, Füllmethoden oder mehrfache Flächen/Konturen auf neu erstellte Objekte an.
*Brenda Sutherland*

### Alle Elemente als Ziel auswählen

Wenn eine Gruppe oder Ebene als Ziel ausgewählt ist, können Sie einen Doppelklick auf die Zeile *Inhalte* im Bedienfeld *Aussehen* ausführen. Damit wählen Sie alle einzelnen Elemente innerhalb der Gruppe oder Ebene als Ziel aus. *Pierre Louveaux*

Ziel ein Objekt, enthält das Bedienfeld *Aussehen* immer mindestens eine Fläche, eine Kontur und die objektbezogene Transparenz. Handelt es sich beim Ziel um eine Gruppe oder Ebene, wird keine Fläche oder Kontur angezeigt, es sei denn, es wurde eine solche angewendet (siehe nachfolgender Abschnitt *Hinzufügen von Flächen & Konturen*) und Sie führen einen Doppelklick auf die Zeile *Inhalt* im Bedienfeld *Aussehen* aus. „Standardtransparenz" bedeutet 100% Deckkraft, Füllmethode *Normal*, *Füllmethode isolieren* aus und *Aussparungsgruppe* aus oder neutral.

Eine Grundform besteht nicht immer aus einer weißen Fläche und einer schwarzen Kontur (wie es das Symbol andeutet). Ein Aussehen ist als *Grundform* definiert, wenn es aus einer Fläche und einer Kontur besteht, wobei eines dieser Merkmale auf *Ohne* gesetzt ist; die Kontur wird über der Fläche aufgeführt; es gibt keine Pinsel oder interaktiven Effekte; die Deckkraft liegt bei 100% und die Füllmethode ist *Normal* (dies entspricht den Standardwerten). Wenn die aktuelle Auswahl über die Grundform hinausgehende Attribute aufweist, können Sie entscheiden, welche Attribute das nächste Objekt erhält. Das erste Symbol am unteren Rand des Bedienfelds trägt den Titel *Neues Bild behält Aussehen bei* (wenn es deaktiviert ist) beziehungsweise *Neues Bild hat Grundform* (wenn es ausgewählt wurde). Wenn Ihr letztes Objekt zum Beispiel einen Schlagschatten hatte, das nächste Objekt dieses Attribut jedoch nicht erben soll, wählen Sie *Neues Objekt hat Grundform*. Damit übertragen sich lediglich die grundlegenden Attribute auf das neue Objekt. Mit einem Klick auf die Schaltfläche *Aussehen löschen* reduzieren Sie die Aussehenattribute auf *Ohne* Fläche, *Ohne* Kontur und eine Deckkraft von 100%. Klicken Sie das Symbol *Auf Grundform reduzieren* an, um das Aussehen des Bilds auf eine einzige Kontur und Fläche sowie die Standardtransparenz zu reduzieren. Zum Löschen eines Attributs ziehen Sie es auf den Papierkorb oder klicken es an, um anschließend auf den Papierkorb zu klicken.

*Anmerkung:* Beachten Sie, dass *Auf Grundform reduzieren* alle Pinselkonturen und interaktiven Effekte löscht!

## Aussehen – die Feinheiten

### Flächen & Konturen hinzufügen

Erst wenn Sie einem Aussehen mehrfache Flächen und Konturen hinzufügen, ziehen Sie den vollen Nutzen aus dem Bedienfeld *Aussehen*. Wählen Sie aus dem Bedienfeldmenü den Befehl *Neue Fläche hinzufügen* oder *Neue Kontur hinzufügen*, um diese Attribute dem Aussehenprofil eines markierten Objekts bzw. einer markierten Objektgruppe hinzuzufügen. Sie können jeder Fläche oder Kontur auch Effekte und Transparenzattribute hinzufügen, indem Sie im Bedienfeld zuerst die Zeile der gewünschten Fläche oder Kontur anklicken und anschließend Ihre Anpassungen im entsprechenden Bedienfeld (etwa dem Bedienfeld *Steuerung*) durchführen. Genauso wie im Bedienfeld *Ebenen* gibt es im Bedienfeld *Aussehen* eine Stapelfolge. Einträge, die oben im Bedienfeld stehen, liegen auch in der Stapelfolge oben. Sie können die Listeneinträge im Bedienfeld durch Anklicken markieren und ihre Reihenfolge durch Ziehen und Loslassen verändern.

Es gibt mehrere Möglichkeiten, eine Fläche, Kontur oder einen Effekt zu duplizieren oder zu löschen. Sie können das Attribut in der Bedienfeldliste markieren und es auf eines der Symbole im unteren Bereich des Bedienfelds ziehen. Sie können das Attribut auch auswählen und dann das entsprechende Symbol am unteren Rand des Bedienfelds anklicken. Schließlich hält auch das Popup-Menü entsprechende Einträge zur Auswahl bereit.

**Mehrfache Flächen & Konturen**

Erstellen Sie mehrfache Linieneffekte, indem Sie einem Pfad mehrere Konturen hinzufügen. Markieren Sie einen Pfad, eine Gruppe oder Ebene und wählen Sie aus dem Popup-Menü des Bedienfelds *Aussehen* den Befehl *Neue Kontur hinzufügen*. Damit wird dem Aussehen eine weitere Kontur hinzugefügt. Um die zusätzliche Kontur auf dem Pfad zu erkennen, müssen Sie ihr andere Attribute zuweisen als der ursprünglichen Kontur. Wählen Sie eine Kontur im Bedienfeld *Aussehen* als Ziel aus und passen Sie Farbe, Stärke, Form und/oder Transparenzeinstellungen an.

Zum Erstellen mehrfacher Flächen wählen Sie ein Objekt, eine Gruppe oder Ebene als Ziel aus und wählen Sie *Neue Fläche hinzufügen*. Ebenso wie bei mehrfachen Konturen erkennen Sie die Auswirkungen der zusätzlichen Fläche erst, wenn ihr Aussehen sich von der ersten Fläche unterscheidet. Um verschiedene Ergebnisse durch zusätzliche Füllungen zu erhalten, wenden Sie einen Effekt oder veränderte Transparenzeinstellungen an. Falls Sie die Resultate Ihrer mehrfachen Konturen nicht gut erkennen können, beginnen Sie von unten mit einer stärkeren Kontur (siehe Abbildungen auf der gegenüberliegenden Seite). Zur Variation können Sie mit gestrichelten Linien und/oder verschiedenen Linienenden experimentieren.

In der Lektion „Aussehen" weiter hinten in diesem Kapitel erhalten Sie eine Einführung zum Aussehen. Weitere Beispiele für Bilder mit mehrfachen Flächen und Konturen finden sich in den Kapiteln 7 „Text" sowie 11 „Interaktive Effekte & Grafikstile".

---

**Untersuchen Sie Dateien genau**

Wenn Sie von anderen Designern erzeugte Bilder bearbeiten müssen (oder Ihre eigenen Bilder öffnen, die Sie vor einiger Zeit erstellt haben), sollten Sie unbedingt die Bedienfelder *Aussehen* und *Ebenen* im Blick behalten. Der Grund dafür ist, dass zahlreiche Effekte oder Bestandteile (wie mehrfache Flächen oder Füllungen oder Transparenzen) möglicherweise nicht offensichtlich erkennbar sind. Klicken Sie im Bedienfeld *Ebenen* auf ausgefüllte Zielauswahlsymbole; im Bedienfeld *Aussehen* erhalten Sie dann entsprechende Details über angewendete Effekte und Bestandteile. In den Kapiteln 9 „Transparenz" und 11 „Interaktive Effekte & Grafikstile" erfahren Sie mehr zu Effekten und Aussehen.
*Vicki Loader*

---

**Skalierbare Textschaltflächen**

Sie möchten eine Textschaltfläche erstellen? Geben Sie ein Wort ein und markieren Sie dann das Textobjekt. Wählen Sie *Neue Fläche hinzufügen* (im Menü des Bedienfelds *Aussehen*) und ziehen Sie diese neue Fläche unter die Zeile *Zeichen*. Klicken Sie die Zeile *Fläche* an, wenden Sie die gewünschte Füllfarbe an und wählen Sie aus dem Untermenü *Effekt > In Form umwandeln* eine Form. Geben Sie als relative zusätzliche Breite und Höhe den Wert an, um den die Schaltfläche größer als der Text sein soll, und klicken Sie auf *OK*. Beim Bearbeiten des Texts ändert die Schaltfläche automatisch ihre Größe. Yukio Miyamotos Galerien im Kapitel 11 „Interaktive Effekte & Grafikstile" (und die Wow!-CD) enthalten komplexe Textschaltflächen, die mit dem Bedienfeld *Aussehen* erstellt wurden.

# Logos digitalisieren

Den Umgang mit Vorlagenebenen erlernen

 Tom Jack_bertz_Farbversion.ai

**Überblick:** Platzieren Sie Ihr gescanntes Material auf einer Vorlagenebene in Illustrator; pausen Sie die Vorlage von Hand ab, verändern Sie die Pfade mit dem *Direktauswahl*-Werkzeug; verbessern Sie die Linien mit dem *Buntstift*-Werkzeug; verwenden Sie einfache Objekte zur schnellen, unkomplizierten Arbeit.

TOM (created for the BERTZ Design Group)

**1**

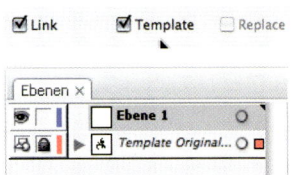

Ein sauberer und kontrastreicher Scan der Skizze

Ebene und Zeichenebene wurden angelegt.

**2**

Durch Ziehen mit dem *Direktauswahl*-Werkzeug an den Richtungsgriffen wurde der Pfad besser an die Skizze angepasst.

Ausgehend von seiner als Vorlagenebene importierten eingescannten Skizze gestaltete Jack Tom mit den Basis-Zeichenwerkzeugen von Illustrator dieses Logo für die Bertz Design Group. Das Zeichenstift- und Buntstift-Werkzeug sowie die einfachen Geometriewerkzeuge wie Rechteck- und Ellipse-Werkzeug reichen zur Erstellung der benötigten Elemente aus. Sie können damit ausgefeilte Logos zu allen erdenklichen Zwecken anfertigen.

**1. Ein gescanntes Bild als Vorlage abpausen.** Sie benötigen zunächst einen hoch auflösenden, kontrastreichen Scan Ihrer Logoskizze, der genügend Details zum Abpausen enthält. Wenn Sie ein Bildbearbeitungsprogramm wie Photoshop verwenden, können Sie dort zunächst den Kontrast erhöhen, bevor Sie die Datei in Illustrator importieren. Somit treten Ihre gezeichneten Linien besser hervor. Speichern Sie das gescannte Bild im PSD- oder TIFF-Format und importieren Sie es über *Datei > Öffnen*. Wählen Sie aus dem Popup-Menü *Ebenen* den Befehl *Vorlage* und legen Sie eine neue, leere Ebene zum Abpausen an. Alternativ erzeugen Sie zuerst ein Illustrator-Dokument, wählen *Datei > Platzieren* und aktivieren im Dialogfenster *Platzieren* die Option *Vorlage*. Eine Vorlagenebene wird direkt unterhalb der Originalebene eingefügt. Vorlagenebenen sind standardmäßig zunächst abgeblendet und nicht druckbar.

**2. Die Vorlage abpausen.** Zeichnen Sie zunächst mit dem *Zeichenstift*-Werkzeug auf der leeren Ebene die geraden Linien und glatten Kurven der auf dem Bildschirm angezeigten Abpausvorlage nach. Es ist nicht schlimm, wenn die Abpausung zu Anfang etwas ungenau ist. Im nächsten Schritt werden Sie die Pfade genauer an die Skizze anpassen. Beim Abpausen klicken Sie für Eckpunkte, klicken und ziehen für Kurven und halten die Alt-Taste gedrückt, wenn Sie für eine nicht zusammenhängende Kurve einen Richtungsgriff herausziehen möchten. (In den *Zen_Lektionen* auf der Wow!-CD finden Sie eine Anleitung zur Erzeugung von Bézier-Kurven.) Sobald Sie einen einfachen Pfad gezeichnet haben, zoomen Sie sich nahe heran und passen Sie die Ankerpunkte und Richtungsgriffe mit dem *Direktauswahl*-Werkzeug an. Schalten Sie mit dem *Ankerpunkt-konvertieren*-Werkzeug bei Bedarf zwischen Eck- und Übergangspunkten um. In der Pfadansicht erhalten Sie eine vereinfachte Darstellung Ihres Objekts. Sie können für die Ebene dieses Objekts zwischen Pfadansicht und Vorschaumodus wechseln, indem Sie die ⌘/⇧-Taste gedrückt halten und auf das Sichtbarkeitssymbol klicken. Mit ⌘/Strg+Y schalten Sie das gesamte Bild zwischen Pfadansicht und Vorschaumodus hin und her.

3. **Unregelmäßige Linien mit dem Buntstift-Werkzeug zeichnen und nachzeichnen.** Zeichnen Sie mit der Maus oder einem Grafiktablett wie mit einem richtigen Buntstift. Ein Doppelklick auf das *Buntstift*-Werkzeug führt Sie zu den Voreinstellungen. Glattere Linien erhalten Sie durch höhere Genauigkeits- und Glättungswerte oder indem Sie beim Bearbeiten des Pfads mit dem *Buntstift*- oder *Glätten*-Werkzeug eine höhere Vergrößerungsstufe verwenden. Sie können auch einen beliebigen Pfad markieren und diesen überzeichnen bzw. in dessen unmittelbarer Nähe zeichnen. Dadurch ersetzen bzw. überzeichnen Sie den Pfad. (In den Voreinstellungen bestimmen Sie den Pixelabstand, innerhalb dessen ausgewählte Pfade bearbeitet statt neu gezeichnet werden.) Verwenden Sie das *Buntstift*-Werkzeug mit niedrigen Einstellungen, um mit dem *Zeichenstift*-Werkzeug erstellte Pfade in krakelige Linien umzuwandeln. Auf diese Weise können Sie natürliche Elemente wie die Berge in diesem Logo besser nachbilden.

4. **Einfache Objekte zum Aufbau des Logos verwenden.** Illustrator enthält vorgefertigte Objekte, die das Zeichnen von Rechtecken, Ellipsen und sogar Sternen (oder der Sonne in diesem Logo) beschleunigen. Ordnen Sie diese übereinander an und fügen Sie mit dem Zeichen- oder Buntstiftwerkzeug gezeichnete Pfade und gefüllte Objekte hinzu. Auf diese Weise schließen Sie die Umwandlung Ihrer Skizze in eine saubere, universell verwendbare, einfach einzufärbende und/oder veränderbare Illustration ab.

Mit der Alt-Taste wurde in Verbindung mit dem *Zeichenstift*-Werkzeug eine nicht zusammenhängende Kurve gezeichnet.

Eine einzelne Ebene lässt sich zwischen Pfadansicht und Vorschaumodus umschalten, indem die Tastenkombination ⌘/Strg beim Anklicken des Sichtbarkeitssymbols der Ebene betätigt wird.

3

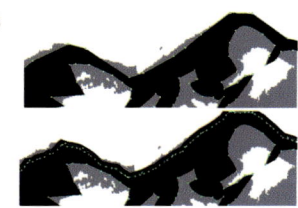

Schnelles Ziehen eines Pfads mit dem *Zeichenstift*-Werkzeug (oben), anschließende Verwendung des Buntstift-Werkzeugs zum Erzeugen einer rauen, gezackt wirkenden Kontur.

4

Schnelle Konstruktion von Elementen aus geometrischen Objekten.

Vektorlogos eignen sich gut für Farb- und Schwarzweißdruck.

# Ebenen anordnen

Benutzerdefinierte Ebenen und Unterebenen verwalten

**Überblick:** Skizzieren und scannen Sie eine Bildkomposition; erstellen Sie in Illustrator einfache benannte Ebenen für die anzulegenden Objekte; platzieren Sie Bildmaterial in Unterebenen; pausen Sie das platzierte Bildmaterial von Hand ab; löschen Sie die vorläufigen Unterebenen.

1

Die ersten Konzeptskizzen für die Illustration

Die fertige Bildkomposition für die Illustration

Illustrator: Stahl / Art Director: Jennifer moore

Beim Konstruieren komplexer Illustrationen kann es sehr wichtig sein, mit gut strukturierten Ebenen und Unterebenen zu beginnen. Wenn Sie diese Ebenen zur Isolation oder Kombination bestimmter Elemente verwenden, sparen Sie enorm viel Produktionszeit, da Sie zusammengehörige Elemente einer Ebene auf einfache Weise verbergen, sperren oder markieren können. Die Designerin Nancy Stahl sparte sich Zeit und Nerven, als sie diese Illustration für einen Artikel im Condé Nast Traveler Magazine gestaltete. Sie legte mehrere Ebenen und Unterebenen an und erleichterte sich damit die manuelle Abpausung und die Anordnung der einzelnen Elemente innerhalb der Illustration.

1. **Die Ausgangsmaterialien sammeln und zusammensetzen.** Bereiten Sie sich Ihre eigenen Ausgangsmaterialien vor, die Sie als Zeichenvorlagen in Illustrator verwenden möchten. Für diese Illustration fertigte Stahl von Hand verschiedene Skizzen an und scannte dann die fertige Bildkomposition in Adobe Photoshop ein. Dort bereitete sie diese auf die manuelle Abpausung von Hand vor.

**2. Illustrationsebenen einrichten.** Nehmen Sie sich vor dem Importieren von Fotos und Zeichnungen etwas Zeit zum Anlegen von Ebenen. Mit einem Namen und einer Farbe für jede Ebene können Sie die Schlüsselelemente Ihrer Illustration leichter isolieren und verwalten. Ehe Stahl mit der eigentlichen Zeichnung in Illustrator begann, legte sie separate Ebenen für Wasser, Himmel, Reeling, den Steward und das Tablett mit dem Schiff an. Sie können bereits beim Anlegen einer Ebene einen Namen vergeben, indem Sie die Schaltfläche *Neue Ebene erstellen* im Bedienfeld *Ebenen* mit gedrückter Alt -Taste anklicken. Bestehende Ebenen oder Unterebenen benennen Sie durch einen Doppelklick auf den Eintrag im Bedienfeld *Ebenen* um.

**3. Bildmaterial als Zeichenvorlage platzieren.** Klicken Sie auf die Ebene, in die Sie Ihr erstes Objekt abpausen möchten. Erstellen Sie anschließend über die Schaltfläche *Neue Unterebene erstellen* im Bedienfeld *Ebenen* eine neue Unterebene für Ihre Zeichenvorlage (wenn Sie dabei die Alt -Taste gedrückt halten, können Sie gleich einen Namen eingeben). Stahl erstellte eine Unterebene namens „JPEG Images". Wählen Sie über *Datei > Platzieren* den Scan oder das Bildmaterial für diese Unterebene aus. Wenn Sie möchten, können Sie vor dem Platzieren der Datei die Option *Vorlage* aktivieren. Die Unterebene sollte nun direkt unterhalb der zum Abpausen verwendeten Objektebene liegen. Sperren Sie die Unterebene und zeichnen Sie mit dem Buntstift-, Zeichenstift- oder einem anderen Werkzeug Ihrer Wahl in die darüber liegende Ebene.

Stahl verwendete die Unterebene „JPEG Images" mehrfach, indem sie sie beim Zeichnen nach Bedarf unter die einzelnen Ebenen für die Schlüsselelemente legte. Zum Verschieben einer Ebene klicken und ziehen Sie diese im Bedienfeld *Ebenen* an eine andere Position.

**4. Von Hand abpausen und in den Ebenen zeichnen.** Sie können nun damit beginnen, Elemente in Ihre Kompositionsebene zu zeichnen und abzupausen. Aktivieren Sie die Ebene oder Unterebene, in der Sie zeichnen möchten, durch einen Klick auf ihre Bezeichnung. Achten Sie darauf, dass sie entsperrt und sichtbar ist (in der Sichtbarkeitsspalte sollte ein Auge zu sehen sein, in der Vorhängeschlossspalte ein leerer Kasten). Es ist auch hilfreich, alle unwichtigen Ebenen vor der Arbeit zu verbergen. Vom Bedienfeld *Ebenen* aus können Sie Ebenen sperren, entsperren, ein- und ausblenden, ebenenbezogen zwischen Vorschau- und Pfadansicht umschalten, zu Ihrer aktiven Ebene umschalten oder eine neue Ebene oder Unterebene hinzufügen. (Im Tipp „Navigation im Bedienfeld *Ebenen*" auf der ersten Seite dieses

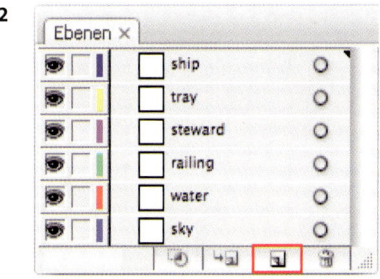

Die Ebenen zur Isolierung der Schlüsselelemente wurden angelegt.

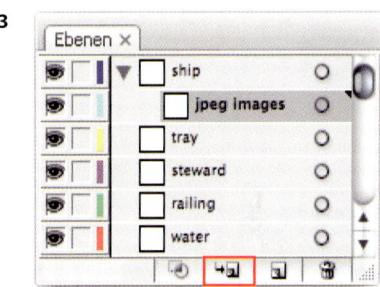

Die Unterebene vor dem Platzieren des Scans

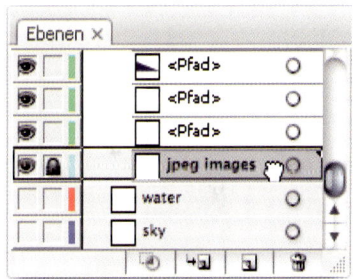

Die Ebene mit der Zeichenvorlage wird verschoben.

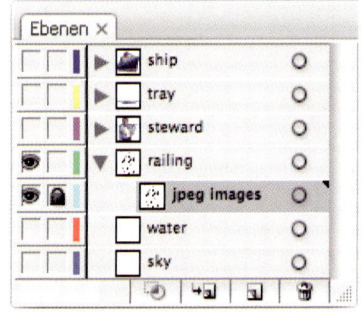

Die Sperren-/Sichtbarkeitsoptionen für die manuelle Abpausung

**4**

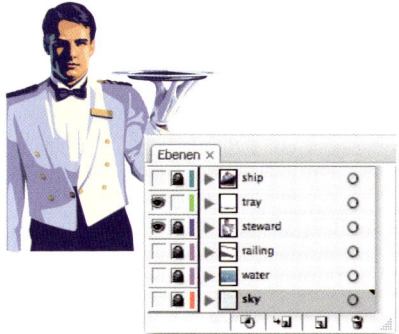

Nur die für die jeweilige Aufgabe erforderlichen Ebenen sind eingeblendet.

**5**

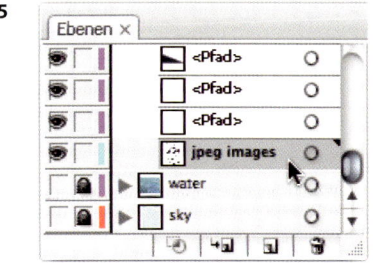

Eine sichtbare und entsperrte Unterebene zum Platzieren von neuem Bildmaterial wurde aktiviert.

**6**

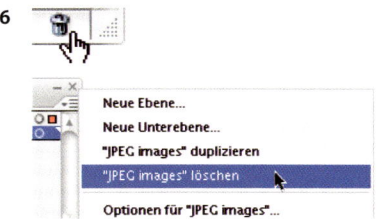

Anklicken oder Ziehen der Unterebene auf das Papierkorb-Symbol; alternativ *Löschen* aus dem Popup-Menü des Bedienfelds *Ebenen*.

Kapitels finden Sie hilfreiche Tastenkürzel zur Arbeit mit dem Bedienfeld *Ebenen*.) Durch dieses Manöver konnte Stahl eine Zeichenvorlage oder Skizze auf einfache Weise in die über einer gesperrten Ebene liegenden Ebenen übertragen.

**5. Neues Bildmaterial in einer Ebene oder Unterebene platzieren.** Wenn Sie Bildmaterial in eine bestehende Ebene oder Unterebene importieren müssen, stellen Sie zunächst sicher, dass die Ebene eingeblendet und entsperrt ist, und aktivieren Sie die Ebene anschließend durch Anklicken. Binden Sie das neue Bildmaterial mit dem Befehl *Platzieren* in die ausgewählte Ebene ein. Als Stahl zusätzliche Zeichenvorlagen benötigte, platzierte sie das neue Bildmaterial in der Unterebene „JPEG Images".

**6. Nicht mehr verwendete Ebenen und Unterebenen löschen.** Zusätzliche Ebenen mit platzierten Bildern können zusätzlichen Festplattenspeicher belegen und die zum Speichern des Dokuments benötigte Zeit erhöhen. Sie sollten sie also löschen, wenn Sie keine Verwendung mehr dafür haben. Wenn Sie eine Zeichenvorlage oder Vorlagenebene abgearbeitet haben, speichern Sie zunächst die Illustration. Klicken Sie dann im Bedienfeld *Ebenen* auf die zu entfernende Ebene oder Unterebene (durch Klicken mit gedrückter ⇧-Taste wählen Sie mehrere Ebenen zugleich aus); ziehen Sie die Ebene(n) dann auf das Papierkorb-Symbol oder klicken Sie dieses einfach an. Alternativ können Sie die *Löschen*-Option aus dem Popup-Menü des Bedienfelds *Ebenen* verwenden. Sobald Sie die vorläufigen Ebenen gelöscht haben, speichern Sie die neue Version der Illustration mit dem Befehl *Speichern unter* unter einem aussagekräftigen Namen und einer Versionsnummer. Stahl löschte schließlich alle als Vorlagen angelegten Unterebenen, so dass sie ihre fertige Titelillustration mit allen Illustrationsebenen, aber ohne überflüssige Unterebenen oder platzierte Bilder abspeichern konnte.

### Einfaches Verändern von platziertem Bildmaterial

Markieren Sie das zu ersetzende Bild und klicken Sie auf den Bildnamen, der links im Steuerungsbedienfeld erscheint; wählen Sie *Erneut verknüpfen* aus dem erscheinenden Popup-Menü.

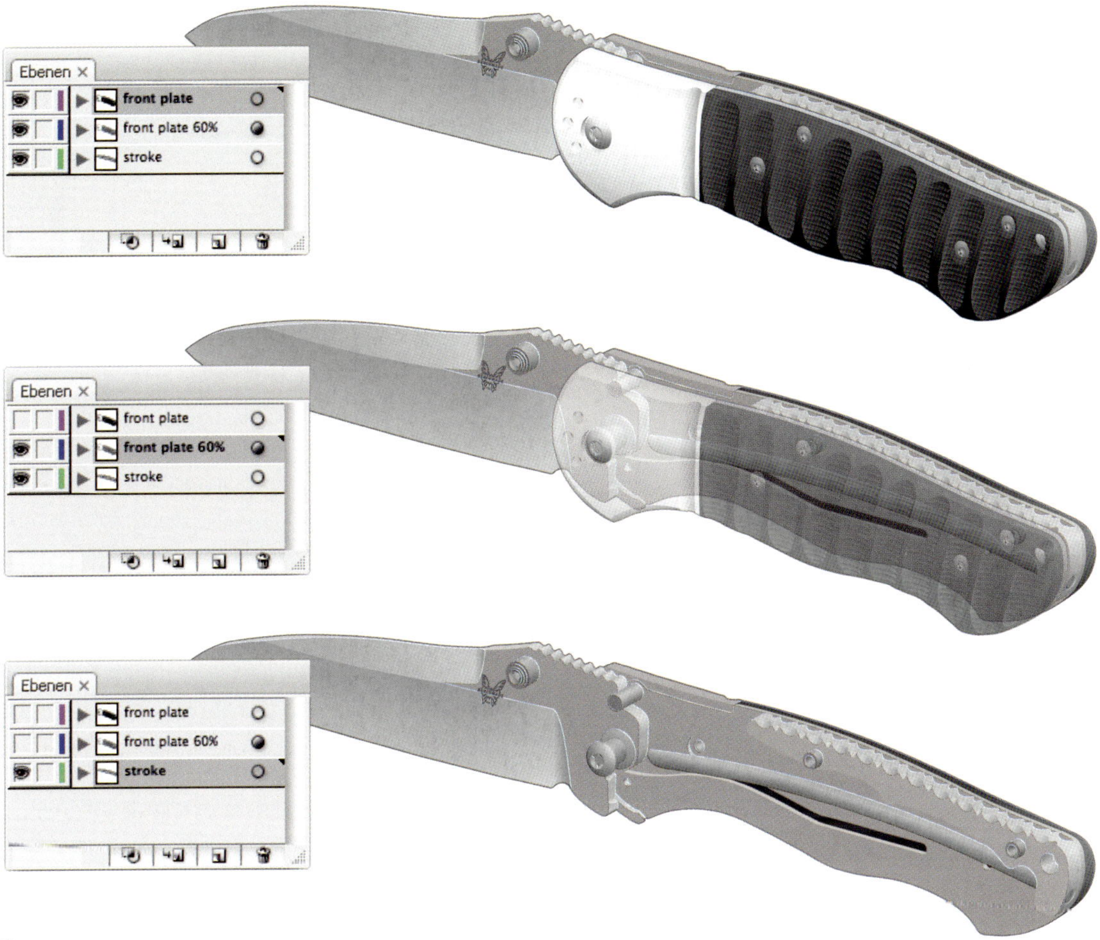

# GALERIE

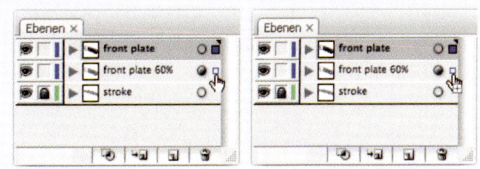

*Powell Gary_Messer.ai*

## Gary Powell

Mit denselben Techniken wie im Abschnitt *Ebenen anordnen* kreierte Gary Powell diese Illustration für das Übungshandbuch für Wiederverkäufer von Produkten der Benchmade Knife Company. Er duplizierte die obere Ebene, indem er sie auf das Symbol *Neue Ebene erstellen* im Bedienfeld *Ebenen* zog. Auf der duplizierten Ebene reduzierte er die Deckkraft, um den Transparenzeffekt am Messergriff zu erzeugen. Anschließend konnte er die Ebenen ein- und ausschalten und sie einzeln drucken oder exportieren.

### Verschieben und Kopieren von Objekten zwischen Ebenen

Um ein markiertes Objekt auf eine andere entsperrte Ebene zu verschieben (egal, ob ein- oder ausgeblendet!), öffnen Sie das Bedienfeld *Ebenen*, erfassen das farbige Quadrat rechts von der Ebene des Objekts und ziehen es auf eine andere Ebene (rechts). Zum Verschieben einer Kopie des Objekts halten Sie beim Ziehen die Alt -Taste gedrückt (ganz rechts).

**Kapitel 6** Ebenen & Aussehen

# GALERIE

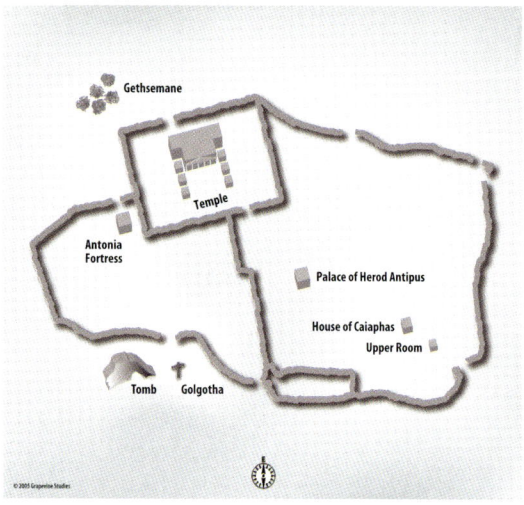 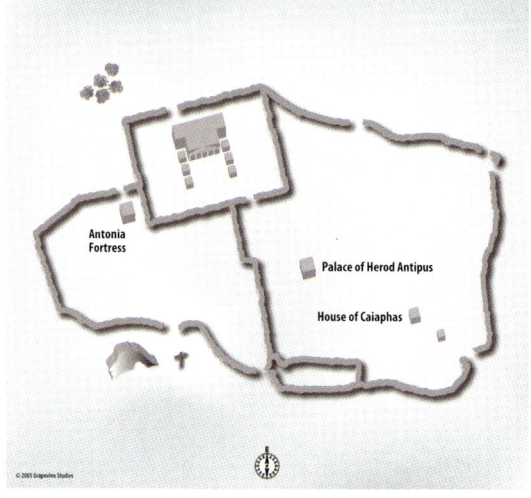

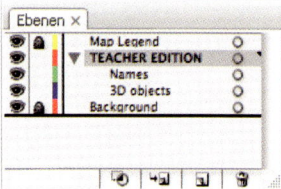 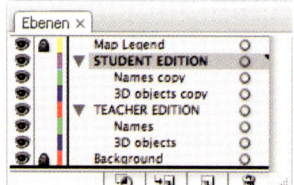 

Gordon_Jerusalem-Karte

## Steven Gordon/Cartagram, LLC

Diese von Steven Gordon erstellte Karte zeigt Jerusalem zu Zeiten des Neuen Testaments. Die Illustration ist Teil einer Kartenserie für ein Bibelarbeitsbuch von Grapevine Studies. Gordon musste die Karte in zwei verschiedenen Versionen entwerfen – einer detaillierten Lehrerversion und einer Schülerversion (in die die Schüler selbst einige Karteneinträge einfügen müssen). Um sich die Arbeit zu erleichtern, kombinierte Gordon beide Versionen zu einer einzelnen Illustrator-Datei. Dazu legte er zunächst eine Ebene für alle in der Lehrerversion benötigten Pfade und Beschriftungen an. Für die Schülerversion duplizierte er dann die Lehrerebene, indem er sie auf das Symbol *Neue Ebene erstellen* im Bedienfeld *Ebenen* zog. Er benannte die Ebene um und löschte die Beschriftungen, wie für die Schülerversion gefordert. Weil er beide Versionen in einer Datei hatte, konnte er Veränderungen und Korrekturen leichter durchführen.

Wenn Gordon ein Gebäude hinzufügte, kopierte er die Form und fügte sie auf der Lehrerebene ein; anschließend bewegte er die Kopie im Bedienfeld *Ebenen* auf die Schülerebene. Beim Umsetzen eines Gebäudes markierte er die Formen auf beiden Ebenen und bewegte sie gleichzeitig. Zur Ausgabe der beiden Einzelversionen doppelklickte Gordon zunächst auf die Schülerebene und wählte aus dem Dialogfenster *Ebenenoptionen* die Option *Vorlage*. Damit wurden sowohl die Option *Drucken* deaktiviert als auch der Ebenenname kursiv und somit gut sichtbar angezeigt. Nach der Ausgabe wiederholte er den Vorgang und machte dieses Mal die Lehrerebene zur Vorlagenebene, während er die Schülerebene wieder in den Ausgangszustand versetzte. (Illustrator ignoriert bei der Ausgabe Unterebenen, die selbst keine Vorlagenebenen sind, jedoch unterhalb einer Vorlagen-Hauptebene liegen.)

# GALERIE

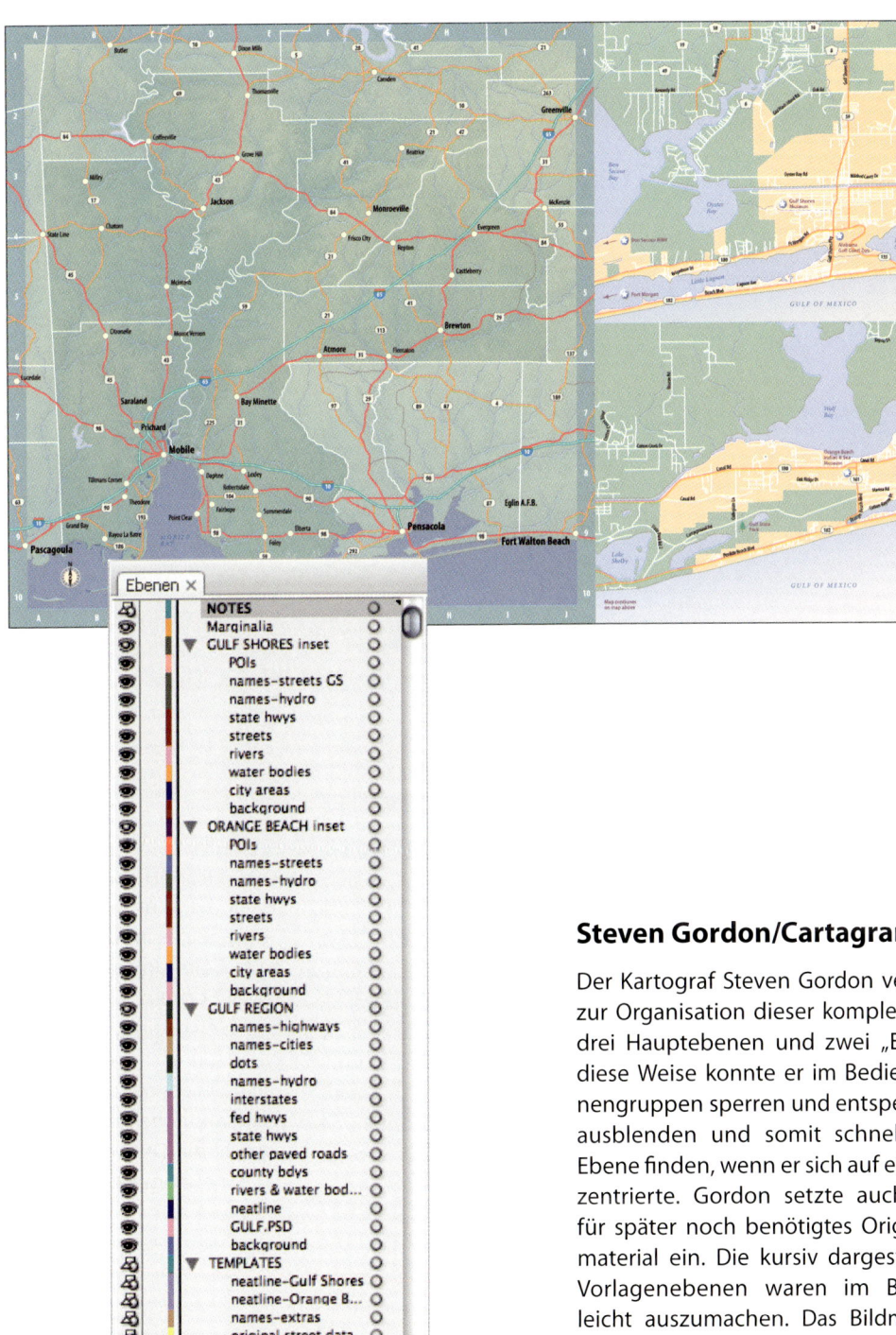

GORDON / CARTAGRAM, LLC

### Steven Gordon/Cartagram, LLC

Der Kartograf Steven Gordon verwendete Ebenen zur Organisation dieser komplexen Karte. Er legte drei Hauptebenen und zwei „Einschübe" an. Auf diese Weise konnte er im Bedienfeld *Ebenen* Ebenengruppen sperren und entsperren bzw. ein- und ausblenden und somit schnell eine bestimmte Ebene finden, wenn er sich auf eine der Karten konzentrierte. Gordon setzte auch Vorlagenebenen für später noch benötigtes Original- oder Zusatzmaterial ein. Die kursiv dargestellten Namen der Vorlagenebenen waren im Bedienfeld *Ebenen* leicht auszumachen. Das Bildmaterial der Vorlagenebenen wurde zudem automatisch aus den PDF-Dateien ausgeschlossen, die Gordon für seinen Kunden als zwischenzeitliche Proofs erstellte.

# Verschachtelte Ebenen

Ordnung mit Ebenen und Unterebenen

 *Gordon_New Orleans.ai*

**Überblick:** Planen Sie eine Ebenenstruktur; legen Sie Ebenen und Unterebenen an; verfeinern Sie die Struktur, indem Sie die Reihenfolge der Ebenen und Unterebenen im Bedienfeld *Ebenen* verändern; verbergen und sperren Sie Ebenen; verändern Sie die Anzeige im Bedienfeld *Ebenen*.

**1**

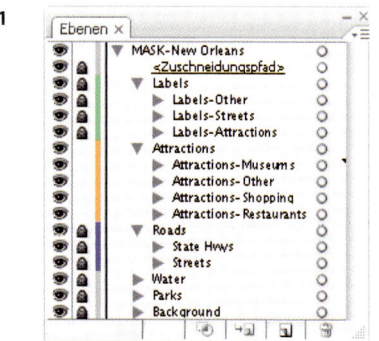

Die fertige Ebenenstruktur für die Karte besteht aus Ebenen und zwei Unterebenenstufen (in den Bedienfeldoptionen des Bedienfelds *Ebenen* wurden die Miniaturen deaktiviert).

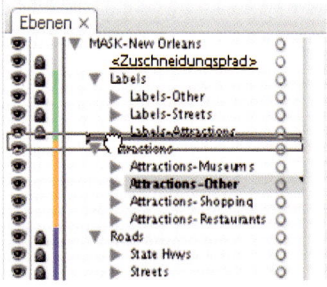

Die Unterebene *Attractions-Other* wurde aus der Unterebene *Attraction* heraus nach oben gezogen; die Unterebene *Attractions-Other* wurde auf derselben Hierarchieebene wie *Attractions* platziert.

Ebenen sind seit jeher hervorragend zum Ordnen von Bildmaterial geeignet. Mit Illustrator können Sie im Bedienfeld *Ebenen* eine verschachtelte Hierarchie anlegen. Diese erleichtert Ihnen die Orientierung sowie Veränderungen. Für diese für das Metairie Hampton Inn erstellte Karte von New Orleans setzte Steven Gordon auf Ebenen und Unterebenen zur Organisation des für die Karte verwendeten Bildmaterials.

**1. Ebenen und Unterebenen planen, erstellen und verschieben.** Gordon plante zunächst eine Ebenenstruktur für die Karte, in der Ebenen mit ähnlichen Informationen innerhalb mehrerer „Haupt"ebenen verschachtelt waren, so dass er sich im Bedienfeld *Ebenen* gut zurechtfinden und die Ebenen und Unterebenen manipulieren konnte. Öffnen Sie nach der Planung der Struktur Ihres in Ebenen gegliederten Bildmaterials das Bedienfeld *Ebenen* und legen Sie Ebenen und Unterebenen an. (Wenn Sie in Illustrator ein neues Dokument erstellen, legt Illustrator automatisch eine Ebene 1 an; es empfiehlt sich, diese durch einen Doppelklick umzubenennen). Um einer neuen Ebene oder Unterebene bereits beim Erstellen einen Namen zuzuweisen, halten Sie die [Alt]-Taste gedrückt und klicken Sie auf die Schaltfläche *Neue Ebene erstellen* am unteren Rand des Bedienfelds *Ebenen* (die Schaltfläche *Neue Unterebene erstellen* erzeugt eine mit der derzeit markierten Ebene verschachtelte Unterebene).

Im Verlauf Ihrer Arbeit müssen Sie die Ebenenstruktur möglicherweise verfeinern, indem Sie die Verschachtelung einer Ebene oder Unterebene ändern. Dazu ziehen Sie den Ebenennamen im Bedienfeld *Ebenen* zwischen zwei Ebenen und lassen die Maustaste los. Um eine Unterebene in eine Ebene umzuwandeln, ziehen Sie ihren Namen und lassen diesen über der zugehörigen Hauptebene und unter der letzten Unterebene der Hauptebene los (achten Sie auf das Balkensymbol der Unterebene, damit es vor dem Loslassen der Maustaste mit der linken Seite des Namensfeld im Bedienfeld *Ebenen* abschließt). Denken Sie daran, dass beim Verschieben einer Ebene im Bedienfeld *Ebenen* jede Unterebene, Gruppe und jeder Pfad unterhalb dieser Ebene mit verschoben wird – mit den entsprechenden Auswirkungen auf die Hierarchie des Bildmaterials in Ihrer Illustration.

**2. Ebenen ausblenden und sperren.** Beim Zeichnen verbergen oder sperren Sie Ebenen durch einfaches Anklicken des Sichtbarkeits- (Augen-) oder Sperren-/Entsperren- (Vorhängeschloss-)Symbols der zugehörigen Hauptebene. Gordon baute diese Karte so auf, dass verwandtes Bildmaterial, etwa verschiedene Beschriftungen, auf unterschiedlichen Unterebenen platziert wurden, die zur Ebene *Names* gehörten. Somit ließen sie sich durch Ausblenden oder Sperren der Hauptebene *Names* ausblenden oder sperren.

Wenn Sie das Sichtbarkeits- oder Sperren-/Entsperren-Symbol einer Hauptebene anklicken, merkt sich Illustrator den Sichtbarkeits- und Sperrstatus jeder Unterebene vor dem Ausblenden oder Sperren der Hauptebene. Als Gordon die Ebene *Names* mit einem Klick auf das Sichtbarkeitssymbol wieder einblendete, blieben die bereits vor dem Ausblenden der Hauptebene ausgeblendeten Unterebenen weiterhin unsichtbar. Klicken Sie mit gedrückter Alt -Taste auf ein Sichtbarkeitssymbol, um die Inhalte aller Ebenen und Unterebenen sichtbar zu machen. Zum Entsperren der Inhalte aller Ebenen und Unterebenen klicken Sie mit gedrückter Alt -Taste auf ein Sperren-Symbol. Wenn Sie verborgene oder gesperrte Ebenen haben, können Sie auch *Alle Ebenen einblenden* oder *Alle Ebenen entsperren* aus dem Popup-Menü des Bedienfelds *Ebenen* auswählen.

**3. Die Anzeige im Bedienfeld *Ebenen* ändern.** Sie können die Anzeige des Bedienfelds *Ebenen* verändern, damit Sie sich besser im Bedienfeld zurechtfinden. In den Bedienfeldoptionen im (Popup-Menü) können Sie benutzerdefinierte Zeilen- und Miniaturgrößen angeben oder ganz auf Symbole verzichten. Doppelklicken Sie auf einen Ebenennamen und verändern Sie die Ebenenfarbe im Farbmenü. Oder machen Sie es wie Gordon: Markieren Sie nebeneinanderliegende, zusammengehörige Ebenen mit der ⇧ -Taste (⌘/ Strg bei nicht benachbarten Einträgen) und weisen Sie diesen dieselbe Ebenenfarbe zu, damit Sie sie im Bedienfeld *Ebenen* besser zuordnen können.

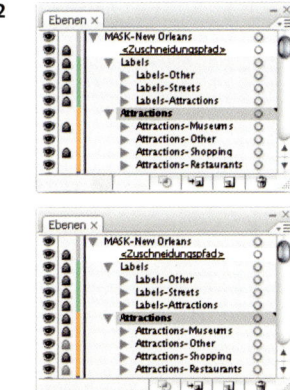

Oben: Die „Haupt"-Ebene *Labels* mit ihren drei Unterebenen ist gesperrt. Unten: Nach dem Sperren der Hauptebene sind die Schlosssymbole der drei Unterebenen nicht abgeblendet – der Hinweis darauf, dass sie nach dem Entsperren der Ebene gesperrt bleiben.

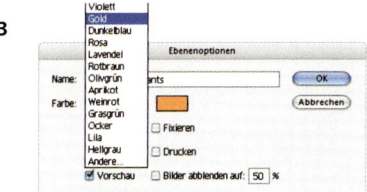

Ändern der Ebenenfarbe im Dialogfenster *Ebenenoptionen*

### Noch ein Weg zum Entsperren von Ebenen

Eine schnelle Methode zum Entsperren aller Inhalte einer Ebene: Stellen Sie sicher, dass die Ebene selbst entsperrt ist (kein Vorhängeschlosssymbol) und wählen Sie dann *Alle entsperren* aus dem Objektmenü.

### Lassen Sie Illustrator für sich arbeiten

Illustrator kann das Bedienfeld *Ebenen* automatisch ausklappen und zu einer innerhalb einer eingeklappten Ebene verborgenen Unterebene scrollen. Klicken Sie einfach auf ein Objekt in Ihrem Bild und wählen Sie aus dem Menü des Bedienfelds *Ebenen* den Befehl *Objekt suchen* oder *Ebene suchen*.

# Aussehen

Erstellen und Anwenden von Aussehen

 Gordon_LA_nicht_beschnitten.ai

**Überblick:** Legen Sie Aussehenattribute für ein Objekt an; erstellen Sie ein Aussehen mit drei Konturen, speichern Sie es als Stil, zeichnen Sie dann Pfade und wenden Sie den Stil an; wählen Sie eine Ebene als Ziel eines Schlagschatteneffekts aus, erstellen Sie Symbole in der Ebene und bearbeiten Sie bei Bedarf das Aussehen der Ebene.

**1**

Links das Meer mit blauer Füllung; rechts das Wasser mit dem Stilisierungsfilter *Schein nach innen* in den Aussehenattributen

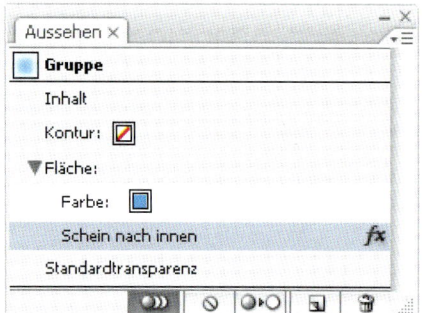

Das Bedienfeld *Aussehen* zeigt die fertige Zusammenstellung der Attribute mit dem Effekt *Schein nach innen*.

Komplexität und Einfachheit treffen aufeinander, wenn Sie in Illustrators Bedienfeld *Aussehen* anspruchsvolle Effekte erzeugen, wiederverwendbare Stile entwickeln und den Workflow vereinfachen. Bei dieser Karte der kalifornischen Küste arbeitete der Kartograf Steven Gordon mit dem Bedienfeld *Aussehen*. Dort konnte er auf einfache Weise Aussehen erstellen und diese auf Objekte, Gruppen und Ebenen anwenden.

**1. Ein Aussehen für ein einzelnes Objekt anlegen.** Gordon entwickelte eine Zusammenstellung von Aussehenattributen mit einer Küstenlinie, einer Verlaufskante und einer blauen Flächenfüllung. Diese wies er einem Pfad zu, der den Pazifik symbolisierte. Aussehenattribute erstellen Sie über das Bedienfeld *Aussehen* und andere Bedienfelder, wie zum Beispiel Farbe, Farbfelder, Kontur und Transparenz. Gordon zeichnete zunächst mit dem *Zeichenstift*-Werkzeug die Umrisslinie des Wassers und gab dem Pfad dann eine dunkelblaue Füllung. Damit das Wasser zum Ufer hin heller erschien, wandte er den Effekt *Schein nach innen* an. Dazu öffnete er das Bedienfeld *Aussehen* und klickte auf das Attribut *Fläche*. Gordon wählte dann *Effekt > Stilisierungsfilter > Schein nach innen*. Im Dialogfenster *Schein nach innen* wählte er den Modus *Normal*, eine Deckkraft von 100%, eine Weichzeichnung von 6,35 mm (für die Breite der Verlaufskante) und aktivierte die Option *Kante*. Zur Vervollständigung des Scheins klickte er auf das Farbfeld des Dialogfensters und wählte als Scheinfarbe Weiß.

**2. Einen Stil für die Straßenpfade erstellen.** In den Anfangszeiten von Illustrator erstellte man mehrkonturige Linien wie dieses kartografische Symbol einer Fernstraße durch überlappende Pfadkopien mit unterschiedlichen Linienstärken. Jetzt können Sie im Bedienfeld *Aussehen* eine Linie mit mehreren Konturen anfertigen und diese auf einen einzelnen Pfad anwenden. Heben Sie die Auswahl aller noch markierten Objekte auf und setzen Sie das Bedienfeld *Aussehen* mit einem Klick auf das Symbol *Aussehen löschen* am unteren Rand des Bedienfelds zurück (dann werden alle Attribute des zuletzt gewählten Stils oder Objekts verworfen). Klicken Sie als Nächstes das Attribut *Kontur* an (es zeigt das Farbsymbol *Ohne*) und erstellen Sie mit der Schaltfläche *Ausgewähltes Objekt duplizieren* eine Kopie. Für Gordons Kartendarstellung der Fernstraße wählen Sie nun das obere Konturattribut und weisen ihm eine helle Farbe mit einer Konturstärke von 0,5 pt zu. Markieren Sie das untere Attribut und wählen Sie eine dunkle Farbe sowie eine Stärke von 3 pt. Da Sie diese Zusammenstellung von Aussehenattributen wiederverwenden werden, öffnen Sie das Bedienfeld *Grafikstile*. Markieren Sie die neuen Fernstraßenobjekte, halten Sie die [Alt]-Taste gedrückt und klicken Sie auf die Schaltfläche *Neuer Grafikstil* am unteren Rand des Bedienfelds. Vergeben Sie einen Namen für Ihren Stil und klicken Sie auf *OK*.

**3. Einer Gruppe einen Stil zuweisen.** Zeichnen Sie die Pfade, denen Sie den oben erstellten Stil zuweisen möchten. Markieren Sie als Nächstes alle soeben erzeugten Pfade und gruppieren Sie sie mit [⌘]/[Strg]+[G]. Stellen Sie sicher, dass im Bedienfeld *Aussehen* die *Gruppe* markiert ist, damit die drei verschiedenen Konturen ineinander übergehen, wenn sich die Pfade auf der Karte kreuzen. Wenden Sie dann Ihren neuen Fernstraßenstil an.

**4. Einer ganzen Ebene Aussehenattribute zuweisen.** Wenn Sie eine Ebene als Ziel auswählen, können Sie allen auf dieser Ebene gezeichneten oder platzierten Objekten ein einheitliches Aussehen verleihen. Legen Sie eine Ebene für die piktogrammartigen „Kartensymbole" an und klicken Sie im Bedienfeld *Ebenen* auf das Zielauswahlsymbol der Ebene. Wählen Sie dann *Effekt > Stilisierungsfilter > Schlagschatten*. Jedes „Kartensymbol", das Sie auf dieser Ebene zeichnen oder einfügen, erhält automatisch einen Schlagschatten. Sie können den Schlagschatten nachträglich verändern, indem Sie das Zielauswahlsymbol der Ebene anklicken und anschließend im Bedienfeld *Aussehen* auf das Schlagschattenattribut doppelklicken. Im Popup-Menü des Dialogfensters *Schlagschatten* können Sie die Werte dann ändern.

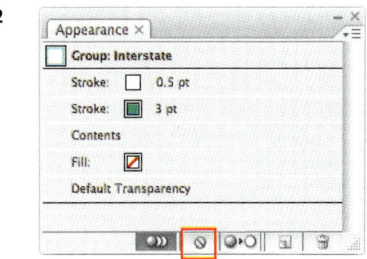

Bedienfeld *Aussehen* für Gordons Kartendarstellung der Fernstraße, die Schaltfläche *Aussehen löschen* ist eingerahmt.

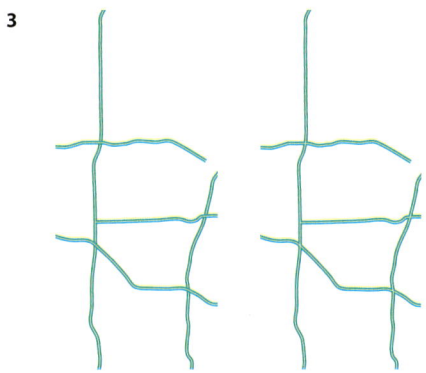

Links wurde der Fernstraßenstil auf einzelne Pfade angewendet, rechts wurden die Fernstraßenpfade vor Anwendung des Stils gruppiert.

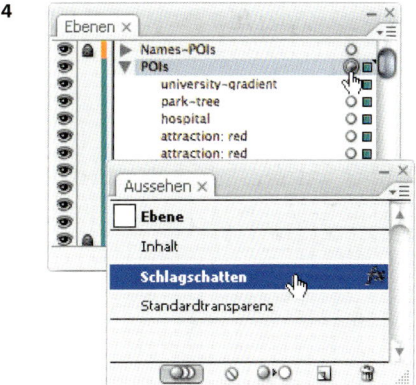

Oben: Auswahl der Zielebene im Bedienfeld *Ebenen*; Unten: Das Bedienfeld *Aussehen* zeigt das Schlagschattenattribut (mit einem Doppelklick auf das Attribut bearbeiten Sie die Schlagschattenwerte).

# Perspektive schaffen

Ebenen und perspektivische Raster verwenden

*Maric Pete_Architektur_ohnePDF.ai*

## Fortgeschrittene Technik

**Überblick:** Scannen Sie eine Skizze ein; legen Sie Arbeitsebenen mit Ihrer Skizze als Vorlage an; zeichnen Sie in jede „Hilfslinien"-Ebene mehrere Linien zur Verdeutlichung der Perspektive ein; wandeln Sie die Perspektivlinien in Hilfslinien um; konstruieren Sie Ihr Bild mit den passenden Perspektivhilfslinien.

Architektonische Darstellungen müssen sowohl gefällig wirken als auch den Regeln der Perspektive folgen. Pete Maric wurde von der Firma ThenDesign Architecture aus Willoughby in Ohio beauftragt, eine realistische Darstellung des Entwurfs für die Charles A. Mooney PreK-8 School anzufertigen. Maric verwendete ein sorgfältig konstruiertes perspektivisches Raster, mit dem er eine überzeugende Ansicht erstellte. Die zahlreichen Elemente seiner komplexen Illustration waren während der Arbeit in einer durchdachten Ebenenstruktur organisiert.

**1. Ebenen anlegen.** Scannen Sie zunächst eine Skizze ein. Nachdem Sie die gescannte Grafik als JPG, TIF oder PSD gespeichert haben, platzieren Sie sie in Illustrator und wählen aus dem Popup-Menü des Bedienfelds *Ebenen* die Option *Vorlage*. Analysieren Sie Ihr Bild und ermitteln Sie die Anzahl der Fluchtpunkte in Ihrer Illustration. (Fluchtpunkte sind Punkte entlang des Horizonts, an denen parallele Linien zusammenzulaufen scheinen). Erstellen Sie neue Ebenen für Ihre Gestaltungselemente und legen Sie für jeden Fluchtpunkt in Ihrer Illustration eine weitere Ebene an.

1

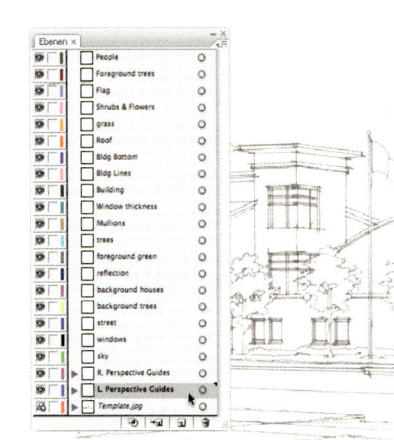

Ein Teil der Originalzeichnung auf einer Vorlagenebene; eine Ebene wurde eigens zur Erstellung von Hilfslinien angelegt.

2. **Die Position von Fluchtpunkten bestimmen.** Markieren Sie im Bedienfeld *Ebenen* die erste Ebene, die Sie für Perspektivhilfslinien verwenden möchten. Suchen Sie in Ihrer Zeichnung ein Element, das parallel zum Horizont stehen sollte, etwa eine Dachkante, ein Stockwerk oder eine Fensterfront. Bei einem hohen Horizont können diese Elemente sogar unterhalb der Horizontlinie liegen; der Fluchtpunkt befindet sich jedoch immer genau auf dieser Linie.

Zeichnen Sie mit dem Linienwerkzeug Linien entlang der Ober- und Unterkante des ausgewählten Elements, bis sich die Linien kreuzen (Abbildung A). Sie haben nun einen Fluchtpunkt gefunden. Fluchtpunkte müssen sich teilweise außerhalb Ihres Bilds befinden. Zoomen Sie heraus oder scrollen Sie, bis Sie den Teil Ihrer Zeichenfläche sehen, auf dem der Fluchtpunkt liegt. Markieren Sie mit dem *Direktauswahl*-Werkzeug den Ankerpunkt einer Linie auf der entgegengesetzten Seite des Fluchtpunkts und ziehen Sie ihn auf den höchsten (oder tiefsten) Punkt des Objekts auf dieser Ebene. Verlängern Sie die Linie dabei im Bedarfsfall (siehe Abbildung B).

3. **Mehrere Perspektivlinien erstellen.** Um Zwischenlinien durch denselben Fluchtpunkt zu erstellen, markieren Sie beide von Ihnen gezogenen Linien und doppelklicken dann auf das *Angleichen*-Werkzeug. Wählen Sie *Festgelegte Stufen* für *Abstand* und geben Sie dann die gewünschte Linienanzahl ein. Erstellen Sie die Angleichung dann mit *Objekt > Angleichen > Erstellen* oder dem Tastenkürzel ⌘/Strg+B. (Hilfe zum *Angleichen*-Werkzeug finden Sie im Kapitel 8 „Angleichungen, Verläufe & Gitter".)

Wiederholen Sie die obige Prozedur für jeden einzelnen Fluchtpunkt. Denken Sie daran, dass Sie für jede Gruppe von Perspektivlinien eine eigene Ebene verwenden sollten, so dass Sie diese nachfolgend leichter weiterbearbeiten können.

4. **Die Hilfslinien erstellen und verwenden.** Da Illustrator keine Hilfslinien aus angeglichenen Objekten erstellen kann, markieren Sie diese mit einem Auswahlwerkzeug und wählen Sie anschließend *Objekt > Umwandeln*. Transformieren Sie die Angleichungen anschließend mit *Ansicht > Hilfslinien > Hilfslinien erstellen* oder dem Tastenkürzel ⌘/Strg+5 in Hilfslinien. Zeichnen Sie nun auf einer neuen Ebene. Es kann von Vorteil sein, andere Ebenen mit Fluchtpunkthilfslinien zu sperren, damit Ihre Objekte beim Positionieren nicht an den falschen Hilfslinien einrasten.

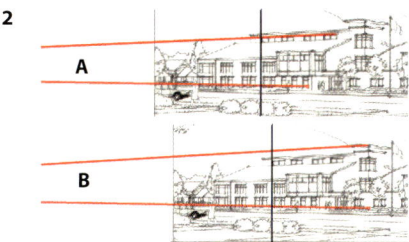

Eine Perspektivlinie wurde entlang von Elementen wie Fenstern auf einen Fluchtpunkt gezogen, der hier außerhalb des Bilds liegt (oben), anschließendes wurden die Ankerpunkte zu den höchsten und tiefsten Punkten gezogen, gegebenenfalls mit Verlängerung der Linien (unten).

Mit dem *Angleichen*-Werkzeugs und der Option *Festgelegte Stufen* wurden mehrere Zwischenlinien anhand der beiden Begrenzungslinien erstellt.

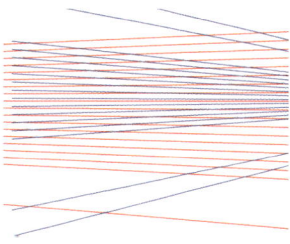

Durch Angleichung erzeugte Perspektivlinien vor der Umwandlung in Hilfslinien.

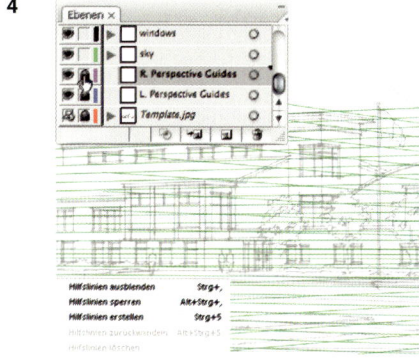

Die „Magnet"-Funktion für Hilfslinien wurde durch Sperren der Ebene (links) ausgeschaltet; die Hilfslinienposition wurde durch den Sperren-/Entsperren-Befehl im Untermenü *Ansicht > Hilfslinien* fixiert.

# 7 Text

Die Werkzeuge *Text*, *Flächentext*, *Pfadtext*, *Vertikaler Text*, *Vertikaler Flächentext* und *Vertikaler Pfadtext*. Aktivieren Sie ein Textwerkzeug und schalten Sie mit gedrückter ⇧-Taste zwischen der waagerechten und der senkrechten Ausrichtung um.

### Versehentlich ausgewählter Text

Wenn Sie beim Markieren eines Objekts mit dem *Auswahl*-Werkzeug immer wieder versehentlich Text auswählen, aktivieren Sie das Kontrollkästchen *Textobjektauswahl nur über Pfad* (*Voreinstellungen > Schrift*). Wenn Sie diese Option aktiviert haben, werden Textobjekte nur dann ausgewählt, wenn sie direkt auf die Grundlinie oder den Pfad des Objekts klicken. Wenn Sie Schwierigkeiten damit haben, den Pfad zu finden, können Sie das Textobjekt im Bedienfeld *Ebenen* mit einem Klick rechts vom <Text>-Zielsymbol auswählen. Alternativ umfahren Sie mindestens einen kompletten Buchstaben mit einem Auswahlrechteck oder dem *Lasso*-Werkzeug.

### Texteinstellungen

Die meisten Standardeinstellungen für Text werden in der Kategorie *Schrift* der Voreinstellungen kontrolliert. Stellen Sie die Maßeinheit für Schrift über *Voreinstellungen > Einheiten und Anzeigeleistung* ein.

Mit Illustrator CS spendierte Adobe dem Programm eine leistungsfähige, moderne Text-Engine. Diese deutliche Funktionalitätsänderung erweiterte die Möglichkeiten von Illustrator. Seine Funktionsweise ähnelte nun mehr der von Photoshop und InDesign, wodurch die Programme der Creative Suite näher zusammengerückt sind. Illustrator-Anwender können nun anspruchsvolle neue Textfunktionen einsetzen, die in den älteren Illustrator-Versionen nicht möglich waren. Zeichen- und Absatzformate, Unicode-Unterstützung und die volle Unterstützung der OpenType-Features sind nur ein paar der fortschrittlichen Funktionen, die Illustrator-Anwender dank der Verbesserungen mittlerweile genießen. Natürlich hatte dieser Schritt nach vorne seinen Preis.

Weil die momentane Text-Engine von Illustrator Schriften so unterschiedlich behandelt, müssen alle vor Illustrator CS erzeugten Texte aktualisiert werden, bevor sie in Illustrator CS3 bearbeitet werden können (lesen Sie dazu den Tipp *Veraltete Texte* weiter hinten in dieser Einleitung).

Auch das Speichern von Texten in frühere Illustrator-Versionen kann eine Herausforderung sein (lesen Sie dazu „Illustrator-Text speichern und exportieren" am Ende dieser Einführung). Zwar bevorzugen Sie für mehrseitige Dokumente wie Kataloge und lange Zeitschriftenartikel wahrscheinlich ein Seitenlayoutprogramm wie InDesign oder QuarkXPress und für das Layout von Webseiten die Anwendungen Dreamweaver und Flash. Dieses Kapitel zeigt jedoch die Design- und Layoutfähigkeiten von Illustrator bei einseitigen Druckdokumenten.

## Die sieben Bedienfelder zur Bearbeitung von Text

Illustrator CS3 bietet zum Erzeugen und Bearbeiten von Text nicht weniger als sieben Bedienfelder. Alle sind über den Befehl *Fenster > Schrift* erreichbar. Neben den Bedienfeldern *Absatz* und *Zeichen* findet sich das Bedienfeld *OpenType*, das Ihnen einen bequemen Zugriff auf die Optionen der OpenType-Schriften bietet. Über das Bedienfeld *Glyphen* wählen Sie schnell aus einer Vielzahl von Sonderzeichen. Die Bedienfelder *Zeichenformate* und *Absatzformate* in derselben Bedienfeldgruppe verwenden Sie zur

Verwaltung der automatischen Textformatierungsmöglichkeiten von Illustrator. Und über das Bedienfeld *Tabellen* erzeugen, verwalten und formatieren Sie Tabellen.

Die Bedienfelder *Zeichen* und *Absatz* erscheinen eventuell zunächst in eingeklappter Darstellung. Mit Klicks auf den Doppelpfeil oben links im Bedienfeld wechseln Sie zwischen den verschiedenen Darstellungen.

## Drei Textoptionen

In Illustrator gibt es drei Textoptionen, die Sie allesamt über das *Text*-Werkzeug aktivieren können: *Punkttext*, *Flächentext* und *Pfadtext*. Mit dem flexiblen Textwerkzeug erzeugen Sie durch Klicken einen Punkttext, ziehen mit gedrückter Maustaste ein Flächentextobjekt auf oder erzeugen mit einem Klick auf einen Pfad einen Pfadtext (mehr darüber weiter hinten). Oder Sie klicken auf ein beliebiges vorhandenes Textobjekt und geben anschließend Text ein oder bearbeiten vorhandenen Text. Mit den Befehlen *Datei > Öffnen*, *Datei > Platzieren* sowie *Bearbeiten* und *Einfügen* greifen Sie auf Texte aus anderen Anwendungen zu.

Wählen Sie Buchstaben, Wörter oder einen ganzen Textblock, indem Sie mit dem Textwerkzeug über die Buchstaben ziehen. Alternativ markieren Sie den gesamten Textblock mit einem Auswahlwerkzeug und einem Klick als Objekt bzw. ziehen einen Auswahlrahmen um die Textgrundlinie auf.

- **Punkttext:** Wenn Sie mit dem *Text*-Werkzeug oder dem *Vertikaler Text*-Werkzeug an eine beliebige Stelle klicken, erzeugen Sie Punkttext. Unmittelbar nach dem Klick erscheint eine blinkende Einfügemarke. Sie können nun über die Tastatur Text eingeben. Möchten Sie eine neue Textzeile beginnen, drücken Sie die ⏎-Taste. Wenn Sie mit der Eingabe Ihres Textobjekts fertig sind, klicken Sie im Bedienfeld *Werkzeuge* auf das *Text*-Werkzeug. Der aktuelle Text wird als Objekt ausgewählt (die Einfügemarke verschwindet). Sie können nun ein neues Textobjekt erzeugen. Um den Text selbst zu bearbeiten, klicken Sie ihn mit dem *Text*-Werkzeug an. Möchten Sie ihn als Objekt markieren, klicken Sie ihn mit einem der *Auswahl*-Werkzeuge an.

- **Flächentext:** Klicken und ziehen Sie mit dem *Text*-Werkzeug ein Rechteck auf. Sobald Sie das Rechteck definiert haben, sehen Sie die Einfügemarke blinken und können Text eingeben. Der Text bricht automatisch in die nächsten Teile um, wenn Sie an die Grenzen des Rechtecks stoßen.

### Text oder Objekte auswählen

Sobald Sie Text eingegeben haben, markieren Sie mit dem *Text*-Werkzeug ein Textelement durch Klicken und Ziehen über die Buchstaben, Wörter oder Zeilen. Mit einem Doppelklick wählen Sie ein Wort aus, mit einem Dreifachklick einen Absatz. Mit ⇧+ Klick erweitern Sie eine vorhandene Auswahl. Bei aktivierter Texteinfügemarke wählen Sie mit *Auswahl > Alles auswählen* den gesamten Text innerhalb des Textobjekts aus. Ansonsten markiert *Auswahl > Alles auswählen* sämtliche nicht gesperrten Grafikelemente in Ihrem Dokument.

## Unterstrichen
## ~~Durchgestrichen~~

Mit Illustrator lässt sich Text auch problemlos unterstrichen oder durchgestrichen formatieren.

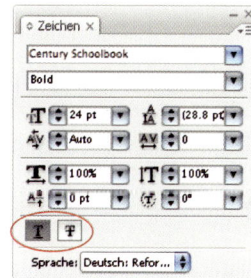

Das Bedienfeld *Zeichen* enthält Schaltflächen zum Durch- und Unterstreichen. Sollten die Schaltflächen nicht sichtbar sein, wählen Sie im Bedienfeldmenü den Befehl *Optionen einblenden*.

### Das Pfadtext-Werkzeug schnell aktivieren

Wenn das *Text*-Werkzeug ausgewählt ist und sich der Mauszeiger über einem Objekt befindet, greifen Sie mit gedrückter Alt-Taste schnell auf das *Pfadtext*-Werkzeug zu. Klicken Sie dann auf die Objektkante, um den Text entlang des Pfads statt innerhalb des Objekts einzugeben.
*Jean-Claude Tremblay*

### Ein- und Ausgänge

Jeder Objekttyp besitzt in Illustrator links oben einen *Eingang* und rechts unten einen *Ausgang*. Wenn beide leer sind, wird der gesamte Text angezeigt und das Objekt ist mit keinem anderen Textobjekt verknüpft (oder *verkettet*). Sie sehen eventuell auch die folgenden Symbole:

- Ein rotes Pluszeichen im Ausgang bedeutet, dass das Objekt *Übersatztext* enthält (Text, der nicht mehr in das Objekt hineinpasst).
- Ein Pfeil im Eingang bedeutet, dass das Objekt mit einem vorhergehenden Textobjekt verknüpft ist und der Text in das Objekt fließt.
- Ein Pfeil im Ausgang signalisiert, dass das Objekt mit einem folgenden Textobjekt verknüpft ist und dass der Text aus dem Objekt fließt.

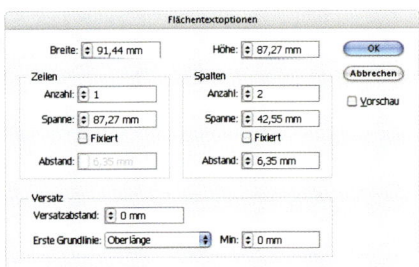

Das Dialogfenster *Flächentextoptionen*

### Nur Textrahmen skalieren

Standardmäßig skaliert das *Skalieren*-Werkzeug von Illustrator CS3 sowohl den Textrahmen als auch seine Inhalte. Um nur den Textrahmen zu skalieren, wählen Sie ihn zuerst mit dem *Direkt-Auswahl*-Werkzeug aus. Verwenden Sie dann das *Skalieren*-Werkzeug oder skalieren Sie ihn manuell über den Begrenzungsrahmen.

*Jean-Claude Tremblay*

---

Eine andere Möglichkeit zur Erzeugung von Flächentext oder vertikalem Text ist die Konstruktion eines Pfads mit einem beliebigen Pfadwerkzeug. In diesem können Sie den Text platzieren. Halten Sie die Maustaste auf dem *Text*-Werkzeug gedrückt, um auf andere Werkzeuge zuzugreifen. Mit gedrückter ⇧-Taste schalten Sie zwischen der horizontalen und der vertikalen Ausrichtung verwandter Werkzeuge um. (Mehr darüber im Tipp *Mit dem Text-Werkzeug jonglieren*, Seite 183.)

Wenn Sie mit aktiviertem *Flächentext*- oder *Vertikaler Text*-Werkzeug auf dem Pfad klicken, können Sie darin Ihren Text platzieren. Verzerren Sie den Textcontainer, indem Sie mit dem *Direktauswahl*-Werkzeug einen Ankerpunkt anklicken und diesen an eine andere Stelle ziehen, oder formen Sie den Pfad über die Richtungslinien neu. Der Text in Ihrem Flächentext wird neu umbrochen, so dass er sich der neuen Form des Containerobjekts anpasst.

Mit dem Befehl *Schrift > Flächentextoptionen* oder einem Doppelklick auf das Werkzeug *Flächentext* (bei aktiviertem Flächentext) öffnen Sie das Dialogfeld *Flächentextoptionen*. Dieses gewährt Ihnen exakte Kontrolle über viele wichtige Eigenschaften des Flächentextes. Sie können numerische Werte für die Breite und Höhe des ausgewählten Flächentextobjekts einstellen, exakte Werte für Zeilen und Spalten angeben (das heißt, Sie können ein einzelnes Flächentextobjekt in mehrere Spalten oder Reihen unterteilen, die während der Eingabe neu umbrochen werden) und festlegen, ob diese Werte bei der Skalierung fixiert bleiben oder nicht.

Sie können auch Versatzoptionen festlegen, beispielsweise den Einzug (das ist der Abstand zwischen dem Text und dem umgebenden Pfad) und die Ausrichtung der ersten Textgrundlinie. Und schließlich können Sie über die Textflussschaltflächen bestimmen, wie der Text zwischen den Zeilen oder Spalten fließt.

Wenn Sie Tabulatoren für Ihren Flächentext benötigen, markieren Sie das Textobjekt und wählen *Fenster > Schrift > Tabulatoren*. Das Bedienfeld *Tabulatoren* öffnet sich. Es ist gleich am Textrahmen ausgerichtet. Sie werden feststellen, dass sich beim Zoomen oder Schwenken der Arbeitsfläche das Lineal nicht mit dem Textrahmen bewegt. Das macht nichts: Wenn die Ausrichtung nicht mehr stimmt, klicken Sie im Bedienfeld *Tabulatoren* einfach auf das kleine Magnetsymbol und das Bedienfeld wird wieder am Textrahmen ausgerichtet.

Eine nette Funktion des Bedienfelds *Tabulatoren* ist die Möglichkeit, eigene *Füllzeichen* zu erzeugen. Dabei handelt es sich um die Wiederholung eines bestimmten Zeichens (beispielsweise Punkt oder Strich) zwischen einem Tabstopp und dem darauf folgenden Text. Wählen Sie im Bedienfeld *Tabulatoren* einen Tabstopp und geben Sie ein Muster aus bis zu acht Zeichen in das Feld *Füllzeichen* ein. Anschließend drücken Sie die ⏎-Taste. Wie Sie sehen, wird Ihr benutzerdefiniertes Füllzeichen zwischen den beiden Tabstopps wiederholt.

- **Pfadtext:** Pfadtext erzeugen Sie mit dem *Pfadtext*-Werkzeug. Damit klicken Sie auf einen Pfad, um den Text entlang seiner Kontur auszurichten. Kontur und Füllung des Pfads verschwinden daraufhin.

Ein ausgewähltes Pfadtextobjekt weist drei Marken auf: eine am Anfang, eine in der Mitte und eine am Ende des Pfadtextes. Die erste und letzte Marke enthalten einen Eingang und einen Ausgang, über die Sie Text über mehrere Objekte hinweg verketten können. Die mittlere Marke verwenden Sie zur Kontrolle der Pfadtextposition. Halten Sie Ihren Mauszeiger darüber, bis ein kleines Symbol in Form eines umgedrehten T erscheint. Nun können Sie die mittlere Marke ziehen und damit die Positionierung der Schrift ändern. Ziehen Sie die Marke über den Pfad, wird der Text auf die andere Seite des Pfads gespiegelt. (Schrift auf der Außenseite eines Kreises würde beispielsweise auf die Innenseite gespiegelt.) Wenn Sie die Marke entlang der Pfadrichtung vorwärts oder rückwärts ziehen, wird der Text in die jeweilige Richtung bewegt.

Wie beim Flächentext können Sie den Pfad auch mit dem *Direktauswahl*-Werkzeug neu formen. Die Schrift auf dem Pfad passt sich dann automatisch der neuen Pfadform an.

Über das Dialogfenster *Pfadtextoptionen* (*Schrift > Pfadtext > Pfadtextoptionen*) können Sie verschiedene Pfadtexteigenschaften einstellen. Wählen Sie aus fünf unterschiedlichen Pfadtexteffekten (*Regenbogen*, *Verzerren*, *3D-Band*, *Treppenstufe* und *Schwerkraft*). Es gibt das Kontrollkästchen *Spiegeln*, mit dem Sie die Schrift automatisch auf der anderen Seite des Pfads anordnen, ein Menü, in dem Sie die Ausrichtung der Schrift relativ zum Pfad einstellen, und das Popup-Menü *Abstand*, in dem Sie den Abstand des an einer Kurve ausgerichteten Textes einrichten. Alle Pfadtexteffekte erreichen Sie auch direkt über das Untermenü *Schrift > Pfadtext*.

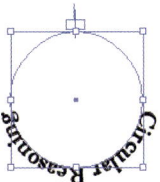

Wenn Sie Pfadtext mit der Ausrichtung *Zentriert* auf einen Kreis setzen möchten, wird der Text auf die untere Kreishälfte gesetzt.

**Anfangsmarke und Endmarke**

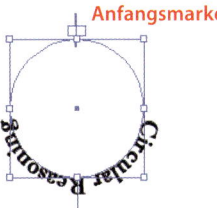

Das liegt daran, dass jedes Pfadtextobjekt zwei Griffe besitzt (die Startmarke und die Endmarke), zwischen denen die Schrift zentriert wird. Wenn Sie erst den Kreis zeichnen und dann den Pfadtext zuweisen, erscheinen diese beiden Griffe gemeinsam am oberen Rand des Kreises. Verantwortlich dafür ist die Tatsache, dass der Kreis ein geschlossener Pfad ist.

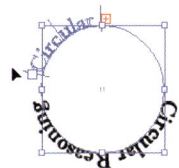

Um den Text oben auf dem Kreis zu positionieren, müssen Sie lediglich den Startgriff anklicken und ihn in die 9-Uhr-Position ziehen, ehe Sie die Endmarke in die 3-Uhr-Position ziehen. Ihr Text wird nun zwischen den beiden Griffen am oberen Kreisrand zentriert.

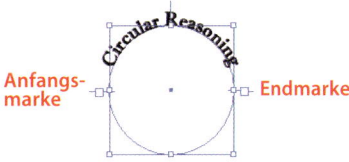

Die Moral von der Geschichte: Wenn Sie mit auf dem Pfad zentriertem Text arbeiten, sollten Sie die Start- und Endgriffe im Auge behalten und dafür sorgen, dass sie sich an der richtigen Stelle befinden.

## Mit verkettetem Text arbeiten

Wenn ein Textobjekt mehr Text enthält, als in ihm dargestellt werden kann, sehen Sie in dem kleinen Kästchen an seiner rechten unteren Ecke ein Pluszeichen. Dieses Kästchen wird *Ausgang* genannt (beachten Sie dazu auch den Tipp *Ein- und Ausgänge,* Seite 180). Möchten Sie das Objekt vergrößern, damit mehr Text hineinpasst, wählen Sie das *Auswahl-*Werkzeug, erfassen das Objekt an einer Seite des Begrenzungsrahmens und vergrößern es durch Ziehen in die gewünschte Richtung. (Halten Sie die ⇧-Taste gedrückt, wenn Sie die Proportionen beim Vergrößern beibehalten möchten.)

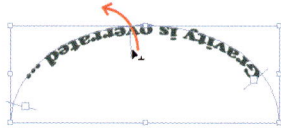

Um Text auf einem Pfad manuell auf die andere Pfadseite zu spiegeln, wählen Sie ihn aus und ziehen den mittleren Griff (die dünne blaue Linie, die rechtwinklig zum Pfad steht). Der rote Pfeil illustriert die Vorgehensweise. Beachten Sie das winzige T-förmige Symbol, das neben dem Cursor erscheint, wenn Sie diesen neben dem Griff platzieren.

Möchten Sie für den Übersatztext ein neues Textobjekt erzeugen, markieren Sie das erste Textobjekt mit dem *Auswahl-*Werkzeug. Klicken Sie dann auf das rote Pluszeichen im Ausgang. Der Mauszeiger sieht nun wie ein Miniaturtextrahmen aus und symbolisiert damit den Übersatztext. Erzeugen Sie dann mit einem Klick auf die Zeichenfläche ein neues Textobjekt in derselben Größe und Form wie das Original oder ziehen Sie ein Textobjekt in beliebiger Größe auf. Bei beiden Methoden wird das neue Textobjekt mit dem Original *verkettet* (verknüpft) und der Text, der nicht in den ersten Rahmen passte, fließt in den zweiten Rahmen.

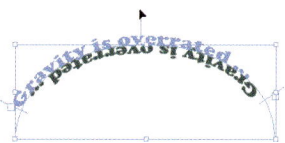

Derselbe Text nach dem Ziehen des Pfads, aber vor dem Freigeben der Maustaste. Nachdem Sie die Maustaste losgelassen haben, befindet sich der Text in der durch den blauen Text über dem Pfad angezeigten Position; Sie können dann den mittleren Griff von einer Seite auf die andere ziehen, um die Position des Textes anzupassen – ziehen Sie aber nicht erneut über den Pfad, weil der Text sonst wieder an die Ursprungsposition zurückgespiegelt wird. Sie können Text auch automatisch auf dem Pfad spiegeln, indem Sie *Schrift > Pfadtext > Pfadtextoptionen* wählen, *Spiegeln* aktivieren (siehe unten) und auf *OK* klicken.

**Hinweis:** Vergewissern Sie sich, dass das Kontrollkästchen *Textobjektauswahl nur über Pfad* in der Kategorie *Schrift* der Voreinstellungen deaktiviert ist, weil die oben beschriebene Vorgehensweise sonst nicht funktioniert.

Ebenfalls können Sie vorhandene Textobjekte miteinander verketten. Dazu klicken Sie das Pluszeichen des ersten Objekts an und klicken dann auf den Pfad des Objekts, das den Übersatztext aufnehmen wird. (Achten Sie auf den Mauszeiger. Dieser ändert sich, wenn Sie ungültiges „Ablageziel" anklicken.) Auch über einen Menübefehl können Sie Objekte verketten: Markieren Sie das erste Objekt mit einem Auswahlwerkzeug, wählen Sie auch das zweite Objekt mit gedrückter ⇧-Taste aus (oder markieren Sie beide mit dem *Lasso-* oder einem Auswahlwerkzeug und einem Auswahlrahmen). Wählen Sie *Schrift > Verketteter Text > Erstellen* – und die Objekte sind verkettet.

Das Dialogfenster *Pfadtextoptionen*

Natürlich lassen sich die Verbindungen zwischen Objekten genauso leicht aufheben. Möchten Sie die Verkettung zweier Objekte aufheben, wählen Sie das zweite Objekt aus. Durch einen Doppelklick auf seinen Eingang heben Sie die Verkettung mit dem vorhergehenden Objekt auf. Mit einem Doppelklick auf seinen Ausgang heben Sie die Verbindung mit dem folgenden Objekt auf. Alternativ können Sie das Objekt auswählen und einmal entweder

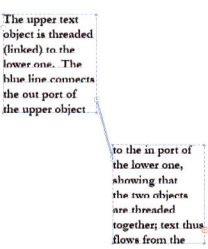

Das obere ist mit dem unteren Textobjekt verknüpft. Die blaue Linie verbindet den Ausgang des oberen mit dem Eingang des unteren Objekts. Sie sehen daran, dass die beiden Objekte miteinander verkettet sind. Der Text fließt deshalb vom ersten in das zweite Objekt. Das rote Pluszeichen im Ausgang des unteren Objekts zeigt Ihnen, dass es noch mehr Übersatztext gibt, der in ein drittes verkettetes Objekt fließen könnte.

auf den Eingang oder den Ausgang klicken. Klicken Sie dann auf das andere Ende der Textrahmenkette, wird die Verbindung aufgehoben.

Sie können ein Objekt auch aus einer Textrahmenkette lösen, indem Sie es auswählen und dann *Schrift > Verketteter Text > Auswahl zurückwandeln* wählen. Möchten Sie die Verkettung eines Objekts lösen, den Text aber an Ort und Stelle lassen, wählen Sie *Schrift > Verketteter Text > Verkettung entfernen*.

## Text um Objekte fließen lassen

Textumflüsse werden als Objektattribut behandelt. Das Objekt, das vom Text umflossen werden soll, muss sich im Bedienfeld *Ebenen* über dem Text befinden, der das Objekt umfließen soll. Der Text muss als Flächentextobjekt angelegt sein. Markieren Sie dann das Objekt, das umflossen werden soll, und wählen Sie *Objekt > Umfließen > Umfließenoptionen*. Hier wählen Sie den Versatz und Sie haben auch die Möglichkeit, die Option *Umfließen umkehren* zu aktivieren. Mit Letzterer vertauschen Sie die vom Text umflossene Objektseite. Der Text kann auch um eine Objektgruppe fließen. Möchten Sie der umflossenen Gruppe ein neues Objekt hinzufügen, öffnen Sie das Bedienfeld *Ebenen*, zeigen Sie den Ebeneninhalt mit einem Klick auf das Dreieck an und ziehen Sie das Symbol Ihres neuen Objekts in die *<Gruppe>*. Soll ein Objekt nicht mehr umflossen werden, markieren Sie es und wählen Sie *Objekt > Umfließen > Zurückwandeln*. Möchten Sie die Optionen für ein umflossenes Objekt ändern, klicken Sie es an und wählen Sie *Objekt > Umfließen > Umfließenoptionen*.

## Zeichen- und Absatzformate

Mit den Illustrator-Bedienfeldern *Zeichen* und *Absatz* können Sie immer nur eine einzelne Texteigenschaft auf einmal ändern. Die Bedienfelder *Zeichenformate* und *Absatzformate* leisten mehr: Mit ihnen können Sie Ihren Texten mehrere Eigenschaften zuweisen, indem Sie einfach das entsprechende Format auswählen. (Alle vier genannten Bedienfelder finden Sie im Menü *Fenster > Schrift*.)

Neue Zeichen- und Absatzformate können Sie entweder von Grund auf neu oder auf der Grundlage vorhandener Stile erstellen. Möchten Sie ein neues Format mit einem Standardnamen erzeugen (sämtliche Eigenschaften lassen sich nachträglich noch ändern), formatieren Sie einen Text nach Ihren Wünschen und klicken im Bedienfeld *Zeichenformate* oder *Absatzformate* auf die Schaltfläche *Neues Format erstellen*.

### Das veränderliche Textwerkzeug

Wenn Sie das reguläre *Text*-Werkzeug verwenden, beobachten Sie Ihren Mauszeiger sehr sorgfältig:
- Bewegen Sie das *Text*-Werkzeug über einen geschlossenen Pfad, wird der Mauszeiger zum Flächentextsymbol.
- Bewegen Sie das *Text*-Werkzeug über einen offenen Pfad, wird der Mauszeiger zum Pfadtextsymbol.

### Pfadtext und geschlossene Pfade

Auch wenn das Feedback des *Text*-Werkzeug-Mauszeigers Ihnen scheinbar signalisiert, dass Sie Pfadtext nur offenen Pfaden zuweisen können, *können* Sie Pfadtext sowohl offenen als auch geschlossenen Pfaden zuweisen (halten Sie dazu die -Taste gedrückt).

### Mit dem Text-Werkzeug jonglieren

Um ein Textwerkzeug zwischen seinem vertikalen und horizontalen Modus umzuschalten, vergewissern Sie sich zuerst, dass nichts ausgewählt ist. Mit gedrückter ⇧-Taste schalten Sie das Werkzeug in den umgekehrten Modus.

### Textverknüpfungen verbergen

Nutzern von Seitenlayoutprogrammen wie InDesign oder QuarkXPress ist die grafische Anzeige von Textverkettungen vertraut. Zwischen den verketteten Objekten erscheint eine Linie. Wenn diese Darstellung Sie stört, können Sie sie mit *Ansicht > Textverkettungen einblenden* ein- und ausschalten.

> **Text aus Vorversionen**
>
> Die mit Illustrator CS eingeführte und mit jeder neuen Version verbesserte Text-Engine ermöglicht eine Vielzahl neuer Features. Aber diese Verbesserungen bedeuten auch, dass Text ganz anders als in älteren Versionen behandelt wird. Deshalb muss Text aus älteren Illustrator-Versionen aktualisiert werden, bevor Sie ihn in CS3 bearbeiten können. Wenn Sie eine Datei mit älterem Text öffnen, warnt Sie ein Dialogfenster, dass der Text in diesem Dokument aktualisiert werden muss. Sie können sich entscheiden, den Text gleich mit einem Klick auf *Aktualisieren* zu aktualisieren, oder Sie klicken auf *OK* und können dies dann später nachholen. Nicht aktualisierter Text lässt sich betrachten, verschieben und drucken, aber nicht bearbeiten. Wollen Sie einen solchen Text auswählen, wird er mit durchkreuztem Begrenzungsrahmen angezeigt. Wenn Sie den Text aktualisieren, sehen Sie eventuell die folgenden Änderungen:
> - Änderungen des Zeilenabstands, der Laufweite und des Kerning
> - Bei Flächentext: Übersatztext, gegenüber den Zeilen oder in das nächste verkettete Objekt verschobene Zeichen
>
> Sie können den gesamten Text jederzeit aktualisieren, indem Sie *Schrift > Alter Text > Ganzen alten Text aktualisieren* wählen. Manche Texte aus Vorversionen lassen sich aktualisieren, indem Sie sie mit dem *Schrift*-Werkzeug anklicken. Zum Vergleich können Sie den alten Text auch auf einer Ebene unter dem aktualisierten Text beibehalten.

Möchten Sie Ihrem neuen Stil gleich einen Namen geben, wählen Sie aus dem *Zeichenformate*-Bedienfeldmenü den Befehl *Neues Zeichenformat* oder aus dem *Absatzformate*-Bedienfeldmenü den Befehl *Neues Absatzformat*. (Als Alternative halten Sie die Alt-Taste gedrückt, während Sie auf die Schaltfläche *Neues Format* klicken.) Geben Sie in das Dialogfenster einen Namen für Ihr neues Format ein und klicken Sie auf *OK* – Ihr neues Format erscheint im Bedienfeld *Zeichenformate* bzw. *Absatzformate*.

Es gibt zwei Möglichkeiten, ein neues Format auf der Grundlage eines vorhandenen Formats zu erzeugen. Markieren Sie das vorhandene Format im Bedienfeld *Zeichenformate* oder *Absatzformate* und wählen Sie dann aus dem Bedienfeldmenü entweder *Zeichenformat duplizieren* bzw. *Absatzformat duplizieren* oder ziehen Sie ein vorhandenes Format auf die Schaltfläche *Neues Format*. Ihr neues „geklontes" Format erscheint im Bedienfeld.

Möchten Sie die Eigenschaften eines neuen oder vorhandenen Formats ändern, doppelklicken Sie im Bedienfeld *Zeichenformate* oder *Absatzformate* auf seinen Namen. Alternativ markieren Sie das Format und wählen im Bedienfeldmenü den Befehl *Zeichenformatoptionen* bzw. *Absatzformatoptionen*.

Im Dialogfenster *Optionen* können Sie alle gewünschten Eigenschaften für das Format einstellen – von grundlegenden Eigenschaften wie Schrift, Größe und Farbe bis hin zu OpenType-Features (mehr darüber weiter unten).

Um einem Text ein Format zuzuweisen, wählen Sie ihn aus und klicken im Bedienfeld *Zeichenformate* bzw. *Absatzformate* auf den Namen des Formats. (Diese Vorgehensweise funktioniert eventuell nicht richtig, wenn der Text mit zusätzlichen manuellen Formatierungen versehen ist. In diesem Fall müssen Sie die manuellen Formatierungen mit einem zweiten Klick auf das Format löschen.)

## Profitieren Sie von der OpenType-Technologie

Einer der wichtigsten Gründe für die neue Text-Engine war die vollständige Implementation der OpenType-Features. Adobe unterstützt dies noch durch eine Vielzahl frei verfügbarer OpenType-Schriften, die mit Illustrator installiert werden. Ein großer Vorteil von OpenType-Schriften ist ihre Plattformunabhängigkeit. Sie können ohne Schwierigkeiten zwischen Mac und Windows ausgetauscht werden.

Wenn Sie eine OpenType-Schrift einsetzen, setzt Illustrator bei der Eingabe automatisch Standardligaturen (betrachten Sie das Beispiel rechts mit den Worten *taffy* und *scuffle*). Über das Bedienfeld *OpenType* können Sie Optionen für andere OpenType-Features aktivieren. Dieses Bedienfeld befindet sich standardmäßig in derselben Palettengruppe wie die Bedienfelder *Zeichen* und *Absatz*. Es lässt sich über den Menübefehl Fenster > Schrift > OpenType öffnen.

Das Bedienfeld *OpenType* enthält zwei Popup-Menüs, mit denen Sie den Stil und die Positionierung von Ziffern kontrollieren. Es enthält auch eine Button-Reihe, über die Sie Standardligaturen für Buchstabenpaare wie fi, fl, ff, ffi und ffl, optionale Ligaturen für Buchstabenpaare wie ct und st, Schwungschrift (also Zeichen mit stärkeren Verzierungen), Titelschrift (für Versalüberschriften), stilistische Varianten (alternative Buchstabenversionen), Ordinalzeichen und Brüche aktivieren können.

## Das Glyphen-Bedienfeld

Das Bedienfeld *Glyphen* ermöglicht Ihnen einen schnellen Zugriff auf eine Vielzahl von Sonderzeichen, Ligaturen, Ornamente, Schwungschrift und Brüche in beliebigen OpenType-Schriften. Zeigen Sie das Bedienfeld mit Fenster > Schrift > Glyphen an. Klicken Sie mit dem Textwerkzeug an die Stelle, an der das Sonderzeichen erscheinen soll, und fügen Sie es dann mit einem Doppelklick im Bedienfeld *Glyphen* in den Text ein. Im Bedienfeld *Glyphen* finden Sie viele Sonderzeichen (wie ✱ oder ✌), für die früher eigene Schriften notwendig waren, die aber mittlerweile direkt über das *Glyphen*-Bedienfeld verfügbar sind.

## Der Alle-Zeilen-Setzer

Illustrator bietet zwei Kompositionsmethoden, die die Zeilenumbrüche in Ihrem Text bestimmen: den Ein-Zeilen-Setzer und den Alle-Zeilen-Setzer.

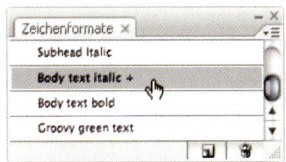

Bedienfeld *Zeichenformate*

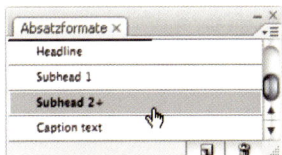

Bedienfeld *Absatzformate*

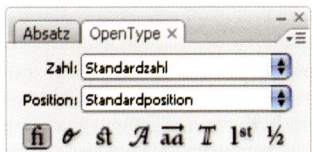

Bedienfeld *OpenType*

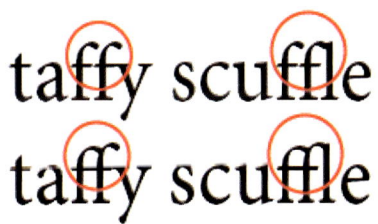

Nach der Auswahl einer OpenType-Schrift setzt Illustrator bei der Texteingabe automatisch Standardligaturen (es sei denn, Sie schalten dieses Feature im Bedienfeld *OpenType* ab). Im Beispiel oben ist die Schrift in der oberen Reihe mit der Standardversion der Schrift Adobe Minion gesetzt. Die untere Reihe ist in Minion Pro gesetzt. Dies ist eine der mit Illustrator installierten OpenType-Schriften. Minion Pro enthält die Ligaturen für „ff" und „ffl" (siehe untere Reihe), die für eine ausgefeilte Typografie sorgen.

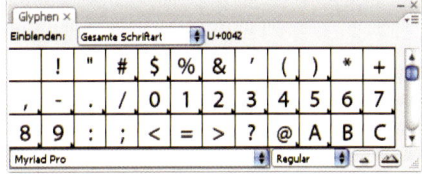

Bedienfeld *Glyphen*

Lorem ipsum dolor sit amet, consectetuer adipiscing elit. Sed at nibh. Nam ultrices erat nec pede. Vivamus est ante, aliquet vel, fermentum et, nonummy eget, ante. Morbi metus nisl, placerat ut, accumsan id, aliquet vel, nulla. Aenean scelerisque dapibus nunc. Proin augue. Vestibulum dictum. Morbi eget urna. Phasellus id augue. Nulla congue imperdiet dolor. Lorem ipsum dolor sit amet, consectetuer adipiscing elit. Sed at nibh.

Mit dem Ein-Zeilen-Setzer gesetzter Text

Lorem ipsum dolor sit amet, consectetuer adipiscing elit. Sed at nibh. Nam ultrices erat nec pede. Vivamus est ante, aliquet vel, fermentum et, nonummy eget, ante. Morbi metus nisl, placerat ut, accumsan id, aliquet vel, nulla. Aenean scelerisque dapibus nunc. Proin augue. Vestibulum dictum. Morbi eget urna. Phasellus id augue. Nulla congue imperdiet dolor. Lorem ipsum dolor sit amet, consectetuer adipiscing elit. Sed at nibh.

Derselbe Text wurde mit dem Alle-Zeilen-Setzer gesetzt. Dieser erzeugt automatisch einen weniger ausgefranst wirkenden Textblock mit gleichmäßigeren Zeilen.

### Objekte in Zeilen und Spalten teilen

Um Zeilen und Spalten aus Nicht-Text-Objekten zu erzeugen, markieren Sie diese und wählen Sie *Objekt > Pfad > In Raster teilen*.

### Wenn Sie die Schriftarten nicht haben …

Fehlende Schriften? Sie können die Datei trotzdem öffnen, bearbeiten und speichern, weil Illustrator sich an die verwendete Schrift erinnert. Jedoch erscheint der Textfluss nicht exakt und die Datei wird nicht korrekt gedruckt, bis Sie die fehlenden Schriften laden oder ersetzen. Wenn Sie in der Kategorie *Text* des Dialogfensters *Dokument einrichten* die Option *Ersetzte Schriften* aktivieren, werden Textobjekte mit fehlenden Schriften hervorgehoben.

Der Ein-Zeilen-Setzer war vor CS die einzige Option. Er bestimmt die Silbentrennung und den Satzausgleich stets für eine einzelne Textzeile. Das Ergebnis können jedoch ungleiche, ausgefranst wirkende Textblöcke sein. Der neue Alle-Zeilen-Setzer denkt mit: Er findet automatisch die beste Kombination von Zeilenumbrüchen im gesamten Absatz.

Das Ergebnis sind gleichmäßig wirkende Textblöcke mit minimaler Silbentrennung und konsistenten Zeilenlängen und Zeichenabständen, ohne dass Sie die Umbrüche von Hand feinjustieren müssten. Wenn Sie jedoch die Mikrotypografie Ihrer Texte selbst bestimmen möchten und eine eigenhändige Kontrolle über jeden Zeilenumbruch wünschen, können Sie nach wie vor den herkömmlichen Ein-Zeilen-Setzer wählen.

Um zwischen den beiden Kompositionsmethoden zu wechseln, wählen Sie den entsprechenden Text aus und rufen Sie den *Adobe Alle-Zeilen-Setzer* oder den *Adobe Ein-Zeilen-Setzer* aus dem *Absatz*-Bedienfeldmenü auf.

## Weitere Textfunktionen im Schrift- und Fenster-Menü

* **Schriftart suchen:** Wenn Sie eine Datei öffnen und die korrekten Schriften nicht installiert haben, präsentiert Illustrator Ihnen eine Warnmeldung, listet die fehlenden Schriftarten auf und fragt, ob Sie die Datei trotzdem öffnen möchten. Damit die Datei richtig ausgegeben wird, benötigen Sie die korrekten Schriften. Wenn Sie die fehlenden Fonts nicht installiert haben, suchen Sie diese mit *Schrift > Schriftart suchen* und ersetzen sie durch andere, vorhandene Schriften.

Das Dialogfenster *Schriftart suchen* zeigt in der oberen Liste die im Dokument verwendeten Schriften. Ein Sternchen symbolisiert eine fehlende Schrift. Das Schriftformat ersehen Sie aus dem Symbol rechts vom Schriftnamen. Sie können eine auf Ihrem Rechner installierte Ersatzschrift wählen oder die im Dokument verwendeten Fonts nehmen. Möchten Sie zum Ersetzen nur bestimmte Schriftformate verwenden, deaktivieren Sie die entsprechenden Kontrollkästchen im unteren Dialogfensterbereich. Um eine im Dokument verwendete Schrift zu ersetzen, wählen Sie diese aus der oberen Liste und wählen Sie in der unteren Liste die gewünschte Ersatzschrift. Sie können jedes Vorkommen der Schrift individuell ersetzen, indem Sie zuerst auf *Ändern* und dann auf *Suchen* klicken. Möchten Sie alle Vorkommen auf einmal ändern, klicken Sie einfach auf die Schaltfläche *Alle ändern*.

Anmerkung: Wenn Sie in der oberen Liste eine Schrift auswählen, wird das erste mit diesem Font formatierte Textobjekt im Dokument ausgewählt.

- **Textausrichtung**. Mit den Befehlen *Schrift > Textausrichtung > Horizontal* bzw. *Vertikal* ändern Sie die Ausrichtung von horizontal in vertikal oder umgekehrt.

- **Groß-/Kleinschreibung ändern:** Sie können die Groß-/Kleinschreibung von markiertem Text über den neuen Befehl *Schrift > Groß-/Kleinschreibung ändern* umstellen. Das Untermenü bietet vier Auswahlmöglichkeiten: GROSSBUCHSTABEN, kleinbuchstaben, *Erster Buchstabe Im Wort Groß* und *Erster buchstabe im satz groß*.

- **Überschrift einpassen** ist eine schnelle Möglichkeit, den Buchstabenabstand einer Überschrift anhand einer vorgegebenen Strecke zu erhöhen. Erzeugen Sie zuerst die Überschrift in einem Rahmen (nicht entlang eines Pfads). Formatieren Sie die Schrift dann in der gewünschten Größe. Markieren Sie sie und wählen Sie *Schrift > Überschrift einpassen* – die Schrift wird so gesperrt, dass sie den angegebenen Bereich füllt. Dies funktioniert sowohl mit horizontalem als auch vertikalem Text.

- **Verborgene Zeichen einblenden** zeigt weiche und harte Umbrüche, Leerzeichen und ein seltsames Unendlichkeitssymbol, das das Ende des Textflusses anzeigt. Schalten Sie die verborgenen Zeichen mit *Schrift > Verborgene Zeichen einblenden* ein und aus.

## Schrift in Konturen konvertieren

Über das Bedienfeld *Aussehen* können Sie bearbeitbarem Text mehrfache Konturen zuweisen (im Kapitel 6 „Ebenen & Aussehen" erfuhren Sie Details zur Arbeit mit multiplen Konturen oder Flächen). Ebenso können Sie Masken mit interaktivem, bearbeitbarem Text erzeugen! Obwohl es also immer weniger Gründe gibt, Schrift in Konturen zu konvertieren, ist in manchen Fällen die Konvertierung von Schriften in Konturen nach wie vor die beste Möglichkeit. (Mehr darüber im folgenden Abschnitt „Warum Schriften in Konturen konvertieren?".)

Wenn Sie Ihre Texte mit auf Ihrem System installierten und druckbaren Schriften erzeugt haben und Sie die Experimentierphase mit den Textelementen abgeschlossen haben (beispielsweise die Größenanpassung, den Zeilenabstand oder die Anpassung von Kerning und Laufweite), können Sie sie in Illustrator-Objekte

Das Dialogfenster *Schriften suchen*

### Wählen Sie die Schriftart sorgfältig aus

Der Zugriff auf Dutzende von Schriften macht Sie nicht notwendigerweise zu einem Schriftexperten, genauso wenig wie der Besitz einer Handvoll Stifte Sie zu einem Künstler macht. Experimentieren Sie, so viel Sie möchten. Wenn Sie aber professionelle typografische Ergebnisse benötigen, sollten Sie einen Typografen zu Rate ziehen.

### Wandeln Sie kleine Schriften nicht in Pfade um

Wenn Sie an einem hoch auflösenden Satzbelichter drucken oder große Schriften verwenden, können Sie Textobjekte erfolgreich in Pfade umwandeln. Aus verschiedenen technischen Gründen sieht jedoch ein *kleines* Schriftobjekt auf dem Bildschirm nicht mehr gut aus, wenn es in Pfade konvertiert wird und auf Druckern mit 600 oder weniger gedruckt wird. Es wirkt dann nicht so sauber wie ein echter Text.

konvertieren. Der Text ist dann nicht mehr als solcher bearbeitbar, sondern besteht aus normalen Illustrator-Bézier-Kurven und enthält eventuell zusammengesetzte Pfaden für die „Löcher" in den Buchstabenformen (wie in den Buchstaben O, B oder P).

Wie bei allen Illustrator-Pfaden können Sie die Objekte mit dem *Direktauswahl*-Werkzeug auswählen und bearbeiten. Markieren Sie alle Textblöcke, die Sie in Konturen umwandeln möchten (es macht nichts, wenn Sie zusätzlich noch Nicht-Text-Objekte auswählen) und wählen Sie *Schrift > In Pfade umwandeln*. Um die „Löcher" in den Buchstaben mit einer Farbe zu füllen, markieren Sie den zusammengesetzten Pfad und wählen Sie *Objekt > Zusammengesetzter Pfad > Zurückwandeln* (mehr über die Arbeit mit zusammengesetzten Pfaden erfahren Sie im Kapitel 4 „Ein Schritt weiter").

**Wichtig:** Die Konvertierung von Texten in Konturen eignet sich nicht für kleine Schriftgrade – mehr darüber im Tipp „Wandeln Sie kleine Schriften nicht in Pfade um" auf der vorigen Seite.

### Warum Schriften in Konturen konvertieren?

Nachfolgend finden Sie einige Gründe, warum die Konvertierung von Schriften in Konturen sinnvoll sein kann:

• **Sie können die einzelnen Kurven und Ankerpunkte von Buchstaben oder Wörtern transformieren oder verzerren.** Hier ist alles möglich – von kleineren Verbreiterungen eines Worts bis zu einer extremen Verzerrung. In den Galerien weiter hinten in diesem Kapitel sehen Sie entsprechende Beispiele. (Verzerrungseffekte und Hüllen lassen sich in manchen Fällen auch auf bearbeitbaren Text anwenden; Lesen Sie dazu das Kapitel 11 „Interaktive Effekte & Grafikstile".)

• **Sie können die Buchstaben- und Wortabstände beibehalten, wenn Sie Ihre Texte in andere Anwendungen exportieren.** Viele Programme, in die Sie Illustrator-Text als „interaktiven", bearbeitbaren Text importieren können, können Ihre benutzerdefinierten Kerning- und Wortabstände nicht interpretieren. In diesen Fällen konvertieren Sie den Text vor dem Export in Konturen. So bleiben die benutzerdefinierten Wort- und Buchstabenabstände erhalten.

• **Sie müssen die Schrift an Ihren Kunden oder Dienstleister weitergeben.** Besonders sinnvoll kann die Konvertierung von Texten in Konturen sein, wenn Sie fremdsprachige Zeichensätze verwenden müssen, keine Kontrolle über die Ausgabe Ihrer Grafik haben oder die Schriften nicht einbetten können. Wenn Ihr Dienstleister keine eigene Lizenz für eine Schrift hat, gestattet

---

### Mehrsprachige Schriften

Illustrator unterstützt mehrsprachige Schriften, unter anderem Chinesisch, Japanisch und Koreanisch. Über das Kontrollkästchen *Asiatische Optionen einblenden* in der Kategorie *Schrift* der Voreinstellungen zeigen Sie die asiatischen Textoptionen im Bedienfeld *Zeichen* an (falls nötig, klappen Sie das Bedienfeld über die Doppelpfeile im Bedienfeldregister vollständig aus). Möchten Sie mehrsprachige Schrift-Features nutzen, müssen Sie die korrekten Schriften und die Sprachunterstützung auf Ihrem System aktiviert haben. Selbst dann funktionieren manche mehrsprachigen Optionen nicht mit Schriften, die die entsprechenden Sprachen nicht unterstützen. Dazu gehören die meisten Schriften, die in erster Linie für Englisch und westeuropäische Sprachen gedacht sind.

### Text wie im Layoutprogramm umbrechen

Skalieren Sie einen Textrahmen an seinem Begrenzungsrahmen (wählen Sie ihn mit dem *Auswahl*-Werkzeug aus) und der Text wird neu umbrochen.
*Sandee Cohen*

### Ausgegrauter Text

In den Vorversionen von Illustrator konnten Sie in den *Text*-Voreinstellungen festlegen, dass Text unter einer bestimmten Größe ausgegraut erscheint. Damit sollte der Bildschirmaufbau beschleunigt werden. Durch die bessere Performance in CS3 wäre ausgegrauter Text keine Zeitersparnis mehr und deshalb ist die Voreinstellung verschwunden. Sie gehört nun zur Illustrator-Vorgeschichte!

Ihre eigene Lizenz es Ihnen möglicherweise nicht, die Schrift weiterzugeben. Auch in diesem Fall konvertieren Sie die Texte in Konturen.

## Die Mehrzweckpipette

Die Pipette erlaubt Ihnen das Übertragen von Aussehenattributen wie Kontur, Fläche, Zeichen- und Absatzeigenschaften von einem auf ein anderes Textobjekt.

Die Mehrzweckpipette von Illustrator nimmt Textformatierungen auf und weist sie zu. Sie hat zwei Modi: die *aufnehmende* und die *zuweisende* Pipette. Um die Textformatierung von einem Objekt auf ein anderes zu übertragen, aktivieren Sie zuerst im Bedienfeld *Werkzeuge* die Pipette und positionieren sie über einem nicht ausgewählten Textobjekt. Sie sehen, dass die Pipette sich im aufnehmenden Modus befindet (sie weist nach links unten). Wenn sie korrekt über dem Textobjekt positioniert ist, erscheint ein kleines T neben dem Pipettensymbol. Nehmen Sie die Eigenschaften des Textobjekts mit einem Klick auf.

Positionieren Sie die Pipette nun über dem nicht ausgewählten Textobjekt, dem Sie die gerade aufgenommenen Eigenschaften zuweisen möchten, und halten Sie die Alt -Taste gedrückt. Sie sehen, dass die Pipette in den zuweisenden Modus umschaltet: Sie weist nach rechts unten und erscheint gefüllt. Wie bei der aufnehmenden Pipette sehen Sie das kleine T, wenn sie korrekt über dem Text positioniert ist. Mit einem Klick auf den Text weisen Sie die vom ersten Objekt aufgenommenen Eigenschaften zu. (Ein einfacher Klick weist die aufgenommenen Eigenschaften dem gesamten Absatz zu. Alternativ ziehen Sie mit der Maus über den Text, um die Eigenschaften zuzuweisen.)

Als weitere Möglichkeit markieren Sie zuerst das Textobjekt mit den Eigenschaften, die Sie ändern möchten, und bewegen dann die Pipette über das nicht ausgewählte Textobjekt, von dem Sie die Attribute kopieren möchten. Ist der Mauszeiger korrekt positioniert, sehen Sie das kleine T. Weisen Sie die Eigenschaften des nicht ausgewählten Objekts nun mit einem Klick dem zuvor ausgewählten Objekt zu.

## Das Bedienfeld Aussehen im Zusammenspiel mit Text

Wenn Sie mit Text arbeiten, arbeiten Sie mit den Zeichen oder mit dem Container, der diese enthält – oder mit beidem. Wenn Sie den Unterschied zwischen den Zeichen und ihrem Container

### Pipettenoptionen

Damit Sie sehen, was die Pipette aufnimmt und zuweist, doppelklicken Sie im Bedienfeld *Werkzeuge* auf die Pipette. Das Dialogfenster *Pipettenoptionen* wird geöffnet.

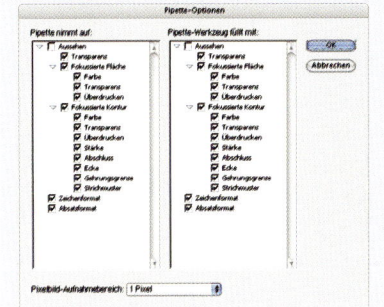

### Wampeters, Foma & Granfalloons

Die aufnehmende Pipette weist nach links unten. Das kleine T neben der Pipette erscheint, wenn diese korrekt positioniert ist – also so nahe am Text, dass Sie dessen Attribute mit einem Klick aufnehmen können.

### So it goes.

Wenn Sie mit der aufnehmenden Pipette auf einen Text klicken, erscheint die Pipette gefüllt. Sie sehen daran, dass sie die Attribute des Textes aufgenommen hat.

We are healthy only to the extent that our ideas are humane.
— *Kilgore Trout (via Kurt Vonnegut)*

Die zuweisende Pipette wird mit der Alt -Taste aktiviert. Sie funktioniert wie der Farbeimer in den Illustrator-Vorversionen – sie weist einem Objekt Eigenschaften zu. Beachten Sie, dass die zuweisende Pipette nach rechts unten weist und halb gefüllt ist. Wie bei der aufnehmenden Pipette erscheint das kleine T, wenn die Pipette korrekt über dem Text positioniert ist. Anschließend klicken Sie einfach mit gedrückter Alt -Taste und weisen die zuvor aufgenommenen Eigenschaften zu.

### Das Aussehen von konturiertem Text

Möchten Sie einem Text eine Kontur zuweisen und die Buchstaben dabei nicht verzerren, markieren Sie den Text mit einem der Auswahlwerkzeuge (*nicht* dem *Text*-Werkzeug). Dann wählen Sie im Bedienfeldmenü *Aussehen* den Befehl *Neue Kontur hinzufügen*. Verschieben Sie die neue Kontur *unter* die Zeichen und passen Sie die Farbe und Stärke an.

### Ein neues Textobjekt erzeugen

Aktivieren Sie das *Text*-Werkzeug, nachdem Sie ein Textobjekt fertiggestellt haben. Der nächste Klick beginnt ein neues Textobjekt. Oder heben Sie die Markierung des aktuellen Texts auf, indem Sie die ⌘/Strg-Taste gedrückt halten. Ihr Mauszeiger wird vorübergehend zu einem Auswahlwerkzeug. Klicken Sie dann außerhalb des Textblocks.

### Mehrere Textblöcke zu einem Block zusammenfassen

Um einzelne Flächentextrahmen oder Punkttextobjekte zu einem Objekt zusammenzufassen, wählen Sie alle Textobjekte mit einem Auswahlwerkzeug und kopieren Sie sie. Ziehen Sie dann einen neuen Flächentextrahmen auf und fügen Sie den Inhalt der Zwischenablage ein. Der Text fließt in der ursprünglichen Stapelfolge in den Rahmen. (Es macht dabei nichts, wenn Sie Grafikelemente mit Ihrem Text auswählen – diese Elemente werden nicht eingefügt.)
*Sandee Cohen*

---

(dem Textobjekt) verstehen, fällt es Ihnen bei der Textformatierung leichter, das richtige Element auszuwählen und zu bearbeiten. Damit Sie den Unterschied besser verstehen, sollte das Bedienfeld *Aussehen* bei der Arbeit geöffnet sein.

### Zeichen

Wenn Sie mit dem *Text*-Werkzeug klicken und Text eingeben, arbeiten Sie direkt mit den Textzeichen. Im Bedienfeld *Aussehen* sehen Sie unter der Zeile *Zeichen* eine leere Kontur und eine schwarze Fläche. Sie können der Fläche und der Kontur eines Zeichens eine Farbe oder ein Muster zuweisen. Zur Bearbeitung der Fläche und der Kontur ziehen Sie mit dem *Text*-Werkzeug über den Text oder doppelklicken im Bedienfeld *Aussehen* auf *Zeichen*.

Bestimmte Dinge sind bei der Zeichenbearbeitung *nicht* möglich (bei der Bearbeitung des Textobjekts selbst hingegen schon): Sie können die Kontur nicht unter die Füllung oder die Füllung über die Kontur ziehen; Sie können der Fläche oder dem Umriss keinen interaktiven Effekt zuweisen; Sie können keine Verlaufsfüllungen, multiplen Flächen oder Konturen zuweisen und weder Deckkraft noch Füllmethode ändern.

### Das Textobjekt

Alle Texte sind in einem Punkt-, Flächen- oder Pfadtextobjekt enthalten. Wenn Sie den Text mit dem *Auswahl*-Werkzeug wählen und das Objekt dann auf der Seite verschieben, arbeiten Sie mit dem Textobjekt.

Denken Sie sich das Textobjekt als eine Gruppe, deren Mitglieder die einzelnen Zeichen sind. Manche Operationen lassen sich mit dieser Gruppe ausführen, mit den Textzeichen selbst hingegen nicht.

Beispielsweise können Sie eine weitere Fläche hinzufügen (wählen Sie dazu im Bedienfeldmenü *Aussehen* den Befehl *Neue Fläche hinzufügen*). Beachten Sie, dass sich das Bedienfeld *Aussehen* ändert – es enthält nun eine weitere *Fläche* und *Kontur*. Diese befinden sich aber über der Zeichenzeile im Bedienfeld. Die Fläche und die Kontur, mit denen Sie auf der Zeichenebene gearbeitet haben, sind nach wie vor vorhanden. Sie können sie wieder anzeigen, in dem Sie im Bedienfeld einen Doppelklick auf *Zeichen* ausführen. Damit gelangen Sie jedoch in den Zeichenbearbeitungsmodus zurück. Klicken Sie das Textobjekt erneut mit dem *Auswahl*-Werkzeug an, verlassen Sie den Zeichenbearbeitungsmodus und Sie befinden sich wieder im Objektbearbeitungsmodus.

Wenn Sie das Textobjekt mit einer neuen Füllung oder Kontur versehen, wirken seine Farbe oder Effekte mit der Farbe der Zeichen zusammen. Die visuellen Ergebnisse der Änderungen von Textobjekt und Zeichen lassen sich besser vorhersagen, wenn Sie wissen, dass dem Text zugewiesene Flächen und Konturen in der Reihenfolge ihres Erscheinens im Bedienfeld *Aussehen* angewandt werden (dazu gehören auch die Fläche und die Füllung, die angezeigt werden, wenn Sie im Bedienfeld auf *Zeichen* doppelklicken.) Wenn Sie also eine neue Fläche erzeugen und diese mit einer weißen Füllung versehen, erscheint der Text weiß (die weiße Füllung des Textobjekts befindet sich über der schwarzen Füllung der Zeichen).

Um mit dieser Funktionsweise zu experimentieren, erzeugen Sie zwei Textobjekte in einem großen Schriftgrad (zum Beispiel 72 Punkt). Arbeiten Sie nun auf der Zeichenebene, indem Sie mit dem *Text*-Werkzeug über eines der Objekte ziehen. Ändern Sie die Farbe der standardmäßig schwarzen Fläche im Bedienfeld *Aussehen* in Rot.

Markieren Sie das andere Textobjekt mit dem *Auswahl*-Werkzeug, um auf der Textobjektebene zu arbeiten. Fügen Sie eine neue Fläche hinzu (wählen Sie dazu im Bedienfeldmenü des Bedienfelds *Aussehen* den Befehl *Neue Fläche hinzufügen*). Standardmäßig wird das Textobjekt schwarz gefüllt und die rote Fläche der Zeichen wird dadurch überdeckt. Lassen Sie das Textobjekt ausgewählt und klicken Sie in der linken unteren Ecke des Bedienfelds *Farbfelder* auf die Schaltfläche *Menü „Farbfeldbibliotheken"* oder wählen Sie aus dem Bedienfeldmenü den Befehl *Farbfelderbibliothek öffnen*. Klicken Sie auf *Andere Bibliothek*. Wählen Sie *Farbfelder > Muster > Dekorativ* und dann *Dekorativ_ornament.ai*. Im Bedienfeld *Dekorativ_Ornament* wählen Sie das Farbfeld *Chinesische Spiralen*. Nachdem das Schriftobjekt mit dem Muster gefüllt ist, überlagern die schwarzen Objekte des Musters das Rot der Zeichen, während die leeren Bereiche das Rot hindurchscheinen lassen.

Die Kenntnis des Unterschieds zwischen einem Textobjekt und seinen Zeichen zahlt sich in diesem Experiment aus. Sie können dann leichter verstehen, wenn Sie beim Gestalten Ihrer Texte unerwünschte Effekte erzielen Beim Durcharbeiten der Lektionen und Galerien dieses Kapitels ist es sehr hilfreich, wenn Ihnen die Unterschiede zwischen Zeichen und ihren Textobjekten klar sind.

Das Bedienfeld *Aussehen* zeigt die rote Fläche, die der Schrift auf Zeichenebene zugewiesen wurde.

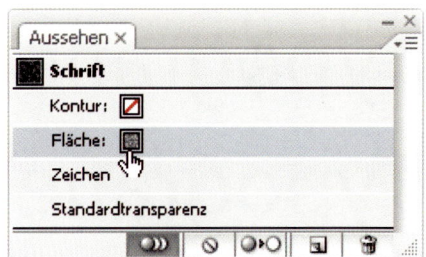

Das Bedienfeld *Aussehen* zeigt das chinesische Spiralmuster (aus der Musterbibliothek *Dekorative_Ornamente*), das der Schrift auf Objektebene zugewiesen wurde.

Mehr über transparente Hintergründe für Ihren Flächentext erfahren Sie in Gordon's Lektion „*Floating Type*" im Kapitel 9 „Transparenz".

### Textfluss bei vertikalem Flächentext

Bei vertikalem Flächentext werden Sie feststellen, dass Ihr Text automatisch von der rechten Kante des Bereichs zur linken fließt! Wenn Sie europäische Schriften und typografische Standards einsetzen, haben Sie nicht viel Nutzen von diesem Werkzeug, weil europäische Schriften von links nach rechts fließen (siehe *Mehrsprachige Schriften* Seite 188).

# Typografie
# Typografie
# Typografie

Das Original-Punkttextobjekt (oben), dasselbe Objekt mit der Option *Textbearbeitbarkeit beibehalten* (Mitte) und mit *Textaussehen beibehalten* exportiert (unten)

## Illustrator-Text speichern und exportieren

Zwar hat die moderne Text-Engine von Illustrator die Tür zu präziser typografischer Kontrolle und Flexibilität geöffnet. Es kann jedoch knifflig sein, Ihre Texte der Allgemeinheit zur Verfügung zu stellen. Texte in Dateien, die Sie in älteren Illustrator-Formaten (Version 10 abwärts) oder als EPS-Dateien speichern, werden entweder in Gruppen von Punkt- oder Pfadtextobjekten aufgeteilt oder in Konturen konvertiert. Die einzige Kontrollmöglichkeit ist der Befehl *Datei > Dokument einrichten > Text*. Wählen Sie hier aus dem Menü *Exportieren* den Befehl *Textbearbeitbarkeit beibehalten* oder *Textaussehen beibehalten*.

Wie die Abbildungen links zeigen, wird durch die Auswahl des Befehls *Textbearbeitbarkeit beibehalten* das Wort „Typografie" in eine Gruppe aus sechs separaten Punkttextobjekten zerteilt. Beim Befehl *Textaussehen beibehalten* wird hingegen der gesamte Text in Konturen umgewandelt. In beiden Fällen ist die Bearbeitbarkeit Ihres Textes für Anwender, die ihn in älteren Illustrator-Versionen weiterbearbeiten müssen, deutlich eingeschränkt.

Sie sollten testen, wie Illustrator-CS3-Text in andere Anwendungen importiert wird, bevor Sie bei einem kritischen Projekt oder einem dringenden Abgabetermin fortfahren. Auch wenn Sie den Text in keinem anderen Programm weiterbearbeiten müssen, sollten Sie sich doch vergewissern, dass er korrekt importiert wird und wie er in Illustrator CS3 aussieht.

### Fluch oder Segen?

In Illustrator und InDesign schalten Sie sofort zum *Text*-Werkzeug um, wenn Sie mit einem Auswahlwerkzeug auf ein Textobjekt doppelklicken. Die meisten Leute finden diese Funktion toll, einige aber sehr ärgerlich. Wenn Sie häufig versehentlich das Werkzeug wechseln, passen Sie in Ihren Systemeinstellungen die Doppelklickgeschwindigkeit an.

### Pfadtext-Workaround für Kartografen

Erscheint der Text auf einem Pfad mit engen Kurven gequetscht oder auseinandergezogen, wählen Sie *Schrift > Pfadtext > Pfadtextoptionen* und aus dem Menü *An Pfad ausrichten* den Eintrag *Mitte*. Setzen Sie den Grundlinienversatz im Bedienfeld *Zeichen* auf 0 und verschieben Sie den Pfad, bis sich der Text an der gewünschten Position befindet.
*Steven Gordon*

# GALERIE

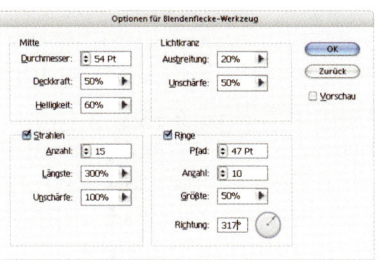

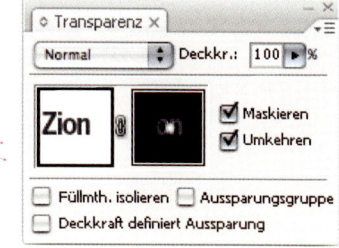

 Joly Dave_Roboter-Zeichnungen_faerben.ai

## Steven Gordon/Cartagram, LLC

Für die Gestaltung dieses Aufklebers simulierte Steven Gordon mit dem *Blendenflecke*-Werkzeug in einer Deckkraftmaske Sonnenstrahlen. Zunächst zeichnete er ein Rechteck und füllte es mit einem dreifarbigen Verlauf. Dann wählte er das *Text*-Werkzeug und gab „Zion" ein (er ließ das Textobjekt schwarz, sodass die Grafik später undurchsichtig bliebe, wenn er sie als Maske verwendeten würde). Als Nächstes klickte Gordon auf das *Auswahl*-Werkzeug und kopierte das Textobjekt. Er öffnete das Bedienfeld *Transparenz* und wählte aus dem Bedienfeldmenü den Befehl *Deckkraftmaske erstellen*. Gordon klickte auf die Maskenminiatur (die rechte Miniatur), um die Deckkraftmaske auszuwählen und mit der Arbeit in der Maske zu beginnen. Dann aktivierte er das Kontrollkästchen *Umkehren* (die Option *Maskieren* ließ er aktiviert). Nun fügte Gordon das Objekt mit *Bearbeiten > Davor einfügen* in die Maske ein. Für die Sonnenstrahlen wählte er das *Blendenflecke*-Werkzeug aus dem Popup-Menü des *Rechteck*-Werkzeugs. Er positionierte den Cursor zwischen den Buchstaben o und n, klickte und zog die Blendenflecke nach außen. Um das Aussehen der Blendenflecke noch anzupassen, doppelklickte er auf das *Blendenflecke*-Werkzeug und passte im Dialogfenster *Optionen für Blendenflecke-Werkzeug* den Durchmesser, die Deckkraft, die Richtung und andere Optionen an. Mit einem Klick auf die linke Miniatur der Grafik im *Bedienfeld Transparenz* aktivierte Gordon wieder die Grafik selbst. Abschließend wies er dem ausgewählten Textobjekt eine dunkelbraune Farbe zu.

# Kurvenreiche Texte

Schriften in Kurvenpfade einpassen

**Überblick:** Erzeugen Sie Grafikobjekte, kopieren Sie Objektpfade, schneiden Sie die Pfade dann auf eine praktische Länge zu, fügen Sie den Pfaden Text hinzu und verschieben Sie den Text, konvertieren Sie Texte in Konturen und bearbeiten Sie Textpfade.

HUERTA

Das fertige Plakat für die Fairfield University

**1**

Konturansicht der Pfade für die Gitarre

Der Designer Gerard Huerta visualisierte die Vielfalt der musikalischen Studienmöglichkeiten in diesem an die Studenten gerichteten Plakat der Fairfield University mit den fließenden Kurven der Musikinstrumente im Zusammenspiel mit Texten. Damit die Schriftzeichen sich dynamisch an die Kurven der Instrumente anschmiegten, konvertierte Huerta die Texte in Konturen und bearbeitete dann die Formen der Buchstabenpfade.

**1. Die Formen zeichnen und scannen und dann in Illustrator neu zeichnen.** Huerta zeichnete zunächst die Formen der Musikinstrumente mit dem Bleistift. Dann scannte er die Zeichnung und platzierte den Scan als Vorlagenebene in Illustrator. Mit dem *Zeichenstift*-Werkzeug zeichnete er die Formen nach und erzeugte die Farben mit Verläufen und Verlaufsgittern. Nachdem er die Musikinstrumente konstruiert hatte, ordnete Huerta diese so an, dass Platz für die geplanten Texte blieb.

**2. Die Pfade für den Text zeichnen und die Pfadtexte erzeugen.** Sie können die Pfade, die den Formen Ihrer Objekte folgen sollen, mit dem *Zeichenstift*- oder *Buntstift*-Werkzeug zeichnen oder, wie Huerta, Kopien der Objekte selbst verwenden. Kopieren Sie zuerst den Pfad, dem der Verlauf des Textpfads entsprechen soll, und wählen Sie *Bearbeiten > Davor einfügen*, sodass die Kopie das Original direkt überlagert. Mit dem *Schere*-Werkzeug zerschneiden Sie den Pfad, sodass er nun nicht mehr geschlossen, sondern offen ist. Dann klicken Sie mit dem *Text*-Werkzeug auf die Linie und geben die gewünschten Wörter ein. Positionieren Sie den Text, indem Sie mit der Einfügemarke am Pfad entlangziehen – spiegeln Sie ihn auf die andere Seite des Pfads, wenn er auf der falschen Seite des Pfads landet. Vergewissern Sie sich, dass das *Zeichen*-Bedienfeld geöffnet und Ihr Text weiterhin ausgewählt ist. Geben Sie im *Zeichen*-Bedienfeld in das Feld *Grundlinienversatz* eine negative Zahl ein oder wählen Sie diese aus dem Popup-Menü des Felds. Passen Sie den Abstand des Textes von seinem Pfad an, indem Sie den Wert des Grundlinienversatzes erhöhen oder verringern. Formen Sie den Pfad mit dem *Direkt-Auswahl*-Werkzeug neu. Alternativ ziehen Sie mit dem *Buntstift*-Werkzeug über einen Pfadabschnitt.

**3. Text in Konturen konvertieren und die Zeichenpfade bearbeiten.** Geigen und Gitarren haben einen stark geschwungenen Korpus. Deshalb wirken manche Zeichen nach der Positionierung an der Pfadkurve zu kantig und gerade. Zur Korrektur änderte Huerta die Formen einzelner Buchstaben, sodass sie sich der geschwungenen Pfadform organisch anpassten.

Wenn Sie die Formen von Zeichen anpassen möchten, konvertieren Sie den Text zuerst in Pfade. (Erzeugen Sie zunächst eine Kopie des Textes, falls Sie ihn oder seine Pfade später noch bearbeiten müssen.) Dazu wählen Sie das Pfadtextobjekt (markieren Sie nicht den Text selbst) und wählen Sie *Schrift > In Pfade umwandeln*. Suchen Sie nach Zeichen mit parallelen Strichen, zum Beispiel *m*, *n*, *h* und *u*. Mit dem *Direktauswahl*-Werkzeug formen Sie die Zeichen neu, indem Sie die Punkte verschieben und die Griffe anpassen. Mit dem *Buntstift*-Werkzeug formen Sie die Zeichenpfade, indem Sie über oder neben einem ausgewählten Pfad ziehen. Huerta gestaltete die geraden Kanten der Originalbuchstaben mit dem *Direktauswahl*- und dem *Buntstift*-Werkzeug kurvig. Er änderte auch den Winkel mancher Zeichen, so dass die Zeichen sich an die engen Kurven der Pfade anpassten.

2

Die Konturansicht des ursprünglichen äußeren Pfads für den Gitarrenkorpus (oben); der aus dem Gitarrenpfad erzeugte Pfad (Mitte); der Pfad wurde mit Text versehen und dann mit einem negativen Grundlinienversatz verschoben.

3

Links: Der Buchstabe T aus der Schrift Univers; rechts: der Buchstabe T, nach der Bearbeitung der Zeichenpfade

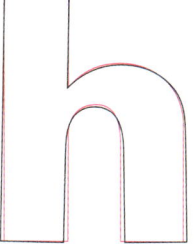

Das Original-H wird hier als Kontur in Magenta angezeigt. Über dem Originalbuchstaben befindet sich der schwarze Umriss des h, das Huerta durch Abwinkeln der Unterteile der vertikalen Striche erzeugte.

### Das Kerning manuell anpassen

Wenn Sie im Feld *Kerning* des Bedienfelds *Zeichen* den Eintrag *Auto* wählen, überlappen sich bei sehr kurvigen Pfadtextobjekten die Buchstaben zu weit oder sie sind zu weit voneinander entfernt. Um dies zu beheben, müssen Sie das Kerning der Buchstabenpaare eventuell manuell anpassen. Dazu klicken Sie mit dem *Text*-Werkzeug zwischen zwei Zeichen und passen den Kerning-Wert an.

# Buchcover-Design

Illustrator als einziges Layoutwerkzeug

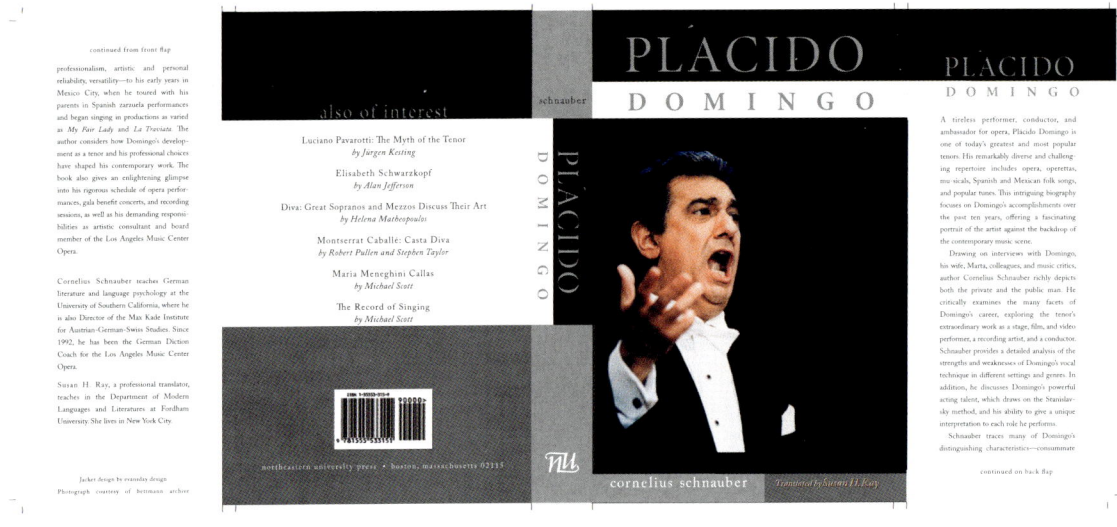

**Überblick:** Richten Sie Ihr Dokument ein; platzieren Sie Hilfslinien und Schnittmarken; platzieren Sie Bilddateien und erzeugen Sie Flächentext für Textspalten und Punkttext für die grafischen Texte; sperren Sie Texte per Tastatur.

Seitenlayoutprogramme wie InDesign und QuarkXPress sind für mehrseitige, komplexe Dokumente unverzichtbar. Rob Day und Virginia Evans verwenden für einseitige Projekte wie Buchumschläge jedoch ausschließlich Illustrator.

**1. Die Seite einrichten.** Richten Sie mit *Datei > Dokument einrichten* die Zeichenfläche für Ihr Design ein. Klicken Sie auf die Seitenausrichtung (Hochformat oder Querformat) und geben Sie die Größe Ihrer Zeichenfläche ein. Vergewissern Sie sich, dass diese so groß ist, dass auch Schnitt- und/oder Passermarken Platz finden. Das Popup-Menü *Format* schaltet automatisch auf *Benutzerdefiniert* um. Wählen Sie *Ansicht > Lineale einblenden* und setzen Sie den Linealursprung in die linke obere Seitenecke zurück (mehr über das Zurücksetzen des Linealursprungs erfahren Sie im Kapitel 1 „Illustrator-Grundlagen"). Mit *Ansicht > Pfadansicht/Vorschau* schalten Sie zwischen Pfad- und Vorschaumodus um. Mit *Voreinstellungen > Hilfslinien und Raster* können Sie zwar gleichmäßige Raster erzeugen. Weil sie jedoch Spalten mit unterschiedlicher Breite benötigten, erzeugten Day und Evans zwei Rechtecksätze, einen für das Endformat und einen für den Beschnitt. Klicken Sie mit dem *Rechteck*-Werkzeug auf Ihre Zeichenfläche und geben Sie die Abmessungen für Breite und Höhe des Endformats ein. Als Nächstes klicken Sie mit gedrückter Alt -Taste auf den Mittelpunkt des Endformatrahmens und vergrößern dessen Breite und Höhe um jeweils 6

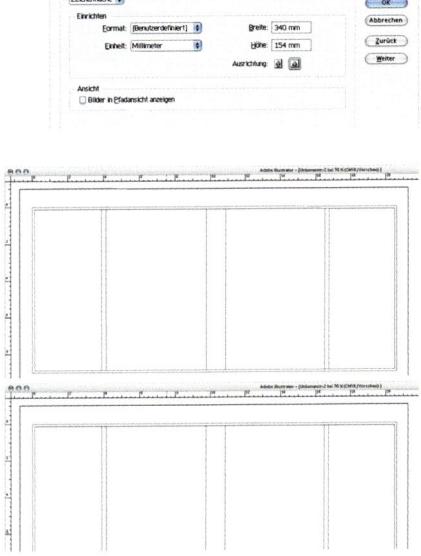

Die Zeichenfläche und die Layouteigenschaften einrichten (unten vergrößert)

mm. Damit erzeugen Sie ein Rechteck, das den Beschnittbereich darstellt. Day und Evans erzeugten Endformat und Beschnittrahmen für Umschlagvorder- und -rückseite, -klappen und -rücken. Für die Endformatmarken wählen Sie die Rahmen für das Endformat und *Filter > Erstellungsfilter > Schnittmarken*.

**2. Die Hilfslinien anpassen.** Wählen Sie den Endformat- und den Beschnittrahmen (nicht die Schnittmarken) und *Ansicht > Hilfslinien > Hilfslinien erstellen*.

**3. Die Elemente platzieren und verfeinern.** Wählen Sie *Datei > Platzieren* und klicken Sie auf das Pixelbild, das Sie in Ihr Layout importieren möchten. Erzeugen Sie Rechtecke oder andere Objekte, die den Bereich für die Textspalten definieren. Klicken Sie mit dem *Flächentext*-Werkzeug auf den Pfad eines dieser Objekte. Sobald die Einfügemarke platziert ist, können Sie Text direkt eingeben oder einfügen. Im vorliegenden Layout wird der Flächentext für die Textspalten auf den Umschlagklappen verwendet. Alternativ klicken Sie mit dem *Text*-Werkzeug auf die Seite und erzeugen Punkttext für Titel, Überschriften und andere einzelne Textelemente. Um die Buchstabenabstände zu verändern, wählen Sie das Textobjekt aus, halten die [Alt]-Taste gedrückt und arbeiten mit den [←]- oder [→]-Tasten. Mehr über das Drehen oder Skalieren (das auch mit Textobjekten funktioniert) erfahren Sie im Kapitel 2 „Illustrator-Zen" und in den Zen-Lektionen auf der Wow!-CD (im Ordner *Kap02*).

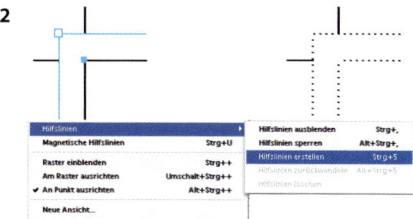

Endformat- und Beschnittrahmen in Hilfslinien konvertieren

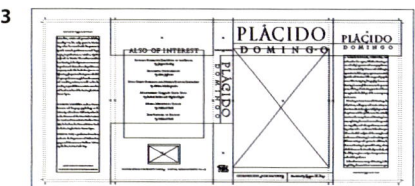

Alle Elemente wurden im Layout platziert.

Detailansicht eines Flächentextobjekts

Detailansicht von Punkttextobjekten

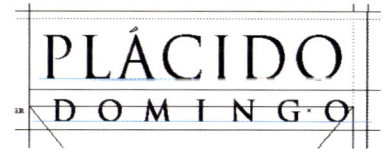

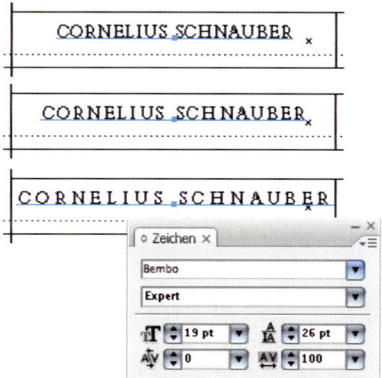

Eine Punkttextzeile wurde mit den Pfeiltasten gesperrt.

### „Schnittmarken" oder „Schnittbereich"?

Wenn Sie den Befehl *Filter > Erstellungsfilter > Schnittmarken* wählen, erzeugen Sie einen Satz von sichtbaren (auswählbaren) Illustrator-Schnittmarken um den Begrenzungsrahmen Ihrer aktuellen Auswahl. Mit *Objekt > Schnittbereich > Erstellen* erzeugen Sie *einen* Satz *nicht* auswählbarer Schnittmarken, die in Illustrator sichtbar sind, den Schnittbereich nach der Platzierung in Programmen wie Photoshop aber unsichtbar umgeben (mehr darüber erfahren Sie in der Lektion *Software-Staffellauf* im Kapitel 15 „Illustrator & andere Programme"). Sie können den Bereich mit einem ausgewählten Rechteck festlegen. Wenn nichts ausgewählt ist, erhält der Schnittbereich die Größe der Zeichenfläche. Um einen Schnittbereich zu entfernen, wählen Sie *Objekt > Schnittbereich > Zurückwandeln* oder (weil es pro Datei nur einen Schnittbereich geben kann) Sie erzeugen eine neue Auswahl und wählen *Objekt > Schnittbereich > Erstellen*.

# Wörter maskieren

Bilder mit Textzeichen maskieren

**Überblick:** Legen Sie ein Textobjekt über ein platziertes Rasterbild; wählen Sie alles aus und konvertieren Sie den Text in eine Schnittmaske für das platzierte Bild.

Papciak-Rose

Dieser „afrikanische" Text (mit der Schrift HoosкerDoo) wurde von der aus Johannesburg in Südafrika stammenden Künstlerin Ellen Papciak-Rose gestaltet. Sie arbeitet häufig für wenig Honorar für nichtkommerzielle Organisationen und integriert dabei eingescannte regionale Textilien und Kunsthandwerk in ihre Arbeiten.

1. **Texte erzeugen und ein Bild platzieren.** Wählen Sie eine Schriftart, die ausreichend stark ist, um ein Bild in ihr zu platzieren. (Die Kleckse sind in der Schriftart HoosкerDoo bereits enthalten) und erzeugen Sie mit dem *Text*-Werkzeug den gewünschten Text. Wählen Sie *Datei > Platzieren*, wählen Sie ein Bild aus, aktivieren Sie das Kontrollkästchen *Verknüpfen*, deaktivieren Sie das Kontrollkästchen *Vorlage* und klicken Sie auf *OK*. In einer Schnittmaske wird stets das oberste Objekt als Maske verwendet. Damit Ihr Text als Maske fungieren kann, klappen Sie seine Ebene im Bedienfeld *Ebenen* auf und ziehen den Eintrag *<Verknüpfte Datei>* unter den Text.

Mit der Schriftart HoosкerDoo formatierter Text (die Kleckse sind in der Schrift enthalten). Die gescannten Textilien wurden platziert und über das Bedienfeld *Ebenen* unter den Text gezogen.

2. **Die Schnittmaske erzeugen.** Wählen Sie den Text und das Bild aus und wählen Sie *Objekt > Schnittmaske > Erstellen*. Maske und maskierte Objekte werden gruppiert.

Nach Auswahl der Schrift und des Bilds unten; Auswahl von *Objekt > Schnittmaske > Erstellen*

3. **Änderungen an Bild und Text vornehmen.** Markieren Sie die Schrift oder das Bild, damit Sie die Position des Bilds in der Maske einstellen können. Um den Text auszuwählen, klicken Sie ihn (oder seine Grundlinie) mit dem *Direktauswahl*-Werkzeug an; um das Bild auszuwählen, klicken Sie außerhalb des Textes. Alternativ können Sie den Text, das Bild oder beides auswählen und im Bedienfeld *Steuerung* auf die Schaltfläche *Zuschneidungspfad bearbeiten* bzw. *Inhalte bearbeiten* klicken. Wenn Sie das Bild markiert haben, können Sie es mit den Pfeiltasten verschieben oder ihm über das Bedienfeld *Werkzeuge* oder *Steuerung* eine Transformation zuweisen. Bei ausgewählter Schrift lassen sich im Bedienfeld *Steuerung* oder *Zeichen* (*Fenster > Schrift > Zeichen*) viele Eigenschaften ändern (zum Beispiel Größe und Schriftart). Möchten Sie das Hintergrundbild austauschen, markieren Sie es, klicken im Bedienfeld *Steuerung* auf seinen Namen und auf den Befehl *Erneut verknüpfen*. Steuern Sie dann die neue Datei an. Möchten Sie den Text ändern, wählen Sie ihn mit dem *Text*-Werkzeug aus und geben Sie ihn neu ein!

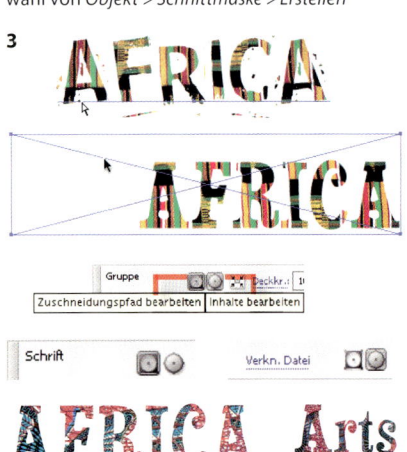

Schnittmaske und Schrift bleiben bearbeitbar. So lassen sich Schriftart, verknüpfte Grafik und Text unkompliziert ändern.

# GALERIE

Papciak-Rose (Fotograf: Richard Smith)

## Ellen Papciak-Rose

Mit ähnlichen Techniken wie auf der vorigen Seite erzeugte Ellen Papciak-Rose diesen Titel für ein 64-seitiges Buch von Richard Smith (er ist auch der Fotograf). Sie verwendete für die Textur in den Wörtern „SIERRA LEONE" eine zugeschnittene Kopie des Rocks der Frau. Papciak-Rose empfand mit der Kombination aus Hellblau und Lindgrün die Farben der Flagge von Sierra Leone nach.

# Eine Schrift gestalten

Eine Schrift mit einem Raster erzeugen

**Überblick:** Erzeugen Sie ein Raster und zeichnen Sie Buchstabenformen; kombinieren und zerschneiden Sie Formen mit Pathfinder-Befehlen; erzeugen Sie andere Buchstaben aus Formen; integrieren Sie die Buchstaben durch Transparenz mit den anderen Bestandteilen der Grafik.

GORSKA

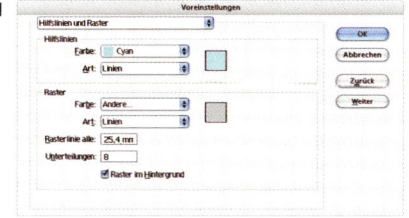

Das Dialogfenster *Voreinstellungen*

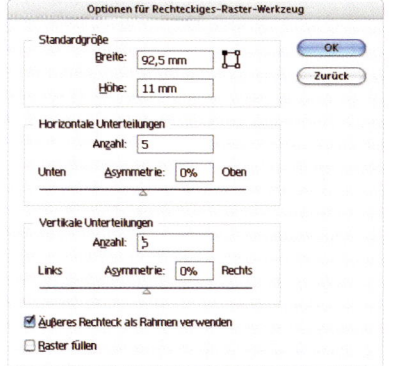

Mit dem Dialogfenster *Optionen für Rechteckiges-Raster-Werkzeug* wurde ein Raster erzeugt.

Caryl Gorska ließ sich von der kyrillischen Schrift, die die Filmposter der avantgardistischen russischen Konstruktivisten zierte, und ihren eigenen osteuropäischen Wurzeln inspirieren und gestaltete für ein Plakat zur Eigenwerbung eine Schrift. Anschließend entwickelte Gorska die Postergrafiken und fügte Wörter in ihrer Schrift hinzu.

**1. Das Raster für das Alphabet erstellen.** Caryl Gorska erzeugte zunächst die Buchstaben. Sie zeichnete diese nicht auf Papier, sondern direkt auf dem Bildschirm. Weil die Schriftzeichen geometrisch aussehen sollten, machte sie Gebrauch von den präzisen Mess-, Zeichen- und Bearbeitungswerkzeugen (*Zeichenstift*, *Buntstift* und *Pathfinder*-Befehle).

Beim Gestalten von Schriftzeichen werden Sie einen weiteren Vorteil von Illustrator entdecken: Raster. Wozu Raster? Mit dieser Funktion sparen Sie Produktionszeit und verbessern den Charakter Ihrer Schriftzeichen, weil Sie die verschiedenen Buchstabenformen visuell konsistent gestalten können. Bevor Sie das Raster erzeugen, entscheiden Sie, ob die Grundform Ihrer Buchstaben quadratisch oder rechteckig sein soll. Bei einer rechteckigen Grundform öffnen Sie die Kategorie *Hilfslinien und Raster* im Dialogfenster *Illustrator/Bearbeiten > Voreinstellungen*. Stellen Sie Größe und Zahl der gewünschten Unterteilungen ein und erzeugen Sie ein Raster über die gesamte Zeichenfläche.

Ist die dominante Buchstabenform rechteckig, aktivieren Sie das *Rechteckiges Raster*-Werkzeug, das Sie innerhalb des *Liniensegment*-Werkzeugs im Bedienfeld *Werkzeuge* finden. Ein Klick mit diesem Werkzeug auf die Zeichenfläche öffnet das Dialogfenster

*Optionen für Rechteckiges Raster-Werkzeug*. Legen Sie die Gesamtrastergröße über die *Standardgröße*-Felde6r und die Proportionen der Rasterzellen über die Felder *Horizontale* und *Vertikale Unterteilungen* fest.

**2. Objekte zeichnen, kopieren und einfügen und die Buchstaben erzeugen.** Gorska verwendete *Zeichenstift* und *Buntstift* zum Zeichnen der Buchstabenformen, die *Pathfinder*-Befehle zum Kombinieren der Formen und zum Ausschneiden der Löcher in den Buchstaben und das *Direktauswahl*-Werkzeug für die Feinjustierung der Kurven-Kontrollpunkte zur Variation der Buchstabenproportionen. Gorska begann mit den Basisbuchstaben *o*, *e*, *b* und *r*, die das allgemeine Aussehen der anderen Buchstaben definieren. Sobald Sie einige Basisbuchstaben fertig haben, ordnen Sie diese in Paaren oder Wörtern an und testen so, wie sie miteinander aussehen. Verwenden Sie diese Zeichen bei der Gestaltung anderer Buchstaben mit ähnlichem Aufbau. Durch die Wiederverwendung von Strichen, Serifen usw. beschleunigen Sie Ihre Arbeit und lassen Ihre Schrift konsistenter wirken.

Um ihre Schrift abwechslungsreicher zu gestalten, gestaltete Gorska mit demselben Raster einen weiteren Satz Buchstaben auf der Grundlage einer elliptischen Form. Diese ergänzten die rechteckigen Formen des ersten Buchstabensatzes. Dadurch konnte sie die Formen beim Zusammensetzen der Buchstaben zu Wörtern mischen und erhielt so ein abwechslungsreicheres Erscheinungsbild.

**3. Hintergrundgrafiken zeichnen, Wörter zusammenstellen und die Deckkraft der Schrift ändern.** Gorska erzeugte mit Angleichungen und Verläufen die Gesichts- und geometrischen Elemente für den Hintergrund. Dann stellte sie die Wörter „red scare" aus den vorhin gezeichneten Buchstaben zusammen und positionierte sie über der Grafik. Sie gruppierte die Zeichen und änderte im Bedienfeld *Steuerung* ihre Deckkraft auf 20%, um die Grafik im Hintergrund zu überblenden. Sie stellte ihren Namen vor den Verlauf am oberen Rand des Plakats. Gorska versah die einzelnen gelben Buchstaben mit einer Kontur in demselben Rot des Hintergrunds. Dadurch stimmte sie das Aussehen der Buchstaben mit den Hintergrundfarben des Plakats ab.

**2**

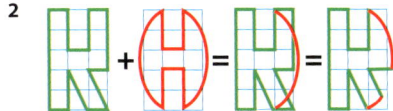

Aus den Teilen eines Buchstabens (rot) wurde ein anderer Buchstabe (grün) konstruiert.

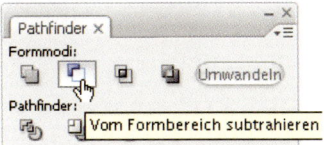

Die Löcher in den Buchstaben, hier als rote Formen dargestellt, wurden mit dem Befehl *Von Formbereich subtrahieren* im Bedienfeld *Pathfinder* und der Schaltfläche *Umwandeln* erzeugt.

**3**

Den Buchstaben wurde über das Bedienfeld *Steuerung* eine Deckkraft von 20% zugewiesen.

Rot konturierte Buchstaben vor einem Farbverlauf.

### Erweitern Sie Ihr Repertoire

Es ist nicht schwer, unter Verwendung von keinen Copyrightbeschränkungen unterliegenden Schriften aus alten Büchern oder einer lizenzfreien Quelle wie Dover Publications (www.doverpublications.com) eine nicht mehr erhältliche Schrift zu rekonstruieren. Zeichnen Sie die Grundformen und kopieren Sie sie, um die restlichen Buchstaben zu gestalten.

# Pinseln Sie Ihren Text

Buchstaben mit Pinseln versehen

**Überblick:** Erzeugen, überlagern und verwischen Sie Textobjekte; zeichnen Sie Pfade und weisen Sie Pinsel zu; modifizieren Sie Pfade und Pinsel, ändern Sie die Pfaddeckkraft.

Der Künstler Michael Cronan aus San Francisco mischte mit dem *Buntstift*- und dem *Pinsel*-Werkzeug künstlerische Elemente mit Schrift, wodurch das schlichte Wort auffallend und provokativ wirkte. Er verwendete es für ein einfaches, starkes, firmeninternes Poster, das als kraftvolle Kommunikation dienen sollte.

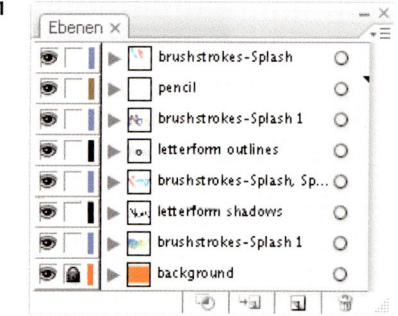

Das Bedienfeld *Ebenen* der fertigen Illustration zeigt, dass die Grafik aus einzelnen Ebenen aufgebaut ist.

**1. Schriften in Konturen konvertieren und einen benutzerdefinierten weichen Schatten hinzufügen.** Cronan gab zunächst „Now" in der Schrift Didot Regular ein. Weil Illustrator die Schriftgröße auf 1296 Punkt beschränkt, müssen Sie eventuell mit einer entsprechend kleinen Größe beginnen und die Illustration später vergrößern. (Wenn Sie die Schrift vergrößern, müssen Sie die Schrift mit *Schrift > In Pfade umwandeln* in Pfade konvertieren. Damit Sie die später erzeugten Grafiken zwischen der Schrift und dem weichgezeichneten Schriftschatten platzieren können, duplizieren Sie zuerst die Schriftebene (ziehen Sie diese Schriftebene auf das Symbol *Neue Ebene erstellen* im Bedienfeld *Ebenen*.) Dann wählen Sie die Schriftobjekte auf dem soeben erzeugten Ebenenduplikat und wählen aus dem Menü *Effekt* den Befehl *Weichzeichnungsfilter > Gaußscher Weichzeichner*. Stellen Sie einen Radius ein, der die Schrift ausreichend weichzeichnet, aber die Buchstabenformen noch erkennen lässt.

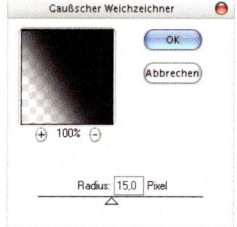

Das Dialogfenster des Befehls *Effekt > Weichzeichnungsfilter > Gaußscher Weichzeichner*. Der Radius wurde auf einen für die geringen Abmessungen der Illustration geeigneten Wert gesetzt.

**2. Pfade mit Pinseln zeichnen und malen, Pfaden Transparenzen zuweisen.** Das Zeichnen von Buchstaben könnte nicht einfacher sein. Mit der zuvor erzeugten Schrift als visuellem Hilfsmittel ziehen Sie einfach Linien mit dem *Zeichenstift*- oder *Buntstift*-Werkzeug. Wenn Sie das *Buntstift*-Werkzeug mit einem Grafiktablett (beispielsweise einem Wacom-Tablett) kombinieren, wird das Zeichnen noch leichter und spontaner. Einen glatteren Pfad (mit weniger Punkten und weicheren Konturen) erzielen Sie, wenn Sie mit dem *Zoom*-Werkzeug auszoomen und dann mit dem *Buntstift*-Werkzeug zeichnen. Cronan mischte eng an die Buchstabenform angelehnte Pfade mit Kreisen und Schnörkeln (Buchstabe *o*) sowie Kritzeleien (Buchstabe *w*).

Nachdem Sie die Pfade gezeichnet haben, weisen Sie die Pinsel zu. Klicken Sie in der unteren linken Ecke des Bedienfelds *Pinsel* auf das Symbol *Menü „Pinsel-Bibliotheken"* und wählen Sie *Künstlerisch > Künstlerisch_Pinsel*. Klicken Sie dann auf einen Pfad und wählen Sie aus dem Bedienfeld *Künstlerisch_Pinsel* den Pinsel *Spritzer*. Bei weiterhin markiertem Pfad verfeinern Sie die Form des gepinselten Pfads. Dazu malen Sie mit dem *Buntstift*-Werkzeug über oder neben dem ausgewählten Pfad, um ihn zu glätten oder neu zu formen. Mit dem *Zoom*-Werkzeug zoomen Sie ein bzw. aus, bevor Sie die Werkzeuge *Glätten* oder *Buntstift* einsetzen. So erhält der neu geformte Pfad eine glattere bzw. eckigere Kontur.

Weil die Illustrator-Pinsel mit der Konturfarbe des Pfads arbeiten, können Sie den Pfad vor oder nach dem Zuweisen des Pinsels einfärben. Die Stärke des gepinselten Pfads ändern Sie über seine Konturbreite. Möchten Sie das Aussehen aller mit dem Pinsel gezeichneten Pfade in der Illustration ändern, doppelklicken Sie im Bedienfeld *Pinsel* auf den Pinsel und ändern Sie die Einstellungen im Dialogfenster *Bildpinsel-Optionen*. Mit der *Einfärben*-Methode kontrollieren Sie, wie die Konturfarbe dem Pinsel zugewiesen wird, und Sie passen das Feld *Breite* an, damit der Pinsel dicker oder dünner wird.

**3. Mit dem *Buntstift*-Werkzeug von Hand schreiben und die Deckkraft einstellen.** Zur Vervollständigung der Plakatillustration wählte Cronan das *Buntstift*-Werkzeug aus und zeichnete Pfade, die handgeschriebene Wörter nachahmten. Experimentieren Sie auf jeden Fall mit den Ecken- und Zusammenfügen-Einstellungen im Bedienfeld *Kontur*, die das Aussehen der Pfade ändern. (Als Alternative zum *Buntstift* können Sie auch einen kalligrafischen Pinsel mit einer kleinen Punktgröße aus dem Bedienfeld *Pinsel* wählen.) Cronan öffnete das Bedienfeld *Transparenz* und reduzierte die Deckkraft einiger Pfade auf 65% bzw. 31%. So schaffte er eine visuelle Integration zwischen den handgeschriebenen weißen Pfaden und der darunter liegenden Grafik.

**2**

Links: die farbigen Konturen der mit dem *Buntstift*-Werkzeug gezeichneten Pfade. Rechts: Der Pinsel *Spritzer* wurde den Pfaden zugewiesen.

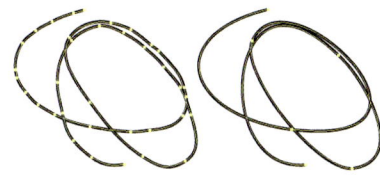

Originalpfad links; derselbe Pfad wurde mit dem *Buntstift*-Werkzeug und ausgezoomter Ansicht geglättet (rechts).

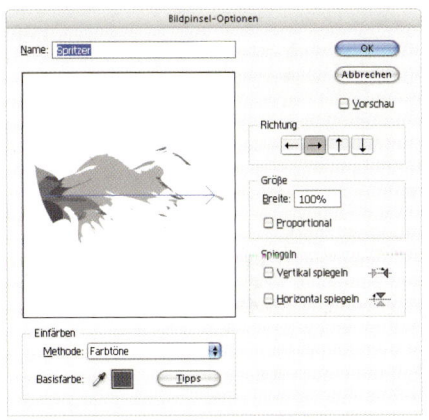

Das Dialogfenster *Bildpinsel-Optionen* mit dem *Spritzer*-Pinsel

**3**

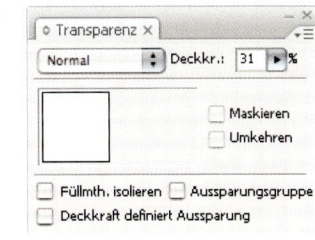

Das Bedienfeld *Transparenz*

## Text quetschen

Texte mit Verkrümmungen und Hüllen transformieren

**Überblick:** Erzeugen und färben Sie einen Titeltext; biegen Sie eine Schrift mit einem Verkrümmungseffekt; erzeugen Sie eine Form, um Schrift zu „quetschen"; verleihen Sie der gequetschten Schrift mit einer Hülle einen dynamischen perspektivischen Effekt.

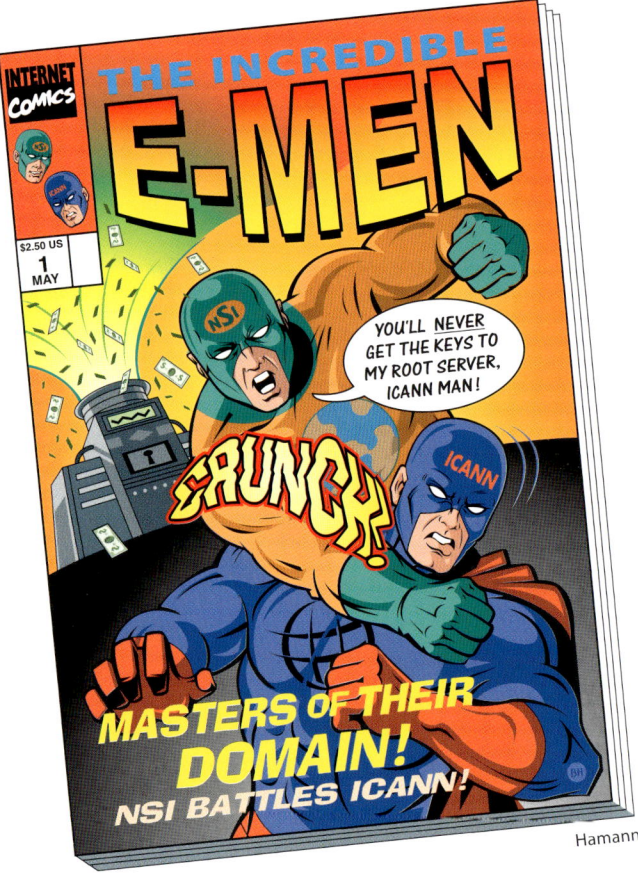

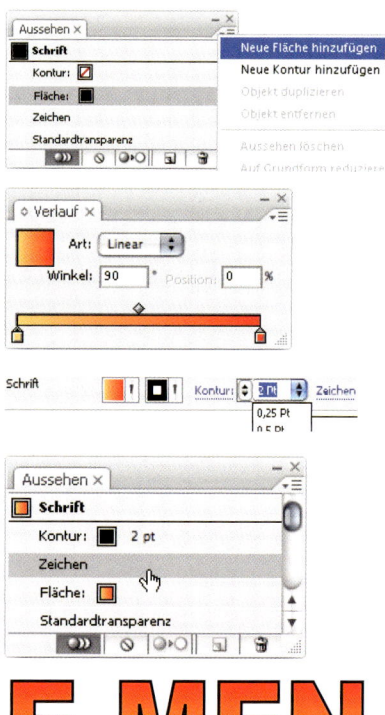

Mit dem Befehl *Neue Fläche hinzufügen* im Bedienfeldmenü *Aussehen* wurde dem Text eine Verlaufsfüllung hinzugefügt.

Verkrümmungen und Hüllen sind Ihre Superhelden, wenn Sie Titelschriften einer beliebigen Form anpassen möchten. Es ist dazu nicht mehr notwendig, die Schriften in Pfade zu konvertieren und jeden Ankerpunkt aufwändig von Hand zu verschieben. Mit der Hüllenfunktion müssen Sie nur noch einen Umriss zeichnen und die Schrift mit einem Befehl in diesen einpassen. Wenn Sie Verkrümmungen und Hüllen einsetzen, bleibt die Schrift bearbeitbar, auch wenn Sie sie stark verzerren. Verkrümmungen und Hüllen sind immer die Rettung, wenn Sie kurzfristige Abgabetermine haben.

**1. Den E-Men-Titel gestalten und einfärben.** Für den Titel des E-MEN-Covers verwendete Brad Hamann Arial Black mit 72 Punkt und einer schwarzen Kontur von 2 Punkt. Weil Sie Textzeichen nicht einfach per Klick mit einem Verlauf füllen können, musste er die Schrift zuerst mit einem Auswahlwerkzeug auswählen und dann im Bedienfeldmenü *Aussehen* den Befehl *Neue Fläche hinzufügen* wählen.

**2. Einen Verkrümmungseffekt für die Bogenform des Titels einsetzen.** Es gibt 15 Standardverkrümmungsformen, die in Stile verwandelt werden können. Hamann wies dem „E-MEN"-Schriftzug den Befehl *Effekt > Verkrümmungsfilter > Bogen unten* zu. Bei aktivierter Vorschau bog mit dem Regler *Biegung* den unteren Rand der Buchstaben um 23% und klickte auf *OK*.

Der Befehl *Effekt > Verkrümmung* funktioniert in vielen Fällen; doch er konnte seine Verlaufsfüllung nicht mit der Schrift verkrümmen. Hamann wählte *Rückgängig* und dann *Objekt > Verzerrungshülle > Hüllen-Optionen*, aktivierte *Lineare Verläufe verzerren* und wählte *Objekt > Verzerrungshülle > Mit Verkrümmung erstellen*. Dabei stellte er die Option *Bogen unten* und eine Biegung von 23% ein.

**3. Die Schrift mithilfe eines Pfads quetschen.** Für den Schriftzug „CRUNCH!" nutzte Hamann erneut das Bedienfeld *Aussehen*. Dieses Mal färbte er den Schriftzug mit einem feineren Farbverlauf und versah ihn mit einer starken roten Kontur. Dann erzeugte er ein Rechteck und wählte zweimal *Objekt > Pfad > Ankerpunkte hinzufügen*. Durch Ziehen der Rechteck-Ankerpunkte erhielt er einen dynamisch gezackten Pfad. Anschließend platzierte er den Pfad über der Schrift, wählte sowohl Pfad als auch Schrift aus und wählte *Objekt > Verzerrungshülle > Mit oberstem Objekt erstellen*.

**4. Einen gebogenen perspektivischen Effekt mit *Verzerrungshülle > Mit Verkrümmung erstellen* erzeugen.** Für einen gebogenen perspektivischen Effekt wählen Sie *Verzerrungshülle > Mit Verkrümmung erstellen*. Weil Sie Hüllen nicht ineinander verschachteln können, wählen Sie zuerst Ihre „gequetschte" Schrift aus und *Objekt > Verzerrungshülle > Umwandeln*. Lassen Sie die umgewandelte Schrift markiert und wählen Sie *Objekt > Verzerrungshülle > Mit oberstem Objekt erstellen*. Wählen Sie im Popup-Menü *Stil* des Dialogfensters *Verkrümmen-Optionen* den Eintrag *Bogen* und passen Sie die Regler an, bis Sie das gewünschte gebogene Aussehen erzielt haben.

**5. Die Schrift anpassen und mit einer Kontur versehen.** Um den Schriftzug „CRUNCH!" zu vervollständigen, klickte Hamann im Bedienfeld *Steuerung* auf die Schaltfläche *Inhalte bearbeiten*. Über das Bedienfeld *Aussehen* versah er die Hülle um die Schrift schließlich (der Reihe nach) mit einer gelben Verlaufsfüllung, einer schwarzen Kontur mit 5 Punkt und einer roten Kontur mit 10 Punkt.

Nach Auswahl von *Effekt > Verkrümmung > Bogen unten* bleibt die Verlaufsfüllung horizontal

Wenn Sie den Befehl *Objekt > Verkrümmung > Mit Verkrümmung erstellen* wählen (bei aktivierter Option *Lineare Verläufe verzerren* im Dialogfenster *Hüllen-Optionen*), wird auch der Verlauf verbogen.

Schrift und Pfad vor und nach Anwendung des Befehls *Objekt > Verzerrungshülle > Mit oberstem Objekt erstellen*

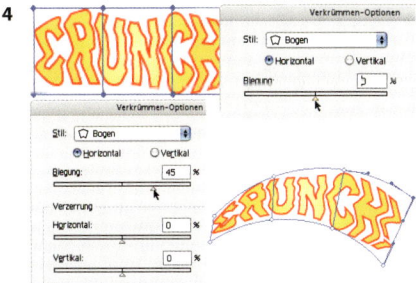

Die umgewandelte Schrift; die Verkrümmungsregler wurden auf 0 gesetzt; die anfängliche Hüllenform; die endgültigen Verkrümmungseinstellungen und die resultierende Hülle.

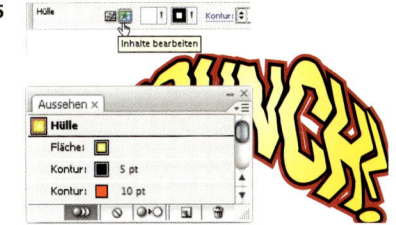

Die fertigen Konturen und der fertige Text

## Text auf Alt trimmen

Den Scribble-Effekt in einer Deckkraftmaske anwenden

### Fortgeschrittene Technik

**Überblick:** Erzeugen Sie ein Textobjekt; kopieren Sie es und versehen Sie den Text mit dem *Aufrauen*-Effekt; erzeugen Sie eine Deckkraftmaske und fügen Sie das Textobjekt ein; weisen Sie der Deckkraftmaske den *Scribble*-Effekt zu; kehren Sie in den Pfadmodus zurück.

**1**

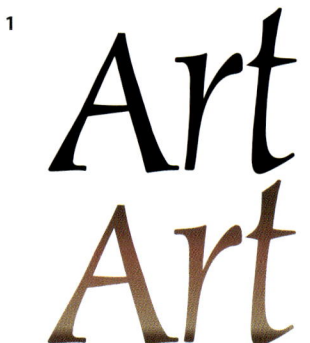

Oben: das Original-Textobjekt mit schwarz gefüllten Buchstaben; unten: das Textobjekt mit einem benutzerdefinierten Farbverlauf.

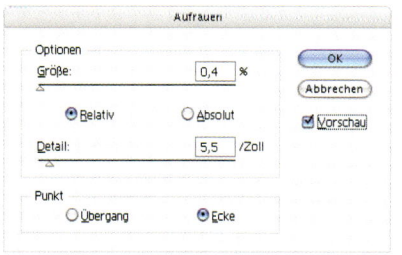

Das Dialogfenster *Aufrauen*

> **Jede Schrift ist einzigartig**
>
> Ihre Einstellungen für ein Textobjekt ändern sich jeweils, wenn Sie eine andere Schriftart zuweisen. Experimentieren Sie!

Wenn Sie ein handgemachtes oder historisches Erscheinungsbild neu erzeugen, dazu aber die bereits in Ihrem Projekt verwendeten Schriften einsetzen möchten, bieten sich das Menü *Effekte* von Illustrator und eine Deckkraftmaske an. Ari Weinstein gestaltete diesen Plakattitel für die Ausstellung afrikanischer Kunst im Bundy Museum in Binghamton, New York. Er verlieh den Buchstabenkonturen mit einer Deckkraftmaske und dem Scribble-Effekt ein abgesplittertes Aussehen. Auf diese Weise verwandelte er eine moderne in eine antik wirkende Schrift.

**1. Text erzeugen, eine neue Füllung hinzufügen und den Effekt *Aufrauen* anwenden.** Weinstein gab für den Plakattitel zunächst „African Art" in der Schrift Marigold ein. Bevor er die Schrift weiterbearbeitete, klickte Weinstein auf das *Auswahl*-Werkzeug und wählte *Bearbeiten > Kopieren*. (Sie benötigen für die im zweiten Schritt angewandte Deckkraftmaske eine Kopie des Textes.)

Nun konnte Weinstein seinen Text gestalten. Zuerst vergewisserte er sich, dass das Textobjekt noch ausgewählt war. Dann öffnete er das Bedienfeld *Aussehen* und wählte aus dem Bedienfeldmenü den Befehl *Neue Fläche hinzufügen*. Weinstein klickte im Bedienfeld auf die neue Fläche und wies einen Verlauf zu, den er aus den braunen Farben anderer Grafiken im Plakat zusammengestellt hatte. (Mehr über das Erzeugen oder Bearbeiten von Verläufen erfahren Sie im Kapitel 8 „Angleichungen, Verläufe & Gitter".)

Mit dem *Aufrauen*-Effekt können Sie ein handgemachtes Aussehen simulieren. Sie ändern damit die glatten, präzisen Konturen eines Objekts in gezackte oder unebene Kanten. Um Ihr Objekt aufzurauen, darf die Fläche nicht ausgewählt sein (heben Sie die Auswahl auf, indem Sie im Bedienfeld *Aussehen* an eine leere Stelle klicken), damit der Effekt dem gesamten Objekt zugewiesen wird. Wählen Sie dann *Effekt > Verzerrungs- und Transformationsfilter > Aufrauen*. Im Dialogfenster *Aufrauen* passen Sie die Optionen für *Größe, Detail* und *Punkt* an. (Weinstein wählte als *Größe* 0,5, als *Detail* 6,5 und aktivierte unter *Punkt* das Optionsfeld *Übergang*.)

**2. Das Textobjekt einfügen, eine Deckkraftmaske erzeugen, das Objekt einfügen und den Filter *Scribble* zuweisen.** Sie können Ihren Text mit einem abgesplitterten oder zerkratzten Aussehen auf Alt trimmen. Dazu wählen Sie Ihr Textobjekt, öffnen das *Bedienfeld Transparenz* und wählen aus dem Bedienfeldmenü den Befehl *Deckkraftmaske erstellen*. Als Nächstes klicken Sie auf die Miniatur der *Deckkraftmaske* (die rechte Miniatur) und vergewissern sich, dass die Kontrollkästchen *Maskieren* und *Umkehren* aktiviert sind. Zuletzt fügen Sie den im ersten Schritt kopierten Text ein (wählen Sie nicht *Einfügen*, sondern *Davor einfügen*, so dass die Kopie das kopierte Original überlagert).

An der Deckkraftmaske vorgenommene Änderungen beeinflussen die Transparenz des Originaltextobjekts – schwarze Grafiken in der Maske stanzen Löcher in den Originaltext. Lassen Sie die soeben eingefügte Kopie ausgewählt und wählen Sie *Effekt > Stilisierungsfilter > Scribble*. Im Dialogfenster *Scribble-Optionen* wählen Sie eine der vorgefertigten Einstellungen aus dem Menü *Einstellungen* oder passen den Effekt selbst über die Optionen des Dialogfensters an. Weinstein begann mit der Einstellung *Scharf* und änderte dann verschiedene Werte. Bei aktiviertem Kontrollkästchen *Vorschau* verkleinerte er einige Absplitterungen in der Kontur, indem er den Regler *Pfadüberlappung* auf 0,06 mm zog. Außerdem änderte er den Winkel von den standardmäßigen 30° auf 15°, so dass die Absplitterungen sich der Richtung der Schriftzeichen besser anpassten.

**3. Die Schrift bearbeiten.** Sobald Sie den Scribble-Effekt fertiggestellt haben, klicken Sie im Bedienfeld *Transparenz* auf das Vorschaubild der Grafik (die linke Miniatur). Wenn Sie den Text bearbeiten, beispielsweise den Inhalt ändern oder das Kerning einstellen möchten, müssen Sie dies sowohl im Originaltextobjekt als auch in der Kopie in der Deckkraftmaske tun. Für manche Bearbeitungen, die Sie an der Schrift vornehmen – beispielsweise Skalierung oder Drehung – müssen Sie nur mit dem Textobjekt arbeiten, weil die Deckkraftmaske zugleich mit dem Textobjekt geändert wird.

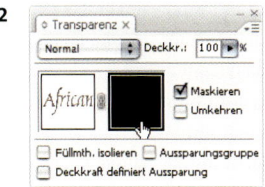

Die *Deckkraftmaske* im Bedienfeld *Transparenz* auswählen

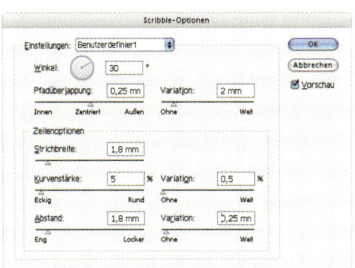

Die Optionen im Dialogfenster *Scribble-Optionen* anpassen

Die Grafik statt der Deckkraftmaske im Bedienfeld *Transparenz* auswahlen

---

**Löcher stanzen**

Damit die später in der Deckkraftmaske zugewiesenen Effekte Löcher in die Grafik stanzen, vergewissern Sie sich, dass die Zeichen schwarz gefüllt sind (doppelklicken Sie im Bedienfeld *Aussehen* auf *Zeichen* und aktivieren Sie die *Fläche*). Wenn Sie dann das Textobjekt mit dem Auswahlwerkzeug auswählen und das Objekt (nicht seine Zeichen) durch das Hinzufügen einer neuen Fläche füllen, wird die Deckkraftmaske durch das kopierte Objekt nicht beeinträchtigt.

# Verschobene Flächen

Ein Muster mit einer versetzten Fläche überdecken

## Fortgeschrittene Technik

**Überblick:** Erzeugen Sie mit dem Scribble-Effekt ein Muster; weisen Sie das Muster einem Buchstaben zu; versehen Sie das Textobjekt mit einer neuen Fläche; fügen Sie dem nächsten Objekt eine neue Füllung hinzu; unterfüllen Sie die neue Fläche mit einem negativen Verschiebungseffekt, verformen Sie die Textkanten mit dem *Aufrauen*-Effekt.

Oben, schwarzes *Rechteck*; darunter: Der Scribble-Effekt wurde der Fläche zugewiesen.

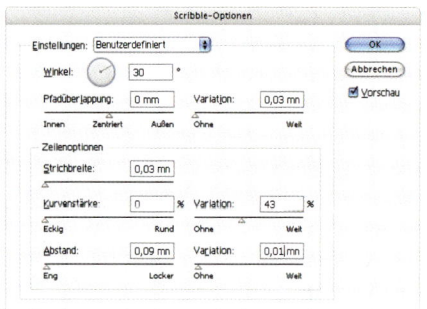

Dialogfenster *Scribble*-Optionen

Oben: Der *Scribble*-Effekt wurde in einen Pfad umgewandelt; unten: Der Pinsel *Bleistift – Breit* wurde dem Pfad des Scribble-Musters zugewiesen.

Musterfüllungen für Buchstaben sind eine einfache Möglichkeit, vertraute Schriften in frische Designs umzuwandeln. Manchmal soll das Muster jedoch nur einen Teil jedes Buchstabens füllen. Bei der Gestaltung dieses Logos war es für Sandee Cohen alias VectorBabe eine Herausforderung, das Innere der Buchstabenstriche von der Musterfüllung auszunehmen.

**1. Ein Muster erzeugen und umwandeln, einen Pinsel zuweisen, das Muster als Farbfeld speichern.** Der Schlüssel zum verwitterten Aussehen von Texten ist das Aufrauen ihrer Konturen. Der Scribble-Effekt von Illustrator ist ein perfektes Werkzeug, wenn Sie die einfarbige Füllung von Buchstaben durch ein irreguläres Muster ersetzen möchten. Cohen zeichnete zunächst ein Rechteck und füllte es schwarz. Sie ließ das Rechteck ausgewählt und wählte *Effekt > Stilisierungsfilter > Scribble*. Im Dialogfenster *Scribble-Optionen* passte Cohen die Standardwerte an, bis sie mit dem lockeren Zeichenstil zufrieden war.

Sie können das gescribbelte Objekt weiter anpassen, indem Sie es in einen Pfad konvertieren und einen Pinsel zuweisen. Dazu markieren Sie das Rechteck mit dem Scribble-Effekt und wählen *Objekt > Aussehen umwandeln*. Damit wird der Scribble-Effekt in einen Pfad konvertiert. Cohen wies dem umgewandelten Pfad den Pinsel *Bleistift – Breit* aus der Pinselbibliothek *Kunstf_Kr.Koh.Bleist* zu. Da Sie das Scribble-Objekt mit einem Pfad verwenden werden, ziehen Sie es auf das Bedienfeld *Farbfelder* und konvertieren es damit in ein Muster-Farbfeld.

**2. Den Text erzeugen und mit dem Scribble-Muster füllen.** Wenn Ihr Muster fertig ist, können Sie den Text erzeugen. Öffnen Sie zuerst das Bedienfeld *Aussehen* – dann sehen Sie, ob Sie die Zeichen oder Ihr Textobjekt bearbeiten, wenn Sie die folgenden Schritte ausführen. Wählen Sie das *Text*-Werkzeug aus dem Bedienfeld *Werkzeuge*, klicken Sie auf die Zeichenfläche und geben Sie den gewünschten Text ein (Cohen entschied sich für Caslon mit 72 Punkt). Wählen Sie die Zeichen aus, indem Sie mit dem *Text*-Werkzeug über den Text ziehen. Aktivieren Sie anschließend im Bedienfeld *Aussehen* die Flächeneigenschaft und wählen Sie Ihr Scribble-Muster aus dem Bedienfeld *Farbfelder*.

Oben: der Text mit standardmäßiger schwarzer Fläche. Rechts: Die schwarze Fläche wurde durch das Muster ersetzt.

**3. Eine neue Fläche hinzufügen, den *Offset*- und den *Aufrauen*-Effekt hinzufügen.** Cohen suchte eine Möglichkeit, das Scribble-Muster im Inneren der Buchstaben zu überdecken. Mit dem *Pfad verschieben*-Effekt erzeugte sie eine Flächenfüllung, die Teile der darunter liegenden Buchstaben überdeckte. Dazu markieren Sie zuerst das Textobjekt mit einem Klick des *Auswahl*-Werkzeugs. Erzeugen Sie dann mit dem Befehl *Neue Fläche hinzufügen* aus dem Bedienfeldmenü *Aussehen* eine neue Fläche. Die neue Fläche hat standardmäßig eine schwarze Füllung und überdeckt komplett das Muster, das zuvor die Buchstaben füllte. Lassen Sie die neue Füllung markiert und wählen Sie *Effekt > Pfad > Pfad verschieben*. Geben Sie im Dialogfenster *Pfad verschieben* einen negativen Wert in das Feld *Versatz* ein. Aktivieren Sie das Kontrollkästchen *Vorschau*, sodass Sie die visuelle Auswirkung des eingegebenen Werts anpassen können. (Cohen gab -1 pt ein.)

Der Effekt *Pfad verschieben* wurde der neuen Fläche zugewiesen (hier mit grauer statt schwarzer Füllung); darunter das Dialogfenster *Pfad verschieben*

Vervollständigen Sie den Effekt, indem Sie der Objektfläche den Effekt *Aufrauen* zuweisen und damit ihre Kanten verformen. Markieren Sie das Objekt mit dem Auswahlwerkzeug und wählen Sie *Effekt > Verzerrungs- und Transformationsfilter > Aufrauen*. Weil Cohen eine Schrift mit dünnen Strichen und Serifen verwendet, gab sie für die Größe einen niedrigen Wert ein (0,4 pt) und wählte *Absolut*, damit die Kanten nicht zu stark verzerrt wurden.

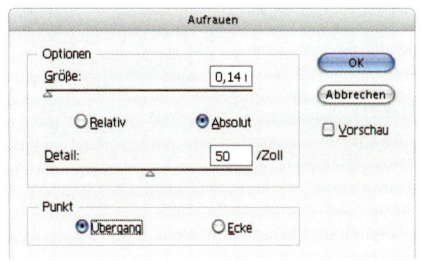

Der neuen Fläche wurde der *Aufrauen*-Effekt zugewiesen (hier grau); darunter: das Dialogfenster *Aufrauen*

> **Muster verändern**
>
> Musterfarbfelder sind global. Zum Erzeugen oder Bearbeiten eines Musters ziehen Sie die Grafik einfach mit gedrückter [Alt]-Taste auf das Farbfeld im Bedienfeld *Farbfelder*. Das Muster, das Ihre Schrift füllt, wird automatisch aktualisiert.

Zwei Buchstaben in der Vergrößerung

# Texte subtrahieren

Formen aus Texten ausstanzen

## Fortgeschrittene Technik

**Überblick:** Erzeugen Sie mehrere ineinander verwobene Formen; erzeugen Sie Textobjekte und eine Form; subtrahieren Sie die Form über das Bedienfeld *Pathfinder* vom Text.

Nagara / design action

**1**

Links: drei aus einer Gruppe (oben) erzeugte Wellengruppen. Rechts: Die Gruppen wurden für das Logo übereinandergelegt.

> **Aus dem Mittelpunkt drehen**
>
> Wenn Sie auf das *Drehen*-Werkzeug doppelklicken, setzt Illustrator den Drehpunkt automatisch auf den exakten Mittelpunkt der Auswahl. Das bedeutet, dass Ihre Kopie das Original auf der Zeichenfläche genau überlagert.

Innosanto Nagara von Design Action gestaltete für eine Konferenz zum Schutz der Flüsse der Welt ein Logo, das für so verschiedene Medien wie Plakate, Berichte und T-Shirts verwendet werden konnte – und auf die unterschiedlichsten Hintergründen gesetzt werden konnte, unter anderem ein einfarbiges schwarzes Rechteck und ein Foto. Nagara zog die Wellenformen mit den *Pathfinder*-Effekten ab. Dadurch erhielt er zwischen den Texten des Logos eine, durch die der Hintergrund sichtbar wurde.

**1. Eine Wellenform erzeugen, die Form drehen und kopieren sowie spiegeln und kopieren.** Nagara gestaltete das Logo aus zwei Komponenten: dem Konferenznamen „Rivers For Life" in zwei Zeilen und den ineinander verwobenen farbigen Wellen als Trennung. Um Nagaras Design nachzubauen, zeichnen Sie zunächst eine Reihe blauer gebogener Formen. Anstatt einen zweiten Satz grüner Wellen zu zeichnen, wählen Sie die gerade gezeichneten blauen Wellenformen aus und doppelklicken auf das *Drehen*-Werkzeug. Im Dialogfenster *Drehen* geben Sie in das Feld *Winkel* 180° ein und klicken auf die *Kopieren*-Schaltfläche. Lassen Sie die Kopie ausgewählt und ändern Sie die Fläche von Blau in Grün.

Lassen Sie die grünen Wellen weiterhin ausgewählt. Vervollständigen Sie die verwobenen blauen und grünen Wellen durch einen dritten Satz Wellenformen. Dieses Mal verwenden Sie das *Spiegeln*-Werkzeug. (Sie aktivieren dieses Werkzeug, indem Sie die Maustaste auf dem *Drehen*-Werkzeugsymbol gedrückt halten). Im

Dialogfenster *Spiegeln* aktivieren Sie das Optionsfeld *Horizontal* und klicken auf die *Kopieren*-Schaltfläche. Ändern Sie die Fläche der Wellenformen in Blau. Damit erhalten Sie in den verwobenen Wellenformen eine von blau über grün nach blau reichende Farbpalette.

**2. Zwei Textobjekte erzeugen, eine Form zum Subtrahieren erzeugen, den *Pathfinder*-Befehl anwenden.** Um die Bewegung der Wellen anzudeuten, entschied sich Nagara für eine fließende Wellenform, die er in die oberen und unteren Teile der Logo-Buchstaben schneiden wollte. Damit die unterschiedlichen Hintergründe durch die Wellenform sichtbar werden, dürfen Sie die Formen nicht einfach vor dem Text einfügen, sondern Sie müssen sie aus den Buchstaben ausstanzen.

Nachdem er die beiden Textzeilen als separate Textobjekte eingegeben hatte, zeichnete Nagara mit dem *Buntstift*-Werkzeug eine neue Wellenform und kopierte diese, so dass er sie später für die zweite Textzeile verwenden konnte. Er zog die Wellenform über den Text, bis sie die Schrift auf die gewünschte Weise überdeckte.

Nun wählte er das Textobjekt und die Wellenform und klickte im Bereich *Formmodi* des *Pathfinder*-Bedienfelds auf die Schaltfläche *Von Formbereich subtrahieren*.

Damit die unterschiedlichen Farben in „FOR" und „LIFE" erhalten blieben, markierte Nagara das erste Wort und wählte *Davor einfügen*, um die Wellenform vor die zweite Textzeile zu bringen. Er wählte dieses Wort und die Welle aus und schnitt die Wellenform mit einem Klick auf die Schaltfläche *Von Formbereich subtrahieren* aus dem Objekt aus. Dann wiederholte er diesen Vorgang mit dem anderen Wort.

**3. Die Ausstanzform auswählen und bearbeiten.** Wenn Sie einer Grafik einen der *Pathfinder*-Formmodi zuweisen, ist das Ergebnis ein zusammengesetzter Pfad, in dem das obere Objekt (in Nagaras Fall die vom unteren Objekt subtrahierte Wellenform) „interaktiv" und bearbeitbar bleibt. Sie können die Ausstanzform bei Bedarf mit dem *Direktauswahl*-Werkzeug auswählen oder sie mit dem *Buntstift*-Werkzeug neu zeichnen. Das ist besonders sinnvoll, wenn die ungleichmäßigen Konturen und Löcher einer Buchstabenzeile eine Anpassung der Stanzform erforderlich machen. Wenn Sie, wie Nagara, dasselbe Objekt mehrfach verwenden, können Sie es jedes Mal etwas abändern. So wirkt die fertige Grafik spontaner.

**2**

Text und Wellenform, die von der Schrift subtrahiert werden soll

Die Welle wurde auf dem oberen Textobjekt platziert. Daneben das Textobjekt mit der resultierenden Ausstanzung.

Oben wurde die Welle über dem Wort „FOR" eingefügt und danach wurde im *Pathfinder*-Bedienfeld der Befehl *Vom Formbereich subtrahieren* zugewiesen. Unten wurden diese Schritte mit dem Wort „LIFE" wiederholt.

Das Bedienfeld *Pathfinder* und das Symbol *Vom Formbereich subtrahieren* (wenn die *Umwandeln*-Schaltfläche nicht angeklickt wird, bleibt die Funktion interaktiv)

**3**

Mit dem *Direktauswahl*-Werkzeug wurde die Ausstanzform zur Punktbearbeitung ausgewählt.

### Keine Konturen

Wenn Sie mit einem zusammengesetzten Pfad arbeiten, ändert sich der Umfang der Stanzung im darunter liegenden Objekt nicht, wenn Sie die Stanzform auswählen und eine Kontur zuweisen. Wenn Sie eine Kontur hinzufügen oder ihre Breite erhöhen, wird das untere Objekt beeinflusst – handelt es sich bei diesem Objekt um einen Text, ändert die Kontur das Aussehen der Textzeichen.

# GALERIE

# GALERIE

## Lance Jackson/San Francisco Chronicle

Für die recht ungewöhnliche Schrift „LONG STRANGE TRiP" in diesem Plakat für den „Green Tor-toise"-Überlandbus kombinierte der Illustrator Lance Jackson viele Effekte. Er begann mit der Schriftart Akzident ExtraBold und erzeugte drei Textblöcke – für jedes Wort einen. Dazu wählte er eine hellrote Füllung. Die Kombination so vieler Effekte führt wegen der variablen Parameter wie Schriftgröße, Kerning und der Effektreihenfolgen zu einzigartigen Ergebnissen. Experimentieren Sie also. Sie können Ihren Text bearbeitbar lassen oder ihn in Pfade konvertieren (⌘/Strg+⇧+O). Wenn Sie Ihren Text in Pfade konvertieren, müssen Sie ihn danach auswählen und *Objekt > Zusammengesetzter Pfad > Erstellen* wählen, damit er als eine Einheit fungiert (mehr über zusammengesetzte Pfade erfahren Sie im Kapitel 4 „Ein Schritt weiter"). Wenn Sie Jacksons Arbeit mit interaktiven Effekten nachbilden möchten, lassen Sie Ihren Text bearbeitbar und wählen immer ein Wort auf einmal aus. Wählen Sie dann *Effekt > Verzerrungs- und Transformationsfilter > Zickzack* (bearbeiten Sie jedes Wort separat, damit Sie die Stärke des Effekts jeweils variieren können). Als Nächstes erzeugen Sie eine grüne, verschobene Version des Textes.

Wenn Sie dann den Text ändern, ändert sich die Verschiebung ebenfalls. Wählen Sie alle drei Wörter aus und gruppieren Sie sie (⌘/Strg+G). Aus dem Bedienfeldmenü *Aussehen* wählen Sie *Neue Fläche hinzufügen* und stellen Sie ein dunkleres Grün ein. Ziehen Sie diese grüne Füllung nun im Bedienfeld *Aussehen* unter das Wort „Inhalt". Anschließend wählen Sie *Effekte > Verzerrungs- und Transformationsfilter > Transformieren*. Geben Sie bei aktivierter Vorschau eine kleine Verschiebung für *Horizontal* und *Vertikal* ein, um die grüne Version zu versetzen. Klicken Sie anschließend im Bedienfeld *Aussehen* auf *Gruppe* und beginnen Sie mit Ihren Experimenten. Versuchen Sie es mit dem Befehl *Effekte > Verzerrungs- und Transformationsfilter > Wirbel*. Dann fügen Sie weitere interaktive Effekte hinzu oder entfernen den *Wirbel*-Effekt und beginnen neu. Beachten Sie, dass sich diese Technik vom Befehl *Effekte > Verkrümmung > Twist* unterscheidet (mehr über multiple Füllungen und interaktive Effekte erfahren Sie im Kapitel 11 Interaktive Effekte & Grafikstile*).* Die psychedelischen Rahmeneffekte erzeugte Jackson mit Techniken, die denen in seiner Galerie im Kapitel 8 „Angleichungen, Verläufe & Gitter" ähneln.

# 8 Angleichungen, Verläufe & Gitter

 *Angleichen-Werkzeug*
 *Verlauf-Werkzeug*
 *Gitter-Werkzeug*

Wenn Sie Schattierungen und Modellierungen mit Flächen und Farben erzeugen möchten, sollten Sie unbedingt die Arbeit mit Angleichungen, Verläufen und Gittern beherrschen. In der Illustrator-Geschichte gab es zuerst die Angleichungen, dann die Verläufe und schließlich die Verlaufsgitter. Jede dieser Funktionen kann einfach, aber auch sehr komplex sein. Deshalb vermischen wir sie in den Lektionen und Galerien, auch wenn wir die Features in dieser Einleitung „chronologisch" abhandeln.

## Angleichungen

Stellen Sie sich Angleichungen als eine Möglichkeit vor, die Form und/oder Farbe von Objekten zu „morphen". Sie können Angleichungen zwischen mehreren Objekten und sogar zwischen Verläufen und zusammengesetzten Pfaden, wie etwa Buchstaben, erzeugen. Angleichungen sind *interaktiv*. Das bedeutet, dass Sie die Form, Farbe, Größe, Position oder Drehung der Schlüsselobjekte bearbeiten können, wobei die resultierenden Zwischenobjekte automatisch aktualisiert werden. Sie können eine Angleichung auch entlang eines benutzerdefinierten Pfads verteilen (mehr darüber erfahren Sie weiter hinten in diesem Kapitel).

**Hinweis:** Komplexe Angleichungen, besonders zwischen Verläufen, benötigen zur Darstellung auf dem Bildschirm viel RAM-Speicher.

Als einfachste Möglichkeit, eine Angleichung zu erzeugen, markieren Sie die anzugleichenden Objekte und wählen dann den Befehl *Objekt > Angleichen > Erstellen*. Die Anzahl der Schritte zwischen den einzelnen Objekten hängt entweder von den Grundeinstellungen für das Werkzeug oder den letzten Einstellungen der *Angleichung-Optionen* ab (mehr darüber im folgenden Abschnitt). Wenn Sie die Einstellungen für eine ausgewählte Angleichung anpassen möchten, wählen Sie sie aus und führen dann einen Doppelklick auf das *Angleichen*-Werkzeug aus (oder wählen Sie den Befehl *Objekt > Angleichen > Angleichung-Optionen*). Diese Funktion wurde in den neueren Versionen von Illustrator verbessert und ist nun die am besten vorhersehbare Methode für Angleichungen. Deshalb sollten Sie sie für die meisten Ihrer Angleichungen verwenden.

---

### Geschwindigkeitskontrolle

Erzeugen Sie die Angleichung und Sie legen die Anzahl der Angleichungsschritte fest. Damit erzeugen Sie die Angleichungsachse, die wie jeder andere Illustrator-Pfad bearbeitbar ist. Mit dem *Ankerpunkt konvertieren*-Werkzeug ziehen Sie Kontrollgriffe aus dem Ankerpunkt an den Enden der Angleichungsachse. Wenn Sie die Kontrollgriffe entlang der Achse verlängern oder verkürzen, ändern Sie die Geschwindigkeit der Angleichung.

### Farben automatisch aktualisieren

Wenn Sie eine Vollton- oder globale Farbdefinition ändern (siehe Kapitel 3 „Zeichnen & Färben"), werden Angleichungen und Verläufe mit dieser Farbe automatisch aktualisiert. Angleichungen zwischen Tönen derselben Volltonfarbe (oder einer Volltonfarbe und Weiß) werden aktualisiert, wenn Sie Änderungen an dieser Farbe vornehmen, auch wenn die Angleichung nicht „interaktiv" ist. (Eine praktische Anwendung dieser Technik zeigt David Caters „Mini Cooper"-Galerie im Kapitel 13 „Fortgeschrittene Techniken".)
*ThoughtForm Design*

Wenn Sie mit dem *Angleichen*-Werkzeug die gewünschten Punkte auswählen, können Sie ebenfalls Angleichungen zwischen einzelnen Pfaden erzeugen. Früher erzielte man mit dem *Angleichen*-Werkzeug glatte Übergänge zwischen angeglichenen Objekten. Mittlerweile wurde das Werkzeug jedoch erweitert und es eignet sich nun sehr gut für spezielle Morphing- oder Strudeleffekte. Möchten Sie die genannte Technik verwenden, klicken Sie zunächst mit dem *Angleichen*-Werkzeug auf den Ankerpunkt des einen und dann auf den Ankerpunkt eines anderen Objekts. Klicken Sie die Ankerpunkte aller Objekte an, die Sie in die Angleichung aufnehmen möchten. Sie können auch mit einem Klick auf eine beliebige Stelle auf den Pfad eines Objekts zufällige Angleichungseffekte erzielen.

Zunächst ist die Angleichung ausgewählt und gruppiert. Wenn Sie sofort *Rückgängig* wählen, wird die Angleichung entfernt, Ihre Quellobjekte bleiben aber ausgewählt, so dass Sie erneut eine Angleichung daraus erstellen können. Möchten Sie ein Schlüsselobjekt vor oder nach der Erzeugung einer Angleichung verändern, wählen Sie es zuerst mit dem *Direktauswahl*-Werkzeug aus und nehmen Sie die gewünschten Änderungen mit einem beliebigen Bearbeitungswerkzeug vor (zum Beispiel dem *Buntstift*-, dem *Glätten*- und dem *Löschen*-Werkzeug).

### Angleichungsoptionen

Um während der Angleichung Optionen festzulegen, arbeiten Sie mit dem *Angleichen*-Werkzeug, wie im vorigen Abschnitt beschrieben, und halten Sie die Alt-Taste gedrückt, während Sie den zweiten Punkt klicken. Das Dialogfenster *Angleichung-Optionen* wird angezeigt. Hier können Sie die gewünschten Einstellungen vornehmen, bevor Sie die Angleichung erzeugen. Um die Optionen einer fertigen Angleichung anzupassen, wählen Sie diese aus und doppelklicken auf das *Angleichen*-Werkzeug (oder wählen Objekt > Angleichen > Angleichung-Optionen). Wenn Sie das Dialogfenster *Angleichung-Optionen* öffnen, ohne dass eine Angleichung ausgewählt ist, wird der Standard für die Erzeugung von Angleichungen *in dieser Arbeitssitzung* eingestellt; die Optionen werden zurückgesetzt, wenn Sie das Programm neu starten.

- **Festgelegte Stufen** legt die Anzahl der Schritte zwischen jedem Schlüsselobjekte-Paar fest. Wenn Sie weniger Schritte wählen, erhalten Sie deutlich voneinander unterschiedene Objekte, während eine größere Schrittanzahl beinahe einen Airbrush-Effekt ergibt.

- Mit **Festgelegter Abstand** erzeugen Sie einen festgelegten Abstand zwischen den Objekten der Angleichung.

---

**Angleichen oder nicht angleichen ...**

Neben der Angleichung zwischen einzelnen Pfaden oder Objektgruppen können Sie auch zwischen Symbolen (mehr über Symbole erfahren Sie im Kapitel 5 „Pinsel & Symbole"), *Interaktiv malen*-Objekten oder Punkttextobjekten eine Angleichung durchführen. Bei einigen Objekttypen sind *keine* Angleichungen möglich. Dazu gehören Gitter, Pixelbilder sowie Flächen- und Pfadtexte. Pinsel, Effekte und andere komplexe Aussehen in Angleichungen können interessante Animationen ergeben (mehr über das Exportieren von Animationen erfahren Sie im Kapitel 14 „Web & Animation").
*Teri Petit*

**Effizient angleichen**

Damit Ihre Angleichung einem bestimmten Pfad folgt, markieren Sie den ohne Fläche oder Kontur gezeichneten Pfad sowie die Objekte, die Sie angleichen möchten. Sobald Sie die Angleichung erstellt haben (Objekt > Angleichen > Erstellen), wird der Pfad zur Achse der angeglichenen Objekte.
*Jean-Claude Tremblay*

**Objekte in eine Angleichung einfügen**

Wenn Sie ein Schlüsselobjekt mit dem *Gruppenauswahl*-Werkzeug auswählen und mit gedrückter Alt-Taste ziehen, fügen Sie ein neues Schlüsselobjekt ein (die Angleichung wird neu angeordnet). Sie können auch im Isolationsmodus neue Objekte einfügen (siehe voriges Kapitel) oder indem Sie sie im Bedienfeld *Ebenen* in die Angleichung ziehen.

Angeglichene Objektgruppen mit den Optionen *An Pfad ausrichten*, *Festgelegter Abstand*. Die Achsen wurden zu S-Kurven geformt (für Details öffnen Sie die Datei *AtteberryKevan_Angleichungen.ai* auf der Wow!-CD).

### Farbrichtung umkehren

Möchten Sie die Reihenfolge einer Angleichung mit nur zwei Schlüsselobjekten umkehren, wählen Sie eines davon mit dem *Direktauswahl*-Werkzeug aus und wählen den entsprechenden Befehl aus dem Menü *Objekt > Anordnen*. Bei allen Angleichungen können Sie alternativ *Objekt > Angleichen > Farbrichtung umkehren* wählen.

• Mit **Farbe glätten** berechnet Illustrator automatisch die ideale Schrittanzahl zwischen den Schlüsselobjekten der Angleichung und erzeugt so den glattestmöglichen Farbübergang. Wenn die Objekte dieselbe Farbe haben oder es sich um Verläufe bzw. Muster handelt, verteilt die Berechnung die Objekte auf der Grundlage ihrer Größe gleichmäßig innerhalb des Angleichungsbereichs.

• **Ausrichtung** bestimmt, ob die einzelnen Angleichungsobjekte auf der Pfadkurve gedreht werden. *An Pfad ausrichten* (das standardmäßig aktivierte erste Symbol) erlaubt angeglichenen Objekten eine Drehung entlang des Pfads. *An Seite ausrichten* (das zweite Symbol) verhindert, dass die Objekte bei der Verteilung entlang der Pfadkurve gedreht werden (die Objekte bleiben „aufrecht").

## Angleichungen am Pfad entlang

Es gibt zwei Möglichkeiten für Angleichungen entlang eines gebogenen Pfads. Als erste Möglichkeit markieren Sie mit dem *Direktauswahl*-Werkzeug die Achse der Angleichung (den Pfad, der automatisch von der Angleichung erzeugt wird) und biegen oder bearbeiten sie dann mit dem *Ankerpunkt-hinfügen/Ankerpunkt-löschen-*, dem *Direktauswahl-*, *Lasso-*, *Ankerpunkt-konvertieren-*, *Buntstift-*, *Smooth* oder auch dem *Löschen*-Werkzeug. Wenn Sie die Achse der Angleichung bearbeiten, zeichnet Illustrator die Objekte der Angleichung automatisch neu und richtet sie entlang der bearbeiteten Achse neu aus.

Zweitens können Sie die Achse auch durch einen benutzerdefinierten Pfad ersetzen: Markieren Sie sowohl den benutzerdefinierten Pfad als auch die Angleichung und wählen Sie *Objekt > Angleichen > Achse ersetzen*. Dieser Befehl verschiebt die Angleichung auf ihre neue Achse.

Sie können auch zwei Paar von gruppierten Objekten angleichen. Erhalten Sie nicht die erwarteten Ergebnisse, erstellen und gruppieren Sie die erste Objektgruppe (⌘/Strg+G). Nun kopieren Sie ein Duplikat und fügen es ein (oder ziehen die Ausgangsgruppe mit gedrückter Alt-Taste, um eine Kopie davon zu erzeugen). Wählen Sie die beiden Gruppen und erzeugen Sie die Angleichung mit der Option *Festgelegte Stufen*. Sobald die Objekte angeglichen sind, können Sie sie drehen und skalieren und mit dem *Direktauswahl*-Werkzeug die Objekte oder die Achse bearbeiten. (Für eigene Experimente mit einem Paar von gruppierten Angleichungen können Sie die links gezeigten Objekte verwenden. Sie finden sie auf der *Wow!-CD* unter dem Dateinamen *AtteberryKevan_Angleichungen.ai*.)

### Angleichungen umkehren, umwandeln und zurückwandeln

Sobald Sie eine Angleichung erzeugt und ausgewählt haben, eröffnen sich Ihnen die folgenden Möglichkeiten:

- Kehren Sie die Reihenfolge der Objekte auf der Achse mit dem Befehl *Objekt > Angleichen > Achse umkehren* um.

- Wandeln Sie die Angleichung mit *Objekt > Angleichen > Zurückwandeln* zurück, wenn Sie die angeglichenen Objekte zwischen den Schlüsselobjekten entfernen, die Achse der Angleichung aber beibehalten möchten (Vorsicht – Sie verlieren eventuell Gruppierungsinformationen!).

- Wandeln Sie die Angleichung um, wodurch Sie sie in eine Gruppe einzelner, bearbeitbarer Objekte konvertieren. Wählen Sie dazu *Objekt > Angleichen > Umwandeln*.

## Verläufe

Verläufe sind Farbübergänge. Mit einem Doppelklick auf das *Verlauf*-Werkzeug öffnen Sie das Bedienfeld *Verlauf*. Alternativ wählen Sie den Befehl *Fenster > Verlauf*. Es gibt radiale (kreisförmig um das Zentrum angeordnete) oder lineare Verläufe. Um einem Objekt einen Verlauf zuzuweisen, wählen Sie es aus und klicken im Bedienfeld *Farbfelder* auf ein Verlaufsfarbfeld. Möchten Sie nur die Verlaufsfarbfelder sehen, klicken Sie am unteren Rand des Bedienfelds *Farbfelder* auf die Schaltfläche *Menü „Farbfeldarten einblenden"*. Hier wählen Sie den Eintrag *Verlaufsfelder einblenden*.

Um einen Verlauf anzupassen oder einen neuen Verlauf zu erstellen, klicken Sie im Bedienfeld *Verlauf* auf den Verlaufsbalken. Erst dann sehen Sie die Farbmarken und -mittelpunkte. Erzeugen Sie Ihre eigenen Verläufe, indem Sie Marken hinzufügen und/oder die vorhandenen Marken (Zeiger, die Farben darstellen) entlang der unteren Kante des Verlaufsbalkens bearbeiten; passen Sie den Mittelpunkt zwischen den Farbmarken an, indem Sie die rautenförmigen Symbole am oberen Rand des Balkens ziehen. Sie können die Länge, Richtung und den Mittelpunkt eines ausgewählten Verlaufs anpassen. Zusätzlich können Sie einen Verlauf mehreren ausgewählten Objekten entlang einer Angleichung zuweisen, indem Sie mit dem *Verlauf*-Werkzeug klicken und ziehen (detaillierte Beispiele für die Verwendung des *Verlauf*-Werkzeugs erhalten Sie in den Lektionen dieses Kapitels).

**Hinweis:** Sie können das Bedienfeld *Verlauf* durch Ziehen an der unteren rechten Ecke in seiner Höhe und Breite ändern, auch wenn es mit anderen Bedienfeldern gruppiert ist. Durch die Vergrößerung erhalten Sie eine bessere Ansicht des Verlaufsbalkens.

---

**Wie lang kann ein Verlauf sein?**

Klicken und ziehen Sie mit dem *Verlauf*-Werkzeug an einer beliebigen Stelle in Ihrem Fenster; Sie müssen nicht innerhalb der Objekte selbst bleiben.

**Verläufe auf den Standard zurücksetzen**

Nachdem Sie ein Objekt mit einem veränderten Verlaufswinkel ausgewählt haben, erhalten neue Objekte dieselben Einstellungen. Um die Verlaufseinstellungen auf den Standard zurückzusetzen, wählen Sie *Auswahl aufheben* und weisen als Fläche *Ohne* zu, indem Sie die [#]-Taste drücken. Bei linearen Verläufen können Sie *0* in das Feld *Winkel* eingeben. Oder schalten Sie im Bedienfeld *Verlauf* zwischen dem radialen und dem linearen Typ und dann wieder zum radialen Verlauf um. So setzen Sie einen benutzerdefinierten Winkel zurück, ohne die Farbmarken zu entfernen oder auf den Standard zu stellen.

**Farben zum Verlauf hinzufügen**

- Ziehen Sie ein Farbfeld aus dem Bedienfeld *Farbe* oder *Farbfelder* auf den Verlaufsbalken, bis Ihnen eine vertikale Linie anzeigt, wo die neue Farbmarke eingefügt wird.
- Wird im Flächenfarbfeld des Bedienfelds *Werkzeuge* eine einfarbige Farbe angezeigt, können Sie auch diese auf den Verlaufsbalken ziehen.
- Ziehen Sie mit gedrückter [Alt]-Taste, erzeugen Sie eine Kopie einer Farbmarke.
- Wenn Sie eine Farbmarke mit gedrückter [Alt]-Taste auf eine andere Farbmarke ziehen, vertauschen Sie die Farben.
- Klicken Sie auf den unteren Rand des Verlaufsbalkens, um eine neue Farbmarke einzufügen.

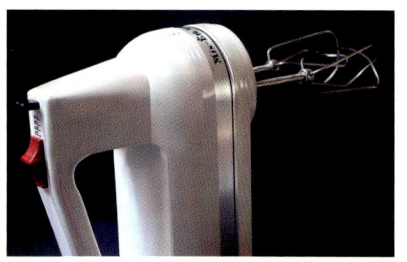

Paidrick

Dieses Kapitel ist nur der Einstieg in die fantastischen Möglichkeiten bei der Arbeit mit Gittern. Betrachten Sie unbedingt die Gitterillustrationen im Kapitel 13 „Fortgeschrittene Techniken" – hier ein Ausschnitt aus einer Illustration von Ann Paidrick.

### Zeilen und Spalten hinzufügen

Wenn Sie Ihrem Gitter neue Zeilen und Spalten hinzufügen möchten, klicken Sie mit dem *Gitter*-Werkzeug ([U]) auf das Gitterobjekt. Um eine neue Zeile in das Gitter einzufügen, klicken Sie auf eine Spaltenlinie, möchten Sie eine neue Spalte einfügen, klicken Sie auf eine Zeile.

### Farben zum Gitter hinzufügen

Wenn Sie einen neuen Punkt in das Gitter einfügen, erhält dieser die momentan im Bedienfeld *Farbfelder* ausgewählte Farbe. Soll der neue Punkt die dem Gitterobjekt momentan zugewiesene Farbe beibehalten, halten Sie beim Hinzufügen des neuen Punkts die [⇧]-Taste gedrückt.

### Zeilen und Spalten verschieben

Wenn Sie einen Gitterpunkt verschieben, werden sowohl die Zeilen- als auch die Spaltengitterlinien, die diesen Punkt schneiden, mit verschoben. Um eine Zeilen- oder Spaltengitterlinie unabhängig zu verschieben, halten Sie die [⇧]-Taste beim Ziehen der Linie gedrückt. Wenn Sie nach oben oder unten ziehen, bewegt sich nur die Zeilenlinie; wenn Sie nach rechts oder links ziehen, bewegt sich nur die Spaltenlinie.

Um die Illusion einer verlaufsgefüllten Kontur zu erzielen, konvertieren Sie diese in ein Flächenobjekt (*Objekt > Pfad > Konturlinie*).

Möchten Sie einen Verlauf in eine gruppierte, maskierte Angleichung konvertieren, wählen Sie *Objekt > Umwandeln* (mehr über Masken und maskierte Angleichungen erfahren Sie im Kapitel 13 „Fortgeschrittene Techniken").

## Verlaufsgitter

In diesem Buch finden Sie viele ausgezeichnete fotorealistische Illustrationen, die mit Verlaufsgittern erzeugt wurden. Ein *Gitterobjekt* ist ein Objekt, auf dem mehrere Farben mit glatten Übergängen zwischen eigens definierten *Gitterpunkten* in unterschiedliche Richtungen fließen können. Sie können ein einfarbig oder mit einem Verlauf gefülltes Objekt in ein Gitter umwandeln (zusammengesetzte Pfade lassen sich allerdings nicht konvertieren). Die Konvertierung lässt sich nicht rückgängig machen. Arbeiten Sie also gegebenenfalls mit einer Kopie des Originals.

Mit *Objekt > Verlaufsgitter erstellen* transformieren Sie einfarbig gefüllte Objekte in Gitterobjekte (dann können Sie bestimmte Details der Gitterkonstruktion festlegen). Die Alternative ist ein Klick mit dem *Gitter*-Werkzeug auf das Objekt. Möchten Sie ein mit einem Verlauf gefülltes Objekt transformieren, wählen Sie *Objekt > Umwandeln* und aktivieren die Option *Verlauf-Gitter*. Mit dem *Gitter*-Werkzeug fügen Sie dem Gitter Linien und Punkte hinzu. Mit dem *Direktauswahl*-Werkzeug wählen Sie einzelne Punkte oder Punktgruppen innerhalb des Gitters aus. Anschließend können Sie sie verschieben, färben oder löschen. Mehr über die Arbeit mit Verlaufsgittern (einschließlich eines Warnhinweises über den Druck von Gitterobjekten) erfahren Sie in der Galerie und den Lektionen weiter hinten in diesem Kapitel sowie im Kapitel 13 „Fortgeschrittene Techniken".

Hinweis: Statt einem komplexen Pfad ein Gitter zuzuweisen, erzeugen Sie das Gitter zuerst aus einer einfacheren Kontur und maskieren es dann mit dem komplexeren Pfad.

### Einen Pfad aus einem Gitter erzeugen

Wenn Sie einen Pfad in ein Gitter konvertieren, ist dieser kein Pfad mehr, sondern ein Gitterobjekt. Möchten Sie ein Gitter in einen bearbeitbaren Pfad konvertieren, markieren Sie das Gitterobjekt, wählen Sie *Objekt > Pfad > Pfad verschieben*, geben Sie [0] ein und klicken Sie auf *OK*. Enthält Ihr neuer Pfad zu viele Punkte, versuchen Sie es mit dem Befehl *Objekt > Pfad > Vereinfachen* (mehr dazu erfahren Sie im Kapitel 3 „Zeichnen & Färben").

*Pierre Louveaux*

# GALERIE

## Tim Webb

Tim Webb benötigte für seine Grafiken „Victory Climb" und „Road Lessons" nur einige wenige Illustrator-Funktionen. Der knackige Holzschnitt-Look ist das Ergebnis starker Linien über Verlaufsfüllungen. Webb zeichnete das Bild zunächst mit dem *Zeichenstift*-Werkzeug. Dann erzeugte er eine Farbpalette, indem er Farben aus einer Farbbibliothek in das Bedienfeld *Farbfelder* zog. Anschließend öffnete er das Bedienfeld *Verlauf* mit einem Doppelklick auf *Verlauf*-Werkzeug. Hier erzeugte er Verläufe, indem er Farben aus dem Bedienfeld *Farbfelder* auf die Farbmarken im Bedienfeld *Verlauf* zog. (Weitere Detailinformationen darüber erhalten Sie im Abschnitt *Verläufe* in der Einleitung zu diesem Kapitel.) Nachdem er die Verläufe im Bedienfeld *Farbfelder* gespeichert hatte, zeichnete Webb geschlossene Pfade und füllte sie mit einem linearen oder einem radialen Verlauf, wobei er deren Richtung und Länge variierte, um die Illustration lebhafter zu gestalten. Das holzschnittartige Aussehen erzielte er durch das Angleichen zweier rechteckiger Formen auf einem gebogenen Pfad. Die kleinen Steine und Regentropfen erzeugte Webb mit benutzerdefinierten Bildpinseln.

# Das einfachste Gitter

Eine Form mit einem Verlaufsgitter füllen

 MiyamotoNobuko_Sojabohnen.ai

**Überblick:** Zeichnen Sie Pfade; wählen Sie die Pfade aus und füllen Sie sie mit Farben; wählen Sie eine Form aus und klicken Sie mit dem *Gitter*-Werkzeug; wählen Sie eine Farbe für die Glanzlichter; setzen Sie die Illustration aus skalierten und gedrehten Kopien zusammen.

MIYAMOTO

**1**

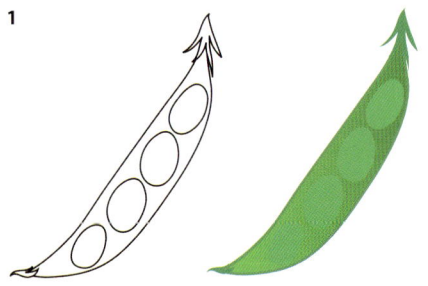

Links: die Pfade für die Sojabohnenschote. Rechts: Die Pfade wurden mit zwei Grünschattierungen gefüllt.

**2**

Links: Die Vorschauansicht eines Verlaufsgitters; rechts: die Pfadansicht des ausgewählten Gitters

**3**

Die drei Schoten (das Original befindet sich links, die beiden skalierten und gedrehten Kopien rechts)

Die Künstlerin Nobuko Miyamoto erkannte in ihrem japanischen Adobe Illustrator CS-Buch, das sie zusammen mit Yukio Miyamoto schrieb, dass sich Verläufe mit einem Verlaufsgitter leichter und mit besserer Kontrolle über Form und Bearbeitbarkeit erstellen lassen als mit dem radialen Verlaufswerkzeug.

**1. Die Schote zeichnen und einfärben.** Miyamoto zeichnete zuerst die eine Ranke und eine Sojabohnenschote mit vier Bohnenkernen. Sie füllte die Schote mit einem grünen Verlauf, die Bohnenkerne mit einem mittleren Grün. Wählen Sie eine Farbe, die mit den umgebenden Farben kontrastiert. Damit stellen Sie sicher, dass das später erzeugte Verlaufsgitter sich von den umgebenden Grafikelementen abheben wird.

**2. Die Bohnenkerne mit einem Verlaufsgitter einfärben.** Für die Verlaufsgitter für die einzelnen Bohnenkerne wählte Miyamoto das *Gitter*-Werkzeug. Sie wählte ein helles Grün für die Glanzlichter und klickte auf die nicht ausgewählte Form. Bei dieser Vorgehensweise erzeugt Illustrator automatisch einen Glanzpunkt an der innerhalb der Form angeklickten Stelle. Lassen Sie das Gitter ausgewählt und ändern Sie die Glanzlichtfarbe gegebenenfalls, indem Sie aus dem Bedienfeld *Farbe* oder *Farbfelder* eine andere Farbe wählen. Möchten Sie den Glanzpunkt an eine andere Stelle bewegen, klicken Sie ihn mit dem *Gitter*-Werkzeug an und verschieben ihn.

**3. Kopieren, einfügen, skalieren und drehen.** Zur Vervollständigung der Illustration kopierte Miyamoto die Schote und fügte sie zweimal ein. Dann skalierte und drehte sie die einzelnen Kopien, bevor Sie sie mit der Ranke anordnete.

# GALERIE

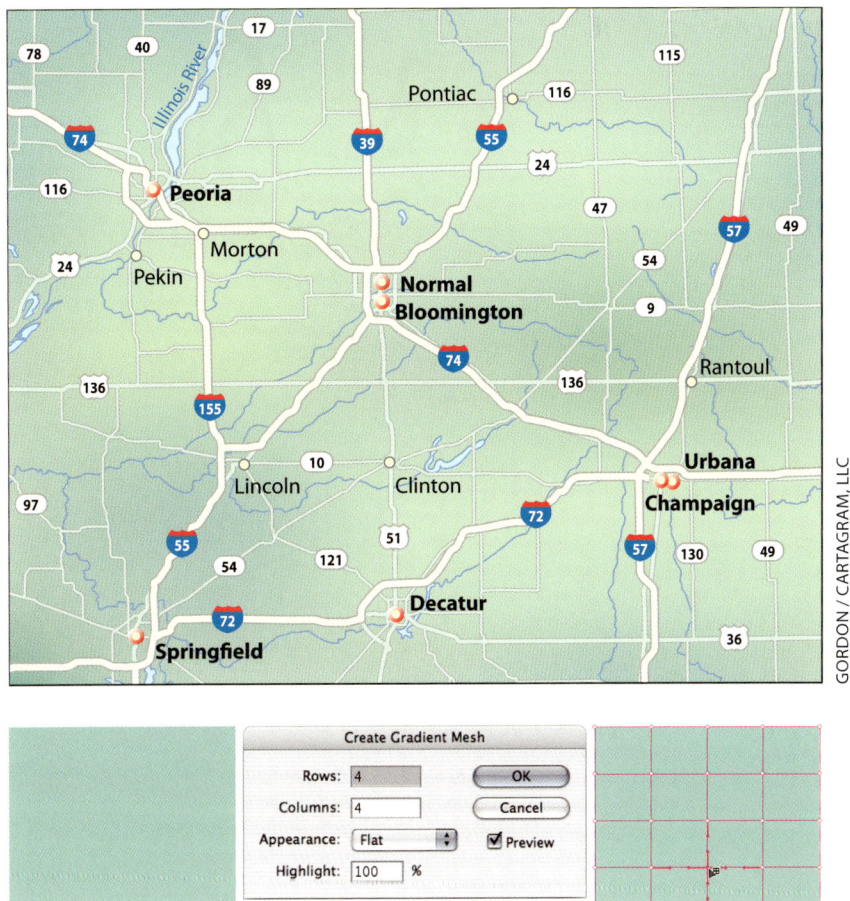

GORDON / CARTAGRAM, LLC

## Steven Gordon/Cartagram, LLC

Große einfarbig gefüllte Bereiche gehören für Kartografen zu den notwendigen, aber langweiligen Tatsachen des Lebens. Mit dem *Gitter*-Werkzeug von Illustrator müssen solche Flächen jedoch nicht langweilig bleiben. In dieser Karte verwandelte Gordon einen einfarbigen grünen Hintergrund in einen natürlich wirkenden Untergrund. Für den Hintergrund zeichnete Gordon zuerst ein Rechteck und füllte es mit einer einfarbigen grünen Farbe. Er ließ das Rechteck ausgewählt und wählte *Objekt > Verlaufsgitter erstellen*. Im Dialogfenster *Verlaufsgitter erstellen* gab er in die Felder *Zeilen* und *Spalten* jeweils *4* ein und beließ das Menü *Aussehen* auf dem Standard *Flach*. Damit erzeugte er ein Gitter mit bearbeitbaren Punkten an den Kanten und innerhalb des Rechtecks. Nun wählte Gordon das *Gitter*-Werkzeug und klickte auf verschiedene Punkte im ausgewählten Gitter. Bei jedem angeklickten Punkt änderte Gordon die ursprünglich grüne Farbe über das Bedienfeld *Farbe* in ein helleres Gelbgrün. Bei den Gitterpunkten auf der Kante des Rechtecks änderte er die Farbe in ein dunkleres Blaugrün.

# Vereinigte Verläufe

Füllungen mit dem *Verlauf*-Werkzeug umleiten

 JolyDave_angeglicheneVerlaeufe.ai

**Überblick:** Füllen Sie Objekte mit Verläufen; passen Sie Länge und Winkel mit dem *Verlauf*-Werkzeug an und vereinigen Sie Füllungen über mehrere Objekte hinweg.

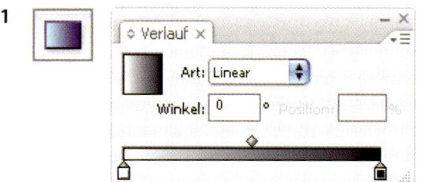

Das *Verlauf*-Werkzeug (oben) und das Bedienfeld *Verlauf* (unten)

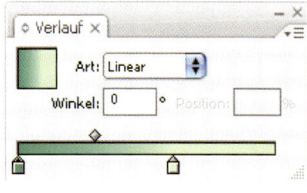

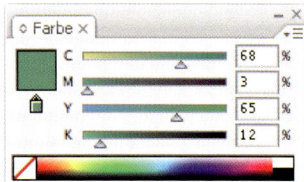

Das Bedienfeld *Verlauf* wurde für die Flossen angepasst; wenn Sie eine Farbmarke auswählen, erscheint deren Farbe im Bedienfeld *Farbe*.

Der Verlauf wurde den Flossen über das Bedienfeld *Verlauf* zugewiesen.

Das *Verlauf*-Werkzeug ist eine gute Ergänzung zum Bedienfeld *Verlauf*, weil es mehr Möglichkeiten zur Bearbeitung von Verlaufsfüllungen bietet und weil Sie damit Verläufe über mehrere Pfade hinweg strecken und zusammenführen können. Bei dieser Illustration für die Zeitschrift *Sunset* wies Dave Joly zunächst über das Bedienfeld *Verlauf* Verläufe zu, passte diese dann mit dem *Verlauf*-Werkzeug an und vereinigte sie entlang mehrerer Pfade, wie Sie in den Wolken und Schuppen des Fischs sehen.

**1. Verläufe zuweisen und bearbeiten.** Mit dem *Verlauf*-Werkzeug können Sie Verläufe bearbeiten, aber nicht erzeugen. Um den Flossen einen ersten Verlauf zuzuweisen, wählte Joly sie aus, öffnete das Bedienfeld *Verlauf* und klickte in der oberen linken Ecke des Bedienfelds *Verlauf* auf das Verlaufssymbol. Zur Bearbeitung der Verlaufsfarben klickte Joly auf die einzelnen Verlaufsmarken und mischte entweder im Bedienfeld *Farbe* eine neue Farbe oder klickte mit gedrückter Alt-Taste im Bedienfeld *Farbfelder* auf ein Farbfeld. Er zog die äußerste rechte Verlaufsmarke nach links, um die Verlaufsfarbe auszudehnen. Mit einem Klick unter den Verlaufsbalken können Sie Marken hinzufügen und durch Ziehen der Rauten über dem Balken lässt sich die Farbverteilung zwischen den Farbmarken regulieren.

2. **Einen Verlauf mit dem *Verlauf*-Werkzeug bearbeiten.** Um die Länge und den Winkel eines Verlaufs anzupassen, wählen Sie einen Pfad aus und ziehen mit dem *Verlauf*-Werkzeug darüber. Sie können mit dem Ziehen an einer beliebigen Stelle innerhalb oder außerhalb des ausgewählten Pfads beginnen und aufhören. Damit der Winkel eines linearen Verlaufs auf 45-Grad-Schritte beschränkt wird, halten Sie die ⇧-Taste beim Ziehen gedrückt. Möchten Sie einen radialen Verlauf bearbeiten, versetzen Sie entweder den Mittelpunkt durch einen Klick mit dem *Verlauf*-Werkzeug oder Sie klicken und ziehen, wenn Sie sowohl den Mittelpunkt als auch den Radius des radialen Verlaufs ändern möchten.

3. **Verläufe mit dem *Verlauf*-Werkzeug vereinigen.** Joly wählte zuerst zwei Wolken aus und wies beiden denselben Verlauf zu. Dann zog er das *Verlauf*-Werkzeug von der linken Kante der linken Wolke bis zur rechten Kante der rechten Wolke. Länge und Winkel des vereinigten Verlaufs erstreckten sich über beide Wolken, als wären diese ein einziges Objekt.

Beim Ziehen zeigt das Bedienfeld *Info* die Mauszeigerposition und Länge, Größe und Winkel des Verlaufs an. Im Bedienfeld *Verlauf* lesen Sie den endgültigen Verlaufswinkel ab, solange der Pfad ausgewählt ist.

4. **Einen vereinigten Verlauf bearbeiten.** Um die Länge und den Winkel des vereinigten Verlaufs über die Schuppen des Fischs zu bearbeiten, wählte Joly alle Schuppen aus und zog mit dem *Verlauf*-Werkzeug darüber, bis er den gewünschten Effekt erzielt hatte.

Sie können einen vereinigten Verlauf zwar auch über das Bedienfeld *Verlauf* bearbeiten, jedoch bietet Ihnen das *Verlauf*-Werkzeug mehr Flexibilität, weil Sie damit die Start- und Endpunkte des Verlaufs auch außerhalb die entsprechenden Pfade ziehen können.

> **Vereinigte Verläufe leichter auswählen**
>
> Die Auswahl aller Pfade in einem vereinigten Verlauf wird vereinfacht, wenn Sie sie zu einer Gruppe, einem zusammengesetzten Pfad oder einer zusammengesetzten Form kombinieren. Dann wählen Sie mit einem Klick auf einen Teil der Gruppe oder zusammengesetzten Form den gesamten vereinigten Verlauf aus. Alternativ wählen Sie bei ausgewählten vereinigten Verlaufsobjekten den Befehl *Auswahl > Auswahl speichern*, um die Auswahl zu speichern und zu benennen.

**2**

Der Verlaufswinkel wurde durch Ziehen mit dem *Verlauf*-Werkzeug über eine ausgewählte Flosse geändert.

**3**

Das *Verlauf*-Werkzeug wurde über zwei Wolken (oben) gezogen, so dass der vereinigte Verlauf in der linken Wolke beginnt und in der rechten endet.

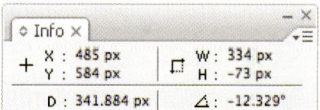

Das Bedienfeld *Info* bietet beim Ziehen mit dem *Verlauf*-Werkzeug numerisches Feedback.

**4**

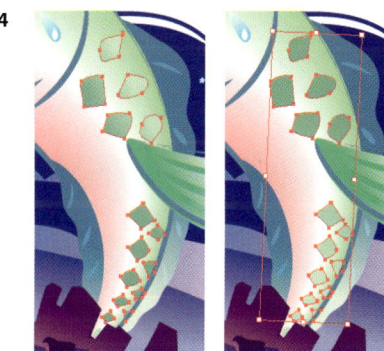

Der Winkel des vereinigten Verlaufs wird in allen markierten Schuppen von einem horizontalen (links) in einen vertikalen Winkel (rechts) geändert.

# Funkelndes Gold

Glänzendes Metall mit Verläufen simulieren

**Überblick:** Erzeugen Sie mit Verläufen einen Goldton; gestalten Sie mit verschobenen Pfaden und mit Fasen dreidimensionale Effekte; erzeugen Sie mit Angleichungen frei geformte Verläufe.

Ferster (Kunde: Intuit, Inc., Produkt: Quickbooks 2005) (Creative Director: Riccardo Spina)

1

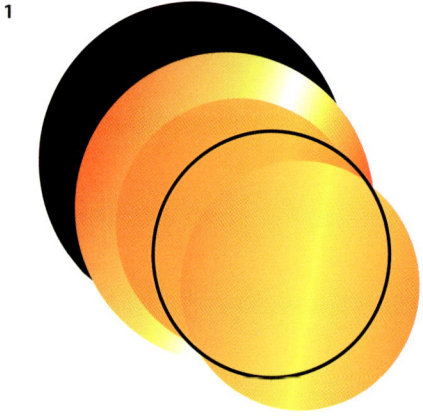

Die Pfade für die Münze wurden auseinandergezogen, so dass ihre Füllungen sichtbar werden.

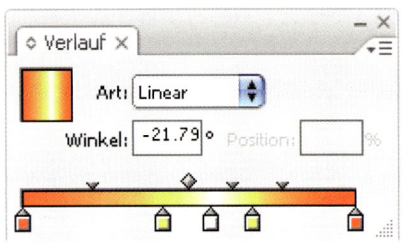

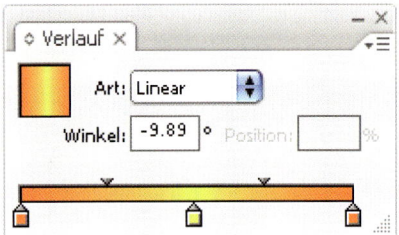

Das Bedienfeld *Verlauf* für die Kontur der Münze (oben) und ihren Mittelpunkt (unten)

Dieses Logo für die bekannte Intuit QuickBooks-Buchhaltungssoftware wird für die verschiedensten Einsatzgebiete verwendet – von der Verpackung bis hin zu Werbematerialien, für Druck und Bildschirm. Es wurde ursprünglich in Illustrator und Photoshop gestaltet; aber die Originaldatei war so groß, dass Gary Ferster den Auftrag erhielt, das Logo als kleinere Datei neu zu gestalten. Die von Ferster ausschließlich in Illustrator neu aufgebaute Version des Logos benötigt 93% weniger Speicherplatz als das Original. Um das Funkeln von Gold nachzuempfinden, wies Ferster Verläufe oder Angleichungen zu, je nachdem, welche Technik für die verschiedenen Teile der Illustration am besten geeignet war.

**1. Die Münze mit Glanzlichtern versehen.** Ferster erzeugte die Münze in Form von konzentrischen Kreisen, von denen jeder eine andere Füllung hat. Der große äußere Kreis ist mit einem benutzerdefinierten linearen Verlauf gefüllt und der Mittelpunkt ist ein anderer Kreis mit einem ähnlichen Verlauf. Die äußerste schwarze Kontur ist ein schwarz gefüllter Kreis, der im Hintergrund platziert und etwas größer skaliert wurde als der äußere goldene Kreis.

Standardmäßig haben Verläufe eine Start- und eine Endfarbmarke. Für den metallischen Glanz passte Ferster die Verläufe an, indem er mit mehreren Klicks unter den Verlaufsbalken Farbmarken hinzufügte und den mittleren Marken hellere Farben zuwies. Für den äußeren Kreis benötigte er fünf Farbmarken.

**2. Das Dollarzeichen erzeugen.** Genau wie bei den Kreisen der Münze erzeugte Ferster mit gestapelten gefüllten Pfaden den Eindruck von Tiefe. Er begann mit dem kleineren Pfad (der erhabenen Oberfläche des Dollarzeichens). Er markierte den Pfad, wählte *Objekt > Pfad > Pfad verschieben*, erzeugte mit einem positiven Wert ein größeres Duplikat (Ferster gab 5 pt ein) und klickte auf *OK*. Der neue verschobene Pfad wurde zur Grundplatte des Dollarzeichens. Er markierte den neuen äußeren Pfad und wählte erneut den Befehl *Pfad verschieben*. Diese Mal gab er jedoch 2 pt ein und erzeugte so den äußeren Rand des Dollarzeichens.

**3. Die glänzenden Abschrägungen erzeugen.** Für die Fasen zerschnitt Ferster Kopien der inneren und äußeren Pfade. Er zog Linien, mit denen er die Pfade an ihren Kanten halbierte, markierte die Linien und beide Dollarzeichenpfade und klickte dann im Bedienfeld *Pfadfinder* auf die Schaltfläche *Unterteilen*. Die Schaltfläche *Unterteilen* konvertiert alle umschlossenen Bereiche in separate geschlossene Pfade. Ferster löschte die Linienreste mit dem *Direktauswahl*-Werkzeug, behielt aber alle geschlossenen Pfade für die Fasen bei. Er wies den Pfaden die Konturart *Ohne* sowie lineare Verläufe zu. Dann verfeinerte Ferster die Verlaufswinkel und -farben über das Bedienfeld *Verlauf*, weil er dieses für präziser hält als das *Verlauf*-Werkzeug.

Ferster wies der Zeigernabe einen radialen, den Zeigern lineare Verläufe zu. Für das Säulendiagramm versah er mit dem *Direktauswahl*-Werkzeug die perspektivisch bearbeiteten Rechtecke mit linearen Verlaufsfüllungen. Die Seitenteile der Säulen füllte er mit linearen Verläufen. Den Oberseiten der Säulen wies er lineare Verläufe mit drei Farbmarken zu.

**4. Der Figur Angleichungen für die Schatten und Lichter zuweisen.** Ferster wollte die menschliche Figur mit airbrushhartigen Schatten und Glanzlichtern versehen. Weil Ferster die organische Form dieser Schattierungen mit linearen oder radialen Verläufen nicht gut nachempfinden konnte, erzeugte Ferster frei geformte Angleichungen. Für jede Angleichung zeichnete er einen Basispfad, den er mit der Farbe des Körpers füllte, sowie einen kleineren Pfad, den er entweder mit einer Glanzlicht- oder einer Schattenfarbe füllte. Anschließend aktivierte Ferster beide Pfade und glich die Füllungen mit *Objekt > Angleichung > Erstellen* an.

Erzeugen Sie mit dem Effekt *Pfad verschieben* ein größeres Duplikat.

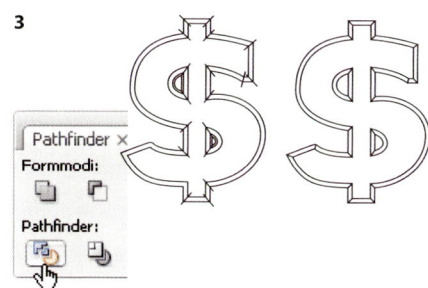

Über die Pfadüberschneidungen wurden Linien gezogen (links). Mit der Schaltfläche *Unterteilen* wurden die Pfade dann für die Abschrägungen zerlegt (rechts).

Das fertige Dollarzeichen und seine mit Verläufen gefüllten Bestandteile (von links nach rechts): der Originalpfad, der versetzte Pfad und die gefüllten Fasen (auseinandergezogen).

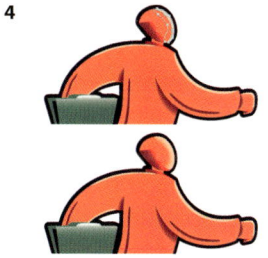

Vor (oben) und nach (unten) der Zuweisung einer Angleichung, mit der das Glanzlicht auf dem Kopf erzeugt wurde.

# Angepasste Radialverläufe

Radiale Verläufe verzerren und neu füllen

 Pelavin_Verlauf_formen.ai

**Überblick:** Vertauschen Sie die Farben eines Verlaufs, füllen Sie ovale Objekte mit radialen Verläufen; verzerren Sie die Kreise, um den Verlauf zu stauchen; skalieren Sie ein einfarbig gefülltes Objekt größer und füllen Sie es mit einem radialen Verlauf; skalieren Sie es wieder kleiner, um die Füllung zu stauchen; wählen Sie Verläufe aus und füllen Sie sie.

Pelavin

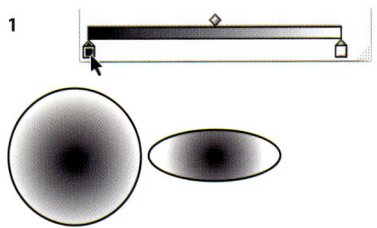

Halten Sie die Alt-Taste gedrückt, wenn Sie die Farbmarken ziehen, um die Farben zu vertauschen. Anschließend füllen Sie einen Kreis und eine Ellipse mit einem radialen Verlauf.

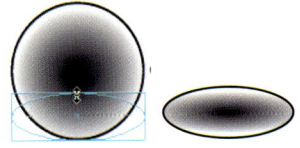

Der Kreis wurde mit einem radialen Verlauf gefüllt und dann wurde sein Begrenzungsrahmen skaliert, um auch den radialen Verlauf zu stauchen.

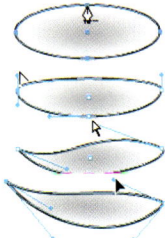

Die gefüllte Ellipse wurde mit den Pfadbearbeitungswerkzeugen neu geformt.

Wenn Sie eine Ellipse mit einem radialen Verlauf füllen, erhalten Sie einen kreisförmigen Verlauf in einer ovalen Form. Der Illustrator-Experte Daniel Pelavin passte einen radialen Verlauf genau in einen ovalen Rahmen ein. Dazu skalierte er das Objekt trickreich größer und wieder kleiner.

Für den Award for Technical Excellence des PC Magazins gestaltete der Pelavin zuerst die Schrift und erzeugte dann die reflektierenden Oberflächen der Medaille, indem er die Objekte mit linearen Verläufen füllte. Pelavin versah die linearen Verläufe mit benutzerdefinierten Winkeln und passte Länge und Position mancher Füllungen mit dem *Verlauf*-Werkzeug an. Für die Illusion von Dreidimensionalität im unteren Blattteil, der für den Kranz wiederholt wird, erzeugte Pelavin einen radialen Verlauf, der sich perfekt in die verbreiterte ovale Blattform einfügte. Für die goldene Version der Medaille aktualisierte Pelavin die Verläufe mit einem goldenen Farbschema.

**1. Kreise und Verläufe stauchen.** Diese erste Methode eignet sich am besten für Objekte, die im Großen und Ganzen ellipsenförmig bleiben können. Sie erhalten die gestauchten Ergebnisse schneller, müssen aber mehr Nachbearbeitungen vornehmen.

Zuerst verzerren Sie einen Kreis, bis er Ihren Vorstellungen weitestmöglich entspricht. Erzeugen Sie zunächst mit dem *Ellipse*-Werkzeug einen Kreis. Klicken Sie entweder mit dem Werkzeug auf Ihre Seite und geben Sie für Breite und Höhe identische Werte ein oder ziehen Sie die Form mit gedrückter ⇧-Taste auf. Nun öffnen Sie das Bedienfeld *Verlauf* und klicken auf den schwarzweißen radialen Verlauf. Kehren Sie die Verlaufsrichtung um (oder vertauschen Sie die Verlaufsfarben), indem Sie die Alt-Taste gedrückt halten und die eine Farbmarke über die andere hinwegziehen. Als Nächstes erzeugen Sie eine lange Ellipse. Wie Sie sehen, passt der Verlauf nicht zum Umriss. Klicken Sie mit dem *Auswahl*-Werkzeug auf den Kreis. Ziehen Sie einen der Griffe des Begrenzungsrahmens und stauchen und strecken Sie den Kreis. Wie Sie sehen, wird der radiale Verlauf so verzerrt, dass er sich der Kontur anpasst.

Damit Ihre Ellipse nun beispielsweise eine Blattform erhält, müssen Sie den Pfad mit den Pfadbearbeitungswerkzeugen anpassen. Fügen Sie bei Bedarf Punkte hinzu oder löschen Sie sie, verwandeln Sie Ankerpunkte von Kurven- in Eckpunkte und ändern Sie mit dem *Direktauswahl*-Werkzeug die Länge und den Winkel der Punkte und Richtungsgriffe

**2. Die Objekte vertikal skalieren, um die radialen Füllungen zu stauchen.** Pelavin zeichnete zuerst die benötigten Objekte und passte dann die radialen Verläufe in die Formen ein. Er zeichnete die äußere Form des Blatts mit dem *Zeichenstift*-Werkzeug und versah es mit einer einfarbigen Füllung (auf der Abbildung wurde eine Kontur hinzugefügt, so dass die Verläufe leichter erkennbar sind). Dann doppelklickte er auf das *Skalieren*-Werkzeug und skalierte das Blatt um 400% vertikal und um 100% horizontal. Als Nächstes wählte er den radialen Verlauf aus dem Bedienfeld *Farbfelder* und doppelklickte erneut auf das *Skalieren*-Werkzeug, um die Skalierung mit einer vertikalen Skalierung um 25% rückgängig zu machen (für die horizontale Skalicrung gab cr wieder 100% ein).

Pelavin vervollständigte die Blätter mit einem inneren Blatt, das er mit einem linearen Verlauf füllte. Er duplizierte das Blatt und platzierte dann eine Kontur aus den kombinierten Blättern hinter den gefüllten Objekten.

**3. Andere Farbschemata erzeugen.** Pelavin erzeugte eine Kopie der Silbermedaille und erstellte die einzelnen Verläufe mit Goldtönen neu. Zunächst legte er drei benutzerdefinierte globale Farben an: helles, mittleres und dunkles Gold. Für jede Verlaufsvariation wählte er ein Objekt mit dieser Füllung aus und wählte *Auswahl > Gleich > Flächenfarbe*. Er ließ diese Füllung ausgewählt und zog im Bedienfeld *Verlauf* eines der neuen goldenen Farbfelder auf eine Verlaufsmarke oder auf den Verlauf selbst, um eine neue Marke zu erzeugen. (Mehr über globale Farben erfahren Sie im Kapitel 3 „Zeichnen & Färben". Der Schritt 4 des Abschnitts *Blumen durch Verzerrungsfilter* informiert Sie darüber, wie Sie Verläufe mit interaktiver Farbe neu einfärben.)

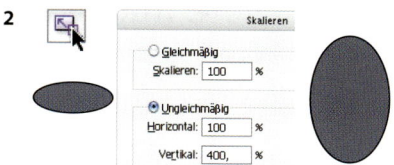

Ein einfarbig gefülltes Objekt wurde mit einem Doppelklick auf das *Skalieren*-Werkzeug vertikal um 400% größer skaliert.

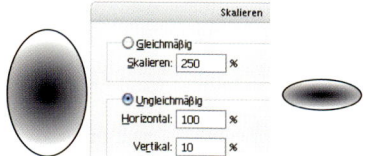

Die skalierte Ellipse wurde mit einem radialen Verlauf gefüllt und dann um 25% kleiner skaliert.

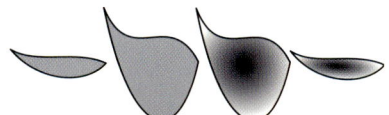

Das Blatt wurde vertikal um 400% skaliert, mit einem radialen Verlauf gefüllt und dann vertikal um 25% kleiner skaliert.

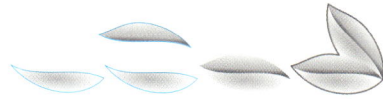

Von links nach rechts: Pelavins gestauchte radiale Füllung, mit einer linearen Füllung, dann kombiniert und schließlich mit zugewiesenem Umriss (hinter den gefüllten Objekten)

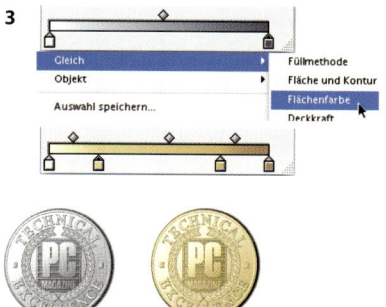

Pelavin erzeugte zuerst die Silbermedaille und wählte dann die einzelnen Verläufe, wählte *Auswahl > Gleich > Flächenfarbe* und passte diesen Verlauf dann mit seinen neuen globalen Goldfarben an.

# GALERIE

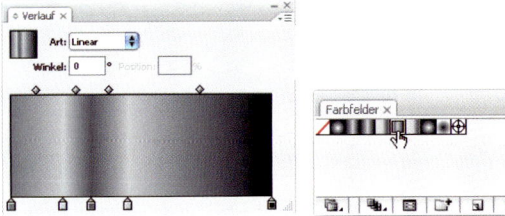

## Zosia Rostomian/The Sharper Image®

Zosia Rostomian erzeugte für diese Sharper Image®-Produktillustration komplexe Kombinationen aus gestapelten Objekten mit Verläufen und einfarbigen Füllungen. Das Detailbild rechts zeigt einige der vielen Objekte, die sie für das Telefon übereinanderstapelte (das am weitesten unten befindliche Objekt sehen Sie ganz links). Um einem ausgewählten Objekt einen Verlauf hinzuzufügen, doppelklickte sie auf das *Verlauf*-Werkzeug, öffnete das Bedienfeld *Verlauf* (links) und wählte als *Art* entweder *Linear* oder *Radial*. Sie vergrößerte das Bedienfeld, damit sie den Verlauf besser erkennen konnte. Rostomian fügte mit einem Klick unter den Verlaufsbalken weitere Farbmarken hinzu und verschob diese an die gewünschte Stelle. Um die Farbverteilung zu verschieben, bewegte sie das Rautensymbol am oberen Rand des Verlaufsbalkens. Bei weiterhin ausgewähltem Verlaufsobjekt öffnete sie das Bedienfeld *Farbfelder* und klickte auf das Symbol *Neues Farbfeld*, benannte den Verlauf und klickte auf *OK*. Bevor sie weiterzeichnete, hob sie die Markierung aller Objekte auf (*Auswahl > Auswahl aufheben* oder ⌘/Strg+Alt+A) und änderte die Füllung in *Ohne*, damit das nächste gezeichnete Objekt nicht dieselben Füllattribute wie das vorhergehende erhielt. Sie wiederholte diesen Vorgang mit allen Objekten, die unterschiedliche Verläufe benötigten. Dann passte sie die Länge und den Winkel der Verlaufsfüllung einiger Objekte an, indem sie mit dem *Verlauf*-Werkzeug darüberzog.

# GALERIE

Rostomian

## Zosia Rostomian/The Sharper Image®

Die Angleichung gruppierter Objekte war eine ideale Technik für diese Sharper Image®-Produktillustration einer Laptop-Unterlage. Zosia Rostomian platzierte ein Produktfoto auf einer Ebene unter ihrer Zeichnung. Dieses verwendete sie als Vorlage. Für den geriffelten Bereich erzeugte sie die erste Riffellinie mit zwei 1-Punkt-Linien in einem hellen und einem dunklen Grau. Sie gruppierte die beiden Linien mit ⌘/Strg+G, wählte die Gruppe aus und erzeugte durch Ziehen mit gedrückter Alt-Taste eine Kopie. Rostomian wählte den ersten Satz gruppierter Linien mit dem *Direktauswahl*-Werkzeug aus, wählte das *Angleichen*-Werkzeug und drückte die Alt-Taste, um das Dialogfenster *Angleichung-Optionen* zu öffnen. Sie setzte den Abstand auf *Festgelegte Stufen*, gab 12 ein und klickte auf *OK*. Dann klickte sie auf den zweiten Satz Linien, um die Angleichung zu erzeugen und die geriffelten Linien fertigzustellen. Für das Punktmuster erzeugte Rostomian zuerst einen Punkt aus in Ebenen angeordneten Ellipsen und gruppierte diese. Die erste Reihe besteht aus zwei separaten Punktobjekten. Sie fügte andere Punkte in zwei senkrechten Reihen ein (oben blau hervorgehoben). Um eine Punktreihe zu erzeugen, markierte sie einen Punkt mit dem *Direktauswahl*-Werkzeug und wählte das *Angleichen*-Werkzeug. Sie klickte auf einen anderen Punkt, hielt die Alt-Taste gedrückt, gab die Anzahl der für die Füllung der Reihe benötigten *festgelegten Stufen* ein, klickte auf *OK* und dann auf den anderen Punkt. Weil Rostomian direkt auf einer Vorlage arbeitete, wusste sie, wie viele Punkte jede Reihe enthalten musste, und gab diesen Wert in das Feld *Festgelegte Stufen* ein. Jede Punktreihe wurde einzeln mit einer anderen Anzahl festgelegter Stufen erzeugt.

# GALERIE

Beauregard

## Christiane Beauregard

Christiane Beauregard erzeugte in dieser Illustration subtile Farbübergänge mit linearen und radialen Verläufen. Sie zeichnete die einzelnen Formen mit dem *Zeichenstift*-Werkzeug und erzeugte dann den entsprechenden Verlauf. Sie klickte im Bedienfeld *Verlauf* auf die Verlaufsminiatur, wählte die Verlaufsart (linear oder radial) und fügte den Farbmarken und Mittelpunkten benutzerdefinierte Farben hinzu. (Oben sehen Sie zwei der von Beauregard verwendeten Verläufe.) Sie passte die Länge und Richtung der Verlaufsfüllungen innerhalb der Formen mit dem *Verlauf*-Werkzeug an.

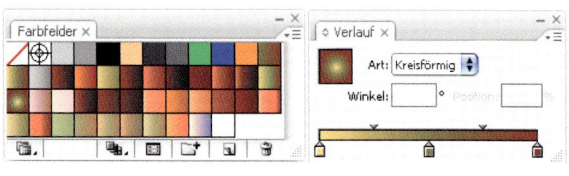

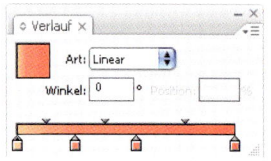

# GALERIE

Beauregard

## Christiane Beauregard

Mit derselben Färbetechnik wie in der Herbstillustration auf der vorherigen Seite erzeugte Christiane Beauregard das Schneckenhaus (Detailabbildung rechts) aus einzelnen Formen, die sie mit demselben radialen Verlauf füllte. Sie markierte die Form, zog mit dem *Verlauf*-Werkzeug vom Anfangs- zum Endpunkt des Bereichs und änderte den Verlaufswinkel, um jede Form mit einem individuellen Glanzlicht zu versehen. Für den Leuchteffekt im Meer variierte sie die Deckkraft der mit Verläufen gefüllten Formen. Beauregard klickte im Bedienfeld *Steuerung* auf die *Deckkraft* und reduzierte die Deckkraft der Formen. Einige dieser Formen ließ sie überlappen, um die Tiefe des Meeres zu betonen.

# GALERIE

*StankiewiczSteven_Schmetterling.ai*

## Steven Stankiewicz

Steven Stankiewicz bedient sich in seinen Illustrationen einer Technik, die er „Angleichungen angleichen" nennt. Er zeichnete den Schmetterlingsflügel und seine Punkte mit dem *Zeichenstift*-Werkzeug und färbte dann die einzelnen Objekte. Für die Angleichung kopierte er das Flügelobjekt, fügte es davor ein und skalierte es mit dem *Skalieren*-Werkzeug kleiner. Nachdem er Original und Kopie ausgewählt hatte, klickte er mit dem *Angleichen*-Werkzeug auf einen Ankerpunkt auf dem Originalflügel und klickte den entsprechenden Punkt auf dem kopierten, kleineren Flügel mit gedrückter Alt -Taste an. Aus dem Dialogfenster *Angleichung-Optionen* wählte Stankiewicz die Option *Farbe glätten*. Dann wiederholte er diese Schritte, um Angleichungen für alle Flecken auf dem Flügel zu erzeugen. Stankiewicz beschloss, die Farbübergänge zwischen den einzelnen Punktangleichungen und Flügelangleichungen zu glätten. Dazu aktivierte er das *Direktauswahl*-Werkzeug und wählte das äußerste Objekt in einer Punktangleichung aus. Anschließend klickte er das innerste Objekt der dahinter liegenden Flügelangleichung mit gedrückter ⇧ -Taste an. Nachdem er beide Objekte ausgewählt hatte, klickte Stankiewicz auf beiden Objekten mehrere Punkte an, die sich auf beiden Objekten an ungefähr derselben Position befanden. Als Ergebnis wurde eine neue Angleichung erzeugt, die die Angleichung des Flügelpunkts und des Flügels dahinter sanft überbrückte.

# GALERIE

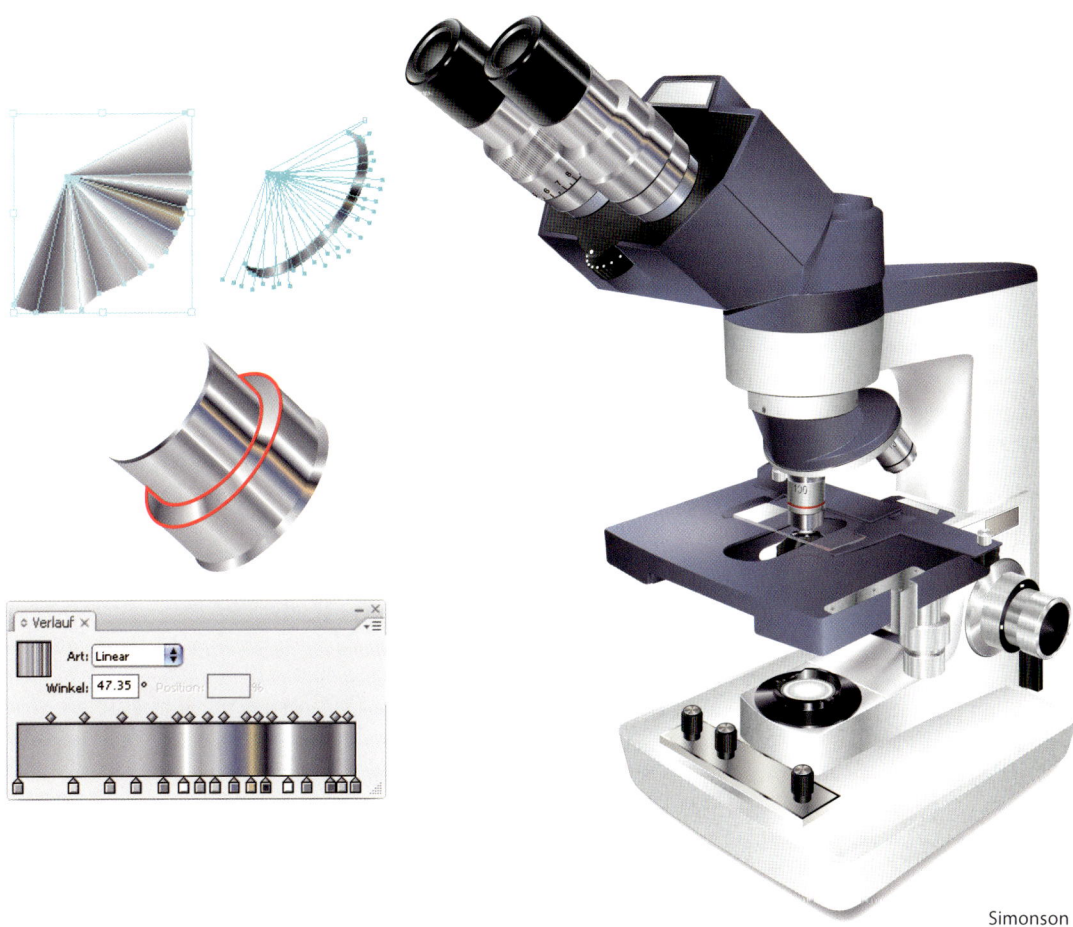

Simonson

Simonson_Mikroskop.ai

## Rick Simonson

Bei diesem meisterhaften, fotorealistischen Mikroskop verwendete Rick Simonson für die Reflektion des Metalls Angleichungen und Verläufe. Für die Metallteile, die mehrere Farben reflektieren, zeichnete er zunächst mit dem *Liniensegment*-Werkzeug eine Linie. Anschließend markierte er mit dem *Direktauswahl*-Werkzeug ein Linienende. Er zog den ausgewählten Punkt mit gedrückter Alt -Taste, um die Linie fächerförmig zu duplizieren – den nicht ausgewählten Ankerpunkt beließ er an Ort und Stelle. Mit derselben Technik fügte er weitere Linien mit unterschiedlichen Abständen hinzu und färbte sie, bis er so viele Linien hatte,

dass er alle Farbänderungen in der Reflektion wiedergeben konnte. Er wählte dann alle Linien aus und aktivierte das *Angleichen*-Werkzeug mit der Option *Farbe glätten*. Mit der Tastenkombination ⌘ / Strg + Alt + B erzeugte er aus den Linien ein Angleichungsobjekt. Als Nächstes zeichnete Simonson das Objekt, das er für einen Mikroskopteil auf dem soeben angeglichenen Objekt benötigte. Er markierte beide Objekte und wählte den Befehl *Objekt > Schnittmaske > Erstellen* (⌘ / Strg + 7 ). Für andere komplexe Reflektionen erzeugte Simonson Verläufe mit mehreren Farbmarken und färbte die Objekte damit ein.

**Kapitel 8** Angleichungen, Verläufe & Gitter ❖ **233**

# Geformte Angleichungen

Übergänge mit Formen und Angleichungen kontrollieren

KAtteberry_Drache_Dateien.ai,
KAtteberry_Drache_fertig.ai

**Überblick:** Erzeugen Sie die Basisobjekte; erzeugen Sie für einfache Angleichungen modifizierte Kopien dieser Objekte; bearbeiten Sie die oberen Objekte der Angleichungen für spezielle Angleichungseffekte weiter, fügen Sie letzte Details hinzu.

Atteberry

1

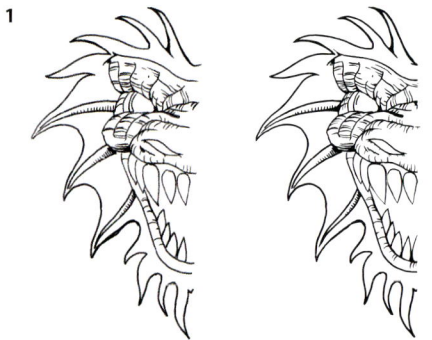

Atteberrys Originalzeichnung und die mit *Interaktiv abpausen* erzeugte Version

Nachdem er die Grundobjekte gezeichnet hatte, spiegelte Atteberry die Kopien der Basisobjekte.

Ein Hersteller von Preisen für Themenparks beauftragte den Illustrator Kevan Atteberry mit diesem Logo, das auf Basketbälle gedruckt werden sollte. Nachdem er die zugrunde liegende Linienzeichnung eingescannt hat, färbt Atteberry seine Bilder mit Angleichungen zwischen Formen. Er bevorzugt diese Technik gegenüber den weniger exakten Verläufen und dem aufwändigeren Verlaufsgitter. Bevor Sie mit den komplexeren Techniken der Maskierung von Formangleichungen im Kapitel 13 „Fortgeschrittene Techniken" fortfahren können, sollten Sie die Erzeugung von Formangleichungen beherrschen.

**1. Das Grundobjekt erstellen und die Optionen einstellen.** Weil der Drache symmetrisch ist, zeichnete Atteberry das halbe Gesicht mit Tusche auf Papier, scannte es mit 600 dpi in Schwarzweiß ein und öffnete es in Illustrator. Nachdem er den Befehl *Objekt > Interaktiv abpausen* zugewiesen hatte, wählte er *Objekt > Umwandeln*, markierte und löschte die weißen Objekte (mehr über die Arbeit mit interaktiven Abpausungen erfahren Sie im Kapitel 4 „Ein Schritt weiter"). Dann zog er eine vertikale Hilfslinie aus dem Lineal auf den Mittelpunkt des Gesichts. Mit dem *Spiegeln*-Werkzeug klickte er auf die Hilfslinie und klickte mit gedrückter Tastenkombination Alt + ⇧ auf einen anderen Punkt der Hilfslinie, um eine Kopie auf der anderen Seite der Hilfslinie zu spiegeln. Anschließend sperrte er die Ebene mit der Strichgrafik und erzeugte darunter Ebenen, auf denen er die einfarbig gefüllten Grundformen mit den Werkzeugen *Zeichenstift* und *Buntstift* erzeugte. Von Objekten, die nicht über die Mittellinie hinausreichten, erzeugte Atteberry ein Exemplar und spiegelte eine Kopie auf die andere Seite. Zur Vorbereitung auf die Angleichung doppelklickte er auf das *Angleichen*-Werkzeug und wählte aus dem Dialogfenster *Angleichung-Optionen* die Option *Farbe glätten*.

**2. Einfache, starke Angleichungen erzeugen.** Für jede seiner Angleichungen beginnt Atteberry mit der Auswahl des Grundobjekts und kopiert es. Dann wählt er *Bearbeiten > Davor einfügen* (⌘/Strg+F), bearbeitet das obere Objekt und gleicht beide Objekte an. Häufig skaliert er die obere Kopie des Objekts kleiner, verschiebt seine Position oder verändert manchmal auch die Kontur selbst. Im gezeigten Beispiel (der rechten Wange des Drachen) zeichnete Atteberry den Pfad des oberen Objekts mit dem *Buntstift*-Werkzeug neu. Er wählte beide Objekte aus und wählte *Objekt > Angleichen > Erstellen*. Auch wenn das obere Objekt mehr Punkte aufweist, ist die Angleichung trotzdem glatt.

**3. Angleichungen für Spezialeffekte formen.** Gelegentlich ergeben glatte Angleichungen nicht das gewünschte Ergebnis. Atteberry erzielt viele verschiedene Effekte, indem er das obere Objekt in der Angleichung verändert. Manchmal möchte er eine unregelmäßige Form erzeugen (die abgebildete Augenbraue des Drachen). In anderen Fällen gilt es, eine weiche Kante oder Formeffekte zu erzielen. Er verändert die Form mit den Werkzeugen *Direktauswahl* und *Buntstift* sowie dem *Frei-transformieren*- und anderen Transformationswerkzeugen grundlegend. Obwohl er normalerweise das Objekt nur verzerrt und die Position der Punkte verändert, fügt er manchmal auch neue Punkte mit dem *Ankerpunkt-hinzufügen*-Werkzeug oder durch Neuzeichnen mit dem *Buntstift* hinzu. Weil die Angleichung interaktiv ist, kann Atteberry die Position und Form des oberen Objekts anschließend mit allen ihm zur Verfügung stehenden Werkzeugen anpassen, bis er den gewünschten Effekt erzielt hat.

**4. Letzte Details hinzufügen.** Nachdem er sein Bild mit Angleichungen versehen hat, fügt Atteberry letzte Details mit einfarbigen und mit Verläufen gefüllten und mit Konturen versehenen kleinen Akzenten hinzu. Bei diesem Bild füllte Atteberry sogar die Strichgrafik mit einem Verlauf. Die furchterregenden Zähne befinden sich auf einer Ebene über der Strichgrafik.

Eine Kopie des unteren Objekts wurde für einen glatten Angleichungsübergang verändert.

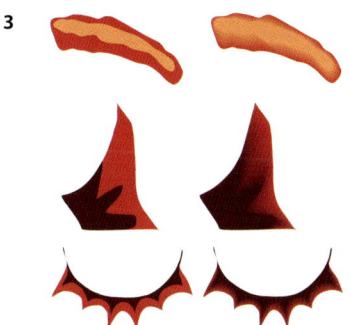
Die obersten Objekte der Angleichungen wurden für spezielle Angleichungseffekte verändert.

Der Drache mit kopierten und modifizierten Versionen und nach der Erzeugung aller Angleichungen

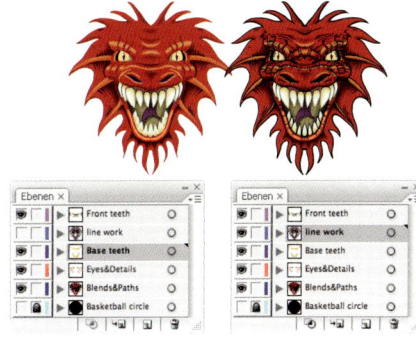
Der fertige Drache mit Angleichungen und Details und der Liniengrafik (immer noch schwarz) auf der darüber liegenden Ebene (die Vorderzähne befinden sich auf der obersten Ebene)

# Gitterlandschaften

Verläufe in Gitter konvertieren und bearbeiten

 *SteuerSharon_Gitterlandschaften*

**Überblick:** Zeichnen Sie Formen und füllen Sie diese mit linearen Verläufen; konvertieren Sie mit Verläufen gefüllte Objekte in Verlaufsgitter, bearbeiten Sie die Gitterpunkte und -farben mit verschiedenen Werkzeugen.

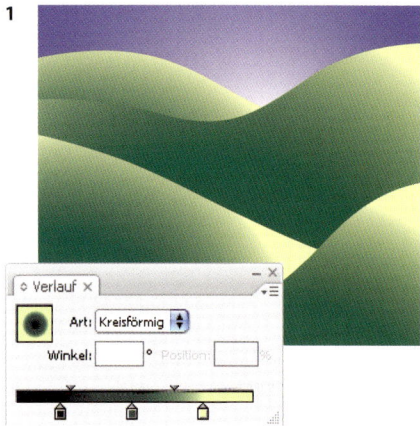

Die Hügel wurden mit radialen Verläufen gefüllt – obwohl ein gewisser Beleuchtungseffekt erzielt wurde, ist es nicht möglich, den radialen Verlauf so anzupassen, dass er den Konturen der Hügel folgt.

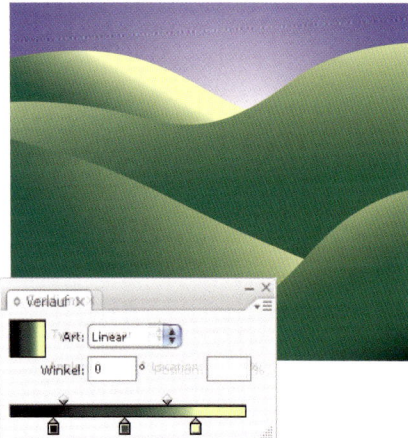

Die Hügel wurden mit linearen Verläufen gefüllt, die nach der Konvertierung in Verlaufsgitter leichter bearbeitbar sind als radiale Verläufe.

Bei vielen Illustrationen eignen sich Verläufe zur Darstellung des allmählichen Übergangs von Licht in Schatten (wenn Sie sich noch über die Erzeugung und das Zuweisen von Verlaufsfüllungen informieren möchten, lesen Sie den Abschnitt *Vereinigte Verläufe* ab Seite 222). Für diese Hügellandschaft wandelte die Künstlerin Sharon Steuer lineare Verläufe in Verlaufsgitterobjekte um, so dass sie die Kurven und Konturen der Farbübergänge besser kontrollieren konnte.

**1. Formen zeichnen und mit linearen Verläufen füllen.** Zeichnen Sie zuerst mit einem der Zeichenwerkzeuge geschlossene Objekte. Nachdem Sie die diese fertiggestellt haben, wählen Sie jedes Objekt mit dem *Auswahl*-Werkzeug aus und füllen es mit einem linearen Verlauf. Passen Sie den Winkel und die Länge der linearen Verlaufsübergänge mit dem *Verlauf*-Werkzeug an, bis Sie dem angestrebten Beleuchtungseffekt möglichst nahe kommen. Steuer erzeugte mit dem *Zeichenstift*-Werkzeug vier hügelförmige Objekte, füllte sie mit demselben linearen Verlauf und passte die einzelnen Verläufe mit dem *Verlauf*-Werkzeug an.

**Hinweis:** Obwohl bei manchen Objekten radiale Verläufe zunächst besser aussehen, lassen sich aus linearen Verläufen erzeugte Verlaufsgitter-Objekte viel leichter bearbeiten.

**2. Lineare Verläufe in Verlaufsgitter konvertieren.** Um eine natürlichere Beleuchtung der Hügel zu erzeugen, konvertierte Steuer die linearen Verläufe in Gitterobjekte, so dass die Farbübergänge den Konturen der Hügel folgen konnten. Dazu wählen Sie sämtliche mit Verläufen gefüllten Objekte, die Sie konvertieren möchten, und wählen *Objekt > Umwandeln*. Im *Umwandeln*-Dialogfenster vergewissern Sie sich, dass die Option *Fläche* aktiviert ist, und wählen unter *Verlauf umwandeln* das Optionsfeld *Verlaufsgitter*. Bestätigen Sie mit *OK*. Illustrator konvertiert jeden linearen Verlauf in ein Rechteck, das entsprechend dem Winkel des linearen Verlaufs gedreht ist. Jedes Rechteck wird vom Originalobjekt maskiert (im Kapitel 13 „Fortgeschrittene Techniken" erfahren Sie mehr über Masken).

**3. Gitter bearbeiten.** Zur Bearbeitung von Verlaufsgitterobjekten können Sie verschiedene Werkzeuge einsetzen (verwenden Sie den Befehl *Objekt > Sperren*, wenn Sie während der Arbeit Objekte isolieren möchten). Das *Gitter*-Werkzeug kombiniert die Funktionalität des *Direktauswahl*-Werkzeugs mit der Möglichkeit, Gitterlinien hinzuzufügen. Mit dem *Gitter*-Werkzeug klicken Sie exakt auf einen Gitterankerpunkt, um diesen bzw. seine Richtungsgriffe auszuwählen oder zu bewegen. Alternativ fügen Sie mit einem Klick auf eine beliebige Stelle innerhalb des Gitters (außer auf einen Ankerpunkt) einen neuen Gitterpunkt und eine Rasterlinie hinzu. Mit dem *Ankerpunkt-hinzufügen*-Werkzeug (klicken Sie und halten Sie die Maustaste gedrückt, um es aus dem Popup-Menü des *Zeichenstift*-Werkzeugs auszuwählen) können Sie auch einen Punkt ohne eine Gitterlinie hinzufügen. Mit der Entf -Taste löschen Sie einen ausgewählten Ankerpunkt; wenn dieser Punkt ein Gitterpunkt ist, werden auch die zugehörigen Gitterlinien entfernt.

Wählen Sie die Punkte innerhalb des Gitters entweder mit dem *Gitter*- oder dem *Lasso*-Werkzeug. Verschieben Sie dabei mehrere ausgewählte Punkte mit dem *Direktauswahl*-Werkzeug. Verschieben Sie individuelle Ankerpunkte und passen Sie die Richtungspunkte mit dem *Gitter*-Werkzeug an, um die Gitterlinien Ihres Verlaufs neu zu formen. Auf diese Weise entsprechen die Farb- und Tonwertübergänge des Verlaufs der Kontur des Gitterobjekts. Färben Sie ausgewählte Gitterbereiche neu ein, indem Sie Punkte markieren und ihnen dann eine neue Farbe zuweisen.

Wenn Sie mit dem *Pipette*-Werkzeug in den Bereich zwischen den Gitterpunkten klicken und dabei die Alt -Taste gedrückt halten, fügen Sie den vier benachbarten Gitterpunkten die Füllfarbe hinzu.

Mit diesen Werkzeugen und Bearbeitungstechniken erzeugte Steuer Hügel mit Farb- und Helligkeitsvariationen, die das sanfte natürliche Licht auf organischen Formen nachempfinden.

**2**

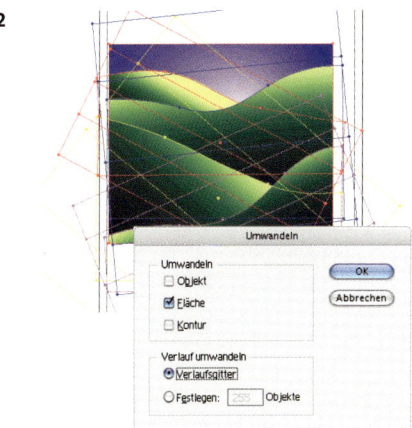

Nach der Umwandlung der Verläufe in Verlaufsgitterobjekte

**3**

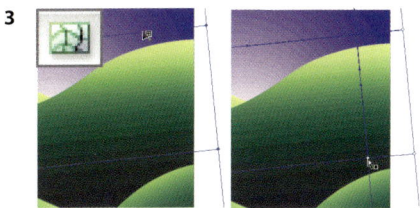

Mit dem *Gitter*-Werkzeug wurde eine Gitterlinie hinzugefügt. Dann wurde der Gitterpunkt mit dem *Direktauswahl*-Werkzeug verschoben.

  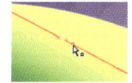

Das *Ankerpunkt-hinzufügen*-Werkzeug wurde verwendet, mit dem Lasso wurde ein Punkt markiert, der mit dem *Direktauswahl*-Werkzeug ausgewählte Punkt wurde verschoben.

Der hinterste Hügel ist nach einigen Gitteranpassungen fertig.

# GALERIE

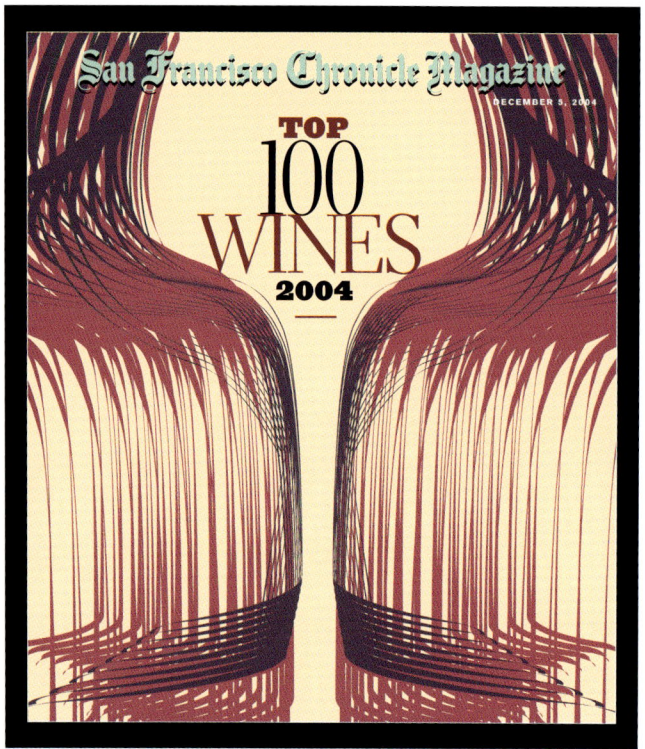
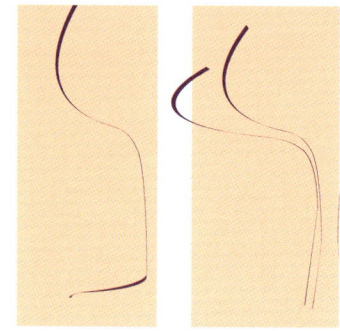
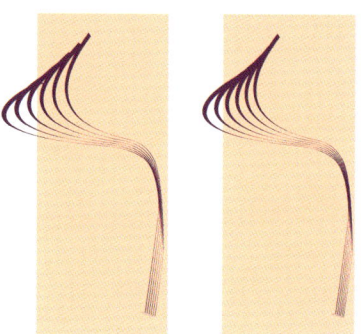
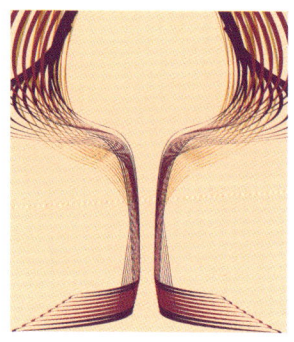

Jackson

## Lance Jackson/San Francisco Chronicle Magazine

Bei diesem Titel für die Zeitschrift San Francisco Chronicle Magazine machte der Illustrator Lance Jackson künstlerischen Gebrauch von angeglichenen Pinselstrichen. Jackson passte einen Kalligrafiepinsel an und wählte das *Pinsel*-Werkzeug. Mit einem druckempfindlichen Grafiktablett zeichnete er einen einfachen, eleganten Umriss, der an ein Weinglas denken ließ. Mit einer Vielfalt von Werkzeugen veränderte Jackson eine Kopie dieser Silhouette. Er markierte das Original und veränderte die Konturen. Anschließend wählte er *Objekt > Angleichen > Erstellen*. (Sie können zwar interaktive Pinselstriche angleichen; doch Jackson wandelt sie lieber zuerst mit *Objekt > Umwandeln* um.) Bei ausgewählter Angleichung öffnete er mit einem Doppelklick auf das *Angleichen*-Werkzeug die *Angleichung-Optionen*. Hier passte er die Anzahl der *Festgelegten Stufen* an. Als Nächstes wandelte Jackson die Angleichung mit *Objekt > Angleichen > Umwandeln* um. (Die umgewandelte Angleichung ist automatisch gruppiert.) Danach passte er die Position und Form jedes Angleichungsobjekts an und färbte die Gruppe neu ein. Durch das Kopieren dieser umgewandelten Gruppen erzeugte Jackson neue Silhouetten, bei denen er Farben und Konturen veränderte. Er erzeugte eine Hälfte des Glases und erstellte die andere Silhouettenhälfte mit dem *Spiegeln*-Werkzeug durch Spiegelung entlang der senkrechten Achse.

# GALERIE

Gorska

## Caryl Gorska

Verlaufsfüllungen mit Transparenzen färben diese Bleistiftzeichnung auf der Grundlage von Les Usines von Fernand Léger. Caryl Gorska platzierte die schwarzweiße Bleistiftzeichnung auf einer unten liegenden Ebene und färbte die Zeichnung mit dem Befehl *Bearbeiten > Farben bearbeiten > Farbbalance einstellen* insgesamt ockergelb (siehe oben). Auf einer Ebene über der Zeichnung zeichnete Gorska die geometrischen Formen mit dem *Zeichenstift*-Werkzeug. Sie füllte die Formen mit vielfältigen linearen und radialen Verläufen in fünf Farben, die sie im Bedienfeld *Farbfelder* zusammengestellt hatte. Bei geöffnetem Bedienfeld *Verlauf* zog Gorska die Farben aus dem Bedienfeld *Farbfelder* auf die Verlaufsregler und passte die Farbmarken an. Mit dem *Verlauf*-Werkzeug wies sie den Formen die einzelnen Verläufe zu. An den Stellen, an denen die Textur durch den Verlauf hindurchscheinen sollte, änderte Gorska die Deckkraft im Bedienfeld *Transparenz* auf 30% bis 70% . Um einige Bereiche weiter abzudunkeln, wies sie die Füllmethode *Multiplizieren* zu. Das detaillierte Bild links oben zeigt die Vielfalt von Verläufen in der Zeichnung ohne die darunter liegende Textur der Bleistiftzeichnung. Mehr über Transparenzen und Füllmethoden erfahren Sie im Kapitel 9 „Transparenz".

**Kapitel 8** Angleichungen, Verläufe & Gitter ❖ 239

# Transparente Angleichungen

Halbtransparentes Wasser zeichnen

## Fortgeschrittene Technik

**Überblick:** Erzeugen Sie Angleichungen, die gefärbtes Wasser simulieren; weisen Sie eine Füllmethode zu, mit der die Objekte im Wasser teilweise überdeckt werden.

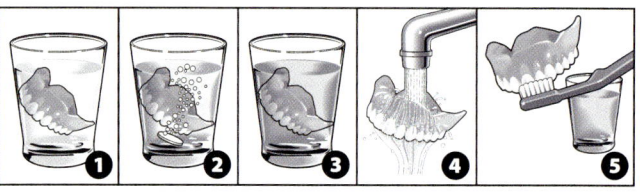

**1**

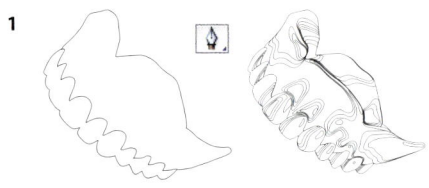

Die Hauptumrisse der Prothese und die Konturen der Tonwerte (rechts) wurden mit dem *Zeichenstift*-Werkzeug erzeugt.

**2**

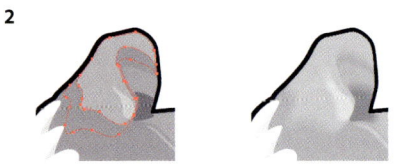

Zwei Pfade vor (links) und nach (Mitte) dem Zuweisen einer Angleichung

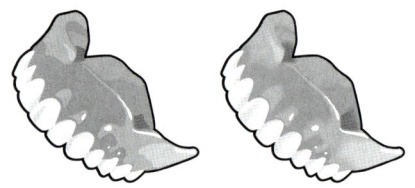

Alle Pfade der Prothese vor (links) und nach (rechts) dem Erzeugen der Angleichungen

Das *Angleichen*-Werkzeug bietet Ihnen vollständige Kontrolle über Farb- und Formübergänge. Scott Crouse zeichnete diese Anleitung in fünf Schritten für eine Packung von Prothesenreinigungstabletten. (Das große Glas oben ist ein Detail von Schritt 3. Die fertige Version enthält außerdem noch Beschriftungen.) Crouse modellierte die komplexe Oberfläche des Zahnersatzes mit dem *Angleichen*-Werkzeug und zeigte damit, wie die Reinigungstabletten das Wasser nach und nach einfärben.

**1. Die Prothese zeichnen.** Crouse pauste den Zahnersatz mit den Zeichenwerkzeugen von einem importierten Foto ab. Für die anspruchsvollen Schattierungseffekte zeichnete Crouse exakte Pfadpaare um die Hauptkonturen der Schattierungen. Jedes Pfadpaar wird zum Start- und Endpunkt einer Angleichung. Für jedes Paar zeichnete er zuerst einen größeren Pfad mit einer Füllung, die der Gesamtfarbe des Zahnfleisches oder der Zähne entsprach, und zeichnete dann vor diesem Pfad einen kleineren Pfad mit der Form und Füllfarbe eines Glanzlichts oder Schattens auf dieser Oberfläche.

**2. Die Angleichungen für die Prothese erzeugen.** Crouse wies jedem zuvor gezeichneten Pfadpaar eine Angleichung zu. Um zwei Pfade anzugleichen, wählen Sie diese aus und wählen *Objekt > Angleichen > Erstellen*. Die fertige Angleichung ergibt einen glatten Übergang zwischen den Pfaden.

**3. Den Lichteffekt im Wasser erzeugen.** Wie Glas nimmt auch Wasser das Umgebungslicht sowie die Farben und Schattierungen von Objekten auf und verzerrt sie. Crouse stellte fest, dass auch in diesem Fall Angleichungen nützlich waren. Wie bei der Prothese zeichnete Crouse hier ebenso Pfadpaare für die Angleichungen und formte die Pfade erneut entsprechend der gewünschten Licht- und Schattenverteilung. Crouse füllte den größeren Pfad jedes Paars mit 8% bis 20% Schwarz und den kleineren Pfad jedes Paars mit Weiß. Dann glich er jedes Pfadpaar an.

**4. Den Zahnersatz untertauchen.** Crouse platzierte die Prothese im Glas. Danach wählte er die Angleichungen für das Wasser aus und ordnete sie mit *Objekt > Anordnen > In den Vordergrund* vor dem Zahnersatz an. Bei weiterhin ausgewählten Wasserangleichungen klickte Crouse im Bedienfeld *Steuerung* auf *Deckkraft*, um die Füllmethode von *Normal* in *Multiplizieren* zu ändern. Dadurch wurden die Angleichungen auf der Prothese teilweise abgedunkelt, so dass diese untergetaucht erschien.

**5. Die Änderung der Farbe des Wassers zeigen.** Die Schritte 2 und 3 der Illustration mussten zeigen, wie die Reinigungslösung grün wird, während sich die Tabletten auflösen. Die Verpackung wurde nicht vierfarbig gedruckt, weshalb das Konzept in Graustufen visualisiert werden musste. Crouse duplizierte Glas und Prothese, indem er beides auswählte und dann mit gedrückter Alt-Taste zog. Er wählte die grau gefüllten Pfade der einzelnen Wasserangleichungen mit dem *Direktauswahl*-Werkzeug aus und dunkelte ihre graue Füllung im Bedienfeld *Farbe* auf 40% Schwarz ab. Wenn Sie die Eigenschaften eines in einer Angleichung verwendeten Pfads ändern, wird die gesamte Angleichung aktualisiert.

Für die Schritte 2 und 3 dunkelte Crouse zudem mit einem gefüllten Pfad das Wasser hinter dem Zahnersatz und den Angleichungen ab. Er zeichnete außerdem die Reinigungstablette und die Blasen in Schritt 2 mit dem *Ellipse*-Werkzeug.

---

**Wann sind Angleichungen besser als Verläufe?**

Verläufe sind zwar schnell und einfach zu erzeugen, aber sie sind nur in einfacher linearer und radialer Form verfügbar. Ein großer Vorteil von Angleichungen ist, dass sie der Form des gezeichneten Pfads folgen, wodurch Sie komplexe Objekte modellieren können. Allerdings können Sie Verläufe per *Objekt > Umwandeln* in Verlaufsgitter oder Einzelobjekte konvertieren, um sie weiterzubearbeiten.

---

3

Die Pfade, aus denen das Glas aufgebaut ist (links), und dieselben Pfade mit Füllung (rechts)

Für die Licht- und Wassereffekte wurden Pfade hinzufügt (links ausgewählt). Rechts: Jedem Pfadpaar wurde eine Angleichung zugewiesen (rechts).

4

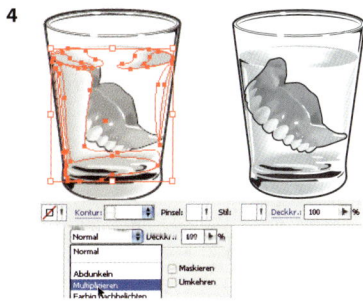

Die Angleichungen wurden ausgewählt (links) und mit der Füllmethode *Multiplizieren* transparent gestaltet (rechts).

5

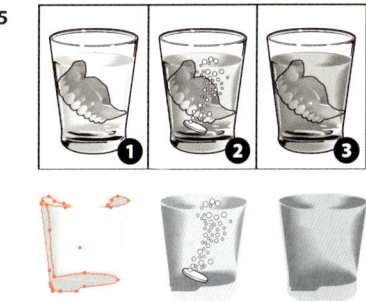

Die Schritte 1 bis 3 der Anweisung (oben) und die Änderungen bei jedem Schritt (unten); die ausgewählten Pfade wurden abgedunkelt (links unten); der größere Pfad für die Abdunklung des Hintergrunds (Mitte und rechts unten).

# Gitterformen

Flaschen mit Verlaufsgittern formen

 MiyamotoYukio_Bottles_MoldingMesh.ai

### Fortgeschrittene Technik

**Überblick:** Erzeugen Sie ein Basisrechteck; fügen Sie Gitterlinien hinzu; verschieben Sie mit dem *Skalieren*-Werkzeug zwei Punkte gleichzeitig; bearbeiten Sie die Pfade mit dem *Direktauswahl*-Werkzeug; färben Sie das Gitter ein; fügen Sie letzte Details hinzu.

Miyamoto

1

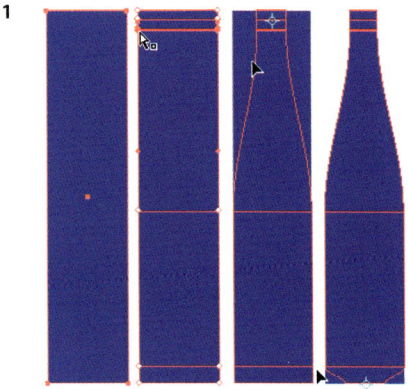

Ein Basisrechteck wurde erzeugt; wo die Form verändert werden soll, wurden Gitterpunkte hinzugefügt; mit dem *Skalieren*-Werkzeug wurden Punktgruppen nach innen gezogen.

2

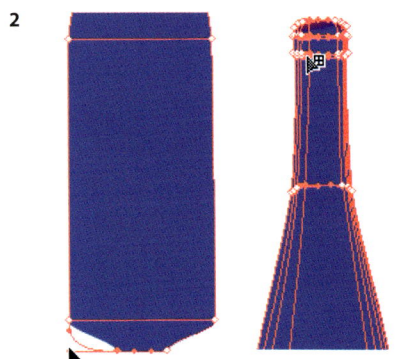

Mit dem *Direktauswahl*-Werkzeug wurden Kurven abgerundet; durch Klicks mit dem *Gitter*-Werkzeug wurden neue Gitterlinien hinzugefügt.

Yukio Miyamoto ist ein weltweit führender Experte, wenn es um die Erzeugung von Objekten mit dem *Verlaufsgitter*-Werkzeug geht. Diese wundervolle Flaschensammlung erzeugte er für das Buch und die CD, die er und seine Frau Nabuko Miyamoto schreiben und produzieren. Das in Japan veröffentlichte Adobe Illustrator CS-Buch ist ein erstaunliches Kompendium der Illustrator-Techniken.

**1. Gitter aus Rechtecken erzeugen.** Um diese komplexen Gitterobjekte zu erzeugen, begann Miyamoto mit einem farbigen Rechteck. Mit dem *Verlaufsgitter*-Werkzeug klickt er auf das Rechteck, um grundlegende horizontale Gitterlinien an den Stellen zu erzeugen, wo er die äußere Form des Objekts verändern möchte.

Um den Flaschenhals zu verschmälern, wählte Miyamoto dann mit dem *Direktauswahl*-Werkzeug die Ankerpunkte im oberen Bereich der Flasche aus. Nachdem er diese Punkte ausgewählt hatte, wechselte er zum *Skalieren*-Werkzeug. Standardmäßig erfolgt die Skalierung mit diesem Objekt aus der Mitte heraus. Deshalb hielt er die Maustaste auf einem der Ankerpunkte gedrückt und hielt dabei die ⇧-Taste gedrückt. Er zog in Richtung der Flaschenmitte, wodurch er den Hals symmetrisch verengte. Auch die unteren beiden Punkte wählte er aus und zog sie nach innen. (Detailinformationen über die grundlegende Veränderung von rechteckigen Gitterobjekten erhalten Sie im Abschnitt „Modellieren mit Gittern" im Kapitel 13 „Fortgeschrittene Techniken").

**2. Gitterobjekte formen.** Nun ändern Sie die Eckpunkte entlang der Kante in Kurvenpunkte. Verwenden Sie dazu das *Direktauswahl-* und das *Ankerpunkt-konvertieren*-Werkzeug (es verbirgt sich hinter dem *Zeichenstift*-Werkzeug). Markieren Sie Ankerpunkte, glätten Sie sie und ändern Sie die Ecken in abgerundete Kurven. Miyamoto glättete die Kurven am unteren Flaschenrand, wobei er den Winkel der Pfadkurven mit ⇧ einschränkte.

Nachdem er die neue Form eingerichtet hatte, klickte Miyamoto mit dem *Gitter*-Werkzeug in die Flasche, um vertikale Gitterlinien vorzugeben, die der neuen Kurve im unteren Bereich der Flasche folgten.

**3. Die Gitterlinien bearbeiten, um Verzerrungen, Schatten und Glanzlichter zu erzeugen.** Licht reflektiert und bricht sich auf Glasflaschen. Sobald das grundlegende innere und äußere Gerüst der Flasche fertig ist, bearbeitet Miyamoto mit dem *Direktauswahl*-Werkzeug die Gitterlinien innerhalb der Flasche, um die Lichtbrechung zu simulieren. Wählen Sie mit dem *Direktauswahl*-Werkzeug Punkte und Punktgruppen aus, um ihre Position anzupassen. Aktivieren Sie die Richtungsgriffe von Ankerpunkten mit einem Klick, so dass Sie die Länge und den Winkel der Kurven anpassen können.

Sobald Ihre Gitterlinien fertig sind, können Sie einzelne Punkte oder Punktgruppen auswählen oder in die Bereiche zwischen den Punkten klicken und die Farben über die Regler des Bedienfelds *Farbfelder* anpassen. Sie können auch im Bedienfeld *Farbfelder* auf ein Farbfeld klicken oder Farben mit dem *Pipette*-Werkzeug per Mausklick von anderen Objekten aufnehmen. Miyamoto nahm ein Foto zu Hilfe, um besser entscheiden zu können, wo er die Lichter und Schatten platzieren wollte.

**4. Letzte Details hinzufügen.** Obwohl Verlaufsgitterobjekte ein erstaunlich flexibles und leistungsfähiges Zeichenwerkzeug sind, ist es manchmal notwendig, Details in Ebenen über den Gitterwerkzeugen zu erzeugen. Um Auswahlbereiche und isolierte Ansichten der verschiedenen Objekte zu vereinfachen, erzeugen Sie über den Gitterobjekten neue Ebenen für die Detailobjekte. Bei der blauen Flasche erzeugte Miyamoto (in einer Ebene über dem Gitter) einige der Schatten und Lichter per *Zeichenstift*. Diese Objekte füllte er einfarbig oder mit benutzerdefinierten Verläufen. Für die Bierflasche erzeugte Miyamoto Formen für die Buchstaben, bei der grünen Weinflasche fügte er weitere Reflexionen und einen gewölbten Boden hinzu.

**3**

Die Flasche einfärben

Von links nach rechts: das fertige Gitter der blauen Flasche in der Pfadansicht, ausgeblendet und in der Vorschau

**4**

Die Pfade der fertigen Flaschen mit dem Verlaufsgitter und die zuletzt erstellten Details (vor allem Objekte mit Verlaufsfüllung) im Vorschaumodus

# Transparenz

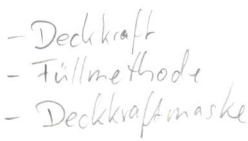

> **Verwenden Sie Transparenz mit …**
>
> - Füllungen – wenden Sie eine Deckkraft, eine Füllmethode oder einen Effekt mit Transparenz an (zum Beispiel *Schein nach innen*).
> - Konturen – wenden Sie genau wie bei den Füllungen eine Deckkraft, eine Füllmethode oder einen Effekt mit Transparenz an (zum Beispiel *Schein nach außen*).
> - Pinselkonturen – erzeugen Sie Spezialpinsel, Bildpinsel und Musterpinsel aus transparenten Grafiken oder machen Sie Pinselkonturen (auch kalligrafische Pinselkonturen) durchsichtig, indem Sie eine Deckkraft, eine Füllmethode oder einen Effekt mit Transparenz darauf anwenden.
> - Text – wenden Sie Transparenz auf markierte Textzeichen und/oder das gesamte Textobjekt an.
> - Diagramme – wenden Sie Transparenz auf das gesamte Diagramm oder die einzelnen Elemente des Diagramms an.
> - Gruppen – markieren Sie die *<Gruppe>* oder wählen Sie sie als Ziel aus und wenden Sie eine Deckkraft, eine Füllmethode oder einen Effekt mit Transparenz (etwa *Weiche Kante*) an. Wenn Sie eine ganze Gruppe markieren, wählen Sie diese automatisch als Ziel aus.
> - Ebenen – wählen Sie die Ebene als Ziel aus und wenden Sie eine Deckkraft, eine Füllmethode oder einen Effekt mit Transparenz an.
>
> *Sandee Cohen und Pierre Louveaux*

Transparenzen setzen Sie immer dann ein, wenn Sie einen Deckkraftwert unter 100% angeben, eine Füllmethode verwenden oder in den Bedienfeldern *Transparenz* oder *Steuerung* eine Deckkraftmaske auswählen. Bestimmte Effekte, die auch in Stilen enthalten sein können, arbeiten ebenfalls mit Transparenz. Dazu gehören Schatten, weiche Kanten und Scheineffekte. Sie können sehr einfach Transparenzeffekte auf Ihr Bildmaterial anwenden, ohne zu verstehen, was „unter der Haube" vor sich geht. Ein Grundwissen über die Funktionsweise von Transparenz ist jedoch beim späteren Drucken oder Exportieren des teilweise transparenten Bilds hilfreich.

Falls Ihnen die Konzepte von *Aussehen* oder *Zielauswahl* neu sind, sollten Sie unbedingt zuerst den Abschnitt *Aussehen* im Kapitel 6 „Ebenen & Aussehen" lesen. Wenn Sie im vorliegenden Kapitel angekommen sind, gehen wir davon aus, dass Sie über ein grundlegendes Wissen über Flächen (Füllungen), Konturen und insbesondere Ebenen verfügen. Falls Sie diesem Kapitel nicht folgen können, sollten Sie vielleicht zunächst noch einmal die Kapitel 3 „Zeichnen & Färben" sowie 6 „Ebenen & Aussehen" durcharbeiten.

## Einfache Transparenz

Auch wenn die Zeichenfläche weiß erscheint, behandelt Illustrator sie als transparent. Wählen Sie *Ansicht > Transparenzraster einblenden*, um die transparenten Bereiche optisch von den nicht transparenten Bereichen abzugrenzen. Zum Ändern von Größe und Farben des Transparenzrasters wählen Sie *Datei > Dokument einrichten > Transparenz*. Soll Ihre Arbeit auf einem farbigen Bedruckstoff ausgegeben werden, können Sie diesen simulieren. Öffnen Sie dazu mit einem Klick auf das obere Farbfeld neben der Rastergröße die Farbauswahl für die Papierfarbe. Sowohl Transparenzraster als auch Papierfarbe sind nicht druckbare Eigenschaft und nur als Bildschirmvorschau sichtbar, sobald Sie das Dialogfenster mit *OK* schließen.

Der Begriff *Transparenz* bezieht sich auf alle Füllmethoden außer *Normal* und auf alle Deckkraftwerte unter 100%. Auch Deckkraftmasken oder Effekte wie *Weiche Kante* oder *Schlagschatten* verwenden diese Einstellungen. Wenn Sie Deckkraftmasken oder Effekte anwenden, nutzen Sie also die Transparenzfunktionen von Illustrator.

Beim Einsatz von Transparenz kann der richtige Druck oder Export knifflig sein. Zur Vereinfachung bietet Illustrator ein paar Werkzeuge, die die Umsetzung der Transparenz beim Drucken oder Exportieren steuern.

**Deckkraft und Füllmethoden**

Markieren Sie im Bedienfeld *Ebenen* ein Objekt, eine Ebene oder eine Gruppe oder wählen Sie sie als Ziel aus. Wählen Sie dann eine Füllmethode oder verringern Sie die Einstellung des *Deckkraft*-Reglers im Bedienfeld *Transparenz* oder *Steuerung*. Wenn die Deckkraft 100% beträgt, ist ein Objekt oder eine Gruppe vollständig deckend. Komplett transparent bzw. unsichtbar sind Elemente mit 0% Deckkraft.

Füllmethoden bestimmen die Wechselwirkung der Farben von Objekten, Gruppen oder Ebenen. Füllmethoden liefern in RGB und CMYK unterschiedliche Ergebnisse. Ebenso wie in Photoshop zeigen die Füllmethoden über der *transparenten* Zeichenfläche keine Wirkung. Damit Sie die Auswirkungen von Füllmethoden sehen können, benötigen Sie ein farbig oder weiß gefülltes Element hinter dem transparenten Objekt oder der transparenten Objektgruppe.

## Deckkraftmasken

Mit Deckkraftmasken verwenden Sie die dunklen und hellen Bereiche in einem Objekt als Masken für andere Objekte. Schwarz steht innerhalb der Maske für Bildbereiche, die komplett transparent erscheinen werden. Mit weißen Maskenbereichen überlagertes Bildmaterial besitzt die volle Deckkraft bzw. ist komplett sichtbar. Grautöne entsprechen demnach Transparenzabstufungen. (Die Funktionsweise entspricht den Ebenenmasken in Photoshop.)

Am einfachsten legen Sie eine Deckkraftmaske an, indem Sie zunächst das zu maskierende Bildmaterial erstellen. Platzieren Sie darüber dann das Objekt, die Gruppe oder das Pixelbild, das als Maske dienen soll. Markieren Sie das Bildmaterial und das maskierende Element und wählen Sie aus dem Bedienfeldmenü des Bedienfelds *Transparenz* den Befehl *Deckkraftmaske erstellen*. Illustrator wandelt automatisch das oberste Objekt bzw. die oberste Gruppe in eine Deckkraftmaske um.

Es kann auch sinnvoll sein, zunächst eine leeren Maske zu erzeugen und hineinzuzeichnen – tatsächlich „malen" Sie Ihre Objekte dann sichtbar.

> **Transparenz ist kumulativ**
>
> Das letztendliche Aussehen von Transparenz hängt von der Kombination der Objekte, Gruppen, Unterebenen und Containerebenen ab.
> **Anmerkung:** Um sämtliche Effekte auf allen Hierarchieebenen zu beseitigen, müssen Sie jede einzelne Ebene im Bedienfeld *Ebenen* als Ziel auswählen und die Schaltfläche *Aussehen löschen* anklicken.

Für die obere Kreisgruppe wurde die Füllmethode *Multiplizieren* auf jeden einzelnen Kreis angewendet; in der Mitte wurde die Füllmethode über die Option *Füllmethode isolieren* auf Objekte innerhalb der Gruppe beschränkt; unten wurde *Aussparungsgruppe* zugeschaltet, um zu verhindern, dass die Objekte der Gruppe ihre Füllmethoden aufeinander anwenden.

Das Bedienfeld *Transparenz* mit allen Optionen (aktivieren Sie im Bedienfeldmenü *Optionen einblenden*)

Eine neue Maske erstellen Sie, indem Sie zunächst ein Objekt, eine Gruppe oder eine Ebene markieren. Da neue Deckkraftmasken standardmäßig Schnittmasken (mit einem schwarzen Hintergrund) sind, müssen Sie die Option *Neue Deckkraftmasken sind Schnittmasken* im Menü des Bedienfelds *Transparenz* deaktivieren. Ansonsten verschwindet Ihr Bildmaterial beim Erstellen der leeren Maske zunächst komplett. Wählen Sie als Nächstes den Menüpunkt *Miniaturen einblenden* und doppelklicken Sie auf den rechten Teil des Vorschaubereichs. Damit erzeugen Sie eine leere Maske und gelangen in den Maskenbearbeitungsmodus; im Bedienfeld *Ebenen* wird die Deckkraftmaske angezeigt. Erstellen Sie Ihre Maske mit den Zeichen- und Bearbeitungswerkzeugen. (Wenn Sie zum Beispiel ein mit einem Verlauf gefülltes Objekt anlegen, scheinen Ihre Grafiken durch die hellen Bereiche des Verlaufs hindurch.) Während die Miniatur der Deckkraftmaske markiert ist, können Sie in Ihrem Dokument nichts anderes markieren oder bearbeiten, weil Sie sich in einer Art Isolationsmodus befinden. Zum Verlassen dieses Maskenbearbeitungs- bzw. Isolationsmodus klicken Sie im Bedienfeld *Transparenz* auf die Miniatur der Grafik (diese befindet sich links; rechts ist die Miniatur der Deckkraftmaske).

Ein paar Hinweise erleichtern Ihnen den Umgang mit Deckkraftmasken. Zunächst einmal werden Deckkraftmasken bei ihrer Erstellung hinter den Kulissen in Graustufen umgewandelt (auch wenn die Miniaturansicht der Deckkraftmaske weiterhin farbig erscheint). Die zwischen Schwarz und Weiß liegenden Grauwerte bestimmen ganz einfach, wie deckend oder transparent das maskierende Objekt ist – dunkle Bereiche der Maske besitzen mehr Deckkraft, helle Bereiche erscheinen transparenter. Wenn Sie zudem die Option *Umkehren* auswählen, kehren Sie den Einfluss der Helligkeitswerte auf die Deckkraft um – helle Bereiche der Maske erscheinen dann deckender, dunkle Bereiche transparenter. Anhand der gestrichelten Unterstreichungen im Bedienfeld *Ebenen* können Sie feststellen, welche Elemente von einer Deckkraftmaske maskiert wurden.

Das Verkettungssymbol im Bedienfeld *Transparenz* zeigt an, dass die Lage der Deckkraftmaske mit der Position des maskierten Objekts bzw. der maskierten Gruppe oder Ebene verknüpft ist. Wenn Sie die Deckkraftmaskenverknüpfung aufheben, können Sie das Grafikmaterial verschieben, ohne dabei die Lage der Deckkraftmaske zu verändern. Der Inhalt der Maske lässt sich wie jedes andere Objekt markieren und bearbeiten. Sie können es transformieren oder eine Füllmethode und/oder einen Deckkraftwert auf jedes einzelne Objekt innerhalb der Maske anwenden.

---

**Abspeichern kann reduzieren**

Da Transparenzen erst mit Illustrator 9 eingeführt wurden, werden Ihre Objekte dauerhaft reduziert, falls Sie beim Speichern eine frühere Dateiversion wählen.

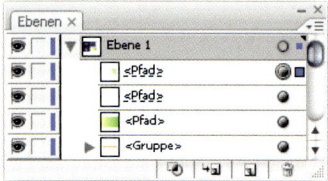

Mit einer Deckkraftmaske maskierte Objekte werden im Bedienfeld *Ebenen* durch eine gestrichelte Linie gekennzeichnet.

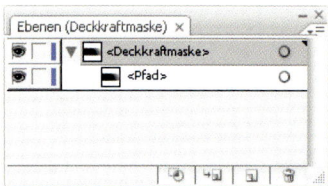

Deckkraftmasken werden im Bedienfeld *Ebenen* durch die Symbole < (kleiner als) und > (größer als) gekennzeichnet, wenn Sie die Miniatur der Deckkraftmaske im Bedienfeld *Transparenz* anklicken.

**Warum kann ich denn nicht zeichnen?**

Eventuell befinden Sie sich unwissentlich im Maskenbearbeitungs- bzw. Isolationsmodus, falls
- Sie ein Objekt zeichnen, seine Auswahl aufheben und es scheinbar verschwindet,
- Sie ein Objekt mit einer Farbe füllen, welche dann aber nicht angezeigt wird.

Im Maskenbearbeitungsmodus sehen Sie in der Titelleiste und im Bedienfeld *Ebenen* den Begriff *<Deckkraftmaske>*. Zum Verlassen des Isolationsmodus genügt ein Klick auf die Bildminiatur im Bedienfeld *Transparenz*.

Wenn Sie eine Deckkraftmasken-Miniatur im Bedienfeld *Transparenz* mit gedrückter Alt-Taste anklicken, verbergen Sie die Inhalte des Dokuments und zeigen lediglich das maskierende Element in Graustufen an. Klicken Sie die Miniatur der Deckkraftmaske mit gedrückter ⇧-Taste an, deaktivieren Sie die Deckkraftmaske. Mehr zu Deckkraftmasken erfahren Sie in den Lektionen „Das Einmaleins der Deckkraftmasken" sowie „Deckkraftcollage" in diesem Kapitel sowie in den Lektionen und Galerien im Kapitel 13 „Fortgeschrittene Techniken".

## Aussparungseinstellungen

Der Befehl *Optionen einblenden* im *Transparenz*-Bedienfeldmenü aktiviert drei Kontrollkästchen, mit denen Sie bestimmen, wie Transparenz auf Gruppen und mehrere Objekte angewandt wird. Diese Einstellungen erhalten Sie auch, wenn Sie im Bedienfeld *Steuerung* das Wort *Deckkraft* anklicken.

Wählen Sie eine Gruppe oder Ebene als Ziel aus und markieren Sie die Option *Aussparungsgruppe*. Damit verhindern Sie, dass einzelne überlappende Objekte der Gruppe ihre Transparenzeinstellungen aufeinander anwenden. Das ist besonders dann sinnvoll, wenn Sie Angleichungen mit einem oder mehreren transparenten Objekten erzeugen. Aus diesem Grund aktiviert Illustrator bei allen neu erzeugten Angleichungen automatisch das Kontrollkästchen *Aussparungsgruppe*.

Wenn Sie für eine markierte Gruppe *Füllmth. isolieren* aktivieren, wirken sich die Transparenzeinstellungen der Objekte innerhalb der Gruppe nur auf das Zusammenspiel dieser Objekte untereinander aus. Die Transparenz wird dann nicht auf unter der Gruppe liegende Objekte angewendet.

Das letzte Kontrollkästchen, *Deckkraft definiert Aussparung*, wird in ganz bestimmten Situationen verwendet, um die Aussparung einer Farbe auf den Bereich zu beschränken, der durch die Deckkraft und die Maske definiert wird. Eine Auswirkung ist nur erkennbar, wenn Sie diese Option auf ein transparentes Objekt innerhalb einer Aussparungsgruppe anwenden.

Diese Option ist besonders für Pixelbilder und weiche Kanten sinnvoll. Sie wird automatisch für die Effekte *Schlagschatten*, *Weichzeichnungsfilter*, *Weiche Kante* und *Photoshop-Effekte* aktiviert. Wäre dies nicht der Fall, würde es beim Platzieren von Objekten mit diesen Effekten in Aussparungsgruppen zu unerwünschten Ergebnissen kommen: Der gesamte rechteckige Begrenzungsrahmen von Schlagschatten, Weichzeichnungen und Photoshop-Effekten bliebe ausgespart, genau wie die nicht weichgezeichnete Kontur von Objekten mit weichen Kanten.

---

**Deckkraftmasken bearbeiten**

- **Deaktivieren** – schalten Sie die Maske aus, indem Sie mit gedrückter ⇧-Taste auf die Maskenminiatur klicken. Ein rotes X erscheint über der Miniatur.
- **Aktivieren** – ein weiterer Klick mit der ⇧-Taste wendet die Maske wieder an.
- **Maskenansicht** – durch Anklicken der Maskenminiatur mit gedrückter Alt-Taste schalten Sie zwischen Ansicht und Bearbeitung der Maskenobjekte auf der Zeichenfläche oder den Graustufenwerten der Maske um.
- **Deckkraftmaske zurückwandeln (Bedienfeldmenü)** – hebt den Maskierungseffekt auf.
- **Umschalten zwischen Bildmaterial oder Deckkraftmaske** – mit einem Klick auf die entsprechende Miniatur bestimmen Sie, was Sie bearbeiten.
- **Deckkraftmaske mit Bildmaterial verknüpfen oder Verknüpfung aufheben** – klicken Sie zwischen Maske und Bildmaterial, um die Verknüpfung herzustellen oder aufzuheben.

---

**Kontrollfeld *Aussparungsgruppe***

Das Kontrollkästchen ▭ Aussparungsgruppe *Aussparungsgruppe* kann nicht nur aktiviert oder deaktiviert sein, sondern ermöglicht noch einen dritten, neutralen Zustand, der durch einen Strich (in der Mac-Version) bzw. ein graues Häkchen (Windows) gekennzeichnet wird. Illustrator weist allen neu erstellten Gruppen und Ebenen automatisch diesen neutralen Zustand zu, damit ein einfaches Gruppieren von Objekten sich nicht auf die Transparenz auswirkt.

Oben: echte Transparenz. Jeder einzelne Kreis ist mit einer Füllmethode versehen. Unten links: reduzierte Transparenz, Explosionsansicht. Die Reduzierung der drei Kreise führt zu sieben einzelnen Bereichen. Unten rechts: reduzierte Transparenz, normale Ansicht. Die gedruckten Kreise sehen genauso aus wie die nicht reduzierte Originalversion.

## Die Kunst der Reduktion

PostScript-Ausgabegeräte und Dateiformate wie EPS können transparentes Bildmaterial nur in „reduzierter" Form wiedergeben. Illustrator wendet die Reduzierung beim Drucken vorübergehend an. Beim Abspeichern in ein Format, das von Haus aus keine Transparenz unterstützt, wird das Material dauerhaft reduziert (Transparenzen gibt es erst seit Illustrator 9). Wenn Bereiche mit transparenter Überlappung in deckende, optisch identische Bildteile umgewandelt werden, findet eine Reduzierung statt. Manche Objekte werden möglicherweise in mehrere Einzelobjekte unterteilt, andere eventuell gerastert.

### Das Bedienfeld Reduzierungsvorschau

Im Bedienfeld *Reduzierungsvorschau* (*Fenster > Reduzierungsvorschau*) sehen Sie, wie die Reduzierung sich auf Ihre Illustration auswirkt. Sie können dort von der Reduzierung betroffene Bereiche Ihrer Grafik markieren und damit die Auswirkungen verschiedener Einstellungen überprüfen und entsprechend anpassen.

Wählen Sie aus dem Menü des Bedienfelds zunächst einen Vorschaumodus: entweder *Schnellvorschau* (hier erhalten Sie die schnellste Voransicht, jedoch ist die Option *Alle Pixelbereiche* im Menü *Markieren* nicht verfügbar) oder *Detaillierte Vorschau* (wobei *Alle Pixelbereiche* aktiviert wird). Wählen Sie dann eine Option aus dem Menü *Überdrucken*: *Beibehalten*, um den Überdruck beizubehalten; *Simulieren*, um die Ausgabe von Auszügen zu simulieren, oder *Löschen*, damit die Optionswahl von *Fläche überdrucken* oder *Kontur überdrucken* im Bedienfeld *Attribute* keine Auswirkungen auf die Kompositdatei hat.

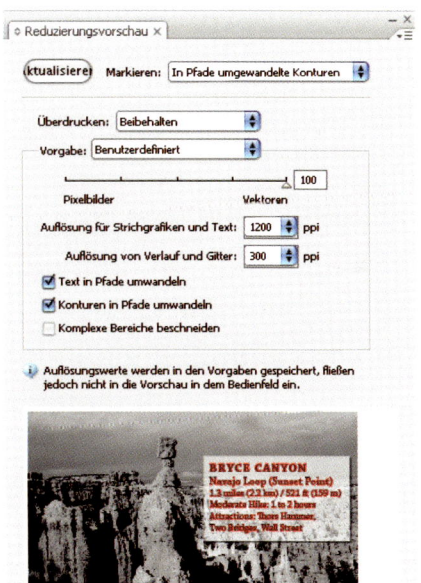

Das Bedienfeld *Reduzierungsvorschau* mit allen Optionen. (Wählen Sie aus dem Bedienfeldmenü *Optionen einblenden*.) Dazu gehören auch die Reduzierungsvorgaben in der Mitte des Bedienfelds. Wenn Sie die Schaltfläche *Aktualisieren* oben im Bedienfeld anklicken, wird das derzeitige Dokument im Vorschaubereich am unteren Bedienfeldrand angezeigt. Der Abschnitt *Das Bedienfeld Reduzierungsvorschau* erklärt, wie Sie in dieser Voransicht von der Reduzierung betroffene Bereiche Ihrer Grafik markieren.

Sie können nun eine Reduzierungsvorgabe aus dem Menü *Vorgabe* auswählen (oder eine neue Vorgabe erstellen), wie Sie später im Abschnitt *Mit Reduzierungsvorgaben arbeiten* sehen werden. Nachdem Sie das erledigt haben, klicken Sie oben im Bedienfeld auf die Schaltfläche *Aktualisieren*. Damit aktualisieren Sie die Anzeige im Vorschaubereich des Bedienfelds entsprechend den von Ihnen gewählten Einstellungen. Nun können Sie über das Bedienfeldmenü *Markieren* Bereiche auswählen, deren Reduzierung angezeigt werden soll. Sie haben verschiedene Auswahlmöglichkeiten – von *Alle betroffenen Objekte* bis hin zu Besonderheiten wie *In Pfade umgewandelte Konturen* oder *In Pfade umgewandelter Text*. Die fraglichen Bereiche werden im Vorschaubereich rot hervorgehoben. Die *Illustrator-Hilfe* enthält weitere Detailinformationen über die unterschiedlichen Markierungsoptionen und weitere Aspekte des Bedienfelds *Reduzierungsvorschau*.

Im Dialogfenster *Transparenz reduzieren* (*Objekt > Transparenz reduzieren*) und im Bereich *Erweitert* des Druckdialogs können Sie jeweils die Transparenz- und Reduzierungseinstellungen verändern. Das Dialogfenster *Transparenzreduzierungsvorgaben* (*Bearbeiten > Transparenzreduzierungsvorgaben*) bietet Ihnen zudem schnellen Zugriff auf Ihre Vorgaben (im nachfolgenden Abschnitt *Mit Reduzierungsvorgaben arbeiten* erfahren Sie mehr darüber). Sie können hier bestehende benutzerdefinierte Vorgaben bearbeiten und neue Vorgaben anlegen.

Mit einem Klick auf die Schaltfläche *Neu* in die Transparenzreduzierungsvorgaben oder den Befehl *Objekt > Transparenz reduzieren* erhalten Sie die *Optionen zum Reduzieren von Transparenz (Neu)*. Sie können die folgenden Reduzierungsoptionen anpassen:

- Über das Feld *Name* benennen Sie die Einstellungen, die Sie als Vorgabe speichern möchten.
- *Pixelbild-Vektor-Abgleich* bestimmt den Umfang, in dem Ihr Bildmaterial gerastert wird (mehr darüber erfahren Sie im Abschnitt *Den Pixelbild-Vektor-Abgleich einstellen* etwas weiter hinten in diesem Kapitel).
- *Auflösung für Strichgrafiken und Text* bestimmt die Auflösung von Vektorobjekten, die beim Reduzieren gerastert werden.
- *Auflösung von Verlauf und Gitter* ermöglicht es Ihnen, die Auflösung für Verlaufs- und Gitterobjekte einzustellen, die beim Reduzieren gerastert werden.
- *Text in Pfade umwandeln* wandelt alle Texte in Pfade um und verwirft Glypheninformationen.
- *Konturen in Pfade umwandeln* konvertiert alle Konturen in einfache, gefüllte Pfade.
- *Komplexe Bereiche beschneiden* verlegt die Grenzen zwischen Vektor- und Pixelmaterial an die Objektpfade und verringert damit Stitching-Artefakte.
- *Alpha-Transparenz beibehalten* (**nur Dialogfenster *Transparenz reduzieren***) erhält die Alpha-Transparenz reduzierter Objekte, was beim Export als SWF oder SVG nützlich sein kann.
- *Überdrucken und Volltonfarben beibehalten* (**nur Dialogfenster *Transparenz reduzieren***) erhält Volltonfarben und Überdrucken von Objekten, die nicht mit Transparenz in Berührung kommen.

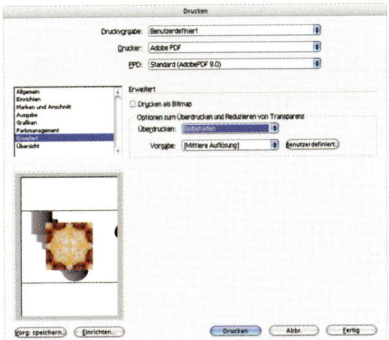

Der Bereich *Erweitert* des Druckdialogs (wählen Sie *Datei > Drucken* und anschließend in der Liste über dem Vorschaufeld *Erweitert*)

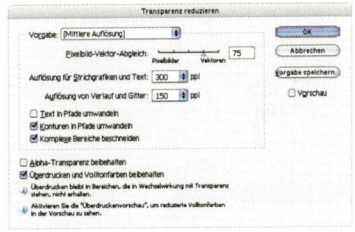

Das Dialogfenster *Transparenz reduzieren* (*Objekt > Transparenz reduzieren*)

Das Dialogfenster *Transparenzreduzierungsvorgaben* (*Bearbeiten > Transparenzreduzierungsvorgaben*)

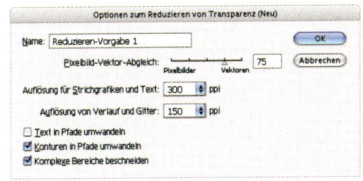

Das Dialogfenster *Optionen zum Reduzieren von Transparenz (Neu)*. Es öffnet sich, wenn Sie die Schaltfläche *Neu* im Dialogfenster *Transparenzreduzierungsvorgaben* (oben) anklicken.

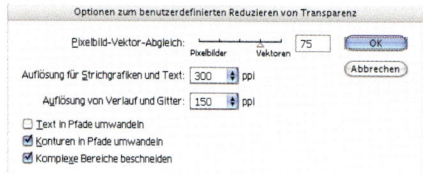

Über die Schaltfläche *Benutzerdefiniert* im Bereich *Erweitert* des Druckdialogs gelangen Sie zum Dialogfenster *Optionen zum benutzerdefinierten Reduzieren von Transparenz*. Hier können Sie eine neue benutzerdefinierte Vorgabe anlegen.

## Überdruckenvorschau

Mit *Ansicht > Überdruckenvorschau* lassen Sie sich anzeigen, wie Ihre überdruckten Objekte bei der Ausgabe aussehen werden. Die Überdruckenvorschau bietet auch die beste Simulation von Volltonfarben.

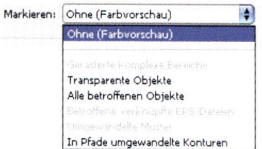

Das Popup-Menü *Markieren* im Bedienfeld *Reduzierungsvorschau*.

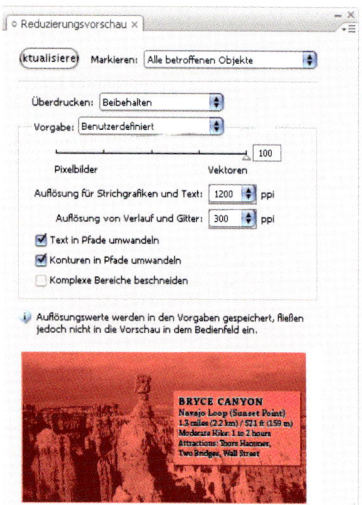

Das Bedienfeld *Reduzierungsvorschau* mit rot markiertem Bildmaterial im Vorschaubereich; zuvor wurde *Alle betroffenen Objekte* aus dem Menü *Markieren* ausgewählt.

Diese Einstellungen finden Sie auch, wenn Sie aus dem Bedienfeldmenü des Bedienfelds *Reduzierungsvorschau* den Befehl *Optionen einblenden* auswählen. Im Dialogfenster *Transparenz reduzieren* können Sie eine beliebige vorhandene Vorgabe als Ausgangspunkt wählen und dann Veränderungen daran vornehmen. Im Bereich *Erweitert* des Druckdialogfensters wählen Sie eine bestehende Vorgabe aus dem Menü *Vorgabe* und klicken zum Ändern der Einstellungen auf die Schaltfläche *Benutzerdefiniert*. Die *Illustrator-Hilfe* enthält weitere Details zu den Reduzierungsoptionen von Illustrator.

### Mit Reduzierungsvorgaben arbeiten

Wenn Sie Ihre Einstellungen im Bedienfeld *Reduzierungsvorschau* vorgenommen haben, können Sie das Ergebnis als Vorgabe abspeichern. Wenn Sie beim nächsten Mal dieselben oder ähnliche Reduzierungseinstellungen verwenden möchten, müssen Sie diese nicht komplett neu erzeugen.

Illustrator wird mit drei sofort nutzbaren Standardvorgaben ausgeliefert: *Hohe Auflösung* (für die endgültige Druckausgabe oder hochwertige Proofs und Farbauszüge, *Mittlere Auflösung* (für Tintenstrahl-Proofs und Digitaldrucke, die auf PostScript-Farbdruckern ausgegeben werden, sowie *Niedrige Auflösung* (für schnelle Proofs auf Schwarzweiß-Desktopdruckern). Sie können diese Standardvorgaben nicht bearbeiten, aber als Ausgangspunkt verwenden. Dazu nehmen Sie die gewünschten Veränderungen vor und speichern diese dann als benutzerdefinierte Vorgabe.

Eigene Reduzierungsvorgaben lassen sich auf vier unterschiedliche Arten anlegen und speichern:

• **Im Bedienfeld *Reduzierungsvorschau***: Wählen Sie eine bestehende Vorgabe aus dem Menü *Vorgabe* und verändern Sie die dazugehörigen Einstellungen im Bedienfeld (aktivieren Sie bei Bedarf im Bedienfeldmenü den Befehl *Optionen einblenden*). Wählen Sie anschließend aus dem Bedienfeldmenü den Befehl *Transparenzreduzierungsvorgaben speichern*. Vergeben Sie einen Namen und klicken Sie auf *OK*. (Falls die von Ihnen gewählte Vorgabe keiner der Standardvorgaben entspricht, können Sie auch den Menüpunkt *Vorgabe neu definieren* wählen. Damit wenden Sie Ihre Veränderungen dauerhaft auf die bestehende Vorgabe an).

• **Im Dialogfenster *Objekt > Transparenz reduzieren***: Wählen Sie aus dem Menü *Vorgabe* eine bestehende Vorgabe aus, passen Sie die Einstellungen an und klicken Sie auf *Vorgabe speichern*, um einen Namen für Ihre neuen Einstellungen zu vergeben und diese abzuspeichern.

- **Im Dialogfenster** *Bearbeiten > Transparenzreduzierungsvorgaben*: Erstellen und benennen Sie eine neue Vorgabe, indem Sie auf die Schaltfläche *Neu* klicken; mit *Bearbeiten* verändern Sie eine bestehende Vorgabe (keine Standardvorgabe).

- **Im Bereich** *Erweitert* **des Dialogfensters** *Drucken*: Unter der Überschrift *Optionen zum Überdrucken und Reduzieren von Transparenz* finden Sie die Schaltfläche *Benutzerdefiniert*. Mit dieser erstellen Sie eine benutzerdefinierte Vorgabe. Zum Benennen und Speichern Ihrer neuen Druckvorgabe klicken Sie auf die Schaltfläche *Vorg. speichern* am unteren Rand des Druckdialogs. Diese Option erzeugt keine separate Transparenzreduzierungsvorgabe.

Zum Anwenden einer Transparenzreduzierungsvorgabe beim Drucken oder Exportieren wählen Sie eine bestehende Vorgabe im Bereich *Erweitert* des Druckdialogs (dort können Sie auch eine neue benutzerdefinierte Vorgabe erzeugen).

**Pixelbild-Vektor-Abgleich**

Die im Abschnitt *Die Kunst der Reduktion* bereits erwähnte Einstellung *Pixelbild-Vektor-Abgleich* bestimmt, wie viel Bildmaterial gerastert wird und wie viel in Vektorform verbleibt. Falls Ihnen die Begriffe nicht geläufig sind: Pixelbilder bestehen aus einem Bildpunktraster, während Vektorobjekte eigenständige Objekte sind. Heutzutage arbeiten die meisten Programme sowohl mit Vektoren als auch mit Pixelrastern. Photoshop ist jedoch vornehmlich pixelbasiert, während Illustrator sich auf die Vektorgrafik konzentriert.

Standardmäßig ist der Pixelbild-Vektor-Abgleich von Illustrator auf 100 gestellt – demzufolge bleibt ein möglichst großer Teil des Bildmaterials in Vektorform erhalten. Auf der höchsten Stufe enthält die Datei die meisten Vektorobjekte und erfordert möglicherweise mehr Druckzeit. Wenn Sie den Regler nach links in Richtung Null verschieben, versucht Illustrator, Vektoren (zum Beispiel reine Illustrator-Grafiken) in Pixelbilder umzuwandeln. Auf Stufe Null wandelt Illustrator *alle* Bildbestandteile in Pixel um. Normalerweise liefert die Einstellung 100, also reine Vektorgrafik, die besten Ergebnisse. Wenn die Druckausgabe mit dieser Einstellung zu lang dauert, versuchen Sie die Einstellung Null, also reine Pixelgrafik. In manchen Fällen, wenn besonders komplexe Transparenzeffekte vorliegen, kann dies die beste Wahl sein. Die dazwischen liegenden Einstellungen liefern meist schreckliche Ergebnisse.

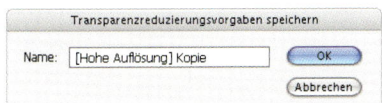

*Objekt > Transparenz reduzieren > Vorgabe speichern*

### Mehrere Möglichkeiten der Vorschau

Denken Sie daran, dass das Bedienfeld *Reduzierungsvorschau* nicht zur exakten Darstellung von Volltonfarben, überdruckten Elementen oder Füllmethoden gedacht ist. Verwenden Sie für diese Anforderung stattdessen den Modus *Überdruckenvorschau*.

### Werkzeuge in der Reduzierungsvorschau

Zum Vergrößern der Voransicht im Bedienfeld *Reduzierungsvorschau* klicken Sie diese mit dem normalen *Zoom*-Werkzeug an. Möchten Sie wieder auszoomen, halten Sie beim Klicken die [Alt]-Taste gedrückt. Wenn Sie die Leertaste gedrückt halten und die Voransicht mit der Maus ziehen, schaltet das *Zoom*-Werkzeug zum *Hand*-Werkzeug um und Sie können die Voransicht damit verschieben.

### Auflösung von interaktiven Effekten

Sie können im Bedienfeld *Reduzierungsvorschau* nicht alles beeinflussen, was Auswirkungen auf die Ausgabe Ihrer Datei hat. Haben Sie beispielsweise einen interaktiven Effekt mit einer bestimmten Auflösung zugewiesen und möchten Sie diese erhöhen, müssen Sie den Effekt mit der neuen Auflösung erneut anwenden (mehr zum Anwenden interaktiver Effekte im Kapitel 11 „Interaktive Effekte & Grafikstile").

### Transparenz und PDF

Nicht alle PDF-Versionen unterstützen Transparenz. Sie sollten daher unbedingt auf die zum Speichern verwendete PDF-Version achten (Standardeinstellung für Illustrator CS3 ist PDF 1.5, das kompatibel zu Acrobat 6 ist). Achten Sie auch darauf, dass die Mac-Anwendung *Vorschau* PDF-Dateien zwar öffnet, die Transparenzen aber nicht immer korrekt darstellt.

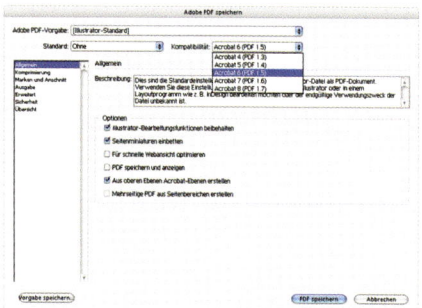

Das Illustrator-Dialogfenster *Adobe PDF speichern* zeigt die verschiedenen auswählbaren PDF-Versionen (*Datei > Speichern/Speichern unter*, dann Auswahl von *Adobe PDF* im Menü *Format* und Anklicken der Schaltfläche *Sichern*).

### Eine letzte Bemerkung zu Deckkraftmasken …

Sie brauchen sich beim Erstellen einer Deckkraftmaske nicht auf ein einzelnes Vektorobjekt zu beschränken. Sie können beliebiges Grafikmaterial verwenden. Experimentieren Sie mit platzierten Bildern, Verlaufsgittern und sogar Objekten, die selbst Deckkraftmasken enthalten. Denken Sie daran, dass der Helligkeitswert des maskierenden Bildmaterials und nicht seine Farbe oder Vektorstruktur für die Deckkraft des maskierten Bildmaterials maßgeblich ist.

Da Objekte immer auf einen weißen Hintergrund reduziert werden, kann es beim Reduzieren Ihres Bildmaterials zu Farbverschiebungen kommen. Um im Vorfeld zu überprüfen, wie Ihr Bild im reduzierten Zustand aussehen würde, können Sie die Option *Papier simulieren* einschalten (*Dokument einrichten > Transparenz*) oder im Menü *Ansicht* die *Überdruckenvorschau* aktivieren. Im Bedienfeld *Reduzierungsvorschau* markieren Sie zudem bei Bedarf die betroffenen Bereiche.

### Die Bedienfelder Aussehen und Ebenen einsetzen

Auch wenn Transparenzen im Bedienfeld *Reduzierungsvorschau* überprüft werden können, ist es ohne die Bedienfelder *Aussehen* und *Ebenen* fast unmöglich, genau festzustellen, welcher Grad und welche Art von Transparenz auf einzelne Objekte und Gruppen angewendet wurden. Das liegt daran, dass sich Transparenzen auf einzelne Konturen, Flächen, Objekte, Untergruppen, Gruppen, Unterebenen und Ebenen anwenden lassen. Sie können beispielsweise eine Füllmethode auf ein Objekt anwenden, dieses dann mit einigen anderen Objekten zu einer Gruppe zusammenfassen, der Sie dann einen Deckkraftwert zuweisen. Später wenden Sie möglicherweise sogar eine weitere Füllmethode oder einen anderen Deckkraftwert auf die Ebene an, in der die Gruppe liegt.

Um Art und Grad der angewendeten Transparenz zu bestimmen, müssen Sie zunächst feststellen, wo die Transparenz zum Einsatz kam. Achten Sie darauf, dass das Bedienfeld *Aussehen* angezeigt wird. Klicken Sie mit dem *Direkt-* oder *Gruppenauswahl*-Werkzeug auf ein Objekt innerhalb einer Gruppe, von der Sie annehmen, dass Transparenz darauf angewendet wurde. Im Bedienfeld *Aussehen* erkennen Sie, ob das Grundobjekt oder seine Flächen und/oder Konturen mit Transparenz versehen wurden; sind jedoch Transparenzsymbole für die Gruppe und/oder Ebene im Bedienfeld zu sehen, spricht das für eine mehrfache Anwendung von Transparenzen. Sobald Sie festgestellt haben, wo die Transparenz angewendet wurde, können Sie im Bedienfeld *Ebenen* nach aktiven Zielauswahlsymbolen suchen und aus dem Bedienfeld *Aussehen* die Art der verwendeten Transparenz bzw. des verwendeten Effekts ersehen.

# GALERIE

Fishauf

## Louis Fishauf / Reactor Art + Design

Louis Fishauf erzeugte den festlichen Glanz seines verschmitzten Weihnachtsmanns mit dem Gaußschen Weichzeichnungsfilter von Illustrator, dem Bedienfeld *Transparenz* und einem benutzerdefinierten Bildpinsel. Für den Hintergrund zeichnete Fishauf einen großen Kreis mit einem violetten radialen Verlauf und wendete einen Gaußschen Weichzeichner mit einem Radius von 25 Pixel an. Er zeichnete mit dem *Stern*-Werkzeug eine Form und wählte dann *Weichzeichnungsfilter > Gaußscher Weichzeichner* aus dem Menü *Effekt*. Deckkraft setzte er auf 25%. Damit der ringförmige Schein hinter dem Weihnachtsmann in der Ferne verblasste und das gesamte Bild einen Eindruck von Tiefe vermittelte, wendete Fishauf einen selbst erstellten Bildpinsel mit kurzen, sich verjüngenden Enden auf eine 0,36 pt starke weiße Kontur an. Er fügte den Schein dann mit einer Deckkraft von 34% mit der Füllmethode *Aufhellen* in das Bild ein.

Den kugelförmigen Körper des Weihnachtsmanns sowie seine Arme, Beine und den Kopf konstruierte Fishauf aus verlaufsgefüllten Objekten. Diese kopierte er anschließend und fügte sie wieder hinter den Originalobjekten ein, wobei er jeweils eine weiße Füllung und eine weiße, zwischen 5 und 7,26 pt starke Kontur verwendete. Auf diese Objekte wurde ein Gaußscher Weichzeichner und eine einheitliche Deckkraft von 68% angewandt. Geschenkpäckchen, Computer und Weihnachtsbaum erhielten jeweils einen eigenen Glanz. Fishauf wertete die Optik mit einem Schlagschatten für das Gesicht und den Bart des Weihnachtsmanns noch weiter auf. Der Wunschzettel wurde aus einer Reihe weißer Konturen erzeugt, hinter denen Fishauf eine weiß gefüllte Form mit einer Deckkrafteinstellung von 50% einfügte. Eine zweite Kopie der Form mit einer Verlaufsfüllung im Modus *Aufhellen* erzeugte einen noch raffinierteren, plastischen Eindruck.

# Transparente Farbe

Transparente Pinsel & Ebenen individuell anpassen

 STEUER_TransparenteFarbe_Alpenveilchen.ai

**Überblick:** Erzeugen Sie eigene Kalligrafische Pinsel; ändern Sie die Voreinstellungen für das *Pinsel*-Werkzeug; weisen Sie einzelnen Konturen und Ebenen einfache Transparenzen zu; ordnen Sie verschiedene Konturtypen mithilfe von Ebenen.

steuer

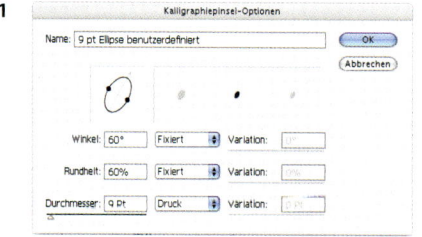

Im Dialogfenster *Kalligraphiepinsel-Optionen* passen Sie die Einstellungen für jeden neuen Kalligrafiepinsel an.

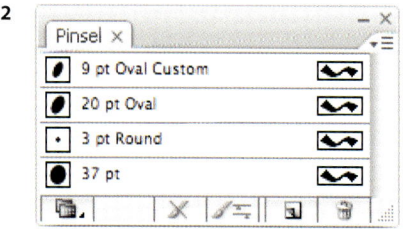

Vier eigene Kalligrafiepinsel in der Listenansicht (einzustellen im Popup-Menü des Bedienfelds *Pinsel*)

Einstellen der Deckkraftvorgabe für den nächsten Pinsel mit dem Deckkraftregler; der Deckkraftregler im Steuerungsbedienfeld ist besonders schnell und bequem zu erreichen.

In Illustrator lassen sich transparente, „wasserfarbenartige" Pinselstriche besonders einfach erstellen. Anders als in traditionellen Medien oder gar mit digitalen Werkzeugen wie Adobe Photoshop oder Corel Painter können einzelne Pinselstriche nachträglich verändert werden. Für das Bild „Alpenveilchen in Winter" setzte die Künstlerin Sharon Steuer verschiedene benutzerdefinierte kalligrafische Pinsel und Transparenzeinstellungen zur Anpassung des Erscheinungsbilds überlappender Pinselstriche ein. Sie verwendete Ebenen, um festzulegen, ob sich die Pinselstriche über oder unter den bereits vorhandenen befanden.

**1. Benutzerdefinierte kalligrafische Pinsel erstellen und die Deckkraft einstellen.** Zunächst legen Sie verschiedene benutzerdefinierte Pinsel an, damit Sie die Größe Ihrer Pinselstriche besser kontrollieren können. Wenn Sie ein druckempfindliches Grafiktablett verwenden, können Sie die Pinsel so anpassen, dass diese auf Ihren Druck reagieren. Für den ersten Pinsel legen Sie eine neue Datei an und öffnen dann das Bedienfeld *Pinsel*. Hier klicken Sie am unteren Rand auf die Schaltfläche *Neuer Pinsel*. Wählen Sie *Neu: Kalligraphiepinsel* und klicken Sie auf *OK*. Experimentieren Sie im angezeigten Dialogfenster *Kalligraphiepinsel-Optionen* mit den Einstellungen. Klicken Sie dann auf *OK* und erzeugen Sie eine Kontur, um den Pinsel auszuprobieren. Für ihren ersten benutzerdefinierten Pinsel wählte Steuer eine druckabhängige Einstellung des Durchmessers (9 pt mit einer zufälligen Variation von 9 pt). Den Winkel und die Rundheit stellte sie jeweils auf *60°, Fixiert* und klickte dann auf *OK*. Stärker variierende Konturen können Sie mit den Einstellungen *Druck* oder *Zufallswert* erzielen (*Druck*-Einstellungen sind nur verfügbar und funktionsfähig, wenn Sie ein druckempfindliches Grafiktablett installiert haben). Für weitere Abwandlungen des Pinsels ziehen Sie einen benutzerdefinierten Pinsel über das Symbol *Neuer Pinsel* im Bedienfeld *Pinsel* und doppelklicken Sie auf den Pinsel, dessen Einstellungen Sie verändern möchten.

Um die Standardwerte für Ihren nächsten Pinselstrich zu setzen und mit transparenter Farbe zu malen, wählen Sie zunächst einen Kalligrafiepinsel und eine Konturfarbe und stellen dann die Deckkraft im Bedienfeld *Steuerung* ein. Zum Einstellen der Deckkraft klicken Sie auf das Dreieck rechts vom Deckkraftfeld und halten die Maustaste gedrückt. Daraufhin erscheint der verschiebbare Deckkraftregler. Alternativ klicken Sie das Wort *Deckkraft* im Bedienfeld *Steuerung* an. Dann erscheint vorübergehend das Bedienfeld *Transparenz*. Außerdem lassen sich Deckkraft- und andere Transparenzeinstellungen auch im schwebenden Bedienfeld *Transparenz* vornehmen.

**2. Voreinstellungen für das *Pinsel*-Werkzeug vornehmen.** Neben der Definition Ihrer eigenen Pinsel müssen Sie auch die Voreinstellungen für das *Pinsel*-Werkzeug anpassen, damit Sie problemlos überlappende Pinselstriche erzeugen können. Doppelklicken Sie auf das *Pinsel*-Werkzeug und deaktivieren Sie dann die Optionen *Neue Pinselkonturen füllen* (damit Ihre Pinselstriche konturiert und nicht gefüllt werden) und *Auswahl beibehalten* (sonst werden die zuletzt gezeichneten neuen Pinselstriche neu gezeichnet). Auch bei ausgeschalteter Option *Auswahl beibehalten* können Sie Ihren Pinselstrich noch neu malen, indem Sie ihn zuerst mit einem Auswahlwerkzeug markieren und dann den verbesserten Pinselstrich innerhalb des im Feld *Innerhalb von* des Dialogfensters *Voreinstellungen Pinsel-Werkzeug* angegebenen Abstands ziehen. Für saubere Pinselstriche stellte Steuer die Genauigkeit auf 0,5 Pixel und die Glättung auf 0%. Probieren Sie höhere Einstellungen aus, wenn Illustrator Ihre Pinselstriche glätten soll.

**3. Malen und das zuletzt markierte Objekt für den Stil des nächsten Pinsels verwenden.** Damit dieser Schritt funktioniert, müssen Sie im Bedienfeld *Aussehen* die Option *Neues Bild hat Grundform* deaktivieren (standardmäßig ist sie eingeschaltet). Eine tolle Funktionen von Illustrator besteht darin, dass Ihr zuletzt ausgewähltes Objekt darüber bestimmt, welches Aussehen das nächste gezeichnete Objekt besitzt. Verdeutlichen Sie sich diese Funktionsweise, indem Sie einen Ihrer Pinsel auswählen und mit dem Malen beginnen. Beachten Sie, dass der gewählte Pinsel sowie Konturfarbe und Deckkraft für jeden neuen Pinselstrich bestehen bleiben. Wenn Sie eine bestimmte Kontur markieren, die der

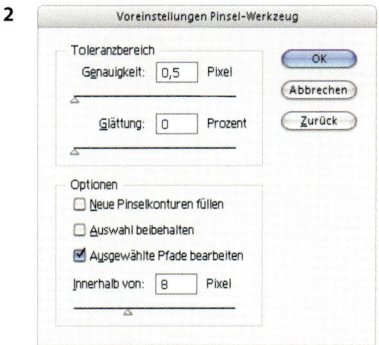

Voreinstellungen des *Pinsel-Werkzeugs*, die verhindern, dass neue Pinselkonturen gefüllt werden und dass bereits gezeichnete Pinselstriche erneut erstellt werden

Schalten Sie die Option *Neues Bild hat Grundform* ab, damit alle Einstellungen eines fertiggestellten Pinselstrichs beibehalten werden.

Steuer markiert immer wieder bereits gezeichnete Pinselstriche, damit die Aussehenattribute dieser Auswahl auch für die nächste Pinselkontur gelten. Auf diese Weise kann sie während der Arbeit schnell Pinsel und Farbe wechseln.

**4**

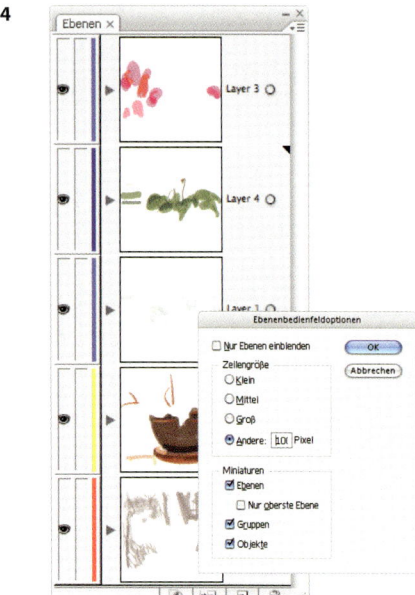

Durch die Veränderung der Miniaturgröße im Popup-Menü des Bedienfelds *Ebenen* ist es einfacher, die einzelnen Konturen und die Ebenen ausfindig zu machen.

**5**

Steuer markierte die Ebene mit einer Anzahl von Blüten und experimentierte mit verschiedenen Füllmethoden und Deckkrafteinstellungen, bis sie mit deren Erscheinungsbild zufrieden war.

Kontur entspricht, die Sie als Nächstes erstellen möchten, minimieren Sie bei der Anpassung des nächsten Pinselstrichs den Zeitaufwand.

**4. Ebenen zur Anordnung verschiedener Pinselkonturen verwenden.** Zur Gliederung Ihres Bilds legen Sie Gruppen von ähnlichen Pinselkonturen auf separate Ebenen. Wenn Sie weitere Pinselkonturen erstellen möchten, legen Sie dafür eine neue Ebene an (klicken Sie auf das Symbol *Neue Ebene*). Wenn die neuen unter den bereits bestehenden Pinselkonturen liegen sollen, ziehen Sie die entsprechende Ebene unter die Ebene mit den bestehenden Konturen. Wenn Sie Ihre Ebenen auf diese Weise ordnen, können Sie auf einfache Weise unterschiedliche Konturen anhand der Ebenenminiaturen ausmachen und neue Konturen gezielt einsetzen. Mit Hilfe von Ebenen lassen sich Gruppen ähnlicher Konturen wirkungsvoll verbergen, sperren, löschen und auswählen. Da Illustrator sich die Ebene des letzten Objekts merkt, bleiben Ihre Pinselkonturen praktischerweise auf unterschiedlichen Ebenen angeordnet. Markieren Sie beispielsweise ein Blütenblatt und heben Sie die Auswahl dann durch Klicken neben dieses Objekt auf (oder durch die Tastenkombination ⌘/Strg+⇧+A), wird die nächste von Ihnen gezeichnete Kontur ganz oben in derselben Ebenen eingefügt. Wenn die neue Kontur in eine andere Ebene eingefügt werden soll, markieren Sie zunächst die gewünschte Ebene und beginnen Sie mit dem Zeichnen.

**5. Ausgewählten Ebenen Deckkraft und Füllmethoden zuweisen.** Sobald Sie die unterschiedlichen Pinselkonturen in verschiedenen Ebenen angeordnet haben, können Sie Deckkraft und Füllmethoden global für ganze Ebenen anpassen. Nachdem Steuer beispielsweise in einer Ebene einige Blumen erstellt hatte, wollte sie diese aufhellen. Also änderte sie die Füllmethode und Deckkraft für die ganze Ebene. Sie klickte zunächst auf das Zielauswahlsymbol dieser Ebene (damit werden alle Objekte innerhalb der Ebene markiert und als Ziel ausgewählt, so dass sämtliche Transparenzeinstellungen für die ganze Ebene wirksam werden). Nachdem sie die Füllmethode von *Normal* auf *Farbig nachbelichten* geändert hatte, reduzierte sie die Deckkraft auf 55%.

# GALERIE

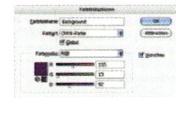
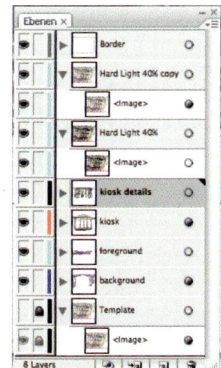

STEUER

 SS-Kiosk-animation1.mov

## Sharon Steuer (Film von Frank Jacoby)

Die Kunstlerin Sharon Steuer fertigte für Frank Jacobys Kurzfilm „Le Kiosk" eine Studie für die Anfangssequenz an. Dazu kombinierte sie kalligrafische Pinselstriche mit der Anfangseinstellung des Films. Im RGB-Modus platzierte sie ein TIF-Standbild (aus dem Apple-Videoschnittprogramm Final Cut) als Vorlage in Illustrator. Nachdem sie Pinselstriche mit benutzerdefinierten „druckempfindlichen" kalligrafischen Pinseln aus einer anderen Datei kopiert hatte, fügte sie diese in eine Ebene über ihrer Vorlage ein. Dabei wurden die Pinsel automatisch in das Bedienfeld *Pinsel* übernommen. Steuer mischte eine siennabraune Farbe, speicherte sie als Farbfeld und nannte sie „Kiosk". Im Bedienfeld *Steuerung* wählte sie die Füllmethode *Multiplizieren*, reduzierte die Deckkraft auf 80% und zeichnete die Umrisse des Kiosks. In eine neu angelegte Ebene unterhalb der Kioskumrisse zeichnete sie den Hintergrund und die Elemente im Vordergrund. Steuer wählte alle Pinselstriche in einer der Ebenen aus (indem sie den Bereich rechts vom Zielauswahlsymbol der Ebene anklickte). Dann erstellte sie neue Farben für die Pinselstriche dieser Ebene, indem sie das Symbol *Neues Farbfeld* mit gedrückter Alt -Taste anklickte. Im nachfolgenden Dialogfenster *Farbfeldoptionen* aktivierte sie die Vorschau, damit sie die Ergebnisse der neuen Farbmischung besser sehen konnte. Durch die Option *Global* konnte sie die Farben problemlos für das gesamte Bild ändern und die Pinselstriche in einer bestimmten Farbe automatisch aktualisieren. Für den Übergang von der Zeichnung zum Filmbeginn duplizierte Steuer die Vorlagenebene, indem Sie sie über das Symbol *Neue Ebene* zog, schaltete die Vorlagenoption mit einem Doppelklick auf die Ebenenkopie ab und verschob sie über die Zeichenebenen. Nach einigen Versuchen stellte sie diese Ebene auf *Hartes Licht* bei 40%. Dann duplizierte sie die Ebene und speicherte die Datei. Mittels *Datei > Exportieren* speicherte Steuer alle fünf Stadien zwischen Strichzeichnung und Videobild als TIF-Datei ab und importierte dann alles in Final Cut.

# Einfache Glanzlichter

Glanzlichter mit transparenten Angleichungen

 Steuer_Blasen-Arbeitsdatei.ai, Steuer_Blasen4.ai

**Überblick:** Zeichnen Sie Ihre Grundobjekte und eine helle Glanzlichtform; erzeugen Sie die Glanzlichter mit Angleichungen; skalieren Sie die Glanzlichter auf die richtige Größe.

1

Die im Bedienfeld *Ebenen* gesperrten Originalobjekte mit der Grundform des Glanzlichts

2

Die Glanzlichtobjekte vor dem Angleichen (die Deckkraft für das äußere Objekt wurde im Bedienfeld *Transparenz* auf 0% gestellt); nach dem Angleichen in 22 Stufen; die Angleichung in Originalgröße

Die fertige platzierte Angleichung in einem Passerkreis, der zur einfacheren Größenanpassung an andere Seifenblasen dient

Mithilfe von Transparenz lassen sich Glanzlichter nun sehr einfach realisieren. Sie benötigen nur eine Angleichung in der richtigen Glanzlichtform. Hilfe zu Angleichungen mit sanften Konturen finden Sie im Kapitel 8 „Angleichungen, Verläufe & Gitter".

**1. Die Grundobjekte erstellen und Grundform und -farbe des Glanzlichts bestimmen.** Die Künstlerin Sharon Steuer gestaltete dieses „Seifenblasen"-Bild mithilfe überlappender, transparenter, radialer Verläufe (in *Gitterlandschaften* im Kapitel 8 „Angleichungen, Verläufe & Gitter" erfahren Sie, wie man mit dieser Technik eine Hügellandschaft erzeugt). Für die Grundform ihres Glanzlichts modifizierte sie ein Oval mit dem *Direktauswahl*-Werkzeug. Erstellen Sie ein helles Glanzlicht über Ihren fertigen Hauptobjekten und sperren Sie im Bedienfeld *Ebenen* alles außer dem Objekt mit dem Glanzlicht (siehe Kapitel 6 „Ebenen & Aussehen").

**2. Das Glanzlicht erstellen.** Markieren Sie die Glanzlichtform, kopieren Sie sie, wählen Sie *Bearbeiten > Dahinter einfügen* und anschließend *Objekt > Sperren*. Markieren und verkleinern Sie nun die vorne liegende Kopie (Hilfe zum Skalieren finden Sie im Kapitel 2 „Illustrator-Zen"). Wählen Sie *Objekt > Alle entsperren* und stellen Sie dann die Deckkraft für dieses markierte größere Objekt im Bedienfeld *Transparenz* auf 0%. Markieren Sie beide Objekte und klicken Sie dann mit dem *Angleichen*-Werkzeug auf einen der Ankerpunkte des größeren Objekts. Klicken Sie nun mit gedrückter Alt -Taste auf den entsprechenden Ankerpunkt des kleineren Objekts und geben Sie die Anzahl der Angleichungsstufen an (Steuer entschied sich für 22 Stufen). Sie skalierte für jede Seifenblase eine Kopie ihrer Glanzlichtangleichung. Dazu verwendete sie einen „Passerkreis".

# GALERIE

CASSELL / 1185 Design

## Peter Cassell/1185 Design

Peter Cassells europäische Stadtansicht wurde als Illustration für eine Adobe-Illustrator-Verpackung in Auftrag gegeben. Die Nebelschwaden erzeugte er mit einem Verlaufsgitter als Deckkraftmaske. Nachdem er die Reflexionen im Wasser grob angedeutet hatte, zeichnete Cassell in einer Ebene über dem Wasser ein Rechteck und füllte dieses mit Weiß. Er kopierte das Rechteck, fügte es im Vordergrund ein, füllte es mit Schwarz und wandelte es dann über *Objekt > Verlaufsgitter erstellen* in ein Verlaufsgitter von 15 Zeilen und 18 Spalten um. Mit dem *Direktauswahl*-Werkzeug wählte er Gitterpunkte aus und füllte die Punkte mit Grauwerten von 30%–50% Schwarz. Zur Formung der Nebelschwaden markierte und verschob er Gitter-

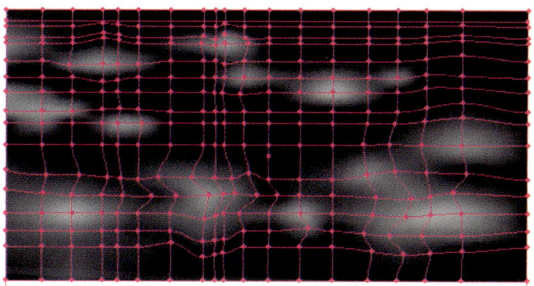

punkte. Um das weiße Rechteck mit dem darüber liegenden Verlaufsgitter zu maskieren, markierte Cassell das Gitter und das Rechteck und wählte *Deckkraftmaske erstellen* aus dem Popup-Menü des Bedienfelds *Transparenz*.

# Das Einmaleins der Deckkraftmasken

Transparenzmasken für Angleichungsobjekte

**Überblick:** Erzeugen Sie eine einfache Maske und wenden Sie diese auf ein Objekt an; verfeinern Sie die Transparenz durch kontrolliertes Maskieren mit einer passgenauen Deckkraftmaske; wählen Sie Deckkraftmaskenoptionen.

Beauregard

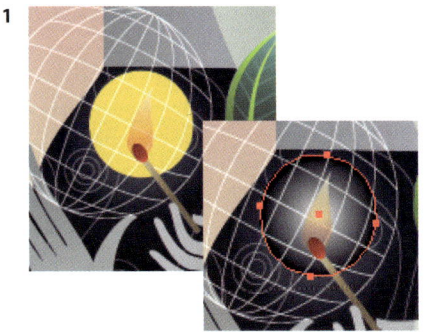

Anlegen des Objekts, das zum Schein um das Streichholz herum wird, und des verlaufsgefüllten Objekts, das zur Deckkraftmaske des Objekts wird

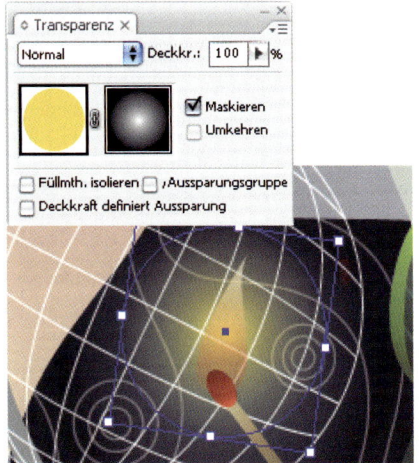

Das halbtransparente Objekt nach dem Hinzufügen einer verlaufsgefüllten Deckkraftmaske

Christiane Beauregards Illustrationen leben häufig von der Verflechtung und Überlappung von Objekten, die die Verbindung von Aussagen und Elementen vermitteln. Oft drückt sie diese Verbindungen mittels Transparenz in einer direkten, visuellen Art aus. Mit Deckkraftmasken kann sie den Grad der Transparenz besser kontrollieren als mit der reinen Deckkrafteinstellung. Im Bild „Global Warming" arbeitete Beauregard Deckkraftmasken, um die Objekte mit ihrer Umgebung zu verflechten.

**1. Eine Deckkraftmaske erstellen und anwenden.** Beauregard drückte einen Aspekt der globalen Erwärmung aus, indem sie ihre Figur ein Streichholz an die Erdkugel halten ließ. Für den Lichtschein zeichnete sie zunächst einen mit einem gelblichen Orange gefüllten Kreis. Anschließend zeichnete sie direkt darüber einen Kreis, der den ersten Kreis komplett bedeckte, so dass die Transparenz bis zu den Kanten des Scheins reichte. Diesen füllte sie mit dem weißschwarzen radialen Verlauf. Sie markierte beide Kreise, öffnete das Popup-Menü des Bedienfelds *Transparenz* und wählte *Deckkraftmaske erstellen*. Dadurch erschien das obere Objekt (der verlaufsgefüllte Kreis) automatisch als Maske im rechten Miniaturbereich. Der Lichtschein tritt in weißen Bereichen der Maske voll zutage, ist in grauen transparent und in schwarzen unsichtbar. Sie können auch farbiges Bildmaterial als maskierendes Objekt verwenden, aber die Maske verwendet nur die Helligkeitswerte der Farbtöne.

**2. Transparenz mit einer passgenau konstruierten Deckkraftmaske kombinieren.** Für einige Objekte verwendete Beauregard sowohl Transparenz (um Objekte mit den darunter liegenden Objekten zu verschmelzen) als auch eine Deckkraftmaske für lokale, typischerweise verlaufsartige Transparenzeffekte. Damit der Fischschwanz im Wasser verblasste, zeichnete sie ein separates, weiß gefülltes Objekt für die Schwanzflossenspitze. Damit die Maske genau an ihrem Pfad ausgerichtet wurde, kopierte sie den Pfad der Schwanzflosse und erstellte das Maskenobjekt mit *Davor einfügen* ([⌘]/[Strg]+[F]). Dieses Mal füllte sie die Maske mit dem weißschwarzen linearen Verlauf und passte ihn mit dem *Verlauf*-Werkzeug so an, dass er an der Spitze in Schwarz überging. Sie markierte beide Objekte und platzierte den verlaufsgefüllten Pfad mittels *Deckkraftmaske erstellen* im Maskenbereich des Bedienfelds *Transparenz*. Sie konnte die Deckkraft des maskierten Objekts mit dem Deckkraftregler im Bedienfeld *Transparenz* noch weiter anpassen oder die Maske durch Anklicken des Maskenbereichs mit gedrückter [⇧]-Taste sogar ein- und ausschalten.

**3. Schnittmasken und normale Masken.** Beauregards Masken sind meist entweder deckungsgleich mit den maskierten Objekten oder größer als diese. Daher muss sie die Standardeinstellung *Neue Masken sind Schnittmasken* normalerweise nicht abschalten, weil keine Teile des maskierten Objekts abgeschnitten werden. Wenn das maskierende Objekt genau gleich groß oder größer ist und sich an derselben Position befindet, wirkt sich eine Schnittmaske nur auf die Transparenz aus. Ist die Maske kleiner als das maskierte Objekt, wird das Objekt durch diese Option beschnitten. Beauregard kann das Schnittverhalten einer Maske jederzeit über das Kontrollfeld *Maskieren* verändern und die Maske auch invertieren, falls ein Objekt unbeabsichtigt beschnitten wurde oder die Transparenz umgekehrt werden soll.

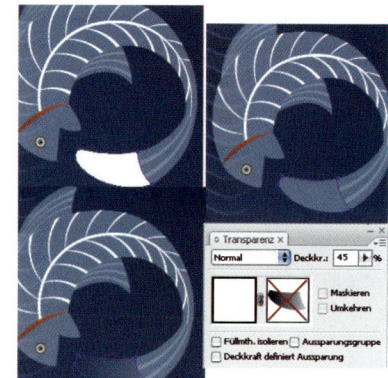

Kopiertes und in die Maske eingefügtes Originalobjekt; deaktivierte Maske (oben rechts); eingeschaltete Maske (unten) mit verringerter Deckkraft des Objekts

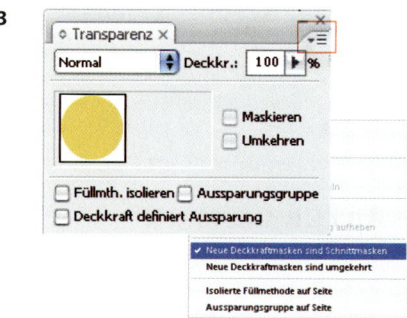

Auswahl der Standardeinstellungen zum Erstellen von Deckkraftmasken im Popup-Menü des Bedienfelds *Transparenz*.

### Maskenbildende Objekte

Deckkraftmasken lassen sich aus beliebigem Bildmaterial erstellen, egal ob dieses aus einem einzelnen oder mehreren Objekten besteht. Diese Objekte können verzerrt, gefiltert, konturiert oder sonstwie verändert worden sein, wie jedes andere Objekt auch. Sie können sogar eigene Deckkraftmasken verwenden. Zur Bestimmung der Transparenz des maskierten Objekts werden jedoch nur die Helligkeitswerte des maskierenden Objekts herangezogen.

# Schwebende Schrift

Textobjekte mit Transparenz & Effekten

 *GordonSteven_Schwebende_Schrift.ai*

**Überblick:** Legen Sie ein Flächentextobjekt an, geben Sie Text ein; fügen Sie im Bedienfeld *Aussehen* ein neues Flächenattribut hinzu; wandeln Sie die Fläche in eine Form um; verändern Sie die Transparenz und wenden Sie einen Effekt an.

1

Oben: das *Auswahl*-Werkzeug (rechts ausgewählt); unten: das *Text*-Werkzeug im Werkzeugbedienfeld (rechts ausgewählt).

Das Textobjekt, nachdem es mit dem *Auswahl*-Werkzeug angeklickt wurde (das Hintergrundfoto wurde in dieser Ansicht verborgen).

2

Das Bedienfeld *Aussehen* nach Auswahl des Flächenattributs, auf das Weiß angewendet wurde

Mit dem Effekt *In Form umwandeln* können Sie ein Flächentextobjekt mit Transparenz und Effekten anlegen. Damit ersparen Sie sich die Erstellung und Bearbeitung zweier Objekte (einem Textobjekt und einem darunter liegenden Rechteck mit Transparenzeffekt). Für einen virtuellen Führer des Bryce Canyon Nationalparks erstellte Steven Gordon ein transparentes Flächentextobjekt mit einem scharf begrenzten Schlagschatten, das Informationen zu den beliebtesten Wanderwegen im Park enthält.

**1. Das Flächentextobjekt anlegen.** Erstellen Sie zunächst durch Ziehen mit dem *Text*-Werkzeug ein Flächentextobjekt und geben Sie anschließend Ihren Text ein. Klicken Sie dann im Werkzeugbedienfeld das *Auswahl*-Werkzeug (den ausgefüllten Pfeil) an. Damit wird die Markierung der Textzeichen aufgehoben und gleichzeitig das Textobjekt ausgewählt. Somit ist das Objekt (und nicht die Zeichen) auf den nächsten Arbeitsschritt vorbereitet.

**2. Eine neue Fläche erstellen und in eine Form umwandeln.** Öffnen Sie das Bedienfeld *Aussehen* und wählen Sie *Neue Fläche hinzufügen* aus dem Bedienfeldmenü. Ziehen Sie die neue Fläche im Bedienfeld unter den Eintrag *Zeichen*. Das Flächenattribut wird beim Ziehen im Bedienfeld automatisch abgewählt, so dass Sie es durch erneutes Anklicken wieder markieren müssen. Weisen Sie der Fläche als Nächstes eine helle Farbe zu (Gordon wählte Weiß aus dem Bedienfeld *Farbfelder*). Wählen Sie nun *Effekt > In Form umwandeln > Rechteck*. Stellen Sie im Dialogfenster *Form-Optionen* die Größe des Rechtecks um Ihr Textobjekt ein, indem Sie die beiden *Relativ*-Optionen *Zusätzliche*

*Breite-Höhe* verändern. Damit die Form sein Flächentextobjekt enger umschloss, gab Gordon hier jeweils *0* als zusätzliche Breite und Höhe ein.

**3. Die Transparenz anpassen und einen Schlagschatteneffekt hinzufügen.** Gordon verwendete für jeden Informationskasten eine Transparenz und einen Schlagschatten, damit der Text über dem Hintergrundfoto schwebte, ohne es zu verdecken. Um die Transparenz der im letzten Schritt durch Umwandlung erzeugten Form anzupassen, vergewissern Sie sich zunächst, dass im Bedienfeld *Aussehen* das Flächen- oder Rechteckattribut des Textobjekts markiert ist. (Wenn keines dieser Attribute markiert ist, wirken sich die von Ihnen vorgenommenen Veränderungen an der Transparenz auch auf die Textzeichen aus). Öffnen Sie das Bedienfeld *Transparenz* und passen Sie die Einstellung des Transparenzreglers an oder geben Sie einen Wert ein (Gordon wählte 65%).

Statt eines weichen Schlagschattens entschied sich Gordon für einen scharf begrenzten Schatten. Stellen Sie zur Erzeugung dieses Schattens sicher, dass im Bedienfeld *Aussehen* immer noch das Flächenattribut markiert ist. Wählen Sie *Effekt > Stilisierungsfilter > Schlagschatten*. Dann stellen Sie im Dialogfenster *Schlagschatten* die Farbe auf Schwarz und passen den x- und y-Versatz so an, dass der Schatten nach unten rechts fällt.

**4. Das Flächentextobjekt bearbeiten.** Bei Ihrer weiteren Arbeit möchten Sie möglicherweise die Größe des ursprünglichen durch Ziehen mit dem *Text*-Werkzeug erstellten Flächentextobjekts verändern. (Das ist etwas anderes, als wie zuvor die Optionen im Dialogfenster *Form-Optionen* zu verändern.) Wählen Sie zur Größenänderung des Objekts das *Direktauswahl*-Werkzeug und klicken Sie auf das Textobjekt, dessen Größe Sie ändern möchten. Ziehen Sie die Objektkante dann zum Verkleinern nach innen bzw. zum Vergrößern nach außen. Da die transparente Schlagschattenform mit dem Effekt *In Form umwandeln* erstellt wurde, ist sie „interaktiv" und passt ihre Größe beim Skalieren des Textobjekts automatisch mit an.

Dasselbe gilt, wenn Sie Wörter aus dem Text löschen oder neue hinzufügen; das Textobjekt und auch die transparente Schlagschattenform passen ihre Größe automatisch an.

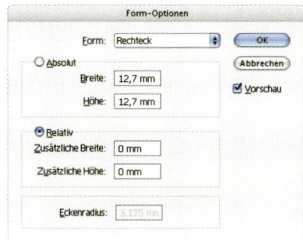

Das Dialogfenster *Form-Optionen* mit veränderten *Relativ*-Optionen

**3**

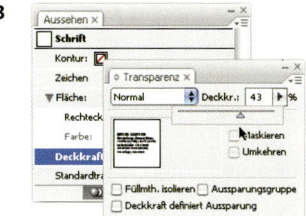

Links: das Bedienfeld *Aussehen* mit ausgewähltem Transparenzattribut; rechts: das Bedienfeld *Transparenz*

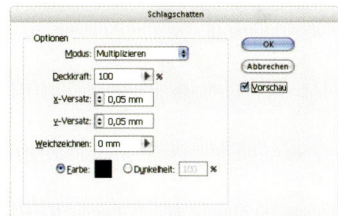

Das Dialogfenster *Schlagschatten*

**4**

Der Mauszeiger des *Direktauswahl*-Werkzeugs bei Annäherung an die Kante eines Flächentextobjekts

### Eine Kante erfassen

Es ist teilweise schwierig, die Kante eines Textobjekts mit Schlagschatten anzuklicken. Mit *Ansicht > Pfadansicht* finden Sie die Kante problemlos. Die auswählbare Kante erscheint nun als schwarze Linie. Stattdessen können Sie im Menü *Ansicht* auch die *Magnetischen Hilfslinien* einschalten.

# Glas und Chrom

Glanzlichter und Schatten mit Transparenz

 *KelleyAndrea_Barbierstange.ai*

### Fortgeschrittene Technik

**Überblick:** Wenden Sie Transparenz auf Weiß an, um ein Glanzlicht auf Glas nachzubilden, und verstärken Sie die Lichtverhältnisse durch Kombination der Füllmethode *Multiplizieren* mit einem darunter liegenden Verlauf.

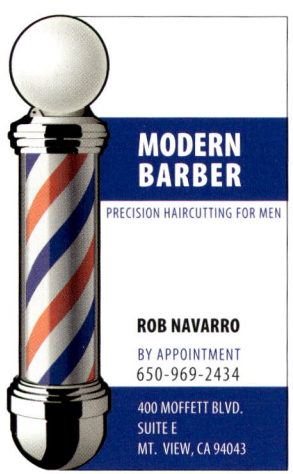

Kelley & Stowe

**1**

Kelleys Abpausung von Hand ohne die reflektierten Glanzlichter und Schatten, links als Pfadansicht, rechts im Vorschaumodus.

**2**

Die Formen des Glas-Glanzlichts und der Chrom-Reflexionen in der Pfadansicht (links), im Vorschaumodus (Mitte) und auf dem fertigen Pfosten platziert (rechts).

Transparenz und Füllmethoden können in Illustrator das Aussehen von Reflexionen auf Glas und Chrom enorm verbessern. Andrea Kelley erstellte diese Illustration eines Barbier-Pfostens für eine von Jodie Stowe gestaltete Visitenkarte. Zur realistischeren Darstellung des Pfostens verwendete Kelley die Transparenzfunktionen von Illustrator. So visualisierte sie die langen, klar begrenzten Glanzlichter, die entstehen, wenn Glas und Chrom das Umgebungslicht und umstehende Objekte reflektieren. Die fertige Visitenkarte wurde entlang der Kante des Pfostens ausgestanzt. Mit Kelleys Technik gelingen Ihnen überzeugende Glanzlichter auf Glas und Chrom.

**1. Das Vorlagenbild platzieren und den Pfosten abpausen.** Kelley erhielt ein JPEG-Bild des originalen Barbier-Pfostens. Dieses war hilfreich zur genauen Reproduktion der roten und blauen Streifen, die sich um den Pfosten winden. Sie platzierte das JPEG-Bild als Vorlage und pauste die Bestandteile des Pfostens dann mit dem *Zeichenstift*-Werkzeug und anderen Zeichenwerkzeugen ab. Für die absolut runde, weiße Kugelleuchte auf dem Pfosten verwendete sie das *Ellipse*-Werkzeug. Zu diesem Zeitpunkt waren die Reflexionen auf den Glas- und Chromteilen noch nicht abgepaust.

**2. Die Reflexionen abpausen.** Als Nächstes pauste Kelley die Reflexionen ab – das Glanzlicht auf dem Glaszylinder und die dunklen Reflexionen auf dem unteren Chromteil des Pfostens. Kelley erkannte, dass das Glanzlicht in vertikaler Richtung durchgängig über Glas und Chrom verlief, und richtete daher ihre Glanzlicht- und Reflexionspfade dementsprechend aus. Sie füllte das Glanzlicht auf dem Glas mit Weiß, die dunklen Reflexionen auf dem Chrom mit Schwarz.

Für die Ausleuchtung der milchgläsernen Kugelleuchte wendete Kelley einen radialen Verlauf zwischen Weiß und warmem Grau an (sie verwendete 12.8% C, 12.8% Y, 16% M, 18% K). Außerdem fügte sie einen leichten *Schein nach innen*-Effekt hinzu. Um dem Chromsockel einen Schein zu verpassen, wendete Kelley einen linearen Verlauf mit demselben Hellgrau wie oben und einem mittleren Grauton(16% C, 16% Y, 20% M, 16% K) an.

**3. Transparenz auf die Glanzlichtform anwenden.** Damit die Objekte unter dem Glas-Glanzlicht sichtbar wurden, markierte Kelley das Glanzlicht und stellte im Bedienfeld *Transparenz* einen Deckkraftwert von 50% ein.

**4. Die Ausleuchtung vereinheitlichen.** Kelley verstärkte die Gesamtausleuchtung, indem sie die Füllmethode *Multiplizieren* mit einem Verlauf kombinierte. Dadurch erzielte sie einen weichen, vertikalen Schatten entlang der gesamten rechten Seite des Pfostens. Kelley musste zunächst einen separaten Pfad für den gesamten Umriss des Pfostens anlegen. Sie duplizierte die Stange und klickte im Bedienfeld *Pathfinder* auf die Schaltfläche *Dem Formbereich hinzufügen*, während die Pfade noch markiert waren. Damit erreichte sie, dass sich die Formen wie ein einzelnes Objekt verhielten. Sie wendete einen hellen linearen Verlauf auf das neue Objekt an.

Kelley wollte nachempfinden, dass verschiedene Pfosten- und Reflexionspfade unterschiedlich stark durch den Schatten beeinflusst werden. Dazu platzierte sie den Verlauf zunächst hinter den anderen Pfaden, indem sie *Objekt > Anordnen > In den Hintergrund* wählte. Kelley wendete dann die Füllmethode *Multiplizieren* auf die Pfade des Pfostens und der Reflexionen an, so dass deren Füllungen und Konturen durch den Schatten abgedunkelt wurden. Sie erstellte die gewünschten Variationen, indem sie die Deckkraftwerte einzelner Pfade veränderte. Zur Betonung des Gesamtumrisses des Pfostens wendete Kelley eine 7,5 pt starke schwarze Kontur auf ein Duplikat des Umrisspfads an und platzierte dieses Duplikat hinter dem Rest der Zeichnung.

**3**

Das markierte Glas-Glanzlicht (links), dasselbe Glanzlicht, nicht mehr markiert und nach Zuweisung von 50% Deckkraft im Bedienfeld *Transparenz* (rechts).

**4**

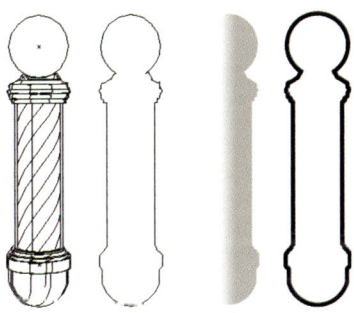

Kelley vereinheitlichte die Ausleuchtung, indem sie die Pfade des Pfostens (links) im Bedienfeld *Pathfinder* vereinte und den neuen Pfad (zweites von links) mit einem linearen Verlauf ausfüllte (drittes von links); ein Duplikat mit einer kräftigen Kontur verstärkt die Umrisslinie (rechts).

Die Füllmethode *Multiplizieren* wurde auf die Objekte des Pfostens angewendet, damit der Hintergrundverlauf durchscheinen konnte.

# Transparenter Drachen

Versteckte Details mittels Deckkraft enthüllen

## Fortgeschrittene Technik

**Überblick:** Wenden Sie Transparenz als Alternative zur traditionellen Schnittansicht auf Verlaufsfüllungen an; erzielen Sie unterschiedliche Effekte durch Anpassen der Deckkrafteinstellungen.

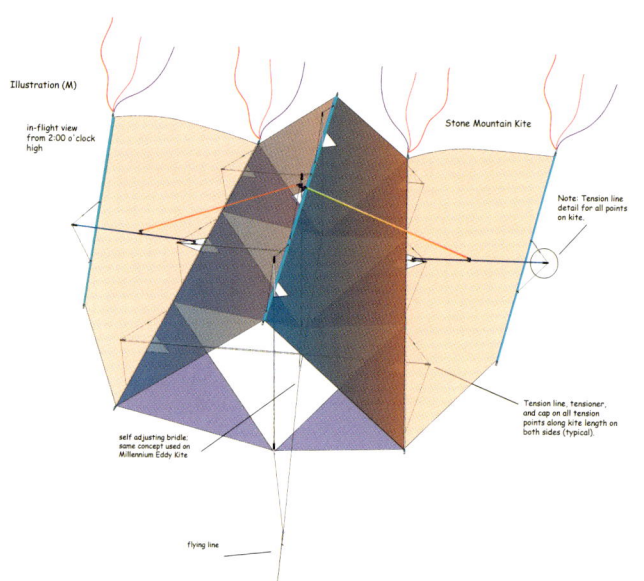

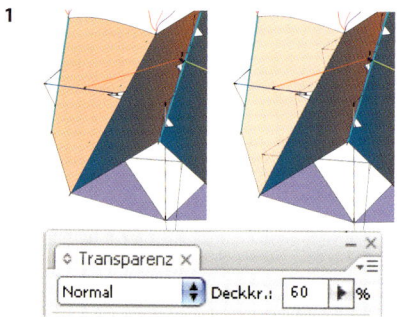

1

Vor (links) und nach (rechts) der Anwendung von 60% Deckkraft auf den linken Flügel zur Enthüllung des darunter liegenden Gestänges.

2

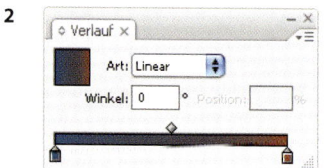

Bedienfeld *Verlauf* für die oberen Segel

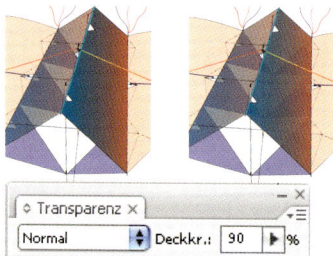

Vor (links) und nach (rechts) der Anwendung von 90% Deckkraft auf das rechte obere Segel

Eden Maxwell illustrierte Bobby Stanfields neuartigen Stone-Mountain-Drachen für ein Projekt, das von der Encyclopedia Britannica in Auftrag gegeben wurde. Im Jahr 1986 stellte diese Drachenform einen Rekord auf, indem sie über 25 Stunden in der Luft blieb. Maxwell verwendete die Transparenzfunktionen von Illustrator für die zugrunde liegende Struktur des Drachens und die Darstellung des zarten halbtransparenten Drachenstoffs.

**1. Den beigefarbenen Flügeln eine transparente Füllung zuweisen.** Maxwell färbte die Flügel in Beige (0% C, 25% M, 41% Y, 0% K). Er wollte das Gestängesystem hinter den Flügeln sichtbar machen und stellte daher die Deckkraft des markierten Flügelpfads auf 60%. Die Deckkraft des rechten Flügels legte er auf 65% fest.

**2. Den oberen Segeln und Kielen eine transparente Füllung zuweisen.** Maxwell füllte die oberen Drachensegel mit einem Verlauf von Blau (91% C, 1% M, 10% Y, 39% K) nach Orange (0% C, 71% M, 73% Y, 19% K). Um die darunter liegende Struktur sichtbar zu machen und aus verschiedenen Blickwinkeln betrachtete durchscheinende Stoffe nachzuahmen, wies er dem oberen linken Segel 60% Deckkraft zu, dem oberen rechten Segel 90%. Sie können im Bedienfeld *Steuerung* einen Deckkraftwert angeben; weitere Deckkraftoptionen finden Sie im Bedienfeld *Transparenz*.

Schließlich wendete Maxwell 65% Deckkraft auf die dreieckigen Kiele unter dem Drachen an.

# GALERIE

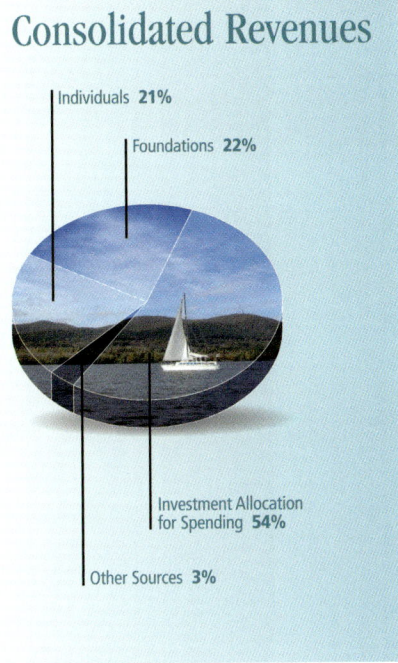
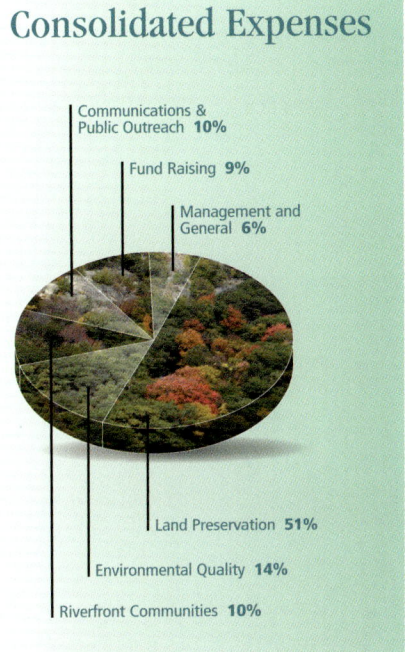

## Adam Z Lein

Adam Z Lein arbeitete sich in New York in dieses Tortendiagramm für den Jahresbericht der Umweltorganisation Scenic Hudson Bilder des Hudson Valley ein. Lein wandelte die Daten mit Microsoft Excel und dem Excel-Chart Wizard in ein perspektivisch gekipptes Diagramm um. Mit dem Acrobat PDF Maker erstellte er eine PDF-Datei des Diagramms. Als er diese in Illustrator öffnete, lagen alle Formen als Vektorobjekte vor. Lein platzierte dann ein Foto auf einer Ebene unter dem Tortendiagramm und änderte die Füllmethode im Bedienfeld *Steu-* *erung* von *Normal* auf *Weiches Licht*. Er passte die unterschiedlichen Farbtöne und Schattierungen des hinterlegten Bilds an, indem er Verläufe und Grauschattierungen auf die einzelnen Tortenstücke anwendete. Um das Bild in das Tortendiagramm einzupassen, erstellte er eine Schnittmaske in der Form des Tortendiagramms. (Im Kapitel 13 „Fortgeschrittene Techniken" erfahren Sie mehr zu Schnittmasken.) Schließlich platzierte er die Diagramme in seinem Layoutprogramm, wo er Text und Datenpunkte ergänzte.

# Einen Scan einfärben

Einem Graustufenbild eine Farbe hinzufügen

 ChavezConrad_Scan_faerben.ai

## Fortgeschrittene Technik

**Überblick:** Bereiten Sie ein Graustufenbild vor; importieren Sie das Bild in Illustrator; kolorieren Sie das Bild; beschneiden Sie das Bildmaterial auf die benötigte Form; fügen Sie eine Vignette hinzu.

Chavez

1

Das originale, eingescannte Bild

2

Das Layout (links) und das im Layout zunächst oberhalb des Seitendesigns platzierte Bild (rechts)

Conrad Chavez erstellte dieses Konzept für einen im Voraus bezahlten Kaffeegutschein, auf dem unterschiedliche Hintergrundfotos verwendet werden können. Damit das Design möglichst flexibel blieb, importierte er eine Graustufenversion das Bilds und fügte in Illustrator Farbe hinzu. Auf diese Weise konnte er die Bildfarbe jederzeit ändern.

**1. Das Bild scannen und vorbereiten.** Chavez scannte zunächst ein Foto ein und speicherte es als Graustufenbild. Speichern Sie das Bild in einem Format, das Sie in Illustrator platzieren können, etwa TIFF oder PSD (Photoshop). Wenn Ihr Originalbild in Farbe vorliegt, müssen Sie es zunächst mit einem Programm wie Photoshop in Graustufen umwandeln. Farbbilder lassen sich in Illustrator nicht tönen.

**2. Das Bild importieren.** Chavez importierte das Bild mittels *Datei > Platzieren*. Im Dialogfenster *Platzieren* deaktivierte er die Kontrollfelder *Vorlage* und *Ersetzen*. Er platzierte das Bild dann auf dem Layout.

Sie können Ihre Bildverzeichnisse auch mit Adobe Bridge durchsuchen und die gewünschten Bilder dann aus Bridge in das Illustrator-Dokumentfenster ziehen.

**3. Das Bild einfärben.** Zum Einfärben des Bilds markierte Chavez es, klickte im Bedienfeld *Werkzeuge* auf das *Fläche*-Symbol und anschließend auf ein einfarbiges Farbfeld im Bedienfeld *Farbfelder*. Er hatte das dunkelbraune Farbfeld bereits anderen Gestaltungselementen zugewiesen und erzielte somit eine einheitliche Komposition.

Wenn sich das Bild beim Anwenden einer Farbe nicht verändert, überprüfen Sie, ob das *Fläche*-Symbol aktiviert ist und ob das Bild tatsächlich in Graustufen und nicht als RGB- oder CMYK-Datei abgespeichert wurde.

**4. Sich ein Bild vom Endformat machen.** Um das Erscheinungsbild der Komposition nach dem Beschnitt zu betrachten, zeichnete Chavez ein Rechteck mit abgerundeten Ecken, das der endgültigen Kartengröße entsprach. Das Rechteck lag vor dem Hintergrundbild und dem dunklen, hochkant ausgerichteten Rechteck. Er markierte alle drei Objekte und wählte *Objekt > Schnittmaske > Erstellen*, wodurch er eine Beschnittgruppe erhielt.

**5. Eine Vignette hinzufügen.** Chavez erzeugte eine Vignette, um Vorder- und Hintergrund besser voneinander abzuheben. Er zeichnete ein neues Rechteck in der Größe der Zeichenfläche und wendete im Bedienfeld *Verlauf* einen kreisförmigen Verlauf an. Er änderte den ursprünglich schwarzen Regler des Verlaufs auf dasselbe dunkle Farbfeld, das er auf das Bild angewendet hatte. Dann klickte er im Bedienfeld *Steuerung* auf *Deckkraft* und wählte aus dem Popup-Menü den Befehl *Multiplizieren*, um den Verlauf mit dem darunter liegenden Bild zu vermischen.

Die Vignette musste dazu hinter allen Objekten außer dem gescannten Bild liegen. Im Bedienfeld *Ebenen* zog Chavez die Vignette nicht nur in der Stapelfolge weiter nach unten, sondern auch in die Beschnittgruppe, so dass die Vignette innerhalb der vorläufigen Beschnittgruppe zu sehen war.

**6. Die Vignette bearbeiten.** Chavez wollte die Gestaltung durch die Bearbeitung der Vignette abrunden. Er markierte die Vignette im Bedienfeld *Ebenen* und klickte mit dem *Verlauf-Werkzeug* auf das Gebäude, um die Verlaufsmitte an diesen Punkt zu bewegen. Er verschob die Regler im Bedienfeld *Verlauf* und weitete sowohl die helle Mitte als auch den dunklen Rand des Verlaufs aus. Schließlich markierte er die Beschnittgruppe und wählte *Objekt > Schnittmaske > Zurückwandeln*, um den für die Druckmaschine benötigten Anschnitt wiederherzustellen. Anschließend löschte er seinen vorläufigen Schnittpfad.

**3**

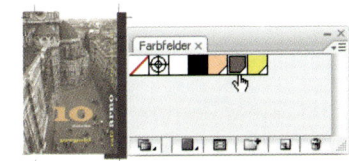

Einfärben des Bilds (links) durch Markieren und anschließendes Anklicken des dunkelbraunen einfarbigen Farbfelds im Bedienfeld *Farbfelder*

**4**

Rechteck mit abgerundeten Ecken zur Andeutung der endgültigen Schnittgröße (links); rechts wurde das Bildmaterial damit zugeschnitten.

**5**

Anwenden eines kreisförmigen Verlaufs auf das neue Rechteck (links); Anwenden der Füllmethode *Multiplizieren* auf das Rechteck (Mitte); rechts wurde der Vignettenpfad in die Schnittgruppe gezogen.

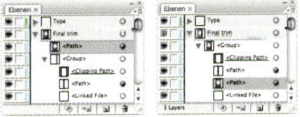

Bedienfeld *Ebenen* bevor (links) und nachdem (rechts) die Vignette in die Schnittgruppe gezogen wurde

**6**

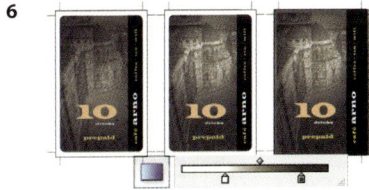

Vor (oben links) und nach (oben Mitte) der Bearbeitung des Verlaufs: Verschieben des Verlaufsmittelpunkts mit dem *Verlauf*-Werkzeug (unten links) und Verändern der Reglerpositionen im Bedienfeld *Verlauf* (unten rechts); fertig für die Druckvorstufe mit gelöschter Maske (oben rechts)

# Elemente angleichen

Angleichen und Vereinigen mittels Transparenz

## Fortgeschrittene Technik

**Überblick:** Bereiten Sie in Photoshop Bilder zur Integration in Illustrator vor; verwenden Sie *Multiplizieren* und *Deckkraft* zum Angleichen; erstellen Sie transparente Hintergründe.

1

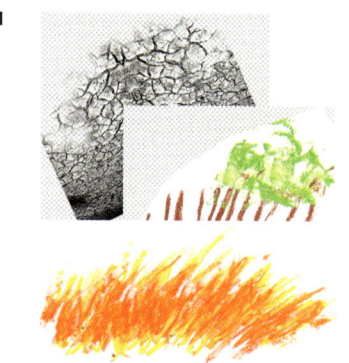

Eine in Photoshop für den Einsatz in Illustrator vorbereiteten Fotografie oder Handzeichnung wurde als Textur verwendet – hier sind zwei Beispiele mit dem Transparenzraster von Photoshop dargestellt; das Feuer ist hingegen vollständig deckend.

2

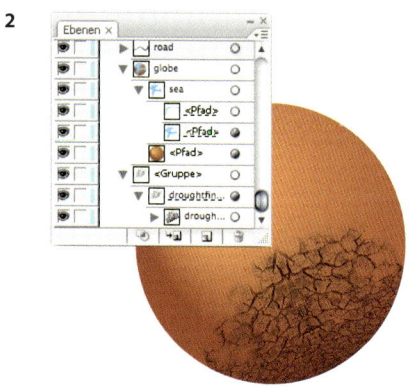

Anordnung einer verlaufsgefüllten Kugel auf einer Ebene oberhalb eines Graustufenfotos und anschließende Auswahl der Füllmethode *Multiplizieren* zur Erzeugung einer Textur.

Jennings

Als David Jennings beauftragt wurde, für Climate Concern UK eine Illustration zu Umweltthemen anzufertigen, wollte er negative Einflüsse auf das Weltklima mit kontrastreichen Texturen hervorheben. Für manche der Texturelemente setzte er Photoshop ein. Da die meisten Details jedoch als Vektorgrafik vorliegen würden, führte er sämtliche Objekte, ob Pixel- oder Vektorgrafik, mit Illustrator zu einer schlüssigen Gesamtheit zusammen.

1. **Bilder zum Platzieren in Illustrator vorbereiten.** Jennings zeichnete zunächst mit Pastellkreide Rauch, Wolken, Bäume und Feuer auf Papier. Diese scannte er in Photoshop ein und passte die Farben als Vorbereitung für die spätere Platzierung in Illustrator an. Ebenso passte er ein Graustufenbild von aufgeplatztem Erdboden an, das später in Illustrator mit der Erdkugel überblendet Dürre symbolisieren sollte. Nachdem er diese Bilder vorbereitet und als PSD-Dateien gespeichert hatte, begann er in Illustrator mit der Arbeit an der Grafik.

2. **Die Füllmethode *Multiplizieren* und reduzierte Deckkraft zum Einblenden von Texturen und Hinzufügen von Schattierungen einsetzen.** In Illustrator zeichnete Jennings nun einen

Kreis für den Planeten und füllte ihn mit einem braunen radialen Verlauf. Er legte unter dem Planeten eine Ebene an und wählte *Datei > Platzieren,* um die Erdtextur einzubringen. Nachdem er das Bild skaliert und gedreht hatte, änderte er im Bedienfeld *Transparenz* die *Füllmethode* der Kugel von *Normal* in *Multiplizieren.* Dadurch wurden die Farbwerte der Textur, die dunkler als die Kugel waren, auf deren Oberfläche sichtbar, während der braune Verlauf die helleren Farbwerte des Fotos ersetzte.

Schattierungen mit einem Objekt im Modus *Multiplizieren* hinzufügen

Hauptsächlich mit dem *Zeichenstift*-Werkzeug begann Jennings von Menschenhand erschaffene und natürliche Elemente zu zeichnen – die Autos und Flugzeuge, die Fabrik und die Häuser, den Menschen und den Eisbären. Für die Schattierungen fügte er über den Originalen dunklere Objekte ein, schaltete die Füllmethode auf *Multiplizieren* um und/oder änderte die Deckkraft im Bedienfeld *Transparenz,* um das Erscheinungsbild der darunter liegenden Objekte zu beeinflussen. Wenn die Schattierung sogar noch dunkler sein sollte als die bereits gewählten Farben, verwendete er zur Verstärkung der Farben die Füllmethode *Multiplizieren.* War die Farbe etwas zu dunkel, senkte er die Deckkraft. Für den Schatten der Fabrik verwendete er außer *Multiplizieren* zum Verstärken der Farben unter seiner Schattenform auch noch einen Gaußschen Weichzeichner als interaktiven Effekt. Damit erzielte er noch mehr Transparenz und Weichheit an den Schattenrändern.

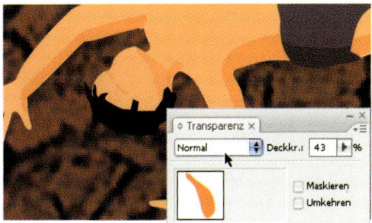

Deckkraft zur genauen Festlegung von Schattierung und Tiefe anpassen

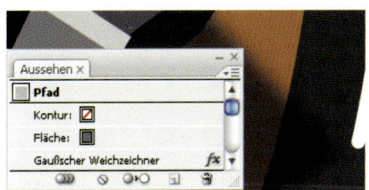

Transparente Schatten lassen sich mittels *Füllmethode > Multiplizieren* kombiniert mit *Effekt > Weichzeichnungsfilter > Gaußscher Weichzeichner* erzeugen.

**3. Transparente Hintergründe für Photoshop-Bilder erzeugen.** Jennings musste nun die in Photoshop vorbereiteten, texturierten natürlichen Elemente hinzufügen. Er wusste, dass die Füllmethode *Multiplizieren* die häufig mit Pixelgrafiken importierten weißen Hintergründe entfernt. Also platzierte er die Bilder der Wolke, der Bäume und des Rauchs, skalierte und transformierte sie entsprechend und wählte dann *Multiplizieren,* um sie nahtlos mit den darunter liegenden Objekten zu vereinen. Für das Feuer benötigte Jennings jedoch sowohl Transparenz innerhalb des Feuers selbst als auch Deckkraft beim Platzieren über der Baumebene. Hätte er *Multiplizieren* verwendet, wäre das Feuer, das heller als die Bäume ist, verschwunden. In diesem Fall zeichnete Jennings in Photoshop eine Transparenzmaske für das Feuer. Diese wurde von Illustrator erkannt und blieb beim Importieren erhalten. (Im Kapitel 15 „Illustrator & andere Programme" finden Sie weitere Informationen zur Arbeit mit Photoshop und Illustrator.)

Auf *Multiplizieren* gestellte Bäume und Baumstämme verlieren vor dem Globus ihren weißen Hintergrund, aber das hellere Feuer benötigt eine in Photoshop erstellte Transparenzmaske.

# Deckkraftcollage

Objekte mittels Transparenz kombinieren

 Steuer_Valentine.ai

## Fortgeschrittene Technik

**Überblick:** Wenden Sie eine Deckkraftmaske an; experimentieren Sie mit Füllmethoden; schattieren Sie mit einem Verlaufsgitter.

**1**

Der herzförmige Pfad, das Zierdeckchen und das Bild vom Geldschein

**2**

Vor und nach dem Verwenden eines Verlaufs als Deckkraftmaske für den Geldschein; das Bedienfeld *Transparenz* bei maskiertem Ergebnis.

Steuer

Sharon Steuer erstellte diese Valentinstagskarte mit Schrift, mit Effekten versehenen Vektorgrafiken und importierten Pixelbildern. Steuer fertigte dieses Projekt für einen Artikel zum Valentinstag auf creativepro.com an. Sie ging von einem handgezeichneten Herz und Bildern eines Geldscheins sowie eines Zierdeckchens aus. Illustrator eignet sich für Steuers fortlaufende Experimente, da sich Ebenen oder Objekte leicht kopieren und in ihrem Aussehen verändern lassen und verschiedene Kombinationen von Objekten oder Ebenen angezeigt werden können.

**1. Die Hauptelemente anlegen.** Steuer importierte das gescannte Bild des Geldscheins mittels *Datei > Platzieren*. Zudem platzierte Steuer einen Scan eines Zierdeckchens auf blauem Hintergrund und positionierte es über *Objekt > Anordnen > In den Hintergrund* hinter der Banknote. Als Nächstes zeichnete Steuer mit dem *Zeichenstift*-Werkzeug eine Herzform und gab ihr eine rote Konturlinie.

**2. Ein Bild mit Deckkraft maskieren.** Steuer blendete das Bild des Geldscheins mit einer Deckkraftmaske vertikal aus. In einer Deckkraftmaske machen schwarze Bereiche das darunter liegende Bild unsichtbar, weiße Bereiche machen es sichtbar und graue Bereiche sind halbtransparent. Für die Maske zeichnete sie ein Rechteck und füllte es mit einem Verlauf von Schwarz nach Weiß. Sie platzierte das Rechteck über dem Bild der Banknote, markierte beide Objekte und wählte *Deckkraftmaske erstellen* aus dem Menü des Bedienfelds *Transparenz*.

**3. Die Umrisskontur des Herzens verändern.** Um die Illustration optisch ansprechender zu gestalten und mit einer Textur zu versehen, erstellte Steuer spielerische Variationen der Herzkontur. Zunächst wählte sie *Bearbeiten > Kopieren* und anschließend *Bearbeiten > Davor einfügen*. Damit duplizierte sie die Umrisskontur des Herzens. Ihre Experimente führten zu einer Vergrößerung der Umrisskontur und zur Auswahl von *Effekt > Stilisierungsfilter > Scribble*. Sie wendete auch eine stärkere Kontur und einen Rotton an. Steuer zeichnete zudem mit dem *Ellipse*-Werkzeug eine Form, welche der des Zierdeckchens entsprach. Sie stilisierte den Kreis mit derselben Technik, die sie für den Umriss des Herzens verwendet hatte, verwendete dafür jedoch ein bläuliches Grau anstatt des Rots.

**4. Mit Füllmethoden experimentieren.** Nachdem die Hauptelemente platziert waren, experimentierte Steuer mit der Integration der gestalterischen Elemente. Sie probierte verschiedene Deckkraftwerte und Füllmethoden aus, um die Farb- und Tonwertbeziehungen zwischen den Objekten und Ebenen abzugleichen.

Während die Deckkraft einen globalen Transparenzwert vorgibt, verändern Füllmethoden die Farb- und Tonwertbeziehungen zwischen überlappenden Bereichen. Die Methode *Ineinanderkopieren* erhöht beispielsweise den Kontrast zwischen hellen und dunklen überlappenden Bereichen, der Modus *Farbe* wendet den Farbton und die Sättigung eines Objekts auf darunter liegende Bereiche an. Steuer änderte im Bedienfeld *Transparenz* die Füllmethode und Transparenz für die ausgewählte Ebene oder das ausgewählte Objekt. Wenn eine Füllmethode sich stärker auswirkte, als von ihr gewünscht, passte sie die Deckkraft der Ebene oder des Objekts an.

Bei der Anwendung von Aussehenattributen wird das Zielauswahlsymbol der Ebene oder des Objekts im Bedienfeld *Ebenen* abgedunkelt. Damit lassen sich Ebenen und Objekte, deren Attribute wie *Deckkraft* und *Füllmethode* verändert wurden, leicht ausmachen. Klicken Sie einfach im Bedienfeld *Ebenen* auf das Zielauswahlsymbol des Objekts und betrachten Sie dann dessen Aussehenattribute im Bedienfeld *Aussehen*.

Das rote Herz und der blaue Kreis über den angeordneten Elementen, vor und nach der Anwendung des *Scribble*-Effekts auf das Herz und anschließend auf den Kreis

Das Popup-Menü *Füllmethode* und der Deckkraftwert im Bedienfeld *Transparenz*

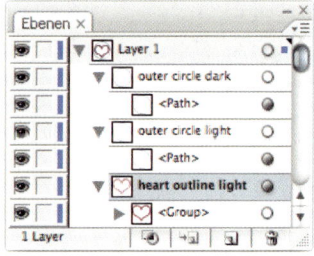

Abgedunkelte Kreise deuten auf Objekte oder Ebenen hin, deren Aussehenattribute wie Füllmethoden, Deckkraft und Effekte verändert wurden.

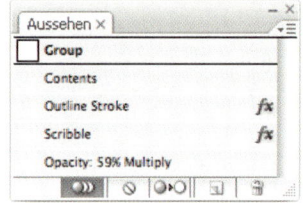

Das Bedienfeld *Aussehen* zeigt Effekte und Transparenzeinstellungen für einen ausgewählte Herzumriss an.

5

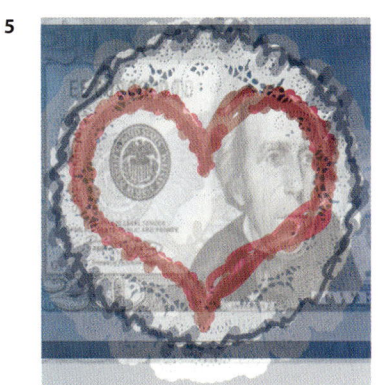

Die Zusammenstellung nach Anpassung von Füllmethoden und Deckkraftwerten

6

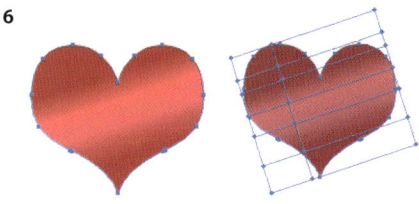

Das Herz mit einer benutzerdefinierten Verlaufsfüllung und nach dem Umwandeln der Verlaufsfüllung in ein maskiertes Verlaufsgitter und dem Hinzufügen eines Gitterpunkts.

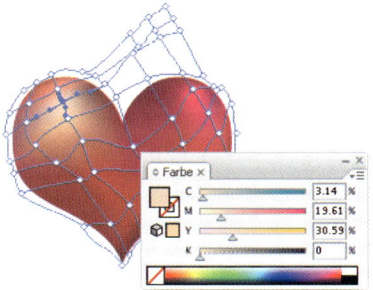

Verändern der Farbe eines Gitterpunkts auf dem bearbeiteten Verlaufsgitter

7

Detailansicht der Schrift und des darunter liegenden handgezeichneten Schattens

**5. Variationen erstellen.** Steuer wollte der Illustration etwas mehr Tiefe und Wirkung verleihen. Sie duplizierte den Herzumriss, veränderte die Einstellungen des *Scribble*-Effekts (durch Doppelklicken auf den *Scribble*-Effekt im Bedienfeld *Aussehen* bei markiertem Herzumriss) und veränderte die Füllmethode. Im fertigen Bild verwendete sie für den einen Herzumriss die Füllmethode *Multiplizieren* bei 59% Deckkraft, für den anderen die Füllmethode *Farbig nachbelichten* bei 100%. Auch die *Scribble*-Einstellungen sind jeweils unterschiedlich. Von der Banknote und dem Deckchen fertigte Steuer ähnliche Variationen an.

**6. Ein Verlaufsgitter zur Schattierung verwenden.** Zur Modellierung der Oberfläche verwendete Steuer ein Verlaufsgitter, mit dem sie ein Duplikat des Herzens schattierte. Im Bedienfeld *Verlauf* erstellte sie einen benutzerdefinierten linearen Verlauf und wendete ihn als Füllung des duplizierten Herzumrisses an. Mit dem *Verlauf*-Werkzeug passte sie die Endpunkte und den Winkel des Verlaufs an. Anschließend wandelte sie die Verlaufsfüllung über *Objekt > Umwandeln* in ein Verlaufsgitter um. Der Herzumriss wurde zu einer Schnittmaske mit einem darin liegenden rechteckigen Verlaufsgitter. Das umgewandelte Gitterrechteck ist gedreht, da die ursprüngliche Verlaufsfüllung ebenfalls geneigt war. Steuer formte das Gitter durch Hinzufügen von Gitterpunkten mit dem *Gitter*-Werkzeug. Sie passte Gitterpunktfarben mit dem Bedienfeld *Farbe* an und bewegte die Gitterpunkte und ihre Richtungslinien mit dem *Direktauswahl*-Werkzeug.

**7. Text hinzufügen.** Steuer fügte unterhalb des Herzens mit dem *Text*-Werkzeug die Textzeile „Money can't buy me love…" ein. Mit dem Grafiktablett ergänzte sie von Hand einen krakeligen Schatten hinter der Schrift. Für diesen probierte sie unterschiedliche Füllmethoden und Deckkrafteinstellungen aus, bis sie schließlich bei der Füllmethode *Sättigung* bei 25% Deckkraft landete.

### Schnellerer Zugriff auf eine Schnittmaske und ihren Inhalt

Wenn in Illustrator CS3 eine Schnittmaske markiert ist, erscheinen am linken Rand des Bedienfelds *Steuerung* zwei neue Schaltflächen zum Bearbeiten des Beschneidungspfads und zur Bearbeitung des Inhalts. Durch Anklicken dieser Schaltflächen erhalten Sie direkten Zugriff auf den Pfad oder die Inhalte einer Schnittmaske.

# GALERIE

CASSELL / 1185 DESIGN

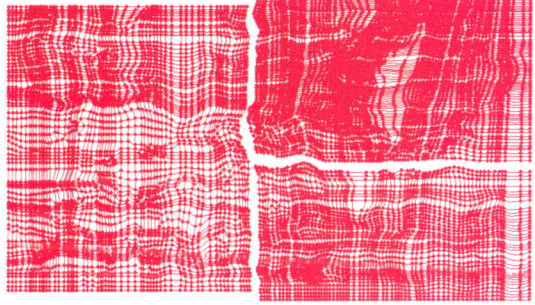

## Peter Cassell/1185 Design

Peter Cassells fedrige Kumuluswolken gehören normalerweise nicht zu der Bildkategorie, die mit scharfkantigen Vektorwerkzeugen in Verbindung gebracht wird. Sie waren Teil einer Illustration für eine Verpackung von Adobe Illustrator (beachten Sie auch Cassells Stadtansicht weiter vorne in diesem Kapitel). Cassell platzierte zunächst ein Foto auf einer Vorlagenebene in Illustrator. Als Nächstes erstellte er ein Verlaufsgitter mit der maximalen Anzahl von Zeilen und Spalten (50). Zum Einfärben der Wolken wählte er zunächst *Ansicht > Pfadansicht* (damit er das Wolkenbild in einer Ebene unterhalb des Gitters erkennen konnte). Als Nächstes klickte er mit dem *Direktauswahl*-Werkzeug auf einen Gitterpunkt, wechselte zum *Pipette*-Werkzeug und nahm dann mit einem Klick in das Wolkenbild eine Farbprobe auf. Diesen Vorgang wiederholte er, um den Rest des Gitters gemäß dem Wolkenbild einzufärben. Um Teile des Gitters gemäß der Wolkenkonturen umzuformen, klickte Cassell Gitterpunkte mit dem *Gitter*-Werkzeug an und zog sie. Wo mehr Detail vonnöten war, fügte Cassell dem Gitter durch Anklicken einer Gitterlinie oder eines leeren Bereichs im Gitter Zeilen und Spalten hinzu. Als die Komposition zu detailreich wurde, markierte Cassell überlappende Gitterbereiche, kopierte sie einzeln und fügte jeden in eine eigene Datei ein. Sobald er einen Abschnitt fertig hatte, kopierte er ihn und setzte ihn in die endgültige, zusammengesetzte Datei ein. Er achtete darauf, an den Überlappungsstellen keine Gitterpunkte zu verändern, damit am Ende ein nahtloses Erscheinungsbild der einzeln bearbeiteten Abschnitte gegeben war.

# GALERIE

# GALERIE

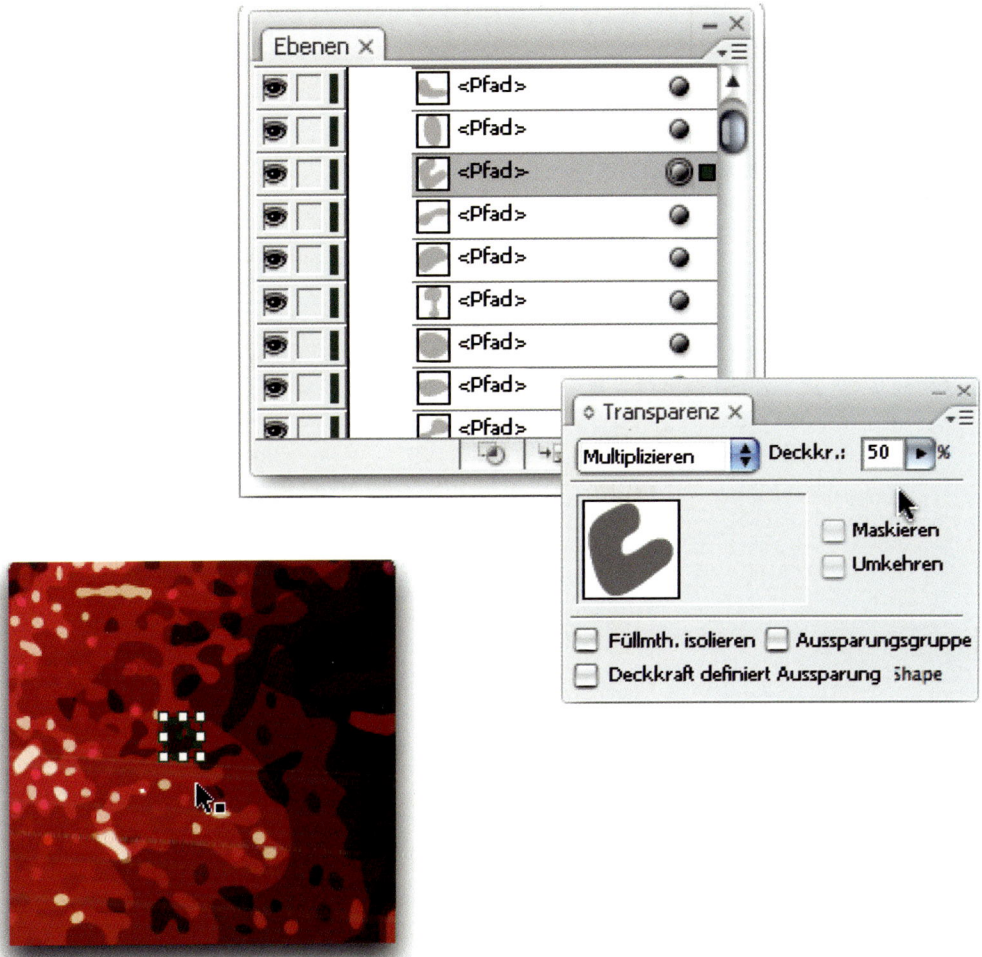

HessKurt_Suzy-Parker.ai

## Kurt Hess

Als Übung zur Verfeinerung seiner Technik fertigte Kurt Hess dieses Porträt von Suzy Parker an. Als Vorlage diente ihm ein Foto von 1952. Hess machte den Inhaber der Rechte an der Originalaufnahme ausfindig, der großzügigerweise seine Erlaubnis für die Veröffentlichung der Illustration an dieser Stelle gab. Hess verstärkte den wichtigen Kontrast im Bild mit dem Aquarellfilter von Photoshop und erstellte dann Ebene für Ebene ein überzeugendes Porträt in Illustrator. Hess legte zunächst eine Palette globaler Farben an, die er zum Abpausen von Fotobereichen mittels *Zeichenstift-* und *Buntstift*-Werkzeug auf separate Ebenen verwendete. Durch die Überlappung einzelner Objekte erzeugte er den Eindruck von Tiefe, ehe er deren Einstellungen im Bedienfeld *Transparenz* anpasste – dabei verwendete er *Multiplizieren*, *Ineinanderkopieren* oder *Negativ multiplizieren* zur Kontrolle des Kontrasts und stimmte auch die Deckkraft ab. Mit dieser Methode konnte Hess zu jedem Objekt zurückkehren und die Einstellung so oft wie nötig nachbessern, bis die Schattierungen exakt seinen Vorstellungen entsprachen. Außerdem vereinfachte die Verwendung einer globalen Palette die spätere Bearbeitung der Farben zur Erstellung einer schimmernden Darstellung von „Suzy."

# 10 Interaktive Farbe

Farbtöne beziehungsweise Farben sind relativ. Einzelne Farbtöne werden im Zusammenspiel mit anderen Farbtönen unterschiedlich wahrgenommen. Die neue Illustrator-Funktion *Interaktive Farbe* ist eine innovative Möglichkeit zur Untersuchung von Farbzusammenhängen, die so bisher in keinem anderen Programm vorhanden war. Sie können schnell neue Farbkombinationen analysieren, eine bestimmte Farbe schneller ausfindig machen und herausfinden, welche Farbtöne aufgrund der wissenschaftlichen Farblehre und vordefinierter *Farbharmonieregeln* gut zusammenpassen. *Interaktive Farbe* bietet neuartige Werkzeuge zum Mischen und Anpassen von Farben und ermöglicht Ihnen die Extraktion von Farben aus Grafikmaterial und die Erzeugung von Farbgruppen. (In der Einleitung von Kapitel 3 „Zeichnen & Färben" werden die Bedienfelder *Farbe*, *Farbfelder* und *Farbhilfe* besprochen und sie finden einige Lektionen, die auch auf Teile der Funktion *Interaktive Farbe* eingehen.)

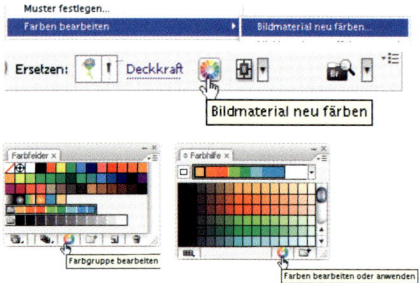

*Bearbeiten > Farben bearbeiten > Bildmaterial neu färben* (oben); *Bildmaterial neu färben* im Bedienfeld *Farbe*; Schaltfläche *Farbgruppe bearbeiten* im Bedienfeld *Farbfelder* und die Schaltfläche *Farben bearbeiten* im Bedienfeld *Farbhilfe* – alles Möglichkeiten, die Funktion *Interaktive Farbe* aufzurufen.

*Interaktive Farbe* ist nicht nur ein einzelnes Bedienfeld oder eine einzelne Funktion. Vielmehr handelt es sich um eine interaktive Umgebung zur Analyse von Farben, die aus unterschiedlichen, ineinandergreifenden Oberflächen und Werkzeugen besteht. Es ist tatsächlich schwierig, überhaupt etwas mit der Bezeichnung *Interaktive Farbe* zu finden. Der Name taucht nicht im Menü *Fenster* oder in den Bedienfeldern *Steuerung* bzw. *Farbe* auf. Es gibt nur ein einziges Dialogfenster mit dieser Bezeichnung, das sich aber auf unterschiedlichste Weise erreichen lässt.

Die Funktionsweise der *interaktiven Farbe* kann durchaus respekteinflößend wirken. Dieses Kapitel und die darin enthaltenen Lektionen sollen es Ihnen jedoch ermöglichen, zumindest einige der Funktionen von *Interaktive Farbe* zu Ihrem künstlerischen Arsenal hinzuzufügen.

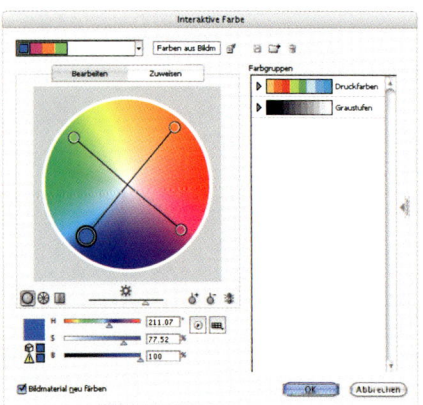

Der Name *Interaktive Farbe* taucht nur in diesem Dialogfenster auf (hier im Modus *Bearbeiten*).

## Einen Arbeitsbereich für die Funktion Interaktive Farbe einrichten

Die von Adobe als *Interaktive Farbe* bezeichnete Funktion besteht aus mehreren Komponenten. Die Bedienfelder *Farbe*, *Farbhilfe*, *Farbfelder*, *kuler* (Letzteres leider nur in der englischsprachigen Version) und das Dialogfenster *Interaktive Farbe* sind integrale Bestandteile dieser Umgebung.

Zur möglichst effektiven Nutzung von *Interaktive Farbe* sollten die Bedienfelder *Farbe*, *Farbhilfe* und *Farbfelder* gleichzeitig sichtbar

### Interaktive Farbe, Farbfelder & Pinsel

Wenn Sie *Interaktive Farbe* zum Bearbeiten von mit Mustern, Pinseln oder Gradienten versehenen Objekten verwenden, wendet die *interaktive Farbe* neue Farbfelder und/oder Pinsel auf Ihre Objekte an. Diese neuen Stile werden automatisch den Bedienfeldern *Farbfelder* und/oder *Pinsel* hinzugefügt und dort gespeichert. (Ein Beispiel dazu finden Sie in der Lektion *Blumen durch Verzerrungsfilter* in Kapitel 3 „Zeichnen & Färben".)

sein; zudem muss sämtliches Grafikmaterial verfügbar sein, dessen Farben geändert werden sollen. Wenn alle Farbbedienfelder sichtbar sind, können Sie Farbgruppen erzeugen und speichern, Farben zwischen den Bedienfeldern hin- und herziehen und beobachten, wie sich die einzelnen Bedienfelder im Kontext mit Ihrer Arbeit verändern.

Hilfe zur Anordnung von Bedienfeldern und zur Anpassung Ihres Arbeitsbereichs finden Sie im Abschnitt „Arbeitsbereiche" im Kapitel 1 „Illustrator-Grundlagen". Der Tipp „Arbeitsbereiche weitergeben" im Kapitel 1 „Illustrator-Grundlagen" erläutert das Laden vorkonfigurierter, für die Arbeit mit der *interaktiven Farbe* optimierter Arbeitsbereiche.

### Mischen, Speichern und Erforschen

Im Wesentlichen können Sie das Bedienfeld *Farbe* als Werkzeug zur Farbmischung auffassen. Stellen Sie sich das Bedienfeld *Farbfelder* als eine Art Farbarchiv zum Ablegen und Ordnen der von Ihnen gemischten Farbtöne vor. Das Bedienfeld *Farbhilfe* kann als Farblabor betrachtet werden – ein Ort zum Forschen und zur Suche nach Inspiration. Das nur in der englischsprachigen Version verfügbare Bedienfeld *kuler* stellt eine Umgebung zur Veröffentlichung von Farbideen dar (mehr zu diesem Konzept erfahren Sie später in diesem Kapitel).

### Bildmaterial neu färben

Mit der Funktion *Interaktive Farbe* können Sie Bildmaterial systematisch oder vollkommen zufällig neu einfärben. Sie erreichen die Funktion *Bildmaterial neu färben* (das Dialogfenster *Interaktive Farbe*) von verschiedenen Stellen aus, je nachdem, was Sie markiert haben und was Sie zu tun gedenken. Solange Sie Objekte mit mindestens zwei verschiedenen Farben markiert haben, öffnet sich das Dialogfenster *Interaktive Farbe* durch Anklicken der Schaltfläche *Bildmaterial neu färben* im Bedienfeld *Steuerung*. Dabei dienen die Farben der markierten Grafik automatisch als Ausgangspunkt.

Wenn Sie das Dialogfenster *Interaktive Farbe* auf andere Weise öffnen (etwa über die Schaltfläche *Bildmaterial neu färben* im Bedienfeld *Farbhilfe*), werden Ihrem Bild möglicherweise zunächst neue Farben zugewiesen. Wenn das nicht Ihrer Absicht entspricht, klicken Sie auf die Schaltfläche *Farben aus ausgewähltem Bildmaterial erfassen*. Damit laden Sie erneut die Originalfarben, die dann auch wieder in Ihrem Grafikmaterial erscheinen.

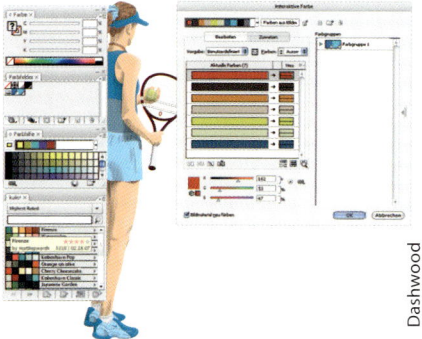

Dashwood

Zur effektiven Arbeit mit der *interaktiven Farbe* sollten alle farbbezogenen Bedienfelder und das neu einzufärbende Grafikmaterial zugleich sichtbar sein; Ecken werden im Modus *Interaktive Farbe* automatisch ausgeblendet.

#### Die Reichweite der *Interaktiven Farbe*

Eine der vielen beeindruckenden Fähigkeiten der *interaktiven Farbe* besteht darin, dass die Farben fast jeden eingefärbten Objekts global in Ihrem Illustrator-Grafikmaterial verändert werden können. Farben in Hüllen, Gittern, Symbolen, Pinseln, Mustern, Raster/Pixeleffekten (nicht aber in RGB- oder CMYK-Pixelbildern) und in Objekten mit mehrfachen Füllungen und Konturen lassen sich alle auf einfache Weise im Dialogfenster *Interaktive Farbe* verändern!
Jean-Claude Tremblay

#### Die Schaltfläche *Bildmaterial neu färben*

Es gibt mehrere Möglichkeiten, die Funktion *Interaktive Farbe* aufzurufen. Als wahrscheinlich am besten vorhersagbare und schnellste Methode öffnen Sie das Dialogfenster *Interaktive Farbe* vom Bedienfeld *Steuerung* aus. Wenn Sie ein oder mehrere Objekte mit mindestens zwei unterschiedlichen Farben markiert haben, erscheint im Bedienfeld *Steuerung* die Schaltfläche *Bildmaterial neu färben* – klicken Sie diese einfach an.

*Aktive Farben* werden im Feld oben links im Dialogfenster *Interaktive Farbe* angezeigt; aktive Farben können Farben des ausgewählten Grafikmaterials oder Farben aus einer markierten Harmonieregel oder Farbgruppe sein; hier können Sie Farbgruppen umbenennen oder neu anlegen; die Schaltfläche *Farben aus ausgewähltem Bildmaterial erfassen* ist rot eingerahmt.

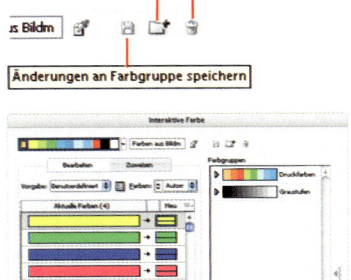

Das Dialogfenster *Interaktive Farbe* im Modus *Zuweisen*; jeder Farbbalken repräsentiert eine Farbe in Ihren markierten Bildobjekten.

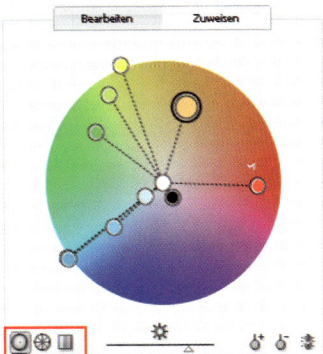

Das Farbrad im Dialogfenster *Interaktive Farbe* kann mittels der rot eingerahmten Schaltflächen geglättet, segmentiert oder als Farbkontrollstreifen dargestellt werden; jede kreisförmige Markierung steht für eine Farbe im von Ihnen ausgewählten Grafikmaterial; die große Markierung entspricht der aktuell von *Interaktive Farbe* verwendeten Basisfarbe.

### Die Glanzlichter des Dialogfensters Interaktive Farbe

Ganz oben links im Dialogfenster *Interaktive Farbe* befindet sich das Feld *Aktive Farben*. Durch Anklicken des rechts davon gelegenen Pfeils wird ein Menü mit einigen der Adobe-„Harmonieregeln" ausgeklappt. Farbharmonien bestehen aus Farbtönen, die gut zueinander passen beziehungsweise harmonisch erscheinen. *Interaktive Farbe* kann die von Ihnen ausgewählte Farbkombination als „Regel" zum Neueinfärben von Grafikmaterial verwenden. Wenn Sie eine dieser Regeln auswählen, ändern Sie die aktiven Farben in eine neue, unbenannte „Farbgruppe". Sie können einen Namen in das Feld eingeben und diese Gruppe dann durch Anklicken der Schaltfläche *Neue Farbgruppe* speichern. Damit wird Ihre neue Farbgruppe in den Bereich *Farbgruppen* des Dialogfensters *Interaktive Farbe* übernommen. Durch Anklicken einer beliebigen gespeicherten Farbgruppe laden Sie diese Farben in das Feld *Aktive Farben*.

Im Bereich *Farbgruppen* werden alle von Ihnen im Bedienfeld *Farbfelder* vor Aufruf der Funktion *Interaktive Farbe* gespeicherten Farbgruppen und alle im Dialogfenster *Interaktive Farbe* selbst erstellten Farbgruppen angezeigt. Denken Sie daran, dass sich das Löschen und Erstellen von Farbgruppen im Dialogfenster *Interaktive Farbe* auch auf die Farbgruppen im Bedienfeld *Farbfelder* auswirkt. Klicken Sie also nicht auf das Papierkorbsymbol, wenn Sie die Farbgruppe nicht tatsächlich komplett aus Ihrem Dokument entfernen möchten. Wenn Sie Farbgruppen erstellen, die Sie während Ihrer Arbeit mit *Interaktive Farbe* speichern möchten, ohne irgendwelche Veränderungen an Ihrem Grafikmaterial vorzunehmen, deaktivieren Sie das Kontrollkästchen *Bildmaterial neu färben* und klicken Sie auf *OK*. Klicken Sie stattdessen auf *Abbrechen*, wird Ihre gesamte Arbeit beim Erstellen (oder Löschen) von Farbgruppen verworfen.

Unterhalb des Felds *Aktive Farben* befinden sich zwei Hauptregister – *Bearbeiten* und *Zuweisen*. Wenn das Register *Zuweisen* beim Öffnen von *Interaktive Farbe* deaktiviert ist, bedeutet das, dass zuvor kein Grafikmaterial ausgewählt wurde. Sie haben wahrscheinlich im Bedienfeld *Farbhilfe* die Schaltfläche *Farben bearbeiten* angeklickt. Wenn *Zuweisen* ausgegraut ist, klicken Sie auf *Abbrechen* und wählen anschließend Grafikmaterial aus, bevor Sie *Interaktive Farbe* erneut aufrufen.

Das Register *Zuweisen* enthält eine Reihe langer, horizontaler Farbbalken, von denen jeder eine Farbe im derzeit markierten Grafikmaterial repräsentiert. Rechts von jedem langen Farbbalken befindet sich ein nach rechts weisender Pfeil, der auf ein kleineres Farbfeld deutet. Zu Beginn hat es dieselbe Farbe wie der längere Balken.

In diesem kleinen Farbfeld unter der Spaltenüberschrift „Neu" können Sie eine neue Ersatzfarbe laden oder eine Farbe mischen. Durch Anklicken des nach rechts weisenden Pfeils verwandelt sich dieser in eine gerade Linie und die zugehörige Farbe wird vor Veränderungen geschützt.

Im Register *Bearbeiten* sehen Sie standardmäßig ein Farbrad mit Linien. An diesen Linien befinden sich kleine Kreise, die als Markierungen bezeichnet werden. Jede Markierung steht für eine Farbe in den derzeit ausgewählten Objekten. Je nachdem, ob das Verknüpfungssymbol aktiviert oder deaktiviert ist, können Sie die Markierungen einzeln (entsperrt) oder gemeinsam (gesperrt) auf dem Farbrad bewegen und so die Farben Ihres Bilds anpassen. Neben dem standardmäßigen „geglätteten" Farbrad können Sie über die Schaltflächen auch ein segmentiertes Farbrad oder Farbkontrollstreifen aufrufen. (In der Lektion *Tag und Nacht* ab Seite 290 erhalten Sie ein Praxisbeispiel zur Verwendung der Farbkontrollstreifen.)

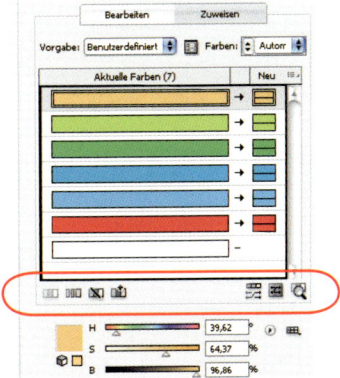

Im Modus *Zuweisen* dienen die eingekreisten Schaltflächen zum Zusammenfügen, Aufteilen, Ausschließen und Hinzufügen neuer Farbzeilen. Sie können Farbfolge, Sättigung und Helligkeit auch zufallsgesteuert verändern und eine bestimmte Farbe in Ihrem Grafikmaterial suchen.

Sie können nicht nur die Markierungen auf dem Farbrad umherziehen, sondern die einzelnen Farbwerte (Farbton, Sättigung und Helligkeit) auch über die Regler und Eingabefelder unterhalb des Farbrads einstellen. Sie können in den Standardfarbmodi (RGB, CMYK und so weiter) einzelne Farben Ihres Grafikmaterials anpassen oder alle Farben gleichzeitig global anpassen. Achten Sie beim Anpassen einzelner Farben darauf, wie sich die gewählte Farbmarkierung beim Verschieben eines Reglers auf dem Farbrad bewegt. (Praxisbeispiele zu den Funktionen von *Anpassen* und *Bearbeiten* finden Sie in den später in diesem Kapitel folgenden Lektionen.)

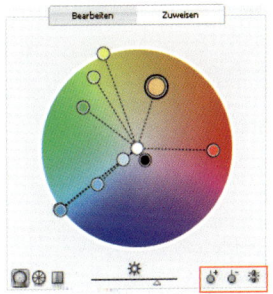

Die Schaltflächen unten rechts dienen zum Hinzufügen und Entfernen von Farbmarkierungen beziehungsweise zu deren Ver- und Entknüpfung.

## Farben beschränken und reduzieren

Der wichtigste Vorteil der *interaktiven Farbe* ist möglicherweise, dass Sie Farben beim Neueinfärben des Grafikmaterials auf eine vordefinierte Farbzusammenstellung beschränken können. Sie können den möglichen Farbbereich auf eine Farbfeldbibliothek wie eine Pantone-Bibliothek beschränken, eine Harmonieregel verwenden oder eine Vorgabe zum Umfärben auswählen. Selbst Ihre benutzerdefinierten Farbgruppen lassen sich als beschränkte Farbauswahl verwenden.

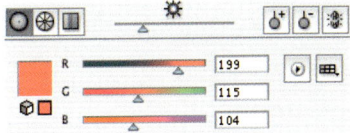

Im Modus *Bearbeiten* erscheinen diese Werkzeuge zur Farbanpassung direkt unter dem Farbrad. Hier können Farbton, Sättigung und Helligkeit verändert werden.

Wenn Sie eine der Farbregeln aus dem Menü *Harmonieregeln* auswählen, erledigt die *interaktive Farbe* ihre Arbeit und liefert Farbtöne, die harmonisch mit Ihrer Basisfarbe zusammmenklingen. „Harmonisch" bezieht sich hier auf die traditionelle Farblehre. (Einen tieferen Einblick in die Adobe-Farbregeln bieten der Abschnitt *Farbhilfe* und die Lektion „Farbberatung" in Kapitel 3 „Zeichnen & Färben".

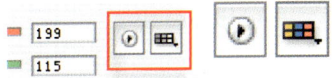

Die Menüschaltfläche für den Farbmodus (linke Schaltfläche) gibt das Farbmodell der Regler zur Farbanpassung vor; die *Farbfeldbibliothek*-Schaltfläche (rechts) beschränkt Ihre Farbgruppe auf eine bestimmte Farbfeldbibliothek.

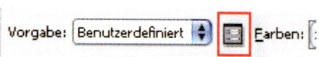

Die Schaltfläche *Farbreduktionsoptionen* (unter dem Register *Zuweisen* in *Interaktive Farbe*)

Die Schaltfläche *Farbreduktionsoptionen* öffnet dieses Dialogfenster.

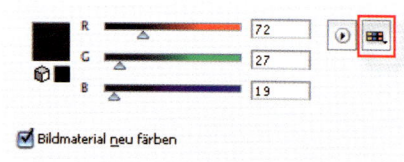

Im Modus *Bearbeiten* oder *Zuweisen* öffnet sich durch Anklicken der Schaltfläche mit der Gitterminiatur ein Menü von Farbfeldbibliotheken. Sie *Beschränkt die Farbgruppe auf Farben in einer Farbfeldbibliothek*.

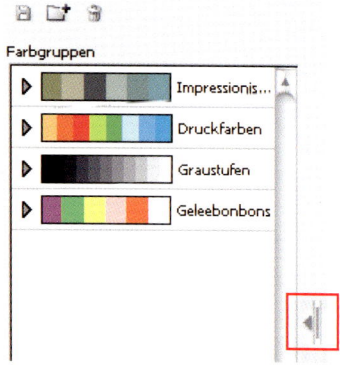

Mit dem rot markierten Pfeilregister können Sie den Farbgruppenspeicher des Dialogfensters *Interaktive Farbe* verbergen bzw. anzeigen. Hier erscheinen alle Farbgruppen aus dem Bedienfeld *Farbfelder*. Ändern, löschen oder erstellen Sie neue Farbgruppen über die Schaltflächen direkt über dem Farbgruppenspeicher.

Mit der Schaltfläche *Farbreduktionsoptionen* im Modus *Zuweisen* (rechts von den Vorgaben) öffnen Sie das Dialogfenster *Optionen für neues Färben*. Die Option *Auf Bibliothek beschränken* in diesem Dialogfenster ermöglicht Ihnen die Auswahl einer bestimmten Farbfeldbibliothek zur Einschränkung Ihrer Farbauswahl. Im Modus *Bearbeiten* oder *Zuweisen* können Sie jeweils das kleine gitterförmige Symbol *Beschränkt die Farbgruppe auf Farben in einer Farbfeldbibliothek* rechts von den Farbreglern anklicken. Das Farbrad verändert sich deutlich, wenn es auf eine Farbfeldbibliothek beschränkt ist. Im Modus *Zuweisen* bestehen alle Farben in der Spalte *Neu* nur noch aus Farbtönen der gewählten Farbfeldbibliothek und jede Originalfarbe wird durch ihre nächste Entsprechung ersetzt.

Gelegentlich werden Designer und Illustratoren um Grafikmaterial gebeten, das mit nur ein bis drei Farben auskommt. Genau darum geht es in den Vorgaben der *interaktiven Farbe*. Sie können die Vielzahl von Originalfarben in Ihrem Grafikmaterial in ein oder zwei eigens definierte Farbtöne überführen. Die *interaktive Farbe* kann Ihnen bei der Farbreduzierung eine Menge Zeit sparen. Wählen Sie im Modus *Zuweisen* die Vorgabe *Einfarbiger Auftrag* (oder *Zweifarbiger Auftrag* und so weiter) und anschließend eine Farbfeldbibliothek (höchstwahrscheinlich Pantone, wenn Sie in den Druck gehen), aus der Sie die Ersatzfarbe(n) auswählen. Das Dialogfenster *Interaktive Farbe* setzt die Farben des Originalmaterials mit Farbtönen und Schattierungen der Ersatzfarbe um. (Die Lektion „Schwarz neu einfärben" in diesem Kapitel liefert ein Beispiel für die Verwendung von Vorgaben.)

Vielleicht möchten Sie eine sehr spezielle Farbzusammenstellung wie Mannschaftsfarben oder bestimmte „Designer"-Farbtöne für die aktuelle Modesaison verwenden. In diesem Fall sollten Sie zunächst im Bedienfeld *Farbfelder* eine oder mehrere Farbgruppe(n) anlegen und speichern. Beim Öffnen des Dialogfensters *Interaktive Farbe* liegen Ihre Farbgruppen dann im Farbgruppenspeicher zur Neueinfärbung Ihres Grafikmaterials bereit.

### Das Bedienfeld kuler

Zur Verwendung des Bedienfelds *kuler* sind eine Internetverbindung und ein aufgeschlossener Anwender erforderlich[1]. Ihre Internetverbindung muss sogar bereits vor dem Start von Illustrator bestehen, damit das Bedienfeld *kuler* auf den Server zu-

---

[1] Anmerkung der Übersetzer: Das Bedienfeld *kuler* steht leider nur in der englischsprachigen Version von Illustrator zur Verfügung. Aber auch Anwender der deutschsprachigen Version können natürlich Vorteil aus der *kuler*-Website auf http://kuler.adobe.com ziehen!

greifen kann. *kuler* ist eine internetbasierte Anwendung von Adobe Labs, die zum Erforschen von Farben, zur Inspiration und zum Experimentieren sowie zum Austausch dient. RSS-Feeds speisen die am häufigsten verwendeten, am besten bewerteten und neuesten Farbschemata in das Bedienfeld *kuler* ein (welches komplett auf Adobe Flash basiert). Sie können kuler sogar ohne Illustrator verwenden. Auf http://kuler.adobe.com finden Sie die *kuler*-Webanwendung.

In *kuler* können Sie eigene Farbschemata anlegen und diese mit anderen Anwendern austauschen oder die Schemata anderer Anwender durchsuchen. Sie können Farben direkt aus dem Bedienfeld *kuler* herunterladen; sie werden in Ihr Bedienfeld *Farbfelder* übernommen und stehen somit als Treibstoff für Ihre fantastischen Ausflüge in die Welt der *interaktiven Farbe* bereit. Mehr zu kuler erfahren Sie auch im Abschnitt „Farbfelder austauschen" im Kapitel 3 „Zeichnen & Färben".

## Keine magische, sondern interaktive Farbe

Die Funktion *Interaktive Farbe* dient weitgehend zum automatisierten und verbesserten Experimentieren mit Farben. Die zuvor erwähnten Methoden zur Neueinfärbung mit *interaktiver Farbe* sollen keine narrensicheren wissenschaftlichen Vorgänge darstellen. Natürlich erhalten Sie bei der Verwendung einer Harmonieregel nicht automatisch spektakulär gefärbtes Grafikmaterial. Mit den Harmonieregeln können Sie jedoch rasch Farben aufspüren, die im Sinne der Farblehre zu Ihrer Basisfarbe passen. Ob Sie diese Vorschläge für Ihre einzelnen Projekte harmonisch finden oder nicht, liegt bei Ihnen. Unterm Strich können Sie mit der *interaktiven Farbe* schnell und einfach Farbmöglichkeiten ausloten und dabei möglicherweise etwas Inspiration finden.

Am besten verinnerlichen Sie sich den Umgang mit der *interaktiven Farbe*, indem Sie die nun in diesem Kapitel folgenden Lektionen gründlich studieren und anwenden, anstatt sie nur zu lesen. Das ist auch eine tolle Gelegenheit, um herauszufinden, wie die *interaktive Farbe* Ihren Illustrator-Workflow verbessern könnte. Obwohl es sich um eine brandneue Funktion handelt, gibt es zudem bereits einige ausgezeichnete Quellen mit sehr ausführlichen Beschreibungen, Erklärungen und praktischen Anwendungen der Funktionen und Werkzeuge der *interaktiven Farbe*. Weiterführende Hilfe finden Sie auf http://www.adobe.com/designcenter/video_workshop.

Das Bedienfeld *kuler* (nur englischsprachige Illustrator-Version) enthält von vielen verschiedenen Anwendern erstellte Farbschemata. (Jedes Farbschema ist jedoch auf fünf Farbfelder beschränkt.)

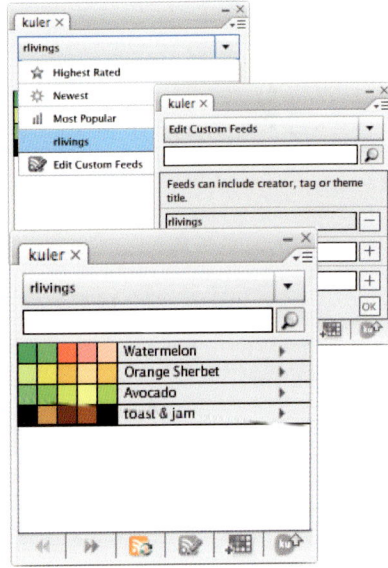

Durchsuchen Sie mit der englischsprachigen Version von Illustrator die *Highest Rated*-, *Newest*- oder *Most Popular*-RSS-Feeds nach Farben, die Ihnen zusagen, oder erstellen Sie Ihre eigenen Feeds.

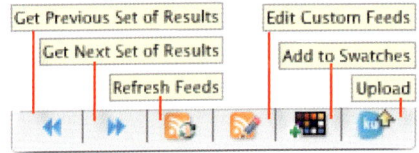

Schaltflächen am unteren Rand des Bedienfelds *kuler* (englischsprachige Version)

# Grafikmaterial neu färben

Farbschemata mit *Interaktive Farbe* erstellen

**Überblick:** Legen Sie im Bedienfeld *Farbhilfe* auf Regeln basierende Farbgruppen an; fügen Sie im Dialogfenster *Interaktive Farbe* Farbfeldgruppen hinzu; verändern Sie im Dialogfenster *Interaktive Farbe* mehrere Farben zugleich und geben Sie dem Zufall eine Chance.

Das Bild mit dem Titel „Ahava" (zu Deutsch „Liebe") im Original

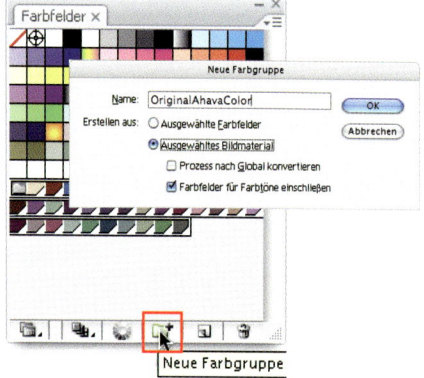

Die Farben des Originalbilds werden durch Erzeugen einer neuen Farbgruppe aus der Auswahl abgespeichert.

Wenn Sie die Farben Ihres Grafikmaterials ändern müssen, sind die neuesten Farbfunktionen von Illustrator interessant für Sie. Das Bedienfeld *Farbhilfe* kann Ihnen kreative Starthilfe für neue Farbschemata leisten und Ihnen bei der Erstellung neuer Farbgruppen behilflich sein. Die Funktionen von *Interaktive Farbe* ermöglichen hingegen Spontanität beim Überarbeiten. Das stellte auch Ari Weinstein fest, als er die Farben seiner ursprünglichen Arbeit für eine warme Grußkarte mit einem neuen Hintergrund veränderte.

**1. Das Bedienfeld *Farbhilfe* verwenden und im Bedienfeld *Farbfelder* neue Farbgruppen anlegen.** Weinstein löschte zunächst die Aquarelllavierung im Hintergrund in seiner Originaldatei und ersetzte sie durch eine cremefarbene Ebene. Er markierte alle Buchstaben und platzierte sie auf einer neuen Ebene, damit der Hintergrund nicht beeinflusst wurde. Er ließ die Buchstaben markiert, öffnete das Bedienfeld *Farbfelder* und klickte auf die Schaltfläche *Neue Farbgruppe*, um die Farbfelder des Originalbilds zu benennen und zu speichern. Er hob die Markierung des Grafikmaterials auf, wählte das rote Farbfeld, das er für die englische Schrift verwendet hatte und öffnete das Bedienfeld

*Farbhilfe*. Auf diese Weise wählte er das Rot als Basisfarbe für das Bedienfeld *Farbhilfe*. Weinstein klickte auf den Pfeil *Harmonieregeln*, betrachtete die einzelnen Farbschemata, die auf der gerade von ihm ausgewählten Basisfarbe basierten und als Harmonie-„Regel" angewendet werden konnten. Er entschied sich für *Analog 2* und klickte auf die Schaltfläche *Farbgruppe in Farbfeldbedienfeld speichern*. Dadurch erhielt die Gruppe automatisch den Namen „Farbgruppe 1". Nachdem er das Grafikmaterial wieder ausgewählt hatte, markierte er im Bedienfeld *Farbfelder* „Farbgruppe 1" und klickte auf die Schaltfläche *Farbgruppe bearbeiten oder anwenden*. Das Dialogfenster *Interaktive Farbe* öffnet sich mit dem Register *Bearbeiten* und alle Farbgruppen sind im Farbgruppenspeicher aufgeführt. Die markierte(n) Gruppe(n) befinden sich jedoch ganz oben in der Liste, wobei die oberste Gruppe bereits als Voransicht auf das Grafikmaterial angewandt wurde. (Wenn Sie das Dialogfenster *Interaktive Farbe* stattdessen über die Schaltfläche *Bildmaterial neu färben* im Bedienfeld *Steuerung* öffnen, wird dem Grafikmaterial keine automatische Farbgruppe zur Vorschau zugewiesen. Das ist Ihnen möglicherweise lieber; Sie können dann immer noch selbst eine Farbgruppe wählen.)

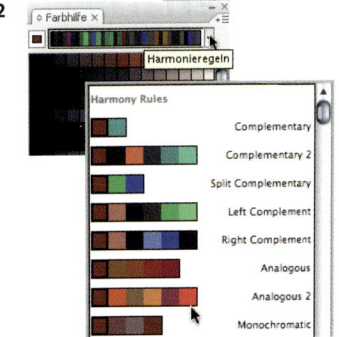

Das Menü *Harmonieregeln* und eine auf der markierten Farbe basierende Farbregel werden ausgewählt.

2. **Die Farben bearbeiten und bei der Farbveränderung den Zufall innerhalb gewisser Grenzen ins Spiel bringen.** Nachdem er auf das Register *Zuweisen* geklickt hatte, stellte Weinstein fest, dass die Farben der Grafiken auf die Anzahl der Farben in *Farbgruppe 1* beschränkt worden war. Weinstein klickte auf einen der Farbbalken in der Spalte *Neu* und verschob die HSB-Regler nach seinem Geschmack. Er erhöhte hauptsächlich die Sättigung, damit die Grafiken heller und wärmer erschienen. Wenn es schwierig war, eine Farbe über die Regler anzupassen, öffnete er den Farbwähler mit einem Doppelklick auf das *Farbwähler*-Feld neben den Reglern. Der Farbwähler ist viel größer und bietet mehr Raum für feinste Änderungen. Schließlich brachte Weinstein bei seinen Farbzuweisungen den Zufall ins Spiel, indem er die kleinen Farbbalken in der Spalte *Aktuelle Farben* von einer Zeile zur nächsten zog. (Stattdessen können Sie die Schaltfläche *Farbreihenfolge beliebig ändern* anklicken.) Das Grafikmaterial wurde in Echtzeit aktualisiert und zeigte die Änderungen beim Ziehen an. Als er mit dem Ergebnis zufrieden war, klickte er auf *OK*, um das Dialogfenster zu verlassen und seine Farbveränderungen zu speichern.

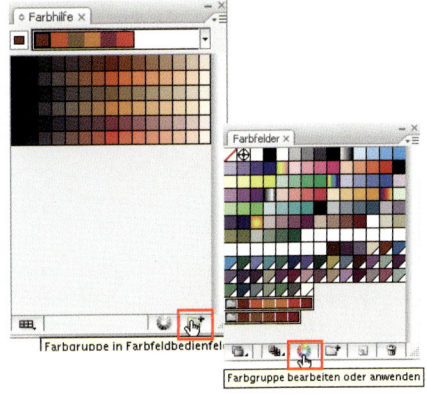

Die in der *Farbhilfe* erstellte Farbgruppe wird im Bedienfeld *Farbfelder* gespeichert; dann werden eine oder mehrere Farbgruppen zur Verwendung im Dialogfenster *Interaktive Farbe* gespeichert.

Nachdem er die wichtigsten Änderungen vorgenommen hatte, nahm Weinstein einige letzte Farbanpassungen vor. Er verwendete dazu die altehrwürdige Technik, einzelne Bereiche gewissenhaft auszuwählen und die Farben im Bedienfeld *Farbe* anzupassen.

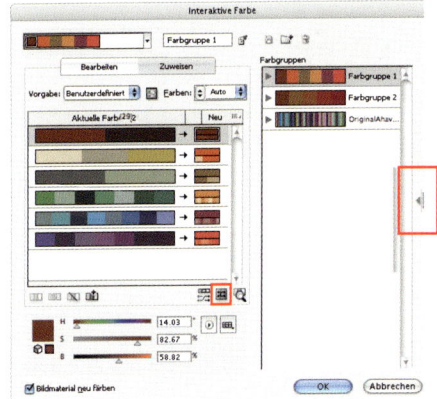

Beschränken und Gruppieren von Farben durch Zuweisung einer im Bedienfeld *Farbgruppen* gespeicherten Farbgruppe

# Modische Farben

Volltonfarben mit *Interaktive Farbe* anwenden

 *Dashwood_Tennis_kein PDF.ai*

**Überblick:** Wenden Sie Farben mit *Interaktiv malen* an; duplizieren Sie Bilder; verwenden Sie *Interaktive Farbe* zur Erstellung von Volltonfarben; Farben in *Interaktive Farbe* zusammenführen.

**1**

Erstellen Sie auf der Zeichenfläche Duplikate Ihres Bilds, indem Sie mit gedrückter Alt-Taste ziehen.

Öffnen Sie die Funktion *Interaktive Farbe* durch Anklicken der Schaltfläche *Bildmaterial neu färben* im Bedienfeld *Steuerung*.

**2**

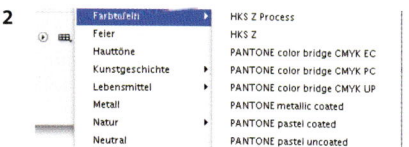

Greifen Sie über das Menü auf Farbtafeln in *Interaktive Farbe* zu.

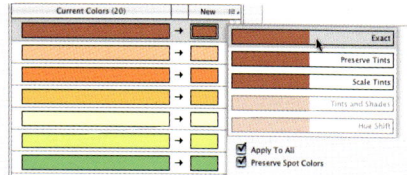

Wählen Sie *Exakt* aus dem Menü *Neue Farbe*, um Abtönungen von Volltonfarben zu vermeiden.

Bei diesen saisonalen Farbveränderungen für eine interaktive Serie von Lehrmaterialien verwendete Andrew Dashwood die Funktion *Interaktive Farbe* zur Vorschau und zum Zuweisen verschiedener Farbvariationen.

**1. Die Grafik für die *interaktive Farbe* vorbereiten.** Dashwood zeichnete zunächst den Umriss der Tennisspielerin. Dabei erzeugte er mit dem *Zeichenstift*-Werkzeug geschlossene Pfade. Damit Sie die Pfade später neu einfärben können, erzeugen Sie zunächst ein einfaches Farbschema, indem Sie die Pfade anklicken und Farben auswählen. Alternativ verwenden Sie den *Interaktiv malen*-Eimer, um Ihr Objekt in ein *Interaktiv malen*-Objekt umzuwandeln und es damit einzufärben. Wählen Sie zunächst die Farben für die nicht veränderbaren Teile der Zeichnung. In diesem Fall sind das die Haare, die Haut und der Tennisschläger. Wählen Sie dann eine zufällige Farbe für jedes Kleidungsstück und die Schuhe. Sie werden feststellen, dass Ihnen das Experimentieren mit Farbkombinationen leichter fällt, wenn Sie zunächst von einem breiteren Farbspektrum ausgehen, als im fertigen Bild angestrebt. Es ist nicht möglich, Farben innerhalb des Dialogfensters *Interaktive Farbe* zu unterteilen, aber sie lassen sich sehr einfach zusammenführen. Erstellen Sie Duplikate Ihres Grafikmaterials, damit Sie den einzelnen Versionen jeweils verschiedene Farbänderungen zuweisen können. Markieren Sie Ihr Grafikmaterial, halten Sie Alt+⇧ gedrückt und ziehen Sie es zur Seite. Wenn Sie die Maustaste loslassen, haben Sie ein Duplikat Ihrer Grafik erstellt. Weitere Duplikate erstellen Sie mit ⌘/Strg+D. Klicken Sie bei einem Bild im Bedienfeld *Steuerung* auf die Schaltfläche *Bildmaterial neu färben*. Das Dialogfenster *Interaktive Farbe* wird geöffnet.

**2. Mit *Interaktive Farbe* und Volltonfarben arbeiten.** Achten Sie nach dem Öffnen des Dialogfensters *Interaktive Farbe* darauf, dass das Register *Zuweisen* aktiv ist; in diesem Modus können Sie die Farben Ihres Bilds verändern. Da die meisten Kunden von Ihnen verlangen, die Farben auf eine bestimmte Palette zu beschränken, können Sie durch Anklicken der Schaltfläche für das Farbfeldbibliotheksmenü im unteren Bereich des Dialogfensters eine Farbtafel oder eine benutzerdefinierte Farbbibliothek laden. Wählen Sie aus diesem Menü den gewünschten Farbbereich aus. Farbfelder von Vollton-, Prozess- oder globalen Farben funktionieren gleichermaßen; ihre Namen werden im Bedienfeld *Farbe* angezeigt, wenn Sie diese von der Zeichenfläche aus markieren. Möchten Sie Abtönungen von Volltonfarben vermeiden, klicken Sie das Drop-down-Menü neben der von Ihnen verwendeten Farbe an und wählen Sie *Exakt*.

Mit der Funktion *Interaktive Farbe* können Sie Farben schützen, die nicht verändert werden sollen (etwa der Hautton oder die Farbe des Haars und des Tennisschlägers). Klicken Sie dazu auf den Pfeil rechts von dem langen Farbbalken, der die aktuelle Farbe anzeigt. Der Pfeil wird zu einer geraden Linie und der aktuellen Farbe kann keine neue Farbe mehr zugewiesen werden (durch einen erneuten Klick heben Sie den Schutz wieder auf). Rufen Sie das Register *Bearbeiten* auf, um mit der Veränderung der Farben zu beginnen. Wenn Sie eine bestimmte Farbtafel verwenden, zeigt der Farbkreis nur die darin enthaltenen Farben an. Achten Sie darauf, dass die Schaltfläche *Harmonische Farben verknüpfen* entsperrt ist, damit sich die Farben einzeln auf dem Farbkreis bewegen lassen, ohne die anderen Farben zu beeinflussen. Sobald Sie einen Tonbereich finden, der gut zu Ihrem Bild passt, klicken Sie auf die Schaltfläche *Harmonische Farben verknüpfen*. Wenn die Verknüpfung hergestellt ist, können Sie die verknüpften Farben auf dem Farbkreis umherziehen und so mit unterschiedlichen Farbkombinationen experimentieren.

**3. Farben reduzieren.** Zwei oder mehr aktuelle Farben vereinen Sie auf vorhersagbare Weise zu einer neuen Farbe, indem Sie das Register *Zuweisen* aktivieren, eine aktuelle Farbe auswählen und diese auf eine andere ziehen. Der Farbbalken in den aktuellen Farben wird in zwei geteilt und ein rechts davon gelegener Pfeil zeigt den erzielten Effekt an. Wenn Sie mit einem Farbschema zufrieden sind, wenden Sie Ihre Änderungen mit *OK* an und schließen damit gleichzeitig das Dialogfenster.

> **Farbfeldgruppen**
>
> Es kann sehr hilfreich sein, vor der Verwendung der Schaltfläche *Bildmaterial neu färben* mehrere Farbfeldgruppen anzulegen. Auf diese Weise können Sie Ihr Bild zügig mit erprobten Farbzusammenstellungen neu einfärben.
> *Mordy Golding*

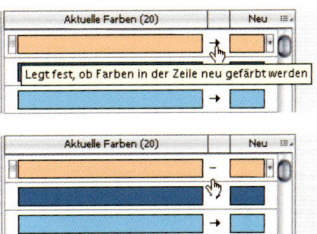

Mit einem Klick auf den Pfeil zwischen einer aktuellen und einer neuen Farbe werden Änderungen an der Originalfarbe verhindert.

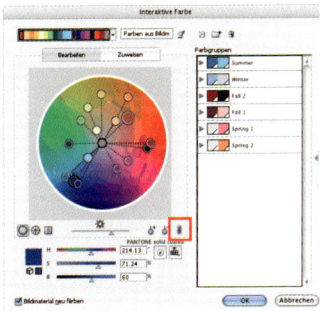

Der auf eine Farbtafel beschränkte Farbkreis; die Schaltfläche *Harmonische Farben verknüpfen* ist rot hervorgehoben.

3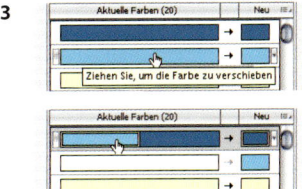

Weisen Sie zwei oder mehr aktuellen Farben dieselbe neue Farbe zu, indem Sie sie ineinanderziehen.

# Schwarz neu einfärben

Schwarztöne mit *Interaktive Farbe* ersetzen

 Pinabel_ZorroFertig.ai, Pinabel_ZorroOriginal.ai

**Überblick:** Arbeiten Sie mit dem Dialogfenster *Optionen für neues Färben* von *Interaktive Farbe*; beschränken Sie die Farbauswahl auf eine Farbfeldbibliothek; wählen Sie die richtigen Einstellungen zur Veränderung der gewünschten Farben; schützen Sie bestimmte Farben vor Veränderungen.

**1**

Das originale Grafikmaterial

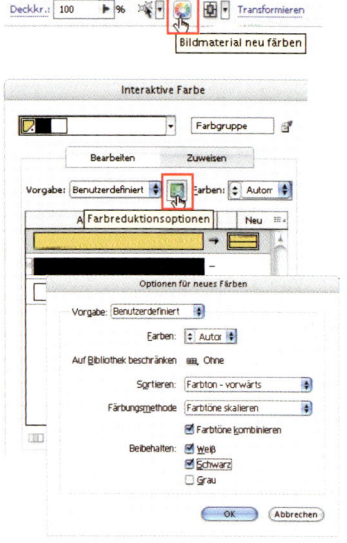

Standardeinstellungen der *Optionen für neues Färben* und wie sie sich auf die Zuweisung der Farben im Hauptdialogfenster von *Interaktive Farbe* auswirken.

Pinabel (Kunde: La Ville De Montreal)

Das Dialogfenster *Interaktive Farbe* bietet aufregende Möglichkeiten zum Experimentieren mit Farbänderungen. Manchmal erhalten Sie jedoch unvorhergesehene Ergebnisse, wenn Sie nicht wissen, wie Sie damit umgehen sollen. Nachdem Laurent Pinabel das Grafikmaterial dieses Posters und Flyers zum Drucken an Jean-Claude Tremblay übermittelt hatte, wollte der Kunde die Prozessfarbe Schwarz in letzter Sekunde durch eine Silbermetallic-Volltonfarbe von Pantone ersetzen. Da er die Möglichkeiten von *Interaktive Farbe* gut kannte, konnte Tremblay ausschließlich die schwarzen Objekte bearbeiten, ohne sie von Hand markieren zu müssen und ohne die goldene und weiße Farbe zu verändern.

1. ***Interaktive Farbe* öffnen und die Standardeinstellungen im Dialogfenster *Optionen für neues Färben* verändern.** Tremblay markierte zunächst die gesamte Grafik. Damit erfasste er sicher und schnell alle Schattierungen und Töne sämtlicher Farben, falls es davon jeweils mehrere geben sollte. Er öffnete das Dialogfenster *Interaktive Farbe* mit einem Klick auf die Schaltfläche *Bildmaterial neu färben* im Bedienfeld *Steuerung*. Standardmäßig sind Schwarz und Weiß im Dialogfenster *Interaktive Farbe* geschützt (ihnen kann also keine neue Farbe zugewiesen werden). Daher gibt es in der Spalte *Neu* des Dialogfensters keinen Farbbalken für Schwarz. Tremblay klickte auf die Schaltfläche *Farbreduktionsoptionen,* um das Dialogfenster *Optionen für neues Färben* zu öffnen. Dieses Dialogfenster hilft beim Anpassen der Farben an den Dokumenttyp, ehe diese im Hauptfenster von *Interaktive Farbe* bearbeitet werden. Während Tremblays Arbeit im Dialogfenster *Optionen für neues Färben* zeigte das Hauptfenster *Interaktive Farbe* ständig seine dort vorgenommenen Veränderungen an.

Wenn die *Optionen für neues Färben* nicht der Reihe nach verändert werden, aktualisiert sich das Fenster *Interaktive Farbe* teilweise nicht richtig. Daher begann Tremblay von oben her mit seinen Einstellungen und arbeitete sich nach unten hin fort. Da zum Drucken nur zwei Volltonfarben verwendet werden sollten, wählte er zunächst *Vorgabe: Zweifarbiger Auftrag*. Dadurch öffnete sich das Dialogfenster *Zweifarbiger Auftrag*. Hier wählte er *Bibliothek > Pantone metallic coated*. Im Dialogfenster *Interaktive Farbe* aktualisierten sich die Farbfelder; das schwarze lag noch immer unter dem goldenen Farbfeld. Damit die *interaktive Farbe* bei einem zweifarbigen Auftrag richtig funktioniert, wenn Sie nur eine der geschützten Farben (Schwarz, Weiß oder Grautöne) ersetzen, müssen Sie diese Farbe in der Spalte *Aktuelle Farben* ganz nach oben verschieben. Tremblay klickte auf die Schaltfläche *Farbreduktionsoptionen* und wählte *Sortieren: Helligkeit – von dunkel zu hell*. Die Option *Beibehalten: Schwarz* deaktivierte er. Das Dialogfenster *Interaktive Farbe* wurde aktualisiert und Schwarz stand nun ganz oben.

Tremblay wollte auch sicherstellen, dass eventuell im Grafikmaterial vorhandene Schwarztöne durch eine einzelne Metallicfarbe ersetzt werden würden. Er wählte *Exakt* als *Färbungsmethode* und deaktivierte das Kontrollfeld *Farbtöne kombinieren*, da er alle Schwarztöne im Grafikmaterial durch nur eine Farbe ersetzen wollte. Hätte er die Farbtöne einer Prozessfarbe bei der Ersetzung derselben durch eine andere Prozessfarbe beibehalten wollen (zum Beispiel ein CMYK-Schwarz gegen ein CMYK-Violett), hätte er die Grundeinstellung *Farbtöne skalieren* für die *Färbungsmethode* beibehalten und *Farbtöne kombinieren* aktiviert gelassen. (Suchen Sie für eine ausführlichere Erklärung in der Adobe Illustrator-Hilfe nach „Färbungsmethode".) Tremblay schloss das Dialogfenster *Optionen für neues Färben* mit einem Klick auf OK. Einige der veränderten Einstellungen bleiben im Dialogfenster *Optionen für neues Färben* erhalten, andere werden auf den Standardwert zurückgesetzt. Es empfiehlt sich, beim Öffnen von *Interaktive Farbe* das Dialogfenster *Optionen für neues Färben* zu überprüfen, um sicherzugehen, dass die Einstellungen für den aktuellen Job angemessen sind.

2. **Eine Farbe vor Veränderungen schützen und eine neue Farbe zuweisen.** Zurück im Register *Zuweisen* klickte Tremblay den die beiden goldenen Farbbalken verbindenden Pfeil an, um Gold von weiteren Veränderungen auszuschließen. Er doppelklickte auf den Farbbalken in der Spalte *Neu* rechts vom Pfeil der schwarzen Farbe und wählte mit dem Farbwähler 877 C. Ein Anklicken des Farbfelds würde ebenfalls diesen Farbwähler öffnen.

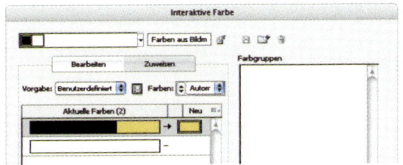

Bei in zufälliger Reihenfolge oder überhaupt nicht vorgenommenen Einstellungen kann das Dialogfenster *Interaktive Farbe* nicht ordnungsgemäß aktualisiert werden.

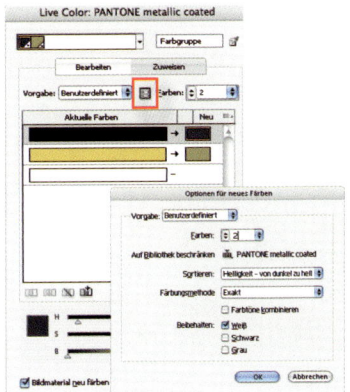

Korrekte Einstellungen für einen zweifarbigen Auftrag (über die Schaltfläche *Farbreduktionsoptionen* eingestellt) zur Veränderung einer geschützten Farbe (Schwarz); das Fenster *Interaktive Farbe* zeigt die neue Zuweisung an; Bibliotheksfarben ersetzen die Originalfarben.

2

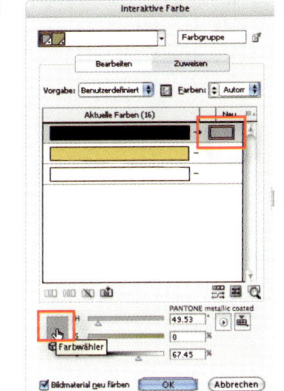

Das Dialogfenster *Interaktive Farbe* mit allen eingestellten *Optionen für neues Färben*, Gold ist gegen Veränderungen geschützt, Schwarz wurde gegen ein Silbermetallic ausgetauscht.

# Tag und Nacht

Ein komplexes Bild neu einfärben

## Fortgeschrittene Technik

**Überblick:** Vereinfachen Sie Markierungen zur Farbbearbeitung; erleichtern Sie sich die Arbeit durch Umschalten der Ansichten; isolieren Sie die Werte eines Farbtons im Dialogfenster *Interaktive Farbe* zum Steuern von Farbänderungen.

Steuer

**1**

Das Originalbild der Palmen bei Nacht

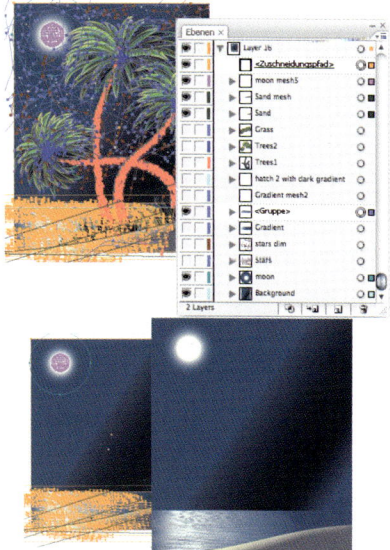

Mit *Alles auswählen* lassen sich Farben schwer zur Bearbeitung isolieren. Die Auswahl einiger weniger Ebenen erleichtert jedoch die Betrachtung und Bearbeitung im Dialogfenster *Interaktive Farbe*, das die Ecken der Auswahl ausblendet.

Komplexe Illustrationen enthalten häufig viele Farben innerhalb zahlreicher Objekte, darunter auch Farben in Verläufen und Verlaufsgittern. Mit der Funktion *Interaktive Farbe* können Sie diese alle zugleich bearbeiten. Damit sich die zahlreichen Farben jedoch etwas praktischer bearbeiten lassen, suchte Sharon Steuer Methoden zur Auswahl und Betrachtung von Farben in „mundgerechten" Portionen. Es gibt zahllose Möglichkeiten, die Bearbeitung im Dialogfenster *Interaktive Farbe* anzugehen, aber sie beschloss, sich auf eine Einschränkung der Auswahl zu konzentrieren. Anschließend verwendete sie die unterschiedlichen Möglichkeiten zur Darstellung von markierten Bereichen, um die zu verändernden Farben zu isolieren.

**1. Gezielte Markierungen zur Verringerung der Komplexität in *Interaktive Farbe* erzeugen.** Für die Tagversion ihres Palmenbilds wollte Steuer nicht alle Verläufe und Gitterobjekte einzeln überarbeiten. Stattdessen verwendete sie die Funktion *Interaktive Farbe*, die ihr schnelle Änderungen der Farbkomposition erlaubte. Zunächst markierte sie das gesamte Bild. Dadurch wurden jedoch so viele Farben ausgewählt, dass sich einzelne Farben kaum auffinden ließen. Sie entschied sich stattdessen dafür, die Vordergrundebenen mit den Hauptobjekten (den Palmen und Gräsern) zu verbergen und nur in den Hintergrundebenen mit Himmel, Sand und Wasser zu arbeiten. Sie klickte im Bedienfeld *Steuerung* auf die Schaltfläche *Bildmaterial neu färben*, woraufhin sich *Interaktive Farbe* öffnete.

**2. Die Farbkontrollstreifen- und Farbkreisansichten effektiv zur Auswahl und Bearbeitung von Farben einsetzen.** Im Dialogfenster *Interaktive Farbe* klickte Steuer auf die Schaltfläche *Bearbeiten*. Der standardmäßige geglättete Farbkreis enthielt viel zu viele Markierungen, als dass sie genau die gewünschten Werte ausfindig machen konnte. Daher schaltete sie auf eine lineare Ansicht um, indem sie die Schaltfläche *Farbkontrollstreifen anzeigen* anklickte. Nun waren die einzelnen Blauwerte viel einfacher auszuwählen. Steuer klickte auf den dunkelsten Wert, den sie finden konnte, um die nächtliche Dunkelheit in einen Sonnenstrahl zu verwandeln. Durch Anklicken des Farbbalkens wurde die Farbe problemlos markiert, aber nun musste Steuer sich entscheiden, welchen Farbmodus sie verwenden wollte. Wenn sie auf den Pfeil rechts von den Reglern klickte, konnte sie zwischen den Standardfarbmodi wählen, *Farbton* zur Arbeit mit Volltonfarben selektieren oder *Globale Anpassung* verwenden, um die Auswahl von Farbtönen zu ignorieren und alle Farben global um denselben Wert zu verändern. Steuer entschied sich für den standardmäßigen HSB-Modus, da alleine die Veränderung der Regler für Sättigung und Helligkeit einen „Lichtstrahl" in sehr hellem Blau erzeugen würde.

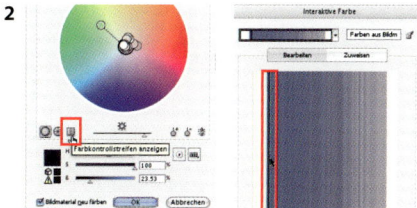

Auswahl von *Farbkontrollstreifen anzeigen* zum einfacheren Auffinden, Markieren und Bearbeiten von Farbwerten innerhalb eines Verlaufs

Auswahl eines Farbmodus für die Farbanpassungsregler

Nach der Erzeugung der Farbe für den Sonnenstrahl wollte Steuer alle Blautöne verändern, auch die des Strahls. Um die Farbtöne zu verändern, ohne die gesamte Helligkeit oder Sättigung zu beeinflussen, klickte sie wieder auf die Schaltfläche *Geglättetes Farbrad anzeigen* und aktivierte dann die Schaltfläche *Harmonische Farben verknüpfen*. Das Symbol zeigte nun ein intaktes Kettenglied an und jede Bewegung einer Markierung auf dem Farbkreis wirkte sich gleichzeitig auch auf alle anderen Markierungen aus. Dadurch blieb das Zusammenspiel zwischen Steuers einzelnen Farbtönen erhalten. Sie schob die „Kette" der Markierungen etwas weiter in Richtung Türkisblau. Da der „Mond" fast komplett neutral war, wirkte sich dies kaum auf ihn aus. Sie hob die Verknüpfung auf, damit sie später wieder einzelne Farbtöne ändern konnte.

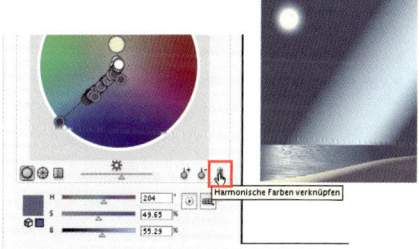

Farben verknüpfen und verknüpfte Markierungen zur Anpassung des Farbtons auf dem geglätteten Farbkreis verschieben

**3. Die Lupe im Register *Zuweisen* zur Auswahl ganz bestimmter Farben verwenden.** Steuer wollte nun die Blautöne aufhellen, die immer noch zu dunkel waren. Sie waren ihr jedoch sowohl auf dem Farbkreis als auch in den Farbkontrollstreifen zu schwierig aufzufinden. Steuer kehrte ins Register *Zuweisen* zurück und klickte auf die Lupenschaltfläche (mit der Quickinfo *Klicken Sie auf die Farben, um sie im Bildmaterial zu finden*). Wenn Sie mit der „Lupe" auf einen Farbbalken klicken, wird diese Farbe im Bild isoliert. Der Rest der Grafik wird abgeblendet. Steuer durchsuchte die Farbliste nach den dunkelsten Blautönen zum Aufhellen. Durch Anklicken eines dunklen Blaus

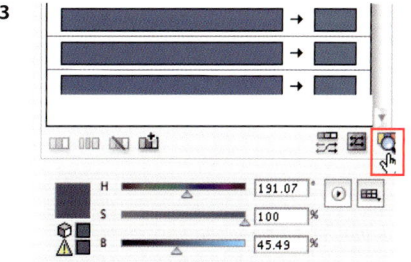

Vorbereitung zur Isolierung einer Farbe durch Anklicken der Lupe (Schaltfläche *Klicken Sie auf die Farben, um sie im Bildmaterial zu finden*)

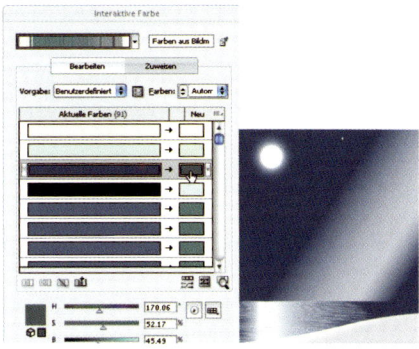

Mit der *Lupe*-Schaltfläche im Register *Zuweisen* wurde das Dunkelblau für die Füllung des Himmels und des Wassers ausfindig gemacht und von allen anderen Farben des Bilds isoliert.

Der Himmel und das Wasser wurden aufgehellt und alle anderen Ebenen bis auf die Sterne wurden wieder eingeblendet.

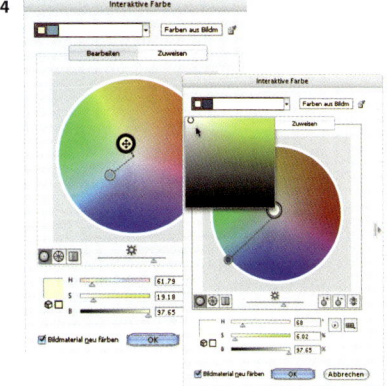

Durch Klicken und Ziehen einer Markierung auf dem geglätteten Farbkreis lassen sich Farbton, Sättigung und Helligkeit leicht gleichzeitig verändern; Anklicken der Markierung mit gedrückter ⌘/Strg-Taste bzw. der rechten Maustaste beschränkt Veränderungen im dann erscheinenden Farbwähler hingegen auf Sättigung und Helligkeit.

konnte sie sehen, wo im Bild diese bestimmte Farbe eingesetzt wurde. Als im Bild außer dem ursprünglichen dunkelblauen Himmel und Wasser nichts mehr zu sehen war, wusste Steuer, dass sie den richtigen Farbbalken ausgewählt hatte. Da der wichtigste zu verändernde Bereich nun markiert war, schaltete Steuer wieder zum Register *Bearbeiten* um. Hier verwendete sie erneut die Regler für Sättigung und Helligkeit zur tagesgerechten Aufhellung des Himmels und des Wassers. Sie stellte sicher, dass die Option *Bildmaterial neu färben* aktiviert war (damit ihre Änderungen auch auf das Bild übertragen wurden), und klickte dann *OK*, um das Dialogfenster *Interaktive Farbe* zu verlassen.

**4. Die Farbe der neuen Sonne mit den Steuerelementen des Dialogfensters *Interaktive Farbe* eingeschränkt verändern.** Steuer blendete alle Ebenen außer der mit den Sternen wieder ein. Nach einem Blick auf die Sonne fand sie, dass diese für einen hellen Sonnentag zu kühl wirkte. Sie markierte die Ebene *Mond* (nicht das „Mondgitter") und öffnete wieder das Dialogfenster *Interaktive Farbe*. Bei der geringen Farbanzahl war es einfach, nur die gelbe Markierung auf dem geglätteten Farbkreis auszuwählen. Durch manuelles Ziehen der Markierung kann sich jedoch schon bei sehr kleinen Bewegungen auch der Farbton selbst verändern. Steuer entschied sich stattdessen dafür, die Markierung mit gedrückter ⌘/Strg-Taste beziehungsweise der rechten Maustaste anzuklicken. Dadurch öffnete sich ein eingeschränkter Farbwähler für diesen bestimmten Farbton. Dieser bot eine höhere Genauigkeit als ein Verstellen der Regler und bewahrte dabei ebenfalls den Farbton vor Veränderungen. Die Farbdarstellung im Farbfeld erleichterte es Steuer ebenfalls, ein etwas stärker gesättigtes, aber nicht dunkleres Gelb auszuwählen. Der Mond wirkte nun wie eine von einem milden, warmen Glanz umgebene Sonne und die Verwandlung von Nacht in Tag war abgeschlossen.

> **Modifikatortasten verändern die Bearbeitungsoberfläche**
>
> Durch einen Klick mit gedrückter ⌘/Strg-Taste oder mit der rechten Maustaste auf eine Farbmarkierung oder einen Farbbalken öffnet sich ein eingeschränkter Farbwähler, der nur Sättigung und Helligkeit verändert und zugleich den Farbton vor Veränderungen schützt. Ein Doppelklick öffnet den Farbwähler mit allen Änderungsmöglichkeiten.

# GALERIE

Sutherland_BullHeadedBrew.Logo.ai

## Brenda Sutherland

Brenda Sutherland fertigte das ursprüngliche Logo für eine Hausbrauerei an. Nach der Veröffentlichung der Funktion *Interaktive Farbe* wurde ihr klar, dass sie auf einfache Weise Farbvariationen für die einzelnen Biersorten erstellen konnte. Da die Originalfarbgebung sehr komplex ist, unterteilte sie das Logo in drei Abschnitte – den Textteil, die Mitte des Logos und den äußeren Kreis. Alleine der innere Kreis hat zwei Verlaufsfüllungen und mehrere Konturen, die sich nur im Dialogfenster *Interaktive Farbe* problemlos handhaben lassen. Sie wählte die Textebene aus und speicherte die Farben des Grafikmaterials im Bedienfeld *Farbfelder*. Diesen Vorgang wiederholte sie jeweils für den inneren und den äußeren Kreis. Sutherland platzierte Kopien des Logos auf eigenen Ebenen. Sie markierte auf einer Ebene nur den äußeren Kreis und öffnete das Dialogfenster *Interaktive Farbe*. Dort wählte sie das Register *Bearbeiten* und verschob die Markierungen auf dem geglätteten Farbkreis, bis sie ein ansprechendes Farbschema gefunden hatte. Sie speicherte die Farben als neue Farbgruppe und klickte dann auf *OK*, um das Farbschema anzuwenden und zum Hauptbild zurückzukehren. Sutherland wiederholte diesen Vorgang für die beiden anderen Bereiche des Logos. Schließlich erstellte sie noch zwei weitere Farbschemata.

# Farben reduzieren

Mit *Interaktive Farbe* auf dem Weg zur Einfarbigkeit

 *Papciak-Rose_Gaberone*

## Fortgeschrittene Technik

**Überblick:** Platzieren Sie Farbgruppen im Bedienfeld *Farbfelder*; reduzieren Sie Farben durch die Umwandlung in Graustufen; erstellen Sie aus den Graustufenwerten mit den *Globale Anpassung*-Reglern eine getonte Version.

### Warum *Interaktive Farbe* für Graustufen?

Bei der automatischen Umwandlung in Graustufen (etwa mit *Bearbeiten > Farben bearbeiten > In Graustufen konvertieren*) haben Sie keinen Einfluss darauf, wie Ihr Bild umgewandelt wird. Mit einer Graustufenfarbgruppe und der *Interaktiven Farbe* können Sie die Ersetzung durch Graustufen jedoch steuern und einen optimalen Kontrast erzielen.

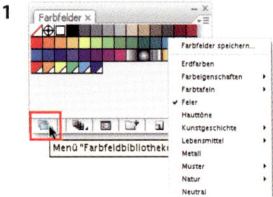

Die Farbfelderbibliotheken anzeigen

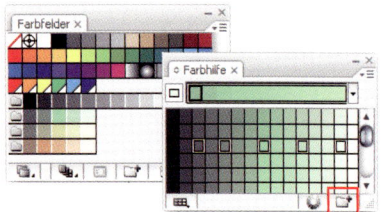

Die Farbgruppen wurden im Bedienfeld *Farbfelder* abgespeichert; im Bedienfeld *Farbhilfe* wurden monochromatische Paletten erzeugt.

Designer und Künstler müssen häufig die Farbanzahl ihres ursprünglichen Grafikmaterials verringern, um dasselbe Werk an anderer Stelle verwenden zu können. In dieser Buchtitelillustration für *Gaborone: The Complete City Guide* von Patricia Farrow verwendete die südafrikanische Illustratorin Ellen Papciak-Rose ein breites Spektrum leuchtender Farben. Mit der bemerkenswerten Möglichkeit, über die Funktion *Interaktive Farbe* Farben zu kombinieren und zu ersetzen, können Sie steuern, auf welche Weise die Anzahl der Farben verringert wird, und somit dezente oder starke Änderungen erzielen. Im Dialogfenster *Interaktive Farbe* können Sie experimentieren oder bestimmte Farbänderungen durchführen, etwa Farben in Graustufen umwandeln, Akzentfarben bei Bedarf schützen und sogar eingefärbte Versionen Ihres eben erst umgewandelten Graustufenbilds erstellen.

**1. Farbgruppen für ein monochromatisches Schema im Bedienfeld *Farbfelder* platzieren.** Bevor Sie Farben in Ihrem Bild konvertieren können, müssen Sie sicherstellen, dass Ihre Datei die auf Ihr Bild anzuwendenden Farbgruppen enthält. In diesem Fall sollte Ihre Datei eine Graustufenfarbgruppe und mindestens eine auf einem Farbton basierende monochromatische Farbgruppe enthalten. Neue Dokumente enthalten im Bedienfeld *Farbfelder* eine Graustufenfarbgruppe. Falls Ihr Bild nicht mit der Graustufenfarbgruppe gespeichert wurde, klicken Sie auf die Schaltfläche *Menü „Farbfeldbibliotheken"* und wählen Sie *Einfaches CMYK* (oder *RGB*) aus dem Menü. Wählen Sie für die monochromatische Farbgruppe ein Farbfeld aus oder erstellen Sie im Bedienfeld *Farbe* eine Farbe. Die so ausgewählte oder erzeugte Farbe dient in der *Farbhilfe* als Basisfarbe für Ihre

Farbgruppe. Markieren Sie eine Serie von Schattierungen und Farbtönen und klicken Sie auf die Schaltfläche *Farbgruppe in Farbfeldbedienfeld speichern*. Vier oder fünf Farbfelder für die Farbtöne und Schattierungen (die Anzahl, aus der durch Harmonieregeln erstellte Gruppen bestehen) sind normalerweise ausreichend für eine Graustufenkonvertierung. Nachdem Sie mit Ihren erstellten Farbgruppen zufrieden sind und Sie diese im Bedienfeld *Farbfelder* gespeichert haben, markieren Sie Ihr Grafikmaterial und klicken im Bedienfeld *Steuerung* auf die Schaltfläche *Bildmaterial neu färben*.

**2. Farben im Dialogfenster *Interaktive Farbe* für ein monochromatisches Schema reduzieren.** Durchsuchen Sie nach dem Öffnen des Dialogfensters *Interaktive Farbe* die Liste im Register *Zuweisen* nach Farben, die Sie von der Veränderung ausnehmen möchten. Im „Gaborone"-Bild sind dies etwa Rot, Schwarz und Weiß. Falls Sie bei einer dieser Farben einen Pfeil zwischen den Farbbalken sehen, klicken Sie diesen an, um die Farbe zu schützen. Klicken Sie für eine zufriedenstellende Graustufenkonvertierung auf die Graustufenfarbgruppe im Farbgruppenspeicher und ziehen Sie dann die Farbbalken der Spalte *Aktuelle Farben* von Zeile zu Zeile. Dabei kombinieren und verändern Sie die den einzelnen Farben zugewiesenen Grauwerte. Betrachten Sie beim Experimentieren mit Farbkombinationen das ständig aktualisierte Vorschaubild, um einen guten Kontrast zu erzielen. Wenn Sie diese Graustufen nun „einfärben" möchten, stellen Sie sicher, dass nicht mehr Grautöne als Farbfelder in Ihrer Farbgruppe vorhanden sind, und fahren Sie mit Schritt 3 fort. Falls Sie bei den Graustufen bleiben wollen, hören Sie hier auf und klicken Sie mit aktivierter Option *Bildmaterial neu färben* auf *OK*, um die Änderung anzuwenden.

**3. Die Graustufenumwandlung für getönte Schwarzweißgrafiken verwenden.** Weil Ihre Graustufenumwandlung immer noch interaktiv ist, können Sie Ihr Bild nun mithilfe der von Ihnen vorbereiteten monochromatischen Farbgruppen einfärben. Für eine Vorschau des Farbschemas im Bild klicken Sie eine Farbgruppe an. Wenn Sie am ausgewählten Farbschema Anpassungen vornehmen möchten, aktivieren Sie das Register *Bearbeiten* und verwenden Sie die Farbanpassungsregler (hier wurde die *Globale Anpassung* verwendet) oder ziehen Sie verkettete Farbmarkierungen. Wenn Ihnen ein Schema zusagt, fügen Sie es Ihrer Liste über das Symbol *Neue Farbgruppe* hinzu. Sobald Sie mit dem Ergebnis zufrieden sind, wenden Sie die Veränderungen durch einen Klick auf *OK* an (die Option *Bildmaterial neu färben* muss aktiviert sein).

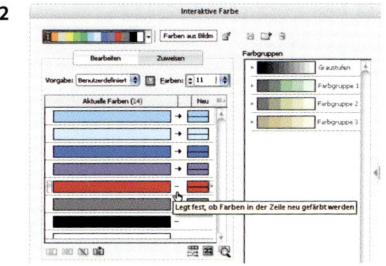

Die Farben werden vor Veränderungen geschützt.

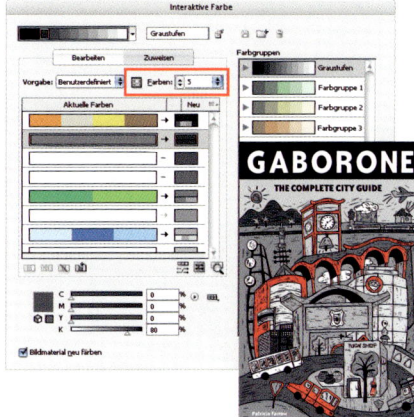

Die Farben wurden durch Zusammenziehen von Farbbalken zu Kombinationen mit denselben Werten und/oder Farbtönen reduziert.

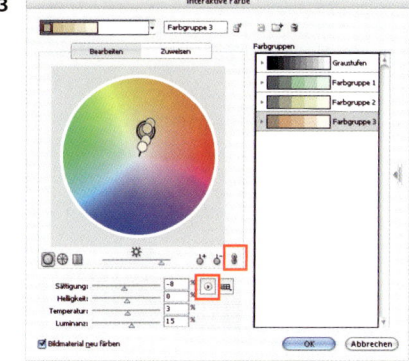

Ein monochromatisches Farbschema zum „Einfärben" der Graustufenversion wurde ausgewählt und die Farben wurden im Register *Bearbeiten* mit den Reglern oder durch Ziehen der Markierungen auf dem Farbkreis verändert.

# Ein interaktiver Workflow

Vom Foto zur Illustration

## Fortgeschrittene Technik

**Überblick:** Wenden Sie die *Interaktiv abpausen*-Standardeinstellungen auf ein Foto an; duplizieren Sie die Abpausung und passen Sie die Einstellungen von *Interaktiv abpausen* für jedes Objekt an; ändern Sie die Werte der globalen Farbfelder; passen Sie Umrisse mit *Interaktiv malen* an; bearbeiten Sie Farbtöne mit *Interaktive Farbe*.

*Interaktiv abpausen* vom Bedienfeld *Steuerung* aus mit den Standardeinstellungen ausführen

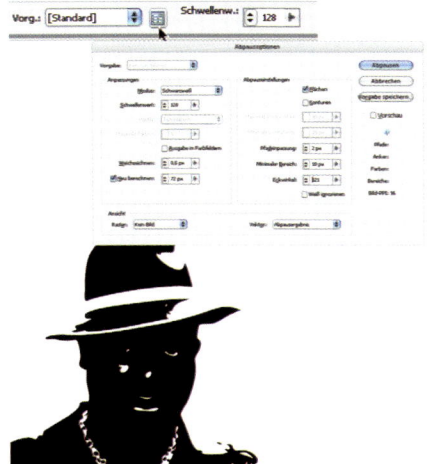

Die Anhebung der Schwellenwerte im Dialogfenster *Abpausoptionen* ergibt eine Silhouette mit gespeicherten Farbfeldern.

Zur Gestaltung dieses Porträts von Chris Daddy entwickelte Brenda Sutherland eine Methode zur Kombination von *Interaktiv abpausen* und *Interaktiv malen*, bei der sie größtmöglichen Einfluss auf den Vorgang hatte. Durch Duplizieren und Anpassen der abgepausten Objekte war sie in der Lage, dunkle bis helle Variationen zu erzeugen. Damit musste sie nicht auf die Originalfarben des Fotos zurückgreifen, sondern erhielt einen benutzerdefinierten Tontrennungseffekt. Sie komplettierte die Verwandlung von einem Foto in eine Illustration, indem sie die Farbtöne im Dialogfenster *Interaktive Farbe* bearbeitete.

**1. Die *interaktive Abpausung* erzeugen.** Sutherland isolierte für ihre Illustration zunächst das Porträt von Chris Daddy auf einem transparenten Hintergrund. Im Bedienfeld *Steuerung* klickte sie auf die Schaltfläche *Interaktiv abpausen*, wodurch das Porträt mit den Schwarzweiß-Standardeinstellungen abgepaust wurde. Anschließend markierte sie die abgepausten Objekte und klickte auf die Schaltfläche *Dialogfeld „Abpausoptionen"*. Sutherland aktivierte die Vorschau und erhöhte die Schwellenwerteinstellung, bis das Bild fast zu einer Silhouette wurde. Damit die Pfade nicht zu komplex wurden, zeichnete sie etwas weich und erhöhte den Eckwinkel ziemlich stark. Mit einem Klick auf *Ausgabe in Farbfeldern* erzeugte sie globale Farbfelder. Über die Schaltfläche *Abpausen* wendete sie die neuen Einstellungen an. Als Nächstes fertigte Sutherland drei Kopien der Abpausung an. Dazu zog sie die Unterebene im Bedienfeld *Ebenen* auf das Symbol *Neue Ebene erstellen*. Für ein angenehmeres Arbeiten benannte sie die Unterebenen um.

**2. Die Tontrennung mit vier Abpausebenen erstellen.** Damit sie die Veränderung des Schwellenwerts während der Anpassung erkennen konnte, sperrte Sutherland die Ebene „Abpausen" und blendete die Ebenen „Abpausen 3" und „Abpausen 4" aus. Sie markierte die Ebene „Abpausen 2" (die erste angelegte Kopie) und klickte erneut auf die Schaltfläche *Dialogfeld Abpausoptionen*. Sie aktivierte die Vorschau und die Option *Weiß ignorieren*. Da beim Anpassen der Einstellungen von *Interaktiv abpausen* keine neuen Farbfelder angelegt werden und Illustrator die Ebene „Abpausen 2" weiterhin als Kopie der Ebene „Abpausen" und nicht als eine neue Abpausung betrachtet, deaktivierte sie vorübergehend die Option *Ausgabe in Farbfeldern*. Dann aktivierte sie das Kontrollfeld sofort wieder, so dass die Funktion *Interaktiv abpausen* ein neues globales Farbfeld für diese Abpausung erstellte. (Illustrator vergibt an das ausgegebene Farbfeld im Bedienfeld *Farbfelder* automatisch den Namen „Abpausen 2" und die Funktion *Interaktiv abpausen* behandelt „Abpausen 2" als eigenständiges Objekt.) Um die für „Abpausen 2" geplante Veränderung des Schwellenwerts zu sehen, veränderte sie die Einstellung *Vektor* in *Konturen mit Abpausung* und verringerte den Schwellenwert gegenüber der ersten Abpausung. Bis sie die neuen Tonwerte in der Abpausung sehen konnte, musste sie sich bei der Darstellung der Tontrennung auf die Pfade verlassen. Weil die Objekte interaktiv blieben, konnte sie jedoch die Tontrennungseinstellungen später anpassen und dabei die einzelnen Töne betrachten, sobald sie die Werte der globalen Farbfelder eingestellt hatte. Sutherland wandte die neuen Einstellungen mit einem Klick auf *Abpausen* an und wiederholte diese Schritte für die beiden letzten Abpausungen, wobei sie jedes Mal den Schwellenwert absenkte.

**3. Globale Farbfelder zum Einfärben der Abpausungen verwenden und die Konturen anpassen.** Nachdem allen Abpausungen nun globale Farbfelder zugewiesen waren, doppelklickte Sutherland auf das erste globale schwarze Farbfeld, das dem Bedienfeld *Farbfelder* hinzugefügt wurde (es heißt „Abpausen"

2

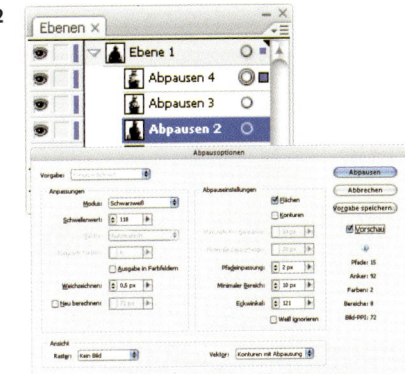

Die Originalabpausung wurde dupliziert; die Sichtbarkeit für die Anpassung des Schwellenwerts wurde eingerichtet und es wurden neue Farbfelder für jedes abgepauste Objekt erzeugt.

Mit unterschiedlichen Einstellungen wurden vier Abpausungen erzeugt.

3

Nach der Änderung der Töne für drei der vier schwarzen Farbfelder

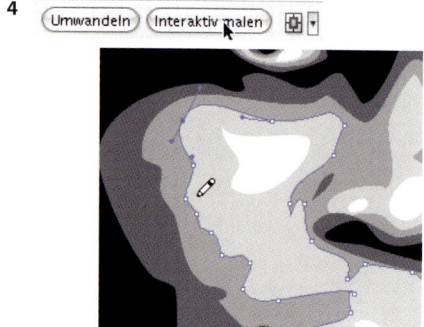

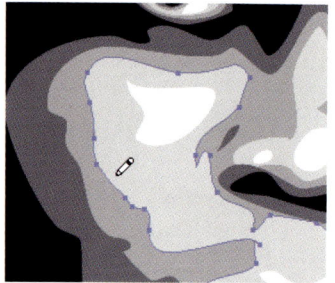

Die Pfade auf einem *Interaktiv malen*-Objekt wurden ausgewählt und mit dem *Buntstift*-Werkzeug geglättet.

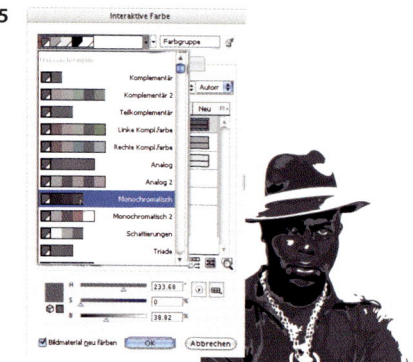

Auswahl der monochromatischen Harmonieregel

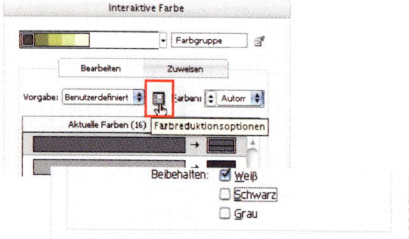

*Beibehalten: Schwarz* wurde deaktiviert, wodurch sich Schwarz durch andere Grauschattierungen ersetzen ließ.

oder „Abpausen 1") und änderte das Schwarz in ein helles Grau. Sie veränderte dann das zweite und dritte schwarze Farbfeld im Bedienfeld in immer dunklere Grautöne und ließ das vierte Schwarz („Abpausen 4") unverändert. Nun sah sie die vierfarbige Schattierung des Porträts und konnte den Schwellenwert für die Abpausobjekte noch weiter anpassen, um eine bessere Balance zu erhalten.

**4. Durch Erstellung eines *Interaktiv malen*-Objekts die Konturen von *Interaktiv abpausen* beeinflussen.** Sutherland wollte einige der Konturen anpassen, ohne sich dabei Gedanken über Lücken zwischen gefüllten Objekten zu machen. Diese könnten entstehen, wenn Sie die *Interaktiv abpausen*-Objekte umwandeln und anschließend einige der Pfade verändern. *Interaktiv malen* passt Flächen beim Anpassen der Pfade an. Sutherland markierte alle Abpausungsobjekte und klickte auf die Schaltfläche *Interaktiv malen* im Bedienfeld *Steuerung*. Zunächst fügte sie die neuen *Interaktiv malen*-Objekte nicht zusammen, weil *Interaktiv malen* mit weniger komplexen Objekten besser funktioniert. Sie markierte unschöne Pfade mit dem *Direktauswahl*-Werkzeug und überzeichnete und glättete einige Bereiche mit dem *Buntstift*-Werkzeug. Anschließend wählte sie im Bedienfeld *Steuerung Interaktives malen zus.fügen*. Damit reduzierte sie ihre Objekte auf ein einzelnes *Interaktiv malen*-Objekt, das aber immer noch „interaktiv" genug war, das sie die Pfade später noch gut bearbeiten konnte.

**5. Globale Farbfelder mit *Interaktive Farbe* bearbeiten.** Bei weiterhin markiertem *Interaktiv malen*-Objekt klickte Sutherland im Bedienfeld *Steuerung* auf die Schaltfläche *Bildmaterial neu färben*. Im neu geöffneten Dialogfenster klickte sie auf den *Harmonieregeln*-Pfeil neben den Farbfeldern und wählte aus der Dropdown-Liste *Monochromatisch*. (Die Harmonieregel *Monochromatisch* verknüpft automatisch die harmonischen Farben im Bedienfeld *Bearbeiten* und alle Markierungen liegen beim Ziehen auf dem Farbkreis stets auf einer Linie und weisen daher denselben Farbtonwert auf.) Die zugewiesenen Farben passten nicht zu den Tönen, die sie im Porträt eingerichtet hatte, aber das ließ sich leicht ändern. Sie öffnete das Dialogfenster *Optionen für neues Färben* mit einem Klick auf die Schaltfläche *Farbreduktionsoptionen* und deaktivierte *Beibehalten: Schwarz*. Damit ließ sie die Einfärbung von Schwarz zu. Sie klickte auf *OK* und kehrte zum Register *Zuweisen* zurück. Die Tonwerte waren immer noch falsch zugewiesen; die ursprünglich dunklen Werten hatten hellere Werte erhalten. Zur Korrektur zog Sutherland die Farbbalken in der Spalte *Neu* von Zeile zu Zeile, bis sich die dunkelsten Werte in einer Zeile befanden, die nächstdunklen in einer anderen und so weiter. Mit den HSB-Reglern änderte sie die Gesamthelligkeit in den gewünschten Tonbereich, wobei sie sich vergewisserte, dass Farbton und Sättigung jeweils identisch waren. Als sie in das Register *Bearbeiten* wechselte, konnte sie durch diese vorbereitenden Einstellungen das Verhältnis zwischen den Werten leichter visualisieren.

Nachdem die Helligkeitsverteilung annähernd korrekt war, klickte sie auf die Schaltfläche *Bearbeiten* und zog die Farbmarkierungen auf dem glatten Farbkreis, bis sie das gewünschte monochromatische Farbschema erzielt hatte. Sie konnte die Sättigung weiterhin ändern, indem Sie eine Markierung näher ans Kreiszentrum heran oder von diesem weg zog oder indem sie den Farbwähler mit einem Doppelklick auf die Markierung öffnete. Mit dem Helligkeitsregler konnte sie die allgemeine Helligkeit oder die Helligkeit einzelner Markierungen mit dem B-Regler ändern. Sobald ihr eine Farbharmonie gefiel, speicherte sie diese im Farbspeicher als Farbgruppe. (In der Lektion *Tag und Nacht* erfahren Sie mehr über die Bearbeitung von Farbmerkmalen.) Nachdem sie ihre Experimente abgeschlossen hatte, wählte Sutherland für Chris Daddy eine Farbharmonie aus Blautönen. Sie vergewisserte sich, dass die Option *Bildmaterial neu färben* aktiviert war, und wies die Farben mit einem Klick auf *OK* zu.

Für den Hintergrund wiederholte Sutherland den ganzen Vorgang mit einer anderen Ebene. Wieder verwendete sie die Funktion *Interaktiv abpausen*, konvertierte das Ergebnis in eine *Interaktiv malen*-Gruppe und arbeitete mit dem Dialogfenster *Interaktive Farbe*. So konvertierte sie die Stadtszene im Foto in eine Illustration, deren Farbe und Stil mit dem Porträt harmonierte.

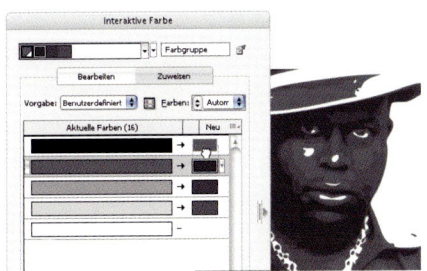

Die Farbbalken wurden nach oben oder unten gezogen, um die Wertezuweisung zu ändern.

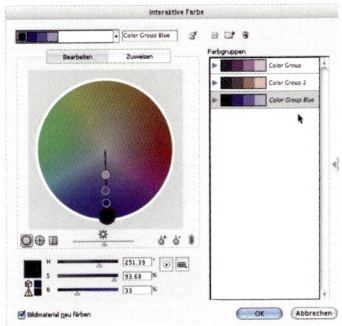

Ein monochromatisches Farbschema wurde ausgewählt und verschiedene Farbgruppen wurden erzeugt und gespeichert.

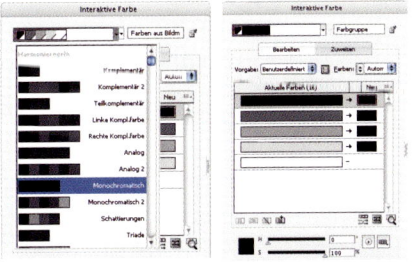

### Zu viele Schwarztöne?

In der Illustration oben gibt es zu viele Schwarztöne. In diesem Fall wird dies dadurch verursacht, dass die Option *Beibehalten: Schwarz* bereits deaktiviert ist, wenn Sie das Dialogfenster *Interaktive Farbe* öffnen und eine Harmonieregel auswählen. Um dies zu beheben, öffnen Sie das Dialogfenster *Optionen für neues Färben*, aktivieren *Beibehalten: Schwarz*, schließen das Dialogfenster und wählen Ihre Harmonieregel. Nun können Sie das Dialogfenster *Optionen für neues Färben* erneut öffnen und *Beibehalten: Schwarz* deaktivieren, wenn Schwarz eine bearbeitbare Farbe sein soll.

### Wandeln Sie die Grafik vor dem *interaktiven Malen* um

Wenn Sie mehrere Abpausungen desselben Motivs vorgenommen haben und sie dann in eine interaktive Malgruppe konvertieren, fließt manchmal eine Farbe aus dem Bild. Wählen Sie *Rückgängig* und klicken Sie im Bedienfeld *Steuerung* auf *Umwandeln*. Damit wird die Abpausung in Pfade konvertiert, die Sie mit *Interaktiv malen* einzeln füllen können.

# 11 Interaktive Effekte & Grafikstile

Mittlerweile enthält Illustrator eine sagenhafte Palette interaktiver Effekte – von Verkrümmungen und Hüllen bis hin zu 3D, Gaußschem Weichzeichner und Scribble-Effekten. Einige der wichtigeren interaktiven Effekte haben ihre eigenen Kapitel erhalten: Die Funktionen *Interaktiv abpausen* und *Interaktiv malen* werden im Kapitel 4 „Ein Schritt weiter" abgehandelt, 3D im Kapitel 12 „Interaktive 3D-Effekte". Dieses Kapitel konzentriert sich darauf, wie Sie das Beste aus den übrigen Illustrator-Effekten herausholen und wie Sie Grafikstile erzeugen und damit arbeiten.

### Wozu Filter?

Effekte sind interaktiv – warum sollten Sie also Filter verwenden? Filter haben zwei Vorteile: Geschwindigkeit und Bearbeitbarkeit. Illustrator kann Filter schneller darstellen als interaktive Effekte. Filter müssen zur Bearbeitung der Punkte nicht umgewandelt werden.

### Effekte transformieren!

Diese Funktion ist ein Juwel! Jede Transformierung kann als Effekt zugewiesen werden (*Effekt > Verzerrungs- & Transformationsfilter > Transformieren*). Legen Sie exakt fest, wie stark Sie ein Objekt drehen, neigen oder skalieren möchten – Sie können dies komplett anpassen oder rückgängig machen oder – wie Vicki Loader – mehrere Kopien eines einzelnen Seepferdchens erzeugen.

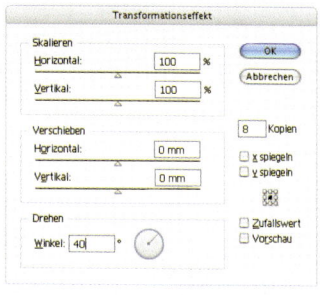

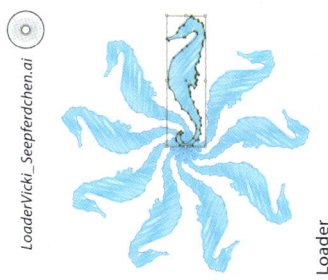

LoaderVicki_Seepferdchen.ai

Loader

## Effekte oder Filter?

Vielleicht betrachten Sie die Menüs *Filter* und *Effekt* und fragen sich, was der Unterschied zwischen diesen ist. Eine gute Frage! Grundsätzlich ändern Filter Ihre Grafik permanent, während Effekte bearbeitbar sind. Sie ändern das Aussehen Ihrer Arbeit, können aber problemlos bearbeitet oder komplett entfernt werden. Wenn Sie einem Objekt, einer Gruppe oder Ebene einen Effekt zuweisen, wird dieser im Bedienfeld *Aussehen* als Attribut dargestellt. Die Position des Effekts im Bedienfeld zeigt an, welches Element dadurch verändert wird.

Das Menü *Effekt* ist in zwei Abschnitte unterteilt. Die Effekte im oberen Abschnitt (die Illustrator-Effekte) eignen sich für Vektorgrafiken. Die Effekte im unteren Abschnitt (die Photoshop-Effekte) eignen sich für Pixelbilder. Obwohl es in den Dialogfenstern der Effekte keine Möglichkeit gibt, die vorgenommenen Einstellungen zu speichern, können Sie die Eigenschaften eines zugewiesenen Effekts als Grafikstil speichern. Dazu ziehen Sie einfach die Miniatur aus dem Bedienfeld *Aussehen* in das Bedienfeld *Grafikstile* (mehr über Grafikstile erfahren Sie im letzten Abschnitt dieser Einleitung sowie in den folgenden Lektionen und Galerien).

## Rastereffekte

Wenn Sie im Dialogfenster *Neues Dokument* aus dem PopupMenü *Neues Dokumentprofil* ein Profil wählen, stellt Illustrator auf dieser Grundlage automatisch eine Standardauflösung für Ihre Rastereffekte ein. Wenn Sie beispielsweise das Druckprofil wählen, stellt Illustrator eine Rastereffekteinstellung von 300 ppi ein und bei einem Webprofil 72 ppi. Nachdem Ihr Dokument erzeugt ist, können Sie die Auflösung der Rastereffekte betrachten oder ändern. Wählen Sie dazu *Effekt > Dokument-Rastereffekt-Einstellungen*.

Es gibt einen wichtigen Unterschied zwischen den aus Photoshop übernommenen Rastereffekten (die im unteren Teil des Illustrator-Effekt-Menüs angezeigt werden, beispielsweise der Gaußsche Weichzeichner) und den speziell für Illustrator entwickelten Rastereffekten, wie *Weiche Kante*, *Schlagschatten* und *Schein nach innen*. Die Optionen der Photoshop-Effekte werden in Pixel, die nativen Illustrator-Effekte in Linealeinheiten festgelegt. Wenn Sie demnach einen Gaußschen Weichzeichner mit 3 Pixel anwenden, wirkt das Ergebnis bei einer Auflösung von 72 ppi sehr viel weicher als bei einer Auflösung von 288 ppi. Wenn Sie andererseits einen Schlagschatten mit einer Weichzeichnung von 3 Punkt anwenden, wird diese automatisch der Auflösung angepasst und beeinflusst in einer höheren Auflösung mehr Pixel. Aus diesem Grund müssen Sie eventuell die speziellen Effektoptionen wie den Grad der Weichzeichnung ebenfalls festlegen, wenn Sie Photoshop-Effekte zugewiesen haben, und dann die Dokument-Rastereffekt-Auflösung ändern. (Wenn Sie schon einmal die Auflösung eines Photoshop-Dokuments mit Ebeneneffekten geändert haben, sollte dieser Vorgang Ihnen vertraut sein).

Unser Ausgabeexperte Jean-Claude empfiehlt, dass Sie niemals eine Datei an die Druckerei liefern sollten, ohne selbst die gewünschte hohe Auflösung einzustellen und das Dokument damit zu proofen. Mit Rastereffekten erzeugte Illustrator-Dokumente benötigen eventuell Anpassungen und Sie können nicht davon ausgehen, dass jemand, der Ihre Grafiken nicht kennt, weiß, wie diese aussehen sollen oder welche Anpassungen er an der Datei vornehmen soll.

## Der Scribble-Effekt

Mit dem *Scribble*-Effekt (*Effekt > Stilisierungsfilter > Scribble*) können Sie schnell eine Vielzahl von Scribble-Effekten erzeugen – von grob und kritzelig bis zu einer dichten Schraffur. Sie können Scribble-Effekte der Füllung und/oder Kontur eines Objekts zuweisen, je nachdem, was Sie im Bedienfeld *Aussehen* beim Zuweisen des Effekts als Ziel ausgewählt haben.

Das Dialogfenster *Scribble-Optionen* ist in drei Bereiche unterteilt. Das Menü *Einstellungen* enthält eine feste Anzahl von Scribble-Voreinstellungen. Verwenden Sie den *Winkel*-Regler, um die Gesamtrichtung der Scribble-Linien zu bestimmen. Eine Einstellung von 0° bewirkt, dass die Scribble-Linien von links nach rechts ver-

### Effekte zuweisen

Sobald Sie einem Objekt einen Effekt zugewiesen haben, doppelklicken Sie im Bedienfeld *Aussehen* auf den Effekt, um die Werte zu ändern. Wenn Sie den Effekt im Menü *Effekt* erneut auswählen, weisen Sie dem Objekt eine zweite Instanz davon zu, statt ihn zu ändern. (Sie sollten es vermeiden, einem einzelnen Objekt zwei 3D-Effekte zuzuweisen. Wenn Sie sich mit den verschiedenen 3D-Dialogfenstern auskennen, lässt sich dies vermeiden. Beachten Sie dazu den Tipp „3D – drei Dialoge" auf Seite 321.)

### *Blendenflecke*-Werkzeug oder Effekt?

Das *Blendenflecke*-Werkzeug taucht weiter hinten in diesem Kapitel in Ted Alspachs Galerie auf. Der Grund: Obwohl das *Blendenflecke*-Werkzeug, technisch gesehen, kein Effekt ist, verhält es sich wie ein solcher – Sie können Ihren Blendenfleck über das Dialogfenster *Optionen für Blendenflecke-Werkzeug* auswählen und neu bearbeiten (doppelklicken Sie auf das *Blendenflecke*-Werkzeug, um das Dialogfenster zu öffnen).

### Volltonfarben und Effekte

Sie können Spotfarben unverändert beibehalten, auch wenn Sie interaktive Effekte wie *Schlagschatten*, *Gaußschen Weichzeichner* oder *Weiche Kante* zugewiesen haben! Dazu stellen Sie sicher, dass das Kontrollkästchen *Volltonfarben beibehalten* im Dialogfenster *Effekt > Dokument-Rastereffekt-Einstellungen* aktiviert ist.
*Jean-Claude Tremblay*

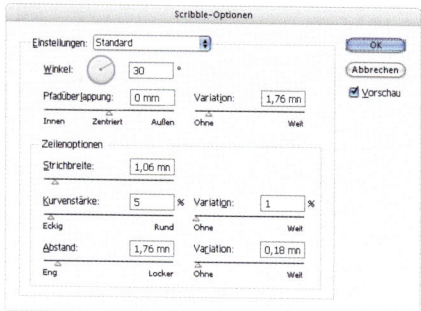

Das Dialogfenster *Scribble-Optionen*

Der Scribble-Effekt kann der Kontur, der Fläche oder beidem zugewiesen werden.

Weitere Lektionen mit dem Scribble-Effekt finden Sie in Ari Weinsteins „Text auf Alt trimmen" und Sandee Cohens „Verschobene Flächen" im Kapitel 7 „Text".

### Kreuzschraffur mit dem Scribble-Effekt

Wenn Sie mit dem Scribble-Effekt eine Kreuzschraffur erzielen möchten, müssen Sie die Form nicht duplizieren. Stattdessen weisen Sie der Fläche des Objekts den *Scribble*-Effekt zu und wählen Ihr Objekt aus. Dann wählen Sie aus dem Bedienfeldmenü des Bedienfelds *Aussehen* den Befehl *Neue Fläche hinzufügen*. Wählen Sie *Effekt > Stilisierungsfilter > Scribble*. Als Winkel geben Sie *90°* ein.
*Mike Schwabauer*

laufen; 90° lässt sie senkrecht verlaufen. Mit dem Regler *Pfadüberlappung* bestimmen Sie das Maß, in dem das Scribble innerhalb des Pfads bleibt oder über seinen Rahmen hinausläuft. Im Bereich *Zeilenoptionen* des Dialogfensters *Scribble-Optionen* bestimmen Sie über die *Konturstärke*, wie fett oder dünn die Scribble-Linien sein sollen. Mit dem Regler *Kurvenstärke* stellen Sie ein, wie eckig oder rund die Enden jedes Strichs sein sollen. Mit dem *Abstand*-Regler legen Sie fest, wie eng oder weit die Striche auseinanderliegen. Der Regler *Variation* dient zur genaueren Kontrolle, wie die einzelnen Eigenschaften zugewiesen werden: Für ein sehr regelmäßiges, künstliches Aussehen setzen Sie den Regler auf *Ohne*; für ein eher freihändiges und natürliches Erscheinungsbild ziehen Sie ihn in Richtung *Weit*.

Durch die Kombination mit anderen Effekten oder wenn Sie Pinselstriche auf Ihre Scribbles anwenden, können Sie eine beinahe unbegrenzte Vielfalt erzeugen. Verwenden Sie sie als Füllungen oder Masken zur Verfremdung von Texten oder speichern Sie sie als Grafikstil, um sie anderen Grafiken zuzuweisen.

## Verkrümmungen und Hüllen

Die Verkrümmungs- und Hülleneffekte von Illustrator sind robust und sehr leistungsstark. Sie bieten mehr als nur einfache Transformationen. Verkrümmungen und Hüllen sehen auf den ersten Blick ähnlich aus; es gibt aber einen wichtigen Unterschied: Verzerrungen werden als interaktive Effekte zugewiesen – das bedeutet, dass sie auf Objekte, Gruppen oder Ebenen angewandt werden können. Verkrümmungen lassen sich über die vordefinierten Optionen im Dialogfenster *Verkrümmen-Optionen* erzeugen und Sie können sie in einem Grafikstil speichern. Hüllen wiederum sind ebenfalls bearbeitbar. Im Gegensatz zu Objekten sind sie jedoch im Grunde genommen Objekte, die Grafiken enthalten. Sie können die Hüllenform bearbeiten und Illustrator passt die Inhalte der Hülle an ihre Kontur an.

## Verkrümmungen

Das Zuweisen einer Verkrümmung ist recht einfach. Wählen Sie ein Objekt, eine Gruppe oder Ebene als Ziel und *Effekt > Verkrümmungsfilter > Bogen*. Es ist gleichgültig, welchen Verkrümmungseffekt Sie wählen, weil Sie das Dialogfenster *Verkrümmungen-Optionen* erhalten, aus dem Sie aus 15 verschiedenen Verkrümmungen wählen können. Zwar können Sie an den Verkrümmungseffekten keine Veränderungen vornehmen, doch Sie können das Aussehen der Verkrümmung kontrollieren, indem Sie den Wert *Biegung* sowie die horizontalen als auch vertikalen Verkrümmungswerte anpassen. Sobald Sie eine Verkrümmung zugewiesen haben, können Sie sie bearbeiten, indem Sie das Bedienfeld *Aussehen* öffnen und auf das Verkrümmungssymbol klicken. Wie alle Effekte kann eine Verkrümmung auch nur der Fläche oder nur der Kontur zugewiesen werden – und wenn Sie die Grafik bearbeiten, wird die Verkrümmung ebenfalls aktualisiert. Weil Verkrümmungen Effekte sind, können Sie sie in einem Grafikstil speichern und diesen anderen Grafiken zuweisen. (Mehr über Grafikstile erfahren Sie im Abschnitt „Grafikstile in Illustrator" auf Seite 305.)

## Hüllen

Verkrümmungseffekte eignen sich zwar sehr gut, um Grafiken zu verzerren. Die Illustrator-Hüllen bieten jedoch mehr Kontrolle.

Es gibt drei Möglichkeiten, Hüllen zuzuweisen. Der einfachste Weg ist die Erzeugung einer Form, die Sie als Hülle verwenden. Vergewissern Sie sich, dass sich diese in der Stapelordnung oben befindet – über der Grafik, die Sie in der Hülle platzieren möchten. Dann wählen Sie bei aktivierter Grafik und Hülle *Objekt > Verzerrungshülle > Mit oberstem Objekt erstellen*. Illustrator erzeugt eine spezielle Objektart: eine Hülle. Dieses Objekt wird zu einem Hüllencontainer, der im Bedienfeld *Ebenen* als *‹Hülle›* angezeigt wird. Sie können den Pfad der Hülle mit allen Transformierungs- oder Bearbeitungswerkzeugen verändern; die Grafik in der Hülle wird aktualisiert und passt sich der Form an.

Um die Inhalte der Hülle zu bearbeiten, klicken Sie im Bedienfeld *Steuerung* auf die Schaltfläche *Inhalt bearbeiten* oder wählen Sie *Objekt > Verzerrungshülle > Inhalt bearbeiten*. Wenn Sie dann das Bedienfeld *Ebenen* betrachten, stellen Sie fest, dass die *‹Hülle›* nun ein Dreieck besitzt, über das Sie ihre Inhalte zeigen können – die platzierte Grafik. Sie können die Grafik direkt bearbeiten oder auch andere Pfade in das Bedienfeld *Ebenen* in die Hülle ziehen. Um wieder die Hülle selbst zu bearbeiten, wählen Sie *Objekt > Verzerrungshülle > Hülle bearbeiten*.

Es gibt zwei weitere Hüllentypen, die eng verwandt sind. Beide Typen bieten mit Gittern noch mehr Kontrolle über die Verzerrung. Einer davon wird *Mit Verkrümmung erstellen* genannt und findet sich im Untermenü des Befehls *Objekt > Verzerrungshülle*.

Hier wird zunächst das Dialogfenster *Verkrümmen-Optionen* geöffnet. Nachdem Sie eine Verkrümmung gewählt und auf *OK* geklickt haben, konvertiert Illustrator diese Verkrümmung in ein Hüllengitter. Sie können nun einzelne Gitterpunkte mit dem *Direktauswahl*-Werkzeug bearbeiten und so nicht nur die äußere Kante der Hüllenform verzerren, sondern auch bestimmen, wie

### Ein Begrenzungsrechteck hinzufügen

Wenn Sie Verkrümmungen innerhalb einer Gruppe oder Ebene zuweisen, beginnen sie an dem Begrenzungsrahmen von Objekten. Deshalb ist es häufig nützlich, ein großes Quadrat/Rechteck ohne Kontur oder Fläche als Begrenzungsrechteck zu zeichnen. Damit erhalten Sie die Möglichkeit, eine Gruppe/Ebene mit einer Verkrümmung auszustatten, ohne dass diese zu stark verzerrt wird. Dies gilt auch für Hüllen.
*Jean-Claude Tremblay*

### Hüllen bearbeiten

Denken Sie daran, dass Sie die Inhalte jeder Hülle bearbeiten können, indem Sie den Hüllenpfad auswählen und dann entweder auf die Schaltfläche *Inhalt bearbeiten* im Bedienfeld *Steuerung* klicken oder *Objekt > Verzerrungshülle > Inhalt bearbeiten* wählen. Beispiele für die Kombination von Gittern mit Hüllen für realisitische Schattierungseffekte sehen Sie in Sandee Cohens Lektion „Verkrümmungen & Hüllen" ab Seite 308.
*Mordy Golding*

### Viermal Stilisierungsfilter

Die „Stilisierungsfilter" werden zweimal im Menü *Filter* und zweimal im Menü *Effekte* aufgeführt. Die Befehle im Menü *Filter > Stilisierungsfilter* ändern die Pfade der Objekte. Die Befehle im Menü *Effekt > Stilisierungsfilter* ergeben „interaktive" Effekte. Sie verändern das Erscheinungsbild der Objekte, lassen die Pfade aber unverändert und bearbeitbar.

Die drei *Hülle*-Schaltflächen im Bedienfeld *Steuerung*, von links nach rechts: *Hülle bearbeiten*, *Inhalte bearbeiten* und *Hüllen-Optionen*

### Optionen zur Hüllenverzerrung

Wenn Ihre Grafiken Musterfüllungen oder lineare Verläufe enthalten, können Sie diese mit Hüllen verzerren. Wählen Sie dazu *Objekt > Verzerrungshülle > Hüllen-Optionen* und aktivieren Sie im Dialogfenster die entsprechenden Elemente.

*Mordy Golding*

### Magnetische Hilfslinien intelligent nutzen

Magnetische Hilfslinien sind bei der Arbeit mit Verkrümmungen oder Hüllen praktisch, wenn die Bearbeitung von Grafiken mit einem zugewiesenen Aussehen schwierig ist. Bei eingeschalteten magnetischen Hilfslinien hebt Illustrator die Grafiken für Sie hervor. Dadurch lässt sich leichter feststellen, wo sich das eigentliche Grafikmaterial (und nicht das Aussehen) befindet. Verwenden Sie die Tastenkombination ⌘/ Strg+U, um die magnetischen Hilfslinien ein- und auszuschalten.

*Mordy Golding*

### Photoshop-Effekte lassen sich nicht skalieren

Beachten Sie, dass sich Photoshop-Effekte nicht zusammen mit dem Objekt skalieren lassen – auch nicht, wenn Sie die Option *Konturen und Effekte skalieren* in den Voreinstellungen aktiviert haben.

*Jean-Claude Tremblay*

die Grafiken in der Hülle selbst verzerrt werden. Noch mehr Kontrolle erhalten Sie, wenn Sie bei Bedarf weitere Gitterpunkte mit dem *Gitter*-Werkzeug hinzufügen.

Eine andere Möglichkeit zur Erzeugung einer Hülle ist ein rechteckiges Gitter. Markieren Sie Ihr Grafikmaterial und wählen Sie *Objekt > Verzerrungshülle > Mit Gitter erstellen*. Nachdem Sie angegeben haben, wie viele Gitterpunkte Sie erzeugen möchten, erstellt Illustrator ein Hüllengitter. Mit dem *Direktauswahl*-Werkzeug bearbeiten Sie die Punkte und fügen mit dem *Gitter*-Werkzeug weitere Punkte hinzu.

## Pathfinder-Effekte

Die im Menü *Effekt > Pathfinder* aufgeführten Befehle sind Effektversionen der im Kapitel 4 „Ein Schritt weiter" beschriebenen *Pathfinder*-Befehle. Wenn Sie einen *Pathfinder*-Effekt zuweisen möchten, sollten Sie die Objekte entweder gruppieren und damit sicherstellen, dass auch die Gruppe ausgewählt wird, oder die Ebene mit den Objekten als Ziel wählen (dann weisen Sie den Effekt allen Objekten auf dieser Ebene zu). Wählen Sie dann *Effekt > Pathfinder* und klicken Sie auf einen Effekt. Anderenfalls sehen Sie kein sichtbares Ergebnis.

### Pathfinder-Effekte oder zusammengesetzte Formen?

Bei den *Live-Pathfinder*-Effekten erzeugen Sie einen Container (eine Gruppe oder Ebene) und weisen diesem dann einen Effekt zu. In einer zusammengesetzten Form jedoch lässt sich für jede Komponente unabhängig festlegen, ob sie den darunter liegenden Komponenten hinzugefügt oder von ihnen abgezogen wird, eine Schnittmenge mit ihnen bildet oder sie aufteilt. Wenn Sie mehr als eine oder zwei Formmodi benötigen, ist es einfacher, mit zusammengesetzten Formen zu arbeiten. Einer der großen Vorteile von zusammengesetzten Formen gegenüber den *Pathfinder*-Effekten ist, dass zusammengesetzte Formen sich sehr viel zuverlässiger verhalten, wenn komplizierte Objekte im Spiel sind.

Zusammengesetzte Formen bleiben beim Export als Photoshop-Dateien bearbeitbar. Sie können auch in Illustrator kopiert und als Formebenen in Photoshop eingefügt werden. Lesen Sie das Kapitel 3 „Zeichnen und Färben" für weitere Informationen über Pathfinder-Befehle und zusammengesetzte Formen.

## Grafikstile in Illustrator

Wenn Sie ein Aussehen, ob es sich nun um eine einfache Kontur bzw. Füllung oder um eine komplexe Effektkombination handelt, mehr als einmal zuweisen möchten, sollten Sie es im Bedienfeld *Grafikstile* als Grafikstil speichern. Ein Grafikstil ist einfach eine Kombination aus einem oder mehreren Aussehenattributen, die Objekten (auch Textobjekten), Gruppen und Ebenen zugewiesen werden kann. Im Kapitel 6 „Ebenen & Aussehen" erlernen Sie die Grundlagen der Arbeit mit Aussehen.

Um einen Satz Attribute als Grafikstil zu speichern, wählen Sie im Bedienfeld *Aussehen* die gewünschten Aussehenattribute (es ist gleichgültig, ob ein Objekt ausgewählt ist oder nicht) und klicken anschließend entweder auf das Symbol *Neuer Grafikstil* im Bedienfeld *Grafikstile* oder ziehen die Miniatur des Aussehens aus dem Bedienfeld *Aussehen* in das Bedienfeld *Grafikstile*.

Um einen Grafikstil zuzuweisen, wählen Sie einfach ein Objekt aus und oder wählen eine Gruppe oder Ebene als Ziel und klicken im Bedienfeld *Grafikstile* auf einen Stil. Weiterhin können Sie einen Stil von einem anderen Objekt mit dem *Pipette*-Werkzeug aufnehmen. Alternativ ziehen Sie den Stil aus dem Bedienfeld *Grafikstile* direkt auf ein Objekt.

Um einen Grafikstil von dem Objekt, dem er zugewiesen ist, zu lösen, klicken Sie ganz unten im Bedienfeld auf das Symbol *Verknüpfung mit Grafikstil aufheben* oder wählen Sie das Element aus dem Bedienfeldmenü des Bedienfelds *Grafikstile*. Dies ist sinnvoll, wenn Sie einen Grafikstil ersetzen, aber nicht alle Objekte mit dem aktuellen Grafikstil auf die aktualisierte oder ersetzte Version ändern möchten. Wählen Sie zwei oder mehr Stile im Bedienfeld *Grafikstile* und wählen Sie *Verdeckte Fläche entfernen* aus dem Bedienfeldmenü des Bedienfelds *Grafikstile*. Damit kombinieren Sie die Aussehenseigenschaften zu einem neuen Stil.

### Pathfinder-Gruppenwarnung

Auch wenn Sie Ihre Objekte gruppiert haben, erhalten Sie eventuell trotzdem die folgende Warnmeldung, wenn Sie einen *Pathfinder*-Effekt zuweisen:

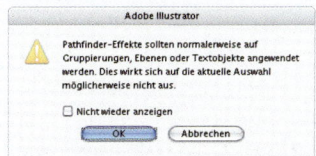

Dies ist immer dann der Fall, wenn Sie die Objekte mit dem *Direktauswahl*-Werkzeug markieren und einige ihrer Punkte nicht berücksichtigen. Beheben Sie dies, indem Sie die <Gruppe> dieser Objekte im Bedienfeld *Ebenen* als Ziel wählen und dann den *Pathfinder*-Effekt zuweisen.

### Grafikstile schnell laden

Die schnellste Möglichkeit, die mit Illustrator installierten oder benutzerdefinierten Grafikstile zu laden, bietet die Schaltfläche *Menü „Grafikstil-Bibliotheken"* in der linken unteren Ecke des Bedienfelds *Grafikstile*.
*Jean-Claude Tremblay*

### Grafikstile ersetzen

Um ein gespeichertes Aussehen im Bedienfeld *Grafikstile* durch neue Attribute zu ersetzen, ziehen Sie die Miniatur mit gedrückter [Alt]-Taste aus dem Bedienfeld *Aussehen* (oder einem Objekt auf der Zeichenfläche) in das Bedienfeld *Grafikstile* und lassen es unter dem hervorgehobenen Grafikstil los. Um den aktuellen ausgewählten Grafikstil zu ersetzen, nehmen Sie die gewünschten Einstellungen vor und wählen *Grafikstil neu definieren* aus dem Bedienfeldmenü des Bedienfelds *Aussehen*. Die zugewiesenen Stile werden aktualisiert.

# Schabekunst

Konturen, Füllungen, Effekte und Stile kombinieren

 PowellGary_Schabekarton_Blaetter.ai

Überblick: Weisen Sie einfachen Objekten multiple Konturen und Flächen zu; versetzen Sie Konturen und Flächen; weisen Sie Konturen und Flächen Effekte zu; erzeugen Sie Grafikstile und weisen Sie diese zu.

**1**

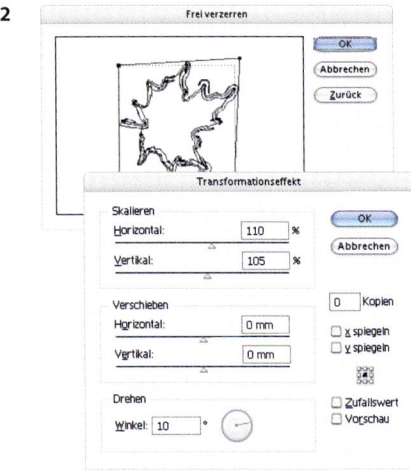

Die ursprüngliche Grafik besteht aus einfachen Formen.

**2**

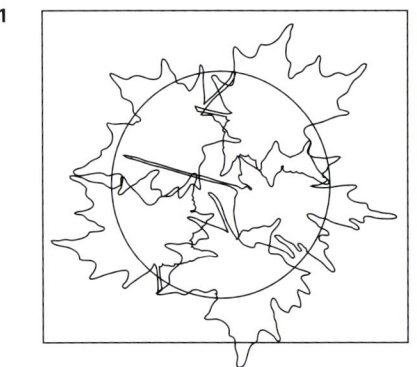

Um die Kontur eines Pfads gegenüber seiner Fläche zu versetzen, wählen Sie die Kontur im Bedienfeld *Aussehen* und weisen die Effekte *Frei Verzerren* und *Transform* aus dem Menü *Effekt > Verzerrungs- und Transformationsfilter* zu.

Powell

Die Autorin und Trainerin Sandee Cohen entdeckte eine Möglichkeit, die Schabekarton-Technik in Illustrator zu simulieren. Der Künstler Gary Powell erzeugte mit einem Sortiment Bildpinsel, multiplen Konturen und Flächen und Effekten eine Variation von Cohens Technik. Diese kombinierte er dann und speicherte sie als Grafikstil. Sobald Sie eine Serie von Effekten als Grafikstil gespeichert haben, können Sie diesen problemlos mehreren Objekten zuweisen und damit ein Designthema erzeugen oder schnell abändern. Art Directors werden die Methode nützlich finden, weil sie damit von einer Anzahl unterschiedlicher Grafiker gestaltete Illustrationen stilistisch vereinheitlichen können.

**1. Bildpinsel und Flächen zuweisen.** Für eine natürlich wirkende Kontur wies Powell einfachen Objekten ein Sortiment Bildpinsel zu. Er verwendete die Bildpinsel *Waves*, *Weave*, *Dry Brush* und *Fire Ash* (auf der Wow!-CD). Dann wies er den einzelnen Objekten einfarbige Flächen zu. Wählen Sie ein einfaches Objekt und klicken Sie im Bedienfeld *Pinsel* oder in einer Pinselbibliothek auf den gewünschten Pinsel. (Mehr über Bildpinsel erfahren Sie im Kapitel 5 „Pinsel & Symbole".)

**2. Eine Kontur versetzen.** Für ein freies, zeichnerisches Aussehen versetzte Powell manche der Konturen gegenüber ihren Füllungen. Dazu markieren Sie im Bedienfeld *Aussehen* eine

Kontur und wählen entweder *Effekt > Verzerrungs- und Transformationsfilter> Frei Verzerren* oder *Effekt > Verzerrungs- und Transformationsfilter> Transformieren.* Passen Sie die Position der Kontur mit diesen Befehlen manuell oder numerisch an, so dass sie sich von ihrer Füllung trennt. Dann sieht die Kontur aus wie eine zusätzliche Form und der Pfad wird nicht permanent geändert. Sie können die Kontur noch weiter formen, indem Sie im Bedienfeld *Aussehen* auf das *Transformieren*-Attribut doppelklicken und den Versatz des Konturattributs anpassen.

**3. Einem Pfad weitere Konturen und Füllungen zuweisen.** Damit der quadratische Hintergrund ein zeichnerisches Aussehen erhielt, wies Powell dem Pfad weitere Konturen zu. Zuerst wählte er im Bedienfeld *Aussehen* das *Kontur*-Attribut und klickte am unteren Rand des Bedienfelds auf das Symbol *Ausgewähltes Objekt duplizieren*. Er beließ die Kopie der Kontur ausgewählt und änderte die Art des Bildpinsels. Außerdem doppelklickte er im Bedienfeld *Aussehen* auf den *Verzerrungs- und Transformationsfilter*-Effekt und änderte die Einstellungen, um die Position der Konturkopie zu verschieben. Powell wiederholte diesen Vorgang, bis er die gewünschte Anzahl Konturen erzielt hatte.

Damit die Blätter aussahen wie mit der Schabekarton-Technik erzeugt, wies Powell ihnen weitere Füllungen und Effekte zu. Zuerst wählte er im Bedienfeld *Aussehen* das Flächenattribut und duplizierte es. Er ließ die Kopie der Fläche ausgewählt, änderte die Farbe und wählte *Effekt > Stilisierungsfilter > Scribble.* (Sie können einem Pfad beliebig viele Flächen und Effekte zuweisen und ihre Stapelordnung dann per Drag&Drop ändern.)

**4. Grafikstile einsetzen.** Um die Gestaltung künftiger Illustrationen zu automatisieren, erzeugte Powell über die Bedienfelder *Aussehen* und *Grafikstile* eine Grafikstilbibliothek. Wenn Sie einen ansprechenden Satz Konturen und Flächen erzeugt haben, klicken Sie im Bedienfeld *Grafikstile* auf das Symbol *Neuer Grafikstil*.

Sobald Powell eine Palette *Grafikstil*-Felder zusammengestellt hatte, veränderte er das Aussehen der Grafik, indem er ausgewählten Pfaden verschiedene Grafikstile zuwies. Mit Grafikstilen kann ein Künstler oder Designer vielfältige Themen in einer Grafikstil-Bibliothek speichern und seinen Illustrationen oder Designelementen zuweisen.

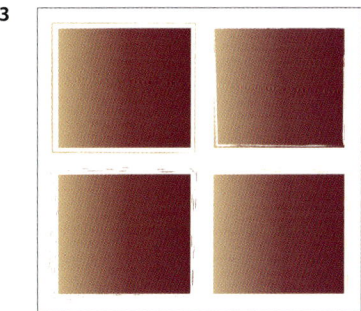

Die einzelnen Konturen, die Powell zu multiplen Konturen für den Hintergrund kombinierte

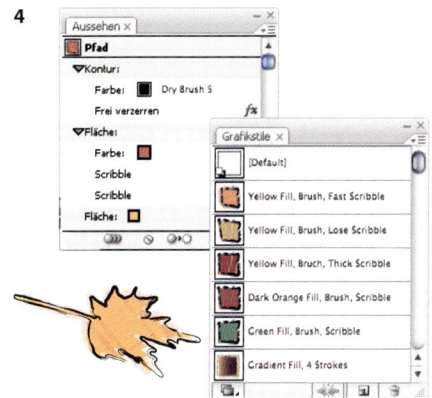

Multiple Konturen, Flächen und Effekte wurden einem Objekt zugewiesen; die Aussehenattribute wurden mit einem Klick auf die Schaltfläche *Neuer Grafikstil* im Bedienfeld *Grafikstile* gespeichert.

Wenn Sie Objekten unterschiedliche Grafikstile zuweisen, kann dieselbe Grafik verschiedene Ausdrucksformen erhalten; ein Projekt oder eine Illustrationsserie erhält ein konsistentes Erscheinungsbild.

**Kapitel 11** Interaktive Effekte & Grafikstile ❖ **307**

# Verkrümmungen & Hüllen

Verkrümmungs- und Hülleneffekte einsetzen

 CohenSandee_Flagge

**Überblick:** Gruppieren Sie ClipArt-Grafiken für die Verwendung mit Verkrümmungen; weisen Sie Verkrümmungen zu; speichern Sie Verkrümmungseffekte als Grafikstil; weisen Sie eine Hülle mit einem geformten Pfad zu; weisen Sie mit einem Gitter einen Schattierungseffekt zu.

**1**

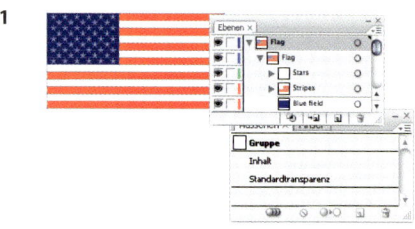

Vergewissern Sie sich, dass die Flaggengrafik gruppiert ist.

**Hinweis:** Das Bedienfeld *Aussehen* zeigt Informationen über das momentan im Bedienfeld *Ebenen* als Ziel ausgewählte (und nicht nur ausgewählte oder hervorgehobene) Objekt.

Die Verkrümmung wurde einer nicht vollständig gruppierten Flaggengrafik zugewiesen. Die Streifen sind gruppiert, die Sterne und das blaue Feld sind jedoch separate Objekte.

**2**

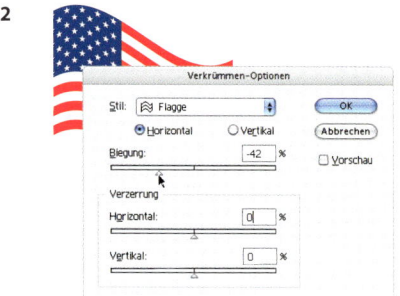

Experimentieren Sie bei aktivierter Vorschau mit den Verkrümmungsoptionen.

Die Trainerin Sandee Cohen verwendete die Illustrator-Verkrümmungs- und Hülleneffekte, um Kopien einer normalen rechteckigen Flagge in eine wehende Flagge und in eine Fliege zu verwandeln.

Verkrümmungen sind leichter zu verstehen und anzuwenden als Hüllen. Wählen Sie aus dem Menü *Verkrümmen* aus 15 vordefinierten Formen und passen Sie die Form über die Regler im Dialogfenster *Verkrümmen-Optionen* an.

Sie können für Hüllen einen beliebigen Pfad, eine Verkrümmungsvoreinstellung oder ein Gitterobjekt verwenden und damit Ihre Grafik in fast jede vorstellbare Form modellieren. Die Form lässt sich über die Ankerpunkte der Hülle weiter manipulieren. Beachten Sie: Obwohl die Originalgrafiken nach der Anwendung von Verkrümmungen und Hüllen unverändert bleiben, lassen sich nur Verkrümmungen als Grafikstile speichern.

**1. ClipArt-Grafiken für die Verwendung mit Verkrümmungseffekten gruppieren.** Cohen begann mit einer gewöhnlichen USA-Flagge aus einer ClipArt-Sammlung. Zuerst vergewisserte sie sich, dass die Flaggengrafik ein gruppiertes Objekt war. Dazu wählte sie die Flagge aus (wodurch diese auch im Bedienfeld *Ebenen* als Ziel ausgewählt wurde) und sah sich die Beschreibung im Bedienfeld *Aussehen* an. Wenn die Grafik kein gruppiertes Objekt ist, wird der Effekt nicht der gesamten Grafik zugewiesen, sondern den einzelnen Pfaden (wie links abgebildet).

**2. Eine Kopie der Flaggengrafik erzeugen und einen Verkrümmungseffekt zuweisen.** Als Nächstes erzeugte Cohen ein Duplikat der Flagge. Dazu wählte sie sie aus, hielt die Alt -Taste gedrückt und zog sie unter das Original. Bei weiterhin ausgewähltem Duplikat öffnete Cohen das Dialogfenster *Verkrümmen-Optionen* mit dem Befehl *Effekt > Verkrümmungsfilter > Flagge*. Sie aktivierte das Kontrollkästchen *Vorschau*, um die Auswirkungen ihrer Einstellungen besser beurteilen zu können. Cohen setzte den Regler für die horizontale Biegung auf –42%, um die erste Stufe ihres Flaggeneffekts zu erzeugen, und wandte die Verzerrung mit einem Klick auf *OK* an. Dann vervollständigte sie die wehende Flagge mit einem zweiten Verkrümmungseffekt. Bei weiterhin ausgewählter Grafik wählte sie *Effekt > Verkrümmungsfilter > Bogen*, klickte auf *Neuen Effekt anwenden* und setzte den Regler für die horizontale Biegung bei aktivierter Vorschau auf 40%.

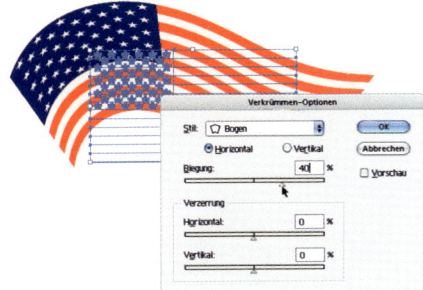

Zuweisung eines zweiten Verkrümmungseffekts. Weil Verkrümmungen interaktive Effekte sind, bleibt die Original-Flaggengrafik unverändert (hier als hellblauer Umriss gezeigt, weil die Grafik noch markiert ist).

**Hinweis:** Gleichgültig, welche Verkrümmungsart Sie im Menü *Effekt > Verkrümmung* gewählt haben: Über das Dialogfenster *Verkrümmen-Optionen* haben Sie Zugang zu allen Verkrümmungsformen. Öffnen Sie dazu einfach das Popup-Menü *Stil* und wählen Sie das Gewünschte aus. Wenn die Vorschau aktiviert ist, können Sie die Auswirkung der Verkrümmungsformen und -einstellungen beurteilen, bevor Sie sie Ihrer Grafik zuweisen.

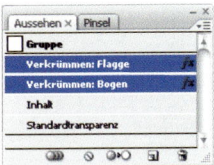

Entfernen Sie Verkrümmungseffekte von der Grafik, indem Sie sie im Bedienfeld *Aussehen* markieren und sie dann über die Papierkorb-Schaltfläche löschen.

Um einen Verkrümmungseffekt zu entfernen, markieren Sie im Bedienfeld *Ebenen* Ihre Grafik als Ziel. Dann wählen Sie im Bedienfeld *Aussehen* die Verkrümmung und klicken entweder auf das Papierkorbsymbol oder ziehen sie darauf.

**3. Den Verkrümmungseffekt als Grafikstil speichern.** Sobald Ihnen ein bestimmter Verkrümmungseffekt gefällt, können Sie ihn als Grafikstil speichern und ihn anschließend auch anderen Grafiken zuweisen. Wählen Sie zunächst im Bedienfeld *Ebenen* die Grafik mit dem Verkrümmungseffekt und eventuellen anderen Effekten als Ziel aus. Klicken Sie dann mit gedrückter [Alt]-Taste auf die Schaltfläche *Neuer Grafikstil* am unteren Rand des Bedienfelds *Grafikstile*. Benennen Sie Ihren neuen Grafikstil. Wenn das Aussehen, das Sie als Grafikstil speichern, keine Fläche oder Kontur besitzt, ist das Vorschaubild für den Grafikstil leer. In diesem Fall wählen Sie entweder die kleine oder die große Listenansicht aus dem Bedienfeldmenü des Bedienfelds *Grafikstile*, um die Grafikstile anhand ihrer Namen auseinanderzuhalten. Um einen Grafikstil zuzuweisen, wählen Sie das gewünschte Objekt einfach als Ziel aus und klicken dann im Bedienfeld *Grafikstile* auf den gewünschten Grafikstil.

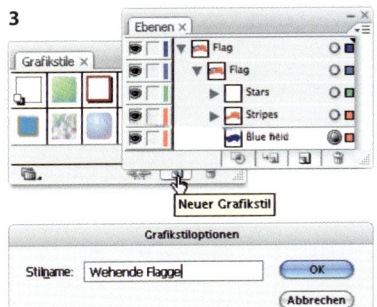

Um einen neuen Grafikstil zu erzeugen, wählen Sie Ihre Grafik als Ziel aus und klicken Sie bei gedrückter [Alt]-Taste auf die Schaltfläche *Neuer Grafikstil*. Geben Sie Ihrem neuen Grafikstil dann einen Namen.

Einem gruppierten Objekt einen Verkrümmungseffekt zuweisen

**Kapitel 11** Interaktive Effekte & Grafikstile ❖ **309**

**4**

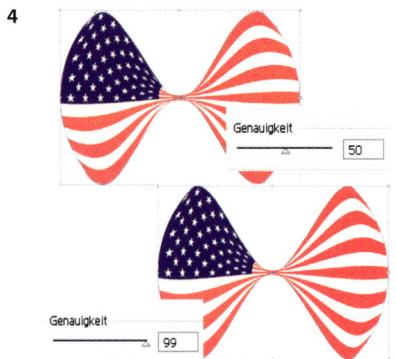

Die Genauigkeit wurde in den *Hüllen-Optionen* zu niedrig eingestellt. Deshalb fließt in der rechten unteren Ecke der oberen Abbildung die rote Farbe aus der Fliegenform heraus. Wird die Genauigkeit auf 99% gesetzt, entspricht die Grafik der Hüllenform sehr viel genauer. .

**5**

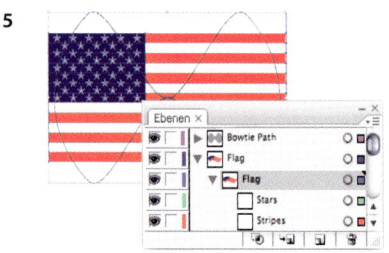

Der Pfad der Fliege wurde vor dem Erzeugen der Hülle über der Flagge positioniert und ausgewählt.

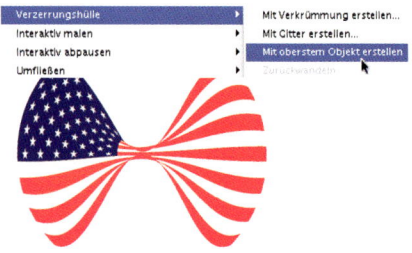

Die Hülle wurde zugewiesen.

**6**

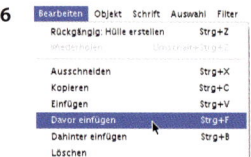

Mit *Bearbeiten > Davor einfügen* wird ein Duplikat direkt über der Originalgrafik erzeugt.

**4. Die Genauigkeit mit Hüllen-Optionen verbessern.** Hüllen sind hinsichtlich der Bearbeitungsmöglichkeiten vielseitiger. Manchmal jedoch (besonders wenn die verwendete Form eckig ist oder scharfe Richtungsänderungen enthält) passt sich die Grafik der Hülle nicht genau an. Um dieses Problem zu minimieren, setzen Sie die *Genauigkeit* über den Befehl *Objekt > Verzerrungshülle > Hüllen-Optionen* auf 99%.

**Hinweis:** Würden Sie die Genauigkeit auf 100% setzen, erhielten Sie viel mehr Zwischenpunkte entlang des verformten Pfads und dies ist normalerweise nicht notwendig.

Cohen verwendete eine Hülle, um ihrer Flagge die Form einer Fliege zu geben, und fügte mit einem Gitter eine Schattierung hinzu.

**5. Eine Hülle mit einem geformten Pfad hinzufügen.** Cohen fügte einem Kreis Punkte hinzu und verzerrte ihn zu einem fliegenförmigen Pfad. Um einen geformten Pfad zuzuweisen, platzieren Sie ihn über Ihrer Flaggengrafik, markieren sowohl die Flagge als auch den geformten Pfad und wählen *Objekt > Verzerrungshülle > Mit oberstem Objekt erstellen*.

**6. Mit einem Gitter einen Schattierungseffekt hinzufügen.** Als Nächstes fügte Cohen einen Schattierungseffekt hinzu, indem sie über der Fliege ein Gitter erzeugte. Erzeugen Sie zuerst ein Duplikat der Fliege (*Bearbeiten > Kopieren*) und fügen Sie es vor dem ursprünglichen Objekt ein (*Bearbeiten > Davor einfügen*). Damit platzieren Sie das Duplikat exakt über dem Original. Lassen Sie das Duplikat markiert und wählen Sie *Objekt > Verzerrungshülle > Mit anderem Gitter erstellen*. Im Dialogfenster *Hüllengitter* vergewissern Sie sich, dass die Kontrollkästchen *Hüllenform erhalten* und *Vorschau* aktiviert sind. Erhöhen Sie die Anzahl der Zeilen und Spalten, bis Ihnen das Gitter für die Schattierung geeignet erscheint. Cohen wählte sechs Zeilen und sechs Spalten. Klicken Sie auf *OK*. Lassen Sie die Gittergrafik markiert und wählen Sie *Objekt > Verzerrungshülle > Zurückwandeln*, damit das Gitter nicht mehr an die Flagge gebunden ist. Löschen Sie die Flaggengrafik und behalten Sie das Gitterobjekt bei. Wenn ein Gitterobjekt zurückgewandelt wird, wird es mit 20% Schwarz gefüllt. Wählen Sie das Gitterobjekt mit dem Lasso oder dem *Direktauswahl*-Werkzeug, markieren Sie Punkte auf dem Gitter und ändern Sie die Farbe in eine geeignete Schattenfarbe. Cohen wählte die inneren Rasterpunkte und füllte sie weiß, bis sie mit der Schattierung des Gitters zufrieden war.

**Hinweis:** Mehrere angrenzende Punkte und große Bereiche im Gitter wählen Sie am einfachsten mit dem *Lasso*-Werkzeug.

Um den Effekt der Schattierung auf der Originalflagge unter dem Gitter anzuzeigen, änderte Cohen die *Füllmethode* im Bedienfeld *Transparenz* bei ausgewähltem Gitter auf *Multiplizieren*. Damit wies sie die Füllmethode nur dem ausgewählten Gitterobjekt und nicht der gesamten Ebene zu.

Zum Schluss erzeugte Cohen mit den oben beschriebenen Hüllen- und Gittertechniken den Mittelknoten für die Fliege. Dazu kopierte sie einige Streifen und erzeugte einen langen rechteckigen Pfad.

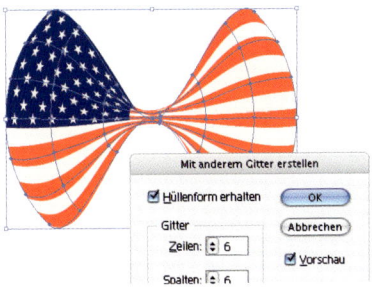

Erzeugen Sie mithilfe eines Duplikats der Fliege ein Gitterobjekt.

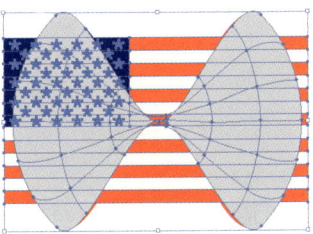

Entfernen Sie mit *Objekt> Verzerrungshülle> Zurückwandeln* das Gitter aus der Flaggengrafik.

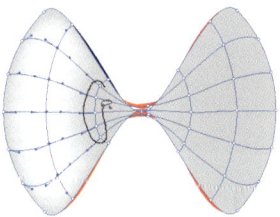

Wählen Sie mit dem Lasso mehrere Gitterpunkte aus.

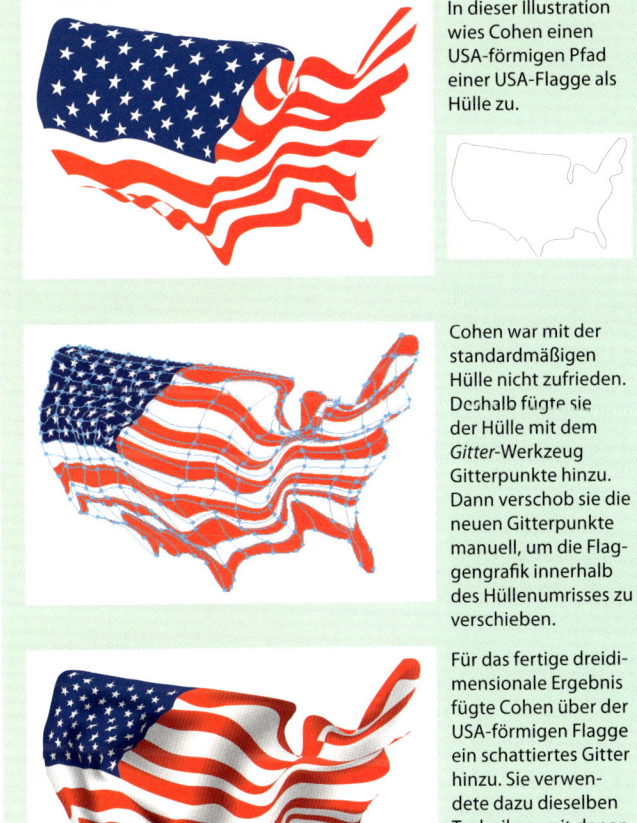

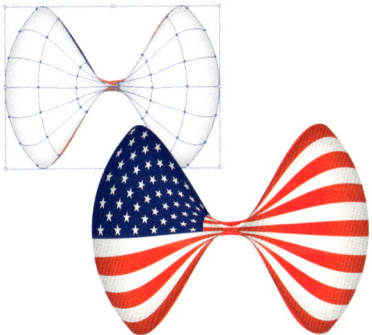

Bevor und nachdem dem schattierten Gitterobjekt die Füllmethode *Multiplizieren* zugewiesen wurde.

# Scribble-Grundlagen

Grafiken mit Scribble-Effekten versehen

 SteadJudy_Weihnachtsbaum.ai

**Überblick:** Weisen Sie Standard-Scribble-Einstellungen zu; nehmen Sie Veränderungen an den Scribble-Einstellungen vor.

### Kanten ausblenden, um den Effekt zu sehen

Wenn Sie einen Scribble-Effekt zuweisen, erhalten Sie möglicherweise komplexe Kanten, die den Blick auf die darunterliegende Grafik erschweren. Machen Sie es sich zur Gewohnheit, die Kanten Ihrer Auswahl zu verbergen, bevor Sie einen Effekt ausprobieren. Verwenden Sie die Tastenkombination ⌘/Strg+H, um die Sichtbarkeit der Kanten ein- und auszuschalten.

1

Der mit dem Pinsel erzeugte erste Baum wird hier in der Pfadansicht dargestellt.

Judy Steads Tannenbaum sah zunächst ganz einfach aus. Mithilfe der Illustrator-Scribble-Effekte entwickelte er sich jedoch zu einer aparten Weihnachtskarte. Sie lernen hier, wie Sie Ihren Grafiken den *Scribble*-Effekt zuweisen, wie Sie die voreingestellten Scribble-Stile einsetzen und wie Sie den Effekt selbst anpassen, um Ihre Arbeit attraktiver und spannender zu gestalten.

**1. Die Grundform und die Variationen gestalten.** Stead malte für den Baum eine einfache, gefüllte Fläche mit dem *Pinsel*-Werkzeug. Sie verwendete einen Kalligrafiepinsel mit einer Stärke von 5 Punkt, um den Stern zu erzeugen, und wies dem Pfad eine rote Kontur und eine gelbe Fläche zu. Sie zeichnete den Weihnachtsbaumschmuck mit demselben Pinsel und derselben Kontur, aber einer magentafarbigen Fläche. Dann kopierte Stead diese Form und fügte sie mehrfach ein, um ihren Baum zu schmücken. Stead erzeugte den Stamm des Baums mit einem elliptischen Kalligrafiepinsel mit einer Stärke von 12 Punkt. Sie zeichnete einen einzelnen horizontalen Strich, von dem sie dann drei Kopien erzeugte, und gruppierte diese vor einem weißen Rechteck.

Stead beschloss, dass ihre Karte drei Variationen des ersten Baums enthalten sollte. Also kopierte sie den Baum und fügte an der entsprechenden Stelle drei Kopien ein. Jede Kopie versah sie mit einem anderen Farbschema. Bei der ersten Variation markierte sie das rote Hintergrundrechteck und wählte *Effekt > Stilisierungsfilter > Scribble,* nachdem sie zuerst die Auswahlkanten ihrer Grafik mit ⌘/Strg+H ausgeblendet hatte, damit sie die Ergebnisse besser sehen konnte.

In den *Scribble-Optionen* klickte Stead auf *Vorschau*. Da ihr die Standardeinstellungen zusagten, klickte sie auf *OK*. Diese Einstellungen versahen das einfarbige Rechteck mit einem lockeren, durchgehenden Strich.

**2. Die Scribble-Voreinstellungen ändern.** Für die nächste Variation wählte Stead zuerst den hellgrünen Baum und aktivierte die Scribble-Einstellung *Zeichenfilter*. Sie beschloss, die Einstellungen unverändert zu belassen, und klickte auf *OK*. Dann wählte sie den magentafarbigen Hintergrund aus. Nachdem sie die Scribble-Einstellungen *Scharf* zugewiesen hatte, verringerte sie die Dichte der Striche, indem sie den *Abstand* von 3 Punkt auf 5 Punkt erhöhte. Das Dialogfenster *Scribble-Optionen* enthält außerdem Regler, mit denen Sie die Strichbreite, die allgemeine Kurvenstärke und den Grad der Variation oder Gleichmäßigkeit des Effekts festlegen können.

**3. Weitere Scribble-Einstellungen festlegen.** Für die letzte Variation wählte Stead den grünen Hintergrund aus und wählte die Einstellung *Schwungschrift*. Über den *Winkel*-Reglerknopf änderte sie den Winkel auf –30 Grad. Dann wählte Stead den Baumschmuck und wies einen letzten Scribble-Effekt mit der Einstellung *Dicht* zu. Bei Nichtgefallen konnte Stead die Einstellungen jederzeit ändern, indem sie die Effektinstanz jeweils im Bedienfeld *Aussehen* anklickte. Zur Abrundung der Grafik wählte Stead den ausgefüllten roten Baum und verschob ihn in den Hintergrund (*Objekt > Anordnen > In den Hintergrund*), so dass der grüne Schwungschrifteffekt über dem Baum lag und eine interessante Textur ergab.

2

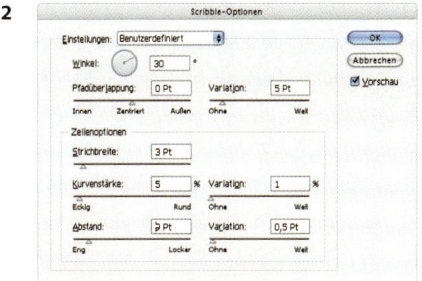

Nach der Auswahl eines anderen Farbschemas wählte Stead den roten Hintergrund, blendete die Konturen aus und wies einen benutzerdefinierten Scribble-Effekt zu.

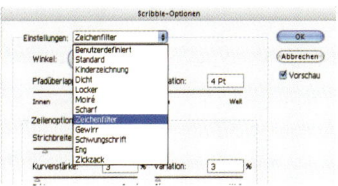

Für den hellgrünen Weihnachtsbaum wählte Stead aus den Scribble-Optionen die Einstellung *Zeichenfilter*.

Für den Hintergrund wählte sie in den Scribble-Optionen die Einstellung *Scharf*. Sie änderte den Abstand von 3 Punkt in 5 Punkt.

3

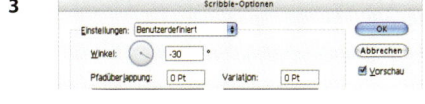

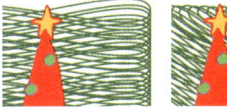 

Stead wählte für den grünen Hintergrund der fertigen Baumgrafik die Einstellung *Schwungschrift* und änderte den *Winkel*.

# GALERIE

Schwabauer

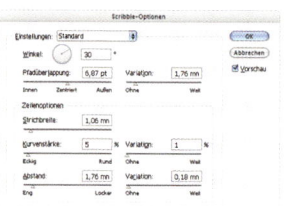

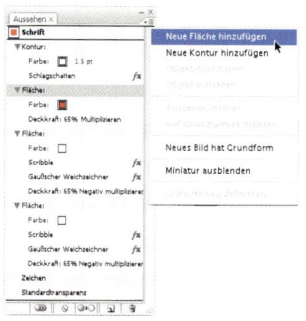

Schwabauer_Weihnachtstext.ai

## Mike Schwabauer

Bei diesem Banner für ein Benefizkonzert machte Mike Schwabauer ausgiebig von den interaktiven Effekten sowie den Bedienfeldern *Transparenz* und *Aussehen* Gebrauch. Er begann mit einem Rechteck und füllte es mit einem Verlauf. Für den Haupttext wählte er eine fette Schrift (Impact), die sich gegenüber den geplanten Effekten behaupten konnte. Er setzte die Kontur auf 1,5 Punkt, Weiß. Die Fläche formatierte er entweder Rot oder Grün. Er gab den Text für die einzelnen Farben auf einer gesonderten Ebene ein und legte Kerning und Zellenabstand über das Bedienfeld *Zeichen* fest. Damit die Kontur ein dreidimensionales Aussehen erhielt, wählte er sie im Bedienfeld *Aussehen* als Ziel und fügte über das Menü *Effekt > Stilisierungsfilter* einen kleinen Schlagschatten hinzu. Dann wählte er die Fläche als Ziel und setzte die Füllmethode im Bedienfeld *Transparenz* auf *Multiplizieren*. Die Deckkraft reduzierte er leicht. Schwabauer wählte aus dem Bedienfeldmenü den Befehl *Neue Fläche* und zog diese unter die Originalfläche. Er wählte Weiß als Farbe und setzte die Füllmethode im Bedienfeld *Transparenz* auf *Negativ multiplizieren*. Die Deckkraft reduzierte er auf 50%. Er wählte *Effekt > Stilisierungsfilter > Scribble* und passte die Einstellungen nach seinen Wünschen an. Um die Striche abzusoften, wählte er den Gaußschen Weichzeichner (*Effekt > Weichzeichnen > Gaußscher Weichzeichner*) mit einem niedrigen Radius. Dann wählte Schwabauer aus dem Bedienfeldmenü des Bedienfelds *Aussehen* den Befehl *Objekt duplizieren*. Bei aktiviertem Duplikat doppelklickte er neben dem Effekt *Scribble* auf das *fx*-Symbol, um das Dialogfenster zu öffnen, und passte die Winkeleinstellung an. Für den Text unten verwendete Schwabauer Helvetica Black und fügte einen Schlagschatten hinzu, um ihm ein hervorgehobenes Aussehen zu verleihen.

# GALERIE

Miyamoto

YukioMiyamoto_Stile.ai

## Yukio Miyamoto

Der Illustrator Yukio Miyamoto ist wohlbekannt für seine fotorealistischen Illustrationen mit Verlaufsgittern und als Autor mehrerer Illustrator-Bücher auf Japanisch. Er hat neulich das Illustrator Appearance Book (mit DVD) herausgegeben, das momentan nur auf Japanisch erhältlich ist. Unter anderem verwendete er interaktive Effekte und mehrfache Füllungen. Freundlicherweise hat er uns einige Beispiele für die Wow!-CD überlassen. Er speicherte diese als Grafikstile, die Schriften mit einem Mausklick zugewiesen werden können. Die Grafikstile können über das Bedienfeld *Aussehen* verändert werden und die Schrift ist bearbeitbar (auf den Abbildungen rechts sehen Sie Beispiele für die Veränderung der *Aussehen*-Attribute und des Textes der goldenen Schaltfläche). Sie können einige seiner Grafikstile auf http://venus.oracchi.com/Illustrator/appearance/appearance.html betrachten.

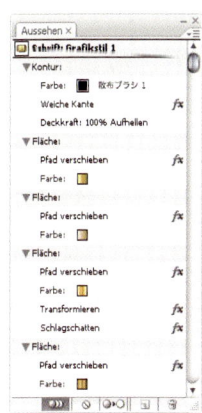

# GALERIE

Benfanti

## Russell Benfanti

Bei genauer Betrachtung erkennen Sie, dass Russell Benfantis üppige Illustrationen eigentlich aus recht einfachen Formen konstruiert sind. Er bezeichnet die Art, wie er mit Farben arbeitet, als „eine Übung in Zurückhaltung". Er beschränkt seine Paletten bewusst auf einige wenige Farben pro Bild. Mit diesen einfachen Formen, satten Farben und einem feinen Gespür für das Detail erzeugt Benfanti die Tiefenschärfe in seinen Grafiken durch den Befehl *Effekt > Weichzeichnen > Gaußscher Weichzeichner*, wobei er für die Vorder- und die Hintergrundeffekte unterschiedliche Radien verwendet (in der Version rechts ist der Weichzeichner entfernt). Er bezieht auch komplexe, durch Masken geformte Verläufe in seine Grafiken ein (siehe Benfantis Lektion „Details maskieren" im Kapitel 13 „Fortgeschrittene Techniken"). Häufig liefert er dem Kunden eine Pixelversion seines Bilds (die er mit *Datei > Exportieren > Photoshop* erzeugt), um die Gefahr von Ausgabefehlern zu minimieren.

# GALERIE

**Ted Alspach**

Ted Alspach experimentierte eigentlich mit Effekten und dem *Blendenflecke*-Werkzeug, weil er einen interessanten Desktop-Hintergrund erzeugen wollte. Schließlich erhielt er jedoch eine aparte Grafik, die er als großes Wandbild verwendete. Er erzeugte diesen Effekt mit mehrfachen Flächen, die er einem einzelnen texturierten Rechteck zuwies. Im RGB-Modus füllt Alspach ein Rechteck mit einem mehrfarbigen Verlauf (mittlere Abbildung links). Er wählte *Effekt > Vergröberungsfilter > Farbraster* und gab einen maximalen Radius von 8 ein (Mitte). Anschließend wies Alspach den Filter *Effekt > Vergröberungsfilter > Kristallisieren* zu und passte den Regler auf 40 an (mittlere Abbildung rechts). Er erzeugte zwei Kopien des Rechtecks, indem er im Bedienfeldmenü des Bedienfelds *Aussehen* den Befehl *Objekt duplizieren* wählte. Dann wählte er im Bedienfeld *Aussehen* die Fläche und nahm an den Einstellungen der duplizierten Rechtecke Einstellungen vor. Mit dem *Verlauf*-Werkzeug wies Alspach Verläufe mit verschiedenen Farben und Winkeln zu. Er doppelklickte auf die Effekte *Kristallisieren* und *Farbraster* und änderte die Werte für den maximalen Radius und die Rasterwinkel. Außerdem passte Alspach die Transparenz (zwischen 20% und 80%) an und wies die Füllmethoden *Weiches Licht*, *Multiplizieren* und *Farbig nachbelichten* zu. Für den Blendenfleck wählte er das *Blendenflecken*-Werkzeug, stellte das Halo durch Klicken und Ziehen ein. Dann passte er auch den Abstand und die Richtung durch Klicken und Ziehen an. Dabei passte er die Anzahl der Ringe mit den Pfeiltasten an (Abbildung unten). Alspach erzeugte eine weitere Kopie des Rechtecks und wies einen blauen Verlauf zu. Er positionierte die Kopie als oberste Füllung und maskierte den Blendenfleck, damit er ins Bild passte.

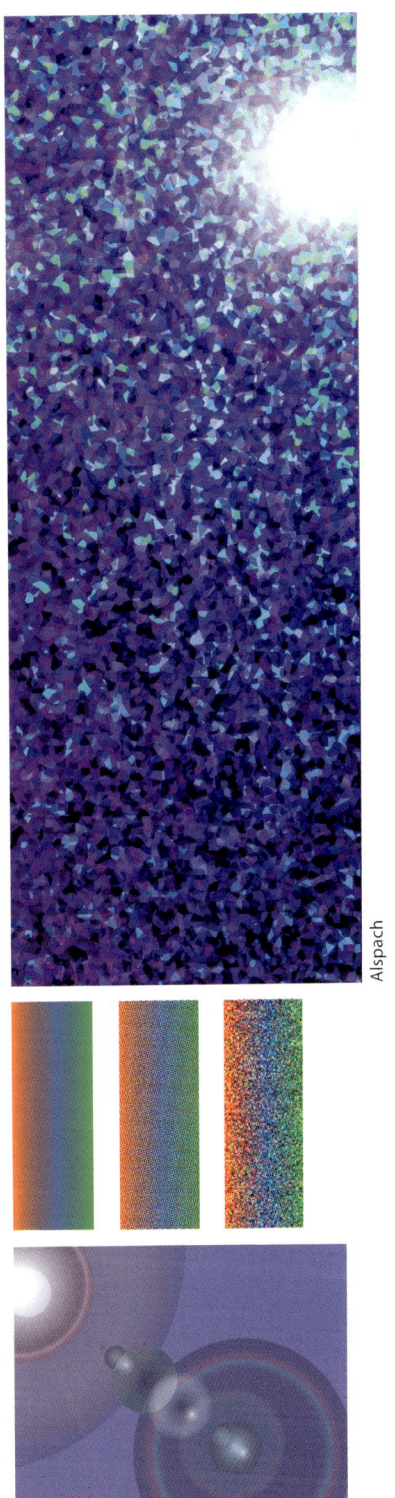

# GALERIE

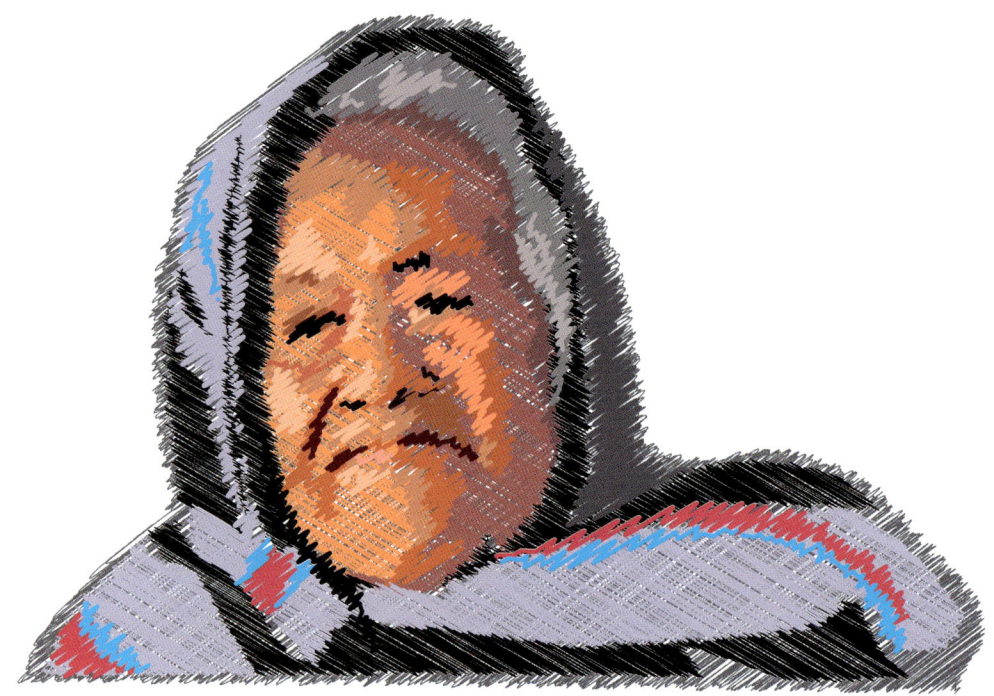

Macadangdang

MacadangdangTodd_Frau.ai

## Todd Macadangdang

Todd Macadangdang verwandelte sein Foto mit dem Scribble-Effekt in eine künstlerische Zeichnung in der Kreuzschraffurtechnik. Er passte zunächst die Farben an und versah das Foto in Photoshop per Einstellungsebene mit einer Tontrennung. Macadangdang platzierte das Bild in Illustrator und zeichnete dann gefüllte Flächen auf der Grundlage der durch die Tontrennung herausgearbeiteten Bereiche. Er klickte mit dem *Pipette*-Werkzeug auf den kleinsten Bereich im Vordergrund, um die Flächenfarbe einzustellen (die Füllfarbe beließ er auf *Ohne*) und pauste die Fläche dann mit dem *Buntstift*-Werkzeug von Hand ab.

Diesen Vorgang wiederholte er, um sich auf diese Weise zu den größten, am weitesten hinten liegenden Bereichen vorzuarbeiten. Dabei verwendete er den Befehl *Objekt > Anordnen > In den Hintergrund*, damit die Formen die richtige visuelle Stapelfolge erhielten. Nun wies er den einzelnen abgepausten Bereichen den *Scribble*-Effekt zu. Damit sein Bild mehr Tiefe erhielt, verwendete er für die vorderen Bereiche dickere, ungenauere Scribble-Striche (mit Einstellungen wie *Kinderzeichnung, Locker* oder *Gewirr*) und für die größeren, weiter hinten liegenden Schraffurbereiche kleinere, dichtere Striche (mit einer Winkeleinstellung von 90°).

# GALERIE

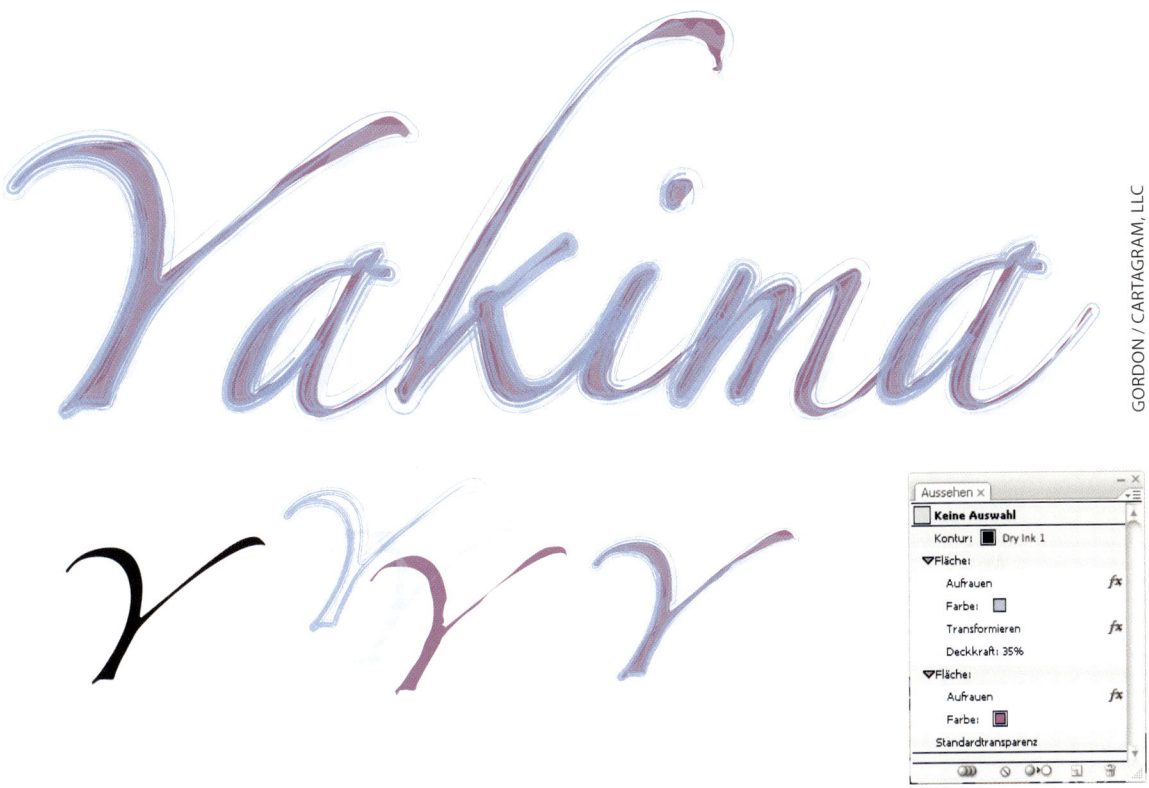

GordonSteven_Yakima1.ai, GordonSteven_Yakima2.ai

## Steven Gordon / Cartagram, LLC

Wenn Sie Illustrator-Pinsel mit den interaktiven Effekten mischen, können Sie die Buchstaben einer Schrift in Grafiken umwandeln, die wie von Hand mit traditionellen Stiften und Pinseln gestaltet wirken. Für diesen Kartentitel gab Steven Gordon „Yakima" ein und wählte die kalligrafische Schrift Zapfino mit einer Größe von 72 Punkt. Im Bedienfeld *Zeichen* verringerte er das Kerning, um die Abstände zwischen den verschiedenen Buchstabenpaaren zu verkleinern. Er ließ das Textobjekt ausgewählt und öffnete das Bedienfeld *Aussehen*. Gordon wählte aus dem Bedienfeldmenü den Befehl *Neue Fläche hinzufügen* und versah die neue Füllung mit einem dunklen Magentaton. Er duplizierte die Füllung, indem er am unteren Rand des Bedienfelds auf das Symbol *Ausgewähltes Objekt duplizieren* klickte und das Duplikat dann mit einer blassblauen Farbe versah. Zuletzt wählte er im Bedienfeld *Pinsel* den Pinsel *Trockene Tinte* sowie eine dunkelblaue Farbe. Weil die Pinselstriche für den gewünschten Effekt zu groß waren, doppelklickte Gordon im Bedienfeld *Aussehen* auf den Pinselnamen, änderte seine Breite in 60% der Originalgröße und wies ihn mit einem Klick den vorhandenen Objekten zu. Zur weiteren Anpassung des Titels wählte Gordon die blassblaue Füllung im Bedienfeld *Aussehen*, versetzte die Fläche und verzerrte ihre Kanten mit den Effekten *Transformieren* und *Aufrauen* aus dem *Effekt > Verzerrungs- und Transformationsfilter*. Er reduzierte auch die Deckkraft über den entsprechenden Regler im Bedienfeld *Transparenz* auf 35%. Zum Abschluss wählte Gordon die untere Fläche und wies aus dem Menü *Effekt > Verzerrungs- und Transformationsfilter* den Befehl *Aufrauen*, um den Kanten der Fläche ein leicht erodiertes Aussehen zu verleihen.

# 12

# Interaktive 3D-Effekte

Ein Objekt über das Dialogfenster *Effekt > 3D > Extrudieren & Abgeflachte Kante* extrudieren – das zweidimensionale Objekt links wurde extrudiert, um eine dreidimensionale gedeckte Brücke zu erzeugen.

3D-Effekte ähneln anderen interaktiven Effekten sehr, mit einer Ausnahme … sie sind dreidimensional. Wenn Ihnen interaktive Effekte oder Grafikstile neu sind, betrachten Sie die Einleitungen zu den Kapiteln 11 „Interaktive Effekte & Grafikstile" und 6 „Ebenen & Aussehen".

Mit Illustrator können Sie alle zweidimensionalen (2D-)Formen – auch Text – in eine Form von dreidimensionaler (3D-)Wirkung konvertieren. Im 3D-Dialogfenster können Sie die Perspektive der 3D-Form ändern, sie drehen und Beleuchtungs- und Oberflächeneigenschaften hinzufügen. Und weil Sie mit einem interaktiven Effekt arbeiten, können Sie das Quellobjekt jederzeit bearbeiten und das Ergebnis der 3D-Form sofort beobachten. Sie können auch eine 2D-Form im dreidimensionalen Raum drehen und ihre Perspektive ändern. Schließlich gibt Illustrator Ihnen die Möglichkeit, Grafiken in Form eines Symbols auf der Oberfläche Ihrer 3D-Objekte abzubilden.

Zunächst stellen Sie sich das horizontale Lineal von Illustrator als X-Achse und das vertikale Lineal als Y-Achse vor. Stellen Sie sich nun eine dritte Dimension vor, die sich nach hinten in den Raum erstreckt und rechtwinklig zur flachen Bildschirmoberfläche steht. Dies ist die Z-Achse. Es gibt zwei Möglichkeiten, eine 3D-Form mit 3D-Effekten zu erzeugen. Bei der ersten Technik extrudieren Sie ein 2D-Objekt entlang der Z-Achse und bei der zweiten drehen Sie ein 2D-Objekt bis zu 360° um seine Y-Achse.

Sobald Sie einem Objekt einen 3D-Effekt zuweisen, zeigt sich dieser im Bedienfeld *Aussehen*. Wie bei anderen Aussehenattributen können Sie den Effekt bearbeiten, seine Stapelordnung ändern und ihn duplizieren oder löschen. Auch können Sie 3D-Effekte als wiederverwendbare Grafikstile speichern, so dass Sie denselben Effekt einer Vielzahl von Objekten zuweisen können. Sobald Sie den Stil zugewiesen haben, lassen sich seine Parameter mit einem Doppelklick im Bedienfeld *Aussehen* abändern.

## Ein Objekt extrudieren

Um ein 2D-Objekt zu extrudieren, erzeugen Sie einen offenen oder geschlossenen Pfad. Dieser Pfad kann eine Kontur, eine Fläche oder beides enthalten. Enthält Ihre Form eine Fläche, beginnen Sie am besten mit einer einfarbigen Füllung (lesen Sie dazu auch den Tipp *3D und Farben*. Lassen Sie Ihren Pfad markiert und wählen Sie aus dem Untermenü *Effekt > 3D* den Befehl *Ex-*

### 2D oder nicht 2D …?

Obwohl die Illustrator-3D-Effekte fantastische, vollständig dreidimensional wirkende Objekte erzeugen können, sollten Sie daran denken, dass die Illustrator-3D-Objekte nur dann vollständig dreidimensional sind, wenn Sie sie im Dialogfenster *3D-Effekt* bearbeiten. Sobald Sie damit fertig sind und das Dialogfenster mit der Schaltfläche *OK* schließen, werden die dreidimensionalen Eigenschaften des Objekts „eingefroren" – fast so, als hätte Illustrator einen Schnappschuss des Objekts aufgenommen –, bis Sie das Objekt erneut in einem der *3D*-Dialogfenster bearbeiten. Auf der Zeichenfläche erhalten Sie eine eindrucksvolle 2D-Darstellung eines 3D-Objekts, das Sie nur auf zweidimensionale Weise bearbeiten können. Weil der Effekt aber interaktiv ist, können Sie das Objekt jederzeit erneut in 3D bearbeiten, indem Sie es auswählen und dann auf den im Bedienfeld *Aussehen* aufgeführten 3D-Effekt doppelklicken.

trudieren & Abgeflachte Kante. Die obere Hälfte des Dialogfensters *3D-Extrudieren und abgeflachte Kante – Optionen* enthält die Optionen zur Drehung und Perspektive, mit denen wir uns etwas später beschäftigen. Im Moment konzentrieren wir uns auf den unteren Teil des Dialogfensters. Wählen Sie die gewünschte Tiefe für die Extrusion des 2D-Objekts, indem Sie in das Feld *Tiefe der Extrusion* eine Punktgröße eingeben oder den Popup-Regler ziehen. Wenn Sie Ihrem Objekt einen Aufsatz hinzufügen, erhält es ein massives Erscheinungsbild. Schalten Sie die Option *Abschluss* hingegen aus, wirkt das Objekt hohl (siehe Abbildung rechts).

Sie haben auch die Möglichkeit, Ihrem extrudierten Objekt eine abgeschrägte Kante hinzuzufügen. Es gibt in Illustrator CS3 verschiedene Arten von Abschrägungen und ein Dialogfenster, in dem Sie die Höhe der Abschrägung eingeben können. Wählen Sie entweder eine Abschrägung, die dem Originalobjekt hinzugefügt wird (*Abgeflachte Kante nach außen*), oder eine Abschrägung, die aus der Originalform ausgemeißelt wird (*Abgeflachte Kante nach innen*). Das Ergebnis dieser Optionen sind vollständig unterschiedliche Objekte (betrachten Sie dazu das zweite Abbildungspaar).

**Hinweis:** Bei manchen Objekten (wie etwa Sternen) erhalten Sie beim Aktivieren des Kontrollkästchens *Vorschau* eventuell die Fehlermeldung „Möglicherweise ist eine interne Pfadüberschneidung aufgetreten" – dies kann ein wirkliches Problem darstellen oder auch nicht.

Weil Sie mit einem interaktiven Effekt arbeiten, wird bei allen an der ursprünglichen 2D-Form vorgenommenen Änderungen das 3D-Objekt sofort aktualisiert. Beim Auswählen der 3D-Form wird die Originalform der Vektorpfade hervorgehoben – sie lassen sich wie jeder andere Pfad einfach bearbeiten. Sie können die für einen bestimmten 3D-Effekt eingegebenen Einstellungen jederzeit bearbeiten, indem Sie im Bedienfeld *Aussehen* einen Doppelklick darauf ausführen.

## Ein Objekt kreiseln

Ein 3D-Objekt lässt sich auch aus einem entweder offenen oder geschlossenen 2D-Pfad erzeugen, indem Sie ihn um seine Y-Achse (vertikale Achse) kreiseln. Durchgezogene Konturen funktionieren dabei genauso gut wie gefüllte Objekte. Nachdem Sie Ihren Pfad ausgewählt haben, wählen Sie *Effekt > 3D > Kreiseln*. Im Dialogfenster *3D-Kreiseln-Optionen* bestimmen Sie die Gradzahl, um die Sie das Objekt kreiseln möchten. Geben Sie dazu einen Wert von 1 bis 360 in das Feld *Winkel* ein und ziehen Sie den Regler. Ein Objekt, das um 360° gekreiselt wird, erscheint massiv. Ein Objekt,

### Eigene Abschrägungen!

Alle 3D-Abschrägungen befinden sich in einer Datei namens „Bevels.ai" (im Ordner *Adobe Illustrator CS3 > Zusatzmodule > Abgeflachte Kanten.ai*). Jeder Abschrägungspfad ist als Symbol in diesem Dokument gespeichert. Möchten Sie eine neue Abschrägung hinzufügen, zeichnen Sie einen Pfad, ziehen Sie ihn in das Bedienfeld *Symbole*, geben Sie ihm einen Namen und speichern Sie die Datei neu.

*Jean-Claude Tremblay*

Von links nach rechts: *Aufsatz aktivieren für massives Aussehen; Aufsatz deaktivieren für hohles Aussehen, Abgeflachte Kante nach außen, Abgeflachte Kante nach innen*

### 3D – drei Dialoge

Es gibt drei unterschiedliche 3D-Effekte, wobei sich manche ihrer Funktionen überschneiden. Bevor Sie demnach einem Objekt einen 3D-Effekt zuweisen, sollten Sie zuerst entscheiden, welcher Effekt Ihren Zielen am ehesten entspricht. Wenn Sie Ihr Objekt lediglich drehen und dabei seine Perspektive ändern möchten, arbeiten Sie mit dem Dialogfenster *Drehen*. Möchten Sie ein Symbol auf das Objekt auftragen, arbeiten Sie entweder mit dem Dialogfenster *Kreiseln* oder mit *3D-Extrudieren & Abgeflachte Kante*. Aus diesen Dialogfenstern können Sie ein Objekt auch drehen.

*Brenda Sutherland*

Hamann

Ein Objekt über das Dialogfenster *Effekt > 3D > Kreiseln* mit einem 3D-Effekt versehen – die 2D-Form links wurde gekreiselt, um das 3D-Objekt rechts zu erzeugen.

Sie können Objekte über das Dialogfenster *Effekt > 3D > Drehen*-Dialogfenster (oder die oberen Hälften der Dialogfenster *Kreiseln* sowie *Extrudieren & Abgeflachte Kante*) in drei Dimensionen drehen. Der Stern links wurde dreidimensional gedreht. Das Ergebnis ist der Stern rechts.

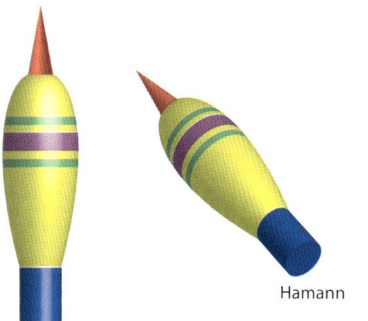

Hamann

Ein weiteres Beispiel für die Rotation eines Objekts in drei Dimensionen

---

**3D-Effekte übernehmen**

Obwohl wir in diesem Buch allgemein empfehlen, im Bedienfeldmenü des Bedienfelds *Aussehen* die Option *Neues Bild hat Grundform* auszuschalten, sollten Sie sie für die Arbeit mit 3D-Effekten gegebenenfalls einschalten. Anderenfalls erhalten alle neuen Pfade, die Sie nach dem Zuweisen eines 3D-Effekts erzeugen, ebenfalls dessen Aussehen, es sei denn, Sie löschen die Aussehen zuerst aus dem Bedienfeld oder klicken im Bedienfeld *Werkzeuge* auf die Standardfläche und den Standardumriss. Soll Ihr nächstes Objekt andererseits denselben 3D-Effekt wie das soeben erzeugte erhalten, lassen Sie die Funktion *Neues Bild hat Grundform* deaktiviert.

---

das um weniger als 360° gedreht wird, sieht aus, als sei ein Stück davon herausgeschnitten worden. Sie können auch die Drehung der Objektkante verschieben. Dann sieht die 3D-Form aus, als sei ein Stück aus der Mitte herausgeschnitten worden. Und weil die gewählten 3D-Optionen interaktive Effekte sind, beeinflussen bei extrudierten Formen alle an der Originalgrafik vorgenommenen Änderungen unmittelbar das Aussehen der 3D-Form.

## Ein Objekt im 3D-Raum drehen

Über den Befehl *Effekt > 3D > Drehen* lassen sich sowohl 2D- als auch 3D-Objekte drehen. Das Dialogfenster *3D-Drehen – Optionen* enthält einen Würfel. Dieser repräsentiert die Ebenen, auf denen Sie Ihre Form drehen können. Wählen Sie einen voreingestellten Winkel aus dem Menü *Position* oder geben Sie Werte zwischen −180 und 180 in die Felder X, Y und Z ein. (Diese Rotationssteuerung erscheint auch in der oberen Hälfte der Dialogfenster *Extrudieren & Abgeflachte Kante*- sowie *Kreiseln-Optionen*.)

Wenn Sie Ihr Objekt manuell um eine der drei Achsen drehen möchten, klicken Sie einfach auf eine weiße Würfelseitenkante und ziehen Sie. Die Kanten der einzelnen Fläche werden in einer entsprechenden Farbe hervorgehoben. Diese teilt Ihnen mit, welche der drei Ebenen des Objekts Sie drehen. Rot repräsentiert die X-Achse des Objekts, eine grüne Hervorhebung stellt die Y-Achse des Objekts dar und blaue Kanten repräsentieren die Z-Achse. Die Drehung des Objekts ist auf die Fläche der jeweiligen Achse beschränkt. Achten Sie darauf, dass Sie eine Kante des Würfels ziehen, um die Drehung einzuschränken. Beim Ziehen ändern sich die Werte in den zugehörigen Textfeldern. Wenn Sie Ihr Objekt gleichzeitig relativ zu allen drei Achsen drehen möchten, ziehen Sie direkt eine der Würfeloberflächen oder den schwarzen Bereich hinter dem Würfel. Die Werte ändern sich in allen drei Textfeldern. Und wenn Sie Ihr Objekt einfach nur drehen möchten, klicken und ziehen Sie innerhalb des Kreises, aber außerhalb des Würfels selbst.

## Die Perspektive eines Objekts ändern

Sie können die sichtbare Perspektive Ihres Objekts ändern, indem Sie in das Feld *Perspektive* einen Wert zwischen 0 und 160 eingeben oder indem Sie den Regler ziehen. Ein kleinerer Wert simuliert ein Teleobjektiv, während ein höherer Wert ein Weitwinkelobjektiv mit einer eher auseinandergezogenen Perspektive simuliert.

## 3D-Objekte mit einer Oberflächenschattierung versehen

Illustrator bietet Ihnen vielfältige Möglichkeiten, Ihre 3D-Objekte zu schattieren – von matten, nicht schattierten bis hin zu glänzenden und reflektierenden Oberflächen, die wie Kunststoff wirken. Und weil Sie auch die Beleuchtung Ihres Objekts einstellen können, sind die Möglichkeiten endlos.

Die Option *Oberfläche* ist ein Teil der Dialogfenster *3D-Extrudieren und Abgeflachte Kante* und *3D-Kreiseln-Optionen*. Wenn Sie als Schattierung die *Drahtmodelldarstellung* wählen, erhalten Sie ein transparentes Objekt mit Umrissen, die seine Geometrie beschreiben. Die nächste Auswahlmöglichkeit ist *Keine Schattierung*. Damit erhalten Sie eine flach aussehende Form ohne erkennbare Oberfläche. Wenn Sie die Option *Diffuse Schattierung* wählen, bekommt Ihr Objekt eine weiche Beleuchtung. Mit der Option *Kunststoffschattierung* wirkt das Objekt wie aus glänzendem, reflektierendem Plastik gefertigt.

Wenn Sie die Optionen *Diffuse Schattierung* oder *Kunststoffschattierung* wählen, können Sie das Aussehen Ihres Objekts noch weiter verfeinern, indem Sie die Richtung und Intensität der Lichtquelle, die Ihr Objekt beleuchtet, einstellen. Mit einem Klick auf die Schaltfläche *Mehr Optionen* vergrößern Sie das Dialogfenster und nehmen Änderungen an der Lichtintensität, dem Umgebungslicht und der Anzahl der Angleichungsstufen vor. Der Standard für die Angleichungsstufen ist ziemlich niedrig (25 gegenüber einem Maximum von 256) – lesen Sie den Tipp *Nicht genug Schritte* in der rechten Randspalte. Bei Bedarf wählen Sie eine benutzerdefinierte Schattierungsfarbe, um die schattierten Oberflächen mit einem Farbstich zu versehen. Möchten Sie eine Ihrem extrudierten Objekt zugewiesene Volltonfarbe bei der Ausgabe beibehalten, aktivieren Sie das Kontrollkästchen *Volltonfarben beibehalten*. Beachten Sie jedoch, dass dann benutzerdefinierte Schattierungen entfernt werden und die Schattierungsfarbe auf Schwarz zurückgesetzt wird. Wenn Sie dieses Kontrollkästchen aktivieren, sollten Sie die *Überdruckenvorschau* im Menü *Ansicht* aktivieren, damit Sie Schattierung und Farbe exakt beurteilen können.

### 3D und Farbe

Die besten Ergebnisse erzielen Sie, wenn Sie 3D-Objekte mit einfarbigen Flächenfarben versehen. Verläufe und Füllmuster erbringen keine zuverlässigen Ergebnisse.

### Glatte 3D-Darstellung

Wenn Sie Profilobjekte zum Extrudieren, Kreiseln oder Drehen erstellen, sollten diese so wenige Ankerpunkte wie möglich enthalten. Weil jeder Ankerpunkt eine weitere Oberfläche erzeugt, wird Ihre Form desto unregelmäßiger, je mehr Punkte sie enthält. Zusätzliche Oberflächen sorgen außerdem für potenzielle Probleme beim späteren Aufbringen von Grafiken.
Jean-Claude Tremblay

### 3D kann Ihre Arbeit verlangsamen

Je nach der Prozessorgeschwindigkeit und dem verfügbaren RAM-Speicher können 3D-Effekte recht langsam sein.

### Nicht genug Schritte

Wenn Sie auf die Schaltfläche *Weitere Optionen* klicken, erhalten Sie Gelegenheit, Oberfläche und Schattierungsfarben anzupassen. Die Standardeinstellung für die Angleichungsstufen ist 25 – das sind nicht annähernd genug Schritte für glatte Farbübergänge von hellen zu schattierten Bereichen. Weil die maximale Einstellung von 256 ausreichend glatt ist, Ihr System aber verlangsamt, sollten Sie experimentieren, bis Sie die optimale Balance zwischen Auflösung und Geschwindigkeit für Ihr spezielles Bild gefunden haben.

Mordy Golding trug mit der Funktion *Bildmaterial zuweisen* das Etikett (oben links) auf die Flasche auf (oben rechts). Die Flasche erzeugte er mit dem 3D-Kreiseln-Effekt mit einer benutzerdefinierten Oberflächenschattierung (mehr über diese Grafik erfahren Sie in Goldings Galerie weiter hinten in diesem Kapitel).

### Bildmaterial zuweisen – behalten Sie den Überblick!

Hier sind einige Tipps, wie Sie den Überblick über die Oberflächen Ihres 3D-Objekts behalten:

- Denken Sie daran, dass Sie im Dialogfenster eine Oberfläche auswählen müssen. Klicken Sie auf die Pfeiltasten, um die einzelnen Oberflächen anzuzeigen.
- Wenn Sie sich durch die verschiedenen Oberflächen klicken, lassen sich diese manchmal anhand der roten Hervorhebung am Objekt selbst leichter identifizieren als anhand der flachen Darstellung im Dialogfenster *Bildmaterial zuweisen*.
- Selbst die rote Hervorhebung kann Sie in die Irre führen. Wenn das Symbol nicht der ausgewählten Oberfläche zugewiesen wird, kann das daran liegen, dass es auf die Innenseite der Oberfläche aufgetragen wurde.
- Eine Kontur versieht das Objekt mit weiteren Oberflächen.
- Eine Kontur kann aufgetragene Grafiken auf einer Seitenfläche überdecken.

*Brenda Sutherland*

## Grafiken auf ein Objekt aufbringen

Einer der spannendsten Aspekte des 3D-Effekts ist die Möglichkeit, Grafiken auf die Oberflächen Ihrer 2D- und 3D-Formen aufzubringen (wie links bei dem Etikett von Mordy Goldings Weinflasche). Zuerst müssen Sie die gewünschte Grafik als Symbol definieren: Wählen Sie die Grafik aus und ziehen Sie sie in das Bedienfeld *Symbole*. Bei manchen Bildern müssen Sie mehrere Symbole definieren. Beispielsweise verwendete Mordy bei seiner Weinflasche ein Symbol für das Etikett und ein anderes für den Aufdruck auf dem Korken.

Sobald Sie Ihre Grafik in Symbole konvertiert haben, können Sie die diese über die Dialogfenster *Extrudieren und Abgeflachte Kante*, *Drehen* oder *Drehen-Optionen* auf Ihre 3D-Objekte auftragen. Klicken Sie einfach auf die Schaltfläche *Bildmaterial zuweisen* und wählen Sie eines der verfügbaren Symbole aus dem Menü. Sie können über die Tasten ← und → festlegen, auf welche Oberfläche Ihres Objekts die Grafik aufgetragen wird. Sobald die gewünschte Oberfläche im Fenster angezeigt wird, können Sie die Grafik entweder durch Ziehen an den Griffen des Begrenzungsrahmens skalieren oder sie auf die gesamte Oberfläche auftragen. Dazu klicken Sie die Schaltfläche *Auf Seitengröße skalieren*. Beachten Sie, dass die jeweils ausgewählte Oberfläche durch eine rote Kontur in Ihrem Dokumentfenster hervorgehoben wird, wenn Sie auf die unterschiedlichen Oberflächen klicken. Die momentan sichtbare Oberfläche erscheint im Dialogfenster *Bildmaterial zuweisen* grau und momentan verborgene Oberflächen sehen dunkel aus. (Lesen Sie die Lektion *Quick Box Art* weiter hinten in diesem Kapitel für ein Beispiel, wie Sie eigene Symbole auf 3D-Oberflächen auftragen.)

**Hinweis:** Damit die auf die Seitenflächen Ihres Objekts aufgetragenen Grafiken sichtbar werden, muss die Kontur des Objekts auf *Ohne* gesetzt sein!

# GALERIE

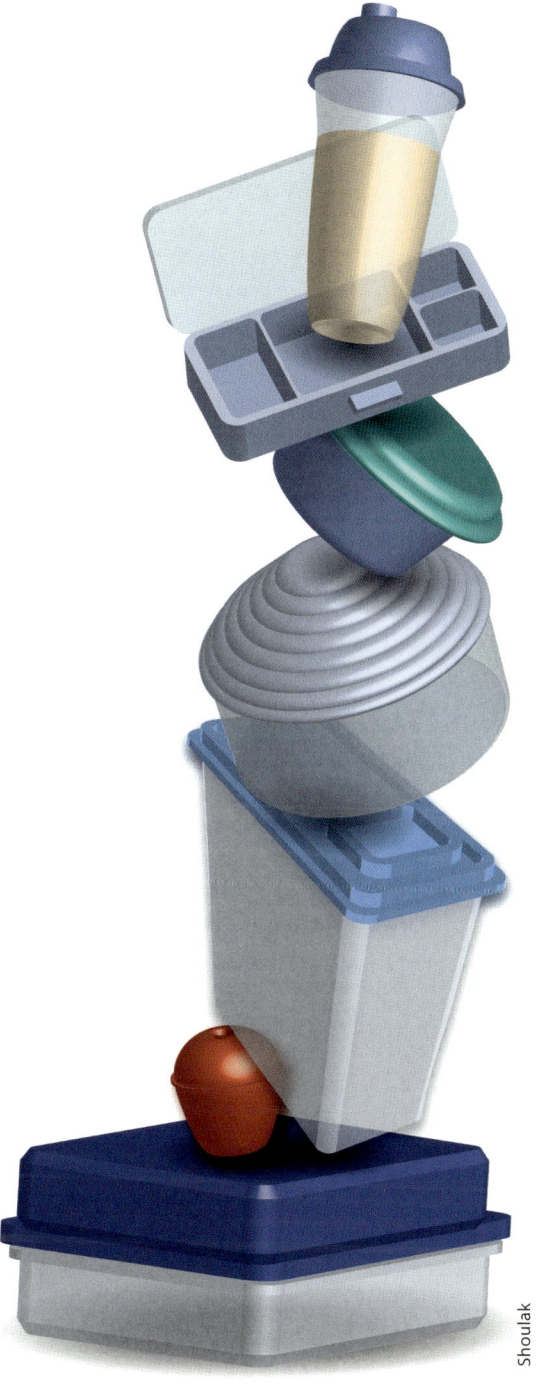

ShoulakJoe_Tupperware1.ai, ShoulakJoe_Tupperware2.ai

## Joseph Shoulak

Der links gezeigte Tupperware-Turm illustrierte einen Artikel des San Francisco Chronicle über die Geschichte der Tupperware-Behälter. Shoulak erzeugte die einzelnen Behälter mit den 3D-Funktionen in Illustrator (mehr darüber erfahren Sie in seiner Lektion ab Seite 332). Für die runden Behälter zeichnete er den 2D-Pfad eines Behälterprofils und wählte den Befehl Effekt > 3D > Kreiseln, um den Pfad um 360° zu kreiseln (oben). Für die eckigen Behälter wies er 2D-Pfaden den Befehl Effekt > 3D > Extrudieren & Abgeflachte Kante zu. Container mit komplexen Oberflächen oder verschiedenen Farben stellte Shoulak aus mehreren Komponenten zusammen. Nachdem er den Turm auf der Zeichenfläche arrangiert hatte, erzeugte er die Schatten und stellte die Deckkraft über das Bedienfeld Steuerung ein.

# 3D schnell und einfach

Einfache 3D-Techniken

**Überblick:** Zeichnen oder bearbeiten Sie 2D-Grafiken, bereiten Sie Grafiken für die 3D-Darstellung vor; weisen Sie 3D-Effekte zu; wandeln Sie die Grafiken um und bearbeiten Sie die Objekte.

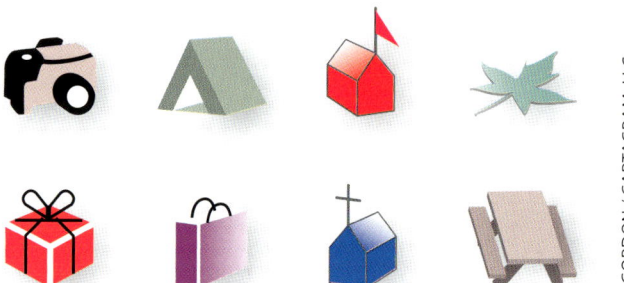

GORDON / CARTAGRAM, LLC

Einige Standardkartensymbole, die Gordon umarbeitete

Links: die ursprünglichen Elemente des Zelts; Mitte, das weiße Dreieck wurde ausgewählt; rechts: das Zelt nach der Subtraktion des weißen vom schwarzen Dreieck und der Änderung der Flächenfarbe in Grün

### 3D-Verschiebungen auf einer Achse

Im Dialogfenster *3D-Extrudieren und Abgeflachte Kante-Optionen* klicken Sie auf eine Würfel*seite* und ziehen diese, um die Grafik entlang ihrer X-, Y- oder Z-Achse zu drehen. Möchten Sie die Grafik lediglich entlang einer Achse verschieben, klicken Sie auf die weiße Würfel*kante* und ziehen.

Steven Gordon wurde beauftragt, einen Satz zeitgemäßer Kartensymbole für Digital Wisdom, Inc. zu erzeugen. Dieser sollte als ClipArt-Satz für Kartensymbolgrafiken im Illustrator-Format verkauft werden. Damit sich dieser Satz von anderen Symbolsätzen und -schriften abhob, experimentierte Gordon mit dem neuen Illustrator-3D-Effekt und stellte fest, dass er damit ohne Schwierigkeit normale in außergewöhnliche Symbole verwandeln konnte.

**1. Grafiken zeichnen, das 3D-Erscheinungsbild prüfen und die Bearbeitungswerkzeuge für die 3D-Vorbereitung nutzen.** Gordon begann mit einigen Standardkartensymbol-Grafiken. Für das Campingsymbol modifizierte er die Zeltgrafik, indem er das untere waagerechte Objekt entfernte und dem verbleibenden Dreieck eine hellgrüne Füllung zuwies. Als er prüfte, wie das Objekt in 3D aussehen würde, stellt Gordon fest, dass sowohl das weiße als auch das grüne Dreieck in 3D-Objekte verwandelt würden. Er wollte aber, dass das weiße Dreieck für die Zeltform ein Loch aus dem grünen Dreieck ausstanzte. Er wählte das weiße und das grüne Dreieck aus und klickte im Bedienfeld *Pathfinder* auf die Schaltfläche *Vom Formbereich subtrahieren*. So stanzte er ein Loch in das grüne Dreieck.

Wenn Sie Grafiken für 3D-Effekte erzeugen, sollten Sie sich im Kapitel 4 „Ein Schritt weiter" über die Techniken zur Erzeugung von zusammengesetzten Formen durch das Kombinieren oder Zerschneiden von Objekten (wie es für die Zeltöffnung notwendig war) und über zusammengesetzte Pfade informieren (Letztere können zu anderen Ergebnissen führen als das Zuweisen eines 3D-Effekts zu einzelnen Grafikobjekten). Ändern Sie auch die Konturattribute für die Gehrungsecken und Verbindungen, so dass die Schnittstellen der Pfade in der im nächsten Schritt erzeugten 3D-Darstellung abgerundet erscheinen.

**2. 3D-Effekte zuweisen, die Objekte extrudieren und drehen und einen Stil erzeugen.** Wenn Sie mit der Erzeugung Ihrer Grafik fertig sind, lassen Sie diese markiert und wählen dann aus dem Menü *Effekt* den Befehl *3D > Extrudieren und Abgeflachte Kante*. Im Dialogfenster *3D-Extrudieren und Abgeflachte Kante-Optionen* aktivieren Sie das Kontrollkästchen *Vorschau,* damit Sie prüfen können, wie Ihre Grafik mit den Standardeinstellungen des Dialogfensters aussehen wird.

Sie können die Drehung der Grafik ändern, indem Sie im Bereich *Position* des Dialogfensters auf den dreidimensionalen Würfel klicken und ziehen, bis sich die Grafik in die gewünschte Position bewegt. Über die Drehfelder der X-, Y- und Z-Achsen lässt sich die Position noch nachjustieren.

Möchten Sie Stärke oder Tiefe der Extrusion ändern, arbeiten Sie mit dem Regler *Tiefe der Extrusion* in der Gruppe *Extrudieren und Abgeflachte Kante*. Damit das Zelt weniger tief wirkte als die Standardeinstellung 50 pt, zog Gordon den Regler auf 40 pt. Zur Darstellung von Perspektive ziehen Sie den *Perspektive*-Regler, um die Perspektive von *keine/isometrisch* (0°) auf sehr steil (160°) zu ändern. Gordon wählte für seine Grafik 135°. Wenn Sie mit dem Erscheinungsbild Ihrer Grafik zufrieden sind, klicken Sie auf *OK*, um das Objekt zu rendern.

Gordon konvertierte das für das Zelt erzeugte 3D-Aussehen in einen wiederverwendbaren Stil. Lesen Sie das Kapitel 11 „Interaktive Effekte & Grafikstile", wenn Sie mehr über das Erzeugen und Bearbeiten von Grafikstilen erfahren möchten. Einen einmal festgelegten Stil können Sie auch für andere Grafiken verwenden und Objekten so ein einheitliches Erscheinungsbild verleihen. Oder Sie nutzen den Stil als Ausgangspunkt für ein neues 3D-Aussehen.

**3. Die Grafik nach der Verwendung des 3D-Effekts bearbeiten.** Nachdem er der Zeltgrafik den 3D-Effekt zugewiesen hatte, wollte Gordon an der Grafik noch Farb- und Formänderungen vornehmen. Damit Sie die Formen oder Farben der 3D-Grafik ändern können, müssen Sie ihr Aussehen zuerst über *Objekt > Aussehen umwandeln* umwandeln. (Beachten Sie, dass die Grafik danach nicht mehr „interaktiv" bearbeitbar ist. Arbeiten Sie sicherheitshalber nicht mit dem Original, sondern mit einer Kopie.) Sobald Sie sie umgewandelt haben, heben Sie die Gruppierung der Grafik auf (*Objekt > Gruppierung aufheben*) und markieren und bearbeiten Sie die Pfade.

Die Grafik im *Vorschau*-Modus bei verschiedenen Einstellungen des Positionswürfels im Dialogfenster *3D-Extrudieren & Abgeflachte Kante-Optionen*.

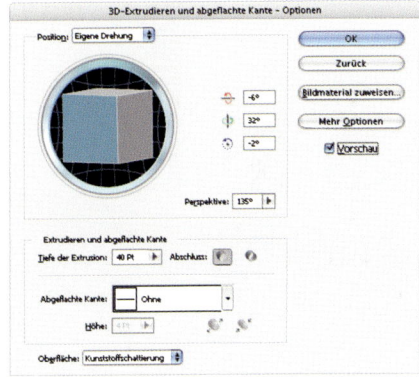

Das Dialogfenster *3D-Extrudieren und Abgeflachte Kante-Optionen* mit den von Gordon für das endgültige Zelt verwendeten Einstellungen

Links: die Zeltgrafik nach der Umwandlung der 3D-Grafik (*Objekt > Aussehen umwandeln*); rechts: die Formen nach der Füllung mit verschiedenen Farben

Auswahl und Bearbeitung der Form für den inneren Zeltboden

# 3D-Effekte

Pfade extrudieren, kreiseln und drehen

HamannBrad_3-D_Rakete.ai,
HamannBrad_3-D_Rakete_fertig.ai

**Überblick:** Erzeugen Sie die Ausgangspfade auf der Grundlage einer Vorlagenebene; extrudieren, kreiseln und drehen Sie Pfade; tragen Sie Grafiken auf.

**1**

Die ursprüngliche Bleistiftzeichnung wurde als Vorlage platziert; die darübergezeichneten Vektorformen

**2**

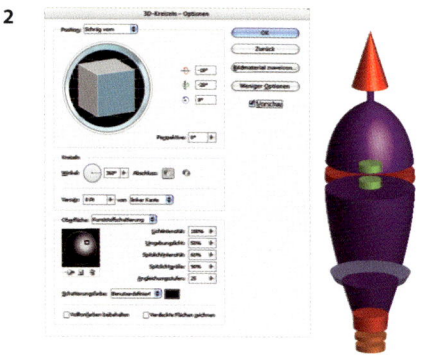

Die Original-Pfadgruppe wurde ausgewählt und als Gruppe mit denselben Einstellungen gekreiselt.

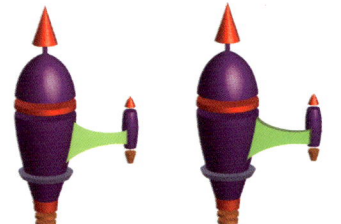

Die Flügelform wurde gemäß der Hüllenkontur gezeichnet und dann extrudiert und leicht gedreht.

Für diese Grafik erzeugte Brad Hamann eine Reihe von Pfaden und wies ihnen verschiedene interaktive 3D-Effekte zu. Dann versah er sie mit einer Beleuchtung und trug Grafiken auf die Einzelteile auf.

**1. Vorausplanung.** Weil er die Formen kreiseln wollte, musste Hamann nur eine Seite des symmetrischen Raumfahrzeugs zeichnen. Er zeichnete auf einer Bleistiftzeichnung, die er in Photoshop gescannt und auf einer Vorlagenebene platziert hatte. Hamann zeichnete für die Hülle eine geschlossene Form. Er unterteilte sie mit dem *Pathfinder*-Werkzeug in Abschnitte, so dass er jeden Teil unterschiedlich einfärben konnte. Dann versah er die Pfade mit solider Füllung und deaktivierte die Kontur. Wenn ein gefüllter Pfad ohne Kontur gekreiselt wird, erhält seine Oberfläche die Flächenfarbe. Ein Pfad mit einer Konturfarbe erhält diese als Oberflächenfarbe, ungeachtet seiner Flächenfarbe.

**2. Den 3D-Kreiseln-Effekt einer Gruppe von Formen zuweisen und die Flügel extrudieren.** Hamann kreiselte die Formengruppe, aus der die Hülle des Raumschiffs bestehen sollte, gemeinsam, weil diese Formen alle dieselbe linksseitige vertikale Kreiselachse hatten. Er kreiselte auch die drei Formen, aus denen das raketenförmige Flügelende bestand, als Gruppe mit denselben Einstellungen. Sobald die Formen gekreiselt waren, wählte Hamann die einzelnen Formen aus und verschob sie an ihre richtige Position innerhalb der Gruppe. Dazu verwendete er den Befehl *In den Vordergrund*. Er löschte die inneren beiden Kreise, weil sie innerhalb des 3D-Modells ohnehin unsichtbar wären.

Hamann zeichnete für den rechten Flügel eine flache Form, die der Kontur der 3D-Hülle entsprach, und wählte *Effekt > 3D > Extrudieren und Abgeflachte Kante*. Er wählte eine Extrusionstiefe und einen Drehwinkel, der dem der Hülle visuell entsprach.

**3. Grafiken auftragen.** Hamann entschied sich, ein zuvor als Symbol gespeichertes Sternmuster auf den Flügel aufzutragen, um das Aussehen des Raumschiffs lebendiger zu gestalten. Er wählte den Flügel aus und klickte auf die Effekteinstellung im Bedienfeld *Aussehen*. Damit kehrte er zur 3D-Effekteinstellung zurück. Er öffnete dann mit einem Klick auf die Schaltfläche *Bildmaterial zuweisen* das Dialogfenster *Bildmaterial zuweisen*. Dieses präsentierte die ersten sechs verfügbaren Oberflächen auf dem Flügel. Hamann wählte das Sternenmuster aus dem Menü der verfügbaren Symbole. Er skalierte das Muster über die Griffe des Begrenzungsrahmens und klickte auf *OK*. Zu diesem Zeitpunkt änderte er auch die Flügelfarbe von Grün in Rot. Zum Schluss spiegelte und kopierte Hamann den Flügel auf die gegenüberliegende Seite des Raumschiffs. Er nahm entsprechend der Position des neuen Flügels eine leichte Anpassung am Drehwinkel der Y-Achse vor.

**4. Startbereit.** Hamann vervollständigte das Raumschiff, indem er aus einem kreisförmigen Pfad ein Bullauge erzeugte und ihm eine ockerfarbige Kontur mit 5,5 Punkt zuwies. Dann extrudierte er den Pfad mit einer abgerundeten Abschrägung. Er wies abschließend einen mit einem blauen Verlauf gefüllten Pfad und einen Gaußscher Weichzeichner zu.

**3**

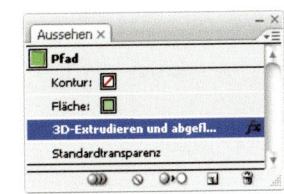

Ein Klick im Bedienfeld *Aussehen* aktiviert wieder das Dialogfenster *3D-Effekte-Einstellungen*.

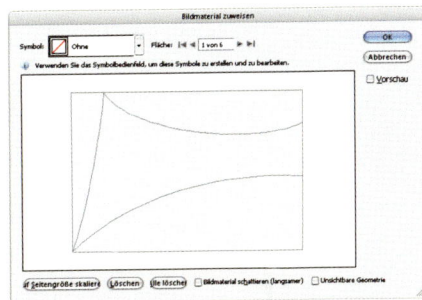

Das Dialogfenster *Bildmaterial zuweisen* zeigt die erste verfügbare Flügeloberfläche.

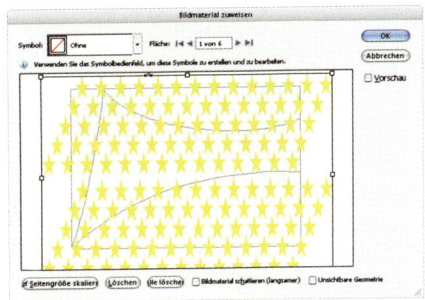

Nachdem das Sternmuster aus dem Symbolmenü ausgewählt wurde, wurde das Muster skaliert und auf der Flügeloberfläche positioniert.

**4**

Hamann wies einem runden extrudierten Pfad eine abgerundete abgeflachte Kante zu, um das Bullauge zu erzeugen.

# 3D-Logo-Objekt

Einen einfachen Pfad kreiseln

**Überblick:** Zeichnen Sie einen Querschnitt; verwenden Sie die Funktion *3D-Kreiseln*, um ein 3D-Objekt aus dem Querschnitt zu erzeugen.

Gilbert

**1**

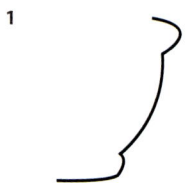

Der Querschnitt für den Mörser, hier zur Verdeutlichung mit einer schwarzen Kontur; in Wirklichkeit hat der Pfad eine sehr helle graue Füllung und keine Kontur.

**2**

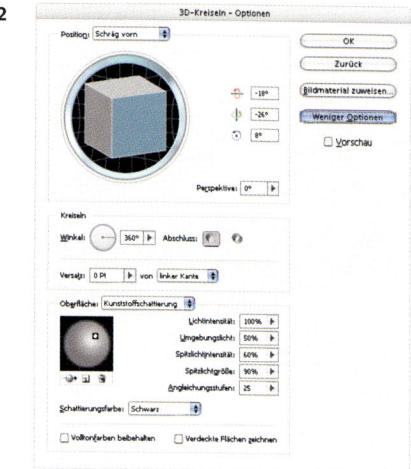

Das Dialogfenster *3D-Kreiseln-Optionen* mit den Einstellungen für den fertigen Mörser.

Der Mörser mit allen Drehwinkeln bei 0° (links) und mit den Standardwinkeln (rechts).

Bei der Gestaltung dieses Logos für einen Hersteller von pflanzlichen Medikamenten beschloss Reggie Gilbert, den Mörser und den Stößel als 3D-Objekte zu zeichnen. Den Stößel zeichnete er mit 2D-Pfaden und Verlaufsfüllungen. Für den komplexeren Mörser verwendete er die 3D-Kreiseln-Funktion.

**1. Den Querschnitt des Mörsers zeichnen.** Gilbert zeichnete einen Pfad für den Querschnitt des Mörsers und versah ihn mit einer weißen Fläche. Mehr musste er nicht zeichnen, weil er im nächsten Schritt den gesamten Mörser durch 3D-Kreiseln erzeugen wollte. Weil 3D ein interaktiver Effekt ist, können Sie den Pfad später bearbeiten und das 3D-Ergebnis wird aktualisiert. Es ist also nicht wichtig, dass Sie den Querschnitt beim ersten Mal gleich perfekt zeichnen.

**2. Den 3D-Kreiseln-Effekt anwenden.** Bei markiertem Querschnitt wählte Gilbert *Effekt > 3D > Kreiseln*. Im Abschnitt *Kreiseln* des Dialogfensters *3D-Kreiseln-Optionen* gab er als Winkel 360° an, wodurch der Querschnitt in einem vollen Kreis gekreiselt wurde. Aus dem Feld *Versatz* war ersichtlich, dass der Mittelpunkt der Rotation standardmäßig die Pfadkante ist. Die Oberflächeneinstellungen schattierten den Mörser unter Verwendung der Flächenfarbe, die Gilbert dem Originalpfad zugewiesen hatte (ein Klick auf die Schaltfläche *Mehr Optionen* zeigte die Oberflächeneinstellungen an). Sie können ein 3D-Objekt kreiseln, indem Sie den Vorschauwürfel im Dialogfenster *3D-Kreiseln-Optionen* ziehen oder indem Sie neben dem Würfel Drehwinkel eingeben. Gilbert verwendete die Standardwerte für die Drehwinkel und die Oberflächeneinstellungen.

# GALERIE

© Hallmark Licensing, Inc.

## Mike Schwabauer / Hallmark Cards

Zur Bewerbung einer Blutspendenaktion gestaltete der Künstler Mike Schwabauer diese Illustration, die als Grafik mit niedriger Auflösung per E-Mail versandt und auf eine Hinweistafel gedruckt wurde. Für die Flagge im Hintergrund erzeugte Schwabauer zunächst eine flache, rechteckige Flaggengrafik. Er wählte das *Frei Transformieren*-Werkzeug, um die Flagge zu drehen und zu skalieren. Dann wählte er *Objekt > Verzerrungshülle > Mit Verkrümmung erstellen*. Im Dialogfenster *Verkrümmen-Optionen* wählte er *Flagge* aus dem Menü *Stil*. Schwabauer änderte die Standardeinstellungen für den Flaggenstil. Nachdem er das gewünschte Aussehen erzielt hatte, klickte er auf *OK*. Für den Vignetteneffekt der Flagge bedeckte Schwabauer die Flagge mit einem Rechteck und füllte dieses mit einem Verlauf von Schwarz nach Weiß.

Nachdem er Rechteck und Flagge ausgewählt hatte, öffnete er das Bedienfeld *Transparenz* und wählte aus dem Bedienfeldmenü *Deckkraftmaske erstellen*. Für den Blutstropfen zeichnete Schwabauer die Hälfte der Tropfenform. Dann wählte er *Effekt > 3D > Kreiseln* und passte die Einstellungen im Dialogfenster *3D-Kreiseln – Optionen* an. Nach-

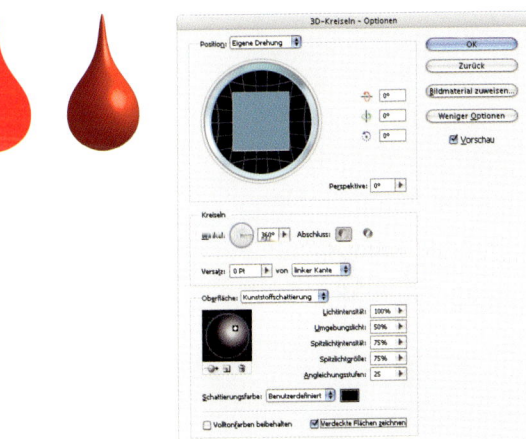

dem er auf *OK* geklickt hatte, änderte er die Transparenz des Objekts im Bedienfeld *Transparenz* in 93%, damit der Tropfen mehr wie eine Flüssigkeit aussah. Zur Vervollständigung des Blutstropfens wählte Schwabauer das Blutstropfenobjekt aus und wählte *Effekt > Stilisierungsfilter > Schlagschatten*. Im Dialogfenster *Schlagschatten* setzte er den Modus auf *Multiplizieren* mit einer *Deckkraft* von 50%, einer Weichzeichnung von 3 mm und einem Versatz von –13 mm (X) sowie 5 mm (Y).

# 3D-Objekte zusammenstellen

3D-Objekte aus mehreren Pfaden zusammensetzen

 ShoulakJoe_Tupperware1.ai, ShoulakJoe_Tupperware2.ai

**Überblick:** Zeichnen Sie 2D-Pfade mit abgerundeten Ecken; erzeugen Sie mit dem Effekt *3D-Extrudieren und Abgeflachte Kante,* 3D-Objekte aus den 2D-Pfaden; stellen Sie die 3D-Objekte zu einem komplexeren 3D-Objekt zusammen.

Shoulak

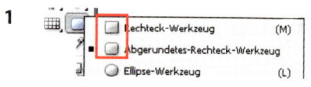

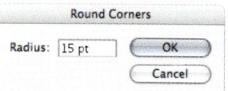

Die Werkzeuge *Rechteck* und *Abgerundetes Rechteck* (hervorgehoben) im Bedienfeld *Werkzeuge* und das Dialogfenster *Round Corners* für noch nicht abgerundete Rechtecke

Der gesamte Behälter besteht aus diesen vier Pfaden.

Joseph Shoulak zeichnete diesen Kunststoffbehälter als Teil einer größeren Illustration für einen Artikel des San Francisco Chronicle über einen Tupperware-Dokumentarfilm. Shoulak renderte die komplexen Kunststoffformen in Illustrator, indem er mit den 3D-Funktionen von Illustrator extrudierte und gekreiselte Pfade übereinanderlegte und ausrichtete.

**1. Die 2D-Pfade zeichnen.** Der Aufbau des Behälters entspricht einer abgeschrägten Schachtel mit nicht abgeschrägten Randabschlüssen, wo das weiße Unterteil und das blaue Oberteil aufeinandertreffen. Wegen dieser Eigenschaften zeichnete Shoulak vier Pfade für die Extrusion: das weiße Unterteil, den weißen Randabschluss, den blauen Randabschluss und den blauen Deckel. Die Notwendigkeit von vier Formen wird bei der späteren 3D-Extrusion offensichtlich.

Von oben gesehen besteht der Behälter aus Rechtecken mit abgerundeten Ecken. Um diese exakt zu erzeugen, zeichnen Sie sie mit dem *Rechteck*-Werkzeug. Das Rechteck für den blauen Deckel ist 136 pt mal 170 pt groß. Wählen Sie dann *Effekt > Stilisierungsfilter > Ecken abrunden* und geben Sie einen *Radius*-Wert von 12 pt ein. Alternativ verwenden Sie das *Abgerundete-Rechteck*-Werkzeug und passen den Eckradius an, indem Sie die ↑- und die ↓-Tasten drücken, bevor Sie die Maustaste loslassen.

Die 3D-Effekte in Illustrator bedienen sich der den Pfaden zugewiesenen Füll- und Flächenfarben. Shoulak füllte die Rechtecke mit den blauen und weißen Farben der Behälterbestandteile. Er setzte die Konturfarbe auf *Ohne,* weil eine Konturfarbe die seitlichen Flächen des Objekts eingefärbt hätte.

**2. Die 2D-Pfade in 3D extrudieren.** Shoulak wählte den blauen Randabschluss und *Effekt > 3D > Extrudieren und Abgeflachte Kante* und gab eine Extrusionstiefe von 40 pt ein. Er wies auch eine abgeflachte Kante mit dem Stil *Klassisch* zu und legte eine Höhe von *4 Punkt* fest. Shoulak passte zudem die 3D-Drehwinkel an (X-Achse: 77, Y-Achse: 35, Z-Achse: -10). Sobald er zufrieden war, klickte er auf *OK*.

Für die anderen drei Pfade verwendete Shoulak dieselben Drehwinkel, aber etwas andere Einstellungen für *Extrusionstiefe* und *Abgeflachte Kante*. Für den blauen Randabschluss gab er eine Extrusionstiefe von 10 pt ohne abgeflachte Kante an. Für den weißen Randabschluss wählte Shoulak eine Extrusionstiefe von 5 pt ohne abgeflachte Kante. Für das weiße Behälterunterteil verwendete er eine Extrusionstiefe von 45 pt mit einer klassischen abgeflachten Kante von 4 pt.

Mit einem Klick auf das Kontrollkästchen *Vorschau* können Sie die Änderungen interaktiv betrachten. Beachten Sie jedoch, dass die Vorschau von 3D-Effekten Zeit brauchen kann. Weil ein 3D-Effekt interaktiv ist, können Sie ihn bearbeiten, indem Sie das Objekt mit dem Effekt auswählen, dann auf den Ebenennamen im Bedienfeld *Aussehen* doppelklicken. Wenn sich das 3D-Objekt nur schwierig auswählen lässt, können Sie seine Objekte über das Bedienfeld *Ebenen* auswählen oder in der Pfadansicht arbeiten (3D-Objekte erscheinen in der Pfadansicht ohne die 3D-Effekte).

**3. Die Objekte zusammenstellen.** Zur Vervollständigung der Illustration positionierte Shoulak die vier 3D-Objekte in ihrer endgültigen Anordnung. Er verwendete das Bedienfeld *Steuerung*, um alle vier Objekte horizontal zu zentrieren. Dann bewegte er die einzelnen Pfade nach oben oder unten, bis sie perfekt zusammenpassten.

Es gibt verschiedene Möglichkeiten, die vertikale Ausrichtung von Objekten beim Verschieben beizubehalten. Sie können das Objekt mit gedrückter ⇧-Taste ziehen, es vertikal bei aktiviertem Befehl *Ansicht > Magnetische Hilfslinien* ziehen, das Objekt schrittweise mit der ↑- oder ↓-Taste verschieben oder nur in das Y-Feld im Bedienfeld *Steuerung* oder im Bedienfeld *Transformieren* einen Wert eingeben.

Einzelne Objekte lassen sich zwar über das Dialogfenster *3D-Extrudieren und Abgeflachte Kante* drehen. Sie können jedoch 3D-Objekte nicht relativ zueinander im dreidimensionalen Raum anordnen. 3D-Objekte verhalten sich auf der Zeichenfläche wie zweidimensionale Objekte – Sie können sie nur im zweidimensionalen Raum der Zeichenfläche anordnen.

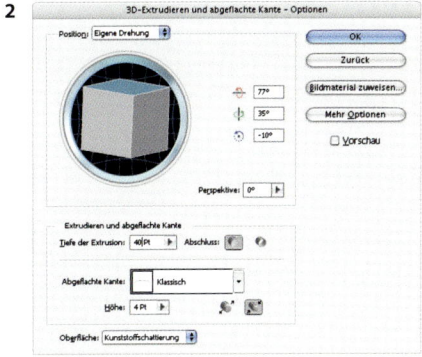

Die Einstellungen des Dialogfensters *3D-Extrudieren & Abgeflachte Kante* für das große blaue Oberteil

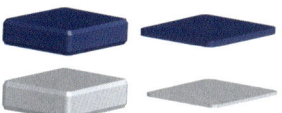

Die vier Pfade nach der Zuweisung der Extrusionseinstellungen

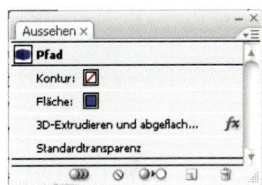

Das Bedienfeld *Aussehen* zeigt die zugewiesenen 3D-Effekte.

Das Bedienfeld *Steuerung* mit hervorgehobener Schaltfläche *Horizontal zentriert ausrichten*; die *Ausrichten*-Schaltflächen erscheinen, wenn mehrere Objekte ausgewählt sind.

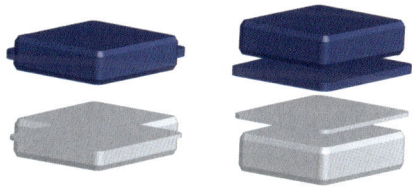

Die vier extrudierten Pfade nach dem horizontalen Zentrieren (links) und nachdem sie an ihrer endgültigen Position vertikal neu positioniert wurden (rechts)

# Schnelle Kartons

2D-Grafiken in 3D-Verpackungen konvertieren

**Überblick:** Beginnen Sie mit einer 2D-Zeichnung; erzeugen Sie aus den Seiten der Verpackung Symbole, stellen Sie den Karton mit *3D-Extrudieren und Abgeflachte Kante* dreidimensional dar; tragen Sie Grafiken auf die einzelnen Oberflächen auf.

MOSS (Reproduktion des Verpackungsdesigns und aller gezeigten Grafiken mit freundlicher Genehmigung von MoranUSA, LLC, North Haven, Connecticut, Copyright © 2005. Alle Rechte vorbehalten)

1

Die druckfertige 2D-Zeichnung des Kartons

2

Die drei benötigten Seiten wurden von der Hauptzeichnung getrennt.

Gary Moss gestaltete diesen leicht tragbaren Karton für ein Bierflaschensortiment. Der Kunde verlangte eine Darstellung des fertigen Kartons für einen Katalog. Moss simulierte den dreidimensionale Karton mit dem Effekt *3D-Extrudieren und Abgeflachte Kante*. Mit diesem Befehl konnte er auch den Kartonaufdruck schnell auf den Oberflächen darstellen.

**1. Den flachen Karton zeichnen.** Moss gestaltete in Illustrator eine Designskizze. Dann nahm er eine Illustrator-Datei, die vom Kartonhersteller zur Verfügung gestellt wurde, und wies dieser Skizze für den Druck präzise Abmessungen mit allen notwendigen Seiten, Falzen, Schnittzugaben und Stanzungen zu.

**2. Die Seiten trennen.** Moss erzeugte eine Kopie der flachen Kartonzeichnung. Dann löschte er mit den Werkzeugen *Auswahl* und *Direktauswahl* alle Objekte bis auf die drei Flächen, die im simulierten Karton sichtbar wären. Für den 3D-Karton benötigte er keine Beschnittzugaben. Deshalb entfernte Moss diese, so dass die tatsächlichen Kartonseiten übrig blieben.

**3. Symbole aus den Flächen erzeugen.** Moss wollte die Funktion *3D-Extrudieren und Abgeflachte Kante* zum Auftragen der Grafiken auf die Seiten des Kartons verwenden. Bei dieser Funktion muss jede Fläche zuerst in ein Illustrator-Symbol konvertiert werden. Wenn Sie keine anderen Symbole benötigen, können Sie sie löschen, damit das Bedienfeld nicht so überfüllt wirkt: Im Bedienfeld *Symbole* wählen Sie *Alle nicht verwendeten auswählen* und klicken auf das Symbol *Löschen*. Um ein Symbol zu erzeugen, wählen Sie die Objekte aus, aus denen eine Seite besteht, und klicken Sie im Bedienfeld *Symbole* auf das Symbol *Neues Symbol*. Wiederholen Sie diesen Vorgang für jede Seite.

In Illustrator wird ein Symbol normalerweise verwendet, um ein Objekt kreativ viele Male zu verwenden. Das Auftragen von Grafiken auf 3D-Objekte ist ein Spezialeinsatzgebiet von Symbolen.

**4. Die 3D-Formen erzeugen.** Moss zeichnete ein Rechteck in der Größe der Kartonvorderseite. Nachdem er das Rechteck ausgewählt hatte, wählte er *Effekt > 3D > Extrudieren und Abgeflachte Kante*. Er setzte die Extrusionstiefe auf 120 Punkt und passte die Drehwinkel an (X-Achse: -20, Y-Achse: 30, Z-Achse: -10). Um den 3D-Effekt mit einer leichten linearen Perspektive hinzuzufügen, setzte er diese auf 19°.

**5. Die Grafiken auftragen.** Um die Grafiken auf die einzelnen Kartonoberseiten aufzutragen, verwendete Moss im Dialogfenster *3D-Extrudieren und Abgeflachte Kante* die Funktion *Bildmaterial auftragen*. Klicken Sie auf die Schaltfläche *Bildmaterial zuweisen*, dann auf die Pfeile zur Auswahl der nächsten bzw. vorigen Oberfläche (die aktuelle Oberfläche wird auf der Zeichenfläche rot hervorgehoben) und wählen Sie das gewünschte Symbol aus. Klicken Sie auf die Schaltfläche *Auf Seitengröße skalieren*, um die Größe der Grafik an die Oberfläche anzupassen. Oder verwenden Sie die Griffe, um die Grafik manuell zu positionieren, zu drehen oder zu skalieren. Eventuell ist es einfacher, die Symbole, wie in Schritt 3 gezeigt, in der korrekten Ausrichtung und Größe zu erzeugen.

Wenn die aufgetragenen Grafiken nicht in der Vorschau angezeigt werden, wurden sie vielleicht der nicht sichtbaren Oberfläche einer Seite zugewiesen. Ihnen zugewandte Oberflächen werden im Dialogfenster hellgrau angezeigt, während Ihnen abgewandte Oberflächen dunkelgrau erscheinen.

**6. Die Illustration fertigstellen.** Das Dialogfenster *3D-Extrudieren und Abgeflachte Kante* bietet zwar Regler zum Anpassen der Beleuchtung (klicken Sie gegebenenfalls auf die Schaltfläche *Mehr Optionen*), doch Moss wollte kreativere Licht- und Schatteneffekte von Hand in Photoshop erzeugen. Eine Illustrator-Datei öffnen Sie mit *Datei > Öffnen* in Photoshop.

Aus jeder Seite des Kartons wurde ein Symbol erzeugt; alle nicht verwendeten Symbol wurden gelöscht.

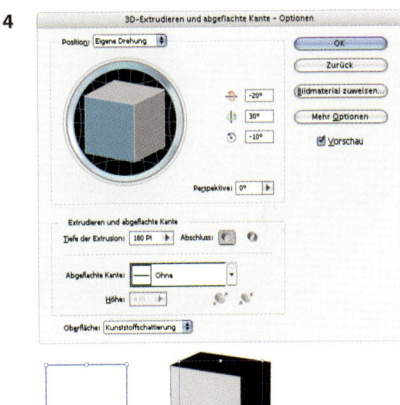

Das Dialogfenster *3D-Extrudieren und Abgeflachte Kante* (oben), die 2D-Vorderseite vor (unten links) und nach (unten rechts) der Zuweisung der 3D-Extrusion

Das Dialogfenster *Bildmaterial zuweisen* (oben) und die Grafik auf der Zeichenfläche (unten), nachdem auf jede Seite ein Symbol aufgetragen wurde

# GALERIE

WAI

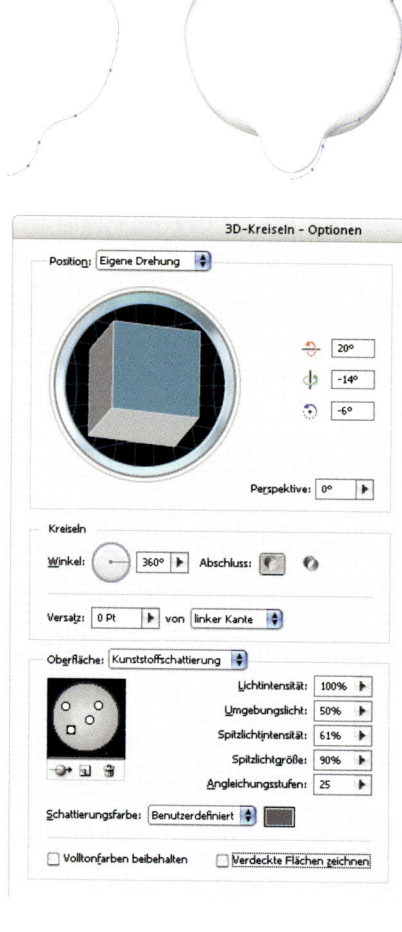

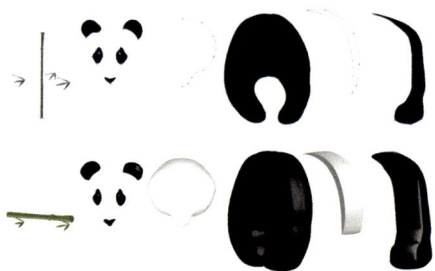

## Trina Wai

Trina Wai gestaltete diesen verspielten Panda mit dem ganzen Funktionsumfang der Illustrator-Effekte *3D-Drehen* sowie *3D-Extrudieren und Abgeflachte Kante*. Sie begann mit einer Reihe einfacher zweidimensionaler Formen und erhielt am Ende ein vollständig organisches Aussehen. Wai zeichnete zuerst einen offenen Pfad für die eine Seite des Pandakopfs. Sie wählte *Effekt > 3D > Kreiseln* und kreiselte den Pfad um 360° entlang seiner linken Kante. Für die weichen glänzenden Reflexionen auf dem Pandapelz wählte Wai die Schattierungsart *Kunststoffschattierung* und fügte über das Symbol *Neues Licht* zusätzliche Lichtquellen fest. Der Bambustrieb wurde ebenfalls aus einem einfachen offenen Pfad erzeugt, dann gekreiselt und mit einem Satz flacher Blattformen gruppiert. Wai extrudierte dann die Körperteile mit dem Befehl *3D-Extrudieren und Abgeflachte Kante*. Jede Form erhielt ihre eigene Extrusionstiefe, die von 150 pt für die Beine und den Körper, über 37,6 pt für die Ohren und 30 pt für die Nase bis zu 7 pt für die Bereiche um die Augen reichte. Jede Form erhielt auch eine abgerundete abgeflachte Kante und eine Kunststoffschattierung, die durch eine einzelne Lichtquelle beleuchtet wurde. Die kleinen Augen wurden durch eine Angleichung zwischen einem großen schwarzen und einem kleineren grauen Kreis erzeugt.

# GALERIE

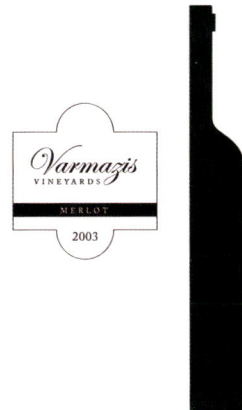

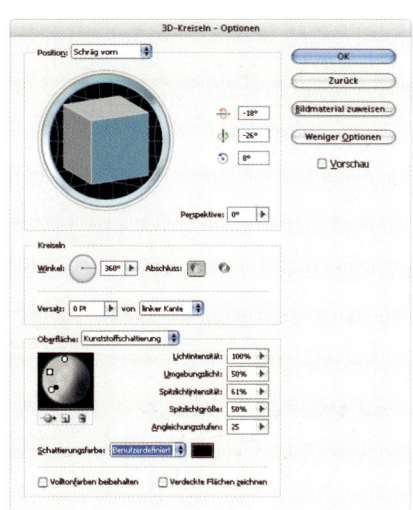

GoldingMordy_Weinflasche.ai

## Mordy Golding

Um für Adobe Systems die Illustrator-3D-Funktion zu demonstrieren, erzeugte Mordy Golding ein Weinetikett und zog es in das Bedienfeld *Symbole*, so dass er es für die 3D-Darstellung verwenden konnte. Er zeichnete eine halbe Flaschenform und wählte *Effekt > 3D > Drehen*. Im Dialogfenster *3D-Drehen-Optionen* aktivierte Golding das Kontrollkästchen *Vorschau* und klickte dann auf die Schaltfläche *Bildmaterial zuweisen*. Aus dem *Symbol*-Menü des Dialogfensters *Bildmaterial zuweisen* wählte er das zuvor erzeugte Etikettsymbol. Wieder im Dialogfenster *3D-Drehen-Optionen* passte Golding den Vorschauwürfel an, wobei er die Drehwinkel änderte, bis er mit dem Aussehen der Flasche zufrieden war. Er vervollständigte den Effekt, indem er über das Symbol *Neues Licht* im Bereich *Oberfläche* neue Lichtquellen hinzufügte. Damit erzeugte er die stufenförmigen Glanzlichter auf der Flasche. Nachdem er den Korken mit denselben Techniken wie die Flasche erzeugt hatte, wählte Golding die Flasche aus, verschob sie über den Korken und änderte ihre Deckkraft im Bedienfeld *Transparenz* in 94%.

# GALERIE

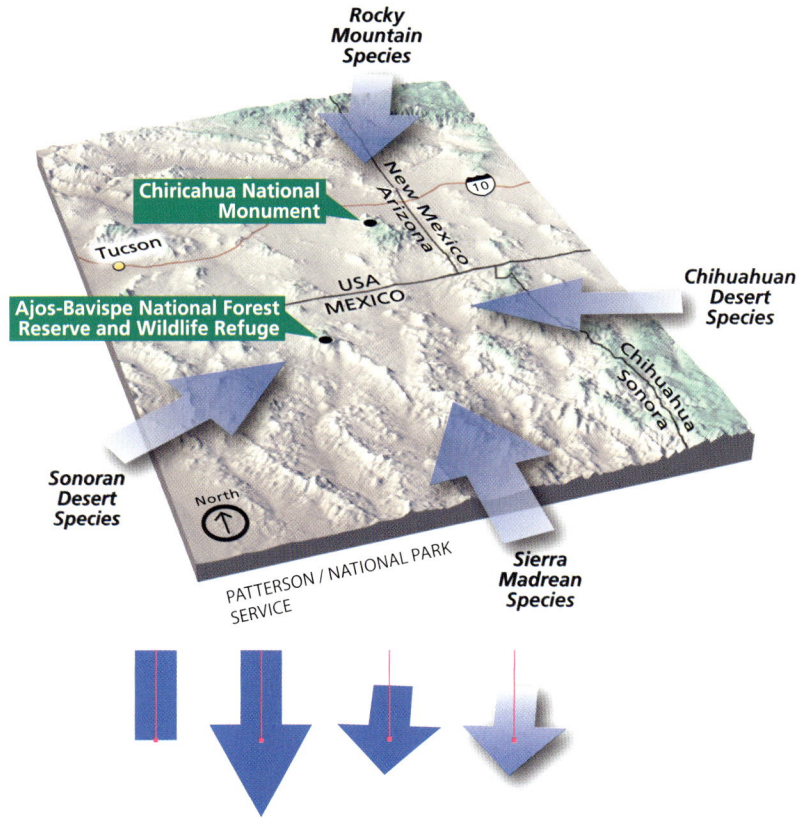

 Patterson_Artenwanderung.ai

## Tom Patterson/National Park Service

Der Kartograf Tom Patterson verwendete die Illustrator-3D-Effekte zur Visualisierung der Artenwanderung in der Sonora-Wüste. Patterson zeichnete mit dem *Zeichenstift*-Werkzeug einen geraden Pfad mit einer Kontur von 20 pt. Um den Pfad in einen Pfeil zu verwandeln, wählte er *Effekt > Stilisierungsfilter > Pfeilspitzen*. Im Dialogfenster *Pfeilspitzen* wählte er das Pfeilspitzendesign 11 und als Skalierung 25%. Als Nächstes wählte Patterson *Effekt > 3D > Drehen* und aktivierte im Dialogfenster *3D-Drehen-Optionen* die Vorschau. Dann zog er den dreidimensionalen Würfel, um die räumliche Ausrichtung des Pfeils zu ändern. Als der Pfeil korrekt wirkte, klickte Patterson auf *OK*. Für die Füllung des Pfeils wählte Patterson zuerst *Objekt > Gruppieren* und verwandelte den Pfeil damit von einem Objekt in eine Gruppe. Dann wählte er aus dem Bedienfeld *Aussehen* den Befehl *Neue Fläche* und wies der neuen Fläche einen benutzerdefinierten Farbverlauf zu. Er wiederholte diese Schritte, um die anderen drei Pfeile zu erzeugen. Zum Schluss wählte Patterson die Ebene mit den Pfeilen als Ziel aus und änderte die Deckkraft im Bedienfeld *Transparenz* in 80%. Er fügte außerdem über *Effekt > Stilisierungsfilter > Schlagschatten* einen Schlagschatten zur Ebene hinzu.

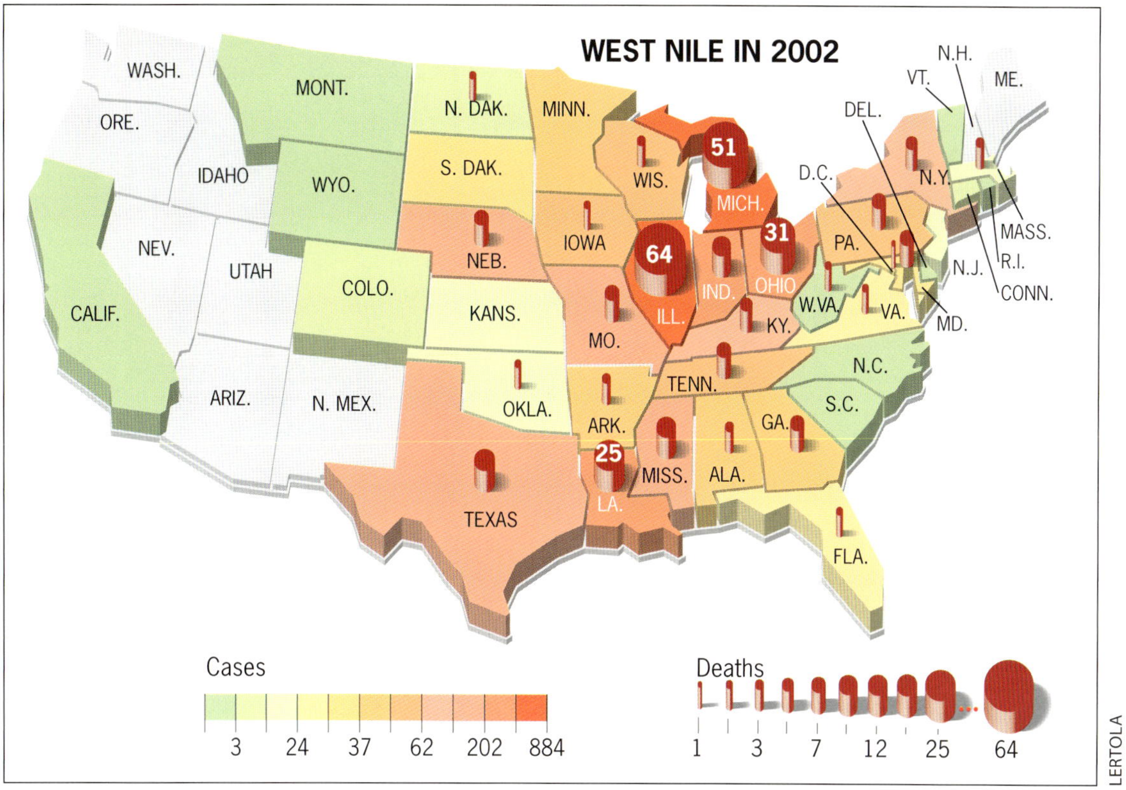

# GALERIE

## Joe Lertola/TIME

Joe Lertola vom TIME Magazine arbeitete mit dem 3D-Effekt (*Effekt > 3D > Extrudieren und Abgeflachte Kante*), um eine flache Karte in eine attraktive dreidimensionale Themenkarte zu verwandeln. Nachdem er die Grafiken gezeichnet hatte, erzeugte Lertola Gruppen für die grauen und die farbigen Staaten. Damit jede Gruppe eine andere Höhe erhielt, wies er jeder Gruppe den 3D-Effekt zu, legte jedoch im Dialogfenster *3D-Extrudieren und Abgeflachte Kante-Optionen* eine unterschiedliche Extrusionstiefe für jede Gruppe fest (6 pt für die grauen und 24 pt für die farbigen Staaten). Lertola vervollständigte den Effekt, indem er eine zweite Lichtquelle hinzufügte (er klickte in der Gruppe *Oberfläche* auf das Symbol *Neues Licht*), um die Position der Lichter und Schatten der einzelnen Gruppe zu ändern.

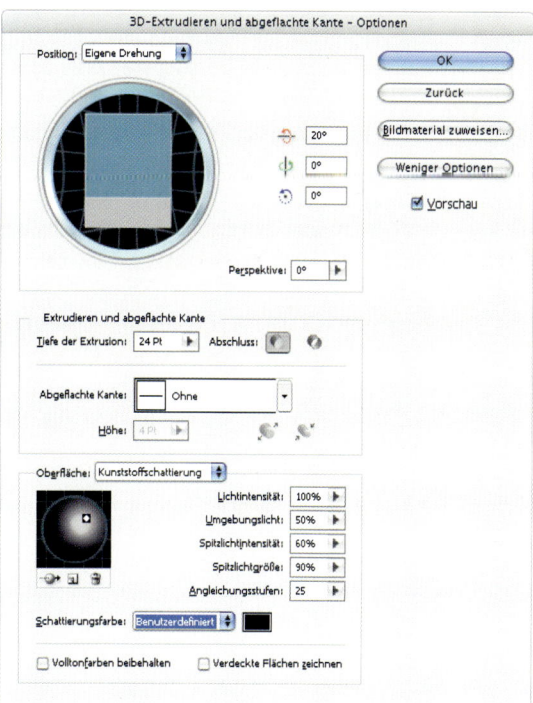

# GALERIE

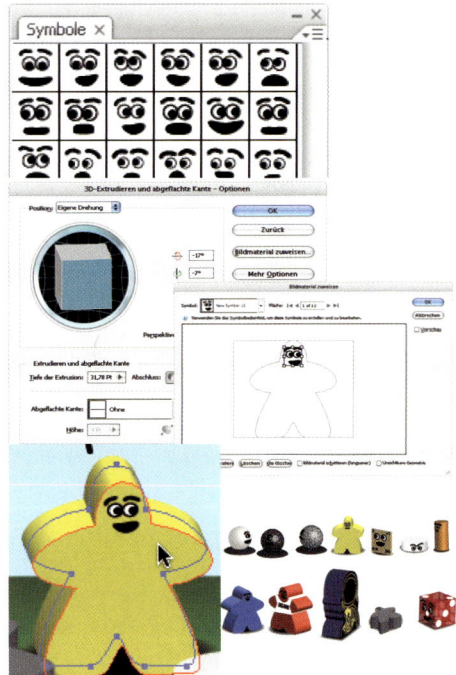

## Ted Alspach

Ted Alspach gestaltet zweimal die Woche eine neue Ausgabe seines Comicstrips „Board2Pieces" (sowie einen großformatigen zweimonatigen Comic). Als er das Gesamtkonzept für den Comic entwarf, wusste er, dass er seine Charaktere und ihre Positionen und Mimiken konsistent und schnell erzeugen musste. Damit er Zeit hatte, sich auf die textlichen Inhalte zu konzentrieren, statt immer wieder dieselben Charaktere zeichnen zu müssen, entschied er sich für die interaktiven, bearbeitbaren 3D-Effekte. Für die Mimik erzeugte er ein ganzes Bedienfeld voller *Symbole*, mit dem er den Ausdruck seiner Charaktere in jedem Bild steuern konnte. Schon frühzeitig legte er für jeden Charakter eine Extrusionstiefe fest und nutzte die Möglichkeit zur Drehung von 3D-Objekten, ohne die Figur selbst neu zeichnen zu müssen. Als Nächstes gestaltete er eine Vielfalt mimischer Ausdrücke, mit denen seine Charaktere miteinander kommunizieren konnten. Alspach sparte noch mehr Zeit, indem er einige Charaktere erzeugte, für die er dieselben Gesichtsausdrücke verwenden konnte. Er speicherte alle mimischen Ausdrücke als Symbole, damit er diese auf die Oberflächen seiner 3D-Objekte auftragen konnte. (Mehr über die Erzeugung von Symbolen erfahren Sie im Kapitel 5 „Pinsel & Symbole".) Statt nun jedes Bild aufwändig zu zeichnen, kann Alspach den gewünschten Charakter auswählen und ihn an der benötigten Stelle platzieren. Dann kann er auf das Effektsymbol im Bedienfeld *Aussehen* doppelklicken, um die Position der Figur zu ändern und ihr über die Symbolbibliothek einen neuen Gesichtsausdruck aufzutragen. Damit bleibt ihm viel mehr Zeit für die Texte seiner Cartoons.

# GALERIE

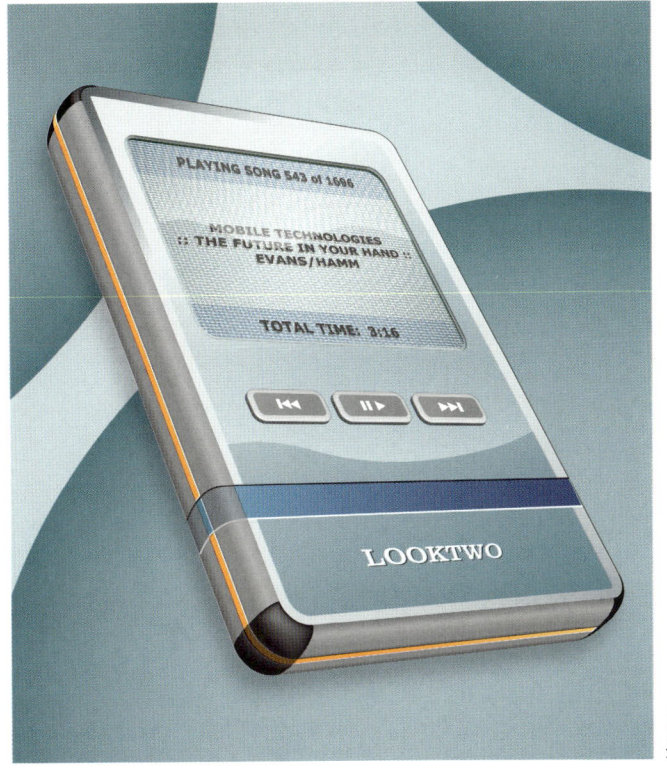

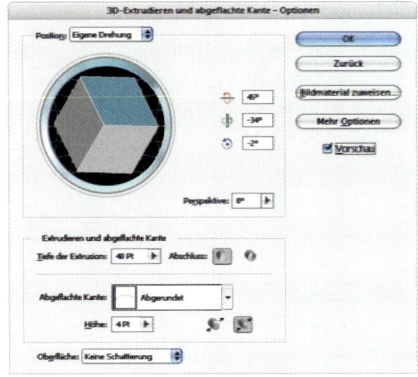

Hamm

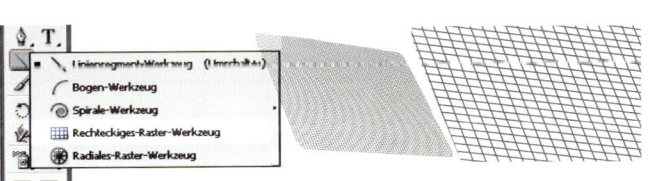

## Michael Hamm

Für diesen PDA-Entwurf verwendete Michael Hamm 3D-Funktionen und benutzerdefinierte Hilfslinien. Er zeichnete ein abgerundetes Rechteck und wählte dann *Effekt > 3D > Extrudieren und Abgeflachte Kante*, um die 3D-Werte festzulegen. Hamm wählte im Dialogfenster *3D-Extrudieren und Abgeflachte Kante* aus dem Popup-Menü *Oberfläche* den Eintrag *Keine Schattierung*, weil er den PDA von Hand schattieren wollte. Als die Perspektive gut aussah (oben rechts), wandelte er eine Kopie des Gehäuses um (*Objekt > Aussehen umwandeln*) und wies Gitter und Angleichungen für die Schattierung der einzelnen zu. Die übrigen 3D-Objekte – etwa die Schaltflächen – passte Hamm an die Gehäuseperspektive an, indem er die 3D-Drehwerte oder das Aussehen des ursprünglichen, nicht umgewandelten 3D-Gehäuses kopierte. Er hatte dieses auf einer verborgenen Ebene beibehalten. Hamm richtete die Objekte mithilfe einer Ebene mit einem handgezeichneten Perspektivraster (rechts unten) aus. Für das LCD-Pixelraster verwendete er das *Rechteckiges Raster*-Werkzeug (links unten) und versah es über das *Frei Transformieren*-Werkzeug mit einer Perspektive (Rasterdetail unten Mitte). Um das Raster in dem Display zu integrieren, wies Hamm dem Raster 50% Deckkraft und die Füllmethode *Farbig abwedeln* zu.

# GALERIE

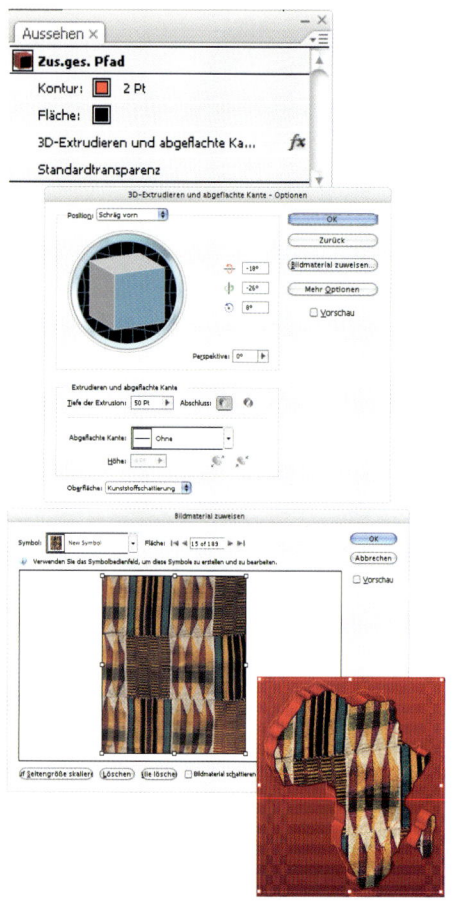

Jogie

## Mohammed Jogie

Mohammed Jogie gestaltete diesen Buchtitel eines jährlichen Tätigkeitsberichts von Ghana für das African Peer Review Mechanism, ein Zweig des NEPAD. Er kaufte und fotografierte einige der Objekte. Das Textilmuster stammt von einem Kente-Stoff und wurde von Ghanesischen Webern handgewebt. Jogie hatte ihn auf dem afrikanischen Kunstmarkt in Johannesburg gekauft. Das Textilmuster speicherte er als Symbol. Dieser Schritt war notwendig, damit er die Grafiken auf ein 3D-Objekt auftragen konnte. Als Nächstes erzeugte Jogie das flache 2D-Objekt, das Afrika und Madagaskar darstellte. Mit einer roten Füllung und einer 2-Punkt-Kontur fügte er der extrudierten Kante die gewünschte Farbe und die Details hinzu. Er wählte sein Afrikaobjekt aus und wählte Effekt > 3D > Extrudieren und Abgeflachte Kante. Dann legte er einen Wert für die Extrusion fest, aktivierte den Aufsatz für ein massives Aussehen und drehte das Objekt an die gewünschte Position. Dabei beurteilte er den Effekt mit aktivierter Vorschau. Jogie wählte dann Bildmaterial zuweisen und aktivierte die Oberflächen, auf die er die Textilien auftragen wollte. Nachdem er das Textilmuster aufgetragen hatte, klickte er auf OK, um das Dialogfenster Bildmaterial zuweisen zu verlassen, und dann noch einmal auf OK, um den 3D-Effekt zuzuweisen. Er vervollständigte die 3D-Struktur der Karte mit anderen 3D-Illusionen wie Verläufen in Deckkraftmasken und Schlagschatten. Die Reflexion erzeugte er mit einer Kopie der 3D-Karte.

# GALERIE

SHARIF

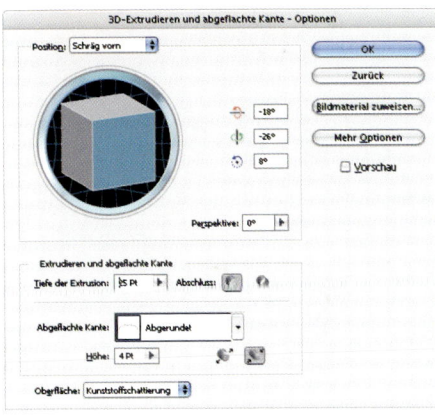

## Robert Sharif

Robert Sharif transformierte und kombinierte flache Formen mit dem Effekt *3D-Extrudieren und Abgeflachte Kante* zu der erstaunlich realistischen Darstellung einer klassischen Fender-E-Gitarre. Robert wählte *Schräg vorn* als Position für die einzelnen Formen: den roten Gitarrenkorpus, den hölzernen Hals und Kopf und eine Gruppe, die aus Griffbrett, Saiten und den punktförmigen Positionsmarken bestand. Weil jede Extrusion dieselbe Position hatte, reihten sich die extrudierten Teile korrekt aneinander. Robert variierte den Wert der Extrusionstiefe für jedes Element. Für den Korpus verwendete er eine tiefere (25 pt), für die weiße Platte auf der Vorderseite eine flachere Extrusion (0,65 pt). Manche Gitarrenteile erhielten auch verschiedenartige Abschrägungen. Korpus und Hals erhielten beispielsweise abgerundete Kanten, die Wirbel eine klassische abgeflachte Kante. Die drei weißen Pickups, das Griffbrett und andere Teile mit eckigen Kanten wurden ohne abgeflachte Kante extrudiert. Für die weichen Glanzlichter auf dem Gitarrenkorpus verwendete Robert die Kunststoffschattierung. Der Effekt *3D-Extrudieren und Abgeflachte Kante* wurde auch für die Mechanik verwendet. Die Wellen der Mechanik wurde mit der *Kreiseln*-Funktion erzeugt. Die Schrauben der Mechanik und andere Teile der Gitarre bestanden aus mit Verläufen gefüllten Formen.

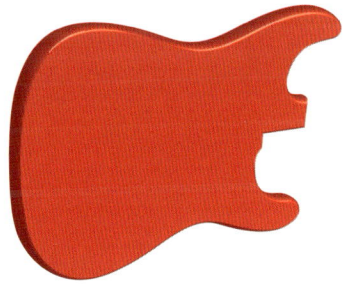

# 13 Fortgeschrittene Techniken

 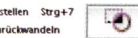

Wählen Sie aus dem *Objekt*-Menü den Befehl *Schnittmaske > Erstellen* oder klicken Sie im Bedienfeld *Ebenen* auf die Schaltfläche *Schnittmaske erstellen/zurückwandeln* (rechts).

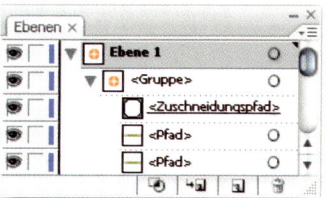

Wenn Sie *Objekt > Schnittmaske > Erstellen* wählen, erhalten Sie alle maskierten Objekte in einer Gruppe, wobei sich der Zuschneidungspfad obenauf befindet.

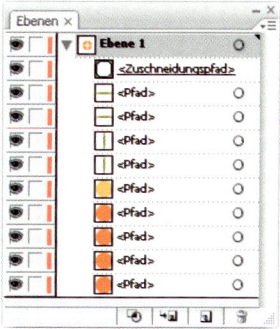

Ein Klick auf die Schaltfläche *Schnittmaske erstellen/Zurückwandeln* am unteren Rand des Bedienfelds verwandelt das erste Element innerhalb der markierten Gruppe oder Ebene in einen Zuschneidungspfad, ohne dass eine neue Gruppe erzeugt wird.

Vor der Maskierung (links) ist der Kreis als oberstes Objekt in der Stapelfolge positioniert. Also wird er zum Zuschneidungspfad, wenn die Schnittmaske erzeugt wird (rechts).

Das organisierte Ganze ist mehr als die Summe seiner Teile. Wenn Sie die Illustrator-Werkzeuge und Techniken kombinieren, können Sie „Wow!"-Ergebnisse erzielen. In diesem Kapitel betrachten wir solche Synergien.

Denken Sie bitte daran, dass dieses Kapitel recht einschüchternd wirken kann, wenn Sie mit den bisher abgehandelten Themen nicht vertraut sind. Wenn Sie Probleme damit haben, den Lektionen in diesem Kapitel zu folgen, dann informieren Sie sich bitte noch einmal über Ebenen und die Stapelfolge (Kapitel 6 „Ebenen & Aussehen"), Angleichungen und Verläufe (Kapitel 8 „Angleichungen, Verläufe & Gitter") sowie zusammengesetzte Formen und Pathfinder-Operationen (Kapitel 4 „Ein Schritt weiter").

Obwohl Sie in diesem Kapitel eine Vielfalt von Techniken finden, konzentriert sich die Einleitung auf die Erzeugung und Bearbeitung von Schnittmasken. Mit Masken kontrollieren Sie, welcher Bereich eines Objekts oder einer Grafik sichtbar ist und welche Teile verborgen bleiben. In Illustrator gibt es zwei Maskentypen: Schnittmasken und Deckkraftmasken. Weil transparente Masken über das Bedienfeld *Transparenz* erzeugt werden, lesen Sie das Kapitel 9 „Transparenz", wenn Sie mehr über das Erzeugen von und die Arbeit mit Masken erfahren möchten.

## Schnittmasken

Alle Objekte, aus denen eine Maske besteht, lassen sich auf zwei Arten organisieren, je nachdem, wie Sie Ihre Maske erzeugen. Bei der einen Methode werden alle ausgewählten Objekte in einer Gruppe gesammelt. Bei der anderen Methode können Sie die Ebenenstruktur beibehalten. Stattdessen wird eine Haupt-"Container"-Ebene verwendet (betrachten Sie die Abbildungen des Bedienfelds *Ebenen* links). Bei allen Schnittmasken ist das oberste Objekt in dieser Gruppe der Zuschneidungspfad; dieser beschneidet (verbirgt) Teile der anderen Grafiken in der Gruppe, die über die Begrenzungen der Schnittmaske hinausreichen. Gleichgültig, welche Eigenschaften diesem obersten Objekt zugewiesen sind: Sobald Sie die Maske erzeugen, wird sie zum ungefüllten und mit keiner Kontur versehenen Zuschneidungspfad (wenn Sie weiterlesen, erfahren Sie jedoch, wie Sie dem neuen Zuschneidungspfad eine Kontur und Flächenfüllung zuweisen können).

Im Bedienfeld *Ebenen* gibt es zwei Hinweise auf eine aktive Schnittmaske. Erstens erscheint Ihr *<Zuschneidungspfad>* unterstrichen und bleibt auch dann unterstrichen, wenn Sie ihn umbenennen. Zweitens sehen Sie bei einer aktiven Schnittmaske zwischen den zugeschnittenen Elementen im Bedienfeld *Ebenen* gepunktete statt der normalen durchgezogenen Linien.

Um eine Schnittmaske aus einem Objekt zu erzeugen, müssen Sie zuerst dieses Objekt erzeugen. Vergewissern Sie sich, dass es über dem Objekt liegt, das Sie zuschneiden möchten. Dann erstellen Sie die Schnittmaske mit einer der folgenden Möglichkeiten: Verwenden Sie entweder die Schaltfläche *Schnittmaske erstellen/zurückwandeln* im Bedienfeld *Ebenen* oder den Befehl *Objekt > Schnittmaske > Erstellen*. Jede dieser Techniken hat Vor- und Nachteile. Der Menübefehl *Objekt* sammelt alle Objekte beim Maskieren in einer neuen Gruppe, wodurch Sie mehrere maskierte Objekte innerhalb einer Ebene erhalten. Er gibt Ihnen auch die Möglichkeit, maskierte Objekte frei in der Ebenenstruktur zu verschieben, ohne die Maske zu zerstören. Haben Sie Ihre Ebenenstruktur jedoch sorgfältig durchgeplant, geht diese verloren, wenn alles gruppiert wird. Das Bedienfeld *Ebenen* hingegen behält Ihre Ebenenstruktur beim Maskieren bei, erlaubt jedoch keine separat maskierten Objekte innerhalb einer Ebene, es sei denn, Sie erzeugen Unterebenen oder gruppieren sie zuerst. Dadurch wird es schwierig, die maskierten Objekte als Einheit zu bewegen.

Nachdem Sie eine Schnittmaske erzeugt haben, können Sie das maskierende Objekt sowie die Objekte innerhalb der Maske bearbeiten. Verwenden Sie dazu die Werkzeuge *Lasso*, *Direktauswahl* oder ein beliebiges Pfadbearbeitungswerkzeug. Sie können auch die neuen Schaltflächen *Zuschneidungspfad bearbeiten* oder *Inhalte bearbeiten* im Bedienfeld *Steuerung* bzw. *Objekt > Schnittmaske > Maske bearbeiten* (*Objekt > Schnittmaske > Inhalt bearbeiten*) verwenden. Weiterhin können Sie eine Kontur (sie sieht aus, als befände sie sich vor allen maskierten Objekten) und eine Fläche hinzufügen (diese sieht aus, als befände sie sich hinter allen maskierten Objekten). Und – wie der magische Tipp auf der nächsten Seite verrät – Sie können das maskierende Objekt sogar in der Stapelfolge der Gruppe oder des Containers verschieben und den Maskeneffekt trotzdem beibehalten.

## Maskierungstechnik 1: das Bedienfeld Ebenenoptionen

Um unerwünschte Grafikteile innerhalb eines Containers zu maskieren (damit ist eine beliebige Gruppe, Unterebene oder Ebene gemeint), erzeugen Sie zuerst das Objekt, das Sie als Maske verwenden möchten – vergewissern Sie sich, dass es das oberste Objekt in Ihrem Container ist. Als Nächstes markieren Sie den

### Schnittmaskensymbol deaktiviert?

Im Bedienfeld *Ebenen* müssen Sie den Container (Ebene, Unterebene oder Gruppe) auswählen, der das gewünschte Zuschneideobjekt enthält, bevor sie eine Schnittmaske zuweisen können. Damit die Schaltfläche aktiviert wird, muss außerdem das oberste Element im markierten Container ein für die Konvertierung in einen Zuschneidungspfad geeignetes Objekt sein.

Die neuen Schaltflächen *Zuschneidungspfad bearbeiten* (links) und *Inhalte bearbeiten* (rechts) erscheinen im Bedienfeld *Steuerung*, wenn ein Objekt mit einer Maske ausgewählt wird.

### Zusammengesetzte Pfade & Form-Masken

Wenn Sie Maskenobjekte erzeugen, verwenden Sie zusammengesetzte Pfade, um einfache Objekte zu kombinieren. Verwenden Sie zusammengesetzte Formen für eine bessere Kontrolle über die „Löcher" in überlappenden Objekten oder um komplexere Objekte zu kombinieren.

Sie können eine Maske mit einer Kontur und Füllung versehen (rechts).

### Ausrichtungsprobleme behoben

Wenn Sie maskierte Inhalte ausrichten oder verteilen, betrachtet Illustrator die Form der Maske als Grundlage für die Ausrichtung oder Verteilung. In den Vorversionen von Illustrator wurde dazu problematischerweise die Form der darunterliegenden Objekte (und nicht die Maske) herangezogen.

Container dieses Objekts und klicken im Bedienfeld *Ebenen* auf die Schaltfläche *Schnittmaske erstellen/zurückwandeln*. Das Ergebnis: Das oberste Objekt innerhalb des markierten Containers wird zum Zuschneidungspfad und alle Elemente innerhalb dieses Containers, die über den Zuschneidungspfad hinausragen, werden verborgen. (Detailinformationen zur Verwendung komplexer Objekte als Maske erfahren Sie im Abschnitt „Text, zusammengesetzte Pfade oder Formen als Maske verwenden" Seite 347.)

Nachdem Sie eine Schnittmaske erzeugt haben, können Sie die Objekte innerhalb des Containers (Ebene, Unterebene oder Gruppe) nach oben oder unten verschieben, um die Stapelfolge zu ändern. Wenn Sie jedoch Elemente aus dem Schnittmaskencontainer herausbewegen, sind sie nicht mehr maskiert. Verschieben Sie den Zuschneidungspfad selbst aus seinem Container, wird die Maske komplett zurückgewandelt. Möchten Sie eine Schnittmaske zurückwandeln, die Objekte oder Ebenen aber nicht neu anordnen, markieren Sie sie und wählen Sie *Objekt > Schnittmaske > Zurückwandeln*.

### Maskierungstechnik 2: der Menübefehl Objekt

Sie können Masken für Objekte auch über den Menübefehl *Objekt* erzeugen. Verwenden Sie diese Methode, wenn Sie die Schnittmaske auf ein bestimmtes Objekt oder eine Objektgruppe beschränken möchten, die schnell dupliziert oder verschoben werden müssen. Weil diese Methode Ihre Ebenenstruktur verändert, sollten Sie sie nicht verwenden, wenn die Objekte in bestimmten Ebenen verbleiben sollen.

Wie zuvor erzeugen Sie zuerst das Objekt oder das zusammengesetzte Objekt, das zur Schnittmaske werden soll. Vergewissern Sie sich, dass es das oberste Objekt ist. Dann markieren Sie es sowie alle Objekte, die maskiert werden sollen (das oberste Objekt wird zur Maske). Nun wählen Sie *Objekt > Schnittmaske > Erstellen*. Bei dieser Methode werden alle Objekte einschließlich des neuen Zuschneidungspfads auf die Ebene verschoben, die Ihr oberstes Objekt enthält, und in einer neuen <Gruppe> gesammelt. Damit wird der Maskierungseffekt auf die Objekte innerhalb der Gruppe beschränkt; Sie können die gesamte Beschnittgruppe problemlos mit dem *Auswahl*-Werkzeug auswählen. Wenn Sie die Gruppe im Bedienfeld *Ebenen* umwandeln (indem Sie auf das Umwandlungsdreieck klicken), können Sie Objekte in die oder aus der Beschnittgruppe ziehen oder die Objekte innerhalb der Gruppe aufwärts oder abwärts verschieben, um die Stapelfolge zu ändern. (Beachten Sie unbedingt den Tipp „Magische Zuschneidungspfade" auf der linken Seite.)

---

### Vorsicht beim Zurückwandeln von Schnittmasken

Enthält eine Ebene mehr als eine Schnittmaske, wandelt ein Klick auf die Schaltfläche *Schnittmaske erstellen/Zurückwandeln* alle Schnittmasken innerhalb dieser Ebene zurück (nicht nur diejenige, die Sie zurückwandeln möchten). Als sicherste Möglichkeit, eine einzelne Schnittmaske zurückzuwandeln, markieren Sie diese und wählen *Objekt > Schnittmaske > Zurückwandeln*.
*Jean-Claude Tremblay*

### Objekte in eine Maske einfügen

Um Objekte in eine Schnittmaske einzufügen, schalten Sie im Bedienfeldmenü *Ebenen* den Befehl *Ebenen beim Einfügen merken* ab und schneiden Sie die gewünschten Objekte aus oder kopieren Sie sie. Als Nächstes wählen Sie ein Objekt innerhalb der Maske und *Davor einfügen* oder *Dahinter einfügen*, um das Objekt in der Maske zu platzieren.

Wenn ein platziertes Bild ausgewählt wird, erscheint im Bedienfeld *Steuerung* die Schaltfläche *Maskieren*.

Papciak-Rose

Mehr über das Maskieren mit interaktivem Text erfahren Sie im Kapitel 7 „Text".

### Magische Zuschneidungspfade

Sobald ein Objekt zu einem Zuschneidungspfad geworden ist, können Sie es beliebig innerhalb seiner Ebene oder Gruppe im Bedienfeld *Ebenen* verschieben – es behält seinen maskierenden Effekt bei!

## Die Schaltfläche Maskieren

Nachdem Sie ein Bild mit *Datei > Platzieren* auf der Zeichenfläche platziert haben, können Sie bei markiertem Bild sofort einen Zuschneidungspfad für das Bild erzeugen. Klicken Sie dazu im Bedienfeld *Steuerung* auf die Schaltfläche *Maske*. Die Maskierung wird jedoch nicht sofort offensichtlich, weil der Zuschneidungspfad dieselben Abmessungen hat wie der Begrenzungsrahmen des Bilds. Vergewissern Sie sich, dass die Schaltfläche *Zuschneidungspfad bearbeiten* im Bedienfeld *Steuerung* aktiviert ist, und passen Sie dann den Zuschneidungspfad an, um die Maske zu formen.

## Text, zusammengesetzte Pfade oder Formen als Maske verwenden

Auch bearbeitbaren Text können Sie als Maske verwenden. Dann sieht der Text aus, als sei er mit einem Bild oder einer Objektgruppe gefüllt. Markieren Sie die Schrift und das Bild oder Objekt, mit dem Sie den Text füllen möchten. Achten Sie darauf, dass der Text obenauf liegt, und wählen Sie *Objekt > Schnittmaske > Erstellen*.

Um unzusammenhängende Textzeichen als einzelne Schnittmaske zu verwenden, müssen Sie sie zuerst in eine zusammengesetzte Form oder einen zusammengesetzten Pfad konvertieren. Eine zusammengesetzte Form lässt sich aus in Pfade umgewandeltem oder interaktivem (also nicht in Pfade umgewandeltem) Text erzeugen. Ein zusammengesetzter Pfad lässt sich nur aus in Pfaden umgewandeltem Text (nicht aus interaktivem Text) erzeugen. Sobald Sie einen zusammengesetzten Pfad oder eine zusammengesetzte Form aus Ihren einzelnen Textelementen erzeugt haben, können Sie dieses Element als Maske verwenden. (Lesen Sie dazu den Tipp „Zusammengesetzte Pfade oder Formen?" im Kapitel 4 „Ein Schritt weiter". Weiterhin erhalten Sie im Kapitel 7 „Text" Beispiele für die Maskierung mit Text.)

## Alte Dokumente mit Masken öffnen

Vor Illustrator 9 erzeugten Sie eine Ebenenmaske, wenn Sie Objekte auf unterschiedlichen Ebenen auswählten und *Maske erstellen* wählten. Diese verbarg alle Objekte zwischen den ausgewählten Objekten, wobei das oberste Objekt zur Maske wurde. Öffnen Sie eine dieser Dateien in der aktuellen Illustrator-Version, sehen Sie, dass alle Ebenen nun in einer neuen Containerebene enthalten sind. Möchten Sie Objekte über mehrere Ebenen hinweg maskieren, müssen Sie manuell eine Hauptebene erzeugen und in dieser alle Objekte platzieren, die Sie maskieren möchten (mehr darüber im Tipp „In neuer Ebene sammeln" rechts).

### Herausfinden, ob es sich um eine Maske handelt

- Ein *<Zuschneidungspfad>* erscheint im Bedienfeld *Ebenen* unterstrichen, wenn es sich um eine Maske handelt (auch wenn Sie ihn umbenannt haben), und die Hintergrundfarbe für das Symbol wird grau.
- Ist *Objekt > Schnittmaske > Zurückwandeln* aktiviert, erkennen Sie, dass eine Maske Ihre Auswahl beeinflusst.
- Eine *Transparente Maske* zeigt im Bedienfeld *Ebenen* eine gepunktete Unterstreichung.
- *Auswahl > Objekt > Schnittmasken* kann Ihnen helfen, Masken innerhalb eines Dokuments aufzufinden, solange sie sich nicht innerhalb verknüpfter Dateien (wie EPS oder PDF) befinden.

### Fehlermeldung beim Maskieren

Wenn Sie die Meldung „Die Auswahl darf keine Objekte enthalten, die Teil unterschiedlicher Gruppen sind, es sei denn, die ganze Gruppe ist ausgewählt" erhalten, sind die Objekte, die Sie maskieren möchten, Teil einer Gruppe. Um eine Maske mit diesen Objekten zu erzeugen, schneiden Sie die markierten Objekte aus oder kopieren Sie sie. Dann wählen Sie *Davor einfügen* (⌘/Strg+F). Nun können Sie *Objekt > Schnittmaske > Erstellen* wählen.

### In neuer Ebene sammeln

Um ausgewählte Ebenen in einer Hauptebene zu sammeln, klicken Sie mit gedrückter ⇧-Taste, um angrenzende Ebenen zu markieren oder mit gedrückter ⌘/Strg-Taste, um nicht angrenzende Ebenen zu markieren. Wählen Sie aus dem Bedienfeldmenü des Bedienfelds *Ebenen in neuer Ebene sammeln*.

# Details maskieren

Verwenden Sie Masken, um Elemente zu formen und zu verbergen.

## Fortgeschrittene Technik

**Überblick:** Erstellen Sie Grundelemente; erzeugen Sie Masken; maskieren Sie zusammengesetzte Pfadobjekte mit interaktiven Effekten; verwenden Sie zusammengesetzte Pfade als Masken; erzeugen Sie eine Gesamt-Zuschneidemaske.

1

Für die Trauben wurden radiale Verläufe erstellt, die Grundobjekte wurden erzeugt und kombiniert.

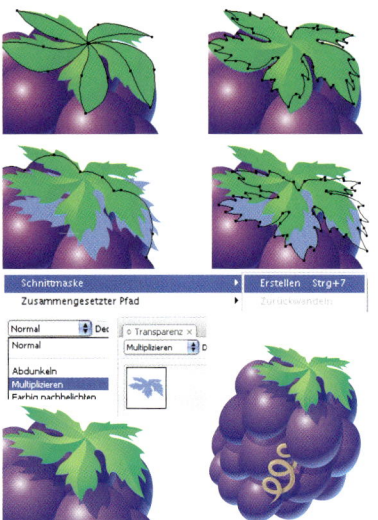

Die Maskierung für die zweifarbigen Blätter; mit Masken und der Füllmethode *Multiplizieren* wurden Schattierungen erzeugt; die fertigen Trauben mit Maskierung und Schatten.

Damit Sie ein wahrer Illustrator-Experte werden, müssen Sie eine ganze Palette von Maskierungstechniken beherrschen. Russell Benfantis üppige und meisterhafte Illustrationen bestehen zu großen Teilen aus Masken. In dieser Übung betrachten wir vier Illustrator-Maskierungstechniken.

**1. Masken für Details und Schatten zeichnen.** Als Erstes erzeugen Sie Ihre Grundobjekte mit den gewünschten Funktionen, auch *Angleichungen* und *Verlaufsgittern.* Benfanti verwendete mit radialen Verläufen gefüllte Ellipsen, die er mit dem *Verlauf*-Werkzeug anpasste, so dass das Blau wie eine Spiegelung an der unteren Kante aussah.

In einer Ebene über den Weintrauben zeichnete Benfanti ein zweifarbiges Blatt. Er zeichnete zunächst die Konturen, füllte sie mit einem radialen Verlauf und kopierte sie. Dann zeichnete er tränenförmige Keile, die sich über die Blattformen hinaus erstreckten und die er mit einem dunkelgrünen Verlauf füllte. Die Blattform befand sich nach wie vor in der Zwischenablage und Benfanti wählte *Davor einfügen* (⌘/Strg+F). Als Nächstes markierte er alle Blattobjekte und wählte *Objekt > Schnittmaske > Erstellen* (⌘/Strg+7).

Für den Schatten des Blatts wählte Benfanti *Dahinter einfügen* (⌘/Strg+B), um eine weitere Kopie des Blatts einzufügen. Dann verschob er die Position dieses Schattens nach unten und nach rechts und füllte ihn mit einem einfarbigen, mittleren Blau. Damit sich das Objekt an die Silhouette der Trauben anpasste und nicht darüber hinausragte, musste er ein Formobjekt erzeugen, das der Silhouette der Trauben entsprach. Er wählte die Trauben aus, kopierte sie und wählte *Davor einfügen*. Im Bedienfeld *Pathfinder* hielt er die Alt-Taste gedrückt und klickte auf das erste Symbol *Dem Formbereich hinzufügen*, um die Trauben dauerhaft zu einem Objekt mit einer einzigen Kontur zu vereinigen.

Maskenobjekte müssen sich über den maskierten Objekten befinden. Bewegen Sie das Objekt mit der Traubenkontur deshalb im Bedienfeld *Ebenen* über den Schatten. Nachdem die Traubenkontur über dem blauen Blatt lag, wählte Benfanti beides aus und erstellte eine neue Schnittmaske (⌘/Strg+7). Damit die Schatten realistischer aussahen, markierte er nur das blaue Blattobjekt und wählte aus dem Popup-Menü des Bedienfelds *Steuerung* den Eintrag *Transparenz*. Er änderte die Füllmethode von *Normal* in *Multiplizieren* (Sie können die Füllmethode auch vor der Anwendung der Maske ändern). Benfanti erzeugte weiterhin Schatten für die einzelnen Trauben und die gekringelte Ranke.

**2. Aufgeraute, zusammengesetzte Pfade maskieren.** Für die Streifen der Wassermelonen zeichnete Benfanti über der Ellipse Bögen mit dem gleichen Verlauf wie die Ellipse und wählte *Objekt > Zusammengesetzter Pfad > Erstellen*, um die Farben zu vereinheitlichen. Dann gestaltete er die Farben des Bogenverlaufs mit den Bedienfeldern *Verlauf* und *Farbe* wärmer und leichter. Um die ausgewählten Bögen mit einem Kräuseleffekt zu versehen, wählte er *Effekt > Verzerrungs- und Transformationsfilter > Aufrauen* und aktivierte die *Vorschau*. Für die Größe wählte er 2%, *Relativ, Detail: 5.53/in* und *Ecke*. Er verwendete eine Kopie der Ellipse als Maske, damit die Bögen innerhalb der Kontur blieben.

**3. Zusammengesetzte Pfade zum Maskieren verwenden.** Mehrere Objekte können als ein einziges maskierendes Objekt fungieren. Dazu erzeugen Sie als Erstes einen zusammengesetzten Pfad aus den ausgewählten Objekten. Benfanti erzeugte für die orangefarbenen Bereiche alle Formen und die inneren Texturen. Als Nächstes zeichnete er die keilförmigen Abschnitte der Orange, markierte sie und wählte *Objekt > Zusammengesetzter Pfad > Erstellen*. Er wählte die Textur der Orange und diesen zusammengesetzten Pfad aus und drückte ⌘/Strg+7, um die Orange zu unterteilen. Bevor er die abschließenden Details hinzufügte, wählte er das aus dem zusammengesetzten Pfad bestehende Maskenobjekt aus und versah es mit einem dunkleren, orangefarbenen Verlauf, der als Hintergrund durchscheint.

**4. Das Bild mit einer Ebenenmaske zuschneiden.** Benfanti platzierte alle Ebenen innerhalb einer übergeordneten Ebene. In dieser zeichnete er ein Rechteck zur Definition des Schnittbereichs. Zuletzt klickte er die übergeordnete Ebene an, um sie zu markieren, und klickte dann auf das Symbol *Schnittmaske erstellen*.

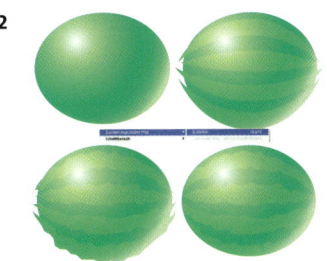

Die Original-Ellipse, die Bögen wurden erzeugt und zu einem zusammengesetzten Pfad kombiniert, der Effekt *Aufrauen* wurde zugewiesen; die Grafik wurde mit einer Kopie der Originalellipse maskiert.

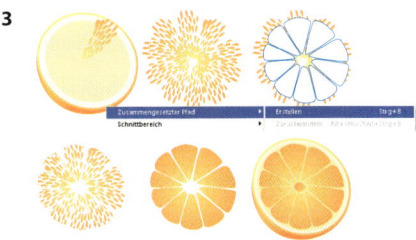

Die Grundelemente der Orange wurden erzeugt; die Keilformen wurden zu einem zusammengesetzten Pfad zusammengefügt; der zusammengesetzte Pfad kam als Maske zum Einsatz; die letzten Details wurden hinzugefügt.

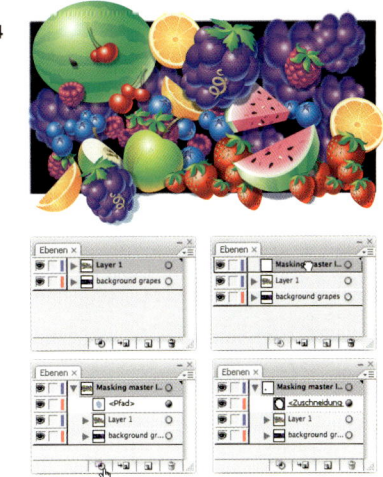

Die fertige Illustration, bevor die Ränder beschnitten wurden; das ursprüngliche Bedienfeld *Ebenen*; nach dem Erzeugen einer neuen Ebene; die beiden ursprünglichen Ebenen wurden hineingezogen, das Symbol *Ebenenmaske erstellen* wurde angeklickt; das letzte Bedienfeld zeigt die Schnittmaske.

# Maske auf Maske

Spiegelungen mit vielen Masken erstellen

## Fortgeschrittene Technik

**Überblick:** Erstellen Sie eine fächerförmige Angleichung; erweitern Sie die Angleichung; blenden Sie die Angleichung aus; weisen Sie eine Schnittmaske aus einem zusammengesetzten Pfad zu; fügen Sie einen benutzerdefinierten Verlauf hinzu; erstellen Sie zum Schluss Details für die Lichtbrechung.

Jonen

1

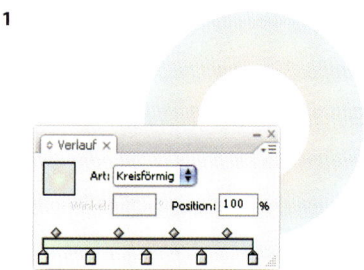

Ein zusammengesetzter Pfad wurde erzeugt und das Duplikat wurde mit einem benutzerdefinierten, radialen Verlauf gefüllt.

2

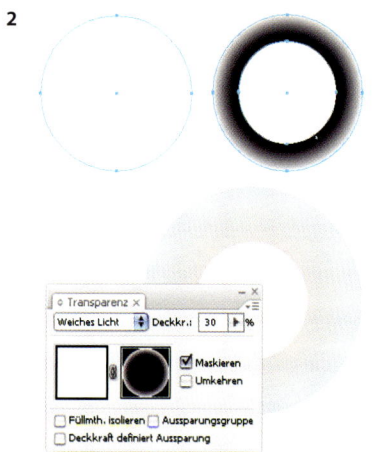

Die CD wurde mit einer Angleichung von Schwarz nach Weiß auf einem weißen Kreis ausgeblendet; die Angleichung wurde in eine Deckkraftmaske über dem weißen Kreis erzeugt. Dann wurde diese Deckkraftmaske über der CD im Hintergrund platziert und die Füllmethode *Weiches Licht* mit 30% Deckkraft zugewiesen.

Linotype beauftragte Frank Jonen mit einem neuen Symbolsatz für die Schriftensammlungen der Linotype Library GmbH in Bad Homburg (www.linotype.com). Jonen verwendete vielfältige Maskierungstechniken für die regenbogenfarbigen Reflexionen und den Glanz des Logos für die Linotype-Standardschriften (oben Mitte). Das Gold-Logo sehen Sie oben links und das Platinum-Logo oben rechts.

**1. Einen CD-förmigen Verlauf erstellen.** Erstellen Sie einen Kreis für die äußere CD-Form. Dazu halten Sie die ⇧-Taste gedrückt und ziehen mit dem *Ellipse*-Werkzeug. Als Nächstes halten Sie die Tastenkombination Alt+⇧ gedrückt und zeichnen vom Mittelpunkt Ihres vorigen Kreises aus einen zweiten Kreis, um das Loch zu erzeugen. Wählen Sie nun beide Kreise aus und dann *Objekt > Zusammengesetzter Pfad > Erstellen,* um wie bei einem Donut das erste Loch aus dem zweiten auszustanzen. Nachdem er die CD erstellt hatte, füllte Jonen den zusammengesetzten Pfad mit einem benutzerdefinierten radialen Verlauf in gedeckten Farben. Er ließ den zusammengesetzten Pfad ausgewählt und passte die Farben und Marken an, bis die Farbübergänge seinen Vorstellungen entsprachen (siehe Kapitel 8 „Angleichungen, Verläufe & Gitter" für die Hilfe mit Verläufen).

**2. Die CD ausblenden.** Damit die Tonwerte der Scheibe variierten, erstellte Jonen mithilfe einer transparenten Maske eine „Ausblendung". Nachdem er die magnetischen Hilfslinien über das Menü *Ansicht* eingeschaltet und das *Ellipse*-Werkzeug aktiviert hatte, hielt er die Tastenkombination Alt+⇧ gedrückt und zog vom Mittelpunkt des aktuellen Kreises aus, um einen neuen Kreis zu erzeugen, der etwas kleiner war als die äußere CD. Er füllte ihn weiß (ohne Kontur). Nachdem er diesen weißen Kreis kopiert hatte, fügte er obenauf eine Kopie ein (⌘/Strg+F). Dann vertauschte er Füllung und Kontur (⇧+X), so dass die Form eine weiße Kontur und keine Füllung erhielt. Jonen erstellte dann aus demselben Mittelpunkt einen kleineren Kreis mit schwarzer Kontur (nicht so klein wie das CD-Loch). Er wählt die beiden Kreiskonturen aus. (Wenn Ihnen die Auswahl schwerfällt, erweitern Sie das Bedienfeld *Ebenen*, um die <Pfad>-Objekte anzuzeigen, und klicken Sie mit gedrückter ⇧-Taste rechts vom Zielsymbol, um beide mit der Kontur versehenen <Pfad>-Objekte auszuwählen.) Dann wählte er *Objekt > Angleichung > Erstellen*. Jonen entsperrte den weiß gefüllten, unten liegenden Kreis aus und markierte ihn zusammen mit der neuen Angleichung. Aus dem Bedienfeldmenü des Bedienfelds *Transparenz* wählte er *Deckkraftmaske erstellen*, setzte die Füllmethode auf *Weiches Licht*, reduzierte die Deckkraft auf 30% und vergewisserte sich, dass das Kontrollkästchen *Maskieren* aktiviert war.

**3. Fächerförmige Angleichungen erstellen.** Angleichungen sind wahrscheinlich die beste Möglichkeit zur Erzeugung von fächerförmigen Verläufen. Um Jonens Angleichung nachzuarbeiten, gleichen Sie fünf verschieden gefärbte Linien an. Auf einer neuen, oben liegenden Ebene zeichnen Sie die erste Linie vom Kreismittelpunkt über die Kante der äußeren Scheibe hinaus und geben ihr eine bläuliche Kontur mit 1 pt. (Vergewissern Sie sich, dass die Deckkraft auf 100% und die Füllmethode auf *Normal* gestellt ist.) Blenden Sie die Ebenen mit der Scheibe aus. Erzeugen Sie die zweite Linie, indem Sie den oberen Ankerpunkt der Linie mit dem *Direktauswahl*-Werkzeug auswählen und um 15° drehen. Halten Sie die Alt-Taste gedrückt, bis Sie die Maus freigeben. Färben Sie diese Linie Cyan. Wiederholen Sie den Vorgang (mit verändertem Abstand), um die dritte (grüne), vierte (gelbe) und fünfte (rote) Linie zu erstellen. Bevor Sie diese Linien angleichen, wählen Sie die äußeren beiden (bläulich-rote und rote) Linien aus und kopieren Sie sie. (Sie benötigen diese Linien für den nächsten Schritt in der Zwischenablage.) Als Nächstes doppelklicken Sie auf das *Angleichen*-Werkzeug und wählen die Option *Farbe glätten*. Zuletzt markieren Sie alle Linien und wählen *Objekt > Angleichungen > Erstellen*.

**4. Die Endfarben verbreitern.** Damit der Regenbogenverlauf an den Kanten ausläuft, erzeugte Jonen verbreiterte Versionen der äußeren Farben. Dazu wählen Sie *Davor einfügen* (⌘/Strg+F), um die kopierten Linien in perfekter Ausrichtung mit der Angleichung einzufügen. Im Bedienfeld *Ebenen* erstellen Sie über der Angleichung eine neue Ebene und verschieben die Linien in diese neue Ebene, indem Sie ihre Auswahlmarken ziehen. Blenden Sie nun die Angleichungsebene aus, so dass nur noch die kopierten Linien sichtbar sind. Beginnen Sie mit der bläulichen Linie. Erweitern Sie sie mit dem *Zeichenstift*-Werkzeug zu einer dreieckigen Keilform: Beginnen Sie mit dem oberen Ankerpunkt, um die Linie fortzuführen. Dann klicken

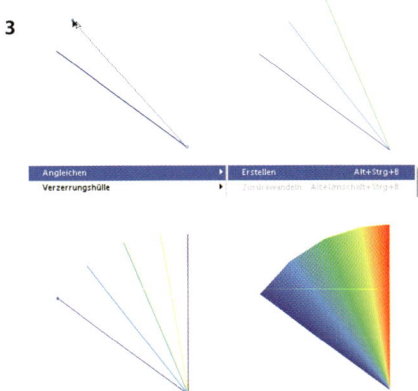

Die erste Linie wurde gezeichnet; dann wurden Kopien gedreht und neu eingefärbt; eine glatte Angleichung wurde erzeugt.

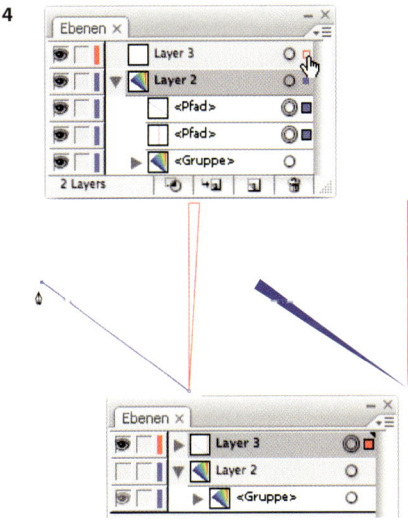

Kopieren und Einfügen vor den äußeren Konturen zur Verbreiterung der Kopien

Die breiteren Formen wurden mit den angeglichenen Objekten gruppiert.

**Kapitel 13** Fortgeschrittene Techniken

5

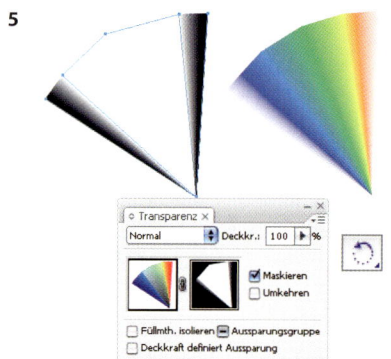

Ein größeres Objekt mit einer Angleichung von Schwarz nach Weiß wurde erzeugt und als Deckkraftmaske für Regenbogenverlauf verwendet; mit dem *Drehen*-Werkzeug wurde eine Kopie erzeugt.

6

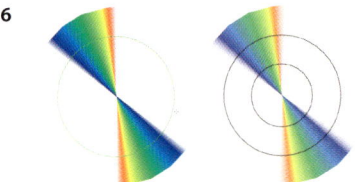

Mit dem *Ellipse*-Werkzeug wurden zwei auf dem Regenbogenverlauf zentrierte Kreise erzeugt.

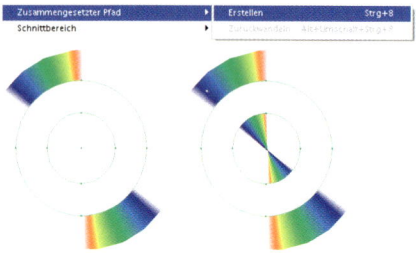

Die beiden Kreise wurden ausgewählt, um einen zusammengesetzten Pfad zu erstellen.

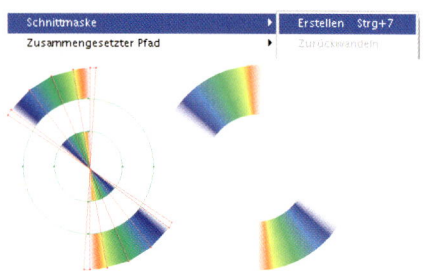

Der zusammengesetzte Pfad und der Regenbogenverlauf wurden markiert und der Befehl *Objekt > Schnittmaske > Erstellen* wurde angewandt.

Sie, um ein lotrechtes Segment zu erstellen, das sich weiter ausdehnt als die darunterliegende Angleichung. Dann klicken Sie im Bedienfeld *Werkzeuge* auf die Symbole *Füllung und Kontur austauschen* (oder drücken Sie ⇧+X), so dass die Fläche des neuen Objekts mit der blauen Farbe gefüllt und seine Kontur entfernt wird. Wiederholen Sie den Vorgang mit der roten Linie. Zeigen Sie die Regenbogenebenen an, wählen Sie alles aus (⌘/Strg+A) und gruppieren Sie (⌘/Strg+G).

**5. Den Regenbogen mit einer Deckkraftmaske auslaufen lassen und duplizieren.** Damit der Regenbogen an den Kanten auslief, erzeugte Jonen mit drei Objekten eine Deckkraftmaske. Auf einer neuen, oben liegenden Ebene erzeugte er entlang der Kante des Regenbogens eine kleine schwarzweiße Angleichung. Er zeichnete außerhalb des Regenbogens eine schwarze Linie, die etwas länger war als der Regenbogen. Er verschob den oberen Ankerpunkt mit gedrückter Alt-Taste (wie bei der Erzeugung der Linien in Schritt 3) und färbte die Kopie weiß. Er wählte die Konturen aus und glich sie an. Dann erzeugte er auf der anderen Seite des Regenbogens eine gespiegelte Version dieser Angleichung. (Sie können diese Angleichung neu erzeugen oder eine Kopie mit dem *Spiegeln*-Werkzeug erzeugen.) Zuletzt zeichnete Jonen mit dem *Zeichenstift*-Werkzeug ein weiß gefülltes Dreieck, das den Rest des Regenbogens überdeckte und in das Weiß der Angleichungen reichte. Nachdem er die schwarzweißen Objekte gruppiert hatte, wählte Jonen den Regenbogen und die schwarzweißen Gruppen aus. Er öffnete das Bedienfeld *Transparenz* und wählte aus dem Popup-Menü den Befehl *Deckkraftmaske erstellen*. Um mit dem *Drehen*-Werkzeug eine Kopie des Regenbogens zu erzeugen, halten Sie die Alt-Taste gedrückt und klicken auf den Punkt der Regenbogenangleichung, geben 180° ein und klicken auf *Kopieren*.

**6. Die Regenbögen mit einer Kopie des zusammengesetzten Pfads maskieren.** Als Nächstes maskieren Sie die Regenbögen mit einer Kopie der CD im Hintergrund. Dazu können Sie die Ebene mit den Objekten der Scheibe umwandeln und <*Zusammengesetzter Pfad*> suchen. Falls das Ansichtssymbol noch ausgeblendet ist, aktivieren Sie es und klicken Sie auf die rechte Seite des Bedienfelds, um es auszuwählen. Nun klicken Sie auf das Symbol *Neue Ebene* und ziehen die Auswahlmarkierung für den <*Zusammengesetzten Pfad*> mit gedrückter Alt-Taste auf die neue Ebene. Weil Sie diese Kreise in eine Maske umwandeln werden, ist es ohne Bedeutung, dass sie gefüllt sind. Wenn Sie die Maske erzeugen, werden alle Formatierungen entfernt. Um den zusammengesetzten Pfad als Maske zu verwenden, wählen Sie ihn gemeinsam mit den Regenbögen aus und wählen *Objekt*

> *Schnittmaske > Erstellen*. (Wenn Sie Schwierigkeiten haben, Objekte zu isolieren, verwenden Sie das Bedienfeld *Ebenen*, um hinderliche Objekte zu sperren oder auszublenden.)

**7. Den Regenbogen mit weiteren Masken ausblenden.** Jonen änderte die Füllmethode für beide Regenbogenobjekte in *Überlagern*. Dann wählte er die Regenbogengruppen einzeln aus und reduzierte ihre Deckkraft. Er verwendete 60% für die obere Gruppe und 50% für die untere Regenbogengruppe.

**8. Eine helle „Reflexion" erzeugen.** Um eine hellere „Reflexion" zu erzeugen, erstellte Jonen eine Deckkraftmaske, die er einer weißen Scheibe zuwies. Vom Mittelpunkt des Kreises aus zeichnete er eine schwarze Linie, eine zentrierte weiße Linie und eine äußere schwarze Linie. Nachdem er die drei Linien ausgewählt hatte, wählte er *Objekt > Angleichung > Erstellen*. Nachdem er eine Kopie dieser Angleichung gedreht hatte (halten Sie die Alt-Taste gedrückt, klicken Sie auf den Mittelpunkt des Kreises, geben Sie 180° ein und klicken Sie auf *Kopieren*), gruppierte er diese Angleichungen und erhielt eine schmetterlingsförmige *<Gruppe>*. Jonen wählte den ringförmigen zusammengesetzten Pfad im Bedienfeld *Ebenen* aus, kopierte ihn und wählte dann die schmetterlingsförmigen Angleichungen aus. Mit ⌘/Strg+B fügte er eine Kopie des zusammengesetzten Pfads direkt hinter den schmetterlingsförmigen Objekten ein. Er versah diesen zusammengesetzten Pfad mit einer weißen Fläche und keiner Kontur, wählte ihn und die schmetterlingsförmigen Objekte aus und wählte bei aktiviertem Kontrollkästchen *Maskieren* den Befehl *Deckkraftmaske erstellen*.

**9. Das Glanzlicht erzeugen.** Zuletzt erzeugte Jonen auf der Hälfte der CD ein halbmondförmiges Glanzlicht. Einen Halbmond erzeugen Sie, indem Sie zwei Kreise zeichnen, wobei der eine etwas größer sein sollte als die äußere Scheibe und der andere etwas kleiner als das Loch. Mit dem *Zeichenstift*-Werkzeug zeichnen Sie zwei Bögen, die die Enden des Halbmonds darstellen. Dann wählen Sie alles aus und klicken auf das *Pathfinder*-Symbol *Fläche aufteilen*. Nachdem Sie die Auswahl aufgehoben haben, wählen Sie die überflüssigen Objekte mit dem *Direktauswahl*-Werkzeug aus und löschen Sie sie. Jonen wählte den Halbmond aus, wählte eine weiße Füllung und keine Kontur, kopierte ihn und drückte ⌘/Strg+F. Er wies dem oberen Halbmond eine radiale Verlaufsfüllung von Grau nach Schwarz zu, markierte beide, wählte *Deckkraftmaske erstellen* und reduzierte die Deckkraft auf 50%.

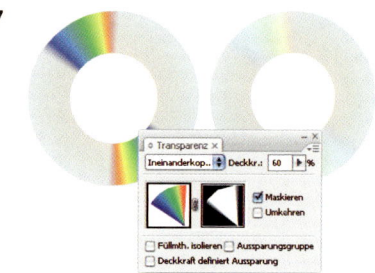

Nachdem er die Regenbogenangleichungen nach oben verschoben hatte, änderte Jonen die Füllmethode in *Überlagern* und reduzierte die Deckkraft (60% für den oberen und 50% für den unteren Regenbogen).

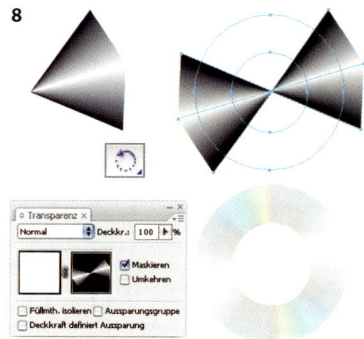

Eine Angleichung von Schwarz über Weiß nach Schwarz wurde erzeugt und zu einer Schmetterlingsform dupliziert; dann wurde diese als Deckkraftmaske über einer Kopie des zusammengesetzten Pfads (weiß gefüllt) verwendet.

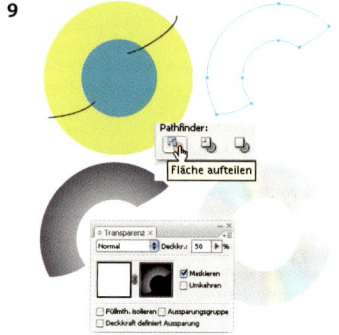

Ein Halbmond wurde mit dem *Pathfinder*-Befehl *Fläche aufteilen* auf einem Kreispaar erzeugt, wobei die Schnittlinien durch Pfade definiert werden; ein Halbmond wurde weiß, eine Kopie wurde mit einem radialen Verlauf gefüllt; eine Deckkraftmaske wurde erstellt und die Deckkraft auf 50% reduziert.

# Leuchtende Sterne

Sterne mit Verläufen und Konturen zeichnen

 *BatelmanKenneth_Segelboot.ai*

## Fortgeschrittene Technik

**Überblick:** Erzeugen Sie eine Sternform auf einem Kreis und passen Sie die Form mit dem *Direktauswahl*-Werkzeug an; fügen Sie ein Leuchten hinzu, indem Sie die Stern- und Kreisformen mit einem radialen Verlauf versehen.

**1**

Der originale Stern; der bearbeitete Stern wurde über einem Kreis platziert.

**2**

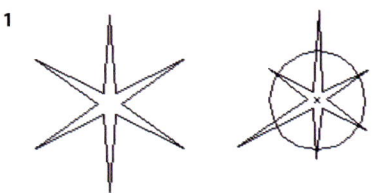
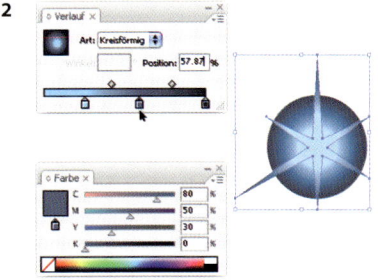

Das Bedienfeld *Farbe* zeigt die Farbe für den im Bedienfeld *Verlauf* ausgewählten Regler.

Die mit Verläufen gefüllten Formen vor dem dunklen Himmel

Die Beleuchtung ist der Schlüssel zu einem realistischen Nachthimmel. Mit dieser Technik von Kenneth Batelman erzeugen Sie einfach und direkt strahlende Lichter in allen Größen.

**1. Einen großen Stern zeichnen. Batelman erzeugte mit dem *Ellipse*-Werkzeug einen Kreis und mit dem *Stern*-Werkzeug auf den Kreis einen Stern.** Damit die Sternform interessanter wirkte, positionierte er einige der Punkte des Sterns mit dem *Direktauswahl*-Werkzeug neu.

**2. Einen radialen Verlauf zuweisen.** Damit der Stern aufleuchtete, wies Batelman ihm einen radialen Verlauf zu. Der Verlaufsregler an der Kante entspricht der Farbe des Himmels (er verwendete 100% C, 80% M, 60% Y und 20% K) und der Regler im Zentrum entspricht dem hellsten Leuchten des Sterns (Batelmann verwendete 30% C, 5% M, 0% Y und 0% K). Batelman fügte zwischen den beiden ursprünglichen einen dritten Verlaufsregler hinzu und setzte diesen auf eine Zwischenfarbe (80% C, 50% Y, 30% M, 0% K). Für den Halo-Effekt des Sterns wies er dem Kreis denselben radialen Verlauf zu (mehr über das Erzeugen und Speichern von Verläufen erfahren Sie im Kapitel 8 „Angleichungen, Verläufe & Gitter"). Damit Stern und Leuchten zusammenblieben, wählte er Stern und Kreis aus und wählte *Objekt > Gruppieren* (⌘/Strg+G).

Batelman erzeugte die kleinen Sterne, indem er spezielle gestrichelte Konturen überlappen ließ. In der Galerie auf der gegenüberliegenden Seite erfahren Sie mehr über diese Technik.

# GALERIE

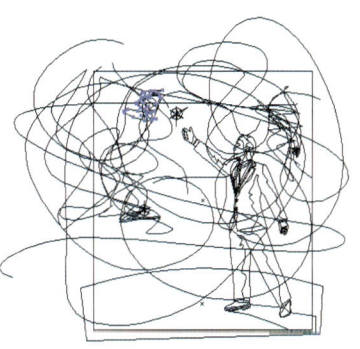

Batelman

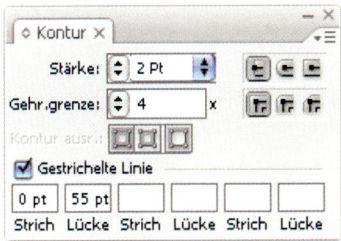

BatelmanKenneth_Sterne.ai

## Kenneth Batelman

Batelman bestückte seinen Himmel mit kleinen Sternen, die er mit gepunkteten, mit dem *Buntstift*-Werkzeug gezeichneten Pfaden erzeugte. Er erstellte Punkte entlang des Pfads, indem er einen *Strich*-Wert von *0* eingab. Für die *Lücke* gab Batelman einen Wert zwischen 20 und 90 pt ein. Er wählte sowohl für die Abschlüsse als auch für die Ecken die Option *Abgerundet*, so dass die Punkte rund statt eckig erschienen. Die *Stärke* setzte er auf Werte zwischen 0,85 und 2,5 pt. Weil er mehrere Pfade mit unterschiedlichen Stärken und *Strich-Lücke*-Werten versah, erschienen Batelmans „Striche" als Lichtpunkte, die in Größe und Abstand variierten. Die im Bedienfeld *Kontur* oben links gezeigten Einstellungen sind die des kleinen, rechts oben ausgewählten Sternpfads.

# GALERIE

Weimer

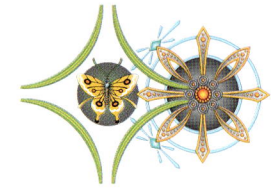

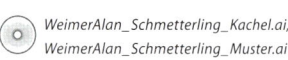
*WeimerAlan_Schmetterling_Kachel.ai,
WeimerAlan_Schmetterling_Muster.ai*

## Alan James Weimer

Alan James Weimer konstruierte diese Musterkachel (Detail rechts) mit den in der Übung „Komplexe Muster" im Kapitel 3 „Zeichnen und Färben" beschriebenen Schritten. Sobald Weimer die Kachelelemente mit Verläufen und Angleichungen gefüllt hatte, zog er die Kachel mit gedrückter Alt -Taste nach rechts, um die erste Reihe zu erstellen. Für den Rapport zog Weimer mit gedrückter Alt -Taste Kopien der ersten Kachelreihe diagonal auf ein Gitter aus Hilfslinien, um eine Reihe über und eine Reihe unter der ersten Reihe zu erzeugen. Damit das Muster in das Quadrat passte, zeichnete er auf derselben Ebene, die auch das gekachelte Design enthielt, ein Quadrat. Dann klickte er am unteren Rand des Bedienfelds *Ebenen* auf das Symbol *Schnittmaske erstellen/zurückwandeln*. Auf einer Ebene über der Maske fügte er für die Seiten einen Rand aus angeglichenen Rechtecken mit Konturen hinzu und erzeugte die Eckmedaillons aus angeglichenen und mit einer Kontur versehenen konzentrischen Kreisen. Anschließend fügte er einen Kreis mit einem Verlauf hinzu, um das Medaillon zu zentrieren. Für den Hintergrund verwendete Weimer eine einfarbige Füllung unter einer Ebene mit radialen Verläufen, die er unterhalb der Schmetterlinge positionierte.

# GALERIE

Jackmore

## Lisa Jackmore

Lisa Jackmore kombinierte für die Textur in ihrer Interpretation einer Skizzenbuchseite Ebenen mit Mustern, Pinseln und Verlaufsgittern. Für jeden Verlaufsgitterhintergrund versah sie ein Rechteck mit einer einfarbigen Fläche und fügte mit dem *Gitter*-Werkzeug Gitterpunkte hinzu. Jackmore beließ die meisten Gitterpunkte bei den Kanten des Rechtecks und füllte sie mit einer hellen Farbe, um ein verblasstes Aussehen zu erzielen. Sie erstellte zwei Muster, die das Gitter überlagern sollten. Für die Kreismuster zeichnete sie mit dem *Ellipse*-Werkzeug mehrere konzentrische Kreise, gruppierte sie und wies den *Buntstift*-Bildpinsel zu. Sie wählte das *Strudel*-Werkzeug, zog mit gedrückter Tastenkombination ⇧+Alt über die Zeichenfläche und skalierte den Strudeldurchmesser so, dass er auf die Kreise passte. Dann klickte sie mit dem *Strudel*-Werkzeug auf die Kreise, bis sie mit der Stärke des Strudels zufrieden war. Sie gruppierte die Objekte und zog sie in das Bedienfeld *Farbfelder*. Für das Rautenmuster kombinierte Jackmore die Werkzeuge *Rechteck*, *Ellipse* und *Drehen*. Dann gruppierte sie die Objekte und zog sie in das Bedienfeld *Farbfelder*. Jackmore färbte die Muster mit derselben Grundfarbe wie den Verlaufsgitterhintergrund, so dass die Muster in den dunklen Bereichen verschwanden. Dann fügte sie dem Hintergrund weitere Details hinzu und erstellte die Blumen mit den von ihr erzeugten benutzerdefinierten Pinseln. Detailinformationen über die Erzeugung einiger dieser Pinsel erhalten Sie in ihrer Galerie im Kapitel 5 „Pinsel & Symbole". Jackmore verwendete überdies mehrere Pinsel aus der Bibliothek *Kunstf._Kr.Koh.Bleist*. Zuletzt erzeugte sie eine Schnittmaske, mit der sie die über das Rechteck hinausragenden Pinselstriche beschnitt.

# GALERIE

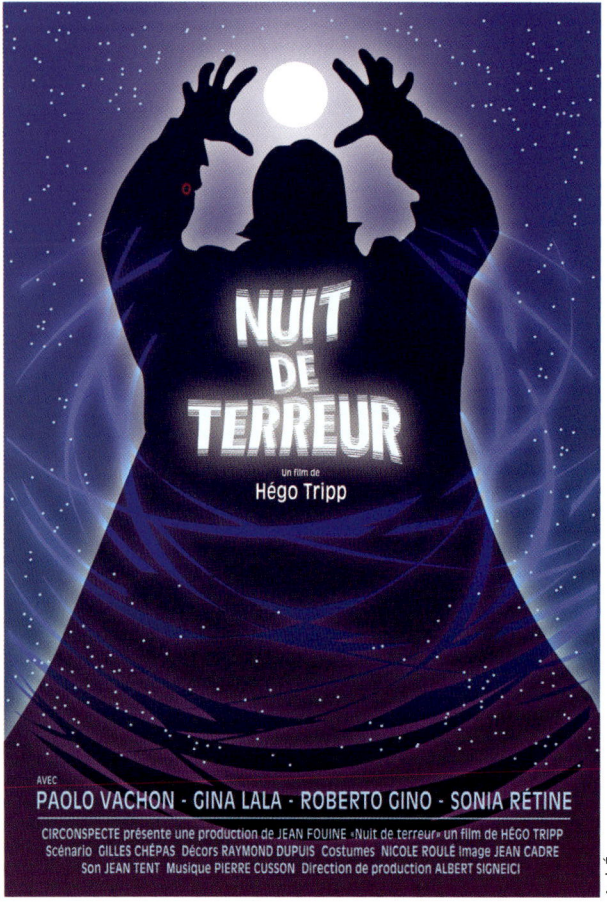

Aube_NuitDeTerreur_Poster.ai

## Jean Aubé

Für das Plakat „Nuit De Terreur" pauste Jean Aubé mit dem *Zeichenstift*-Werkzeug den Umriss eines Fotos von einem Freund ab. Er fügte eine Verlaufsfüllung hinzu und wählte *Effekt > Stilisierungsfilter > Schein nach außen*. Für die Gesamtbeleuchtung erzeugte er einen Hintergrund mit einem radialen Verlauf und positionierte den Mittelpunkt zwischen den Händen. Dann zeichnete er einen Kreis für den Mond. Aubé erzeugte einen winzigen blauen Kreis, der einen Stern darstellen sollte, und speicherte ihn als Symbol. Mit dem Werkzeug *Symbol aufsprühen* sprühte er die Sterne auf zwei Ebenen auf, um den Eindruck von Tiefe zu erzeugen. Er wandelte die Symbole um, damit er unerwünschte Elemente löschen konnte. Er setzte „Nuit de Terreur" als Textblock und konvertierte diesen in Konturen. Aubé wählte *Objekt > Verzerrungshülle > Mit Gitter erstellen*, um den Text zu verzerren. Die anderen Textblöcke setzte er gesondert. Auf einer Ebene hinter den Sternen und dem Text erzeugte er gespenstische Wirbel, indem er eine Vielzahl von Ellipsen zeichnete und dann *Pathfinder*-Befehle darauf anwandte, bis sie zu einzelnen Streifen geworden waren. Er wählte überflüssige Streifenteile aus und löschte sie. Zuletzt ordnete er die Streifen an, gruppierte und füllte sie mit einem einzelnen linearen Verlauf. Er gab ihnen ein gespenstisches Aussehen, indem er sie in den Modus *Überlagern* setzte und mit einem *Schein nach außen* versah.

# GALERIE

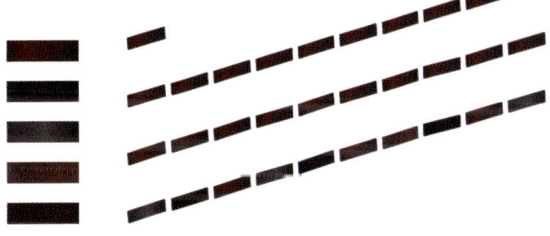

## Reggie Gilbert

Für diese fotorealistische Feuerwache setzte Reggie Gilbert seine Ziegelsteine wie ein Meister ein. Er erzeugte zunächst fünf verschiedene Rechtecke und wies jedem davon über das Bedienfeld *Verlauf* einen benutzerdefinierten Verlauf zu. Dann erzeugte er einen einfarbigen, schrägen Ziegelstein, duplizierte ihn und verschob das Duplikat entlang der Schräge. Er markierte die beiden schrägen Ziegelsteine, doppelklickte auf das *Angleichen*-Werkzeug, wählte für den *Abstand* die Option *Festgelegte Stufen* und gab *8* ein. Gilbert wählte nun *Objekt > Angleichung > Erstellen* und *Objekt > Umwandeln*, um die Angleichung in zehn Einzelobjekte zu zerlegen. Dann wählte er einzelne Ziegelsteine mit dem *Direktauswahl*-Werkzeug aus und verschob sie leicht, wodurch die Ziegelreihe ein organischeres Aussehen erhielt. Anschließend markierte er erneut die einzelnen schrägen Ziegelsteine und klickte mit dem *Pipette*-Werkzeug auf einen der vorgefertigten Verläufe, um sie damit zu füllen. Nachdem er die Ziegelreihe fertig hatte, gruppierte er sie mit ⌘/Strg+G. Ausgehend von der angeglichenen Reihe gestaltete er eine neue Reihe. Weil er jede Reihe mit durchdachter Zufälligkeit anordnete, vermied Gilbert den Eindruck von sich wiederholenden Mustern. Für die Fenster (oben vor blauem Hintergrund dargestellt) zeichnete er die benötigten Objekte, gruppierte sie und füllte sie dann mit einem benutzerdefinierten Verlauf von hell nach etwas dunkler und im Farbton der Objekte hinter dem Glas. Im Bedienfeld *Ebenen* wählte er die *<Gruppe>* als Ziel. Im Bedienfeld *Steuerung* reduzierte er die Deckkraft und wählte *Effekt > Stilisierungsfilter > Weiche Kante* (für die oben gezeigten Fenster wählte er 40% Deckkraft und eine weiche Kante von 9 pt).

# GALERIE

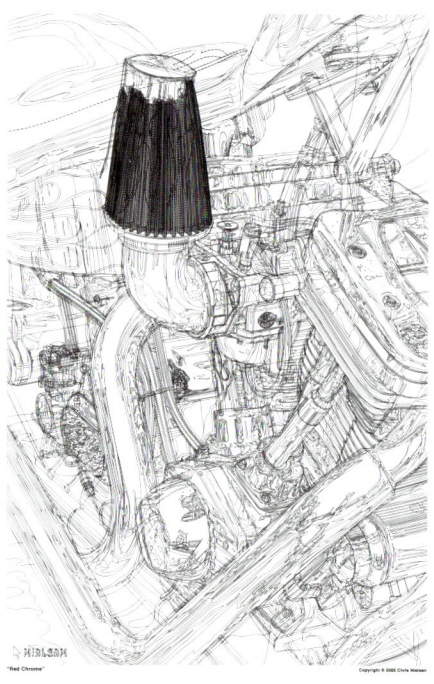

## Chris Nielsen

Chris Nielsen erzeugte diese Illustration mit dem Zeichenstift-Werkzeug und dem Pathfinder-Befehl Unterteilen. Den Fotorealismus erzielte er durch eine Reihe von Formen mit steigender Komplexität. Nielsen platzierte das Originalfoto als Hilfe für die Formen und Farben auf der unteren Ebene. Mit dem Zeichenstift-Werkzeug zeichnete er zuerst die größeren Formen (wie das oben gezeigte Rohr). Er zeichnete zuerst alle dunkelroten Formen, dann die Formen mit einem helleren Farbwert. Sobald er die Linien des Rohrs für verschiedene Farbwerte gezeichnet hatte (zum Beispiel für Dunkel- und Hellrot), markierte er alle Pfade und wählte aus dem Bedienfeld Pathfinder den Befehl Unterteilen. Nielsen zeichnete weitere Formen, um den Bereich weiter zu definieren, und wiederholte die Verwendung der Pathfinder-Befehle, um die Bereiche in immer kleinere Formen zu unterteilen. (Das Rohrdetail zeigt die Schritte 1, 2, 7 und den abschließenden elften Schritt.) Nielsen füllte die Formen dann mit Farben, die er mit dem Pipette-Werkzeug aus dem darunterliegenden Foto aufgenommen hatte. Wenn Sie genau hinsehen, erkennen Sie in der runden verchromten Form unter dem roten Rohr eine Spiegelung von Nielsen, wie er das Foto aufnimmt.

# GALERIE

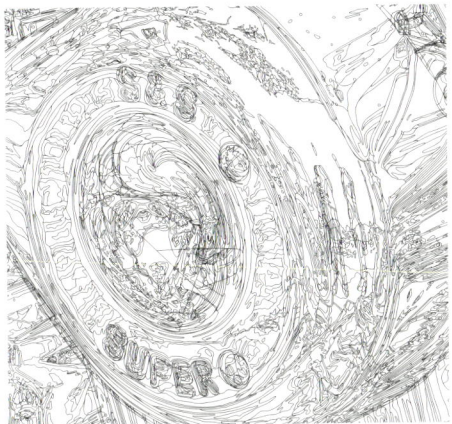

Nielsen

## Chris Nielsen

Mit derselben Zeichentechnik gestaltete Chris Nielsen ein weiteres fantastisches Bild. Nielsen zeichnet gerne zuerst einen Bereich, der ein großes Objekt enthält, wie zum Beispiel einen Benzintank oder ein großes Rohr. Über der Vorlagenebene mit dem Originalfoto erzeugte er mit dem *Zeichenstift*-Werkzeug zuerst den Umriss eines großen Objekts. Dann zeichnete er Pfade für alle Bereiche, in denen sich die Farbwerte innerhalb dieses Objekts ändern. Er wählte die Pfade aus und wählte *Effekt > Pathfinder > Unterteilen*. Auf diese Weise fuhr er fort, bis er genügend Formen zur Definition des Objekts hatte. Die Darstellung dieses Motorrads war eine besonders anspruchsvolle Aufgabe, weil es nur leichte Variationen einer einzigen Gesamtfarbe gab. Nielsen füllte die einzelnen Objekte mit einer benutzerdefinierten Farbe, die er aus dem Bedienfeld *Farbfelder* wählte. In allen seinen Motorradillustrationen ist die Spiegelung von Nielsen auf dem Foto sichtbar – hier sehen Sie sie im vergrößerten Detail links.

# GALERIE

Brad Neal / Thomas • Bradley Illustration & Design

## Brad Neal

Brad Neal kombinierte für diese fotorealistische Illustration eines Ford Taurus-Serienwagens die Liebe zum Detail mit den vielfältigen Illustrator-Werkzeugen zum Zeichnen und Wiedergeben von Objekten. Er begann mit einer einfarbig gefüllten Form. Neal überlagerte mehrere benutzerdefinierte Angleichungen, um die subtile Modellierung auf der Autooberfläche zu erzielen. Neal stellte den Kühlergrill dar, indem er eine Reihe von vier gestrichelten Pfaden überlagerte. Die Logos auf der Seite des Autos wurden von Hand gezeichnet, gruppiert und mit dem *Verbiegen*-Werkzeug positioniert. Die Logos „Taurus", „Valvoline" und „Goodyear" passte er mit einer Verzerrungshülle an die Kontur des Autos an. Das realistische Aussehen des vorderen rechten Reifens erreichte Neal durch benutzerdefinierte Angleichungen, deren äußere Kanten sanft in die Farbe der darunterliegenden Formen übergingen. Neal erzeugte mit einer sorgfältig kontrollierten Angleichung einen Schlagschatten für das Auto. Diese Angleichung besaß einen inneren Pfad mit einer einfarbigen schwarzen Fläche, die an der äußeren Kante nach Weiß überblendet wurde.

# GALERIE

Cater (©InMotion 2003)

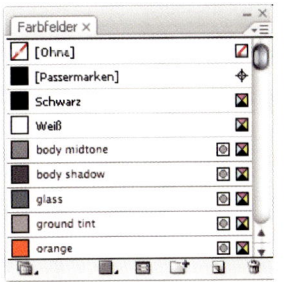
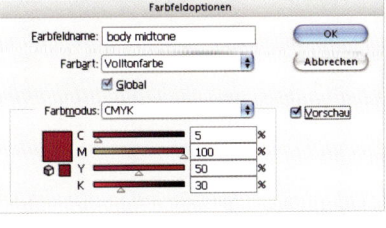

## David Cater

David Cater gestaltete dieses Mini-Cooper-Bild für die Reproduktion auf T-Shirts, Postern und Notizzetteln. Er wusste, dass verschiedene Kunden das Auto in unterschiedlichen Farben wünschten, und deshalb erzeugte er zuerst zwei Volltonfarbfelder für die mittleren und die dunklen Töne des Autos. Dann verwendete er diese beiden Volltonfarben (normale Prozessfarben würden ebenso funktionieren), um ein paar Verläufe zu erstellen. Mit diesen füllte er jede der annähernd 1500 für das Auto benötigten Formen. Da er sorgfältig darauf achtete, dass er nur das Karosserieblech mit Verläufen aus diesen beiden Farben füllte, konnte er die Farben des Autos später problemlos durch einen einfachen Doppelklick auf die beiden Farbfelder und Anpassen der CMYK-Regler ändern. Cater hätte zwar ausgiebigeren Gebrauch von Angleichungen machen können (er verwendete nur einige wenige Anpassungen für die Verkleidungen vorne und an der Seite des Wagens), fand es aber schneller und einfacher, mit Verläufen gefüllte Formen zu verwenden.

# Modellieren mit Gittern

Gitterobjekte formen

 *TorresIvan_Gitter_formen.ai*

## Fortgeschrittene Technik

**Überblick:** Erzeugen Sie einen Umriss für den Rauch; erstellen Sie ein einfaches, rechteckiges Gitter; verformen Sie das Gitter mit den Werkzeugen *Drehen* und *Direktauswahl*; passen Sie das Gitter an Ihre Form an; fügen Sie Spalten hinzu, um einen 3D-Effekt zu erzielen; färben Sie das Gitter; verwenden Sie den Modus *Negativ multiplizieren*, um den Rauch transparent zu machen.

**1**

Der Umriss der gewünschten Rauchform wurde gezeichnet.

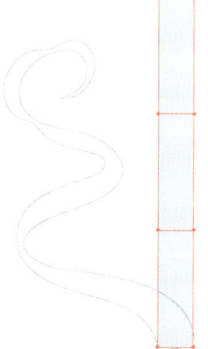

Die Rauchkontur in einer gesperrten Ebene mit dem darüberliegenden Gitter

Als Ivan Torres den Rauch in seinem Kunstwerk „Meshsmith" erzeugte, formte er ein Gitter wie ein Stück Ton. Einer der Höhepunkte dieser Lektion ist Torres Einsatz des *Drehen*-Werkzeugs, um *Teile* eines Gitters statt *ganzer* Objekte zu krümmen.

**1. Die Zeichnung einrichten.** Erzeugen Sie zuerst mit dem *Zeichenstift*- oder *Buntstift*-Werkzeug den Umriss des Rauchs. Sperren Sie die Ebene. Dann platzieren Sie am Grund des Rauchs ein Rechteck. Konvertieren Sie das Rechteck mit dem Befehl *Objekt > Verlaufsgitter erstellen* in ein Gitter mit einer Spalte und drei Zeilen. Erzeugen Sie zunächst ein einfaches Gitter; es ist leichter, später bei Bedarf Zeilen hinzuzufügen.

**2. Die groben Biegungen hinzufügen.** Erzeugen Sie mit dem *Drehen*-Werkzeug die erste große Biegung. Beginnen Sie, indem Sie mit dem *Direktauswahl*-Werkzeug alle bis auf die unteren beiden Punkte des Gitters auswählen. Als Nächstes klicken Sie mit dem *Drehen*-Werkzeug auf die Innenseite der ersten Kurve des Rauchumrisses, um den Mittelpunkt der Rotation zu platzieren. Ziehen Sie dann den oberen Teil des Gitterrechtecks um den Mittelpunkt der Drehung, um die erste Kurve zu erzeugen (siehe Abbildungen rechts).

Bei jeder Biegung des Rauchs benötigen Sie eine Zeile, damit Sie die nächste Biegung erzeugen können. Wenn sich eine vorhandene Zeile Ihres Gitters in der Nähe befindet, wählen Sie diese mit dem *Direktauswahl*-Werkzeug aus und verschieben Sie sie über die Biegung. Möchten Sie eine Zeile hinzufügen, klicken Sie mit dem *Gitter*-Werkzeug an der Biegung auf die Kante der Gitterkontur. Sobald Sie eine Gitterzeile auf der Biegung hinzugefügt haben, lassen Sie diese Punkte bei der nächsten Auswahl aus. Wiederholen Sie diesen Schritt, bis Sie den oberen Rand Ihres Rauchumrisses erreicht haben.

**3. Die Gitterzeilen ausrichten und begradigen.** Sobald Sie das Gitter grob ausgerichtet haben, zoomen Sie sich in jede Biegung, auf der Sie eine Gitterzeile platziert haben, und begradigen Sie sie lotrecht zur Kurve. Das Begradigen der Gitterzeilen ist wesentlich, damit Ihr fertiger Rauch korrekt und glatt aussieht.

**4. Die Gitterkurven mit dem Rauch ausrichten.** Mit dem *Direktauswahl*-Werkzeug klicken Sie auf einen Bereich der Gitterkurve. Beginnen Sie am unteren Rand. Passen Sie die Richtungsgriffe so an, dass sie mit der Rauchkontur ausgerichtet sind. Eventuell müssen Sie zwischen den nächsten und vorhergehenden Abschnitten der Kurven hin- und herschalten, damit sich die Gitterseiten der Rauchkontur korrekt anpassen.

**5. Spalten für den 3D-Effekt hinzufügen.** Die fertige 3D-Form des Gitters wird durch die Licht- und Schattenfarben auf dem Gitter definiert. Würden Sie Spalten mit gleichmäßigem Abstand um den echten Rauch zeichnen und dies dann fotografieren, würden sich die Spalten auf dem Foto an den Kanten des Rauchumrisses dichter beieinander befinden und in der Mitte weiter auseinander. Um diesen 3D-Effekt zu erzielen, fügen Sie mit dem *Gitter*-Werkzeug eine erste Spalte hinzu, indem Sie in die Mitte der unteren Kante des Rauchs klicken. Nun platzieren Sie zwei weitere Spalten zwischen der Mitte und den nächstgelegenen Spalten auf jeder Seite – und zwar nicht genau dazwischen, sondern näher an der äußeren Kante.

Weil Sie in den Schritten 3 und 4 sorgfältig gearbeitet haben, liegen Ihre neuen Spalten parallel zu den Kurven Ihres Rauchumrisses.

**2**

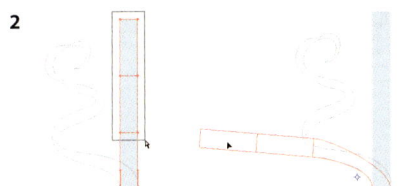

Der obere Teil des Gitters wurde ausgewählt. Die Innenseite der ersten Kurve wurde angeklickt, um den Drehpunkt zu setzen (blaues Fadenkreuz rechts unten); das Oberteil des Rechtecks wurde angeklickt und nach links und unten gezogen.

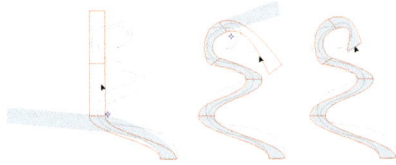

Für die Ausarbeitung des Rauchs wurde das Gitter an jeder größeren Krümmung gedreht; an den Kurven wurden Gitterzeilen platziert; mit dem *Direktauswahl*-Werkzeug erfolgte die Anpassung der Krümmung.

**3**

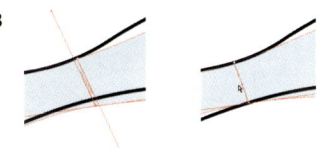

Die Zeilen wurden ausgerichtet, begradigt und lotrecht zu den Seiten der Kurve angeordnet.

**4**

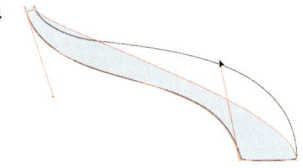

Von unten her wurden die Kurven mit den Bézier-Griffen an den Umriss des Rauchs angepasst.

**5**

Dem Gitter wurden mit dem *Verlauf*-Werkzeug Spalten hinzugefügt; diese wurden für einen abgerundeten 3D-Effekt näher an den Kanten platziert.

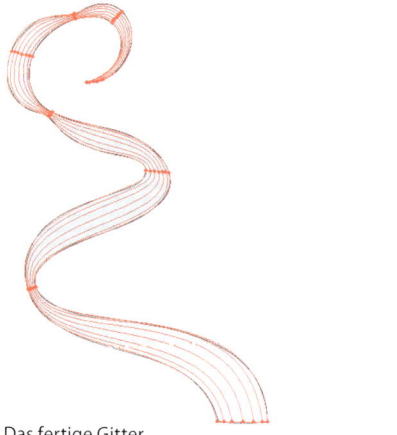

Das fertige Gitter

**6**

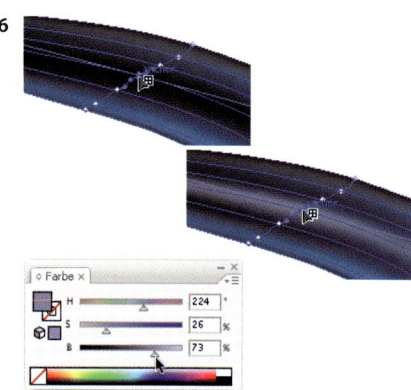

An einem Gitterpunkt wird ein Glanzlicht erzeugt.

**7**

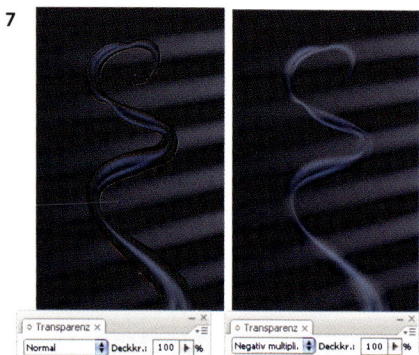

Der Rauch vor und nach dem Einstellen der Füllmethode *Umgekehrt multiplizieren* im Bedienfeld *Transparenz*

**6. Das Gitter einfärben.** Torres wählte ein dunkles Blau als Rauchfarbe (wenn Sie eine andere Farbe verwenden möchten, müssen Sie die Farben in den Schritten unten anpassen). Damit Sie bei der Arbeit sehen, wo sich die Gitterpunkte befinden, schalten Sie die magnetischen Hilfslinien über das Menü *Ansicht* oder mit der Tastenkombination ⌘/Strg+U ein. Damit die Farbe der Auswahllinien mit den Gitterfarben weniger ins Gehege kommt, wählen Sie für die Ebenenfarbe ein dunkles Blau (doppelklicken Sie auf den Ebenennamen und wählen Sie *Dunkelblau* aus dem Popup-Menü *Farbe*). Merken Sie sich auch die Tasten, mit denen Sie schnell zwischen den Werkzeugen *Gitter* (U), *Pipette* (I) und *Direktauswahl* (A) wechseln können.

Fügen Sie dem gesamten Gitter zunächst einen mittleren Blauwert hinzu. Als Nächstes wählen Sie aus dem Bedienfeldmenü des Bedienfelds *Farbe* die Option *HSB* und arbeiten dann mit dem Regler *Brightness* („B"), um hellere Lichter oder dunklere Schattentöne aus Ihrer Ausgangsfarbe zu erzeugen. Klicken Sie in der Mitte der geplanten Lichter- oder Schattenbereiche entweder auf einen Punkt, eine Gitterlinie oder zwischen die Gitterlinien. Klicken Sie mit dem *Direktauswahl*-Werkzeug und wählen Sie eine Farbe oder ein Farbfeld oder nehmen Sie eine Farbe mit dem *Pipette*-Werkzeug auf. Wenn Sie einen Punkt mit dem *Gitter*-Werkzeug hinzufügen, bleibt er ausgewählt, so dass Sie die Füllfarbe problemlos mit den *HSB*-Reglern anpassen können. Für die letzte Anpassung der Lichter und Schatten wählen Sie mit dem *Direktauswahl*- oder dem *Lasso*-Werkzeug Bereiche aus und nehmen die Anpassungen dann mit den *HSB*-Reglern vor.

**7. Den Rauch transparent machen.** Wählen Sie Ihren Rauch aus und experimentieren Sie im Bedienfeld *Transparenz* mit verschiedenen Kombinationen der Füllmethode *Negativ multiplizieren* und unterschiedlichen Deckkrafteinstellungen, bis Sie den erwünschten Effekt erzielt haben.

# GALERIE

Miyamoto

*MiyamotoYukio_ReflektierteFlaschen.ai*

## Yukio Miyamoto

Die Übung „Gitter formen" im Kapitel 8 „Angleichungen, Verläufe & Gitter" zeigt Ihnen, wie Yukio Miyamoto diese erstaunlichen Flaschen mit Gittern erzeugte. Bei dieser Version spiegelte Miyamoto mit dem *Spiegeln*-Werkzeug eine Kopie der Flaschen an ihrem Boden. Als Nächstes zog er eine horizontale Hilfslinie aus dem Lineal und richtete sie am Ende der Tischplatte aus. Für jede Spiegelung wählte er das Gitter als Ziel und reduzierte die Deckkraft im Bedienfeld *Transparenz* auf 80%. Für den Transparenzverlauf der Spiegelungen wählte er *Pfad > Pfad verschieben* und gab 0 als *Versatz* ein. Er füllte diese Kontur mit einem Verlauf von Weiß nach Grau. Mit dem *Verlauf*-Werkzeug richtete er den Verlauf so ein, dass das Weiß an der Hilfslinie begann und das Grau bis zum Flaschenboden reichte. Damit die Spiegelung exakt an der Tischkante endete, gruppierte er die einzelnen Flaschen mit einem weißen Rechteck, das die obere

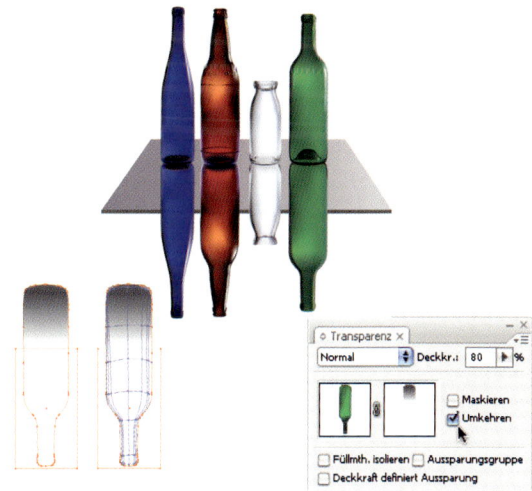

Hälfte der Flasche bedeckte und an der Hilfslinie endete. Dann markierte er die einzelnen Paare aus grauen und Verlaufsgitterobjekten, wählte aus dem Bedienfeldmenü des Bedienfelds *Transparenz* den Befehl *Deckkraftmaske erstellen* und aktivierte die Option *Maske invertieren*.

# GALERIE

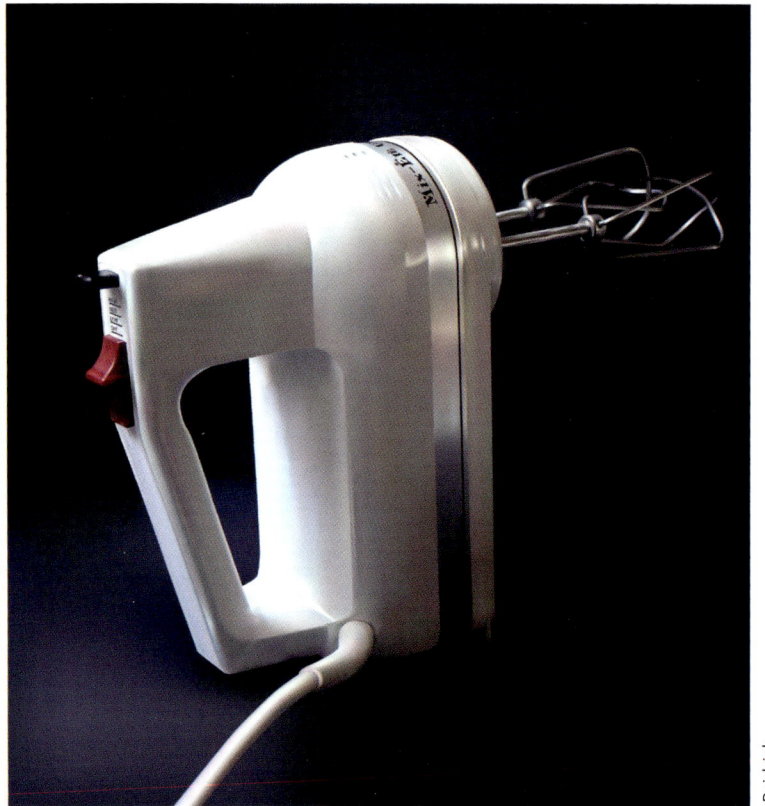

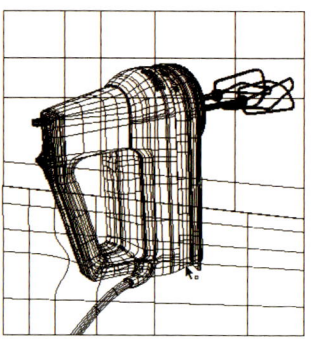

Paidrick

Paidrick_Handmixer-keinPDF.ai

**Ann Paidrick**

Ann Paidrick verwendete ein Originalfoto als Vorlage und erzeugte Verlaufsgitterobjekte, um diesen Mixer mit unglaublicher Genauigkeit wiederzugeben. Sie konzentrierte sich immer auf einen Abschnitt gleichzeitig (wie die Rührbesen, den Griff oder das Kabel) und zeichnete mit dem *Zeichenstift*-Werkzeug rechteckige Pfade entsprechend der relativen Größe und Form jedes Objekts. Sie füllte die Rechtecke mit einer aus dem Foto aufgenommenen Grundfarbe. Dann konvertierte sie das Objekt mit *Objekt > Verlaufsgitter erstellen* in ein Gitter. Im Dialogfenster *Verlaufsgitter erstellen* legte sie eine Zeile, eine Spalte und ein flaches *Aussehen* fest. Um die gewünschte Kontur zu formen, fügte

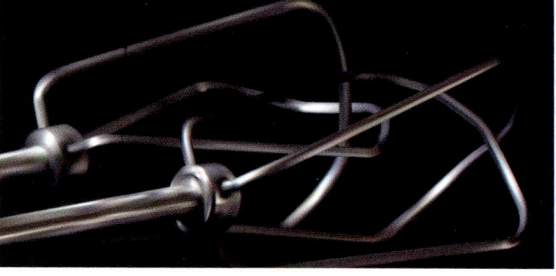

sie mit dem *Gitter*-Werkzeug weitere Zeilen und Spalten hinzu und passte die Punkte an. Paidrick färbte die Gitterpunkte mit weiteren aus dem Foto aufgenommenen Farben. Um das Gitter weiter zu definieren, fügte sie auch einzelne Punkte mit dem *Ankerpunkt-hinzufügen*-Werkzeug hinzu und passte diese Punkte mit dem *Direktauswahl*-Werkzeug an. Mehr über die Modellierung von Gittern erfahren Sie in der Lektion „Gitter formen" im Kapitel 8 „Angleichungen, Verläufe & Gitter".

# GALERIE

*PaidrickAnn_Eistee.ai*

## Ann Paidrick

Zusätzlich zur in der gegenüberliegenden Zeichnung verwendeten Technik arbeitete Ann Paidrick mit Symbolen, um das realistische Aussehen dieses Glases Eistee zu verbessern (Bedienfeld *Detail* auf der rechten Seite). Für die winzigen Blasen auf dem Tee erzeugte sie aus verschiedenen Kreisen mit unterschiedlichen Größen und Farben einen Symbolsatz. (Mehr über Symbole erfahren Sie im Kapitel 5 „Pinsel & Symbole".) Den phänomenalen Detailreichtum in den Objekten erzeugte Paidrick mit zahlreichen, komplexen Verlaufsgitterformen. Einige dieser Verlaufsgitterformen sehen Sie im Keksdetail oben (in der Konturansicht).

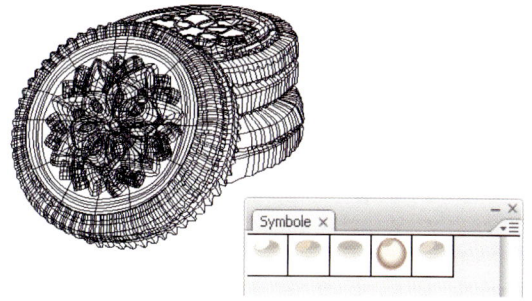

# GALERIE

Crouse

## Scott Crouse

Weil seine Illustration für die unterschiedlichsten Medien (Schilder und Banner in verschiedenen Größen) reproduziert werden sollte, benötigte Scott Crouse sowohl die Flexibilität einer Vektorzeichnung als auch den Realismus eines Fotos. Diesen Angelköder erzeugte er mit einer Kombination von Angleichungen und einfarbig gefüllten Pfaden. Den realistischen Kopf, die Wassertropfen und Schatten erzeugte Crouse aus angeglichenen Formen. Zur Konstruktion des Schwanzes legte er leuchtend gefärbte Formen übereinander. Durch die gefüllten Formen neben den angeglichenen Objekten betonte Crouse die feinen Details in dieser plastischen Illustration.

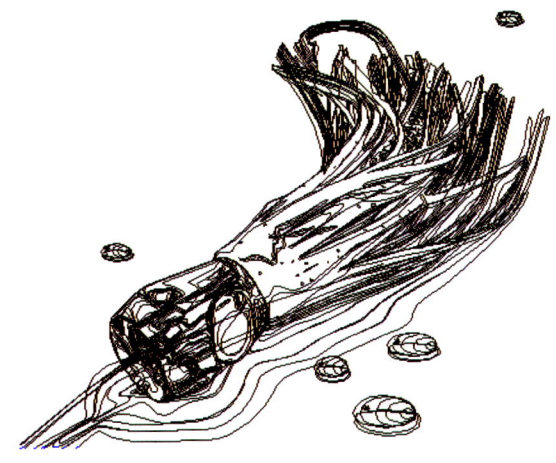

# GALERIE

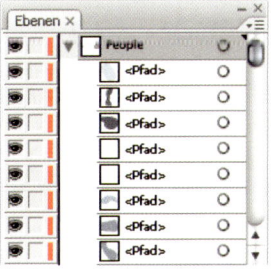

## Scott Crouse

Scott Crouse erzeugte diese fotorealistische Szene auf der Basis von Ebenen mit sorgfältig gezeichneten und gefärbten Formen (das Bedienfeld sehen Sie oben). Nachdem er mit dem *Zeichenstift*-Werkzeug die Pfade zur Definition eines Bereichs gezeichnet hatte, färbte er die Formen mit ähnlichen Werten (Detail oben rechts). In bestimmten Bereichen, wie zum Beispiel dem blauen Autoheck, erstellte er einen Verlauf. Crouse arbeitete in einer größeren Skalierung, als er sie für das fertige Bild benötigte, damit der Betrachter nach der Verkleinerung des Bilds gleichmäßige Farbübergänge und keine einzelnen Formen sehen würde. Mit dieser Technik wirkte die Illustration so lebensecht wie das Foto, von dem Crouse sich inspirieren ließ (über dem Bedienfeld *Ebenen* zu sehen).

# GALERIE

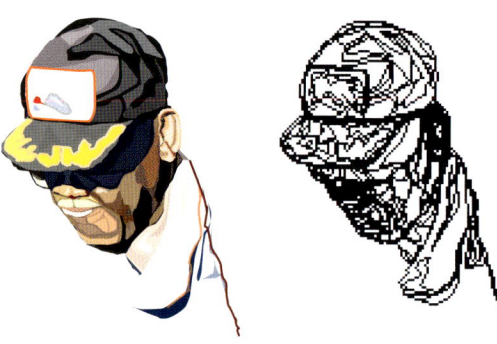

*LaMantiaMarc_2Leute.ai, LaMantia-U-Bahn.ai*

## Marc LaMantia

Für diese Illustration eines U-Bahn-Ausgangs scannte Marc LaMantia eines seiner Fotos. Er arbeitete dazu mit den auf der gegenüberliegenden Seite beschriebenen Techniken. In dieser Grafik zeigt LaMantia die Schönheit eines einzelnen Moments an einem gewöhnlichen Tag in New York City. In der gesamten Illustration verwendete er Transparenzeffekte (siehe Kapitel 9 „Transparenz"). Viele Schattenbereiche (wie bei den Stufen) bestehen tatsächlich aus transparenten rosa, roten und magentafarbenen Formen, die über Schwarz gelegt wurden. Selten wird eine Farbe mit voller Deckkraft verwendet. Die Überlagerung vieler transparenter Ebenen (alle im Modus *Normal*) bringt enorme Tiefe und Spannung in den Posterize-Stil. Wenn Sie das Bild im Modus *Pfadansicht* (oben rechts) betrachten, wird die Detailvielfalt sichtbar.

# GALERIE

## Chris Nielsen

Chris Nielsen trainierte sein grafisches Auge auf die Wahrnehmung feiner Farbunterschiede in einem Foto, das er in eine eindrucksvolle Illustration verwandelte. Dazu verwendete er Ebenen mit gefüllten Pfaden. Nielsen platzierte als Erstes ein Foto in einer untenliegenden Ebene und pauste es ab. Er arbeitete jeweils an einem kleinen Bereich, wie zum Beispiel dem Auge im rechts gezeigten Detail. Mit dem *Zeichenstift*-Werkzeug erstellte er Pfade (ohne Fläche und mit einer schwarzen Kontur) und pauste die Grundfarbenbereiche im Foto ab. Er wählte den dunkelsten Wert zuerst (Dunkelblau oder Schwarz). Dann zeichnete er auf einer weiteren Ebene die Objekte mit zunehmend helleren Werten (ein helleres Blau, Rot, Grau usw.). Er fuhr fort, Ebenen mit Pfaden zu erstellen, bis der Bereich vollständig bedeckt war. Auf diese Weise arbeitete er sich durch das Bild, bis das Porträt fertig war. Sobald alle Pfade gezeichnet waren, füllte er diese mit Farbe. Nielsen wählte das *Pipette*-Werkzeug, wechselte mit der Taste ⌘/Strg zum Werkzeug *Direktauswahl* und wählte ein Objekt zum Färben aus. Dann ließ er die ⌘/Strg Taste los, um zum *Pipette*-Werkzeug zurückzuschalten, und nahm eine Farbe aus dem Foto auf. Er wechselte zwischen dem *Direktauswahl*- und dem *Pipette*-Werkzeug, bis die Pfade gefüllt waren. Meist war Nielsen mit den aufgenommenen Farben zufrieden. Wenn nicht, optimierte er die Farbe mit den Reglern im Bedienfeld *Farbe*. Nachdem alle Pfade mit Farbe gefüllt waren, blendete Nielsen die Vorlagenebene aus. Er sah weiße Lücken in seiner Zeichnung, wo die Pfade nicht exakt aufeinandertrafen oder überlappten. Um diese Lücken zu füllen, zeichnete er ein größeres Objekt, das den Bereich überdeckte, füllte es mit einer dunklen Farbe und platzierte es auf der untersten Ebene.

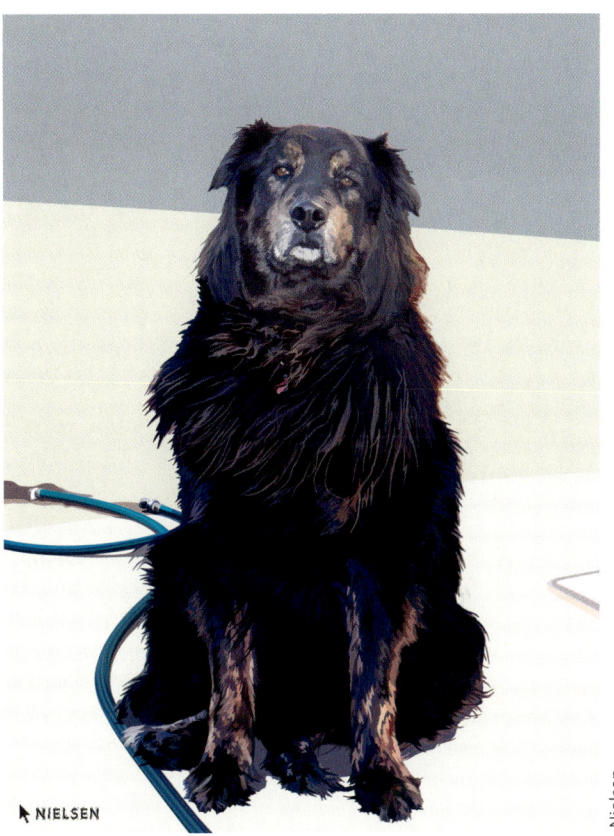

# 14 Web & Animation

## CMYK und RGB

Wenn Sie eine bestimmte Grafik sowohl für die Druckausgabe als auch für das Web erstellen, sollten Sie zunächst in CMYK mit seinem kleineren Farbgamut arbeiten. Für die endgültige Webversion exportieren Sie dann in ein RGB-Format und gleichen die Farben an die originalen CMYK-Farben an.

## .ai für Flash einsetzen

Die Verwendung von .ai-Dateien in Adobe Flash (statt aus Illustrator exportierter .swf-Dateien) hat viele Vorteile. So bleiben die exakten Positionen und Formen sowie die Anzahl der Ankerpunkte der Originalpfade erhalten, ebenfalls die Gruppierung der Symbole, Symbolnamen und weitere Merkmale. *Andrew Dashwood*

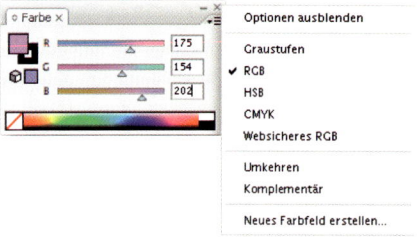

Auswahl von Farbmodellen aus dem Popup-Menü des Bedienfelds *Farbe*. Klicken Sie mit gedrückter ⇧-Taste auf das Farbspektrum, um die Farbmodelle durchzuschalten. Wenn Sie ein anderes Farbmodell zum Mischen von Farben einsetzen, verändern Sie damit nicht das für das Dokument gültige Farbmodell.

## Photoshop …

Im Kapitel 15 „Illustrator & andere Programme" finden Sie Informationen zur Arbeit mit Illustrator und Photoshop.

Dieses Kapitel zeigt Ihnen die Verwendung von Illustrator für Grafikmaterial, das zur Bildschirmdarstellung bestimmt ist. Obwohl sich das Kapitel vor allem mit Illustrator beschäftigt, kommen für einige Techniken auch andere Anwendungen zum Einsatz. Die hier enthaltenen Animationen und Webgrafiken wurden von den Künstlern mit Illustrator in Verbindung mit weiteren Programmen wie Adobe Flash, Dreamweaver, Premiere Pro und After Effects erstellt.

Adobe hat in Illustrator zahlreiche Funktionen aufgenommen, die mit Flash incinandergreifen (das ist nicht weiter verwunderlich, da Flash nun Adobe gehört). Auch Flash wurde auf bessere Zusammenarbeit mit Illustrator getrimmt. Die Anwender können nun einfacher von Illustrator nach Flash kopieren und einfügen, ziehen und loslassen und Illustrator-eigene Dokumente (.ai) importieren. Außerdem wurde die Wiedergabegenauigkeit von importierten Illustrator-Objekten in Flash deutlich verbessert. Sie können bessere Ergebnisse bei der Arbeit mit Symbolen, Text, Angleichungen, Masken, Transparenz usw. erwarten.

Webdesignern wird auffallen, dass Illustrator zahlreiche Dateiformate unterstützt und einen effizienten Workflow zur Erzeugung von Webgrafiken ermöglicht. Webinhalte sind zudem häufig für mobile Geräte wie Mobiltelefone oder PDAs bestimmt. Über den Befehl *Datei > Für Web und Geräte speichern* können Sie problemlos Grafiken für das Web und nun auch für tragbare Geräte optimieren. Sie können Beispiele unterschiedlicher Qualitätseinstellungen, Dateikompressionsoptionen etc. in einem Dialogfenster mit mehreren Ansichten vergleichen. Die *Pixelvorschau* ermöglicht eine präzise Beurteilung der Kantenglättung direkt in Illustrator.

## In Illustrator mit RGB arbeiten

Wenn Sie für das Web, für mobile Geräte oder Video produzieren, sollten Sie stets in RGB arbeiten, da es sich hierbei auch um das Ausgabefarbformat des Betrachtungsmediums handelt. Einige Webformate wie LPG können ein Farbprofil enthalten, SWF und andere jedoch nicht. Mit dem sRGB-Farbprofil erhalten Sie konsistentere Ergebnisse, weil es allen Anwendern zur Verfügung steht (*Bearbeiten > Farbeinstellungen*, wählen Sie dann *Europa Web/Internet*).

**Mit RGB-Dokumentprofilen arbeiten**

Zur Erstellung von neuem RGB-Grafikmaterial wählen Sie *Datei > Neu* und dann als neues Dokumentprofil *Web*, *Mobile Geräte*, *Video und Film* oder *Einfaches RGB*. Diese Profile weisen alle leichte Unterschiede auf. Nachdem Sie ein Dokument mit einem bestimmten Profil erstellt haben, können Sie die Einstellungen an ein anderes Profil anpassen. Um Ihre Bilder an unterschiedliche Medien anzupassen, müssen Sie sie also nicht kopieren und in ein anderes Dokumentprofil einfügen.

- *Web*-Dokumentprofile. Ihre Größe ist durch einen Schnittbereich statt wie bei CMYK- und einfachen RGB-Dokumentprofilen durch die Größe der Zeichenfläche festgelegt. Zum Verändern der Größe eines bereits erstellten Webdokuments klicken Sie das *Schnittbereich*-Werkzeug an und verändern Höhe und Breite im Bedienfeld *Steuerung*.

- *Mobile Geräte*-Dokumentprofile. Ihre Größe ist (wie bei den Webprofilen) durch einen Schnittbereich definiert; zudem ist das Transparenzraster zugeschaltet (*Ansicht > Transparenzraster einblenden*).

- *Video und Film*-Dokumentprofile. Auch hier ist die Größe durch Schnittbereiche festgelegt und das Transparenzraster aktiviert. Zudem sind *Mittenmarke*, *Fadenkreuz*, *Anzeigekompatible Bereiche*, *Bildschirmkanten* und *Schnittbereichlineale* eingeblendet (doppelklicken Sie auf das *Schnittbereich*-Werkzeug und schalten Sie diese Optionen bei Bedarf im Dialogfenster *Schnittbereichsoptionen* aus oder ein). Die Schnittbereichslineale werden außerhalb des Arbeitsbereichs angezeigt und funktionieren unabhängig von den Dokumentlinealen (*Ansicht > Lineale einblenden*). Sie beginnen an der linken oberen Ecke der X- und Y-Achse (horizontal und vertikal). Schnittbereichslineale zeigen das Pixelseitenverhältnis für Dokumenteinstellungen mit nicht quadratischen (anamorphischen) Pixeln, etwa für PAL DV Breitwand.

- *Einfache RGB*-Dokumentprofile. Diese funktionieren ebenso wie in früheren Illustrator-Versionen und die aktuellen CMYK-Dokumentprofile: Die Zeichenfläche, nicht der Schnittbereich, bestimmt die Dokumentfläche.

## Einige Gedanken zu RGB- und CMYK-Farbe

- Wenn Ihr Grafikmaterial sowohl für den Druck als auch für den Bildschirm bestimmt ist, erstellen Sie es in CMYK und exportieren Sie es später nach RGB. Da der CMYK-Farbraum

**CMYK in RGB umwandeln**

Falls Sie bereits Grafikmaterial in CMYK vorbereitet haben und Sie den Farbmodus für die Anzeige auf dem Bildschirm verändern müssen, sichern Sie zunächst eine Kopie Ihrer Datei und wählen Sie dann *Datei > Dokumentfarbmodus > RGB-Farbe*. Wandeln Sie Ihr Grafikmaterial nicht mehrmals zwischen den Farbräumen um, da Ihre Farben dann sumpfig oder gedämpft aussehen können (Details hierzu finden Sie im nachfolgenden Abschnitt).

**Umwandeln in Pixelgrafik für den Bildschirm**

Vektorgrafiken werden durch einen Rasterungsvorgang in pixelbasierte Bilder umgewandelt. Jeder, der Bilder für das Web oder Multimediaanwendungen erstellt, kommt wahrscheinlich einmal in die Situation, Vektorgrafik (außer SWF und SVG) in Pixelbilder umwandeln zu müssen. In Illustrator gibt es dazu zwei Möglichkeiten. Wenn Sie ein Objekt dauerhaft in eine Pixelgrafik umwandeln möchten, markieren Sie es und wählen Sie *Objekt > In Pixelbild umwandeln*. Mit der Option aus dem *Effekt*-Menü (*Effekt > In Pixelbild umwandeln* bleibt Ihr Grafikmaterial weiterhin bearbeitbar. Es erscheint als Pixelgrafik, die zugrunde liegende Vektorstruktur bleibt aber erhalten. Beide Dialogfenster *In Pixelbild umwandeln* bieten leicht verständliche Einstellungsmöglichkeiten zur Steuerung des Umwandlungsprozesses.

> **GIF oder JPEG?**
>
> Experimentieren Sie bei der Entscheidung, ob Ihr Bild als GIF oder JPEG gespeichert werden soll, mit unterschiedlichen Optimierungen im Dialogfenster *Datei > Für Web und Geräte speichern*. So finden Sie heraus, welches Format am besten aussieht und die geringste Dateigröße ergibt. Das GIF-Format empfiehlt sich im Allgemeinen für Bilder mit großen einfarbigen Flächen und/oder Vektorgrafiken. Verwenden Sie hingegen JPEG für Pixelbilder (Fotos) mit einem großen Farb- oder Graubereich oder Bilder mit Vektorverläufen bzw. Verlaufsgittern.

> **Stapelweise Optimierung**
>
> *Datei > Für Web und Geräte speichern* und das Bedienfeld *Aktionen* lassen sich zur stapelweisen Optimierung von GIF-Dateien mit einer gemeinsamen benutzerdefinierten Farbpalette kombinieren. Kopieren Sie die Gruppe der Illustrator-Dateien, welche dieselben Farben verwenden sollen, in eine neu angelegte Datei. Ermitteln Sie im Dialogfenster *Für Web und Geräte speichern* die optimale Farbkombination und -anzahl und wählen Sie dann *Farbtabelle speichern* aus dem unteren Popup-Menü. Schließen Sie diese Datei und öffnen Sie eine der einzelnen Illustrator-Dateien. Beginnen Sie mit der Aufzeichnung einer neuen Aktion, wählen Sie dann *Für Web und Geräte speichern*, laden Sie die Farbtabelle und speichern Sie die Datei. Diese benutzerdefinierte Aktion können Sie nun automatisch zur Bearbeitung Ihrer restlichen GIF-Dateien ablaufen lassen.
>
> *Cynthia Baron*

kleiner ist als der Gamut von RGB und voraussagbare Druckergebnisse liefert, sollten Sie Ihr Grafikmaterial sinnvollerweise *zunächst* in CMYK erstellen. *Später* können Sie es zur Anzeige auf einem Monitor nach RGB exportieren. Der RGB-Gamut ist breiter, die CMYK-Farben werden also bei der Umwandlung des Dokuments nicht begrenzt oder verschoben.

- Konvertieren Sie Ihr Grafikmaterial nicht mehrfach zwischen RGB und CMYK. Bei der Umwandlung von RGB nach CMYK wird ein Farbbereich (Gamut) in einen kleineren Farbbereich gezwängt. Bei diesem Vorgang werden bestimmte Farben entweder beschnitten oder verschoben, was zu sumpfigen oder gedämpften Farben führen kann. (In der *Illustrator-Hilfe* finden Sie Hinweise zum Beschneiden oder Verschieben von Farben zwischen den Gamuts sowie zur Auswahl der richtigen Priorität im Dialogfenster *Farbeinstellungen*.)

### Die Web-Farbfeldbibliothek

Die 216 Webfarben zur zuverlässigen Darstellung von Bildern im Web werden heutzutage im Webdesign nicht mehr als so wichtig angesehen wie früher. Die Grafikkarten befinden sich jetzt auf einem Stand, der den meisten Anwendern Tausende oder Millionen von Farben beschert. Wenn Sie dennoch ganz auf Nummer Sicher gehen wollen und auch Benutzer sehr alter Hardware Ihre Farben genauso sehen sollen, wie Sie es festgelegt haben, können Sie weiterhin auf die Webfarben zurückgreifen.

### URLs zuweisen und Slices erzeugen

Im Bedienfeld *Attribute* können Sie interaktive, auf markierten Objekten oder rechteckigen Auswahlbereichen basierende Imagemaps definieren. Diesen lässt sich dann eine URL (Uniform Resource Locator) zuweisen, die in einem Web-Browser betrachtet werden kann und auf andere Webseiten oder E-Mail-Adressen verweist. Aus markierten Objekten mit abgerundeten Kanten erstellte Imagemaps können sich entweder an der Objektkontur oder mit der Option *Rechteck* an den äußersten Kanten der Form orientieren.

Aus Markierungen erstellte Slices passen ihre Größe und Position automatisch an, wenn sie auf der Zeichenfläche verändert werden. Beim Export Ihrer Dokumente mit der Option *HTML und Bilder* erzeugt Illustrator ein einzelnes Bild der Seite in dem von Ihnen gewählten Format (GIF, JPG, PNG etc.). Der HTML-Code wird mit den Hotspots und URLs in einer Seite abgelegt.

**Anmerkung:** Imagemaps können als SWF exportiert werden. Diese Dateien funktionieren im Flash-Player oder einem Web-Browser mit installiertem Flash-Plug-in. Wenn Sie die SWF- oder AI-Datei jedoch in Adobe Flash Professional importieren, geht die Interaktivität verloren und muss dort neu erstellt werden. In den Flash-Hilfedateien finden Sie Näheres zur Erstellung von Flash-Imagemaps mit ActionScript.

Weisen Sie einer Auswahl eine URL zu, indem Sie das Bedienfeld *Attribute* (*Fenster > Attribute*) öffnen, aus dem Popup-Menü *Imagemap* den Typ der Imagemap auswählen und die URL in das Textfeld eingeben (in der in diesem Kapitel enthaltenen Galerie der „Gulf Shores"-Webseite erfahren Sie mehr zur Erzeugung von Imagemaps). Wenn Sie die URL überprüfen wollen, klicken Sie im Bedienfeld *Attribute* auf die *Browser*-Schaltfläche. Damit starten Sie Ihren Standardbrowser und öffnen automatisch den Link, falls er gültig ist. Sie können die Datei exportieren, indem Sie *Für Web und Geräte speichern* aufrufen und beim Abspeichern das Format *HTML und Bilder* (*.html) wählen.

Slices besitzen eine feste Größe und werden als rechteckige, über Ihrem Grafikmaterial platzierte Objekte dargestellt. Ihre Größe passt sich nicht automatisch an die Skalierung des Bilds an. Sie können Sie von Hand skalieren, indem Sie ihre Mitte oder Kanten mit dem *Slice-Auswahl*-Werkzeug ziehen. Das Erstellen von Slices kann bei der Arbeit mit Schaltflächen hilfreich sein. Sie können einen klickbaren Bereich definieren, der größer als die Schaltfläche ist. Dadurch erleichtern Sie die Navigation auf der Website.

Beim Exportieren Ihres Dokuments als *HTML und Bilder* wird Ihre gesamte Seite nahtlos in eine Reihe von Bildern und HTML-Code mit URLs aufgeteilt.

Wenn Sie ein Slice anlegen möchten, dessen Position sich beim Aktualisieren des zugrunde liegenden Grafikmaterials nicht verändert, wählen Sie *Objekt > Slice > Aus Auswahl erstellen* oder zeichnen Sie das Slice mit dem *Slice*-Werkzeug von Illustrator. (In Photoshop wird dieser Slice-Typ als Benutzer-Slice bezeichnet.) Als Attribute angewendete Slices werden bei Auswahl von *Datei > Exportieren > Photoshop (psd)* als ebenenbasierte Slices exportiert. Wenn Sie die exportierten Ebenen in Photoshop bearbeiten, werden die entsprechenden Slices aktualisiert, genau wie sie es in Illustrator getan hätten. Diese PSD-Exportoption funktioniert nur mit Slices, die nicht Teil einer Gruppe oder Unterebene sind. Alle anderen Slices werden als Benutzer-Slices exportiert.

> **Für Web und Geräte speichern**
>
> *Für Web und Geräte speichern* bietet zahlreiche Optionen zur Optimierung von Webgrafiken:
>
> - **Werkzeuge:** Mit einer begrenzten Werkzeugauswahl können Sie die Grafik zoomen, verschieben, Slices markieren und Farben aus dem Grafikmaterial aufnehmen.
> - **Ansichten:** Sie können Mehrfachansichten verwenden, um Kompressionseinstellungen und resultierende Bildqualität gegeneinander abzuwägen.
> - **Einstellungen:** Die vorgegebenen Kompressionseinstellungen sind leicht über das Menü *Vorgabe* zu erreichen. Wenn Sie noch nicht mit Webgrafiken gearbeitet haben, beginnen Sie mit einer dieser Einstellungen. Beim Auswählen verschiedener Vorgaben werden die verfügbaren Optionen abhängig vom Dateityp aktualisiert. Im Popup-Menü rechts vom Menü *Vorgaben* können Sie über *Einstellungen speichern* Ihre eigenen Einstellungen ablegen.
> - **Farbtabelle:** Die Farbtabelle aktualisiert die Anzahl der Bildfarben für GIF- und PNG-8-Dateiformate. Sie können über die Symbole am unteren Rand des Bedienfelds Farben sperren oder in die Webpalette verschieben.
> - **Bildgröße:** Klicken Sie auf das Register *Bildgröße* und geben Sie eine neue Größe ein, wenn Sie die Abmessungen der fertig optimierten Datei verändern möchten; dies wirkt sich nicht auf das Originalbild aus.
> - **Browser-Schaltfläche:** Klicken Sie zur Vorschau des optimierten Bilds in einem Browser auf die Schaltfläche *Vorschau in Standard-Browser* am unteren Rand des Dialogfensters.

### Welche GIF-Optionen sind für Sie geeignet?

- **Farbtabelle:** 8-Bit-Bilder haben maximal 256 Farben. Die Farbempfänglichkeit der perzeptiven Farbtabelle ist höher als die des menschlichen Auges. *Selektiv* legt mehr Wert auf die Farbgenauigkeit und entspricht der Voreinstellung.
- **Farben:** Eine Farbtabelle kann aus bis zu 256 Farben bestehen. Möglicherweise benötigt das Bild jedoch gar nicht so viele Farben. Wählen Sie beim Optimieren eine kleinere Anzahl aus, indem Sie die Farbanzahl in der Tabelle anpassen – je weniger Farben, desto kleiner die Datei.
- **Dither:** Mischt Farben innerhalb einer begrenzten Farbpalette. Die Einstellung *Diffusion* ist meist am besten. Passen Sie die Ditherstärke mit dem Regler an, um Streifenbildung in einfarbigen Bereichen zu vermeiden. Für Vektorgrafiken mit klar begrenzten Kanten sollten Sie auf Dithering verzichten.
- **Transparenz:** Verwenden Sie diese Option für nichtrechteckiges Grafikmaterial, das über mehrfarbigen Hintergründen platziert werden soll. Wählen Sie zur Reduzierung von Kantenartefakten aus dem Popup-Menü *Hintergrund* eine Farbe zum Mischen mit den transparenten Kanten.
- **Interlaced:** Hierbei wird dem Betrachter beim Herunterladen des Bilds eine niedrig auflösende Version angezeigt, die sich bis zum Erreichen der vollen Auflösung immer weiter aufbaut. Ein Bild ohne Interlacing wird zeilenweise geladen.

### In Ebenen zurückwandeln

In Illustrator können Sie jedes Ihrer mehrfachen oder angeglichenen Objekte auf seine eigene Ebene legen. Wenn Objekte auf separaten Ebenen liegen, lassen sich beispielsweise leichter Animationen erstellen. (Der Abschnitt „Export als Adobe Flash (SWF)" weiter hinten in diesem Kapitel erklärt, wie sich Material aus Illustrator zu Animationszwecken nach Adobe Flash verschieben lässt.)

Markieren Sie eine Ebene, Gruppe oder interaktive Angleichung mit einem Klick auf die <Gruppe> im Bedienfeld *Ebenen* – ein bloßes Auswählen des Grafikmaterials genügt nicht. Wählen Sie als Nächstes *Ebenen für Objekte erstellen (Sequenz)* aus dem Bedienfeldmenü. Damit erstellen Sie für jedes einzelne Objekt innerhalb der aktuellen Gruppe oder Ebene eine neue Ebene. Verwenden Sie diese Option, wenn Sie die einzelnen Elemente separat in einem anderen Programm weiterbearbeiten oder eine sequenzielle Animation erstellen möchten (ein Objekt, dann das nächste).

Für einen additiven Effekt wählen Sie *Ebenen für Objekte erstellen (Aufbau)*. Anstelle eines einzelnen Objekts enthält jede neue Ebene nun ein weiteres Objekt. Am Ende erhalten Sie dieselbe Anzahl von Ebenen, deren Inhalt aber unterschiedlich ist. Verwenden Sie diese Option für „sich aufbauende" Animationen, welche die vorherigen Elemente enthalten.

**Anmerkung:** Wenn Sie eine AI-Datei speichern und nach Flash importieren, benötigen Sie übergeordnete Ebenen und keine Unterebenen, wie sie von der Illustratorfunktion *Ebenen für neue Objekte erstellen* angelegt werden. Markieren Sie alle Unterebenen von Hand und ziehen Sie diese auf die obere Hierarchieebene.

## Formate für den Dateiexport

### Für Web und Geräte speichern

Vielleicht gehen Sie davon aus, dass Sie Ihre Dateien aus Illustrator exportieren müssen, um sie in anderen Programmen weiterverarbeiten zu können. Beachten Sie jedoch, dass Sie beim Übertragen nach Adobe Flash die besten Ergebnisse erzielen, wenn Sie Ihre Dateien *nicht* exportieren, sondern diese im Illustrator-Format (.ai) abspeichern und dann in Flash importieren. Eine wichtige Funktion für Webdesigner ist die Möglichkeit, optimierte Dateien aus dem Dialogfenster *Für Web und Geräte speichern* zu exportieren. GIF und JPEG sind die zwei am häufigsten verwendeten Grafikformate im Web (siehe Tipp „GIF oder JPEG?" auf Seite 376). Die GIF-Kompression funktioniert gut mit vektorbasierten Bildern oder Dateien mit großen einfarbigen Flächen. GIF-Dateien unterstützen 1-Bit-Transparenz, JPEGs nicht.

JPEG verfügt über variable Kompressionsstufen und funktioniert am besten für Bilder mit großem Farbbereich (wie Fotos oder Verläufe). Obwohl das JPEG-Format „verlustbehaftet" ist (beim Optimieren der Dateigröße gehen Bilddetails verloren), führt dieser Kompromiss doch meist zu qualitativ hochwertigen Bildern. JPEG ist daher für Webdesigner ein besonders nützliches Format.

PNG-24 ist ein verlustfreies Format mit 8-Bit-Transparenz (256 Transparenzstufen), das sich sowohl für Bilder mit kontinuierlichem Farbbereich als auch für Bilder mit großen Farbflächen gut eignet. Es ist nicht kompatibel mit sehr alten Browsern, falls für diese kein Plug-in installiert wurde. Als Faustregel kann eine Zielgruppe, die auf Bilder in den 216 Webfarben angewiesen ist, auch keine PNG-Dateien betrachten.

Zum Speichern einer Version Ihres Grafikmaterials für das Web wählen Sie *Datei > Für Web und Geräte speichern* und passen die einzelnen Optimierungseinstellungen an (siehe Tipp „Für Web und Geräte speichern" auf Seite 377). Falls Sie in Ihrer Datei Slices definiert haben, klicken und markieren Sie das zu optimierende Slice mit dem *Slice-Auswahl*-Werkzeug und wählen Sie dann einen Dateityp aus dem Popup-Menü *Optimierungsformat* aus.

Wenn Sie zwei oder mehr verschiedene Kompressionseinstellungen vergleichen möchten, klicken Sie eine der anderen Ansichtsoptionen, entweder *2fach* oder *4fach*. Größe und Format der fertigen Datei, Download-Zeit und Kompressionsdetails werden unter jedem Vorschaufeld aufgelistet.

Wenn Sie Ihr Grafikmaterial schließlich exportieren möchten, klicken Sie auf die Schaltfläche *Speichern*. Nun können Sie angeben, wie Ihre Dateien gesichert werden sollen. Wenn Sie Slices haben, können Sie die Bilder und auch HTML exportieren. Falls Sie *Für Web und Geräte speichern* nur geöffnet haben, um die Optimierungseinstellungen für Ihre Slices vorzunehmen, kehren Sie mit einem Klick auf die Schaltfläche *Fertig* zu Ihrer Datei zurück; Illustrator merkt sich alle angewendeten Einstellungen. In der *Illustrator-Hilfe* finden Sie eine komplette Beschreibung der Formatoptionen.

## Export als Adobe Flash (SWF)

Die besten Resultate erhalten Sie durch Speichern im Illustrator-Format (.ai) und späteres Öffnen in Adobe Flash. Dennoch kann der Export von SWF-Dateien sinnvoll sein, wenn Sie mit einer älteren Version von Macromedia Flash arbeiten oder wenn Sie die fertige Animation direkt in Illustrator erzeugen. Haben Sie Adobe Flash installiert, können Sie zwischen Illustrator und Flash auch

---

**Lineale auf Pixel umstellen**

Klicken Sie mit gedrückter Ctrl-Taste (Mac) oder der rechten Maustaste auf das Lineal (*Ansicht > Lineale einblenden*) und wählen Sie *Pixel* als neue Skaleneinteilung.

**Transparenz und Webfarben**

Selbst wenn Sie im RGB-Modus mit der Webpalette gearbeitet haben, erhalten Sie bei Verwendung von Illustrator-Transparenz Farbtöne außerhalb des Gamut, sobald das Grafikmaterial reduziert oder in eine Pixelgrafik umgewandelt wird. Dateien mit hohem Transparenzanteil sollten als JPEG und nicht als GIF abgespeichert werden, um zu starkes Dithering zu vermeiden.

## Adobe-Farbwähler

Illustrator unterstützt den Adobe-Farbwähler. Doppelklicken Sie auf das Farbfeld im Werkzeugbedienfeld oder im Bedienfeld *Farbe* zum Aufruf des Farbwählers. Mit dem Kontrollfeld *Nur websichere Farben* beschränken Sie den Farbwähler auf die Webpalette.

## Pixelvorschau

Über *Ansicht > Pixelvorschau* erhalten Sie eine in Pixel umgewandelte Vorschau Ihrer Vektorobjekte, falls der Zoomfaktor bei 200% oder mehr liegt. Vorsicht: Hier werden stets quadratische Pixel dargestellt, unabhängig von der von den Schnittbereichslinealen angezeigten anamorphischen Pixeleinstellung.

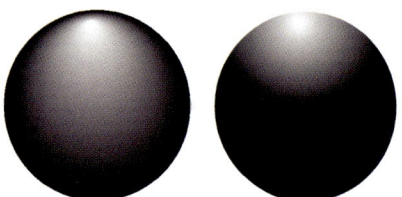

Nach SWF exportierte exzentrische radiale Verläufe. Links: mit *Aussehen beibehalten* exportierte SWF-Datei. Rechts: mit aktivierter Option *Bearbeitbarkeit* exportierte SWF-Datei.

## Device Central

Zur Simulation der Anzeige Ihres Grafikmaterials auf bestimmten tragbaren Geräten öffnen Sie *Datei > Für Web und Geräte sichern*, wählen ein Dateiformat aus dem Dropdown-Menü, klicken auf die Schaltfläche *Adobe Device Central* und wählen dann aus den verfügbaren Geräten Hersteller und Gerätebezeichnung aus.

Objekte hin und herziehen beziehungsweise kopieren und einfügen. Beachten Sie, dass Ihr Grafikmaterial beim Export nach SWF in viele einfache Objekte zerteilt werden kann, selbst wenn Sie Flash-Movieclips daraus erstellt haben.

Nachfolgend einige Strategien zur Maximierung der Qualität und Verwendbarkeit Ihrer Illustrator-Dateien in Flash:

• Verwenden Sie Illustrator-Symbole für sich wiederholende Objekte. In Illustrator können statt der Verwendung mehrerer Kopien des Originalobjekts sowohl Pixelbilder als auch Vektorgrafiken in *Symbole* umgewandelt werden, die sich mehrfach *platzieren* lassen (im Kapitel 5 „Pinsel & Symbole" erfahren Sie mehr über Symbole). Jedes Mal, wenn Sie eine Instanz eines Symbols platzieren, legen Sie eine *Verknüpfung* zu dem im Bedienfeld abgelegten Symbol an, statt das Grafikmaterial zu duplizieren. Dadurch verringert sich die Größe Ihrer Illustrator-Datei und gegebenenfalls auch die Größe der aus Illustrator exportierten SWF-Dateien – solange Sie nicht eines der Werkzeuge *Symbol färben*, *Symbol transparent gestalten* oder *Symbol gestalten* auf Ihre Symbole angewendet haben. Diese Werkzeuge können die Größe Ihrer exportierten SWF-Dateien sogar erhöhen, da die Instanzen aus der AI-Datei durch ihre Anwendung in der SWF-Datei zu Symbolen werden.

• Durch die Auswahl von *AI-Ebenen in SWF-Frames* wird jede Illustrator-Ebene in ein separates Flash-Frame umgewandelt. Dies ist eine Methode zum Export von Illustrator-Ebenen als einzelne Animationselemente.

• Nur teilweise innerhalb des Arbeitsbereichs liegende Pfade werden komplett exportiert, wenn Sie eine SWF-Datei erstellen. Um die Dateigröße möglichst gering zu halten, können Sie die überflüssigen Pfade dauerhaft löschen. Markieren Sie dazu Ihr gesamtes Grafikmaterial und ziehen Sie mit dem *Radiergummi*-Werkzeug und gedrückter Alt-Taste über den unnötigen Bereich, um rechteckige Pfadbereiche zu löschen.

• Beim Exportieren von SWF-Dateien schalten Sie zwischen den Optionen *Aussehen* und *Bearbeitbarkeit* um und überprüfen die optimierte Ansicht, falls sich irgendetwas verändert hat.

• Gestrichelte Konturen werden beim Export nach SWF in Pixel umgewandelt. Markieren Sie gestrichelte Konturen und wählen Sie *Objekt > Umwandeln*, damit die Konturen auch in Ihren SWF-Dateien als Vektoren vorliegen.

**PNG-24-Export für Video**

PNG-24 ist besonders nützlich, wenn Sie an Videoprojekten mit nichtquadratischen (anamorphischen) Pixeln arbeiten, die Pixelbilder statt Vektorgrafiken erfordern. Wählen Sie im Dialogfenster *Für Web und Geräte speichern* das *PNG-24-Format*, um die Bildauflösung optimal zu erhalten. Leider führt die Auswahl von PSD bei anamorphischen Bildern entweder zu einer Bildverzerrung beim Platzieren im Videoschnittprogramm oder zu einer Verringerung der Bildqualität beim Skalieren.

Zum Exportieren eines Pixelbilds aus einem Dokument, das mit dem Profil *NTSC DV Widescreen* erstellt wurde, verwenden Sie *Datei > Für Web und Geräte speichern* und wählen dann *PNG-24* als Format. Ändern Sie die Breite von 864 Pixel und die Höhe von 480 Pixel im Register *Bildgröße*, indem Sie das Kontrollfeld *Proportionen beibehalten* deaktivieren und dann 720 Pixel Breite und 480 Pixel Höhe eingeben (die anamorphischen Pixelabmessungen werden außerhalb des Dokumentbereichs mit den Schnittbereichslinealen angezeigt). Beim Öffnen der PNG-Datei in Photoshop wählen Sie *Bild > Pixel-Seitenverhältnis > D1/DV NTSC Widescreen (1.2)* und das Bild wird im korrekten Seitenverhältnis angezeigt.

---

**Dynamische Grafik mit GoLive**

Wenn Sie Adobe GoLive 6.0 oder höher installiert haben, können Sie mit Ihren dynamischen Grafiken einen Schritt weiter gehen. GoLive erkennt die dynamischen Inhalte von Illustrator. Speichern Sie Ihre Datei einfach im SVG-Format und importieren Sie sie als Illustrator Smart Object in GoLive. Sie können die in Illustrator definierten Variablen in GoLive verändern.

**CSS-Ebenen**

Mit Illustrator können Sie CSS-Ebenen (Cascading Style Sheets) exportieren. Moderne Browser verwenden DHTML, das die Überlappung von Bildebenen zulässt. Übergeordnete Ebenen können beim Exportieren aus dem Dialogfenster *Für Web und Geräte speichern* in CSS-Ebenen umgewandelt werden. Dort geben Sie im Register *Ebenen* an, welche Ebenen exportiert werden sollen.

**SVG-Browser-Plug-in**

Illustrator wird mit dem SVG 3.0-Browser-Plug-in ausgeliefert, das standardmäßig mitinstalliert wird. Achten Sie beim Erstellen von SVG-Grafiken darauf, dass Ihre Kunden ebenfalls den kostenlosen, auf www.adobe.com/svg erhältlichen SVG-Viewer installiert haben. Adobe hat den Support für den SVG Viewer am 1. Januar 2008 eingestellt. Möglicherweise benötigen Sie nun also ein anderes Plug-in, falls sich Sicherheitslücken auftun.

# Garten-Slices

Eine Webseite in Illustrator gestalten

**Überblick:** Richten Sie ein Dokument für die Gestaltung einer Webseite ein; strukturieren Sie das Grafikmaterial der Seiten mithilfe von Ebenen; erstellen Sie Hilfslinien zur Positionierung der Grafiken; speichern Sie das Abbild der Seite; unterteilen Sie die Grafiken in Slices und speichern Sie eine HTML-Datei oder in Slices unterteilte Bilddateien.

1

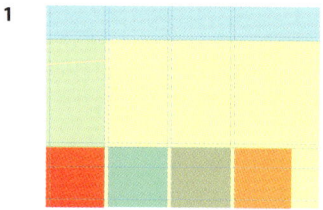

Gordon legte für die Website zunächst eine Bilddatei mit 700 x 500 Pixel an; dann erstellte er farbig gefüllte Rechtecke für die einzelnen Bereiche der Homepage und der nachfolgenden Seiten, die mit Bildern und Text gefüllt werden.

### Ganze Zeichenfläche exportieren einsetzen …

Das vorgegebene Web-Dokumentprofil verwendet zur Definition von Slice-Bereichen Schnittbereiche innerhalb einer riesigen Zeichenfläche (14400 x 14400 Pixel). Um *Ganze Zeichenfläche exportieren* mit vorhersehbaren Ergebnissen einsetzen zu können, begrenzen Sie Ihren möglichen Slice-Bereich. Wählen Sie dazu *Datei > Dokument einrichten* und verringern Sie die Größe der Zeichenfläche auf Ihren Schnittbereich. Beachten Sie, dass *Ganze Zeichenfläche exportieren* weiterhin mit Dateien mit dem Profil *Einfaches RGB* funktioniert; diese verwenden ebenso wie in den Vorgängerversionen die Seitengröße (keine Schnittbereiche) für das Slicing.

*Jean-Claude Tremblay*

Warum sollten Sie ein anderes Programm zum Design Ihrer Webseiten verwenden, wenn Sie gerne in Illustrator zeichnen und gestalten? Steven Gordon nutzte Illustrator zur Gestaltung und Anzeige von Webseiten. Er erzeugte Ausdrucke zur Kontrolle durch den Kunden, optimierte sein Grafikmaterial und unterteilte es in Slices, damit er es in seiner Web-Software verwenden konnte.

**1. Das Dokument einrichten.** Legen Sie zu Beginn des Gestaltungsvorgangs ein neues Dokument an (*Datei > Neu*). Wählen Sie im Dialogfenster *Neues Dokument* den Eintrag *Web* aus dem Menü *Neues Dokumentprofil*. Anschließend entscheiden Sie sich im Menü *Größe* für einen vorgegebenen Eintrag oder geben benutzerdefinierte Abmessungen ein. Da Ihr Grafikmaterial in einem Pixelgrafikformat wie GIF oder JPEG exportiert wird, ist es teilweise sinnvoll, die Pixelvorschau zu verwenden (*Ansicht > Pixelvorschau*). Hier zeigen Sie die Kantenglättung Ihres Grafikmaterials an, als wäre es bereits eine echte Pixelgrafik, und können dementsprechend bei Bedarf Anpassungen vornehmen.

**2. Seiten mit Ebenen strukturieren und Grafikmaterial hinzufügen.** Verwenden Sie das Bedienfeld *Ebenen* zur Gestaltung Ihres Layouts und zur Organisation der Seiteninhalte Ihrer Website. (Im Kapitel 6 „Ebenen & Aussehen" erfahren Sie mehr zu Ebenen.) Gordon legte eine Hauptebene für jede der fünf von ihm projektierten Webseiten an. Innerhalb dieser Ebenen erstellte er jeweils Unterebenen für Texte, Grafikmaterial und Bilder.

Nachdem Sie die Ebenenstruktur für Ihr Dokument eingerichtet haben, erstellen Sie mit *Voreinstellungen > Hilfslinien und Raster* ein Raster zur einfacheren Ausrichtung und Eingrenzung des

Grafikmaterials. Alternativ können Sie auch eine Reihe von Hilfslinien verwenden. Wählen Sie dazu *Ansicht > Lineale einblenden* (⌘/Strg+R) und ziehen Sie aus den Linealen Hilfslinien in die Seite. Diese lassen sich mithilfe der Bedienfelder *Steuerung* oder *Transformieren* präzise platzieren. (Achten Sie dabei darauf, dass *Ansicht > Hilfslinien > Hilfslinien sperren* deaktiviert ist.) Nun können Sie mit der Erstellung der Seiteninhalte beginnen.

**3. Ein Bild und Slices speichern.** Sobald Ihre Seiten fertig sind, können Sie von jeder Seite ein Bild als Vorlage für Ihre Webanwendung speichern. Verbergen Sie dazu einfach alle Ebenen bis auf die Hauptebene und die zugehörigen Unterebenen der Seite, die Sie exportieren möchten. Wählen Sie dann *Datei > Exportieren* und entscheiden Sie sich für ein Dateiformat, das mit Ihrer Webanwendung kompatibel ist. Sie können auch Text, Grafikmaterial und Bilder als Bild-Slices exportieren und diese in Ihrer Webanwendung zur Fertigstellung der Seiten verwenden. Teilen Sie das Grafikmaterial einer Ebene durch Auswahlbereiche, Hilfslinien oder das *Slice*-Werkzeug in Slices ein. Auch nicht zusammenhängende Objekte lassen sich in Slices zerlegen: Illustrator füllt die eventuellen Lücken zwischen den Objekten mit leeren Slices. Markieren Sie zunächst mit dem *Gruppenauswahl*-Werkzeug ein Objekt. (Wenn es sich bei dem Slice um ein maskiertes Bild handelt, klicken Sie auf die Schnittmaske, nicht auf das Bild.) Wählen Sie dann *Objekt > Slice > Aus Auswahl erstellen*. Wiederholen Sie diese Schritte, bis Sie alle erforderlichen Slices erstellt haben. Wenn Sie ein Slice entfernen möchten, markieren und löschen Sie es. Stattdessen können Sie auch seinen Namen (<Slice>) im Bedienfeld *Ebenen* auf das Papierkorbsymbol ziehen.

Wenn Sie mit dem Einteilen Ihres Grafikmaterials in Slices fertig sind, können Sie die Slices als Text und Bilder speichern. Wählen Sie *Datei > Für Web und Geräte speichern*; klicken Sie in dem Dialogfenster auf das *Slice-Auswahl*-Werkzeug und markieren Sie damit eines der Slices. Wählen Sie die Einstellungen, die Sie zum Speichern dieses Slice verwenden möchten. Für die Blumenbilder wählte Gordon *JPEG* als Dateiformat und aktivierte *Optimiert*, um kleinere Dateien zu erhalten. Nachdem er auf *Speichern* geklickt hatte, gab er einen Namen für die HTML-Datei an (dieser wurde auch automatisch als Grundlage für die Bezeichnung der einzelnen Slices herangezogen) und vergewisserte sich, dass im Popup-Menü *Format* der Eintrag *HTML und Bilder* ausgewählt war. Gordon öffnete die HTML-Datei in seiner Webanwendung und arbeitete dort weiter an der Entwicklung der Website.

2

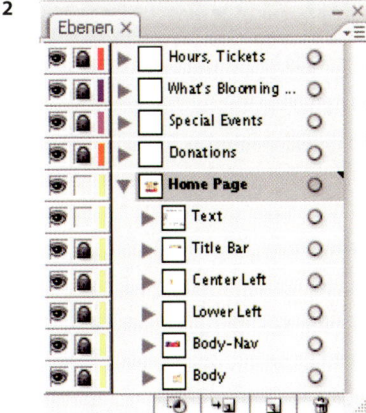

Die Ebenenstruktur des Webseitendesigns; die einzelnen Seiten sind Hauptebenen, die Unterebenen enthalten Elemente der Homepage.

3

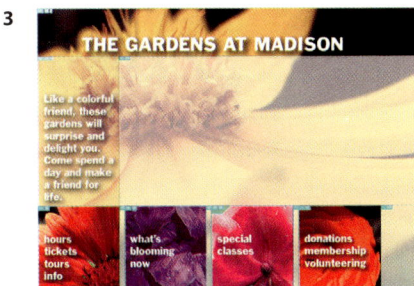

Die vom Befehl *Objekt > Slices > Aus Auswahl erstellen* angelegten nummerierten Slices

### 216 oder Millionen von Farben?

Die Palette der 216 ohne Fehlerdiffusion darstellbaren Webfarben wurde für die Anzeige von Text und Grafik auf 8-Bit-Monitoren entwickelt. Aber welcher Anwender ist heute noch auf 8-Bit-Farbe beschränkt? Kaum einer. Die meisten Rechner haben 24- oder 32-Bit-Grafikkarten und die Webfarben werden damit überflüssig. Sie können also aus Millionen statt aus nur 216 Farben wählen.

# Bilder stapeln

Ebenenbasiertes Grafikmaterial in Schlüsselbilder umwandeln

 LehnerWhyte-TheRedGrape.ai

**Überblick:** Zeichnen Sie Grafikmaterial für den Druck; gestalten Sie Animationssequenzen aus Grafikmaterial; legen Sie Ebenen an und layouten Sie Text und Bilder für Schlüsselbilder von Animationen; exportieren Sie Ebenen als Bilder nach Flash.

WHYTE / LEHNER & WHYTE, MURPHY / DIGITALKICK

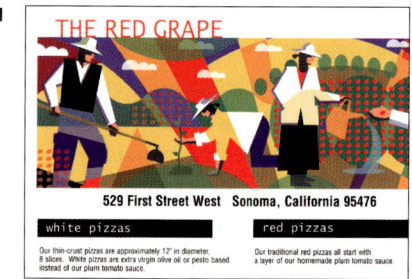

1

Ursprünglich für die gedruckte Speisekarte des Restaurants „The Red Grape" erstelltes Grafikmaterial

Planung einer Animationssequenz durch Positionierung von Objekten und Text am Anfang und am Ende der Sequenz

Nachdem Hugh Whyte Markenidentität, Speisekarte und Wandmalerei für das Restaurant „The Red Grape" in Sonoma, Kalifornien in Illustrator gestaltet hatte, stand von Lehner und Whyte noch eine weitere Aufgabe an. Er musste sein Grafikmaterial in Flash-Animationen für die Website des Restaurants (www.theredgrape.com) umwandeln. Der Schlüssel zur Wiederverwendung des Grafikmaterials bestand in der Entwicklung eines produktiven Workflow zwischen Illustrator und Adobe Flash, bei dem Whyte und Mark Murphy von DigitalKick mit der Software arbeiten konnten, die sie jeweils am besten kannten.

**1. Grafikmaterial zeichnen und Objekte und Texte für Schlüsselbilder planen.** Da seine Zeichnungen von Menschen und Speisen ursprünglich für die gedruckten Speisekarten bestimmt waren, nahm Whyte sie sich nochmals vor und bereitete sie als Flash-Animation für das Web vor.

In Illustrator können Sie bereits vorhandenes Grafikmaterial verwenden. Es ist hilfreich, wenn Sie sich vergegenwärtigen, wie Ihr Grafikmaterial sich in den Animationssequenzen verhalten wird. Bestimmen Sie die Start- und Endpositionen jedes Objekts in der Filmsequenz. Planen Sie auch, wo die Objekte in der Sequenz ihre Bewegungsrichtung ändern.

**2. Grafikmaterial auf Ebenen anordnen.** Um ihre Zusammenarbeit zu erleichtern, dachten sich Whyte und Murphy einen Workflow aus, in dem Whyte die von Murphy später als Schlüsselbilder verwendeten Grafiken in Illustrator erstellte. So können Sie ebenfalls vorgehen und sogar die Animation in Flash selbst erstellen. Dabei legen Sie in Illustrator den Grundstein für Ihre Animation.

Wählen Sie *Datei > Neu* und wählen Sie *Web* als Dokumentprofil. Kopieren Sie ein Vektorbild oder ein Vektorlogo, fügen Sie es in Ihre neue Datei ein und wandeln Sie es in ein Symbol um. Markieren Sie dazu alle Pfade und klicken Sie auf die Schaltfläche *Neues Symbol* am unteren Rand des Bedienfelds *Symbole*. Wählen Sie in den Symboloptionen *Filmclip*. Ihr Bedienfeld *Symbole* enthält nun ein neues Symbol und die Pfade auf Ihrer Zeichenfläche wurden in eine Instanz dieses Symbols umgewandelt. Flash kann Illustrator-Ebenen in Schlüsselbilder für die Animation umwandeln. Falls Sie gedrehte oder skalierte Symbole oder Symbole mit Transparenzunterschieden von Ebene zu Ebene verwenden, kann Flash automatisch alle zwischen den Schlüsselbildern liegenden Einzelbilder erstellen.

Wenn Sie immer nur ein Symbol gleichzeitig animieren, können Sie Ihren Inhalt in einer einzelnen Illustrator-Ebene anordnen und dann vor dem Importieren in Flash Ebenen für die Symbole erstellen. Halten Sie die Anzahl der in Illustrator erstellten Schlüsselbilder möglichst gering, da das Bewegungs-Tweening von Flash gleichmäßig verteilte Zwischenbilder erzeugt, die sich leichter handhaben und mit Musik synchronisieren lassen.

Zum Erstellen einer Animation, in der ein Symbol die „Bühne" (den sichtbaren Bildschirmbereich) betritt, die Bühnenmitte passiert und anschließend die Bühne verlässt, platzieren Sie die erste Instanz Ihres Symbols zunächst außerhalb der Seitenbegrenzung. Ziehen Sie die erste Instanz nun mit gedrückter Alt-Taste auf die Zeichenfläche. Sie ergibt später das zweite Schlüsselbild. Drehen oder skalieren Sie das Symbol oder verändern Sie seine Transparenz und wiederholen Sie diesen Vorgang so oft wie nötig, ehe das Symbol die Zeichenfläche wieder verlässt. Um Ihr Grafikmaterial in Schlüsselbilder umzuwandeln, die von Flash erkannt werden, legen Sie für jedes Symbol auf der Zeichenfläche eine leere Ebene an. Markieren Sie dann jedes Symbol einzeln und ziehen Sie die Auswahlmarkierung im Bedienfeld *Ebenen* nach oben auf die nächste Ebene. Wiederholen Sie dies, bis jedes Symbol auf einer eigenen Ebene liegt. Sichern Sie die Datei als Illustrator-eigene AI-Datei und importieren Sie sie direkt auf die Bühne von Adobe Flash, indem Sie beim Konvertieren von Ebenen die Option *Schlüsselbild* wählen.

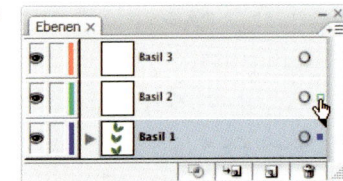

Die Symbole wurden auf der Zeichenfläche markiert und anschließend wurde die Auswahlmarkierung im Bedienfeld *Ebenen* zum Verschieben der Symbole auf einzelne Ebenen gezogen.

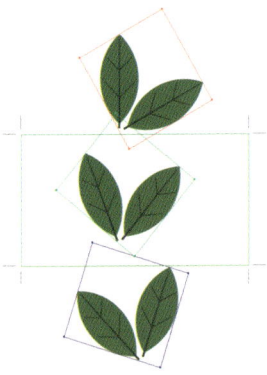

Auf drei Ebenen angeordnete Symbolinstanzen für die fertige Animationssequenz; die Ebenen werden beim Import nach Flash zu Schlüsselbildern.

Die Illustrator-Symbole auf der Flash-Bühne nach der Anwendung eines Formtweenings (bei aktivierter Zwiebelschichtansicht)

# Wie der Blitz

Grafikmaterial für eine Flash-Animation erstellen

 AtteberryKevan_FlashLemur

**Überblick:** Skizzieren Sie Charaktere; erstellen Sie Pinsel und Angleichungsobjekte für Teile, die sich in der Animation bewegen; speichern Sie das Grafikmaterial als statische AI-Datei und SWF-Animation; betrachten Sie die Animationsvoransicht in Illustrator; importieren und tweenen Sie die Grafiken in Flash.

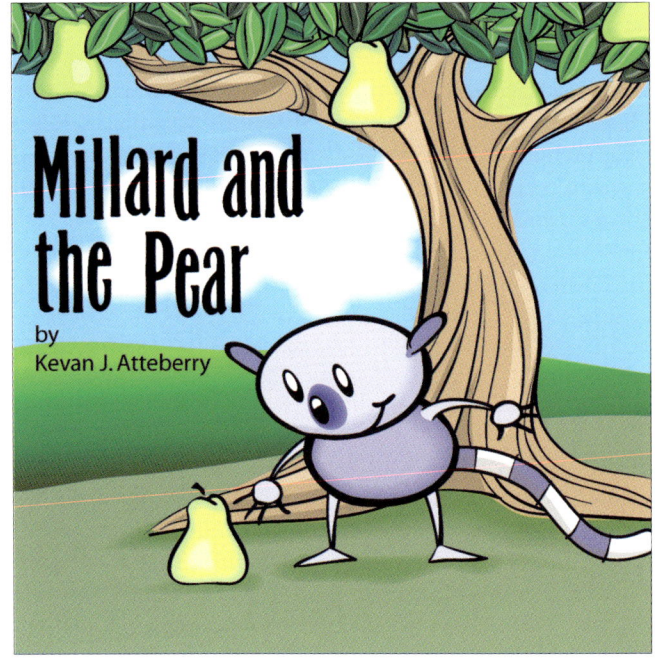

1

Mit einem benutzerdefinierten kalligrafischen Pinsel skizzierte Teile von Charakteren (im Kapitel 5 „Pinsel & Symbole" erfahren Sie mehr zu Pinseln)

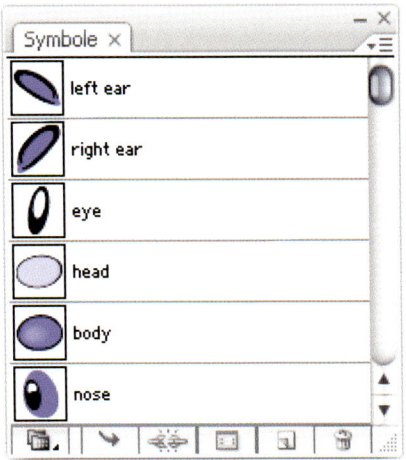

Das Bedienfeld *Symbole* mit großer Listenansicht

Der Künstler und Animator Kevan Atteberry aus Seattle weiß, wie er bei der Vorbereitung von Grafiken für Flash-Filme das meiste aus Illustrator herausholen kann. Er verwendet seine Illustrator-Datei nicht nur als Skizzenblock mit Augen, Ohren, Armen und Beinen seiner später zu animierenden Charaktere, sondern er verwendet auch das Bedienfeld *Ebenen* zur Voransicht von Teilen der Animation. Bei seiner Arbeit in Illustrator exportiert er auch eine Flash-Animation, die er als Entwurfsfassung des fertigen Films verwenden kann.

**1. Charaktere skizzieren, Körperteile zeichnen.** Atteberry fing mit einem benutzerdefinierten kalligrafischen Pinsel an. Damit skizzierte er eine Reihe von Gesichtsausdrücken und Posen und feilte so lange am Erscheinungsbild eines Lemuren, bis er mit seiner Interpretation zufrieden war und er mit der Konstruktion der Körperteile des Affen beginnen konnte. Wenn Sie Teile Ihres Charakters zeichnen, können Sie Ihre Grafiken entweder als Illustrator-Objekte belassen oder sie in Symbolinstanzen umwandeln. In Illustrator werden zur Konvertierung von Grafiken in Symbole weniger Arbeitsschritte benötigt als in Flash. Außerdem werden eventuell aus Illustrator exportierte Flash-Filme kleiner und laden daher auch schneller, wenn Sie die Bestandteile Ihrer Charaktere in Symbole umwandeln.

Zum Erstellen von Symbolinstanzen markieren und ziehen Sie jedes gezeichnete Körperteil in das Bedienfeld *Symbole* (oder drücken F8). Nach dem Freigeben der Maustaste fügt Illustrator das Grafikmaterial dem Bedienfeld *Symbole* als Symbol hinzu und ersetzt die markierte Grafik durch eine Instanz des soeben generierten Symbols. (Im Kapitel 5 „Pinsel & Symbole" erfahren Sie mehr über Symbole und Instanzen.)

**2. Pinsel erstellen, Angleichungen für Objekte anlegen, Angleichungen umwandeln und Symbole erstellen.** Für jedes zu animierende Teil müssen Sie eine Sequenz der Bewegungen dieses Teils erzeugen – zum Beispiel für ein gestrecktes Bein, das sich abwinkeln soll. Atteberry legte Bildpinsel für die beweglichen Teile des Lemuren an, damit er jedes Teil in der Bewegungssequenz mit dem Pinsel zeichnen konnte. (Damit ersparte er sich die Mühe, für jeden Teil der Sequenz neues Grafikmaterial zu erstellen.) Zeichnen Sie zunächst eine gerade Version des Teils. Wenn Sie mit dem Aussehen zufrieden sind, ziehen Sie es in das geöffnete Bedienfeld *Pinsel*. Im Dialogfenster *Neuer Pinsel* wählen Sie *Neu: Bildpinsel*.

Als Nächstes erstellen Sie das Grafikmaterial für die beiden Extreme der Bewegungssequenz. Zeichnen Sie das gerade Teil und ein paar Zentimeter daneben das abgewinkelte Teil. Markieren Sie beide Pfade und wenden Sie auf beide den Bildpinsel an. Um nun weitere Teile der Bewegungssequenz zu erstellen, vergewissern Sie sich, dass beide Pfade markiert sind, und wählen Sie *Objekt > Angleichen > Erstellen*; wählen Sie dann *Objekt > Angleichen > Angleichung-Optionen* und geben Sie im Feld *Abstand: Festgelegte Stufen* die Anzahl der Zwischenschritte ein. Verwenden Sie eventuell eine kleine Anzahl von Angleichungsschritten – Atteberry verwendet drei oder vier – damit bei der Verwendung in einer Flash-Animation die SWF-Datei weniger Bilder und somit eine geringere Dateigröße aufweist. Wandeln Sie schließlich das Angleichungsobjekt um (*Objekt > Angleichen > Umwandeln*) und heben Sie seine Gruppierung auf, damit Ihnen unabhängige Objekte zur Konstruktion der Posen für die Bewegungssequenz vorliegen.

**3. Vorschau Ihrer Animation und Export als SWF.** Zur Vorbereitung Ihrer Datei auf die Animation legen Sie zunächst ebenso viele Ebenen an, wie Sie Bilder zur Darstellung der Bewegungssequenz benötigen. Behandeln Sie jede Ebene als Bild der Animation und stellen Sie das Grafikmaterial für eine bestimmte Pose oder einen bestimmten Animationsschritt auf der jeweiligen Ebenen zusammen. Gehen Sie die einzelnen Ebenen durch

2

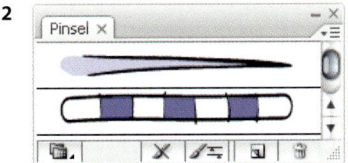

Zwei der von Atteberry für die beweglichen Teile angelegten Pinsel

Das ausgestreckte und das angewinkelte Lemurbein stellen die Extreme einer Bewegungssequenz dar; sie dienten Atteberry zur Erstellung einer Angleichung.

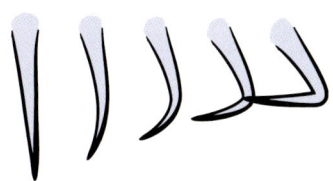

Eine Angleichung in drei Schritten zwischen dem gestreckten und dem angewinkelten Bein

### Von Illustrator zu Flash

Wenn Sie Adobe Flash einsetzen, speichern Sie Ihre Illustrator-Datei und importieren Sie diese nach Flash. Falls Sie eine ältere Version von Macromedia Flash einsetzen, erhalten Sie wahrscheinlich bessere Ergebnisse, wenn Sie *Datei > Für Web und Geräte speichern* oder *Datei > Exportieren* und nachfolgend *SWF* wählen. Beachten Sie unbedingt, dass Sie die Kurvenqualität im SWF-Exportdialog auf 10 erhöhen müssen, damit die Pfade in Flash genauso aussehen wie in Illustrator; ansonsten werden Pfade und Bézier-Kurven vereinfacht und leicht verändert.

3

Vorschau eines Bewegungsablaufs im Bedienfeld *Ebenen*, das als primitiver Filmprojektor dient

> **In Flash einfügen**
>
> Sie können Grafikmaterial aus Illustrator kopieren und in Flash einfügen. Passen Sie jedoch auf: Illustrator-Grafikmaterial mit komplexen Stilen und Pixeleffekten wird beim Einfügen in Flash teilweise in Pixelgrafik umgewandelt und büßt dabei möglicherweise seine Transparenzeinstellungen ein.

und erzeugen Sie dabei verschiedene Darstellungen des Charakters, bis dieser alle gewünschten Posen eingenommen bzw. Bewegungen ausgeführt hat, die Sie in der Voransicht betrachten möchten. Wenn alle Ebenen fertig sind, können Sie Ihre Animation als SWF exportieren und in einem Browser oder Flash-Player betrachten. Dazu wählen Sie *Datei > Für Web und Geräte speichern*. Wählen Sie *SWF* aus dem Popup-Menü *Optimierungsformat* und *AI-Datei in SWF-Datei* aus dem Menü *Exporttyp*. Falls Ihre Animation ohne kompliziertere Funktionen der Flash-Software auskommt, können Sie die endgültige Version von Illustrator aus exportieren.

Sie können direkt in Illustrator noch eine weitere Animationstechnik zur Bewegungsvorschau nutzen. Atteberry erstellte eine Entwurfsversion von einem Animationsteil, um sich die Objekte und ihren Bewegungsablauf vorab anzusehen. Eine solche Vorschau erhalten Sie, indem Sie zunächst die oben beschriebenen Schritte zur Positionierung von Körperhaltungen auf einzelnen Ebenen befolgen. Nachdem Sie all Ihre Ebenen mit Grafikmaterial gefüllt haben, wählen Sie *Bedienfeldoptionen* aus dem Menü des Bedienfelds *Ebenen*. Markieren Sie zur Anzeige großer Miniaturen das Kontrollfeld *Nur Ebenen einblenden* und geben Sie *100* Pixel in das Feld *Andere* ein. Zur Vorschau der Animation platzieren Sie den Mauszeiger über einem Scrollpfeil des Bedienfelds *Ebenen* und drücken die Maustaste. Die Ebenenminiaturen laufen nun wie in einem Filmprojektor durch.

**4. Ihre Datei zum Import in Flash speichern.** Zur Erstellung komplexer Animationen mit Audio oder interaktiven Funktionen anhand Ihres Grafikmaterials in Flash speichern Sie eine Illustrator-AI-Datei statt einer SWF-Datei. In Flash importieren Sie Ihre AI-Datei direkt auf die Bühne und aktivieren in der Gruppe *Konvertieren* das Optionsfeld *Schlüsselbilder*. Ihre gesamte Animation wird dann korrekt auf der Zeitleiste angeordnet. Außerdem werden alle Ihre Symbole zur späteren Wiederverwendung in die Bibliothek aufgenommen, was auch die Ladezeiten verkürzt. Damit Ihre Animation ruckelfrei abgespielt wird, können Sie die Bildrate in der Zeitleiste erhöhen und dann mittels Tweening zwischen gedrehten und skalierten Symbolen die Bewegungssequenzen optimieren. Auf umgewandelte Pinsel können Sie auch Formmarken anwenden, um die Bewegungen fein abzustimmen.

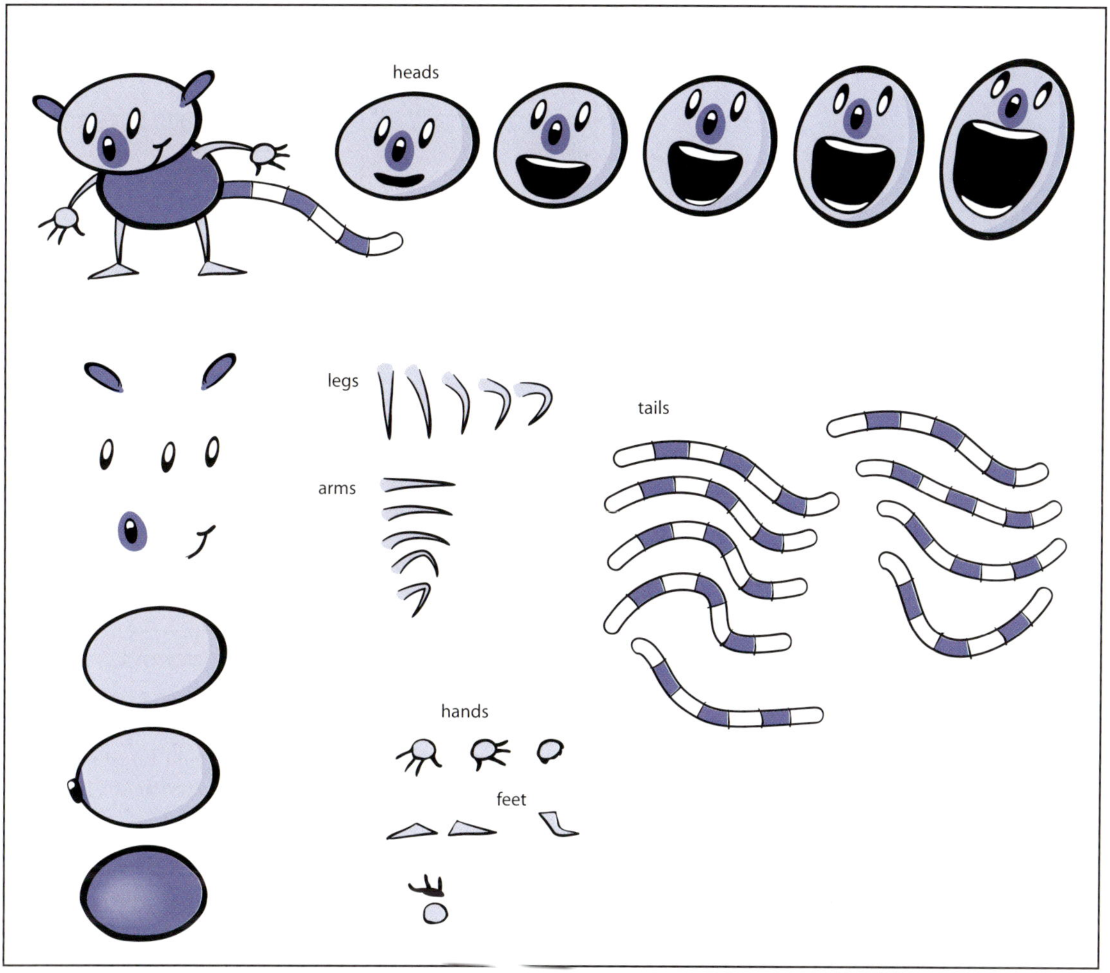

# GALERIE

 AtteberryKevan_FlashLemur

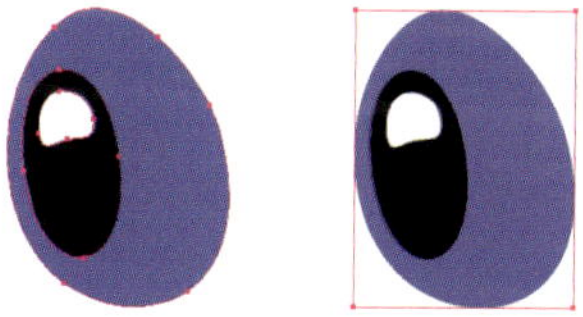

## Kevan Atteberry

Als Hilfestellung bei der Konstruktion seiner in der vorhergehenden Lektion beschriebenen Animation „Millard and the Pear" entwickelte der Künstler Kevan Atteberry eine Datei mit wiederverwendbaren Teilen – einen „Comic-Anatomiesaal" –, aus dem er Teile kopierte und in seine Animation einfügte. Damit die Dateigröße der Animation gering blieb, konvertierte Atteberry die Körperteile in Symbolinstanzen, indem er sie ins Bedienfeld *Symbole* zog. Wenn er ein Symbol in einer Datei bearbeiten musste, doppelklickte er entweder im Bedienfeld *Symbole* oder auf der Zeichenfläche auf das Symbol, um in den Symbolbearbeitungsmodus zu wechseln. Er bearbeitete das Symbol dann nach seinen Vorstellungen und verließ den Symbolbearbeitungsmodus durch einen erneuten Doppelklick auf die Zeichenfläche. Das bearbeitete Symbol wurde im Bedienfeld *Symbole* automatisch aktualisiert, ebenso sämtliche Symbolinstanzen.

# Teile animieren

Dateien zur Erstellung von Animationen vorbereiten

 *LushTerry_Animationen*

## Illustrator mit After Effects

**Überblick:** Erzeugen Sie Grundelemente; zerteilen Sie Elemente mit dem *Messer*-Werkzeug; ordnen Sie die *<Pfad>*-Elemente und teilen Sie diese in Ebenen auf; exportieren Sie die Datei zur Erstellung der eigentlichen Animation.

**1**

Nach dem Zeichnen des Schriftzugs „huge" mit dem *Zeichenstift*-Werkzeug erstellte Lush „records" und „TM" mit dem *Text*-Werkzeug. Anschließend konvertierte er den Text in Pfade, damit er die Form mit dem *Direktauswahl*-Werkzeug verändern konnte (die fertigen Objekte oben in der Pfadansicht, unten im Vorschaumodus).

**2**

Das Grafikmaterial nach dem Zerschneiden der Objekte, oben in der Pfadansicht, unten im Vorschaumodus (die Teile wurden in der Vorschau verschoben, damit Sie die Schnitte erkennen können)

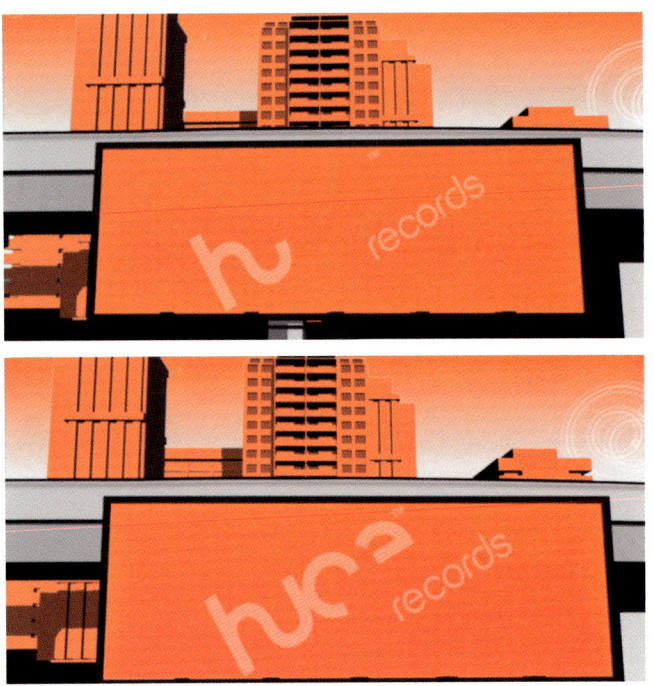

Terry Lush erstellte den Illustrator-Teil dieser Animation für ein fest auf der Website von hugerecords.com platziertes „latest record release"-Banner.

**1. Die Grundelemente erstellen.** Verwenden Sie für Ihre Grundelemente beliebige Werkzeuge. Lush zeichnete die Konturen von „huge" auf der Grundlage der Schrift „Bauhaus" mit dem *Zeichenstift*-Werkzeug. Anschließend erstellte er die Schriftzüge „records" und „™" mit dem *Text*-Werkzeug und wandelte den Text in Pfade um (*Schrift > In Pfade umwandeln* oder ⌘/Strg+⇧+O), damit er die Buchstabenpfade mit dem *Direktauswahl*-Werkzeug nachbearbeiten konnte. Lush speicherte während der Arbeit unterschiedliche Stadien seiner Datei.

**2. Schnittlinien zeichnen.** Zeichnen Sie für die späteren Schnittstellen Hilfslinien (mit der Tastenkombination ⌘/Strg+5 wandeln Sie Objekte in Hilfslinien um). Lush zerteilte die Buchstaben mit dem *Messer*-Werkzeug (unter dem *Schere*-Werkzeug). Für gerade Schnitte hielt er beim Klicken und Ziehen mit dem Messer die Alt-Taste gedrückt (und für gerade Linien zusätzlich die ⇧-Taste). Die Objekte links werden zuerst in der Pfadansicht und dann im Vorschaumodus dargestellt (die Teile wurden im Vorschaumodus auseinandergerückt, damit Sie die Schnitte erkennen können).

**3. Die Animation sortieren und die Elemente auf Ebenen verteilen.** Um die Reihenfolge der einzelnen Teile in der Animation zu ermitteln, wandelte Lush die Ebene mit den einzelnen (Schnitt-)<Pfad>-Elementen um. Zunächst blendete er alle Pfade aus und experimentierte mit der einzelnen Einblendung von Pfaden, bis er die Reihenfolge herausgefunden hatte, in der die Pfade erscheinen sollten. Er sortierte die <Pfad>-Elemente dann gemäß dieser Betrachtungsreihenfolge um.

Nachdem Sie die Pfade innerhalb einer Ebene in die richtige Reihenfolge gebracht haben, müssen Sie jedem <Pfad> seine eigene Ebene zuweisen. Dazu klicken Sie die Bezeichnung der Ebene mit den Pfaden an und wählen aus dem Menü des Bedienfelds *Ebenen* den Punkt *Ebenen für neue Objekte erstellen (Aufbau)*. Markieren Sie nun diese Unterebenen (klicken Sie die oberste Ebene an und dann mit gedrückter ⇧-Taste die unterste) und ziehen Sie sie über die übergeordnete Ebene, damit sie keine Unterebenen mehr sind.

**4. Die Animation erzeugen und Variationen erstellen.** Lush importierte die in Ebenen gegliederte Illustrator-Datei in After Effects (eine Probeversion von AE sollte auf www.adobe.com/products/aftereffects/ zum Download bereitstehen). Hier markierte er alle Ebenen und kürzte die Länge der Ebenen auf sieben Frames. Über *Animation > Keyframe-Assistent > Sequenzebenen* nahm er die Einstellungen für die Sequenz so vor, dass jede Ebene über sieben Frames hinweg beibehalten wurde und sich dann über zwei Frames hinweg in die nächste Ebene überkreuzt auflöste. Der Keyframe-Assistent ordnet die Ebenen automatisch nacheinander an und erzeugte die überkreuzten Auflösungen durch Erzeugung von Schlüsselbildern mit der jeweils für den Übergang passenden Deckkraft. Nach dem Speichern der Datei exportierte Lush den After Effects-Film im QuickTime-Format. In seinem 3D-Programm Cinema 4D legte er die Animation auf die Oberfläche seiner in 3D berechneten Plakattafel, die an den Times Square erinnerte. Variationen wie die um 30° verdrehte Version rechts erzeugte Lush wieder in Illustrator aus einer Kopie der Datei. Er markierte alle Elemente (ohne sie zu gruppieren), doppelklickte auf das *Drehen*-Werkzeug, gab einen Winkel von 30° ein und klickte auf *OK*. Dann speicherte er diese Version und importierte sie in After Effects, wo er mit den oben beschriebenen Schritten eine Variation seiner Animation erstellte.

3

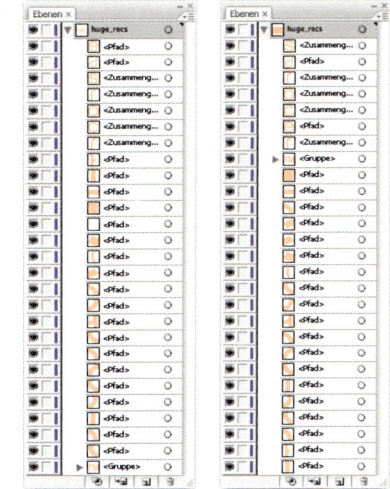

Nach dem Zerteilen der Objekte und nach dem Umordnen der Teile in die gewünschte Animationsreihenfolge

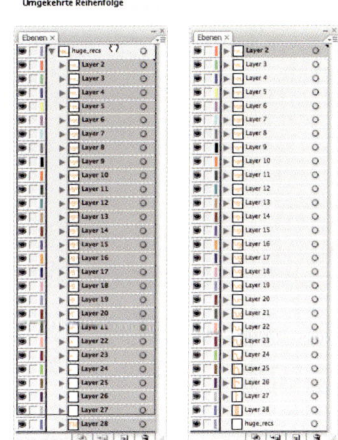

Die übergeordnete Ebene ist markiert und *Ebenen für Objekte erstellen (Aufbau)* wird gewählt, anschließend werden die Unterebenen aus der übergeordneten Ebene heraus verschoben.

4

Alle Objekte wurden in Illustrator zur Drehung der gesamten zerteilten Objektgruppe um 30° markiert, um die Animation abzuändern.

# Flash-Animation

Animierte Flash-Charaktere erstellen

 *Dashwood_Girl_On_TV.ai, Dashwood_Girl_On_TV.swf*

## Illustrator mit Flash

**Überblick:** Bereiten Sie Ihren Arbeitsbereich vor; zeichnen Sie Trickbilder; optimieren Sie die Dateigröße; importieren Sie in Flash; animieren Sie in Flash.

Der fertige Screen auf Dashwoods Website

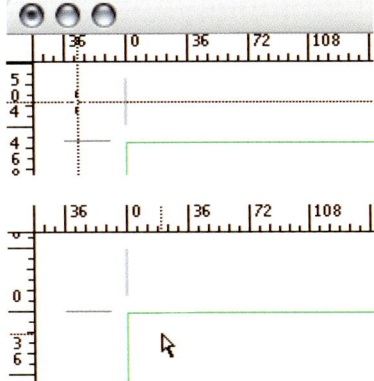

Verschieben Sie den Anfang der Zeichenfläche durch Ziehen des Schnittpunkts der Lineale.

Andrew Dashwood entwarf diese aus acht Bildern bestehende animierte Figur als Hintergrundelement einer größeren interaktiven Seite. Er verwendete Techniken, die nur minimalen Programmieraufwand in Flash benötigten, damit die Animation im Web in einer Schleife abgespielt werden konnte.

**1. Die Bühne einrichten.** Die Zeichenfläche von Illustrator entspricht der Bühne in Flash. Daher ist es sinnvoll, die Animation sorgfältig zu planen, ehe Sie mit dem Zeichnen beginnen. Wichtig ist, dass Sie sich die fertige Präsentation vorstellen können. Richten Sie im Vorfeld alles korrekt ein. Flash erkennt die Dokumentgröße von Illustrator und kann die Abmessungen seiner Bühne entsprechend anpassen. Flash importiert auch Ihre Pfade an der exakten Position, an der sie in Illustrator gezeichnet wurden. Dashwood legte zunächst ein neues Dokument mit einem RGB-Webprofil an. Alle Standardvorgaben wurden auf 4:3-Monitore angepasst. Also veränderte er die Abmessungen des Dokuments passend für die Browseranzeige eines 16:10-Breitbildmonitors. Dashwood wählte *Datei > Neu* und *Web* aus dem Dropdown-Menü *Neues Dokumentprofil* und stellte die Breite dann auf *739*, die Höhe auf *496 Pixel*.

Standardmäßig liegt in Illustrator der Ursprung von Linealen und Hilfslinien in der unteren linken Ecke der Zeichenfläche; die Lineale und Hilfslinien in Flash beginnen jedoch oben links. Damit Sie nicht durcheinanderkommen, setzen Sie daher den horizontalen Ursprung (X) des Lineals nach oben links: Wählen Sie *Ansicht > Hilfslinien einblenden* und ziehen Sie den Schnittpunkt der X- und Y-Lineale (der horizontalen und vertikalen Lineale) in die obere linke Ecke der Zeichenfläche.

**2. Die grundlegenden Animationsobjekte anlegen.** Als Rahmen für seine Animation zeichnete Dashwood zunächst zwei rechteckige Objekte in Form eines Fernsehbildschirms. Er markierte dann die beiden geschlossenen Pfade und verwendete das *Interaktiv-malen*-Werkzeug zum Füllen der äußeren Rahmenform mit einer Farbe. Als Nächstes markierte er die Fläche des inneren Rechtecks mit dem *Interaktiv-malen-Auswahl*-Werkzeug und löschte sie, so dass die Zeichenfläche durch den Bildschirm zu sehen war. Sobald Ihr Rahmen fertig ist, öffnen Sie das Bedienfeld *Ebenen* und doppelklicken auf den Titel der Ebene, in der Sie gearbeitet haben. Ändern Sie im Dialogfenster *Ebenenoptionen* den Standardnamen „Ebene 1" in „Vordergrund". Erstellen Sie nun im Bedienfeld *Ebenen* eine neue Ebene, indem Sie die Tasten ⌘/Strg+Alt gedrückt halten und das Symbol *Neue Ebene* anklicken. Dadurch öffnet sich das Dialogfenster *Ebenenoptionen*. Nennen Sie diese Ebene „Cel 1", klicken Sie auf *OK* und Ihre Ebene erscheint automatisch unterhalb der vorherigen Ebene. Sperren Sie dann die „Hintergrund"-Ebene durch Anklicken des Sperrschalters neben ihrer Bezeichnung. Zeichnen Sie mithilfe beliebiger Grundwerkzeuge das erste Bild Ihrer Animation, so dass es den Fernsehbildschirm ausfüllt. Da die Ankerpunkte der in dieser Ebene liegenden Pfade in die nachfolgenden Trickfilmbilder übernommen werden, sollten Sie die Pfade möglichst einfach, die Anzahl der Ankerpunkte demnach möglichst gering halten.

**3. Die Animation entwickeln.** Sie können mit dem Animationsprozess beginnen, indem Sie die zweite Version Ihres Charakters zeichnen. Wählen Sie „Cel 1" im Bedienfeld *Ebenen* und ziehen Sie diese Auswahl dann auf das Symbol *Neue Ebene*, um sie zu duplizieren. Doppelklicken Sie auf die gerade erstellte Ebene („Bild 1 Kopie") und benennen Sie sie in „Cel 2" um. Ziehen Sie diese Ebene im Bedienfeld *Ebenen* unter „Cel 1" und sperren Sie sie durch einen Klick auf die *Sperren*-Schaltfläche neben dem Ebenennamen. Verwenden Sie „Cel 1" als Vorlage zur Animation von „Cel 2", indem Sie mit gedrückter ⌘/Strg-Taste auf das Augensymbol neben „Cel 1" klicken. Diese Ebene erscheint daraufhin in der Pfadansicht, während alles andere im Vorschaumodus dargestellt wird. Verschieben Sie Pfade und Ankerpunkte von „Cel 2" mit dem *Direktauswahl*-Werkzeug oder den Werkzeugen zur Pfadbearbeitung, um den Anschein von Bewegung zwischen den Einzelbildern zu erwecken. Wiederholen Sie diese Schritte für die nachfolgenden Bilder Ihrer Animation.

**2**

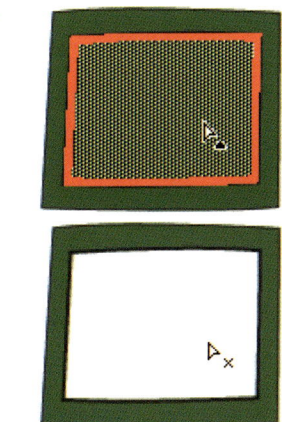

Markieren Sie die Innenseite des Bildschirms mit dem *Interaktiv-malen-Auswahlwerkzeug* und löschen Sie die Fläche, damit die darunterliegende Zeichenfläche zum Vorschein kommt.

**3**

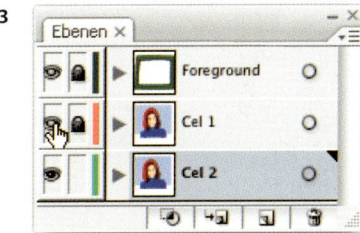

Klicken Sie das Augensymbol mit gedrückter ⌘/Strg-Taste an, um eine einzelne Ebene zwischen Pfadansicht und Vorschaumodus umzuschalten.

Erzeugen Sie durch Verschieben von Ankerpunkten und Bézier-Griffen auf der zweiten Ebene Bewegung.

4

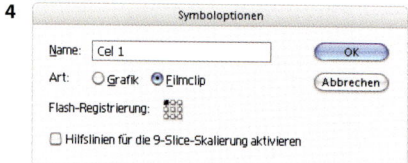

Beim Erstellen von Symbolen haben Sie die Wahl zwischen Grafik oder Filmclip.

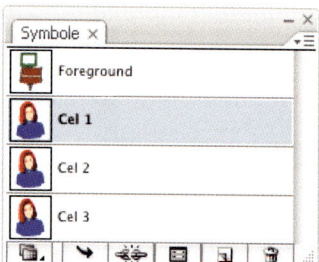

Das Bedienfeld *Symbole* mit Filmclips

5

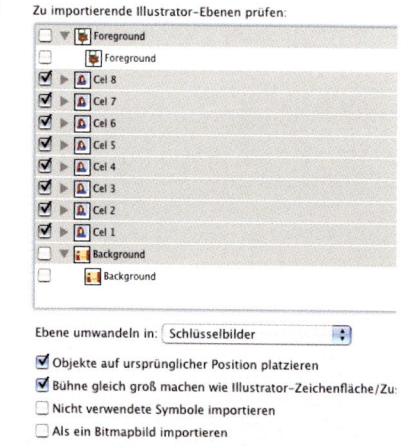

Im Dialogfenster *In Bühne importieren* können Sie die zu importierenden Symbole auswählen.

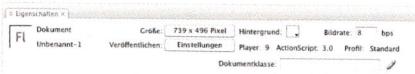

Die Bildrate des Films wird im Bedienfeld *Eigenschaften* verändert.

**4. Ihre Datei für den Import in Flash vorbereiten.** Zur Verringerung von Download-Zeit und Dateigröße der fertigen Animation können Sie im Bedienfeld *Symbole* Flash-Filmclips von jedem Animationsbild anfertigen. Symbolinstanzen lassen sich wiederholt in Flash verwenden, ohne dass die Dateigröße bedeutend erhöht wird. Erstellen Sie von jeder Ebene Ihrer Animation Filmclips, indem Sie alle Pfade auf der Ebene „Cel 1" markieren, dann die Schaltfläche *Neues Symbol* im Bedienfeld *Symbole* anklicken oder F8 drücken und den Symbolnamen „Cel 1" vergeben. Aktivieren Sie das Kontrollfeld *Filmclip* und wiederholen Sie den Ablauf für alle folgenden Trickfilmbilder. Wenn Sie mit Ihrer Animation fertig sind, speichern Sie das Dokument im Illustrator-AI-Format, damit sie direkt in die Flash-Bibliothek importiert werden kann.

**Anmerkung:** Seien Sie vorsichtig beim Benennen Ihrer Symbole in Illustrator. Bezeichnungen wie „frame" oder andere für ActionScript reservierte Wörter können beim Import in Flash zu Konflikten führen. In der Flash-Hilfe oder auf www.adobe.com finden Sie eine vollständige Liste dieser reservierten Namen.

**5. Die AI-Datei in Flash importieren.** Für den nächsten Teil dieser Lektion muss Adobe Flash auf Ihrem Rechner installiert sein. Falls Sie das Programm nicht besitzen, können Sie auf www.adobe.com eine für 30 Tage voll funktionsfähige Testversion herunterladen. Starten Sie Flash und wählen Sie *Datei > Neu*. Erstellen Sie dann im Register *Allgemein* eine neue Flash-Datei mit ActionScript 2.0 oder ActionScript 3.0. Die Bühne ist in Flash standardmäßig 550 Pixel breit und 400 Pixel hoch, die Bildrate liegt bei 12 Bildern pro Sekunde (BpS). Alle diese Einstellungen sind im Bedienfeld *Eigenschaften* zu sehen. Zum Importieren der in Illustrator erstellten Datei wählen Sie *Datei > Importieren > In Bühne importieren*. Das Dialogfenster *Importieren* enthält eine Liste aller von Ihnen erstellten Symbole und Ebenen. Stellen Sie sicher, dass die Auswahlfelder aller „Cel"-Symbole markiert, „Vordergrund" und „Hintergrund" jedoch nicht angewählt sind. Wählen Sie *Schlüsselbilder* aus der Dropdown-Liste *Ebenen konvertieren* und markieren Sie *Objekte auf ursprünglicher Position platzieren*. Die Bühne erhält dieselbe Größe wie die Illustrator-Zeichenfläche. Kehren Sie mit *OK* zur Bühne zurück. Wie Sie sehen, hat sie nun dieselben Abmessungen wie Ihr ursprüngliches Illustrator-Dokument und das Symbol „Cel 1" erscheint auf der Bühne an derselben Stelle wie in Illustrator. Überprüfen Sie auch, ob die anderen „Cel"-Symbole in chronologischer Reihenfolge auf der Zeitleiste platziert und in die Bibliothek aufgenommen wurden. Zur raschen Beurteilung des Erscheinungsbilds Ihres Films in einem separaten Fenster wählen Sie *Steuerung > Film testen* oder drücken Sie ⌘/Strg+↵. Reduzieren Sie die Bildrate im Bedienfeld *Eigenschaften*, falls die Animation zu schnell abläuft.

**6. Eine Schleife erstellen und die Animation exportieren.** Markieren Sie zur Erstellung einer Schleife Ihre Bilder (klicken Sie in der Zeitleiste das erste Bild der Animation, „Cel 1", an, halten Sie die ⇧-Taste gedrückt und klicken Sie auf das letzte Bild). Duplizieren Sie die Bilder, indem Sie sie mit gedrückter Alt-Taste nach rechts auf ein leeres Bild ziehen. Wählen Sie bei weiterhin markierten Bildern *Modifizieren > Zeitleiste > Bilder umkehren*. Testen Sie Ihren Film erneut. Sie werden feststellen, dass die Animation sich nun endlos wiederholt. Halten Sie Ordnung in Ihrer Animation, indem Sie im Bedienfeld *Zeitleiste* auf *Ebene 1* doppelklicken und sie in „Bilder" umbenennen. Um den in Illustrator gezeichneten „Vordergrund" und „Hintergrund" zu importieren, wählen Sie wieder *Datei > Importieren*. Aktivieren Sie in Ihrer AI-Datei dieses Mal die Symbolnamen von Vorder- und Hintergrund und deaktivieren Sie die der Bilder. Wählen Sie unter *Ebenen konvertieren Ebenen* und lassen Sie *Objekte auf ursprünglicher Position platzieren* aktiviert. Kehren Sie mit *OK* wieder zur Bühne zurück. Die neuen Symbole erscheinen in der Zeitleiste in benannten Ebenen oberhalb der Ebene „Bilder". Sie müssen die Ebenen wieder so anordnen wie in Illustrator. Ziehen Sie die Bezeichnung von „Hintergrund" in der Ebenenstapelfolge ganz nach unten und lassen Sie „Vordergrund" ganz oben.

Wenn Ihre Animation fertig ist, können Sie sie für die Veröffentlichung im Web exportieren. Wählen Sie *Datei > Einstellungen für Veröffentlichung* und achten Sie im Register *Formate* darauf, dass die Optionen *Flash* und *HTML* aktiviert sind. Falls Ihr anvisiertes Publikum wahrscheinlich nicht über den aktuellsten Flash-Player verfügt, wechseln Sie ins Register *Flash* und wählen Sie *Flash Player 8* oder *Flash Player 7* aus der Liste der früheren Versionen. Klicken Sie zur Fertigstellung des Exportvorgangs auf die Schaltfläche *Veröffentlichen*.

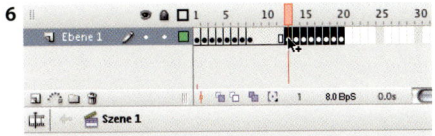

Durch Ziehen innerhalb der Zeitleiste mit gedrückter Alt-Taste können Bilder dupliziert werden.

Ebenen lassen sich durch einen Doppelklick auf ihre Namen umbenennen.

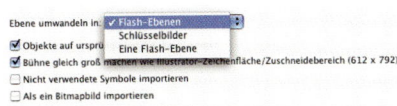

Die Illustrator-Ebenen werden als Flash-Ebenen beibehalten.

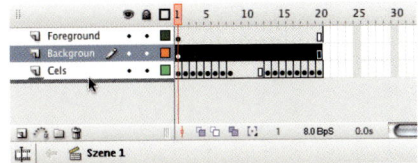

Die Ebenen werden durch Ziehen ihrer Namen umsortiert.

Die Flash-Oberfläche mit der fertigen Animation

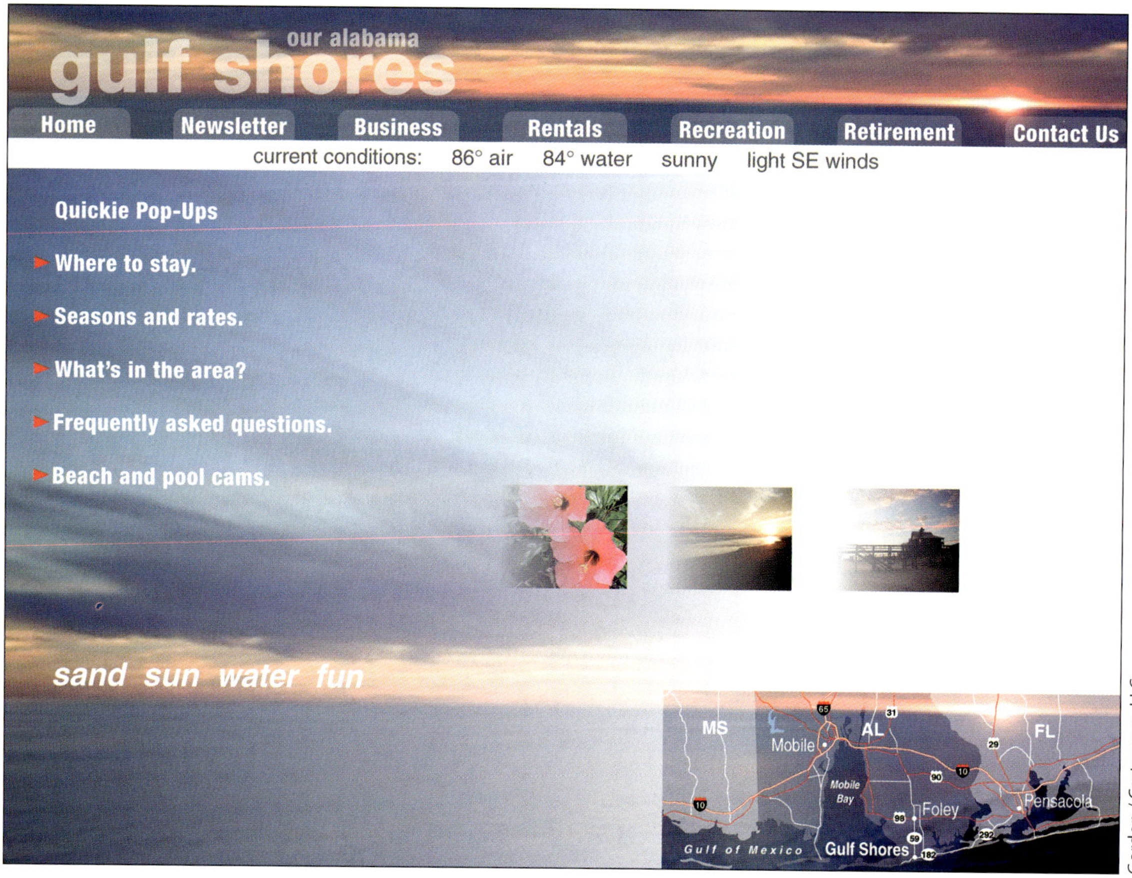

## Steven Gordon/Cartagram, LLC

Für seine Imagemap-Schaltflächen im oberen Bereich einer Reiseseite platzierte Steven Gordon zunächst ein TIFF-Hintergrundbild in Illustrator. Als Nächstes zeichnete er eine Schaltflächenform mit abgerundeten Ecken und füllte sie mit Weiß. Die Deckkraft legte er im Bedienfeld *Transparenz* auf 25% fest. Er fertigte über dem Hintergrundbild sechs nebeneinanderliegende Kopien der Schaltfläche an. Zur gleichmäßigen Verteilung aller Schaltflächen platzierte Gordon die linke und rechte Schaltfläche, markierte alle Schaltflächen und klickte im Bedienfeld *Ausrichten* auf das Symbol *Horizontal verteilen: Abstand*. Durch Markieren der einzelnen Schaltflächenformen konnte er den Schaltflächen im Bedienfeld *Attribute* über den Eintrag *Rechteck* im Popup-Menü *Imagemap* URLs zuweisen. Dazu gab er die der Schaltfläche entsprechende URL-Verknüpfung in das Feld *URL* ein. Im Dialogfenster *Für Web und Geräte speichern* wählte Gordon JPEG als Ausgabeformat, klickte auf *Speichern* und wählte dann *HTML und Bilder* aus dem Popup-Menü *Format*. Er gab einen Dateinamen in das Namensfeld ein und klickte auf *Sichern*.

VAN DOOREN

   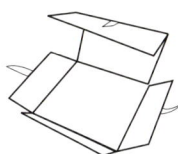 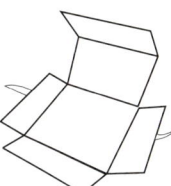

## Corné van Dooren

Für einen seiner ortsansässigen Kunden zeichnete der holländische Multimedia-Designer Corné van Dooren in Illustrator die Grundelemente dieser Weihnachtskarte und importierte die Bilder in Flash, wo er interaktive Funktionen hinzufügte. Van Dooren fotografierte zunächst ein Geschenk mit Schleife. Er pauste das Foto von Hand mit dem *Zeichenstift*-Werkzeug ab und erstellte dabei separate Elemente für die einzelnen Seitenflächen von Schachtel und Schleife. Er bewegte die Pfade nach und nach mithilfe der *Frei-transformieren-*, *Direktauswahl-* und *Ankerpunkt-konvertieren*-Werkzeuge. So erweckte er den Eindruck, dass sich die Schleife von selbst löst und die Schachtel sich öffnet. Nachdem er die einzelnen Bilder gezeichnet hatte, speicherte van Dooren die Datei mit einer neuen Versionsnummer. Er konnte die Animation dann ohne Flash vorab betrachten, indem er mit der Tastenkombination ⌘/Strg+~ zwischen den geöffneten Dokumenten umschaltete. Windows-Nutzer haben zudem die Möglichkeit, Dokumente per *Fenster > Nebeneinander* zu kacheln. Zum schnelleren Produktionsablauf importierte van Dooren die Bildersequenz in Flash und färbte die Bilder ein. Dabei verwendete er für die Schattierung auf dem Päckchen Form-Tweenings zwischen den Bildern, die er ansonsten von Hand in Illustrator hätte erstellen müssen.

# 15

# Illustrator & andere Programme

**Sesam öffne dich**

Wenn Sie in einer Anwendung arbeiten, in der Sie nicht in einem von Illustrator unterstützten Format speichern (wie zum Beispiel PSD, EPS oder PDF), aber an einem PostScript-Drucker drucken können, bleiben die Vektordaten eventuell erhalten, wenn Sie in eine Datei drucken und die PostScript-Datei dann in Illustrator öffnen.

Dieses Kapitel zeigt einige Möglichkeiten, wie Sie Illustrator gemeinsam mit anderen Programmen nutzen können.

Zwar lassen sich mit Illustrator praktisch unbegrenzt Grafiken gestalten. Jedoch verbessern Sie Ihre kreativen Möglichkeiten, wenn Sie andere Programme mit Illustrator kombinieren. In vielen Fällen können Sie beim Erzeugen Ihrer Arbeiten viel Zeit sparen.

Das folgende Kapitel zeigt Ihnen, wie Sie Grafikmaterial in Illustrator platzieren und wie Illustrator mit anderen Programmen zusammenspielt. Danach untersuchen wir, wie Illustrator mit bestimmten Programmen zusammenarbeitet, zum Beispiel mit Photoshop, InDesign, Acrobat und 3D-Programmen. (Für Details über die Zusammenarbeit mit Web- und Animationsprogrammen lesen Sie das Kapitel 14 „Web & Animation".)

## Grafiken in Illustrator platzieren

Illustrator kann mehr als zwei Dutzend verschiedene Dateiformate platzieren. Am wichtigsten ist die Entscheidung, ob Sie die platzierte Datei verknüpfen oder einbetten möchten. Wenn Sie eine Datei verknüpfen, müssen Sie die Grafiken nicht in die Illustrator-Datei einbetten. Stattdessen fungiert eine Kopie der Grafik als Platzhalter und das tatsächliche Bild bleibt von der Illustrator-Datei getrennt.

**Die Auflösung von platzierten Bildern**

Stellen Sie sicher, dass Ihr Bild optimal reproduziert wird, indem Sie die ppi-Auflösung des Rasterbilds vor dem Platzieren in Illustrator korrekt einstellen. Der ppi-Wert sollte dem Eineinhalb- bis Zweifachen der Rasterweite entsprechen, mit der das Bild schließlich gedruckt wird. Wenn Ihre Illustration beispielsweise mit einer Rasterweite von 150 lpi gedruckt wird, dann sollte die Auflösung Ihrer Rasterbilder normalerweise 300 ppi betragen. Vor Projektbeginn sollten Sie bei Ihrer Druckerei die Vorgaben und Empfehlungen für die Druckauflösung einholen!

Damit können Sie die Dateigröße reduzieren. Beachten Sie aber, dass Verknüpfungen nur mit bestimmten Formaten funktionieren (lesen Sie dazu auch den Tipp rechts). Wenn Sie Grafiken hingegen einbetten, schließen Sie diese tatsächlich in die Datei ein.

Das Bedienfeld *Verknüpfungen* zeigt alle in Ihrem Dokument verwendeten Pixelbilder an, unabhängig davon, ob diese in Illustrator erzeugt oder über den Befehl *Platzieren* eingefügt wurden.

Insgesamt sollten Sie Grafiken nur dann einbetten, wenn:

• das Bild eine geringe Dateigröße hat und Sie das Original später nicht bearbeiten möchten und die Datei dadurch aktualisiert werden soll.

• Sie mehr als nur einen Platzhalter mit einer Vorschau wünschen (das heißt, dass Sie bearbeitbare Objekte und Transparenzen benötigen).

- Ihre Druckerei/Ihr Dienstleister eingebettete Verknüpfungen benötigt.

Verknüpfen statt einbetten sollten Sie, wenn:

- Sie in Ihrer Illustration verschiedene Kopien desselben Bilds benötigen.
- das Bild eine große Dateigröße hat.
- Sie die Möglichkeit benötigen, die platzierten Bilder in der ursprünglichen Anwendung zu bearbeiten.
- Sie können Änderungen an einer verknüpften Datei vornehmen und nur die verknüpfte Datei an Ihren Dienstleister oder Kunden schicken. Solange sie exakt denselben Namen trägt, wird sie ohne weitere Eingriffe in das Illustrator-Dokument automatisch aktualisiert.

## Illustrator & andere Programme

Wenn Sie Grafiken zwischen Illustrator und anderen Programmen austauschen, müssen Sie zuerst entscheiden, welche Objekte in Ihrer Grafik möglichst Vektoren bleiben sollen und welche gerastert werden können. Als Nächstes kommt es darauf an, ob Sie die Grafik zwischen zwei geöffneten Programmen auf Ihrem Desktop verschieben möchten (das heißt, durch Kopieren und Einfügen oder Drag&Drop) oder ob Sie Ihr Grafikmaterial in eine Datei exportieren und diese im anderen Programm einfügen möchten. Zuletzt sollten Sie überlegen, ob Sie nur wenige Objekte oder die gesamte Datei benötigen. Die Techniken unterscheiden sich abhängig vom Programm und werden in den entsprechenden Abschnitten beschrieben.

Je nach verwendetem Programm werden Ihre Objekte als Vektor- oder Rasterobjekte eingefügt, wenn Sie Objekte von Illustrator in die andere geöffnete Anwendung ziehen. Normalerweise können Sie Illustrator-Objekte mit jedem Programm, das PostScript unterstützt, per Drag&Drop oder Kopieren und Einfügen austauschen.

Damit dies funktioniert, stellen Sie vor dem Kopieren und Einfügen sicher, dass die AICB (Adobe Illustrator-Zwischenablage) im Bedienfeld *Daten verarbeiten und Zwischenablage* des Dialogfensters *Voreinstellungen* deaktiviert ist. Dann können Sie die Objekte aus AI in die andere Anwendung kopieren.

Wenn Sie Illustrator-Objekte in ein pixelbasiertes Programm kopieren oder Illustrator-Objekte per Drag&Drop in ein solches Programm (außer Photoshop) ziehen, wird Ihre Illustration wahrscheinlich automatisch auf dieselbe physische Größe oder

### Benötigen Sie Photoshop-Ebenen?

Wenn Sie in Illustrator den Befehl *Datei > Platzieren* wählen und dabei das Kontrollkästchen *Verknüpfen* aktivieren, wird eine mit Ebenen angelegte PSD-Datei reduziert eingefügt (ohne Ebenen). Ist das Kontrollkästchen *Verknüpfen* deaktiviert, erhalten Sie das Dialogfenster *Photoshop-Importoptionen*, in dem Sie die Photoshop-Ebenen in Objekte konvertieren und dabei die Ebenen beibehalten können. Wenn Sie *Datei > Öffnen* wählen, erhalten Sie dieses Dialogfenster immer.
*Cristen Gillespie*

### Transparenzreduzierung und Verknüpfungen

Wenn Sie die Transparenz eines verknüpften Bilds reduzieren, wird dieses automatisch eingebettet. Die Datei wird dadurch nicht nur vergrößert; Sie können auch die Verknüpfung nicht mehr aktualisieren.

### Welche Formate können Sie verknüpfen?

Alle BMP-, EPS-, GIF-, JPEG-, PICT-, PCX-, PDF-, PNG-, Photoshop-, Pixar-, Targa- oder TIFF-Dateien können Sie mit Verknüpfung platzieren.

### Wann EPS nicht empfehlenswert ist

Wenn Ihre Anwendung, beispielsweise InDesign, native AI- oder PSD-Dateien bzw. PDF 1.4 oder höher platzieren oder öffnen kann, sollten Sie nicht EPS, sondern besser die genannten Formate verwenden, denn EPS unterstützt Ebenen, Transparenzen und andere Funktionen nicht.

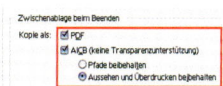

Das Dialogfenster *Illustrator-Dateihandling und Zwischenablage-Voreinstellungen*. Möchten Sie Vektoren kopieren und einfügen, stellen Sie die hier gezeigten Zwischenablage-Voreinstellungen ein.

> **Wie sieht es mit Microsoft Office aus?**
>
> Gehören Sie zu den vielen Menschen, die sich fragen, welches Format sie zum Platzieren einer Illustrator-Grafik in einer Microsoft-Anwendung wählen sollen? Dann ist der Befehl *Datei > Speichern für Microsoft Office* wie gemacht für Sie!
> Jean-Claude Tremblay

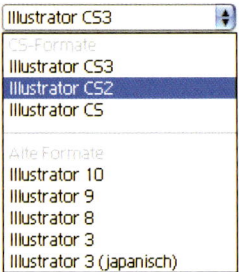

Nachdem Sie *Adobe Illustrator* gewählt haben, können Sie im Popup-Menü *Version* zwischen Illustrator CS und höher und alten Formaten wählen.

> **Wo sind meine verknüpften Dateien?**
>
> Wenn Sie den Befehl *Speichern unter* mit dem *Format Adobe Illustrator-Dokument (.ai)* wählen und dabei die Option *PDF-kompatible Datei erstellen* aktivieren, enthält der PDF-Teil der Datei alle verknüpften Dateien – selbst wenn das Kontrollfeld *Verknüpfte Dateien einschließen* nicht aktiviert ist. Sie sehen die verknüpften Bilder, wenn Sie die AI-Datei in Acrobat öffnen – auch wenn die originalen verknüpften Dateien gelöscht wurden. Bei deaktiviertem Kontrollfeld *Verknüpfte Dateien einschließen* sind die verknüpften Dateien jedoch nicht im Illustrator-Teil des Dokuments enthalten. Wenn Sie es in Illustrator erneut öffnen und die originalen, verknüpften Dateien gelöscht wurden, fordert Illustrator Sie auf, diese zu suchen.

dasselbe ppi-Verhältnis gerastert, das Sie in diesem pixelbasierten Programm angegeben haben. (Lesen Sie den folgenden Abschnitt „Illustrator & Adobe Photoshop" für Details über die spezielle Zusammenarbeit von Illustrator mit Photoshop.)

Sie können Ihre Illustrator-Grafiken in vielen Formaten speichern oder exportieren. Über das Menü *Datei* können Sie *Speichern*, *Für Web und Geräte speichern*, *Für Microsoft Office speichern* und *Als Vorlage speichern*. Im Dialogfenster *Speichern unter* haben Sie die Wahl zwischen *Vektorformate* und *PDF*. Falls Sie wegen der Kompatibilität in alten Illustrator-AI-Formaten speichern müssen, wählen Sie aus dem Popup-Menü *Dateityp* des Dialogfensters *Speichern unter* den Eintrag *Adobe Illustrator*. Aus dem Popup-Menü *Version* können Sie *CS-Formate* oder *Alte Formate* wählen.

Im Dialogfenster *Exportieren* können Sie unter anderem verschiedene Rasterformate sowie das Flash-Format wählen. Ermitteln Sie, welche Dateiformate die andere Anwendung unterstützt (wenn Sie Ihre Dateien in Flash weiterverwenden möchten, ist es beispielsweise besser, wenn Sie im .ai-Format speichern!) und überlegen Sie, welchen Informationstyp (Vektor, Raster, Ebenen, Pfade) Sie aus Illustrator in das andere Programm übertragen möchten. Dann können Sie bestimmen, welches Format das richtige ist.

## Illustrator & Adobe Photoshop

Es ist ziemlich einfach, Grafikmaterial zwischen Illustrator und Photoshop über eine Datei auszutauschen, weil Sie in Photoshop Illustrator-Dateien öffnen oder platzieren und in Illustrator Photoshop-PSD-Dateien öffnen und exportieren können.

Glücklicherweise ist das Rastern von Grafiken im Gegensatz zu früher keine Einbahnstraße mehr. Verantwortlich dafür ist eine fantastische Funktion namens „Smart Objekte", die es seit Photoshop CS2 gibt. Damit wird die Übernahme von Illustrator-Grafiken in Photoshop deutlich erleichtert.

Smart Objekte können in Photoshop ohne Qualitätsverlust skaliert, gedreht oder verkrümmt werden. Und wenn Sie eine Instanz eines Smart Objekts bearbeiten, aktualisiert Photoshop automatisch alle verbundenen Smart Objekte.

Die beste Nachricht für Illustrator-Anwender ist jedoch, dass Sie Photoshop Smart Objekte aus Illustrator-Dateien einfach über die Zwischenablage (per Kopieren und Einfügen oder Drag&Drop) oder mit dem Photoshop-Menübefehl *Datei > Platzieren* erstellen können. Sie können die platzierte Illustrator-Datei dann entweder in Photoshop als Pixelgrafik oder extern in Illustrator als Vektorgrafik bearbeiten. Wenn Sie in der Photoshop-Palette *Ebenen* einen Doppelklick auf ein Illustrator-Smart-Objekt ausführen, öffnet Photoshop automatisch Illustrator mit einer Arbeitskopie Ihrer Grafik. Sie können die Grafik dann in Illustrator bearbeiten und die Datei speichern. An diesem Punkt rastert Photoshop sie statt des originalen Smart Objekts. Mit Einstellungsebenen und neuen Smart-Filtern können Sie ein Illustrator-Smart-Objekt in Photoshop mit interaktiven Rastereffekten modifizieren oder das Smart Objekt für andere Pixeltechniken rastern, wenn Sie keine bearbeitbaren Objekte mehr benötigen. Weitere Informationen über die Photoshop-Smart-Objekte erhalten Sie in der Photoshop-CS3-Hilfe.

Die Regeln, wie Illustrator-Ebenen in Photoshop übersetzt werden, sind komplex. Einige Beispiele, wie Sie Illustrator-Objekte (zum Beispiel einfache Pfade, Text, zusammengesetzte Pfade und zusammengesetzte Formen) zwischen Illustrator und Photoshop austauschen, finden Sie in den auf diese Einleitung folgenden Lektionen.

## Illustrator & Adobe InDesign

Wenn Sie Grafikmaterial aus Illustrator kopieren und in InDesign einfügen, sollten Sie vor dem Kopieren entscheiden, ob transparente Objekte beim Platzieren über anderen InDesign-Dokumenten transparent bleiben sollen oder ob die Objekte stattdessen InDesign bearbeitbar bleiben müssen. Dementsprechend passen Sie Ihre Voreinstellungen an. In Illustrator können Sie grundsätzlich in den Voreinstellungen *Dateien verarbeiten und Zwischenablage* sowohl *PDF* als auch *AICB* aktiviert lassen. In InDesign erzeugen Sie jedoch eine nicht bearbeitbare Datei, wenn Sie in den *Zwischenablage*-Voreinstellungen *Beim Einfügen PDF bevorzugen* aktivieren. Diese Datei behält alle Transparenzen aus dem PDF-Abschnitt der Illustrator-Datei bei. Wenn Sie *Beim Einfügen PDF bevorzugen* deaktivieren, erhalten Sie eine bearbeitbare, jedoch transparenzreduzierte Vektordatei. Das Objekt bzw. die Objekte werden aufgeteilt, etwa so, als hätten Sie den Pathfinder-Befehl *Unterteilen* angewandt. Jedoch fehlt die Möglichkeit, die Objekte auszuwählen oder zu modifizieren. Transparente Objekte zeigen keine Transparenz, wenn sie vor anderen Elementen in InDesign platziert werden.

Um Grafiken zu platzieren, sollten Sie Ihre Illustrator-CS3-Datei mit der deaktivierten Option *PDF-kompatible-Datei* speichern. InDesign sowie andere Programme erkennen lediglich den PDF-Teil der Datei und zeigen nur diesen an.

### Fehlende verknüpfte Dateien wiederherstellen

Wenn die originalen, verknüpften Dateien einer AI-Datei nicht mehr vorhanden sind (oder Sie diese noch nie hatten), gibt es eine Möglichkeit, die Bilder aus dem PDF-Teil der Datei zu ziehen – allerdings nur, wenn das Dokument mit aktivierter Option *PDF-kompatible Datei erstellen* gespeichert wurde. Ziehen Sie die AI-Datei einfach auf das Photoshop-Anwendungssymbol. Als Nächstes wählen Sie im Dialogfenster *PDF importieren* von Photoshop die Option *Bilder*. Damit öffnen Sie alle Bilder aus dem PDF-Abschnitt der Illustrator-Datei. Dann können Sie die Bilder lokal speichern und in Illustrator neu verknüpfen.

### Was ist an dem Objekt „smart"?

Smart Objekte „erinnern" sich daran, woher sie stammen. Wenn Sie eine Illustrator-Datei als Smart Objekt in Photoshop platzieren, wird das Original in die Datei eingebettet und nur eine „Instanz" wird transformiert oder dupliziert, ganz ähnlich wie ein Symbol in Illustrator. Wenn Sie das Smart Objekt und nicht die Instanz bearbeiten möchten, „weiß" das Smart Objekt, welches Ursprungsprogramm es öffnen muss, in diesem Fall Illustrator.

Optionen
☑ PDF-kompatible Datei erstellen

### Wo sind die anderen Programme?

Im Kapitel 14 „Web & Animation" erhalten Sie Informationen über die Optionen *Für Web & Geräte speichern* sowie zur Arbeit mit Animationsprogrammen.

## Illustrator, PDF & Adobe Acrobat

Das Portable Document Format (PDF) von Acrobat ist plattform- und anwendungsunabhängig – das bedeutet, dass Sie Dateien zwischen verschiedenen Betriebssystemen sowie zwischen verschiedenen Anwendungen austauschen können. Auch beim Öffnen einer in einer neuen Illustrator-Version erzeugten AI-Datei in einer älteren Version wird der PDF-Teil des Dokuments verwendet. Es gibt verschiedene Möglichkeiten, um festzulegen, wie PDF-Dokumente in Illustrator erstellt werden. Standardmäßig erzeugt Illustrator CS3 eine PDF-kompatible Datei – die AI-Datei lässt sich direkt in Acrobat öffnen. Falls Sie nicht sicher sind, ob dieser Standard aktiviert ist, wählen Sie *Speichern unter* und das Adobe Illustrator-Dokumentformat. Klicken Sie dann auf *Speichern*. Im angezeigten Dialogfenster vergewissern Sie sich, dass die Option *PDF-kompatible Datei erstellen* deaktiviert ist, und speichern Ihre Illustrator-Datei.

Für die volle Kontrolle über die PDF-Optionen, wie sie früher nur über den Acrobat Distiller verfügbar war, wählen Sie im Dialogfenster *Speichern unter* aus dem Popup-Menü *Adobe PDF (*.PDF)* und klicken Sie auf *Speichern*. Im Dialogfenster *Adobe PDF speichern* können Sie eine Vielzahl von Funktionen einstellen, unter anderem die Option *Aus oberen Ebenen Acrobat-Ebenen erstellen* wählen, um Ihre in Ebenen aufgeteilten Illustrator-Dateien als Acrobat 6-, 7- oder 8-Dateien mit Ebenen zu speichern. Auch in Illustrator-PDF-Dateien können Sie in Illustrator bearbeitbare sowie mit nativer Transparenzunterstützung ausgestattete und standardkonforme PDF-Dokumente – wie etwa PDF/X1a – erzeugen.

Durch andere Programme (oder in neueren Illustrator-Versionen) erstellte PDF-Dateien können in Illustrator bearbeitet werden, jedoch können Sie immer nur eine Seite gleichzeitig öffnen und speichern und der Text in der PDF-Datei wird beim Öffnen in Illustrator eventuell in mehrere Textzeilen aufgeteilt.

## Illustrator & 3D-Programme

Neben den Illustrator-3D-Effekten (siehe Kapitel 12 „Interaktive 3D-Effekte") können Sie auch Illustrator-Pfade in 3D-Programme importieren, um sie als Konturen und Extrusionspfade zu nutzen. Haben Sie einen Pfad einmal importiert, können Sie ihn in ein 3D-Objekt transformieren. 3D-StudioPro von Strata, SketchUp! und LightWave 3D sind einige Beispiele von vielen, die Sie in Kombination mit Illustrator verwenden können.

---

### Texte in InDesign einfügen

Wenn Sie Texte aus Illustrator in InDesign einfügen und diese bearbeitbar bleiben sollen, müssen Sie in den InDesign-Voreinstellungen *Nur Text* aktivieren. In InDesign CS2 wählen Sie dazu *Voreinstellungen > Text*. In InDesign CS3 wählen Sie *Voreinstellungen > Zwischenablageoptionen*. Möchten Sie den Text als Objekt einfügen, vielleicht mit einer Musterfüllung, wählen Sie statt *Nur Text* die Option *Alle Informationen*. Sie können dann Effekte zuweisen und das Objekt transformieren, der Text ist aber gerastert worden und kann nicht geändert werden.

Text als bearbeitbaren Text in InDesign einfügen

### Illustrator im Zusammenspiel mit PDF

Illustrator bietet bestimmte Vorteile, wenn Sie mit Acrobat arbeiten. Wenn Sie eine native AI-Datei mit aktivierter Option *PDF-kompatible Datei erstellen* erzeugen oder *Speichern unter* mit dem Dateiformat *Adobe PDF* wählen, integrieren Sie die bearbeitbaren Illustrator-Grafiken in die Datei. Dann können Sie mit Acrobat Kommentare und interaktive Elemente hinzufügen. Wenn Sie die Datei in Illustrator erneut zur Bearbeitung öffnen, sehen Sie den hinzugefügten Acrobat-Inhalt nicht. Wenn Sie das Dokument jedoch erneut als PDF-Datei speichern und dann wieder in Acrobat öffnen, sind die Acrobat-Inhalte nach wie vor vorhanden!
*Sandee Cohen*

# GALERIE

## Chris Spollen
## (Photoshop)

Chris Spollen wechselt beim Gestalten seiner collageartigen Illustrationen häufig zwischen Illustrator und Photoshop hin und her. Er beginnt stets mit kleinen Bleistiftzeichnungen (unten rechts), die er scannt und als Vorlage in Illustrator platziert (siehe „Ein Logo digitalisieren" im Kapitel 6 „Ebenen & Aussehen"). Dann erstellt er seine Grundformen und Elemente in Illustrator. Während er viele seiner Illustrationen am Schluss in Illustrator zusammenstellt, wurde diese Grafik mit dem Namen „Hot Rod Rocket" in Photoshop fertiggestellt. Viele Objekte wurden dabei zu „Illustrator/Photoshop-Hybriden" (zum Beispiel die weißen Wolken, die Spollen zunächst als einfache Illustrator-Formen erzeugte). Um die Ebenen in Photoshop zu kontrollieren, verschob Spollen ein oder mehrere ausgewählte Illustrator-Objekte gleichzeitig per Drag&Drop in eine einzelne Photoshop-Ebene. Dann überarbeitete Spollen die Formen mit den Photoshop-Werkzeugen *Paintbrush* und *Airbrush* und stellte die Transparenz ein. Die dreidimensionale Rakete war ursprünglich eine eingescannte Spielzeugrakete, der Mond ein eingescanntes Foto. „Hot Rod Rocket" erhielt von der Society of Illustrators Show einen Award of Merit.

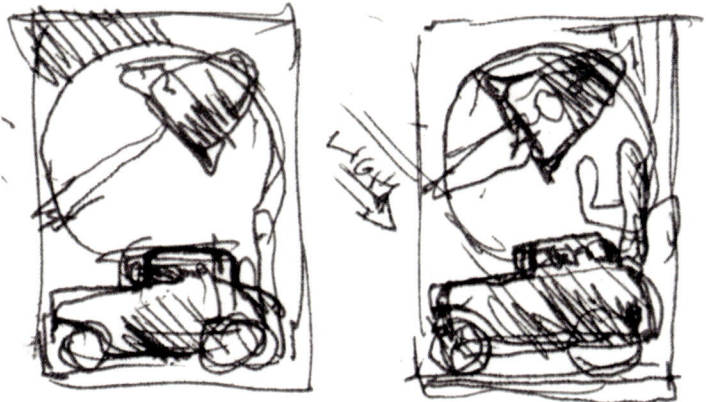

*Schnittbereich in Illustrator für Austausch mit Photoshop*

# Software-Staffellauf

Ein Illustrator-Photoshop-Workflow

## Illustrator mit Photoshop

**Überblick:** Erstellen Sie Pfade in Illustrator; erstellen Sie ein Passerrechteck; organisieren Sie Ebenen für die Maskierung in Photoshop; exportieren Sie das Dokument als PSD-Datei; kopieren Sie Illustrator-Pfade und fügen Sie sie in Photoshop zum Maskieren ein.

MAGIERA

1

Zwei Zwischenstufen der Bildkonstruktion in Illustrator. Links: Die Formen wurden gezeichnet. Rechts: Die Flächen wurden gefärbt.

### Wozu ein Schnittbereich?

Durch einen Schnittbereich legen Sie automatisch die Leinwandgröße einer aus Illustrator exportierten PSD-Datei fest. Wenn Sie dem Schnittbereich dieselbe Größe geben wie der Zeichenfläche, können Sie das Bild nach der Bearbeitung in Photoshop problemlos passgenau einfügen. Wählen Sie einfach *Datei > Platzieren*, klicken Sie auf die Bilddatei und dann auf OK und ziehen Sie an einer Ecke des Bilds, bis es an einer Ecke der Zeichenfläche einrastet.

Der Künstler Rob Magiera aus Utah zeichnete die Formen für die Maskottchen der Olympischen Winterspiele 2002 in Salt Lake City in Illustrator. Dann exportierte er die Grafiken als Photoshop-(PSD-)Datei, so dass er Lichter und Schatten in Photoshop malen konnte. Während dieser Arbeit kopierte Magiera manchmal ein Illustrator-Objekt und fügte es in Photoshop ein, um es als Auswahl zu verwenden oder um eine Schnellmaskierung zu bearbeiten. (In der Lektion „Formen austauschen" ab Seite 408 erlernen Sie eine weitere Möglichkeit, um Grafiken zwischen Illustrator und Photoshop auszutauschen.)

Magiera stellte die Illustration zwar in Photoshop fertig, jedoch benötigte sein Kunde die originale Illustrator-Grafik für andere Zwecke.

**1. Einen Entwurf in Illustrator platzieren, Formen zeichnen und ein Passerrechteck erstellen.** Magiera scannte die Bleistiftzeichnungen zunächst ein und speicherte sie im TIFF-Format. Dann erzeugte er eine neue Illustrator-Datei, deren Abmessungen größer waren als die Zeichnungen, die er erstellen wollte. Nun erstellte er durch den Befehl *Objekt > Schnittbereich > Erstellen* einen Schnittbereich in der Größe des Dokuments (dies ist hilfreich, wenn Sie das Photoshop-Bild wieder in Illustrator platzieren möchten). Als Nächstes platzierte er das gescannte Bild in Illustrator auf einer Vorlagenebene (im Kapitel 6 „Ebenen & Aussehen" erhalten Sie weitere Informationen über Vorlagen) und zeichnete die Maskottchen mit den Werkzeugen *Zeichenstift* und *Buntstift*. Er füllte die Flächen mit Farbe und ließ die Umrisse ohne Konturen.

Damit Sie die gerasterten Formen nach dem Import in Photoshop leichter bearbeiten können, vergewissern Sie sich, dass sich Ihre Haupt-Grafikelemente auf einzelnen Ebenen befinden (mehr darüber erfahren Sie in der Lektion „Ebenen organisieren" im Kapitel 6 „Ebenen & Aussehen"). Beim Export in das PSD-Format bewahrt Illustrator möglichst viel von der Ebenenstruktur, ohne dass das Aussehen verändert wird. Bei überlappenden Objekten (wie dem Arm des Bären oder den Beinen des Kojoten) verschob Magiera die überlappenden Objekte auf neue Ebenen, so dass er sie in Photoshop beim Auftragen der Lichter und Schatten problemlos maskieren konnte.

Das Illustrator-Bedienfeld *Ebenen* enthält Einzelebenen für Formen (als ausgewählte Objekte gezeigt), die in Photoshop maskiert werden sollen.

Weil er wusste, dass er einige der gezeichneten Pfade für die Maskierung in Photoshop benötigen würde, erdachte Magiera eine Möglichkeit, wie er Pfade an anderen Pfaden und an den aus Illustrator exportierten Pixelgrafiken ausrichten konnte. Sie können in Illustrator dazu ein Passerrechteck erstellen. Damit behalten Sie Ihre Grafiken beim Kopieren und Einfügen relativ zum Rechteck (und der Photoshop-Leinwand) in derselben Position. Für dieses Rechteck erzeugen Sie zunächst im Bedienfeld *Ebenen* eine neue Ebene und ziehen diese dann unter ihre Grafikebenen. Als Nächstes zeichnen Sie ein Rechteck ohne Kontur oder Füllung und in der Größe der Zeichenfläche. Zentrieren Sie das Rechteck auf der Zeichenfläche. Nachdem Sie dem Rechteck mit diesen Schritten die Größe und Position der Zeichenfläche verliehen haben, werden in Photoshop eingefügte Kopien des Rechtecks automatisch an der Leinwand ausgerichtet.

Illustrator-Export: das Dialogfenster *Photoshop-Optionen*

Jetzt können Sie Ihre Illustrator-Grafik exportieren. Wählen Sie *Datei > Exportieren*. Aus dem Popup-Menü *Format* des Dialogfensters *Exportieren* wählen Sie *Photoshop (PSD)*.

**2. Mit Illustrator-Pfaden in Photoshop arbeiten.** Nach dem Öffnen der exportierten PSD-Datei in Photoshop verwendete Magiera verschiedene Maskierungstechniken zum Auftragen von Lichtern und Schatten. Um eine Maske innerhalb einer Form zu erzeugen, deaktiviere Magiera für die Ebene mit der Form normalerweise die Option *Transparente Pixel fixieren*. Wenn Sie den Maskierungsmodus verwenden, können Sie aus kopierten Objekten in Illustrator neue Masken erstellen und diese in Photoshop

2
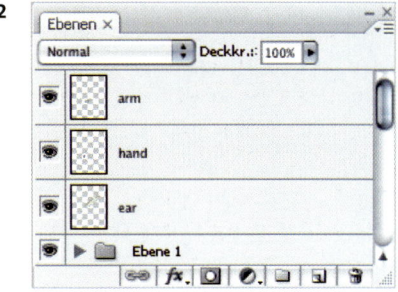

Das Photoshop-Bedienfeld *Ebenen* zeigt die Ebenenstruktur der aus Illustrator exportierten PSD-Datei.

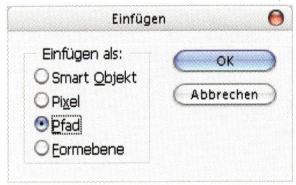

Das Photoshop-Dialogfenster *Einfügen* zum Einfügen von Pfaden

**3**

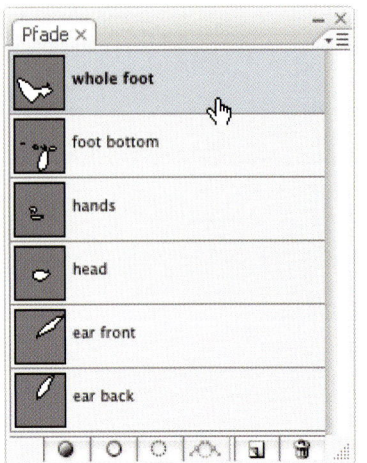

Oben: die Häschenfigur mit ausgewähltem Pfad „whole foot". Unten: Das Photoshop-Bedienfeld *Pfade* zeigt den ausgewählten Pfad an.

einfügen. Dazu wählen Sie in Illustrator beide Objekte sowie das Passerrechteck aus und dann *Bearbeiten > Kopieren*. Als Nächstes wählen Sie in Photoshop *Bearbeiten > Einfügen* und im Dialogfenster *Einfügen* klicken Sie auf *Als Pixel einfügen*. Wie Sie sehen, befindet sich die Grafik auf der Photoshop-Leinwand in derselben relativen Position wie im Illustrator-Passerrechteck. Aus jedem eingefügten Pfad können Sie eine Auswahl erstellen und diese entweder Ihrer Maske hinzufügen oder von ihr abziehen.

Bei der Arbeit in Photoshop modifizierte Magiera gelegentlich eine Rasterform und musste dann die zur Erzeugung der Form verwendeten Illustrator-Pfade aktualisieren. Dazu erstellen Sie zunächst eine Kopie des Illustrator-Pfads und des Passerrechtecks. Wählen Sie in Photoshop *Bearbeiten > Einfügen* und aus dem Dialogfenster *Einfügen* die Option *Als Pfad einfügen*. Nun können Sie die Formen des Pfads mit den Zeichenwerkzeugen von Photoshop modifizieren. Nach Abschluss dieser Arbeit wählen Sie bei gedrückter ⇧-Taste den bearbeiteten Pfad und den Passerrechteck-Pfad aus (klicken Sie in der Nähe der Leinwandkante, um das Rechteck auszuwählen) und wählen Sie *Bearbeiten > Kopieren*. Aktivieren Sie Illustrator, wählen Sie das ursprüngliche Passerrechteck aus, wählen Sie *Bearbeiten > Einfügen* und ziehen Sie eine Ecke des eingefügten Passerrechtecks, bis es an der entsprechenden Ecke des bestehenden Passerrechtecks einschnappt. Nun löschen Sie den originalen Pfad, den Sie mit dem modifizierten Pfad ersetzen.

Nachdem Magiera mit dem Malen in Photoshop fertig war, speicherte er die Datei (die sich immer noch im PSD-Format befand).

**3. Das Photoshop-Bild in Illustrator einfügen.** Bei einigen Änderungen der in Photoshop erzeugten Rasterformen entschied sich Magiera für die Bearbeitung des Originalpfads in Illustrator. Er wählte *Datei > Platzieren*, importierte das Bild in die Illustrator-Datei und ließ es am Passerrechteck einrasten. Er bearbeitete die Pfade mit den Werkzeugen *Zeichenstift* und *Buntstift*.

# GALERIE

Hulsey

## Kevin Hulsey
## (Photoshop)

Kevin Hulsey verwendet für seine komplexen technischen Illustrationen das *Zeichenstift*-Werkzeug von Illustrator. Er erstellt alle benötigten perspektivischen Gitter auf separaten Ebenen (siehe Übung „Perspektive schaffen" im Kapitel 6 „Ebenen & Aussehen"). Dann zeichnet er alle Liniengrafiken für die Elemente. Auch für die Organisation dieser Elemente verwendet er Illustrator-Ebenen. Hulseys Illustrationen sind häufig so groß (oft 115 cm bei 300 ppi), dass es in den neuen Versionen nicht möglich war, die Illustrator-Ebenen in Photoshop zu exportieren, ohne im alten Illustrator-9-Format zu speichern. Anschließend exportiert er aus AI 9 als Graustufen-PSD-Datei mit einer Auflösung von 350 ppi und beibehaltenen Ebenen. Als Nächstes öffnet er die in Ebenen aufgeteilte Datei in Photoshop und konvertiert sie in eine benutzerdefinierte CMYK-Datei mit maximalem Schwarzaufbau, damit die Linien nur im Schwarzkanal (K) dargestellt werden. Hulsey wählt für jede Ebene mit Strichgrafiken die Füllmethode *Multiplizieren* und erstellt darunter neue Ebenen für die Füllungen. Mit dem Zauberstab wählt er den Objektbereich, den er füllen möchte. Bei weiterhin aktiver Auswahl verwendet

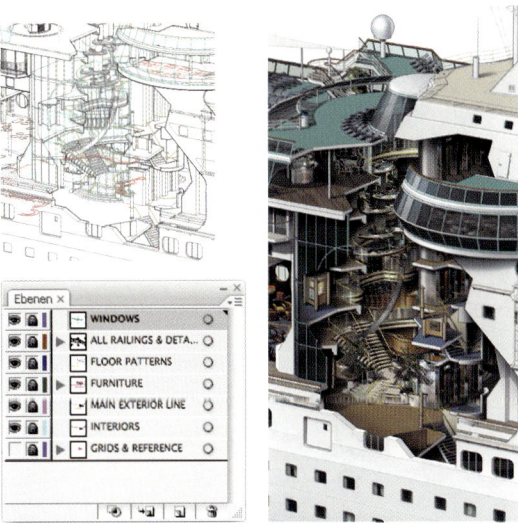

er einen sehr weichen Pinsel mit geringer Deckkraft, um innerhalb der Auswahl auf der neuen Ebene zu malen. Er baut die Farben nach und nach mit derselben Technik auf, als würde er mit einem traditionellen Airbrush arbeiten. Für ein detailliertes Tutorial über Hulseys digitale Airbrush-Technik mit Photoshop besuchen Sie seine Website http://www.khulsey.com/photoshop_tutorial_basic.html

# Formen austauschen

Pfade in Photoshop-Formen exportieren

Illustrator mit Photoshop

Fortgeschrittene Technik

**Überblick:** Zeichnen Sie in Illustrator Pfade; konvertieren Sie Pfade in zusammengesetzte Formen; exportieren Sie diese in das PSD-Format; fügen Sie in Photoshop Effekte hinzu.

HAMANN

1

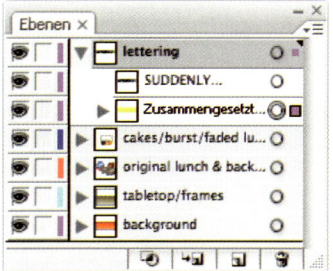

Die originale Illustrator-Grafik und das Bedienfeld *Ebenen*, bevor der Rahmen, die gelbe Explosion und der gelbe Hintergrund (hinter der Schrift) in zusammengesetzte Formen konvertiert wurden

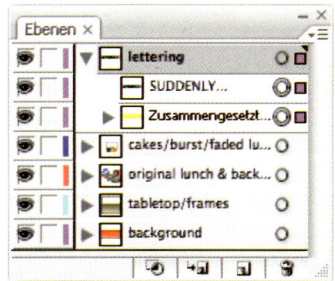

Das Bedienfeld mit den in eine zusammengesetzte Form konvertierten Objekten

Der Künstler Brad Hamann bereitete diese farbige Illustration in Illustrator vor, bevor er sie als PSD-Datei exportierte und in Photoshop öffnete. Hier wandte er interaktive Effekte an, die er in Illustrator nicht erzeugen konnte. Wenn Sie bearbeitbare Pfade in Photoshop importieren möchten, müssen Sie die Objekte, die Sie als Pfade beibehalten möchten, in zusammengesetzte Formen konvertieren. Nachdem Sie Ihr Dokument als in Ebenen aufgeteilte PSD-Datei exportiert und in Photoshop geöffnet haben, sind Ihre zusammengesetzten Formen zu bearbeitbaren Formebenen geworden, während der Rest Ihrer Grafik gerastert wurde.

**1. Zeichnen und Grafiken in Ebenen aufteilen.** Hamann zeichnete die Objekte mit dem *Zeichenstift*-Werkzeug. Wiederholende Elemente, zum Beispiel die schrägen Linien seitlich auf der Milchpackung, erzeugte er mit den Werkzeugen *Angleichen*, *Spiegeln* und *Drehen*. Zwei Objekte (den gelben Stern und den gelben Hintergrund hinter dem Titel) versah Hamann in Illustrator mit einer einfachen Flächenfarbe. Er verwendete die Photoshop-Ebenenstile und -Beleuchtungseffekte für die „Bemalung" der Objekte. Damit der äußere Rahmen in Photoshop sauber aussah, musste er ihn als einzelnes Vektorobjekt exportieren. Für diese Aufgaben konvertierte Hamann die Objekte in zusammengesetzte Formen, damit er sie beim Erzeugen der PSD-Datei als Photoshop-Formebenen exportieren konnte.

Sobald Sie festgelegt haben, welche Objekte Sie in Photoshop in Pfade konvertieren möchten, wählen Sie die einzelnen Objekte aus. Aus dem Bedienfeldmenü des Bedienfelds *Pathfinder* wählen Sie *Zusammengesetzte Form erstellen.* (Möchten Sie zusammengesetzte Formen wieder in normale Objekte konvertieren, wählen Sie aus dem Bedienfeldmenü den Befehl *Zusammengesetzte Form zurückwandeln.*) Die von Hamann erzeugte zusammengesetzte Form bestand aus zwei Komponenten: einer Kopie des Sternobjekts im Modus *Subtrahieren* und einem rechteckigen Rahmen. In der Einleitung zum Kapitel 4 „Ein Schritt weiter" erfahren Sie Näheres über die Arbeit mit zusammengesetzten Formen und Formmodi.

Wenn eine zusammengesetzte Form beim Export aus Illustrator ein bearbeitbarer Pfad bleiben soll, darf sie sich nicht innerhalb einer Gruppe oder auf einer Unterebene befinden. Ist dies der Fall, verwenden Sie das Bedienfeld *Ebenen*, um sie aus allen Gruppen und Unterebenen herauszuziehen (mehr über die Arbeit mit Ebenen erfahren Sie im Kapitel 6 „Ebenen & Aussehen").

**2. Eine Photoshop-(PSD-)Datei exportieren.** Exportieren Sie Ihre Illustrator-Datei mit dem Befehl *Datei > Exportieren.* Wählen Sie dann *Photoshop (PSD)-Format* und klicken Sie auf *OK*. Im Dialogfenster *Photoshop-Optionen* wählen Sie eine Auflösung, die den Anforderungen Ihres Druck- oder Anzeigemediums entspricht, und vergewissern Sie sich, dass in der Gruppe *Optionen* alle verfügbaren Optionen ausgewählt sind.

*Hinweis:* In der Einleitung zu diesem Kapitel erhalten Sie Informationen über weitere Möglichkeiten, Grafiken zwischen Illustrator und Photoshop auszutauschen.

**3. Effekte auf Formebenen in Photoshop anwenden.** Als Hamann die exportierte PSD-Datei in Photoshop öffnete, erhielt jede zusammengesetzte Illustrator-Form in der Photoshop-Palette *Ebenen* eine eigene Formebene. Hamann doppelklickte in der Palette *Ebenen* auf die gewünschte Formebene, um ihr einen Ebeneneffekt hinzuzufügen. Er wendete die Effekte *Abgeflachte Kante und Relief* auf die Formebenen mit dem gelben Rechteck und der Sternenexplosion an und formte die Pfade zudem mit dem Photoshop-*Direktauswahl*-Werkzeug neu. Zuletzt fügte er den Duplikaten mancher Formebenen einige Photoshop-Effekte hinzu (zum Beispiel Konturen) und wandte den Filter *Rauschen hinzufügen* mit der Option *Gaußsche Normalverteilung* auf ein Duplikat des Hintergrunds an.

**Sie können auch Formen einfügen!**

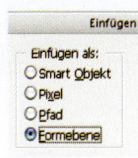

Wenn Sie nur eine einzelne Ebene mit Illustrator-Objekten als einzelne Formebene in Photoshop einfügen möchten, gehen Sie folgendermaßen vor: Wählen Sie die Formen in Illustrator aus und kopieren Sie sie. Fügen Sie sie in Photoshop ein und wählen Sie das Optionsfeld *Formebene*.

2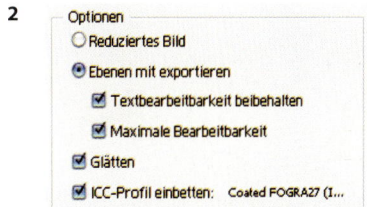

Ein Teil des Dialogfensters *Photoshop-Exportoptionen (PSD)* (*Datei > Exportieren > Photoshop*)

3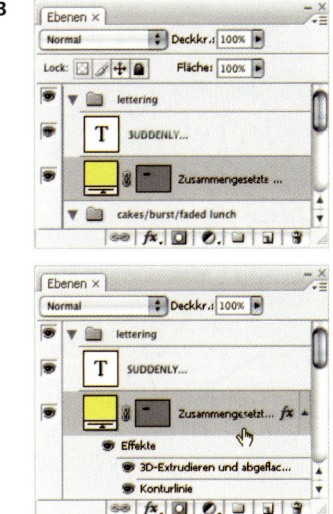

Oben: Das Photoshop-Bedienfeld *Ebenen* direkt nach dem Öffnen der PSD-Datei. Unten: Einigen Formebenen wurden Ebeneneffekte zugewiesen.

Yip

## Filip Yip
### (Photoshop)

Filip Yip zeichnete die Objekte zuerst in Illustrator und organisierte sie in einer Vielzahl von Einzelebenen. Dadurch erhielt jedes Objekt beim späteren Photoshop-Export seine eigene Ebene. Er entschied sich für ein Farbschema, färbte die Formen damit ein und versah sie mit Angleichungen. Dann exportierte Yip die Illustrator-Objekte in Photoshop, um hier Transparenzen, weiche Kanten und Lichteffekte hinzuzufügen. Die oben rechts gezeigte Grafik wurde als Photoshop-PSD-Datei exportiert. In Photoshop konnte Yip die Illustrator-Objekte problemlos bearbeiten, weil sie sich auf einzelnen Ebenen befanden. Er verbesserte die Angleichungen mit dem *Pinsel*-Werkzeug im Modus *Airbrush*, regelte die Transparenz und wandte den Filter *Rauschen*

*hinzufügen* an. Mit Weichzeichnungseffekten (wie zum Beispiel dem Gaußschen Weichzeichner) hob er Bilddetails hervor. Um die Angleichungen noch weicher zu gestalten, verwendete Yip außerdem die Funktion *Verblassen (Bearbeiten > Verblassen: Pinsel-Werkzeug)* im Modus *Sprenkeln*.

# GALERIE

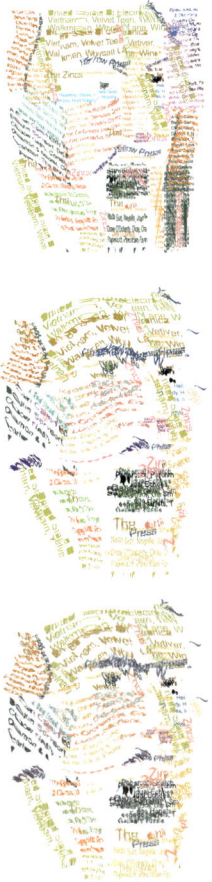

Jackson

## Lance Jackson

### (Photoshop)

Lance Jackson verwendete bei seiner Illustration für ein Musikfestival Verzerrungs- und Transformationseffekte. Er gab zunächst mit dem *Text*-Werkzeug eine Liste von Bandnamen in einem Absatz ein. Dann zeichnete er Pfade, die die Form des Kopfs und der Gesichtszüge, wie z.B. die Wangen, Lippen und Nase, umrissen. Mit dem *Pfadtext*-Werkzeug wies Jackson diesen Pfaden Texte zu. Andere Bereiche des Gesichts füllte Jackson mit Textgruppen aus dem ursprünglichen Absatz. Jackson wählte den Text aus, wählte *Objekt > Umwandeln* und färbte den Text ein. Zur Abstrahierung des Textes wählte er eine Textgruppe aus und wandte den Befehl *Effekt > Verzerrungs- und Transformationsfilter > Zusammenziehen und aufblasen* darauf an. Er wiederholte diesen Vorgang, bis er den Kopf fertig gestaltet hatte. Jackson platzierte die Datei in Photoshop, um weitere Texte und Farbflächen in den Hintergrund einzufügen. In Photoshop wählte er Textgruppen mit dem Werkzeug *Zauberstab* aus. Über unterschiedliche Transparenzen der Textebenen erzeugte er den Eindruck von Tiefe. Jackson änderte den Text mit dem Befehl *Bearbeiten > Transformieren* noch weiter ab. Zuletzt öffnete er die Photoshop-Datei in Illustrator, um den Kopf mit weiteren verzerrten Texten zu füllen.

# GALERIE

## Ron Chan
### (Photoshop)

Ron Chan zeichnete mit den Illustrator-Zeichenwerkzeugen und Pathfinder-Befehlen (*Effekt > Pathfinder*) auf einer gescannten Vorlage und erzeugte so seine Grundkomposition. Sein wichtigstes Zeichenwerkzeug ist Illustrator, weil er damit Änderungen der Farbe und der Komposition leicht durchführen kann (Detail in der Mitte). Nachdem die Komposition fertig war (Detail unten), wählte er *Datei > Exportieren* und *PSD*. Im Dialogfenster *Photoshop-Exportoptionen* wählte er das Farbmodell *CMYK*, *Ebenen mit exportieren* und legte eine hohe Auflösung fest. In Photoshop ordnete er das Bild in Ebenen an. Damit manche Objekte ein organisches und weniger kantiges Aussehen erhielten, verwendete Chan für diese nun in Ebenen gerasterten Objekte den *Glas*-Filter (*Filter > Verzerrungsfilter > Glas*). Der *Glas*-Filter kann nur auf ein RGB-Bild angewandt werden, Chan wollte jedoch die Datei in CMYK belassen. Um die Effekte einzelnen Ebenen zuzuweisen, verwendete er eine komplexe Prozedur, bei der er jede Ebene in eine RGB-Datei mit identischer Größe zog und hier den Filter anwandte. Anschließend zog er die gefilterte Version zurück an die ursprüngliche Stelle in der CMYK-Datei.

# GALERIE

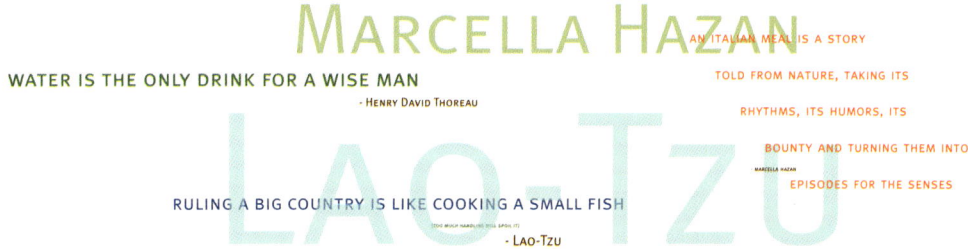

## April Greiman
## (Photoshop)

April Greiman von April Greiman Made in Space nutzte bei der Erzeugung dieses großen Wandbilds für das Cafe & Fitness Center in Amgen die Möglichkeit, in Illustrator auflösungsunabhängige Vektorgrafiken zu produzieren. Greiman begann mit den Originalbildern. In Photoshop kombinierte sie die Bilder, regelte den Farbton, die Sättigung und die Transparenz und nahm mit der Tonwertkorrektur und der Gradationskurve Anpassungen vor. Sie wies den Bildern eine Vielzahl von Filtern zu, unter anderem einen Gaußschen Weichzeichner, eine Bewegungsunschärfe, den Verzerrungsfilter *Kräuseln* und ein Rauschen. Greiman wusste dass sich der Pixeleffekt nach der Vergrößerung in der gewünschten Weise auf das Bild auswirken würde. Als Greiman mit dem Bild in Photoshop zufrieden war, speicherte sie es als PSD-Datei. Sie importierte die PSD-Datei in Illustrator und fügte die Texte hinzu. Der Text wurde auf mehreren Ebenen mit unterschiedlichen Transparenzen erzeugt. Die Größe des Illustrator-Bilds betrug 53 x 13 cm und das fertige Wandbild sollte 11 m x 3,4 m groß sein. Bei der Vergrößerung auf die endgültigen Abmessungen wurden die Pixel des Photoshop-Bilds stark verzerrt. Dieser gewollte Pixeleffekt wurde mit scharfkantigem Text kombiniert, den Illustrator in jeder Vergrößerung produzieren kann. Das fertige Bild wurde aus Illustrator ausgegeben und direkt auf Vinyl gedruckt.

# GALERIE

Stead

## Judy Stead
## (Photoshop)

Judy Stead kombinierte bei der Gestaltung dieses Titels einer Schulbuch-Fachzeitschrift Photoshop, Illustrator und traditionelle Maltechniken. (Oben sehen Sie den Vorder- und den Rücktitel.) Während des gesamten Kreativprozesses wechselte Stead zwischen den drei Techniken. Als Erstes malte sie die blauen Wolken mit Acrylfarbe, Pastellfarbe und einem weißen Buntstift auf einem Karton mit Gesso-Textur (siehe Bild Mitte). Das Bild wurde in Photoshop gescannt und die Farbe wurde von Wasserblau in Orange geändert (*Bild > Einstellungen > Farbton/Sättigung*). Stead zeichnete den Schmetterling mit dem Standard-Kalligrafiepinsel und einem Wacom-Zeichentablett in Illustrator. Damit konnte sie eine Linie mit variabler Breite erstellen (siehe Kapitel 5 „Pinsel & Symbole"). Dann exportierte sie die Datei als PSD-Datei in Photoshop und erzeugte mehrere Kopien des Schmetterlings mit variierender Drehung, Ausrichtung und Größe. Stead zeichnete den gewellten Buchrücken in Illustrator. In Photoshop wurden die Wolken, der Buchrücken und die Schmetterlinge zu einem in Ebenen angeordneten Dokument kombiniert. Stead setzte die Füllmethode der Wolkenebene auf *Multiplizieren*, so dass die Textur durch die einzelnen Elemente durchschien. Dann malte sie Details auf die Schmetterlinge und passte die Farben mit dem Befehl *Farbton/Sättigung* an, bis sie mit der Gesamtwirkung zufrieden war.

# GALERIE

 SteadJudy_Think.ai

## Judy Stead
## (Photoshop)

Die Grundlage für Judy Steads Illustrationen sind in traditioneller Technik gemalte Hintergründe, die in Photoshop bearbeitet werden. Aus einem einzigen gemalten Hintergrund (kleines Bild rechts) kann sie über das Menü *Bild* mehrere Hintergründe mit variierender Farbe erzeugen. Stead scannte den Hintergrund in Photoshop und wählte *Bild > Einstellungen > Farbton/Sättigung*. Zur Verbesserung einer bestimmten Farbe wählte sie *Bild > Anpassungen > Selektive Farbkorrektur*. Auf einer duplizierten Ebene nahm sie weitere Einstellungen vor: Sie wies Füllmethoden wie beispielsweise *Multiplizieren* und *Farbton* zu. Das Hintergrundbild wurde im TIFF-Format gespeichert. Um den Hintergrund in Illustrator zu importieren, wählte Stead *Datei > Platzieren*. Dann zeichnete sie mit dem *Kohle*-Pinsel, den sie aus der Pinselbibliothek *Kunstf._Kr.Koh. Bleist.* importiert hatte. Im Bedienfeld *Transparenz* wies Stead verschiedene Füllmethoden zu, um bestimmte Bereiche zu verbessern. Nach dem Zeichnen einer Form, etwa einem Blatt, öffnete sie das Bedienfeld *Transparenz* und wählte die Füllmethode *Ineinanderkopieren*. Die farbigen Kreise unter dem Worts „think" sind mit den Füllmethoden *Ineinanderkopieren*, *Farbton* und *Multiplizieren* versehen (von oben nach unten). Die farbigen Kreise weisen ebenfalls entweder eine Gaußsche Weichzeichnung auf (*Effekt > Weichzeichnungsfilter > Gaußscher Weichzeichner*) oder auf die Kontur wurde ein Pinsel angewandt.

# GALERIE

Pounds_Pilot.ai

Pounds

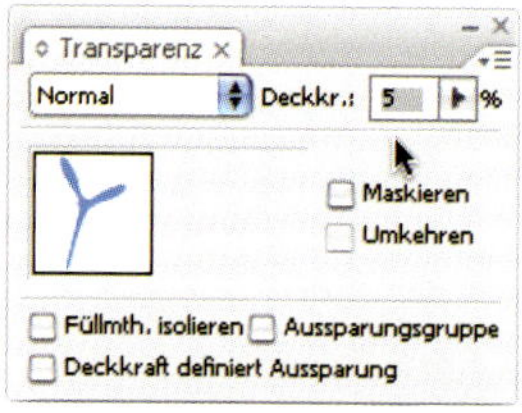

## David Pounds
## (Photoshop)

Für diese sehr detaillierte Grafik verwendete David Pounds Fotos von Modellen, die er zu einer einzelnen Komposition zusammenstellte. Bei der Arbeit achtete er besonders auf die Beleuchtung. Er hob die Details in Photoshop hervor. Anschließend öffnete Pounds das Bild in Illustrator bei deaktivierter Option *Photoshop-Ebenen in Objekte umwandeln* im Dialogfenster *Photoshop-Importoptionen*. Danach zeichnete Pounds zur Organisation der einzelnen Details jedes Element auf seiner eigenen Ebene. Sehr komplexe Objekte, etwa die Brille, erschienen ihm leichter zu handhaben, wenn er sie in kleinere Abschnitte unterteilte. Deshalb platzierte er jedes Objekt auf einer eigenen Ebene. Für einen hohen Grad an Realitätstreue erstellte er Angleichungen für die Modellierung glatter Schatten und Lichter. Mit Füllmethoden versah er die Illustration mit Tiefe und Glanz; Metalloberflächen simulierte er mit Verläufen. Für die Propeller duplizierte und

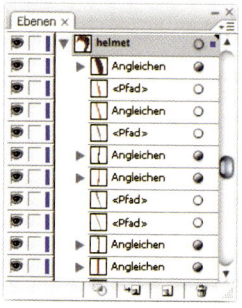

transformierte er einen einfachen Propellerflügel viele Male und veränderte die Transparenz, um Bewegungsunschärfe zu erzeugen. Zum Schluss pauste er ein Wolkenfoto interaktiv ab und fügte so der Gleichmäßigkeit des Hauptmotivs eine kontrastierende Textur hinzu.

# GALERIE

Jason Taylor
CROUSE

Dossey & CROUSE

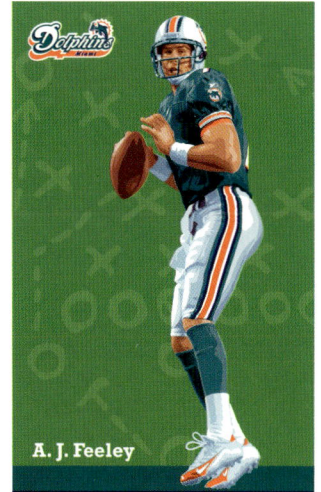

A. J. Feeley

**Scott Crouse und Warren Dossey (Photoshop)**

Scott Crouse zeichnete diese Illustrationen für eine Kampagne von Publix Super Markets und den Miami Dolphins. Der Künstler Warren Dossey verwendete einige von Crouses Zeichnungen für einen zwei Meter hohen, in Illustrator gestalteten Verkaufsständer (Mitte). Crouse wandte zunächst einen Prozess an, den er zur Vereinfachung von Quellbildern für das manuelle Abpausen entwickelt hatte. Anschließend pauste er die ausgewählten Ausgangsfotos von Hand in Illustrator ab. Zur Vorbereitung reduzierte er in Photoshop die Anzahl der Farben über eine Tontrennungseinstellungsebene mit etwa drei Stufen (je nach Ausgangsbild). Crouse wendete auch den Filter *Rauschfilter > Helligkeit interpolieren* (meist mit einem Radius von 2 Pixel) auf die Hintergrundebene des Bilds an, um vereinzelte Pixel in einen einfarbigen Bereich zu konvertieren und damit die Farbkanten besser zu definieren. Dann konvertierte er das Bild mit einer adaptiven Palette von 10 bis 20 Farben (wieder je nach Ausgangsbild) in *indizierte Farben*. Die bearbeiteten Bilder platzierte Crouse als Vorlage in Illustrator. Er pauste die Bilder mit dem *Zeichenstift*-Werkzeug von Hand ab, wobei er den aus der geschilderten Technik resultierenden sauberen Farbkanten folgte (Detail unten rechts). (Variationen dieser Technik finden Sie in der Lektion „Abpaustechniken" im Kapitel 4 „Ein Schritt weiter").

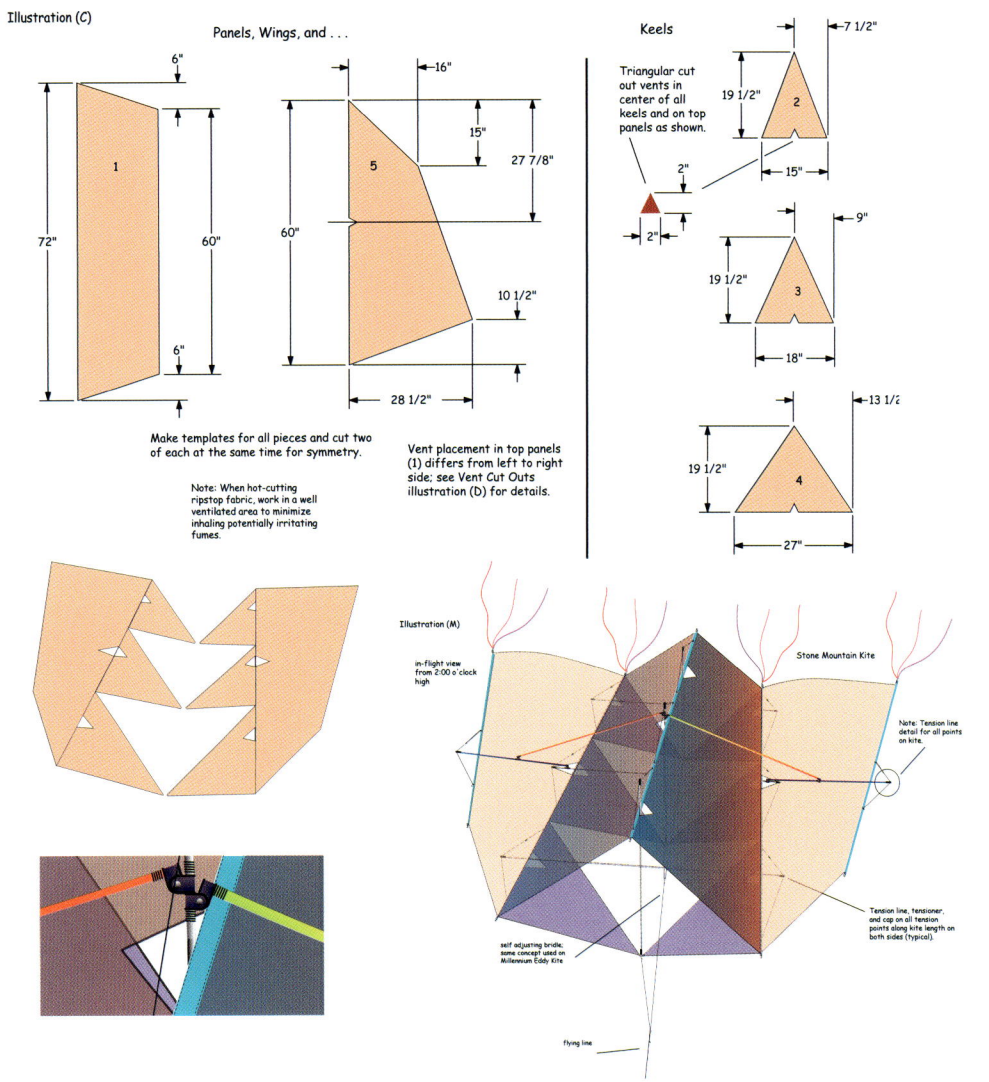

MaxwellEden_Transparenter_Drachen.ai

## Eden Maxwell
## (Hot Door CADTools)

Bei seiner Illustration des Stone-Mountain-Drachen (unten rechts) begann Eden Maxwell mit den Einzelteilen (oben), die er zuvor maßstabsgetreu mit einem Wacom-Tablett und Hot Door CADTools (einem Drittanbieter-Plug-in für Illustrator) gezeichnet hatte. Um den Drachen während des Flugs zu zeichnen, passte Maxwell die CADTools-Zeichnungen nach Augenmaß an, bis sie die gewünschte Perspektive hatten. Beispielsweise verwendete er die Werkzeuge *Drehen* und *Direktauswahl,* um Flügel und Kielwinkel der gewünschten Perspektive anzupassen (Mitte links). Nachdem er die Hauptkomponenten platziert hatte, zeichnete Maxwell kleinere Teile wie beispielsweise die Ösen, Verbinder, Endkappen und Spannschnüre (unten links) bis hin zur Steppung auf dem Toppsegel. Zur Simulation der Luft unter den Flügeln erzeugte Maxwell in der fertigen Grafik eine leichte Krümmung im Heckabschnitt der Flügel.

# GALERIE

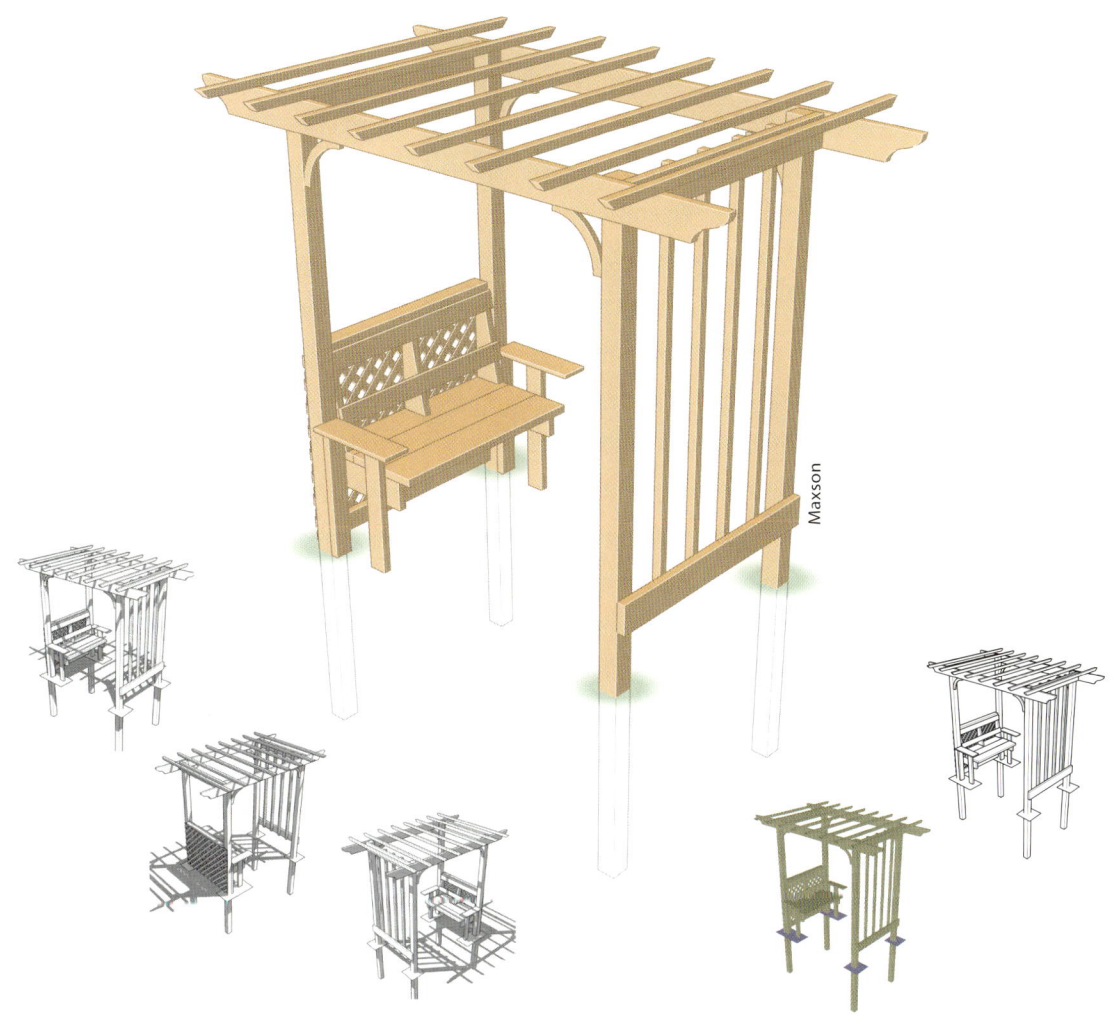

*MaxsonGreg_Laube.ai*

## Greg Maxson
### (SketchUp)

Für die perspektivische Zeichnung dieser Gartenlaube importierte Greg Maxson Dateien, die er in der 3D-Modellanwendung SketchUp erstellt hatte (Demo unter sketchup.com), und kombinierte die Dateien in Illustrator. Zunächst erhielt Maxson vom Kunden 2D-Zeichnungen. In SketchUp erzeugte Maxson aus den Zeichnungen ein 3D-Modell der Gartenlaube. Aus den verschiedenen von Maxson erzeugten Sichtwinkeln (unten links) wählte der Kunde die endgültige Ansicht aus (oben). Maxson exportierte zwei 2D-EPS-Dateien aus dem 3D-Modell: die eine gefüllt und die andere konturiert (unten rechts). Er verwendete die konturierte Version, um die Verankerungen im Boden darzustellen. Maxson platzierte beide Versionen in Illustrator, richtete sie aus und wies die endgültigen Kontur- und Flächeneigenschaften zu. Zur Beschleunigung der Bearbeitung wählte er über die Schaltfläche *Ähnliche Objekte auswählen* im Bedienfeld *Steuerung* Objekte mit einer gemeinsamen Eigenschaft aus. Anschließend konnte er diese Eigenschaft für alle ausgewählten Objekte gleichzeitig ändern.

# GALERIE

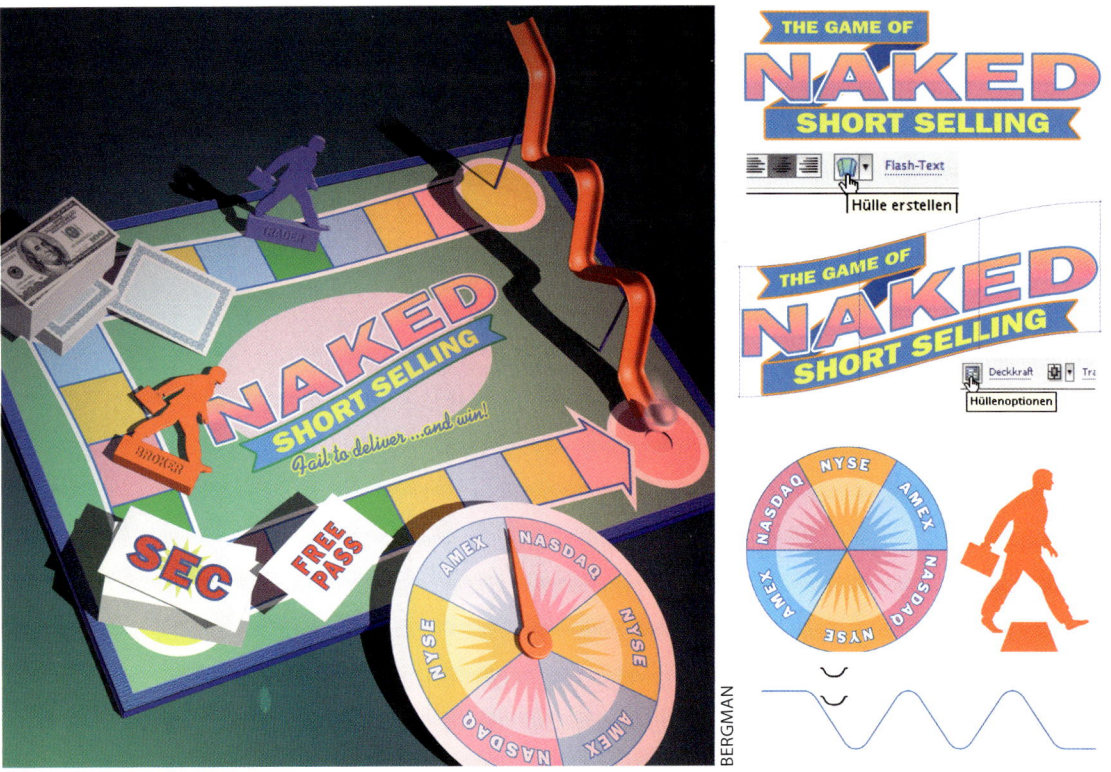

*BergmanEliot_NakedShortselling,
BergmanEliot_NakedShortselling_fertig.psd*

## Eliot Bergman
### (Photoshop und Maya)

Bergman zeichnete für dieses überzeugend dreidimensionale Spielbrett für das Bloomberg Markets Magazine zunächst alle Grundelemente in Illustrator – die Karten, die Spielsteine, den Pfad für die Rutsche und die meisten Texturen für die Objekte in Illustrator. Bergman schätzt die Einfachheit und Genauigkeit, mit der er in Illustrator Farbe und Texte erzeugen und kontrollieren kann. In diesem Beispiel gestaltete er zuerst das Logo in Franklin Gothic Heavy. Dann wählte er aus dem Bedienfeldmenü des Bedienfelds *Aussehen* den Befehl *Neue Fläche* und fügte den Zeichen, die das Wort „Naked" bildeten, eine Verlaufsfüllung hinzu. Ebenso wählte er *Neue Kontur hinzufügen* aus dem Menü, um hinter den Zeichen weiße und blaue Konturen einzufügen. Anschließend klickte Bergman im Bedienfeld *Steuerung* auf die Schaltfläche *Hülle erstellen* und wählte als Stil *Ansteigend*. Er wählte eine horizontale Biegung von 25% (über die *Hüllen-Optionen* im Bedienfeld *Steuerung* können Sie dies später noch ändern). Er importierte die Vektorobjekte in Autodesk Maya, ein 3D-Programm, in dem die Objekte extrudiert, aus jedem beliebigen Winkel betrachtet und mit exakten benutzerdefinierten Lichteffekten versehen werden können. Nachdem er das 3D-Bild gerendert hatte, retuschierte Bergman die Datei im Bedarfsfall zusätzlich in Photoshop. So wies er beispielsweise der Kugel eine Bewegungsunschärfe und den blauen Spielbrettkanten eine zusätzliche Textur zu. Das Ergebnis ist ein realistisches Spielbrett, das den Leser in Versuchung führen könnte, die Hand auszustrecken und es zu berühren.

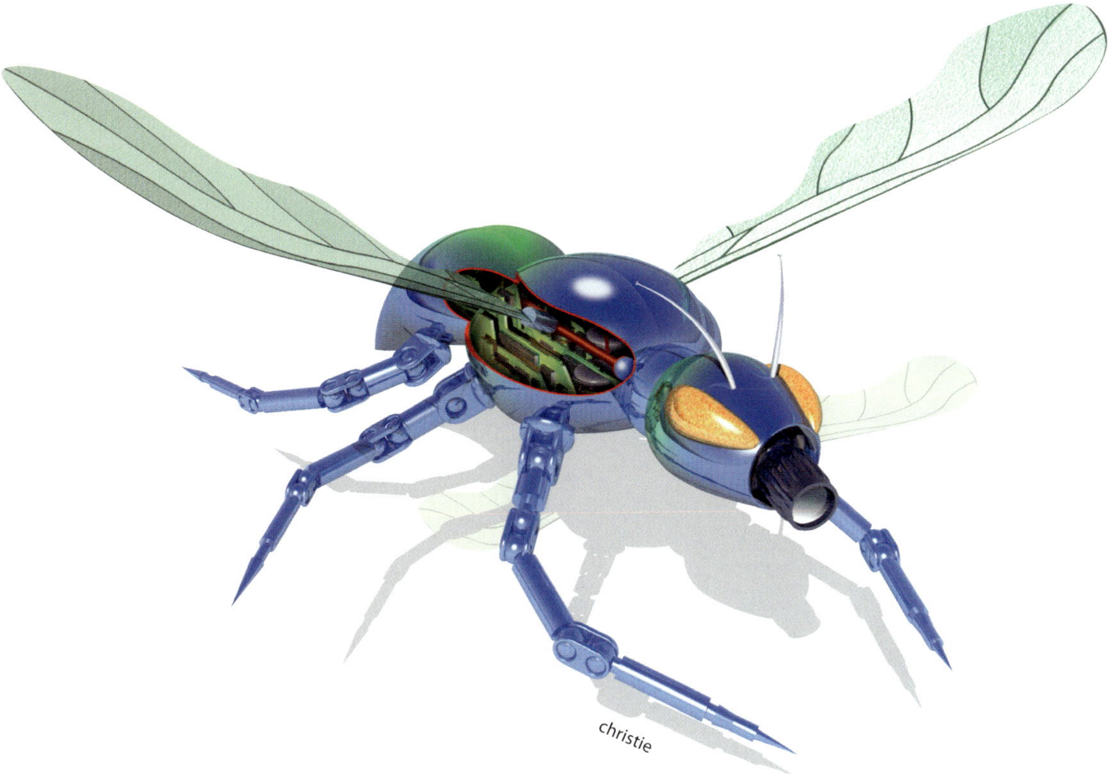

# GALERIE

## Bryan Christie
### (Photoshop, MetaTools Infini-D)

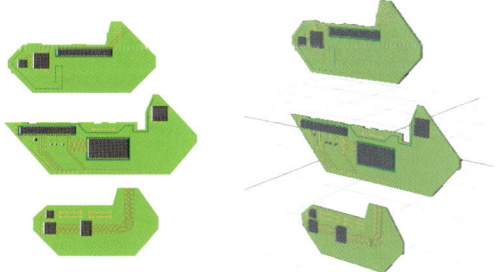

Bryan Christie konstruierte dieses mechanische Insekt mit Illustrator und später mit Photoshop und Infini-D, einem 3D-Programm. Die 3D-Formen, etwa die Beingelenke und Leiterplatten wurden zuerst in Illustrator als Umriss ohne Details oder Farbe gezeichnet, dann in Infini-D exportiert und zu 3D-Formen extrudiert. Um die Farbe und die Details der Leiterplatten darzustellen, zeichnete und färbte Christie die Schaltkreise in Illustrator. Im Anschluss exportierte er die Grafik in das PICT-Format und trug sie in Infini-D auf die 3D-Formen auf. Für die Transparenz des Flügels trug Christie ein in Illustrator gezeichnetes Graustufenbild in Infini-D auf die Flügelform auf. Zur Vervollständigung des mechanischen Insekts renderte er die Grafik in Infini-D und öffnete sie in Photoshop für kleinere Nachbesserungen (wie z.B. Farbkorrektur und Zusammenfügen separat gerenderter Elemente). Zuletzt konvertierte er das Gesamtbild in CMYK.

# GALERIE

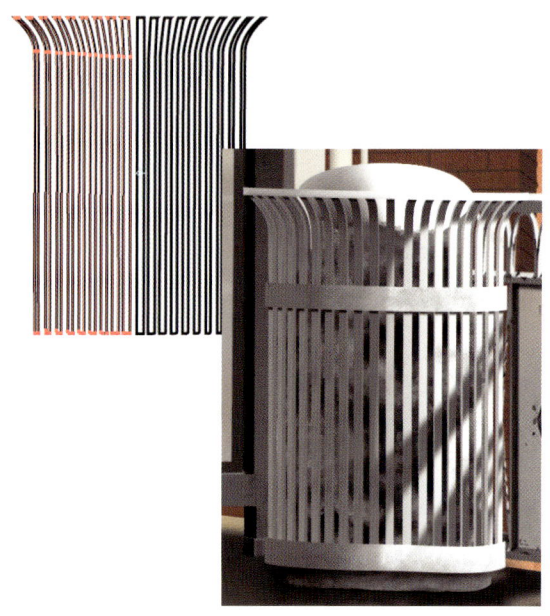

Monroy-Papierkorb.ai

## Bert Monroy
## (Photoshop)

Der Autor und meisterhafte digitale Künstler Bert Monroy ist für seine urbanen Landschaften bekannt. Er konstruiert die von Menschenhand erzeugten, sich wiederholenden Elemente, die so häufig in seinen urbanen Bildern zu sehen sind, in Illustrator. Ein Beispiel ist der Papierkorb in der Damon-Station. Monroy konnte dieses komplex wirkende Objekt mit dem *Angleichen*-Werkzeug und dessen Möglichkeit zur Formänderung von einem in ein anderes Objekt schnell konstruieren. Für die Vorderansicht der mittleren Latte zeichnete ein gerades Rechteck. Dann erzeugte er die gekrümmte Latte an der Kante des Abfalleimers und wählte beide Objekte aus. Er doppelklickte auf das *Angleichen*-Werkzeug, wählte *Festgelegte Stufen* und gab die benötigte Anzahl ein, um die Hälfte des Abfalleimers zu vervollständigen. Damit die Objekte auch korrekt gemorpht wurden, verwendete Monroy nicht den Befehl *Angleichung > Erstellen*, sondern das *Angleichen*-Werkzeug. Damit wählte er einen Ankerpunkt auf dem einen Objekt aus. Dann klickte er auf dessen Gegenstück auf dem anderen Objekt. Auf diese Weise teilte er Illustrator genau das Verhältnis zwischen den beiden Objekten mit, so dass das Programm wusste, wie die dazwischenliegenden Objekte aussehen sollten. Als Nächstes wandelte er die Angleichung um (*Objekt > Umwandeln* oder *Objekt > Angleichung > Umwandeln*), um individuelle Objekte zur separaten Bearbeitung zu erstellen. Er wählte alle Latten bis auf die mittlere aus und wählte das *Spiegeln*-Werkzeug. Monroy setzte den Ankerpunkt in die Mitte der zentrierten Latte, wählte *Vertikal* als Achse und erzeugte die andere Hälfte des Abfalleimers durch Kopieren. Er zeichnete auch den Rest des Abfalleimers in Illustrator und exportierte die Zeichnung in Photoshop, wo er die Farben, Texturen, Schatten und Lichter hinzufügte und damit die erstaunlich realistische Grafik des Abfalleimers vervollständigte.

# GALERIE

## Marcel Morin
## (ArcScene und Photoshop)

Marcel Morin verwendet gerne ArcScene, ein ArcGIS-Plug-in zum Betrachten und Export von 3D-GIS-Daten als Bilder. Er verwendet auch Photoshop, um diese Bilder zusammenzusetzen. Bei der Konstruktion von Projekten, deren Elemente wegen der hoch qualitativen Ausgabe auflösungsunabhängig sein müssen, verwendet er jedoch die herausragenden Vektorbearbeitungsfunktionen von Illustrator. Bei dieser doppelseitigen wasserdichten Landkarte erzeugte er in ArcScene ein großes Bild der Gebirgskette und „drapierte" darüber ein Bild der Gletscher. Dann platzierte er das Bild in Illustrator. Nun pauste Morin die Gletscher ab, um eine Schnittmaske für die spätere Verwendung in Photoshop zu erstellen. Wieder in ArcScene erzeugte er eine Graustufenversion der Gletscher und exportierte ein Bild des 3D-Drahtgittermodells. In Photoshop ordnete Morin die Bilder in Ebenen an und duplizierte das Basisbild, um Bereiche in der Ferne, im Mittelgrund und Vordergrund auszuwählen. Nicht benötigte Bildbereiche löschte er. Morin erzeugte die Illusion von Tiefe, indem er auf die entfernten Berge einen Gaußschen Weichzeichner und auf den Mittelgrund einen Gaußschen Weichzeichner mit geringerem Radius anwandte und dann den Vordergrund schärfte. Morin fügte die Graustufenebene mit der Schnittmaske hinzu, um die Gletscher auf den Bergen freizulegen. Das Drahtgittermodell fügte er im Modus *Multiplizieren* hinzu und maskierte es, damit es nur im Vordergrund sichtbar war. Zuletzt schnitt Morin das Bild zu und platzierte es in einem Illustrator-Dokument, das die gesamte Landkarte enthielt. Dort fügte er die in den Landkarten der „Summit"-Reihe verwendeten Vektorelemente und Logos in der für dieses spezielle Projekt passenden Größe hinzu. Er setzte den Text und machte die Karte druckfertig.

# WOW! Anhang: Illustrator-Plug-ins

Der Wow!-Lektor Jean-Claude Tremblay und Jay Nelson von Design Tools Monthly haben sich zusammengetan und für Sie die besten Illustrator-Plug-ins und Hilfsprogramme gesammelt und zusammengefasst. Es lohnt sich, die Wow!-CD ein wenig zu durchstöbern!

### Andrew's Vector Plug-ins: günstige Schmankerl
GraphicXtras bietet viele kreative Plug-ins für Illustrator an, die mit jeweils 15$ preiswert zu bekommen sind. Wir empfehlen:
Andrew's Vector Plug-ins vol 1 bis 25 (Mac)
Andrew's Vector Plug-ins vol 1, 3, 6, 7, 13, 18, 23 (Win)

www.graphicxtras.com

### ArtOptimizer: optimierte Bilder
Der ArtOptimizer von Zevrix für 71,70$ reduziert die Größe verknüpfter Bilder, die in Illustrator skaliert wurden. Wenn die effektive Auflösung eines Bilds höher als die von Ihnen festgelegte Zielauflösung ist, legt ArtOptimizier eine Sicherheitskopie des Bilds an, öffnet die Kopie in Photoshop, verändert dort die Bildgröße und importiert die Datei wieder mit 100% Größe in das Illustrator-Dokument. Das Plug-in kann bei Bedarf auch den Farbmodus des Bilds nach CMYK, RGB oder Graustufen konvertieren, Schärfungsfilter anwenden und das Bild reduzieren. (Mac)

www.zevrix.com

### BetterHandles: mächtige Punktbearbeitung
BetterHandles von Nineblock (29$) erlaubt Ihnen ein wesentlich effizienteres Bearbeiten von Ankerpunkten und Griffen.
Sie können zum Beispiel
- mehrere Griffe markieren und diese gemeinsam verschieben, verlängern, drehen oder kürzen,
- Griffe verlängern oder verkürzen, ohne ihren Winkel zu verändern,
- Griffe und Ankerpunkte numerisch bearbeiten,
- ... und vieles mehr. (Mac/Windows)

www.nineblock.com

### CADTools
CADTools von Hot Door ($279) ist eine kreative CAD-Lösung für Designer, die sowohl künstlerische Flexibilität als auch absolute Präzision beim Zeichnen benötigen. Verwenden Sie beliebige Maßstäbe, dimensionieren Sie Bildmaterial mit einem Mausklick und verwalten Sie die Größe und Position von Objekten auf Zahlenbasis. Durch die neuen Import- und Exportfilter für DXF/DWG in Adobe Illustrator CS3 profitieren Sie nun noch mehr von CADTools; die Lücke zwischen traditionellen CAD-Umgebungen und Vektorillustration schließt sich. Mit CADTools fügen Sie beliebigen Linien oder Winkeln interaktiven Bemaßungstext und Pfeile hinzu. Die Software kann Winkel, Flächeninhalte und Radien von Kurven und Kreisen messen und verändern. Das *Trim*-Werkzeug beschneidet überlappende Segmente automatisch. Mit den Werkzeugen *Fill* und *Chamfer* können Sie die Ecken einer Form automatisch abrunden oder abschrägen. Das Werkzeug *Wall* erzeugt zweiseitige Wandformen und das unglaubliche *Wall Healer*-Werkzeug bereinigt die Schnittlinie von Wandformen. (Mac/Win)

www.hotdoor.com

### Concatenate: Pfade automatisch verbinden
Concatenate von Rick Johnson (20$) kann zwei oder mehr Pfade zu einem durchgängigen Pfad verbinden. Sie können angeben, wie nahe die Endpunkte beieinanderliegen müssen, dass die Pfade verbunden werden, und ob zum Zusammenführen der Mittelwert der Endpunkte berechnet werden soll. Die Software eignet sich besonders zur Bereinigung von CAD-Zeichnungen oder zum Verbinden und Füllen von Kartenrändern. (Mac/Win)

rj-graffix.com/software/plugins.html

### Cutting Tools
Mit den Cutting Tools von Rick Johnson (5$) öffnen sich neue Wege zum Schneiden von Pfaden: *Hatchet* durchtrennt nicht nur den obersten, sondern alle Pfade; *Saber Saw* durchtrennt beim Ziehen des Mauscursors sämtliche Pfade; *Table Saw* schneidet auf gerader Linie durch alle Pfade; *Vector Vac* löscht alle Pfade, über die Sie das Werkzeug ziehen. (Mac/Win)

rj-graffix.com/software/plugins.html

### EZConstrain: den Einschränkungswinkel ändern
Die kostenlose Software EZConstrain von Nineblock erzeugt eine Schwebende Palette, in der Sie den Beschränkungswinkel verändern können, ohne ins Dialogfenster *Voreinstellungen* wechseln zu müssen. (Mac)

www.nineblock.com

### JLG•Dimension: automatische Bemaßung
JLG•Dimension von Jean-Louis Garrivet (25€) bietet Bemaßungswerkzeuge. Zur Verwendung markieren Sie einen Linienabschnitt, Winkel, Kreis oder sonstigen Pfad, und die Bemaßung für diese Auswahl erscheint an der äußeren Kante der Auswahl. (Mac)

http://perso.orange.fr/jlg.outils/Pages/ManuelCotationsUS.html

### MultiPage: mehrere Seiten
MultiPage von Hot Door (99$) stillt ein schon lange bestehendes Bedürfnis in Adobe Illustrator: mehrere Seiten. Sie können beliebig viele Seiten anlegen und bei Bedarf auf Musterseiten zurückgreifen; selbst das Exportieren mehrseitiger PDF-Dateien ist möglich. Sie können Text auch von Seite zu Seite fließen lassen und Seiten automatisch nummerieren. (Mac/Win)

www.hotdoor.com

### Nudge Palette: Muster verschieben
Mit Rick Johnsons Nudge Palette für 15$ können Sie die Position gemusterter Objektfüllungen oder gestrichelter Muster entlang eines Pfads anpassen. Die Software enthält auch eine „Untransform"-Schaltfläche, mit der Sie die vorherige Position einer gestrichelten Linie oder eines Musters wiederherstellen; dabei werden auch alle vorherigen Transformationen wie Skalierung, Drehung usw. aufgehoben (Mac/Win) (nicht auf der CD enthalten).

rj-graffix.com/software/plugins.html

# WOW! Anhang: Illustrator-Plug-ins

**Path Styler Pro: viel schärfere abgeflachte Kanten**
Die abgeflachten Kanten in Illustrator sind teilweise zu weich. Daher ist Path Styler Pro von Shinycore wertvoll. Dieses Plug-in für Photoshop oder Illustrator (jeweils 99$ oder 129$ für beide) erzeugt scharfe, saubere Fasen und exakte Reflexionen; es verfügt über mehrere Beleuchtungsoptionen. Sie können mehrere abgeflachte Kanten anwenden und für jede Kante ein eigenes Material sowie eigene Konturen, Texturen und Oberflächen wie Holz, Metall, Plastik, Glas und andere verwenden. Dazu sind verschiedene Beleuchtungen möglich. Es liegen mehr als 100 Voreinstellungen bei. (Mac/Win)

www.shinycore.com

**Perspective: mächtige isometrische Werkzeuge**
Perspective von Hot Door (179$) spart eine Menge Zeit beim Anfertigen geometrischer Perspektivzeichnungen. Sie erhalten zusätzliche Werkzeuge für isometrisches, abgeschrägtes und perspektivisches Zeichnen von Linien, Ebenen, Würfeln und Zylindern über einem konfigurierbaren Hintergrundraster. Ihr reduziertes Bildmaterial lässt sich problemlos auf beliebig ausgerichtete Seitenflächen projizieren. (Mac/Win) (nicht auf der CD enthalten)

www.hotdoor.com

**Phantasm CS: tolle Farbanpassungen**
Mit Phantasm CS von Astute Graphics (31€) erhalten Sie Farbeinstellungen wie in Photoshop: Helligkeit, Kontrast, Farbton, Sättigung, Ebenen und Gradationskurven – diese können Sie nun auf Illustrator-Formen und importierte Bilder anwenden. Alle Einstellungen sind sowohl als Filter als auch als interaktiver Effekt verfügbar, so dass Sie Ihre Änderungen später bearbeiten oder zurücknehmen können. (Mac/Win)

www.phantasmcs.com

**QuickCarton**
QuickCarton für 47$ von Worker72a lässt Sie ein vollständiges Layout für einen Wellpappekarton in weniger als einer Minute erstellen. Unterschiedliche Stärken, Flächen, Innen- oder Außenverklebung und weitere Details werden berücksichtigt. Auch Passkreuze und Hilfslinien gehören zum Funktionsumfang. (Mac)

www.worker72a.com

**Scoop & Art Files: Sammeln für die Ausgabe**
Adobe Illustrator fehlt selbst in der Version CS3 die Funktion „Für Ausgabe sammeln". (Das Skript *Für Ausgabe sammeln* sammelt nur verknüpfte Bilder, keine Schriften.) Hier sind zwei Möglichkeiten, Abhilfe zu schaffen:

**Scoop** von Worker72a (47$) sammelt platzierte Grafiken und Schriften und kann auch eingebettete Pixelgrafiken extrahieren. (Mac)

www.worker72a.com

**Art Files** von Code Line (49,95$) ist ein Hilfsprogramm zum Sammeln und Bündeln der platzierten Grafiken und Schriften eines Illustrator-Dokuments. Mehrere Illustrator-Dokumente lassen sich gleichzeitig verarbeiten. Alle mehrfach in den Dokumenten verwendeten Bilder und Schriften werden dann nur einmal gesammelt, was Festplattenspeicher einspart. (Mac)

www.code-line.com

**Select: alle ähnlichen Elemente zugleich markieren**
Das kostenlose Select von Rick Johnson erweitert das Menü *Filter* um 15 ausgewählte Optionen: Hilfslinien, Pfade, offene Pfade, geschlossene Pfade, gefüllte Pfade, ungefüllte Pfade, konturierte Pfade, unkonturierte Pfade, gestrichelte Pfade, ungestrichelte Pfade, zusammengesetzte Pfade, Gruppen, Gruppen interaktiver Objekte, Verlaufsgitter, Hüllen, Symbole, eigebettete Pixelbilder und platzierte Bilder. (Mac/Win)

rj-graffix.com/software/plugins.html

**Select Effects: zeigt Pfade mit Effekten an**
Select Effects von Worker72a (25$) markiert alle Pfade, in denen Transparenz, Effekte und Füllmethoden zur Anwendung kommen, was zu Problemen beim Drucken oder Reduzieren führen kann. (Mac)

www.worker72a.com

**SepPreview: Auszugsvorschau**
Mit SepPreview von Worker72a (47$) können Sie sich Farbauszüge farbig anzeigen lassen. Vollton- und Prozessfarben lassen sich einzeln oder in beliebigen Kombinationen betrachten und drucken. (Mac)

www.worker72a.com

**SnapMeasure: ein besseres Messwerkzeug**
SnapMeasure von Nineblock Software (24$) ist ein verbessertes Messwerkzeug. Sie können beim Messen scrollen oder zoomen und an Objekten oder magnetischen Hilfslinien andocken. Kurvenradien und Tangentenwinkel lassen sich bestimmen. Messwerte werden direkt neben dem Mauszeiger dargestellt und der Beschränkungswinkel und die Schrittweite beim Verschieben über Tastatur lassen sich mühelos verändern. (Mac/Win)

www.nineblock.com

**SymmetryWorks: sofortige Muster**
Mit Artlandia SymmetryWorks 4 für 229$ erzeugen Sie auf einfache Weise übergangslose Muster. Sie zeichnen eine einfache Form und SymmetryWorks erzeugt durch Drehen, Spiegeln und Verschieben ein nahtloses Muster daraus. Beim Bearbeiten der Form aktualisiert sich das Muster in Echtzeit. (Mac/Win)

www.artlandia.com

**White Overprint Detector**
Der White Overprint Detector von Worker72a für 5,50€ (Einzellizenz) bzw. 39,00€ (unbegrenzte Lizenz) überprüft beim Öffnen jede Datei auf Pfade oder Texte, die mit weiß überdruckt oder konturiert wurden. Eine optionale Version kann den Überdruck aller weißen Pfade und Texte zurücksetzen. (Mac)

www.worker72a.com

**Zoom to Selection**
Zoom to Selection von Worker72a (5,50€) erweitert das Menü *Ansicht* um Befehle zum Vergrößern eines Auswahlrechtecks oder zum Einpassen der Auswahl in das Fenster. (Mac)

www.worker72a.com

**Kostenloses Plug-in-Verzeichnis**
ThePowerXChange bietet ein kostenloses Plug-in-Verzeichnis für Illustrator, InDesign, Photoshop, Acrobat und QuarkXPress an. Laden Sie es sich hier herunter:

http://www.thepowerxchange.com/catalogue_download.html

# WOW! Anhang: Design Tools Monthly Tipps

www.design-tools.com/ilcs3wow/

Diese Doppelseite bietet Ihnen eine Auswahl von Illustrator-Tipps aus Design Tools Monthly.

### Felder schnell auswählen
In den meisten Adobe-Anwendungen können Sie den gesamten Inhalt eines Textfelds in einem Dialogfenster oder Bedienfeld schnell auswählen, indem Sie auf die Feldbeschriftung klicken. Statt also in den Feldinhalt zu klicken und ihn durch Ziehen auszuwählen, klicken Sie einfach auf die Feldbeschriftung, um den gesamten Inhalt auszuwählen.

### Bereiche zum Export oder Druck zuschneiden
Das neue *Schnittbereich*-Werkzeug von Illustrator CS3 (⇧+0) ist praktisch, wenn Sie einen bestimmten Teil Ihrer Grafik etwa für die folgenden Zwecke definieren möchten:
- *Datei > Exportieren*
- Verwendung in Photoshop
- *Datei > Für Web & Geräte speichern*
- *Datei > Drucken*

Ziehen Sie mit dem *Schnittbereich*-Werkzeug über einen Bereich. Damit definieren Sie einen neuen Schnittbereich, komplett mit Druckermarken. Wenn Sie für das Web speichern oder exportieren, wird nur dieser Bereich verwendet. (In den Vorversionen mussten Sie mit dem Rechteck-Werkzeug ein Rechteck um den Bereich ziehen und dann *Objekt> Schnittbereich > Erstellen* wählen.)

### Tipps zur Aktualisierung von Text
Die Text-Engine von Illustrator CS und höher unterscheidet sich von den Vorversionen (sie ist identisch mit der Text-Engine von InDesign CS und höher).

Wenn Sie also Dokumente öffnen, die in den Vorversionen von Illustrator erzeugt wurden, werden Sie gefragt, ob Sie Ihren Text mit der neuen Engine konvertieren möchten. Wenn Sie auf *Aktualisieren* klicken, wird der Text größtenteils neu umbrochen, und wenn Sie auf *OK* klicken, können Sie Ihren Text nicht mehr bearbeiten.

Dieses Dilemma lösen Sie folgendermaßen: Klicken Sie auf *OK*. Danach können Sie immer einen Textblock auf einmal konvertieren, indem Sie ihn mit dem *Direktauswahl*-Werkzeug markieren und dann *Schrift > Alter Text > Ganzen alten Text aktualisieren*.

Noch intelligenter gehen Sie vor, wenn Sie mit dem *Text*-Werkzeug in den Text klicken und dann *Textobjekt kopieren* aus dem angezeigten Dialogfeld wählen. Damit erzeugen Sie eine bearbeitbare Kopie auf dem Originaltext, der dann ausgegraut erscheint. Auf diese Weise sehen Sie, inwiefern die Text-Engine Ihren Text verändert hat.

### Drei Gründe, Illustrator-Dateien als PDF-Datei zu speichern
Wenn Sie Ihre Illustrator-Dokumente mit *Datei > Speichern unter* im Adobe PDF-Format speichern, haben Sie die folgenden Vorteile:
1. Sie können Anschnitts- und/oder Schnittmarken für den Import in InDesign erzeugen.
2. Sie können die Ebenen in der Illustrator-Datei aus InDesign heraus aktivieren/deaktivieren.
3. Sie können die Datei in einen QuarkXPress-Bildrahmen importieren.

Im Grunde genommen handelt es sich bei der PDF-Datei um ein in die PDF-Datei verpacktes Illustrator-Dokument. Es ist nach wie vor vollständig in Illustrator bearbeitbar; aber Sie können die PDF-Datei nicht mit einem Doppelklick in Illustrator öffnen, sondern Sie müssen sie aus Illustrator selbst aufrufen (*Datei > Öffnen*).

### Ähnliche Objekte auswählen
Sie können das Zauberstab-Werkzeug verwenden, um Objekte auszuwählen, die ähnliche Eigenschaften wie das angeklickte Objekt aufweisen.

Dasselbe können Sie mit dem Befehl *Auswahl > Gleich* erreichen.

Diese beiden Ansätze haben allerdings unterschiedliche Optionen: Der Zauberstab hat eine Toleranzeinstellung, wodurch Sie Objekte mit leicht abweichenden Attributen ebenfalls auswählen können. Das Menü *Auswahl > Gleich* wiederum enthält Attribute, die beim Zauberstab nicht verfügbar sind.

### Dateien über die Adobe-Dialogfenster umbenennen und löschen
In den Anwendungen der Adobe Creative Suite gibt es für die Dialogfenster *Öffnen*, *Speichern* und *Exportieren* jeweils zwei Versionen: die vom Betriebssystem zur Verfügung gestellte und die Adobe-Version.

Wenn Sie im Dialogfenster auf die Schaltfläche *Adobe Dialog* klicken, erscheint ein abweichendes Dialogfenster, indem Sie Dateien in jedem verfügbaren Laufwerk umbenennen und löschen können. Um eine Datei umzubenennen, übertippen Sie einfach ihren Namen. Zum Löschen klicken Sie auf das Papierkorbsymbol.

Über das Adobe-Dialogfenster können Sie auch Creative Suite-Dokumente als Miniaturen, Symbole, Kacheln oder als Liste anzeigen. In jeder Ansicht erhalten Sie detaillierte Informationen. Sie sehen auf einen Blick, welche Dokumente bereits für die Bearbeitung geöffnet sind.

# WOW! Anhang: Design Tools Monthly Tipps

**Die Adobe-Vorgaben schnell zurücksetzen**
Eine Standardtechnik zur Problembehebung in einer Anwendung, ist, die Vorgabendateien der Anwendung zu verschieben oder zu löschen. Das Programm baut diese Dateien dann beim nächsten Aufruf neu auf. Der Speicherort dieser Dateien ist jedoch nicht immer offensichtlich.

Adobe macht es Ihnen leicht, die Anwendungsvorgaben auf den Standard zurückzusetzen: Halten Sie einfach alle Modifikator-Tasten gedrückt, wenn Sie eine Adobe-Anwendung aufrufen (am Mac `Ctrl`+`⌘`+`Alt`+`⇧`, unter Windows `Strg`+`Alt`+`⇧`).

Damit setzen Sie alle eventuell geänderten Vorgaben zurück. Sie sollten deshalb wissen, welche Vorgaben Sie wieder auf Ihre eigenen Einstellungen ändern möchten.

**Einfachere Kreise**
Wenn Sie in Illustrator wissen, wo ein Kreis beginnen soll, drücken Sie beim Zeichnen mit dem *Ellipse*-Werkzeug die Taste `Strg`/`⌘`. Dann beginnt der Kreisbogen genau an der angeklickten Stelle und nicht an einer virtuellen „Ecke" des imaginären Begrenzungsrahmens. Nutzen Sie diesen Tipp beim Abpausen einer Vorlage mit abgerundeten Ecken.

**Das Stern-Werkzeug zurücksetzen**
Das *Stern*-Werkzeug verwendet immer die zuletzt vorgenommenen Einstellungen, so dass Sie problemlos weitere Sterne mit derselben Form zeichnen können. Leider müssen Sie Illustrator verlassen und neu öffnen, um das *Stern*-Werkzeug auf seinen Standard zurückzusetzen. Möchten Sie es manuell zurücksetzen, verwenden Sie die Werte *Radius 1 = 25, Radius 2 = 50, Zacken = 5*.

**Anti-Aliasing für ein einziges Objekt deaktivieren**
Möchten Sie vermeiden, dass Text auf dem Bildschirm verschwommen wirkt, können Sie das Anti-Aliasing deaktivieren. Zuerst wählen Sie das Objekt aus und wählen *Effekt > In Pixelbild umwandeln*. Im Dialogfenster wählen Sie *Ohne* aus dem Feld *Glätten*. Weil es sich um einen bearbeitbaren Effekt handelt, bleibt der Text vollständig bearbeitbar, besitzt aber kein Anti-Aliasing mehr.

**Tipps für die Kontrolle von Mustern in Formen**
Wenn Sie ein Objekt in Illustrator verschieben, wird dadurch nicht unbedingt auch seine Musterfüllung verschoben. Um beides miteinander zu bewegen, wählen Sie *Beides transformieren* aus dem Bedienfeldmenü des Bedienfelds *Transformieren*.

**Mehr Muster**
Illustrator CS2 und CS3 enthalten weniger vordefinierte Muster als die Vorversionen von Illustrator. (In CS2 und CS3 gibt es elf Muster, in CS 26). Wenn Sie über eine ältere Illustrator-Version verfügen, können Sie die Muster aus dem Ordner *Illustrator/Presets/Patterns* übernehmen und sie über das Bedienfeldmenü in das Bedienfeld *Farbfelder* laden: Wählen Sie dazu *Farbfelderbibliothek öffnen > Andere Bibliothek*.

**Der versteckte Spiegeln-Befehl**
Illustrator versteckt den *Spiegeln*-Befehl zum horizontalen oder vertikalen Spiegeln eines Objekts an zwei unterschiedlichen Orten: im Bedienfeldmenü des Bedienfelds *Transformieren* und im Bedienfeldmenü des kleinen Bedienfelds, das bei einem Klick auf X, Y, B oder H im Bedienfeld *Steuerung* erscheint.

Alternativ verwenden Sie das *Spiegeln*-Werkzeug, das sich unter dem *Drehen* Werkzeug verbirgt. Sie können auch *Objekt> Transformieren > Spiegeln* wählen oder das Kontextmenü mit einem Klick mit gedrückter `Ctrl`-Taste bzw. einem Rechtsklick öffnen und aus dem Kontextmenü den Befehl *Transformieren > Spiegeln* wählen.

**Illustrator-Ebenen & Text in Photoshop verwenden**
Um Ebenen und Text aus einer Illustrator-Datei in Photoshop zu kopieren, wählen Sie in Illustrator *Datei > Exportieren* und wählen das Photoshop-Format. Vergewissern Sie sich, dass Sie *Ebenen mit exportieren* sowie *Textbearbeitbarkeit erhalten* aktivieren. Wenn Sie die Datei dann in Photoshop öffnen, erscheinen die Texte aus Illustrator in Photoshop als Textebenen.

**Kleinere PDF-Dateien aus Illustrator**
Standardmäßig bettet Illustrator eine Kopie des nativen Illustrator-Dokuments in die daraus gespeicherte PDF-Datei ein, wodurch die PDF sehr viel größer als notwendig wird. Um die Dateigröße beim Speichern im PDF-Format zu reduzieren, deaktivieren Sie das Kontrollkästchen *Illustrator-Bearbeitungsfunktionen beibehalten*. Vergewissern Sie sich jedoch, dass Sie eine Kopie des Original-Illustrator-Dokuments beibehalten, falls Sie noch Überarbeitungen vornehmen müssen.

**Interaktiv abpausen & Interaktiv malen in einem Zug**
Häufig möchten Sie ein Objekt nach der interaktiven Abpausung mit der Funktion *Interaktiv malen* einfärben. Sie können sich einen Schritt sparen, wenn Sie *Objekt > Interaktiv abpausen > Erstellen und für Interaktives Malen umwandeln* wählen. Illustrator verwendet Ihre aktuellen Einstellungen für die interaktive Abpausung und konvertiert die Abpausung dann in eine interaktive Malgruppe.

**Eine Komplementärfarbe wählen**
In Illustrator können Sie die Komplementärfarbe der aktuellen Fläche oder Kontur eines ausgewählten Objekts auswählen, indem Sie mit gedrückter Tastenkombination `Strg`/`⌘`+`⇧` in den Farbbalken am unteren Rand des Bedienfelds *Farbe* klicken. Sie können auch die Komplementärfarbe aus dem Bedienfeldmenü des Bedienfelds *Farbe* wählen.

# Künstler

**Ted Alspach**
ted@bezier.com
www.bezier.com

**Kevan Atteberry**
P.O. Box 40188
Bellevue, WA 98015-4188
+1-206-550-6353
kevan@oddisgood.com
www.oddisgood.com

**Jean Aubé**
785 Versailles #302
Montréal Québec Canada
H3C 1Z5
jeanaube01@videotron.ca

**Kenneth Batelman**
128 Birch Leaf Drive
Milford, PA 18337
+1- 888-532-0612
Kenneth@batelman.com
batelman.com

**Christine Beauregard**
+1-514-935-6794
c.beauregard@videotron.ca
www.christinebeauregard.com

**Russell Benfanti**
www.benfanti.com
represented by
www.mendolaart.com 212.986.5680

**Eliot Bergman**
+1-212-2300
eliot@ebergman.com
www.ebergman.com

**Peter Cassell**
1185 Design
411 High Street
Palo Alto, CA 94301
+1-650-325-4804
peterc@1185design.com
www.1185design.com

**David Cater**
+1-510-232-9420
adcater@aol.com

**Ron Chan**
24 Nelson Ave.
Mill Valley, CA 94941
+1-415-389-6549
ronchan@ronchan.com

**Conrad Chavez**
design@conradchavez.com
www.conradchavez.com

**Bryan Christie**
www.bryanchristiedesign.com/

**Sandee Cohen**
33 Fifth Avenue, #10B
New York, NY 10003
+1-212-677-7763
sandee@vectorbabe.com
www.vectorbabe.com

**Michael Cronan**
mpc@cronan.com
www.michaelcronan.com

**Scott B. Crouse**
Lake Alfred, FL
scott@scottcrouse.com
scottcrouse.com

**Andrew Dashwood**
info@adashwood.com
www.adashwood.com

**Rob Day & Virginia Evans**
10 State Street, Suite 214
Newburyport, MA 01950
+1-508-465-1386

**Design Action Collective**
369 15th Street
Oakland, CA 94612
+1-510-452-1912
info@designaction.org
www.designaction.org

**Virginia Evans,** *siehe* Day & Evans

**Gary Ferster**
10 Karen Drive
Tinton Falls, NJ 07753
+1-732-922-8903
Fax: 732-922-8970
gferster@comcast.net
www.garyferster.com/

**Louis Fishauf**
47 Lorne Ave.
Kettleby, Ontario
Canada L0G1J0
+1-905-726-1597
fishauf@reactor.ca
www.fishauf.com

**Mark Fox**
+1-415-258-9663
mfox@blackdogma.com

**Ian Giblin**
+1-408-448-2614
n.giblin@comcast.net

**Reggie Gilbert**
Tech Vector
1454 Ashland St PMB#141
Ashland OR 97520
www.techvector.com

**Mordy Golding**
Design Responsibly LLC
320 Leroy Avenue
Cedarhurst, NY 11516
info@designresponsibly.com
www.designresponsibly.com

**Steven H. Gordon**
Cartagram, LLC
136 Mill Creek Crossing
Madison, AL 35758
wow@cartagram.com
www.cartagram.com

**Caryl Gorska**
1277 8th Avenue 105
San Francisco, CA 94122
+1-415-664-7721
+1-408-910-6545
gorska@gorska.com
www.gorska.com

**Laurie Grace**
+1-860-659-0748
lgrace@aol.com

**Cheryl Graham**
cherylgraham@earthlink.net
www.cherylgraham.net

**April Greiman**
+1-620 MoultonAve. No. 211
Los Angeles, CA 90031
323-227-1222
info@madeinspace.la
ww.madeinspace.la

**Brad Hamann**
Brad Hamann Illustration & Design
41 West Market Street
Red Hook, NY 12571
+1-845-758-6186 studio
bhamann@hvc.rr.com
www.darkdesign.com

**Michael Hamm**
13555 Breton Ridge St. #426
Houston, TX 77070
+1-281-451-6841
michael@pointsandpaths.com
www.pointsandpaths.com

**Scott Hansen**
scott@iso50.com
www.iso50.com

**Pattie Belle Hastings**
Ice House Press & Design
Pattie Belle Hastings
266 West Rock Ave.
New Haven, CT 06515
+1-203-389-7334

**Rick Henkel**
rhenkel@thoughtformdesign
*siehe auch* ThoughtForm Design

**Kurt Hess**
dashesshaus@comcast.net
*siehe auch* ThoughtForm Design

**Kaoru Hollin**
kaoruhollin@attbi.com

**Gerard Huerta**
Gerard Huerta Design, Inc.
54 Old Post Road
Southport, CT 06890
+1-203-256-1625
gerard.huerta@sbcglobal.net
www.gerardhuerta.com

**Kevin Hulsey**
www.khulsey.com

**IAN Symbols (Integration and Application Network)**
University of Maryland Center for Environmental Science
2020 Horns Point Rd
(PO Box 775)
Cambridge, MD 21613
+1-410-228-9250 ext 254
ian@ca.umes.edu
http://ian.umces.edu/symbols

**Lisa Jackmore**
13603 Bluestone Court
Clifton, VA 20124
+1-703-830-0985
ljackmore@cox.net

**Lance Jackson**
lance@lancejackson.net
lancejjackson@earthlink.net
www.lancejackson.net

**David Jennings**
7 Castleton Avenue
Romanby
Northallerton
North Yorkshire
DL78SU
UK
+44(0)1609 770795
+44(0)7754 796831
david@davidjennings.co.uk
www.davidjennings.co.uk

**Mohammed Jogie**
PO Box 44007, Linden
Gauteng Province 2104
South Africa
+27 (0) 82 655 2999

**Dave Joly**
15 King St.
Putnam, CT 06260
+1-860-928-1042

**Frank Jonen**
Haupstrasse 15
65510 Idstein
Germany
49-6126 9581 81
Fax 49-6126 9581 83
getinfo@frankjonen.com
www.frankjonen.com

**Andrea Kelley**
Andrea Kelley Design
530 Menlo Oaks Drive
Menlo Park, CA 94025
+1-650-326-1083
andrea@jevans.com

**Marc LaMantia**
64 Macdougal Street Apt 5
New York, NY 10012
+1-212-677-6907
lamantia2003@yahoo.com

**Tiffany Larsen**
tiffany@uberpop.com
uberpop.com

**Adam Z Lein**
3 Woodlands Ave
Elmsford, NY 10523
+1-914-347-1710
adamz@lein.com
www.adamlein.com

**Joe Lertola**
TIME / Editorial Art Dept
1271 Sixth Avenue / Rm 2442
New York, NY 10020
212-522-3721
www.joelertola.com

**Randy Livingston**
Assistant Professor, Media Design
School of Journalism, Box 0064
College of Mass Communication
Middle Tennessee State University
Murfreesboro, TN 37132
+1-615 / 898.2335
rlivings@mtsu.edu

**Vicki Loader**
Sandhurst, Berkshire
Gu47 8Ja, United Kingdom
+44-7834783218
+44-1252874190
vickiloader@btinternet.com
www.purepixels.co.uk
www.vickiloader.com

**Terrance (Terry) Lush**
PO Box 185143
Hamden, CT 06518
t.lush@tlush.net
www.tlush.net

**Todd Macadangdang**
348 Arco St.
San Jose, CA 95123
+1-408-536-6373
toddm@adobe.com
toddm@illustratorworld.com

**Rob Magiera**
Noumena Digital
9636 Ruskin Circle
Salt Lake City, UT 84092
+1-801-943-3650

**Pete Maric**
520 Terrace Plaza
Willowick, OH 44095
+1-440-487-4205
contact@petemaric.com
www.petemaric.com

**Greg Maxson**
116 W. Florida Ave
Urbana, IL 61801
+1-217-337-6069
gmaxti@sbcglobal.net
gregmaxson.com
gregmaxson.com

**Eden Maxwell**
artist@edensart.com
www.edensart.com

**Nobuko Miyamoto**
3-8 Matuba-cho
Tokorozawa-shi
Saitama-ken Japan/359-0044
04-2998-6631
venus@gol.com
http://venus.orracchi.com

**Yukio Miyamoto**
Matubacho 3-8
Tokorozawasi
Saitamaken Japan/359-0044
+81-42-998-6631
yukio-m@ppp.bekkoame.ne.jp
www.bekkoame.ne.jp/~yukio-m

**Bert Monroy**
www.bertmonroy.com

**Marcel Morin**
Lost Art Cartography
Box 66, Grand Pré
Nova Scotia
B0P 1MO
+1-902-542-2934
cybermapper@gmail.com

**Gary J. Moss**
Moss Martin Graphic Design
319 Peck Street Box I-5
New Haven, CT 06513
+1-203-785-8464
gm@mossmartin.net
mossmartin.net

**Innosanto Nagara**
*siehe* Design Action Collective

**Brad Neal**
Thomas • Bradley Illustration
& Design
411 Center St. / P.O. Box 249
Gridley, IL 61744
+1-309-747-3266
bradneal@thomas-bradley.com
www.thomasbradley.com

**David Nelson**
Mapping Services
721 Grape St.
Denver, CO 80220
+1-303-333-1060

**Gary Newman Design**
2447 Burnside Rd
Sebastapol, CA 95472
gary@newmango.com
www.newmango.com

**Chris D. Nielsen**
+1-714-323-1602
carartwork@ca.rr.com

chris@pentoolart.com
www.pentoolart.com

**Richard Ng, photographer**
www.istockphoto/richard_ng

**Ann Paidrick**
+1-314-762-1431
annpaid@attglobal.net
www.ebypaidrick.com

**Ellen Papciak-Rose**
Johannesburg, South Africa
inthestudio@mac.com
www.homepage.mac.com/
inthestudio

**Tom Patterson**
National Park Service
Media Development
Harpers Ferry Center
Harpers Ferry, WV 25425-0050
+1-304-535-6020
t.patterson@nps.gov
www.nacis.org/cp/cp28/resources.
html

**Daniel Pelavin**
+1-212-941-7418
daniel@pelavin.com
www.pelavin.com

**Laurent Pinabel**
laurent@pinabel.com
pinabel.com

**John Pirman**
johnpirman@aol.com
represented by
Gerald & Cullen Rapp
+1-212-889-3337

**Federico Platon**
Jose Mtnez. Velasco 8
Madrid 28007
+34-91-573 2467
grafintek@gmail.com
www.federicoplaton.com

**David S. Pounds**
1810 Staimford Circle
Wellington, FL 33414
+1-561-803-2414
david_pounds@pba.edu

**Gary Powell**
2417 SW Olson
Pendleton, OR 97801
+1-541-276-6330
oil_artist@comcast.net

**Jolynne Roorda**
jroorda@folktheory.com
www.folktheory.com

**Zosia Rostomian**
zosia_rostomian@yahoo.com
www.ztrdesign.com

**Tracey Saxby,** *sie*he IAN Symbols

**Mike Schwabauer**
5605 W. 58th #113
Mission, KS 66202
+1-913-710-1345
kcmikey@mac.com
http://webmac.com/kcmikey/iweb/
mikeschwabauerdesign

**Robert Sharif**
2791 Lexford Ave.
San Jose, CA 95124
rsharif@earthlink.net
sharifr@adobe.com

**Rick Simonson**
RLSimonson Studios
4010 Ave. R #G8
Kearney, NE 68847
rlsimonson@mac.com
www.RickLSimonson.com

**Joe Shoulak**
joe@joeshoulak.com
joeshoulak.com

**Christopher Spollen**
Moonlightpress Studio
362 Cromwell Ave.
Staten Island, NY 10305
+1-718-979-9695
cjspollen@aol.com
spollen.com

**Nancy Stahl**
nancy@nancystahl.com
www.nancystahl.com

**Steven Stankiewicz**
artfromsteve@aol.com
www.porfolios.com/
stevenstankiewicz

**Judy Stead**
+1-407-310-0051
judy@judystead.com
judystead.com

**Sharon Steuer**
c/o Peachpit Press
1249 Eighth St.
Berkeley, CA 94710
www.ssteuer.com

**Barbara Sudick**
California State University
Dept. of Communication Design
Chico, CA 95929
+1-530-898-5028

**Brenda Sutherland**
345 Park Avenue
San Jose, CA 95124

**ThoughtForm**
3700 South Water Street
Suite 300
Pittsburgh, PA 15203.2366
+1-412-488-8600
www.thoughtformdesign.com

**Kathleen Tinkel**
MacPrePress
12 Burr Road
Westport, CT 06880
+1-203-227-2357

**Jack Tom**
www.jacktom.com

**Ivan Torres**
12933 Ternberry Ct.
Tustin, CA 92782

+1-714-734-4356
ivanjessica@sbcglobal.net
ivanjessica2002@yahoo.com
www.meshsmith.com

**Jean-Claude Tremblay**
Illustrator Instructor & Prepress
Technician
135 Boul. Champlain
Candiac (Quebec)
Canada J3R 3T1
+1-450-993-0949

**Judy Valenzuela**
judy valenzuela14@mac.com
www.judyvalenzuela.com

**Trina Wai**
5027 Silver Reef Dr.
Fremont, CA 94538

**Timothy Webb**
Tim Webb Illustration
305 W. Maywood
Wichita, KS 67217
+1-316-524-3881
tim@timwebb.com
www.timwebb.com

**Alan James Weimer**
67 Bliss Street
Rehoboth, MA 0276-1932
+1-508-252-9236
illustrator51@comcast.net

**Ari M. Weinstein**
ari@ariw.com
ariw.com

**Hugh Whyte**
Lehner & Whyte
8-10 South Fullerton Ave.
Montclair, NJ 07402
+1-201-746-1335

**Filip Yip**
+1-877-463-4547
filip@yippe.com
www.yippe.com

# Das Autoren- und Lektorenteam des Adobe Illustrator CS3 Wow!-Buchs

**Sharon Steuer** entwickelte das Illustrator Wow!-Buch und ist Autorin von „Creative Thinking in Photoshop: A New Approach to Digital Art". Sharon beschäftigt sich seit 1983 mit digitalen Medien. Sie unterrichtet, stellt aus und schreibt. Zwischen den Wow!-Büchern arbeitet Sharon als Vollzeitkünstlerin mit digitalen und traditionellen Medien (www.ssteuer.com). Sie lebt mit ihren Katzen, Puma und Bear, und Ihrem Ehemann Jeff Jacoby (jeffjacoby.net) zusammen, der an der San Francisco State University Audio und Radio unterrichtet. Wie immer ist sie ihren Mitautoren, Lektoren und Testern extrem dankbar dafür, dass sie dieses Buch ermöglichen, wie auch den derzeitigen und früheren Mitgliedern des Wow!-Teams, Peachpit, Adobe und natürlich den Wow!-Künstlern.

**Cristen Gillespie** verfasste Beiträge zu anderen Wow!-Büchern und ist Mitautorin des Photoshop Wow!-Buchs. Sie hat auch Artikel für die Zeitschrift Photoshop User mitverfasst. Ungeachtet ihrer Einwahlverbindung über Modem (das ländliche Südkalifornien verfügt wie ein Großteil der Weltbevölkerung über keinen Breitbandanschluss) ist Cristen eine wunderbare Autorin und eine tolle Mitarbeiterin und wir hoffen, dass sie uns noch viele Jahre bei Illustrator Wow! erhalten bleibt.

**Randy Livingston** verfasst schon seit Mitte der 1990er Jahre Beiträge zu Illustrator Wow!-Büchern. In dieser Ausgabe schrieb er (unter anderem) die Einleitungen zu verschiedenen Kapiteln. Randy ist Assistenzprofessor für Mediendesign an der Middle Tennessee State University. Wenn er nicht unterrichtet oder schreibt, fährt er Motocrossrennen. Die Krankenschwestern und Ärzte der Krankenhäuser an seinen Rennstrecken kennen ihn bereits gut.

**Dave Awl** ist ein Autor und Lektor aus Chicago. Bei seiner Rückkehr ins Wow!-Team überarbeitete er viele Kapiteleinleitungen. Dave ist auch Dichter, Schauspieler und Alumnus der Neofuturistischen Theaterkompanie Chicago. Seine Arbeiten sind in dem Buch „What the Sea Means: Poems, Stories & Monologues 1987–2002" zusammengefasst. Weitere Informationen zu seinen unterschiedlichen Projekten finden Sie auf seiner Website: Ocelot Factory (www.ocelotfactory.com).

**Andrew Dashwood** (www.adashwood.com) ist ein Grafiker aus der Schweiz und trägt in dieser Ausgabe des Wow!-Buchs erstmals etwas als Autor bei. Andrew arbeitet seit der ersten Auflage des Illustrator Wow!-Buchs vor über einem Jahrzehnt in ganz Europa mit Illustrator und anderen Adobe-Produkten. Derzeit bietet er in Amsterdam technischen Support und Trainingsangebote zu Adobe Illustrator. Er dankt seinem Bruder und seinem Vater für deren lebenslange Hilfe und Unterstützung.

**Lisa Jackmore** ist als Mitautorin für die Galerien zurückgekehrt. Sie ist sowohl am Rechner als auch abseits des Computers eine wundervolle Künstlerin und fertigt Miniaturen von Wandmalereien an. Lisa teilt gerne ihr Wissen als Autorin und Computerkünstlerin, wie im ganzen Buch offenkundig wird. Sie möchte den Quellen ihrer Zerstreuung danken – ihrer Familie und ihren Freunden –, die sie so oft zu ihren Kunstwerken inspirieren.

**Conrad Chavez** hat eine lange und produktive Beziehung zum *Zeichenstift*-Werkzeug. Diese begann während seiner Zeit als Leiter des Supports für Aldus (später Macromedia) FreeHand 1.0-4.0 und setzte sich in den 1990ern während seiner Tätigkeit als technischer Autor für Druck-, Web- und Videoprodukte bei Adobe Systems Inc. fort. Conrad lebt nun als Autor, Lektor und Trainer in Seattle. Er hat sich auch als Kunstfotograf auf die Pixelseite geschlagen (www.conradchavez.com) und ist Mitautor von Real World Adobe Photoshop CS3.

**Steven H. Gordon** kehrt als Co-Autor der Schritt-für-Schritt-Anleitungen und Galerien zurück. Seit dem Illustrator 9 Wow!-Buch ist er ein herausragendes Teammitglied. Bei so vielen Söhnen ist es für ihn schwer, nicht verrückt zu werden. Wenn sie nur nicht von den Felsen in Bryce fallen – dem Nationalpark, nicht der Software. Steven leitet Cartagram (www.cartagram.com), ein Unternehmen aus Madison, Alabama, das Pläne und Karten nach Kundenwünschen anfertigt. Er dankt Monette und seiner Mutter für ihre Unterstützung und den Jungs dafür, dass sie ihre Feindseligkeiten beigelegt haben.

**Jean-Claude Tremblay** hat fast 20 Jahre Erfahrung im Umgang mit Illustrator. Er arbeitet ganztags bei Quadriscan Inc. (einer Druckerei in Montreal) als Druckvorstufenspezialist und „Illustrator-Guru". Nachdem er ein hervorragender Wow!-Tester war, kehrt Jean-Claude zurück – als Fachlektor, Berater, Software-Sammler und Hausmagier – unser Retter für beschädigte Dateien. Er lebt gemeinsam mit seiner Frau Suzanne und seiner wundervollen vierjährigen Tochter Judith in Candiac, Quebec.

**Mordy Golding** hat von Anfang an bei den Illustrator Wow!-Büchern mitgearbeitet und war der wichtigste Mitautor der zweiten Ausgabe des Wow!-Buchs. Seither schreibt Mordy seine eigenen Bücher und war eine Zeit lang Produktmanager für Adobe Illustrator. Mordy ist der Verfasser von Real World Adobe Illustrator CS3. Neben seiner technischen Beratertätigkeit für Wow! ist er auch Autor des beliebten Blogs Real World Illustrator (http://rwillustrator.blogspot.com).

Weitere Autoren und Lektoren: **Elizabeth Rogalin** lektorierte das The Illustrator 7 Wow!-Buch und kehrt in dieser Ausgabe nun als Korrektorin zurück. Sie lebt als Autorin und freie Lektorin mit ihren beiden Söhnen in New Jersey. **Laurie Grace** ist Künstlerin, Grafikerin und Universitätsprofessorin für Illustrator und andere digitale Anwendungen. Laurie ist eine der im Buch vorgestellten Künstlerinnen. Sie hilft uns auch immer wieder bei der Aktualisierung von Bildschirmfotos. **Peg Maskell Korn** ist eine vielseitige Frau, die sich in den letzten Stunden der ersten Ausgabe als Sharons Retterin bewährt hat. In diesem Buch hat sie die Abbildungen und Texte geprüft. In den Danksagungen finden Sie eine ausführliche Auflistung der Wow!-Teammitglieder.

# INDEX

2D-Grafik in 3D-Verpackung umwandeln, 334–335
   2D-Grafiken für 3D-Verpackung, 334–335
   3D-Objekte aus mehreren Pfaden, 332–333
   3D-Objekte aus mehreren Pfaden aufbauen, 332–333
   3D-Objekte aus mehreren Pfaden erzeugen, 333
   Achsendrehung anpassen, 327
   Allgemein, 320
   Board2Pieces-Comicstrip, 340
   Buchtitel, 342
   Elektrische Gitarre, 343
   Fender-E-Gitarre, 343
   Grafiken auf Objekte auftragen, 324, 337
   Kartensymbole, 326–327
   Konzeptdesign für PDA, 341
   Logogestaltung, 330
   mehrfache, 301
   Oberflächenschattierung, 323–324
   Objekt auf einer einzelnen Achse verschieben, 326
   Objekt extrudieren, 320–321, 333
   Objekt im 3D-Raum drehen, 322–323, 327
   Panda, 336
   PDA-Konzeptdesign, 341
   Pfeile, 338
   Pfeilspitzen, 338
   Themenkarten, 339
   Tupperware-Behälter, 325, 332–333
   Verpackungsdesign, 335
2D-Effekte, siehe Effekte
3D – Drei Dialoge (Tipp), 321
3D schnell und einfach (Lektion), 326–327
3D-Abschrägungen, 321
3D-Effekte, 320
3D-Effekte (Lektion), 328–329
3D-Extrudieren & Abgeflachte Kante (Dialogfenster)
   3D-Objekte aus mehreren Pfaden, 333
   Buchdesign, 342
   Fender-E-Gitarre, 343
   Objekte auf einzelner Achse, 326
   PDA-Konzeptdesign, 341
   Themenkarte, 339
   Verpackungsdesign, 335
   Werte für Achsenrotation, 327
3D-Formen, 321
3D-GIS-Daten-Bilder, 423
3D-Kreiseln
   Blutstropfen, 331
   Flache Formen dreidimensional gestalten, 336
   Formen kreiseln, 328–329, 330
   Kreiseln einrichten, 322
   Weinetikett und -flasche, 337
3D-Logo-Lektion, 330
3D-Logo-Objekt (Lektion), 330
3D-Objekte zusammenstellen (Lektion), 332–333
3D-Programme, 402
3D-Spielbrett, 420
9-Leben-Katzensymbol, 106–109

## A

Abgeflachte Kanten
   auf runden Pfad anwenden, 329
   Bilder, 225
   Fehler bei der Verwendung, 321
Abgerundeter Abschluss, 67
Abgerundetes-Rechteck-Dialogfenster, 72
Abgerundetes-Rechteck-Werkzeug, 12–13, 332
Abpausen, siehe auch Interaktiv abpausen
   abgepauste Objekte für interaktives Malen konvertieren, 97–98
   anpassen, 97, 150
   Cheerleader-Pompoms, 123
   Farbfeld-Bibliotheken, 97, 98
   Hintergründe, 96, 120–121
   interaktiv abpausen, 95–96, 97
   manuelles Abpausen, 121–122
   mehrere Abpausebenen nutzen, 297
   Objektanzeige ändern, 96–97
   Original beibehalten und zurückwandeln, 97
   Schwierigkeiten bei EPS-Bildern, 98
   Techniken, 120–122
Abpausoptionen-Dialogfenster, 95, 121, 296–297
Abpaustechniken (Lektion), 120–122
Abpausvorgaben-Dialogfenster, 95
Absatz-Bedienfeld, 183
Absatzstile, 183–184
Absatzstile-Bedienfeld, 184, 185
Achsen
   Drehwerte anpassen, 327
   für 3D-Effekte, 320, 322
   Objekte auf einer einzelnen Achse verschieben, 326
Acrobat-PDF-Dateien, 402
Adobe PDF speichern, 32
Adobe-Anwendungen, siehe jeweilige Anwendung
Adobe-Farbwähler, siehe Farbwähler
ai-Dateien
   Allgemeines, 3
   Verwendung in Flash, 374, 378–379, 387, 388, 394–395
ait-Dateien, 3–4
Aktionen, 36–37, 376
   aufzeichnen, 37
Alle Instanzen auswählen (Befehl), 130
Alle sperren/Alle entsperren, Befehle, 159
Alle zeigen/verbergen, 159
Alle-Zeilen-Setzer, 186
Alpenveilchen im Winter (Bild), 254–256
Alspach, Ted
   Board2Pieces-Comicstrip, 340
   Kontaktinformation, 430
   Verwendung des Blendenflecke-Werkzeugs, 301, 317
Alte Dateien
   Dokumente mit Schnittmasken, 347

Grafiken selektiv exportieren, 379
mit altem Text arbeiten, 184
öffnen, 31, 33
Alten Text aktualisieren, 184
Alter Text (Tipp), 184
Angelköder, 370
Angepasste Radialverläufe (Lektion), 226–227
Angleichungen
    am Pfad, 215, 216
    Angelköder, 370
    Angleichungen zu Angleichungen (Technik), 232
    bei Farbänderung aktualisieren, 214
    Deckkraftmasken, 260–261
    Farbbögen, 351–352
    Feuerwache, 359
    formen (Lektion), 234–235
    geformte Angleichungen für Logos, 234–235
    Geschwindigkeit kontrollieren, 214
    Glanzlichter mit Transparenz, 258
    metallische Reflexionen simulieren, 233
    Objekte einfügen, 215
    Optionen, 215–216
    Pinselstriche angleichen, 238
    umkehren, umwandeln und zurückwandeln, 216–217
    Verläufe und Angleichungen, 241
    Wasser simulieren, 240–241
    zwischen gruppierten Objekten, 229
Angleichung-Optionen (Dialogfenster), 214–215
Angleichung-Werkzeug, 214–215
Anhang Künstler, 430–433
Animation
    Arbeitsbereich einrichten, 392–393
    Atteberry, 389
    Bild in Schlüsselbild konvertieren, 384–385
    Dateivorbereitung, 390–391
    Flash-Zeichen, 392–395
    in Schleife abspielen, 395
    in Schleife anzeigen und exportieren, 395
    Objekte auf eigene Ebene zurückwandeln, 378–379
    Vorschau, 387–388
    Weihnachtskarte, 397
Ankerpunkt
    Buchstabe oder Wort verzerren, 188
    Definition, 7–8
    einzelne Ankerpunkte entfernen, 11, 35, 69
    hinzufügen, 11, 41
    konvertieren, 11
    minimieren für 3D-Profile, 323
    Objekte schnappen an falschem Ankerpunkt ein, 68
    verschieben, 41
Ankerpunkt-hinzufügen-Werkzeug
    Allgemeines, 11
    Haus zeichnen, 41, 43, 45
    Punkte auf dem Pfad platzieren, 69
Ankerpunkt-konvertieren-Werkzeug
    Angleichungsgeschwindigkeit kontrollieren, 214
    Bézier-Kurven zeichnen, 10
    Verwendung, 11
Ankerpunkt-löschen-Werkzeug, 11, 43
Anpassen
    Aktion zur Stapeloptimierung von GIF-Dateien, 376
    Ebenen organisieren, 166–168
    Hilfslinien, 42
    Kalligrafiepinsel, 135–136
    Pinsel, 140–141, 152–153
    Raster, 29
    Spezialpinsel, 133
    Stift-Werkzeug, 165
    Symbole, 149
    Tastenkürzel, 5–6
    transparente Pinsel, 254–256
Ansicht
    auf Zeichenfläche beschränken, 26
    neue, 26–27
    Vorschau und Pfadansicht nutzen, 26
Anwendungen, siehe auch Illustrator mit anderen Programmen kombinieren, Flash, InDesign, Photoshop
    3D-Programme, 402
    Bilder zwischen Programmen austauschen, 399–400
    Webgrafiken, 374
    Zusammenarbeit von Illustrator und Photoshop, 400–401
    Zusammenarbeit von InDesign und Illustrator, 401
Arbeitsbereich
    Animation, 392–393
    Interaktive Farbe, 278–279
    Mac und Windows, 21
Arbeitsbereiche-verwalten-Dialogfenster, 21
ArcScene, 423
Artenwanderung, 338
Atteberry, Kevan
    Cartoon-Anatomiesaal, 389
    geformte Angleichungen für Logos, 234–235
    Grafiken für Flash-Animationen erzeugen, 386–388
    Gruppierte Angleichungen am Pfad, 216
    Interaktive Abpausungen, 95, 118–119
    Kontaktinformation, 430
    Naturpinsel-Lektion, 152–153
    Produktivität mit dem Frei-transformieren-Werkzeug, 76–77
    Umformungen, Beispiele, 24
Attribute-Bedienfeld, 376–377
Aubé, Jean, 358, 430
Auf die Bibliotheken zugreifen (Tipp), 63
Auflösung
    beim Reduzieren von interaktiven Effekten neu zuweisen, 251
    Einstellungen für Pixeleffekte, 300–301
    platziertes Bild, 398
Aufrauen-Effekt
    maskierte Ellipsen, 349

Schrift, 209
zuweisen, 206–207
Aufrauen-Filter, 80
Auftragen
    Grafiken auf Objekte, 324, 337
    Sternmuster, 329
    Symbole, 324, 335
    Verpackungsgrafiken auf Oberfläche, 335
Ausrichten
    Inhalt innerhalb von Schnittmasken, 345
    Objekte, 15, 16
    Rechtecke, 42
Ausrichten-Bedienfeld, 15–17
Ausschneiden
    Elemente aus Bildern, 390
    Löcher, 207
    Pfade, 12, 44, 109
Ausschneiden und verbinden (Lektion), 106–109
Aussehen
    Attribute gehen beim Kopieren in neues Dokument verloren, 160–161
    einer Gruppe oder Ebene zuweisen, 175
    erzeugen und zuweisen, 174–175
    Flächen und Konturen hinzufügen, 162–163
    grundlegendes, 162
    Symbole für Ebenen, 160
    verschieben oder kopieren, 161
    zuweisen, 161
Aussehen (Lektion), 174–175
Aussehen-Bedienfeld, siehe auch Aussehen, 161–162
    Effekte und Transparenz, 161, 252
    neues Bild hat Grundform, 162, 255–256
    Standardattribute, xix
    Text mit Kontur versehen, 190
Auswahl & Ankerpunkt-Anzeige (Befehl), 9
Auswahl oder Zielauswahl (Tipp), 160
Auswählen, siehe auch Objekte
    als Ziel auswählen, 160
    Auswahltechniken im Ebenen-

Bedienfeld, 160–161
CMS, 31–32
Container vor dem Zuweisen einer Schnittmaske, 345
Farbe zum Umfärben, 288–289
Flächentext, 179–181
Harmonieregeln, 280, 281
Schriften, 187
Text, 179
Text nur durch Pfad, 178
Auswahlindikator für Ebenen, 160
Auswahl-Werkzeug
    Objekte auswählen, 15
    Verwendung, 14
    Wechsel zum Direktauswahl-Werkzeug, 9
    Wechsel zum Text-Werkzeug, 192
Automotor-Bilder, 360–361
Awl, Dave, iv

# B

Banner für Website, 390–391
Barbierpfosten-Illustration, 264–265
Baron, Cynthia, 376
Batelman, Kenneth, 354, 355, 430
Bearbeiten
    Bildpfade in Photoshop, 405–406
    Deckkraftmasken, 247
    Flächentextobjekt, 263
    Gitter, 237
    Hüllen, 303
    Interaktive Malobjekte und Pfade, 101, 104
    Kunst mit 3D-Effekten, 327
    Pinsel, 128
    Symbolinstanzen, 131
    Vereinigte Verläufe, 223
    Vignetten, 269
Bearbeiten-Register (Dialogfenster Interaktive Farbe), 281
Beauregard, Christiane
    Angleichungen Deckkraftmasken, 260–261
    Farbverläufe, 230
    Kontaktinformationen, 430
    Muschel-Illustration, 231
Bedienfeld, siehe auch bei den jeweiligen Bedienfeldern

andocken, 18–19
Anzeige anpassen, 18–19
einrichten, xviii-xix
herauslösen, 7, 19
im Fenster-Menü, xviii
interaktive Farbe einsetzen, 278–279
lösen, 7, 19
skalieren, 19
Text in Felder eingeben, 20
umbenannte Paletten, 15
Bedienfeldregister, 19
Begrenzungsrahmen
    Kanten verbergen bei sichtbaren Begrenzungsrahmen, 30
    Schrift skalieren, 188
    umgewandelte Formen, 91
    Verwendung, 22
Behälter, 345
Beherrschung von Tastenkombinationen, 54–58
Benefizveranstaltung (Banner), 314
Benennen
    Ebenen, 155
    Pinsel, 126, 127
Benfanti, Russell, 316, 348–349, 430
Bergman, Eliot, 420, 430
Bézier-Kurven, 8–9, 10
Bibliotheken
    Bridge CS3, 151
    Farbfelder, 64–65, 97, 98
    Grafikstile erzeugen, 307
    Muster, 75
    Pinsel laden, 126
    Symbole entwickeln, 150–151
    Zugriff, 63
Bilder, siehe auch Rasterbilder; Speichern; Vektorbilder
    abgepauste Bilder löschen, 97
    als Zeichenvorlage auf Ebene platzieren, 167
    auf mobilen Geräten simulieren, 380
    aus dem Mittelpunkt drehen, 210
    beim Platzieren in anderen Adobe-Anwendungen zuschneiden, 29
    einbetten, 398–399
    einbetten und verknüpfen, 398–399

Elemente wegschneiden, 390
falsch verknüpfte aktualisieren, 401
Graustufen mit Farbe ergänzen, 268–269
Graustufenkonvertierung, 294–295
importieren, 268
Kontrast für Abpausung verbessern, 122
Lücken in Grafiken suchen, 102–103, 115–116
Maskierung mit Buchstaben, 198
neues Fenster anzeigen, 27
platzierte Grafiken auf Ebenen ersetzen, 168
Raster- in Vektorgrafiken konvertieren, 94–95, 296–299
Slices, 377–378, 383
Speichern, 25, 376
Speicherplatz verknüpfter Bilder, 400
stapeln (Lektion), 384–385
URLs für Imagemaps, 376–377
von Illustrator unterstützte Formate, 34
Vorlage aus gescannten Bildern erzeugen, 164
zwischen Anwendungen verschieben, 399–400
Bildmaterial neu färben (Kontrollkästchen), 80, 279, 288
Bildmaterial-zuweisen-Dialogfenster, 329, 335
Bildpinsel-Optionen, 203
Blasen, 258
Blendenflecken-Werkzeug, 301, 317
Blendenflecken-Werkzeugoptionen, 193
Blumen durch Verzerrungsfilter (Lektion), 78–80
Blumenzeichnungen, 78–81
Blutspendenanzeige, 331
Board2Pieces (Comicstrip), 340
Bogen-Werkzeug, 13
Bridge CS3, 37, 151
Bryce Canyon Nationalpark (Schriftbeispiel), 262–263
Buchcover-Design (Lektion), 196–197

Buchtitel mit 3D-Effekten, 342
Buntstift-Werkzeug
    Allgemein, 11
    Anpassungen einstellen, 165
    Pfade schließen, 13
    Sterne am Nachthimmel gestalten, 355

## C

Cassell, Peter, 259, 276, 430
Cater, David, 363, 430
CD, siehe auch Wow!-CD-Symbol, xix
Chan, Ron, 412, 430
Chavez, Conrad, v, 268–269, 430
Cheerleader-Pompons, 123
Chris Daddy, 296–299
Christie, Bryan, 421, 430
ClipArt, 308–311
Clownfisch-Bild, 150–151
CMYK-Farbmodell
    für in Photoshop exportierte Dateien, 412
    in RGB konvertieren, 30, 375–376
    in Webgrafiken, 374
    RGB, 376
Cohen, Sandee
    Acrobat-PDF-Dateien, 402
    ein Loch ausstanzen (Tipp), 101
    Einsatzgebiete für Transparenz, 244
    komplexe Muster erzeugen, 84
    Kontaktinformationen, 430
    Schabekarton-Techniken, 306–307
    Text skalieren und umbrechen, 188
    Textblöcke verbinden, 190
    Verkrümmungen und Hüllen (Beispiele), 308–311
    Werkzeugtoleranzoptionen, 13
CreativePro.com, 98
Cronan, Michael, 140–141, 202–203, 430
Crouse, Scott
    Abpaustechniken (Lektion), 120–122
    Angelköder, 370

    Cheerleader-Pompoms abpausen, 123
    Kontaktinformationen, 430
    Miami Dolphins-Werbematerialien, 417
    Publix Market-Szene, 371
    Zahnprothese in Wasserglas, 240–241
CSS (Cascading Style Sheets), 381
Cursor
    Fehler vermeiden, 55
    interaktives Malwerkzeug, Farbfeld-Vorschau, 100
    Stift-Werkzeug, 9–10
    Text-Werkzeug, 183

## D

Dahinter einfügen/Davor einfügen (Befehl), 44, 159, 211
Dashwood, Andrew, iv
    ai-Dateien verwenden, 374
    Charakteranimationen in Flash, 392–395
    Kontaktinformationen, 430
    Volltonfarben mit der Funktion Interaktive Farbe zuweisen, 286–287
Dateien, siehe auch Alte Dateien; PDF-Dateien; Speichern; bestimmte Dateiformate
    ai, 3, 374, 378–379, 387, 388, 394–395
    ait, 3–4
    Dateigröße kontrollieren, 36
    EPS, 35, 98, 399
    GIF, 376, 378, 379
    HTML, 377
    Import in Flash, 378–379, 380–381, 387
    inkompatible, 398
    interaktive Abpausung testen, 97
    JPEG, 376, 379
    Kompatibilität, 32–33, 400
    PDF-Versionen mit Transparenzunterstützung, 252
    PNG-24, 379, 381
    PSD, 378, 408–409, 413
    Skalierung komplexer, 21
    SWF, 374, 377, 380–381

verknüpfte, 400
von Illustrator unterstützte Formate, 34, 399
Vorbereitung auf den Import von Animationen in Flash, 394
Vorbereitung für den Druck, 301
Day at the Circus (Plakat), 86–88
Day, Rob, 196–197, 430
Deckkraft für Text, 201
Deckkraftcollage (Lektion), 272–274
Deckkraftmasken
auf Collage anwenden, 272–274
erzeugen und bearbeiten, 245–248
mehrere Vektorbilder, 252
Objekte mit Deckkraftmasken angleichen, 260–261
Text, 206–207
Tonwertvariationen, 350–351
Verlaufsgitter, 259
Dem Formbereich hinzufügen (Pathfinder-Befehl), 109
Design Action-Kollektiv, 430
Design-Werkzeug Monthly, xvi, 426–427, 428–429
Details maskieren (Lektion), 348–349
Device Central, 380
Diagramme
mit Bildern, 267
Transparenz, 244
Dichte-Option für Symbol-Werkzeuge, 132
Digitale Stift- und Tusche-zeichnungen, 134–136, 137
Direkt-Auswahl-Werkzeug
Cursor, 10
häufige Fehler, 11
Objekt auswählen, 14–15
Umschalten zum Auswahl-Werkzeug, 9
Disco-Uhr, 110–111
Dithering, 379
Dokumente
aus Vorlagen, 3–4
Dokumentprofile, 2–3, 375
ein-/auszoomen, 26
Farbmodell, 31
Vorlagen für Auflösungseinstellungen, 37

Dollarzeichen-Bild, 225
Dossey, Warren, 417
Dreadlock-Spezialpinsel, 133
Drehen
Bildmittelpunkt festlegen, 210
Objekte im 3D-Raum, 322–323, 327
Pfade für Rose, 78–79
Quadrat, 42, 47
Symbole, 148
Übungen, 52
Drehen-Werkzeug, 49, 52, 364–365
Dreiseitige Polygone, 43
Druckeinstellungen
kalligrafische und Spezialpinsel, 128–129
Pinselstriche, 134
Drucken
Dateien vorbereiten, 301
Dialogfenster, 4–5
Ebenen, 156
PostScript, 34–35
Probleme korrigieren und vermeiden, 35–36
Reduzierung, 34, 248
Drucken-Dialogfenster, 4–5
Erweitert (Kategorie), 249, 251
interaktive Vorschaufunktion, 4
Optionen für Macintosh-Rechner, 5
Vorschau unterbrechen, 25
Druckvorstufe
2D-Grafiken für 3D-Verpackung, 334
PDF-Dateien vorbereiten, 32, 36
Text in Konturen konvertieren, 189
Vollton- in Prozessfarben konvertieren, 67
Durchgestrichener Text, 179
Durchschnitt berechnen (Befehl), 17–18, 43
Dusty Brown (Tourneeplakat), 125

# E

Ebenen, siehe auch Ebenen organisieren; Unterebenen; Vorlagenebenen
abpausen, 297

auffinden, 173
Aussehen zuweisen, 175
Aussehen-Symbole, 160
beim Einfügen merken (Funktion), 157
benennen, 155
CSS exportieren, 381
Dahinter einfügen/Davor einfügen (Befehle), 159
drucken, 156
Elemente sortieren und verteilen, 391
Grafikstile hinzufügen, 20
Hauptebene, 347
In den Hintergrund/Schrittweise nach hinten (Befehle), 160
in Photoshop beibehalten, 399
kursive Bezeichnungen, 156
löschen, 168
mehrere Versionen, 158
Objekte auf eigene Ebenen zurückwandeln, 378–379
Objekte auswählen, 155, 158
Objekte verschieben und kopieren, 169
Optionen, 155–156
organisieren (Lektion), 166–168
Perspektive einrichten, 176–177
Photoshop-Ebenen konvertieren, 416
Pinselstriche auf eigener Ebene, 256
Pixelbilder ausgrauen, 156
sperren/entsperren, 156, 158, 173
Spezialpinselgrafiken, 128
Stapelfolge von Objekten kontrollieren, 156, 158–160
Symbolgrafiken auf Ebenen aufteilen, 131
Transparenz, 244
verschachtelte, 172–173
Webseiten strukturieren, 382–383
zeigen/verbergen, 156, 159, 173
Ebenen organisieren
komplexe Kartenebenen, 171
Konturen organisieren, 256
unter- und benutzerdefinierte Ebenen, 166–168
Ebenen-Bedienfeld
als Ziel auswählen, 160-161

Animationssequenz voranzeigen, 387
Anzeige ändern, 173
Aussehen von Gruppen oder Unterebenen, 90–91
Auswählen, 160–161
Dateien betrachten, 163
Ebenen oder Objekt auffinden, 173
Miniaturen, 157
Navigation, 154
Objektnamen, 96
Schnittmaske erstellen, 344
Schnittmaske erzeugen, 345–346
zugewiesene Transparenz, 252
Ebenen-Bedienfeldmenü, 156–158
Ebenenmasken, siehe Deckkraftmasken
Ebenenoptionen (Dialogfenster), 154, 173
Ecken, 18, 68
Ecken-abrunden-Dialogfenster, 332
Eckenformen, 67
Effekte, siehe auch Interaktives Malen; Interaktives Abpausen; 3D-Effekte und bestimmte Effekte
   als Grafikstile speichern, 300
   Filter, 68, 300
   Gaußscher Weichzeichner, 202, 253, 316
   Grafikstile und Effekte, 315
   Hülle, 302–304, 310
   Pathfinder, 304–305
   Pinsel und Effekte mischen, 319
   Raster, 300–301
   schattieren mit Gittern, 310–311
   Schein nach außen, 358
   skalieren, 21, 304
   Text verzerren, 411
   Transformationen als Effekte zuweisen, 300
   Verkrümmen, 302–304, 308–309
   Verwendung auf Photoshop-Formebenen, 409
   zuweisen, 301
Effektmenü, 300
Ein- und Ausgänge (Tipp), 180
Einfache Glanzlichter (Lektion), 258
Einfacher Realismus (Lektion), 72–74

Einfachste Gitter (Lektion), 220
Einfügen
   Formebenen in Photoshop, 409
   Grafiken in Flash, 388
   Objekte in Schnittmasken, 346
   Text in InDesign, 402
Einfügen-Dialogfenster (Photoshop), 406
Einmaleins der Deckkraftmasken (Lektion), 260–261
Einschnappen am Punkt, 9
Einschnappen am Raster, 28
Ein-Zeilen-Setzer, 186
Einzeln-transformieren-Dialogfenster, 24, 25
Elektrische Gitarre in 3D, 343
Elemente angleichen (Lektion), 270–271
Ellipsen, 82
Ellipse-Werkzeug, 12–13
EPS-Dateien, 35, 98, 399
Erneut transformieren (Tipp), 22
Ersetzen
   Grafikstile, 305
   platzierte Grafiken auf Ebenen, 168
Ersetzen-Feld (Steuerung-Bedienfeld), 130
Erstellen eines einfachen Objekts mit den Grundwerkzeugen (Lektion), 53
Erweitert-Abschnitt des Druckdialogs, 249, 251
Europäische Stadtansicht, 259
Evans, Virginia, 196–197, 430
Export
   alte Grafiken selektiv exportieren, 379
   Animationen, 395
   CSS-Ebenen, 381
   Illustrator-Schrift, 192
   Imagemaps, 377
   kompatible Dateiformate, 400
   Pfade in Photoshop in Formen exportieren, 408–409
   PNG-24-Dateien für Video, 381
   Slices als .PSD-Dateien, 378
   SWF-Dateien, 380–381
   Text als Kontur, 188
   Transparenzen, 245

   zusammengesetzte Pfade in PSD-Dateien, 408–409
Extrudieren von Objekten, 320–321, 332–333

# F

Farbberatung (Lektion), 86–88
Farbe, siehe auch Harmonieregeln; kuler; Interaktive Farbe; Websichere Farben
   Angleichungen für Farbbögen, 351–352
   Angleichungen zu Angleichungen, 232
   Auswirkungen von Füllmethoden, 245
   Bedienfelder für die Arbeit mit Farben, 61–62
   CMS-Systeme auswählen, 31–32
   Ebenen mit Farben abpausen, 297–298
   Ebenenfarbe ändern, 155, 173
   einfarbige Fläche für 3D-Objekte, 323
   Farbfeldbibliotheken für websichere Farben, 376
   Farbgruppen erzeugen, 63–64
   Fläche oder Kontur festlegen, 61
   Gamut, 62
   Gitter, 218, 366
   glätten, 215
   globale Änderungen bei interaktiver Farbe, 279
   Gold simulieren, 224–225
   Hintergrund von abgepausten Bildern anpassen, 121
   in Graustufen konvertieren, 294–295
   Lücken für interaktive Farbe, 102–103, 115–116
   mehrere Farbverläufe erzeugen, 227
   Methoden für das Hinzufügen von Pinseln, 128
   mit Farbmodellen arbeiten, 30–32
   mit interaktiver Farbe reduzieren, 281–282, 287
   Objekte mit Farbtönen füllen, 73

radiale Verläufe, 79
reduzieren, 281–282, 287, 294–295
reduzieren (Lektion), 294–295
subtile Übergänge mit Verläufen, 230–231
Symboltransparenz und -farbe ändern, 147–148
Techniken für Mini Cooper, 363
Verlauf, 217–218
Voreinstellungen für interaktive Farbe, 281–282
Vorteile von GIF- bzw. JPEG-Dateien, 376
Webfarbenwarnung, 61–62
zu Graustufenbildern hinzufügen, 268–269
zum Umfärben auswählen, 288–289
Farbe-Bedienfeld, 61–62, 374
Farbe-glätten-Option, 232
Farbfeld, siehe auch Farbfeld-Bibliothek
    austauschen, 64–65
    für den Austausch speichern, 31
Farbfeld-Bibliothek
    abgepauste Bilder, 97, 98
    als ASE speichern, 64
    erzeugen und speichern, 64–65
    Web, 376
Farbfelder-Bedienfeld, 63
    abgepauste Ebenen mit globalen Farbfeldern färben, 297–298
    austauschen, 31–32, 64–65
    auswählen, 31–32
    Auswirkungen des Löschens von Farbfeldern, 280
    Farbfelder sortieren, xviii
    Grafikstile, 307
    interaktive Farbe, 278
    löschen, 64
    speichern, 87, 208, 294–295
    Tastenkombinationen, 62
    Vollton- und globale Prozessfarben, 63
    Vorbereitungen auf das Umfärben von Grafiken, 287
Farbfeld-Optionen, 62
Farbgruppen, 280
    als Farbfelder speichern, 87, 294–295

erzeugen, 63–64, 87, 284–285
mit interaktiver Farbe zuweisen, 88
neue Farbe auf der Originalfarbgruppe des Objekts, 86
zeigen/verbergen, 282
Farbhilfe-Bedienfeld, 65–66
    neue Farbe auf der Grundlage der Originalobjektfarbe, 86
    neue Farbgruppen mit Harmonieregeln erstellen, 284–285
    Optionen, 65
Farbmodelle
    auswählen, 374
    bei der Webausgabe, 374
    mit Illustrator-Photoshop-Bildern arbeiten, 412
    RGB und CMYK, 30, 376
Farbreduktionsoptionen (Dialogfeld Interaktive Farbe), 282
Farbrichtung umkehren (Befehl), 216
Farbwähler
    Beschränkung auf websichere Farben, 380
    Illustrator-Unterstützung, 380
Farrow, Patricia, 294–295
Federsymbole, 145
Fehlende Schriften, 186
Fehlende verknüpfte Bilder wiederherstellen, 401
Fehler
    Abgeflachte Kanten, 321
    durch Cursorbeobachtung vermeiden, 55
    Meldung für Schnittmaske, 347
    Verbinden von Ankerpunkten, 16
Feld Aktuelle Farben (Dialogfeld Interaktive Farbe), 279–280
Fenster, 26, 27
Fenster-Menü, xviii
Ferster, Gary, 224–225, 430
Feuerwache, 359
Filter
    Aufrauen, 80
    Effekte, 68, 300
    Glas, 412
    Verzerrungsfilter, 68–69, 78–80
Fingertänze (Lektion), 54–58

Fishauf, Louis, 253, 430
Flächen, siehe auch Verlaufsfüllungen
    3D-Objekt, 323
    Definition, 60
    Farbe, 62–63
    Kontur und Fläche vertauschen, 60, 109
    kopieren, 17
    Masken, 345
    Objekte, 20, 60–61
    Skizzenbuch, 306–307
    Transparenzen, 244
    Verwendung mit der Funktion Interaktives Malen, 100–101, 116
    Zum Aussehen hinzufügen, 162–163
    Zusammengesetzte Pfade, 92
Flächentext
    auswählen, 179–181
    bearbeiten, 263
    Verwendung in der Lektion Buchcover-Design, 196, 197
Flaschen, 242–243, 337, 367
Flash
    ai-Dateien verwenden, 374
    Animationen importieren, 394
    Charakteranimation, 392–395
    Illustrator-Datei importieren, 378–379, 387
    Illustrator-Dateiqualität maximieren, 380–381
    Illustrator-Grafiken einfügen, 388
    Imagemaps, 377
    Kompatibilität mit Illustrator, 374
    Objekte auf eigene Ebene zurückwandeln, 378–379
    Tweening, 388
    Weihnachtskarten-Animation, 397
Flash-Animation (Lektion), 392–395
Fluchtpunkt, 176–177
Form-ändern-Werkzeug, 24
Formen
    3D-Effekte, 320
    abziehen, 211
    Füllung mit Verlaufsgitter hinzufügen, 220

zusammengesetzte, 91, 92–94
zusammengesetzte Pfade, 92
Formmodi, 106
Fortgeschrittene Techniken
    Angelköder, 370
    Elemente formen und verbergen, 348–349
    Farbbogen mit Angleichungen erzeugen, 351–352
    Farbe gefüllter Pfade verschieben, 373
    Feuerwache, 359
    Ford Taurus-Serienwagen, 362
    Gitterobjekte formen, 364–366
    Mini Cooper-Bild, 363
    Mixer, 368
    Musterkacheln, 356
    Nuit De Terreur (Plakat), 358
    Publix Market-Szene, 371
    Realistischer Automotor, 360–361
    Reflexion auf Flasche, 367
    Reflexion mit Maske, 350–353
    Schnittmasken, 344–347
    Skizzenbuchseite von Jackmore, 357
    Stern mit Verläufen und Konturen, 354
    Sterne am Nachthimmel, 355
    Tee und Kekse, 369
    U-Bahn-Ausgang, 372
Fotorealisitsche Grafiken
    Angelköder, 370
    Architekturdarstellung, 176–177
    Automotor-Bilder, 360–361
    Feuerwache, 359
    Flaschen, 242–243, 367
    Flaschenreflexionen erzeugen, 367
    Halskette, 144
    Hund, 373
    Kreuzfahrtschiff, 407
    Mechanische Objekte, 72–74
    Messer, 169
    Mikroskop, 233
    Mini-Cooper, 363
    Mixer, 368
    PC-Magazine-Award, 226
    Pilot, 416
    Publix Market-Szene, 371
    Reißverschluss, 142–143

    Schwirrammer, 145
    Serienwagen, 362
    Sharper Image-Produkte, 75, 228, 229
    Tee und Kekse, 369
    U-Bahn-Ausgang, 372
    urbane Landschaft, 422
    Zahnprothese in Wasser, 240–241
Fotos, siehe auch Illustrator mit anderen Programmen kombinieren; fotorealistische Bilder; Pixelbilder
    als Vorlagenebenen, 229, 360
    spiegeln, 137
    zu Illustrationen ändern, 94–95, 296–299
Fox, Mark, 106–109, 430
FreeHand, 398
Frei transformieren (Werkzeug)
    Begrenzungsrahmen, 22
    mögliche Transformationen, 23
    Produktivität erhöhen, 76–77
    Verwendung, 68–69
Frei Verzerren (Dialogfenster), 306
Füllmethode
    Auswirkungen auf Farben, 245
    Experimente, 273
    globale Anpassung für Ebenen, 256
    Multiplizieren (Transparenz-Bedienfeld), 270–271
Füllzeichen, 180–181
Funkeln, 353
Funkelndes Gold (Lektion), 224–225
Für Web & Geräte speichern (Tipp), 377, 379

# G

Gaborone-Cover, 294–295
Galerieseiten, xx
Game Developer-Magazintitel, 124
Gamut, 62, 376
Gamut-Warnung, 31
Ganze Zeichenfläche exportieren, 382
Gartenlaube, 419
Garten-Slices (Lektion), 382–383
Gaußscher Weichzeichner
    Buchstabenformen verzerren, 202
    Tiefenschärfe erzeugen, 316
    Verwendung mit radialem Verlauf, 253
Gehrungsecken, 68
Gekachelte Muster, 84–85
Geometrische Objekte, 12–13
Gescannte Bilder
    arbeiten, 176
    Buntstiftzeichnung in Vorlagenebene konvertieren, 328
    Textilien, 198, 199
    Vorlage erzeugen, 164
Gesperrte Objekte, 159
Giblin, Ian, 94, 430
GIF oder JPEG? (Tipp), 376, 379
GIF-Dateien, 376, 378, 379
Gilbert, Reggie, 330, 359, 430
Gillespie, Cristin, iv, 399
Gitarre
    3D-Effekte, 343
    gebogener Textpfad, 216
Gitter, siehe auch Verlaufsgitter
    Das einfachste Gitter (Lektion), 220
    Gitterformen (Lektion), 242–243, 367
    Gitterpunkte hinzufügen und entfernen, 218
    Hügellandschaften (Lektion), 236–237
    Mixer, 368
    Schattierung, 310–311
Gitterformen (Lektion), 242–243, 367
Gitter-Werkzeug, 218, 221
Glanzlichter
    mit transparenten Angleichungen, 258
    Objekt, 73–74
    um menschliche Gestalt herum, 225
Glas und Chrom (Lektion), 264–265
Glas-Filter, 412
Glätten-Werkzeug, 11
Glättungsoption, 13
Globale Farbfelder, 297–299
Globale Klimaerwärmung (Bild), 270
Globale Prozessfarben, 63, 214

Glossar, xviii
Glyphen-Bedienfeld, 185
Golding, Mordy, v, xvi
   Farbfeldgruppen zum Umfärben vorbereiten, 287
   Grafiken auf Objekte auftragen, 324, 337
   interaktive Malgruppen aufteilen, 103
   Isolationsmodus, 90
   Kontaktinformationen, 430
   magnetische Hilfslinien bei Hüllen und Verkrümmungen, 304
   Symbol-Werkzeuge, 147
   über Warnmeldungen im Ausrichten-Dialogfenster, 15
   Umstieg von FreeHand auf Illustrator, 398
GoLive, 381
Gordon, Steven, v
   3D-Kartensymbolgrafiken, 326–327
   Aussehen (Lektion), 174–175
   Bryce Canyon Nationalpark, 262–263
   handgemachtes Aussehen für Schriften, 319
   Karte von Jerusalem, 170
   komplexe Karte organisieren, 171
   Kontaktinformationen, 430
   Schrift auf gebogenem Pfad, 192
   Verlaufsgitter für Hintergründe, 221
   Verschachtelte Ebenen (Lektion), 172–173
   Web-Imagemap-Schaltflächen, 396
   Webseiten gestalten, 382–383
   Zion-Nationalpark-Design, 193

  Gorska, Caryl
   eine Schrift gestalten (Lektion), 92, 200–201
   Kontaktinformationen, 430
   Verlaufsfüllungen mit Transparenzen, 239
  Grace, Laurie, v, 78–80, 81
  Grafik duplizieren, 286

Grafikstile
   Bibliothek erzeugen, 307
   Effekte speichern als, 300, 305, 308–309, 320
   einfach laden, 305
   ersetzen, 305
   Yukio Miyamoto, 315
Grafikstile-Bedienfeld, 305, 307
Grafikstil-Optionen, 309
Graham, Cheryl, 105, 133
Graustufenbilder, 268–269, 294–295
Greene, Milton H., 275
Greiman, April, 413, 430
Großer böser Wolf, 71
Gruppen
   aufteilen (interaktives Malen), 103
   Aussehen zuweisen, 175
   Ebenen und gruppierte Objekte, 158
   Farben erzeugen, 63–64, 284–285
   Grafikstile hinzufügen, 20
   Objekte auswählen, 14–15
   Optionen, wenn keine Grafikstile erzeugt werden können, 14
   Transparenzen, 244
Gruppenauswahl-Werkzeug, 14, 15
Gruppierung von Objekten aufheben, 14

## H

Halskette, 144
Hamann, Brad
   Kontaktinformationen, 430
   Pfade extrudieren, kreiseln und drehen, 328–329
   Pfade in Photoshop in Formen konvertieren, 408–409
   Schrift quetschen (Lektion), 204–205
Hamm, Michael, 341, 430
Hansen, Scott, 124, 125, 431
Harmonieregeln, 86–88
   auswählen, 280, 281
   neue Farbgruppen erzeugen, 284–285
   Optionen beibehalten, 298–299
   Vorteile, 283

Hastings, Pattie Belle, xvii, 431
Hauptebenen, 347
Hausbrauerei-Logo, 293
Häuser bauen (Lektion), 40–47
Henkel, Rick, 83, 89, 431
Herbst-Illustration, 230
Hess, Kurt, 82–83, 275, 431
Hilfe, xvi, xvii, 3, 28
Hintergründe
   Betonung mit interaktiver Abpausung verringern, 120–121
   traditionelle gemalte, 414–415
   transparente in Photoshop, 271
   Verlaufsgitter für Karte, 221
   Weiß in abgepausten Bildern entfernen, 96
Hinzufügen-Symbol, 42
Hollin, Kaoru, 146–148, 431
Holzpalette, 83
Holzschnitt, 219
Horizontale Schrift, 183, 187
Hot Door-CAD-Werkzeug, 418
Hot Rod Rocket, 403
HTML-Dateien, 377
Huerta, Gerald, 194–195, 431
Hügellandschaften (Lektion), 236–237
Hüllen
   bearbeiten, 303
   Genauigkeit, 310
   Text und Hullen, 204–205
   Verkrümmungen und Hüllen, 302
   Verzerrungsoptionen, 304
   zusammengesetzte Formen umwandeln, 91
   zuweisen, 303–304, 310
Hulsey, Kevin, 407, 431
Hund, 373

## I

IAN-Symbole, 431
Illustrator beherrschen
   grundlegende Werkzeuge zur Konstruktion, 40–47
   Hand-Augen-Koordination, 39
   Objekte mit den grundlegenden Werkzeugen erstellen, 53
   Raster erzeugen, 48–49

Skalierungsübungen, 50–51
Tastenkombinationen, 54–58
Übungen mit Drehung, 52
Illustrator CS3, siehe auch
Illustrator mit anderen Programmen kombinieren
    Bilder einbetten und verknüpfen, 398–399
    Bilder in anderen Adobe-Anwendungen platzieren, 29
    Buchtitel, 196–197, 342
    Dateigröße kontrollieren, 36
    frühere Versionen, 34
    Grafiken in anderen Programmen nutzen, 399–400
    Grafiken zwischen Photoshop und Illustrator austauschen, 400–401
    Hilfe, 28
    Kompatibilität mit Flash, 374
    Layoutfähigkeiten, 178, 196, 197
    nicht kompatible Dateien öffnen, 398
    PDF-Unterstützung für Transparenz, 252
    Photoshop-Bilder importieren, 406
    Photoshop-Bilder öffnen, 115
    Plug-ins, 426–427
    Rückgängig-Befehl, 25–26
    Statuszeile, 23
    Systemanforderungen, 2
    unterstützte Dateiformate, 34, 399, 402
    Zeichnung importieren, 114, 134–135
Illustrator CS3 Wow! Course Outline (Steuer und Jackmore), xvii
Illustrator mit anderen Programmen kombinieren
    3D-GIS-Datenbilder, 423
    3D-Spielbrett gestalten, 420
    Cover in Illustrator und Photoshop, 414
    Grafiken in Illustrator und Photoshop, 403, 404–406, 407
    Hot Door-CAD-Werkzeug, 418
    Illustrator-Objekte in Photoshop, 410
    Import von PSD-Dateien in Illustrator, 413
    Mechanisches Insekt, 421
    Miami-Dolphins-Werbematerial, 417
    Pfade zu Photoshop-Formen exportieren, 408–409
    Photoshop-Ebenen in Illustrator konvertieren, 416
    traditionelle gemalte Hintergründe, 414–415
    verzerrter Text in Illustrator und Photoshop, 411
    Wiederholen von Elementen in Bildern, 422
Imagemaps
    exportieren, 377
    Imagemap-Schaltflächen, 396
    URLs zuweisen, 376–377
Importieren
    Bilder, 268
    Illustrator-Datei in Flash, 378–379, 387
    PSD-Dateien in Illustrator, 413
    Zeichnungen in Illustrator, 114, 134–135
In den Hintergrund/Schrittweise nach hinten (Befehl), 160
In den Vordergrund/Schrittweise nach vorne, 160
In Pixelbild umwandeln-Dialogfenster, 122
InDesign
    Farbfelder austauschen, 31, 64–65
    Illustrator und InDesign, 401
    Text einfügen, 402
Industriekapitäne (Skizzen), 117
Info-Bedienfeld, 223
Instanzen, 129, 130, 131
Intensität (Option für Symbolwerkzeuge), 132
Interaktiv abpausen, 94–95
    abgepauste Bilder anpassen, 97, 150
    Abpaustechniken (Lektion), 120–122
    Anzeige von Objekten ändern, 96–97
    Atteberry, 95, 118–119
    Bild abpausen, 95–96, 115
    Cheerleader-Pompoms, 123
    Definition, 90
    Dusty Brown (Tourneeplakat), 125
    Farbfeldbibliotheken, 97, 98
    Foto für Illustration vorbereiten, 296–297
    Game Developer-Zeitschriftentitel, 124
    hoher Kontrast, 105
    Industriekapitäne-Zeichnungen, 117
    Kaiserin-Tarotkarte, 113
    Konvertierung in interaktives Malobjekt, 97–98
    Objekt mit interaktiv Malen anpassen, 298
    One Wave Yoga-Logo, 112
    Test an kleiner Datei, 97
Interaktiv malen
    abgepauste Pfade vor der Verwendung umwandeln, 299
    abgepaustes Objekt konvertieren, 97–98
    deaktivierte Stapelreihenfolge, 100
    Fläche oder Kontur aktivieren, 116
    Flächenfarbe auswählen, 100–101
    Gruppen aufteilen, 103
    Gruppen in interaktive Malgruppen umwandeln oder zurückwandeln, 103–104
    interaktiv abgepauste Objekte anpassen, 298
    interaktiv abgepauste Objekte mit Farbe füllen, 115–116
    interaktive Malobjekte erzeugen und nutzen, 47
    Konturen färben, 99–100
    Lückenoptionen, 102–103
    Objekte ändern und bearbeiten, 101
    Pfade intuitiv bearbeiten, 104
    transparentes Loch erzeugen, 101, 103
Interaktiv-malen-Werkzeug, 99–100, 103, 104

Interaktive 3D-Effekte, siehe 3D-Effekte
Interaktive Effekte, siehe Effekte
Interaktive Farbe (Dialogfenster), 278, 280
- aktive Farben, 279–280
- aktives Register, 280, 282, 285
- Farbgruppenbereich anzeigen/verbergen, 282
- Grafiken neu färben, 279
- Register Bearbeiten, 281

Interaktive Farbe, siehe auch Farbhilfe-Bedienfeld; Harmonieregeln; Grafiken neu färben
- aktive Farben, 279–280
- Allgemeines, 278, 283
- Arbeitsumgebung einrichten, 278–279
- Bedienfelder, 278–279
- Blumenfarben ändern, 80
- einzelne Farbe für das Umfärben, 288–289
- Farben beschränken und reduzieren, 281–282, 287
- Farbgruppen, 88
- Farbhilfe-Bedienfeld nutzen, 65–66
- globale Farbänderungen, 279
- Grafiken neu färben, 279–283
- Graustufenkonvertierungen, 294–295
- kuler, 61, 282–283
- Optionen für Harmonieregeln beibehalten, 298–299
- Volltonfarben zuweisen, 286–287

Interaktive Malgruppen aufteilen, 103
Interaktiv-malen-Auswahlwerkzeug, 104
Isolationsmodus, 90–91, 130–131
Isometrische Systeme (Lektion), 82–83

## J

Jackmore, Lisa, v
- Illustrator CS3 Wow! Course Outline, xvii
- Kontaktinformationen, 431
- Skizzenbuchseite, 357
- Vogelbad-Bild, 138

Jackson, Lance
- Kontaktinformationen, 431
- Long Strange Trip, Schrift, 212
- mit verzerrtem Text in Illustrator und Photoshop arbeiten, 411
- Zeichnungen, 117

Jacoby, Frank, 257
Japanischer Teegarten (Plakat), 140
Jenkins, George, 120
Jennings, David, 270–271, 431
Jerusalem-Karte, 170
Jogie, Mohammed, 342, 431
Joly, Dave, 114–116, 222–223, 431
Jonen, Frank, 350–353, 431
JPEG-Dateien, 376, 379

## K

Kaiserin-Tarotkarte, 113
Kalligrafische Pinsel, 126
- anpassen, 135–136, 254–255
- Druckeinstellungen, 128–129

Kanten
- abgeflachte Kanten, 321
- anzeigen/ausblenden, 25, 30, 312
- suchen, 263

Karten
- 3D-Symbolgrafiken, 326–327
- Artenwanderung, 338
- Jerusalem, 170
- Verlaufsgitter für Hintergrund, 221

Kelley, Andrea, 72–74, 264–265, 431
Kerning, 195
Kiefernzapfen, 149
Kompatibilität-Menü (Adobe PDF-Optionen), 32–33
Komplizierte Muster (Lektion), 84–85, 356
Kontextmenüs, 7, 28
Kontur, 60
- ausrichten (Kontur-Bedienfeld), 60
- Experimente mit Pinseltransparenz, 136
- für interaktives Malen einrichten, 116
- gequetschte Schrift, 205
- hinzufügen, 60–61, 162–163
- interaktives Malen, 99–100
- kopieren, 17
- Maske mit Konturen, 345
- Objekte vor dem Radieren umwandeln, 70
- Optionen, 20
- Organisieren, 256
- Pinselstrich, 126
- Pinselstrich umkehren, 127
- Schabekarton simulieren, 306–307
- Skalierung und Konturstärke, 6
- Stern zeichnen, 354
- Stile für Konturlinien zusammenfügen, 68
- Text, 190
- Transparenzen, 244
- überlappende konturierte Linien, 67–68
- Vertauschen von Fläche und Kontur, 60, 109

Konturansicht, 91
Kontur-Bedienfeld, 68
Konturschrift, 187–189, 195
Kopieren
- Aussehen, 161
- Kontur und Füllung von Objekten, 17
- Objekte kopieren und auf andere Ebene verschieben, 169

Korn, Peg Maskell, v
Kreise, 107, 108–109
Kreise und Verläufe verformen, 226–227
Kreiseln von Objekten, 321–322, 330
Kreuzfahrtschiff, 407
Kreuzschraffur, 302, 318
kuler
- Bedienfeld, 283, 424, 425
- Verwendung, 61, 282–283

kuler-Widget, 425
Kumuluswolken, 276
Kursive Namen für Ebenen, 156
Kurven
- konstruieren, 107
- nicht fortlaufende, 10, 165
- Schrift an gebogenen Pfad anpassen, 192, 194–195
- Text verkrümmen, 205

Index ✧ 445

Kurvengenauigkeit (Vereinfachen-Dialogfenster), 69
Kurvenreiche Texte (Lektion), 194–195

# L

LaMantia, Marc, 372, 431
Laptop-Unterlage, 229
Larsen, Tiffany, 71, 431
Lasso-Werkzeug, 14
Lavierungen, 136
Layout mit Illustrator
    Buchtitel, 196, 197, 342
    Cover, 414
    Text, 178
Le Kiosk-Eröffnungssequenz, 257
Léger, Fernand, 239
Lein, Adam Z, 267, 431
Lektionen
    3D schnell und einfach, 326–327
    3D-Effekte, 328–329
    3D-Logo-Objekt, 330
    Abpaustechniken, 120–122
    Angleichungen formen, 234–235
    Ausschneiden & Verbinden, 106–109
    Aussehen, 174–175
    benutzerdefinierte Radialverläufe, 226–227
    Bilder stapeln, 384–385
    Buchcover-Design, 196–197
    Das einfachste Gitter, 220
    Deckkraftcollage, 272–274
    Deckkraftmasken 101, 260–261
    Details maskieren, 348–349
    Ebenen anordnen, 166
    Einfache Glanzlichter, 258
    Einfacher Realismus, 72–74
    Elemente angleichen, 270–271
    Erstellen eines einfachen Objekts mit den Grundwerkzeugen, 53
    Farbberatung, 86–88
    Farben reduzieren, 294–295
    Fingertänze, 54–58
    Flash-Animation, 392–395
    Funkelndes Gold, 224–225
    Garten-Slices, 382–383
    Gitterformen, 242–243, 367
    Gitterlandschaften, 236–237
    Glas & Chrom, 264–265
    Grafikmaterial neu färben, 284–285
    Häuser bauen, 40–47
    Isometrische Systeme, 82–83
    Komplizierte Muster, 84–85, 356
    Kurvenreiche Texte, 194–195
    Leuchtende Sterne, 354
    Logo digitalisieren, 164–165
    Logo interaktiv abpausen, 112
    Maske auf Maske, 350–353
    Modellieren mit Gittern, 364–366
    Modische Farben, 286–287
    Musterpinsel, 142–143
    Natürliche Pinsel, 152–153
    Objekte aufteilen & Färben, 110–111
    Perspektive schaffen, 176–177
    Pinsel & Lavierungen, 134–136
    Pinseln Sie Ihren Text, 202–203
    Schabekunst, 306–307
    Schnelle Kartons, 334–335
    Schrift gestalten, 92, 200–201
    Schwarz neu einfärben, 288–289
    Schwebende Schrift, 262–263
    Scribble-Grundlagen, 312–313
    Software-Staffellauf, 404–406
    Symbol-Bibliotheken, 150–151
    Symbol-Grundlagen, 146–148
    Tag und Nacht, 290–292
    Teile animieren, 390–391
    Text auf alt trimmen, 206–207, 302
    Text quetschen, 204–205
    Texte subtrahieren, 210–211
    Transparente Angleichungen, 240–241
    Transparente Farbe, 254–256
    Transparenter Drachen, 266
    Vereinigte Verläufe, 222–223
    Verkrümmungen & Hüllen, 308–311
    Verschachtelte Ebenen, 172–173
    Verschobene Flächen, 208–209, 302
    Verzerrte Ansichten, 76–77
    Von Rastern & Linien, 48–49
    Wie der Blitz, 386–388
    Wörter maskieren, 198, 346
    Zeichnungen einfärben, 114–116
    Zen, xx, 38–58
    Zen of the Pen, xvii, 9
    Zen-Drehung, 52
    Zen-Skalierung, 50–51
Lertola, Joe, 339, 431
Leuchtende Sterne (Lektion), 354
Licht
    im Wasser, 241
    Übergang zum Schatten, 236–237
Lineale, 28–29, 320
Linien
    Abschlüsse für Linienenden, 67
    Arbeiten mit Bézier-Kurven, 8–9
    Eckenformen, 68
    mit Ankerpunkten zeichnen, 7–8
    skalieren, 6
    zu Kreisen hinzufügen, 108–109
Linienabschlüsse, 67
Linienenden, 67–68
Linien-Werkzeug, 46
Livingston, Randy, iv, 431
Loader, Vicki
    Durchmesser der Symbol-Werkzeuge ändern, 132
    Kontaktinformationen, 431
    Seepferdchen-Bild, 300
    zugewiesene Effekte oder Funktionen, 163
Loch, 111, 207
    ausstanzen (Tipp), 101
Logo
    auf Serienwagenbild platzieren, 362
    digitalisieren, 164–165
    digitalisieren (Lektion), 164–165
    geformte Angleichungen, 234–235
    interaktiv abpausen (Lektion), 112
    mit 3D-Effekten, 330
    One Wave Yoga, 112
    QuickBooks, 224
    Rivers for Life, 210–211
Long Strange Trip-Schrift, 212
Löschen
    abgepauste Bilder, 97
    Ebenen und Unterebenen, 168
    Farbfelder, 64

Louveaux, Pierre
    alle Elemente als Ziel wählen, 162
    Pfad in Gitter konvertieren, 218
    Transparenz, 244
    zusammengesetzte Formen umwandeln, 91
Lückenoptionen (Dialogfenster), 102–103
Lush, Terry, 390–391, 431

## M

Macadangdang, Todd, 318, 431
Magiera, Rob, 404–406, 431
Magnetische Hilfslinien
    Verkrümmungen oder Hüllen, 304
    Verwendungen, 29, 47
    Voreinstellungen, 28
Mah, Derek, 214
Manuelle Abpausung, siehe auch Interaktiv abpausen; Bilder abpausen
    auf Ebenen, 167–168
    Vordergrund, 121–122
    Vorlage, 164–165
Maric, Pete, 176–177, 431
Marina Green-Plakat, 141
Maske, siehe Schnittmasken; Deckkraftmasken
Maske auf Maske (Lektion), 350–353
Maskenbearbeitungsmodus, 246
Maskieren-Schaltfläche (Steuerung-Bedienfeld), 346, 347
Maßeinheiten
    auswählen und eingeben, 16
    Einstellung, 7
    in Pixel, 379
Maxson, Greg, 142–143, 419, 432
Maxwell, Eden, 266, 418, 432
Maya, 420
Mechanisches Insekt, 421
Mehrfache Perspektivenlinien, 177
Mehrsprachige Schriften (Tipp), 188
Menü
    Ebenen-Bedienfeldmenü, 156–158
    Effekt, 300

Kompatibilität, 32–33
Kontextmenü, 7, 28
    Schnittmasken aus Objekten erzeugen, 346
    Statuszeile, 23
    Voreinstellung, 32
Messer-Bild, 169
Messer-Werkzeug, 12
Metallisches Aussehen
    einzelne Farbe mit Metallfarbe ersetzen, 288–289
    Funkelndes Gold (Lektion), 224–225
    Glas- und Chromreflexionen simulieren, 264–265
    Reflexionen mit Masken, 350–353
    Reflexionen mit Verläufen und Angleichungen simulieren, 233
MetaTools Infini-D, 421
Miami Dolphins-Werbematerialien, 417
Microsoft Office, 400
Mikroskop, 233
Mini Cooper, 363
Miniaturen im Ebenen-Bedienfeld, 256
Mit dem Text-Werkzeug jonglieren (Tipp), 183
Mixer, 368
Miyamoto, Nobuko
    Das einfachste Gitter (Lektion), 220
    Gitterformen (Lektion), 242–243
    Komplexe Halskette, 144
    Kontaktinformationen, 432
Miyamoto, Yukio
    Das einfachste Gitter (Lektion), 220
    Flaschenreflexionen, 367
    Gitterformen (Lektion), 242–243, 367
    Grafikstile, 315
    Komplexe Halskette, 144
    Kontaktinformationen, 432
Mobile Ausgabegeräte
    Bilder simulieren, 380
    Dokumentprofile, 375
Modellieren mit Gittern (Lektion), 364–366

Modifikatortasten
    Fingertänze, 56–58
    Verwendung, 54–58
Modische Farben (Lektion), 286–287
Monroy, Bert, 422, 432
Morin, Marcel, 423, 432
Mörser, 330
Moss, Gary, 334–335, 432
Murphy, Mark, 384
Muschelillustration, 231
Muster
    Bildschirmaufbau beschleunigen, 85
    Verwendung in Produktillustrationen, 75
Musterfarbfelder, 209
Musterkacheln, 83, 356
Musterpinsel, 126
    Details, 142–143
    erzeugen, 127, 143, 153
    Komplizierte Halskette gestalten, 144
Musterpinsel (Lektion), 142–143
Musterpinsel-Optionen, 153

## N

Nagara, Innosanto, 210–211, 432
Natürliche Pinsel (Lektion), 152–153
Navigator-Bedienfeld, 26, 28
Neal, Brad, 362, 432
Nelson, David, 127, 432
Nelson, Jay, xvi, 426–427
Neue Ansicht, 26–27
Neue Farbgruppe (Schaltfläche im Farbfelder-Bedienfeld), 63–64
Neue Liste erzeugen, 3
Neuer Pinsel-Dialogfenster, 135, 143
Neues Bild hat Grundform (Aussehen-Bedienfeld), 162, 255–256, 322
Neues Farbfeld-Dialogfenster, 73
Neues Fenster (Befehl), 27
Neues Symbol (Symbole-Bedienfeld), 129
Neun-Leben-Katzensymbol, 106–109

Neuzeichnen der Vorschau unterbrechen, 25
New Orleans-Karte, 172
Newman, Garry, 92, 432
Ng, Richard, 150, 432
Nicht benötigte Bedienfeldelemente löschen (Aktionen-Bedienfeld), 36
Nicht druckende Vorlagenebenen, 155, 156, 170
Nicht fortlaufende Kurven, 10, 165
Nicht mehr erhältliche Schriften, 201
Nielsen, Chris, 360–361, 373, 432
Nikolaus, 253
Nuit De Terreur-Plakat, 358

# O

Objekte, siehe auch Auswählen
    3D-Effekte mit Objekten, 323
    3D-Objekte aus mehreren Pfaden, 332–333
    an der falschen Stelle einrasten, 68
    Angleichungen Deckkraftmasken, 260–261
    auf andere Ebene verschieben und kopieren, 169
    auf Zeichenfläche isolieren, 90–91
    auffinden, 157, 173
    aufteilen & färben (Lektion), 110–111
    ausblenden/einblenden, 159
    ausrichten, 15, 16
    Aussehen erzeugen und zuweisen, 174–175
    Aussehen-Symbole, 160
    Auswirkungen von Pathfinder-Befehlen, 109
    Deckkraftmaske mit Schrift, 207
    einfügen, 44, 346
    elliptische Objekte, 82
    extrudieren, 320–321, 333
    Fläche und Kontur, 20, 60–61
    Formeln für isometrische Objekte, 83
    geometrische, 12–13
    gestapelte Verläufe mit gefüllten Objekten, 228
    Gitter, 218
    Glanzlichter, 73–74
    Grafiken auftragen, 324
    Grafikstile, 20
    grundlegende Werkzeuge, 53
    gruppieren, 14–15
    Gruppierung aufheben, 14
    im 3D-Raum drehen, 322–323, 327
    in Angleichung einfügen, 215
    Kontur und Fläche kopieren, 17
    kreiseln, 321–322
    kumulativer Effekt von Transparenz, 245
    Löcher in Objekten, 92, 101, 103
    mit der Pipette aufnehmen, 66
    mit Interaktiv malen bearbeiten und ändern, 101
    mit Transparenz kombinieren, 272–274
    mit Verlaufsgittern formen, 364–366
    nächsten Pinselstil bestimmen, 255–256
    Schnittmasken erzeugen, 345
    skalieren, 22
    Stapelreihenfolge ändern, 156, 158–160
    Symbole für exportierte, 380
    Text um Objekte fließen lassen, 183
    Transformationen, 21–22
    transparente, 246
    Transparenz und Effekte für Schriften, 262–263
    überlappende, 106–109
    Vektoren radieren, 70
    Verkrümmung für gruppierte Objekte, 309
    verschieben, 22–23, 56–58
    Verschieben beschränken, 40
    zum Zerschneiden von Pfaden, 109
    zurückwandeln auf eigene Ebene, 378–379
    zusammenfügen, 44
Objekte auswählen, 13, 179
    in Ebenen, 155, 158
    in Gruppen, 14–15, 305
    nach dem Entsperren von Ebenen, 158
    vor dem Ausführen von Änderungen, 19–20
Objekt-Menü, Masken erzeugen, 346
Öffnen
    alte Dateien, 31, 33, 347
    CS3-Dateien in früherer Illustrator-Version, 34
    inkompatible Dateien, 398
One Wave Yoga-Logo, 112
Online-Hilfe, xvi
OpenType-Bedienfeld, 185
OpenType-Schriften, 184–185
Optionen
    für Interaktiv-malen-Werkzeug, 99
    für neues Färben-Dialogfenster, 282, 288–289
    für Rechteckiges-Raster-Werkzeug (Dialogfenster), 200–201
    zum benutzerdefinierten Reduzieren von Transparenz (Dialogfenster), 250

# P

Paidrick, Ann, 218, 368, 369, 432
Paletten, 15, siehe auch Bedienfelder und bei den jeweiligen Bedienfeldern
Palmenbild, 290–292
Panda, 336
Pantone-Bibliotheken, 63
Papciak-Rose, Ellen
    Buchtitelgestaltung, 199
    Kontaktinformationen, 432
    Titel für Gaborone-Führer, 294–295
    Wörter maskieren (Lektion), 198, 346
Papierkorb, 422

Pathfinder-Bedienfeld, 94
    Auswirkungen der Befehle, 91
    Formmodi permanent zuweisen, 106
    Inhalte, 92
    zusammengesetzte Formen erstellen, 93, 304–305

Pathfinder-Befehle
    Auswirkungen des Pathfinder-Bedienfelds, 91
    gruppierte Objekte auswählen, 305
    negativen Raum erstellen, 111
    zusammengesetzte Formen, 93, 304–305
Patterson, Tom, 338, 432
PDA-Konzeptdesign, 341
PDF (Portable Document Format)-Dateien
    Druckvorstufe, 32, 36
    Illustrator und PDF, 402
    Kompatibilität, 32–33
    verknüpfte Dateien aktualisieren, 401
    Version mit Transparenzunterstützung, 252
Pelavin, Daniel, 226–227, 432
Performance
    3D-Effekte, 323
    Begrenzungsrahmen, 91
    erforderlicher Speicher für komplexe Angleichungen, 214
    Musterpinsel für erhöhte Performance, 142–143
    Produktivität mit dem Frei-transformieren-Werkzeug erhöhen, 76–77
    Produktivität mit Musterbibliotheken, 75
    Verbesserung mit Vorschau- und Konturansicht, 26
    Vorschau unterbrechen, 25
Perspektive
    Baum, 419
    erzeugen, 176–177
    fliegender Drachen, 418
    gebogene Perspektive für Text, 204–205
    mit dem Frei-transformieren-Werkzeug, 77
    schaffen (Lektion), 176–177
    Objektperspektive ändern, 323
Petit, Teri, 215
Pfadansicht
    anwählen, 7
    Tannenbaum, 312
    Tastenkombinationen, 55
    verbesserte, 26

Pfade
    3D-Objekte aus mehreren Pfaden, 332–333
    Angleichungen, 214–216
    Bearbeitung in Photoshop, 405–406
    Bézier-Bearbeitungs-Werkzeug, 10–12
    Definition, 7–8
    extrudieren, kreiseln und drehen, 328–329
    geöffnete, konturierte und gefüllte, 60
    Hüllen, 310
    in Gitter konvertieren, 218
    Interaktiv malen anpassen, 104
    Lücken beim interaktiven Malen, 102–103, 115–116
    Maskieren mit zusammengesetzten Pfaden, 349
    Musterpinsel erzeugen, 153
    Pfadtyp für geschlossene Pfade, 183
    Radieren und Zerteilen, 12
    Schließen, 13, 18, 109, 127
    Schnittmasken, 274
    Text auf gebogenem Pfad, 192, 194–195
    Text kippen, 182
    überlappende Pfade positionieren und teilen, 110
    zerteilen, 12, 44, 109
    zu interaktiver Malgruppe hinzufügen, 101–102
    zusammengesetzte, 91, 92
    zusammengesetzte Formen und zusammengesetzte Pfade, 92
    zusätzliche Füllungen und Effekte, 307
    zuschneiden, 344–345
Pfade-Bedienfeld (Photoshop), 406
Pfad-Radiergummi-Werkzeug, 12, 70
Pfadtext, 181, 183
Pfadtextoptionen-Dialogfenster, 182
Pfadtext-Werkzeug, 179, 181–182
Pfad-verschieben-Dialogfenster, 209, 225
Pfeilspitzen, 338
Photoshop, siehe auch Illustrator mit anderen Programmen

kombinieren
    Bild in Illustrator öffnen, 115
    Ebenen in Illustrator konvertieren, 416
    Farbfelder austauschen, 31, 64–65
    Grafiken zwischen Illustrator und Photoshop austauschen, 400–401
    Illustrator-Pfade in Photoshop bearbeiten, 405–406
    Kontrast für die Abpausung verbessern, 122
    Pfade in Formen exportieren, 408–409
    Pixeleffekte, 300, 301
    platzierte Illustrator-Bilder mit aktivierter Verknüpfung, 399
    PSD-Dateien in Illustrator importieren, 413
    Slices in Photoshop exportieren, 378
    Text in Illustrator verzerren, 411
    Tiefe für 3D-GIS-Data-Bilder, 423
    transparente Hintergründe für Bilder, 271
    zusammengesetzte Pfade in Photoshop exportieren, 305
Photoshop-Exportoptionen, 405
Pilot, 416
Pinabel, Laurent, 288, 432
Pinsel, siehe auch spezielle Pinseltypen
    alle Instanzen ersetzen, 127
    Animation, 387
    anpassen, 134–136, 137, 140–141, 152–153
    Arbeiten mit, 127–129
    auf Buchstaben anwenden, 202–203
    ausgebleichtes, texturiertes Aussehen, 138
    benennen, 126, 127
    drucksensitive Einstellungen, 134
    Experimente mit der Kontur-Transparenz, 136
    interaktive Farbe, 278
    mit interaktiven Effekten mischen, 319
    Pfade schließen, 127

Radiergummi auf Pinselpfade
anwenden, 129
skalieren, 127
Skizzenbuchtextur erzeugen, 357
Tannenbaum, 312–313
transparente, 254–256
Transparenzen mit
Pinselkonturen, 244
Typen, 126
Voreinstellungen, 255
Pinsel & Lavierungen (Lektion),
134–136
Pinseln Sie Ihren Text (Lektion),
202–203
Pinselobjekte automatisch ersetzen
(Tipp), 127
Pinsel-Werkzeug, 13
Pipette-Optionen (Dialogfenster),
66, 189
Pipette-Werkzeug
Objektattribute aufnehmen, 66
Text formatieren, 189–190
Verwendung, 66–67
Pirman, John, 110–111, 432
Pixel, 379, 380
Pixelbilder
abdämpfen, 156
als Vorlage zur manuellen
Abpausung, 122
Definition, 375
Raster/Vektor-Balance, 251–252
Vektorgrafiken rastern, 112
Pixeleffekte, 300–301
Pixel-Vorschaumodus, 25
Platon, Federico, xxi, 432
Platzierte Bilder, 398
Plug-ins, xvi, 426–427
PNG-24-Dateien, 379, 381
Polygon
Ankerpunkte hinzufügen, 43
geometrische Formen erzeugen,
12–13
sechsseitige, 46
Tastenkombinationen, 12
Porträt von Suzy Parker, 275
PostScript drucken, 34–35
Pounds, David, 416, 432
Powell, Gary, 149, 169, 306–307
Problemlösung
Drucken, 35–36

Objekte können nicht gruppiert
werden, 14
verlorene Aussehenattribute,
160–161
Produktivität, siehe Performance
Prozessfarben
globale, 63, 214
Volltonfarben konvertieren, 67
PSD-Dateien
Bilder in Illustrator importieren,
413
Objekte für den Export
konvertieren, 408–409
Slices exportieren, 378
Publix Market-Scene, 371
Punkttyp, 179, 196, 197

## Q

Quadrate, 42, 49
QuickBooks-Logo, 224

## R

Radiale Verläufe, 79, 253, 354
verformen und umfärben, 226–
227
Gaußschen Weichzeichner mit
Verlauf einsetzen, 253
Radiergummi-Werkzeug, 12, 70,
129
Optionen (Dialogfeld), 70
Raster
anpassen, 29, 42
konstruieren, 48–49
Perspektive verwenden, 177
Schriften erzeugen, 200–201
verwenden, 28
Winkel beschränken, 29
Zeichnen, 13
Rauch, 365
Raumschiff in 3D, 328–329
Rechteck-Dialogfenster, 48, 49
Rechteckiges-Raster-Werkzeug, 13,
49
Rechteck-Werkzeug, 42, 46
Reduzierungsvorschau-Bedienfeld,
248, 251–252
Reflexionen

Flasche, 367
Glas und Chrom simulieren,
264–265
hellere, 353
Regenbögen, farbige, 351–353
Reißverschluss, 142–143
RGB-Farbmodell
CMYK, 376
CMYK in RGB konvertieren, 30,
375, 376
Webgrafiken, 374–375
Ring, 92, 101, 103
Rivers for Life-Logo, 210–211
Roboter-Charakter, 114–116
Rogalin, Elizabeth, v
Roorda, Jolynne, 112, 432
Rostomian, Zosia, 75, 228, 229, 432
Rückgängig, 25–26, 54–55

## S

Saxby, Tracey, 150–151, 432
Scans färben, 268–269
Schabekunst (Lektion), 306–307
Schatten
Konturtext, 202
Objektschatten, 74
Schlagschatten, 263, 331
Übergang von Licht zu Schatten,
236–237
um menschliche Figur, 225
Schattierung
3D-Objekte, 323–324
Gitter, 310–311
Verlaufsgitter, 274
Schein, 253, 275
Schein nach außen-Effekt, 358
Schere-Werkzeug, 12, 109
Schlagschatten, 263, 331
Schlagschatten-Dialogfenster, 263
Schlüsselbilder, 384–385
Schmetterling, 232, 356
Schneemann, 53
Schnelle Kartons (Lektion), 334–335
Schnittbereiche, 197, 404–405
Schnittmarken
komplexe Muster erzeugen,
84–85, 356
Schnittbereich, 197
Schnittmaske, 347

auf Pfade oder Inhalte zugreifen, 274
aus dem Objekt-Menü erzeugen, 346
Ebenen-Bedienfeld, 345–346
einzelne Schnittmasken zurückwandeln, 346
Elemente konturieren und ausblenden, 348–349
erstellen/zurückwandeln, 344
Inhalte ausrichten, 345
Maskieren-Schaltfläche, 347
Objekte einfügen, 346
Texte und zusammengesetzte Pfade, 347
Transparenz, 261
Verläufe hinzufügen, 350
Verwendung, 92
vorbereiten und erzeugen, 344–345
Schnittmenge bilden (Pathfinder-Befehl), 107–108
Schrift
aus Raster erzeugen, 200–201
auswählen, 187
fehlende, 186
gestalten (Lektion), 92, 200–201
mehrsprachige Unterstützung, 188
mit handgemachtem Aussehen versehen, 319
mit Schriften experimentieren, 206
nicht erhältliche Schriften rekonstruieren, 201
OpenType, 184–185
suchen, 186–187
zusammenfügen, 68
Schwabauer, Mike
Banner für Benefizveranstaltung, 314
Blutspendenanzeige, 331
Kontaktinformationen, 432
Kreuzschraffur mit Scribble, 302
Schwarz umfärben (Lektion), 288–289
Schwebebalken (Tipp), 7
Schwebende Schrift (Lektion), 262–263
Schwirrammer (Illustration), 145
Scribble-Effekt, 207–208

allgemein, 301–302
Konturen verbergen, 312
Kreuzschraffur, 302, 318
Schrift auf alt trimmen, 206–207
Schrift füllen, 208–209
Scribble-Grundlagen (Lektion), 312–313
Scribble-Optionen-Dialogfenster, 207, 208, 302, 313
Sechsseitige Polygone, 46
Serienwagen, 362
Sharif, Robert, 343, 432
Sharper Image-Produktillustrationen, 75, 228, 229
Shoulak, Joseph, 325, 332–333, 432
Simonson, Rick, 145, 233
Simplify-Dialogfenster, 69
Skalieren
komplexe Dateien, 21
Konturen und Effekte, 22
Konturstärke, 6
Objekte auf exakte Größe, 22
Pinsel, 127
Symbole, 147
Text und Umbruch, 188
Textrahmen und -inhalt, 180
Übungen, 50–51
Skalieren-Dialogfenster, 78
Skalieren-Werkzeug, 50–51, 180
SketchUp, 419
Slices, 377–378, 383
Slipper-Bild, 139
Smart-Objekte, 401
Smith, Richard, 199
Software-Staffellauf (Lektion), 404–406
Sortieren von Farbfeldern, xviii
Spalten, 186, 218, 365
Speichern
AI-Dateien für den Flash-Import, 378–379, 388
benutzerdefinierte Arbeitsbereiche, 21
Bilder als GIF oder JPEG, 376
Effekte als Grafikstile, 300, 308–309
Farbfeld-Bibliotheken, 64–65
Farbgruppen als Farbfelder, 87, 294–295
Illustrator-Text, 192
PDFs, 32–33

regelmäßig, 25
Slices, 383
transparente Objekte, 246
Transparenzreduzierungs-Vorgaben, 251
verknüpfte Dateien, 400
Webgrafiken, 377, 379–380
Webseitenbild als Vorlage, 383
Spezialpinsel, 126
anpassen, 133
benutzerdefinierte, 139
Druckeinstellungen, 128–129
erzeugen, 127
erzeugen und verwenden, 153
für die Lektion Schabekunst, 306
Grafiken auf Ebenen verteilen, 128
Symbole, 132
Spiegeln, Fotos 137
Spiegeln-Werkzeug, 45, 137
Spirale-Werkzeug, 12
Spollen, Chris, 403, 432
Stahl, Nancy, 166, 433
Standard-Bildschirmmodus, 27
Standardeinstellungen
Aussehen-Bedienfeld, xix
Objektnamen im Ebenen-Bedienfeld, 96
Verlauf zurücksetzen, 217
Stankiewicz, Steven, 232, 433
Stapelfolge, 100, 148, 156
Stapeloptimierung von GIF-Dateien, 376
Statuszeile, 23
Stead, Judy
Buchtitel, 414
gemalte Hintergründe in Illustrator, 414–415
Kontaktinformationen, 433
Tannenbaum, 312–313
Sterne
für Nachthimmel, 355
mit Verläufen und Konturen, 354
Stern-Werkzeug, 12–13
Steuer, Sharon, iv
Alpenveilchen im Winter (Zeichnung), 254–256
Collage mit Deckkraftmaske, 272–274
digitale Stift- und Tuschezeichnungen, 134–136, 137

Index ✧ 451

einfache Glanzlichter (Lektion), 258
Hügellandschaften (Lektion), 236–237
Illustrator CS3 Wow! Course Outline, xvii
komplexe Kompositionen umfärben, 290–292
Kontaktinformationen, 433
Le Kiosk-Eröffnungssequenz, 257
Zen of the Pen (Lektion), xvii
Steuerung-Bedienfeld, 6–7
   ähnliche Objekte auswählen, 159
   Interaktiv abpausen (Schaltflächen), 95, 96
   Maskieren-Schaltfläche, 346
   Objekte auf exakte Größe skalieren, 22
   Pinsel, 126
   Referenzpunkt für Transformationen, 21
   Zuschneidungspfad bearbeiten (Schaltfläche), 345
Stile, siehe auch Grafikstile
   Grafikstile hinzufügen, 20
   Zeichen- und Absatzstile, 183–184
Stilisieren-Befehle, 303
Stock-Fotos, 37
Stone Mountain-Drachen, 266, 418
Stowe, Jodie, 264
Sudick, Barbara, 187, 433
Sutherland, Brenda
   3D-Effekte auswählen, 321
   Aussehen-Bedienfeld (Optionen), 162
   Beispiel für Kontureffekte, 70
   Foto auf Illustration übertragen, 296–299
   Kontaktinformationen, 433
   Logo mit interaktiver Farbe ändern, 293
   Radierer, Auswirkungen auf Pfadkonturen, 129
SVG 3.0-Browser-Plug-in, 381
SWF-Dateien, 374, 377, 380–381
Symbol-Bibliotheken (Lektion), 150–151
Symbole, 130
   Angleichungen, 215
   animieren, 385
   Arten, 132
   auftragen, 324, 329, 335
   bearbeiten, 130–131
   benutzerdefinierte, 149
   CD, xix
   erzeugen, 129
   Feder, 145
   Flash-Animation, 130
   in exportierten SWF-Dateien, 380
   Reihenfolge ändern, 151
   Spezialpinsel, 132
   Stapelfolge, 148
   Symbolbibliotheken entwickeln, 150–151
   Symbol-Grundlagen (Lektion), 146–148
   tropische Karte, 146–147
   vordefinierte, 129
   Ziel, 161
Symbole-Bedienfeld, 129–130, 386
   Symbolreihenfolge, 151
Symbol-Grundlagen (Lektion), 146–148
Symbolinstanz, 131
   platzieren (Schaltfläche), 129
Symbol-löschen-Schaltfläche (Symbole-Bedienfeld), 129
Symboloptionen übergehen (Tipp), 129
Symboloptionen-Dialogfenster, 129, 132
Symbol-Werkzeuge, 131, 132, 147–148
Systemanforderungen, 2

# T

Tag und Nacht (Lektion), 290–292
Tannenbaum, 312–313
Tastenkombination
   ändern, 6
   benutzerdefinierte, 5–6
   Duplizieren von Grafiken, 286
   Ebenen hinzufügen, 154
   Farbfelder-Bedienfeld, 62
   Konventionen im Buch, xviii
   magnetische Hilfslinien ein-/ausblenden, 304
   nicht verfügbar im Textbearbeitungsmodus, 5–6
   Symbolwerkzeuge anpassen, 132
   Zoomen, 27
Teile animieren (Lektion), 390–391
Testen
   interaktive Abpausung an kleiner Datei, 97
   komplexe Muster, 85
Text
   als Schnittmaske, 347
   alter, 184
   an gebogenen Pfad anpassen, 192, 194–195
   Arbeiten mit, 190–191
   auf alt trimmen (Lektion), 206–207, 302
   ausgrauen, 188
   Aussehen-Bedienfeld, 190–192
   auswählen, 178, 179
   Bedienfelder, 178–179
   Bilder mit Buchstaben maskieren, 198
   Buchstaben mit handgemachtem Aussehen versehen, 319
   Deckkraftmasken, 206–207
   Ein-Zeilen- und Alle-Zeilen-Setzer, 186
   Formatierung mit der Pipette, 189–190
   Füllzeichen einrichten, 180–181
   Glyphen, 185
   Groß-/Kleinschreibung ändern, 187
   in InDesign einfügen, 402
   Konturen, 187–189, 195
   Konturen hinzufügen, 190
   Kopieren von Kontur und Fläche nicht möglich, 17
   Long Strange Trip, 212
   manuelles Kerning, 195
   mit Scribblemuster füllen, 208–209
   mit Verkrümmungen und Hüllen transformieren, 204–205
   OpenType-Schriften, 184–185
   Pinsel hinzufügen, 202–203
   Punkt-, Flächen- und Pfadtext, 179–181
   quetschen (Lektion), 204–205

Schrift aus Raster erzeugen, 200–201
Schriftauswahl, 187
Setzer, 186
Sonnenstrahlen simulieren, 193
speichern und exportieren, 192
subtrahieren (Lektion), 210–211
suchen, 186–187
Textblöcke zusammenfügen, 190
transparente Hintergründe, 191
Transparenz, 244
Transparenzen und Effekte, 262–263
Übersatz, 180
Überschriften einpassen, 187
Umfließen, 183
verbesserte Illustrator-Funktionen, 178
verketteter, 180, 181, 182–183
vertikaler Flächentext, 192
Verzerrungseffekte, 411
Zeichen- und Absatzstile, 183–184
Textobjekte, 180, 190–191
Text-Werkzeug
    Cursor, 183
    Groß-/Kleinschreibung ändern, 187
    Kerning, 195
    Text auswählen, 179
    Vertikal/Horizontal umschalten, 183
    Wechsel vom Auswahl-Werkzeug zum Text-Werkzeug, 192
ThoughtForm Design, 214, 433
Tinkel, Kathleen, 9, 433
Tom, Jack, 48, 164, 433
Torres, Ivan, 364–366, 433
Transformieren-Bedienfeld, 21, 22, 23
Transformieren-Dialogfenster, 48, 300, 306
Transformierung
    als Effekte zuweisen, 300
    Begrenzungsrahmen, 22
    Formeln für isometrische Objekte, 83
    Frei-transformieren-Werkzeug, 23
    mehrfache, 25–26

Objekte verschieben, 22–23
Objekttypen, 21–22
Werkzeuge, 23–24
Transparente Angleichungen (Lektion), 240–241
Transparente Farbe (Lektion), 254–256
Transparenter Drachen (Lektion), 266
Transparenz, 244–245
    angleichen, 270–271
    Deckkraftmasken, 245–248, 260–261
    Diagramme, 267
    Dithering vermeiden, 379
    Experimente mit Pinselstrichen, 136
    exportieren, 245
    Glanzlichter mit Transparenzangleichungen, 258
    kumulativer Effekt, 245
    Le Kiosk-Eröffnungssequenz, 257
    Rauch, 366
    reduzieren, 248–252
    Schein, 253, 275
    Symbol modifizieren, 147–148
    transparente Hintergründe für Text, 191
    transparente Pinsel anpassen, 254–256
    transparentes Loch mit interaktivem Malen, 101, 103
    U-Bahn-Ausgang, 372
    Verlaufsfüllung, 239
    Verwendung, 244
Transparenzreduzierung
    anpassbare Optionen, 249–250
    Raster/Vector-Balance-Einstellung, 251–252
    Reduzierungsvorschau-Bedienfeld, 248–250
    speichern, 246
    Überdrucken und Volltonfarben beibehalten, 250, 251
    verknüpfte Bilder, 399
Transparenzreduzierung (Dialogfenster), 249
Transparenzreduzierungsvorgaben, 249
Transparenzreduzierungsvorgaben-Dialogfenster, 251
Tremblay, Jean-Claude, v
    alte Grafiken selektiv exportieren, 379
    Angleichung am Pfad, 215
    aus Bridge geladene Bibliotheken, 151
    Aussehen-Attribute einer Ebene beibehalten, 160–161
    Begrenzungsrechteck für Verkrümmung, 303
    Compatible Office-Dateiformate, 400
    Dateien für den Druck vorbereiten, 301
    einzelne Farbe umfärben, 288–289
    EPS-Biler abpausen, 98
    Grafikstile laden, 305
    Illustrator-Plug-ins, xvi, 426–427
    Kontaktinformationen, 433
    mehrere Ebenenversionen, 158
    Pfadtext-Werkzeug, 179
    Pinselkonturen, 126
    schnelle Symbolerzeugung, 129
    Textrahmen und -inhalt skalieren, 180
    Volltonfarbe beibehalten, 301
Tropische Karte, 146–148
Tupperware-Behälter, 325, 332–333
Tweening in Flash, 388

# U

U-Bahn-Ausgang, 372
Über dieses Buch, xvi-xx
Überdruckenvorschau
    Proof, 31
    Überdrucken und Volltonfarben prüfen, 250, 251
    Verwendung, 25
Überlappende Pfade
    positionieren, 110
    teilen, 110
Übersatztext, 180
Überschrift, 187
Umfärben von Grafiken
    einzelne Farbe auswählen, 288–289

Farbfeldgruppen vorbereiten, 287
Farbgruppen, 284–285
interaktive Farbe, 279–283
mit komplexer Komposition arbeiten, 290–292
Umfließen von Text, 183
Umkehren
Angleichungen, 216–217
Kontur, 127
Umwandeln
Angleichungen, 217
interaktive Malgruppen, 103–104
zusammengesetzte Formen, 91
Umwandeln-Dialogfenster, 237
Unterebenen
Arbeiten, 154, 155
Aussehen, 90–91
Grafiken, 168
hierarchische Ebenenstruktur, 158
löschen, 168
Objekte finden, 157
Organisieren, 166–168
Unterstrichener Text, 7, 179
Urbane Landschaft, 422
URL für Imagemaps, 376–377

# V

Valentinstag-Karte, 272–274
Valenzuela, Judy, 113, 433
van Dooren, Corné, 397
Variationen
beim freien Transformieren (Tipp), 23
für Animationen, 391
Vektorgrafiken
mehrere Bilder mit Deckkraftmasken, 252
Raster-/Vektorbalance-Einstellung, 251–252
Rastern, 112, 375
Verändern von Maßeinheiten (Tipp), 7
Verbiegen-Werkzeug, 24
Vereinigte Verläufe (Lektion), 222–223
Verflüssigen-Werkzeug, 68
Verketteter Text, 180, 181, 182–183

Verknüpfte Bilder, 398–399, 400, 401
Verknüpfungen-Bedienfeld, 33
Verkrümmungen
Hüllen, 302
Text, 204–205
zuweisen, 302–303
Verkrümmungen & Hüllen (Lektion), 308–311
Verkrümmungsoptionen-Dialogfenster, 308, 309
Verlauf, siehe auch Verlaufsfüllung
Aktualisieren beim Ändern von Farben, 214
Angleichungen, 241
Arbeiten mit, 217–218
auf den Standard zurücksetzen, 217
Färben mit radialen Verläufen, 79
Farbübergänge mit Verläufen, 230–231
gefüllte Objekte und gestapelte Verläufe kombinieren, 228
Gold simulieren, 224–225
Licht-Schatten-Übergänge, 236–237
Metallreflexionen mit Angleichungen und Verläufen, 233
Stern zeichnen, 354
Verlauf-Bedienfeld, 222
Verlaufsfüllung
Schrift, 204
umkehren, 222–223
Verlaufsgitter, 220
Verwendung mit Transparenz, 239
Verlaufsgitter
erzeugen, 221
Gitterpunkte hinzufügen und verschieben, 218
Kartenhintergrund, 221
Mixer, 368
Objekte formen, 242–243, 364–366
Schattierung, 274
Skizzenbuchseite, Hintergrund, 357
Verlaufs-Werkzeug, 222, 223

Verschachtelte Ebenen (Lektion), 172–173
Verschieben
Ankerpunkte, 41
Aussehen, 161
Bilder zwischen Anwendungen, 399–400
Gitterpunkte, 218
Grafiken zwischen Illustrator und Photoshop, 400–401
Kopieren von Objekten auf eine andere Ebene, 169
Objekte in Zuschneidungspfad, 346
Symbole, 148
Verschieben-Dialogfenster, 41
Verschobene Flächen (Lektion), 208–209, 302
Version-Popup-Menü, 400
Vertikaler Text, 183, 187
Vertikaler-Flächentext-Werkzeug, 182
Verzerren
Blumen, 78–80
Text, 411
Verzerrungsfilter einsetzen, 68–69, 78–80
Verzerrte Ansichten (Lektion), 76–77
Video
Dokumentprofile, 375
Ebenen in Schlüsselbilder konvertieren, 384–385
PNG-24-Dateien exportieren, 381
Vierfarb-Prozess-Separationen, 67
Vignetten, 269
Volltonfarben
Angleichungen und Verläufe aktualisieren, 214
beibehalten, 250, 301
Definition, 63
Konvertierung in Prozessfarben, 67
mit interaktiver Farbe zuweisen, 286–287
Von Rastern & Linien (Lektion), 48–49
Voreinstellungen-Dialogfenster, 200

Vorgaben
    interaktive Farbe, 281–282
    Scribble-Effekt, 312–313
Vorlagen
    Auflösung, 37
    manuell abgepauste, 122
    manuell abpausen, 164–165
    Produktfotos, 229
    Verwendung, 3–4
    vorhandene Grafiken importieren, 134–135
    Vorlagenebenen, 156
    Webseite als Vorlage speichern, 383
Vorlagenebenen, 155–156
    Buntstiftzeichnungen scannen, 328
    gescanntes Bild platzieren, 164–165
    komplexe Karte gestalten, 171
    nicht druckbare, 155, 156, 170
    Verwendung, 164–165
    Vorlagen und Vorlagenebenen, 156
    Zeichnung, 106
Vorlagenordner, 4
Vorschau, siehe auch Reduzierungsvorschau-Bedienfeld
    Animation, 387–388
    Bildschirmneuaufbau im Vorschaumodus, 25, 26
    interaktives Malen, Farbfelder, 100

# W

Wai, Trina, 336, 433
Wandbild, 413
Wasser
    farbiges, 240–241
    Wellenformen, 210–211
Webb, Tim, 219, 433
Webdokumentprofile, 375
Webfarbenwarnung, 61–62
Webgrafiken
    GIF-Optionen, 378
    RGB-Farbmodus, 374–375
    Web-Farbfeldbibliotheken, 376
Webseite
    Banner, 390–391
    gestalten, 382–383
    Imagemap-Buttons, 396
Websichere Farbe, 383
    Farbfeldbibliotheken entwickeln, 376
    Farbwähler begrenzen, 380
Weihnachtsbaum, Scribble-Effekte zuweisen, 312–313
Weihnachtskarten-Animation, 397
Weimer, Alan James, 84–85, 356, 433
Weinetikett, 324, 337
Weinglas, 238
Weinstein, Ari
    Deckkraftmaske und Text, 206–207, 302
    Grafiken umfärben, 284–285
    Kontaktinformationen, 433
Weißen Hintergrund beim Abpausen von Bildern entfernen, 96
Werkzeug
    Text, 178
    Toleranzoptionen, 13
    Transformation, 23–24
Werkzeug-Bedienfeld, 27, 61
Whyte, Hugh
    Day at the Circus-Plakat, 86–88
    Kontaktinformationen, 433
Wie cool ist kuler (Tipp), 61
Wie der Blitz (Lektion), 386–388
Willkommensbildschirm, 3, 4
    umgehen, 4
Wolken, 414
Wörter maskieren (Lektion), 198, 346

# Y

Yip, Filip, 410, 433

# Z

Zahnprothese in Wasserglas, 240–241
Zeichen
    ausgeblendete anzeigen, 187
    Fläche und Kontur bearbeiten, 190
    Textobjekte und Zeichen, 190–191
    Zeichenformate, 183–184
Zeichen-Bedienfeld, 179, 183–184
Zeichenfläche
    Ansicht auf Zeichenfläche beschränken, 26
    Arbeiten, 4
    Arbeitsbereich für Animation vorbereiten, 392–393
    Auf Zeichenfläche beschneiden, 382
    für Buchcover-Design einrichten, 196–197
    Hintergrund in transparent ändern, 30
    Objekte isolieren, 90–91
    Schnittbereich, 404–405
    Transparenz, 244
Zeichenformate-Bedienfeld, 184–185
Zeichenstift-Werkzeug
    Ankerpunkte und Linien, 7–8
    Bézier-Bearbeitungswerkzeuge, 10–11
    häufige Fehler, 11
    Haus zeichnen, 45
    Mauszeiger-Feedback, 9–10
Zeichentablett, 134, 138
Zeichnungen einfärben (Lektion), 114–116
Zeigen/Verbergen
    Bedienfelder, 19
    Ebenen, 156
    Farbgruppen, 282
    Konturen, 25, 30
    Objekte, 159
    Textverkettungen, 183
    Zeichen, 187
Zeilen, 186, 218
Zen of the Pen (Lektion), xvii, 9
Zen-Drehung (Lektion), 52
Zen-Lektionen, xx, 38–58
Zen-Skalierung (Lektion), 50–51
Zielauswahl
    alle Elemente, 162
    auswählen, 160
    gesperrte Objekte, 159
Zielsymbol, 160
Zion-Nationalpark, 193

Zoomen
- deaktiviert für interaktives Abpausen, 98
- Optionen, 27–28
- Tastenkombinationen, 27

Zorro-Plakat und -Flyer, 288–289

Zurückwandeln
- abgepauste Bilder, 97
- Angleichungen, 217
- einzelne Schnittmaske, 346
- Gruppen in interaktives Malen, 103–104
- Objekte auf eigene Ebene, 378–379

Zusammenfügen
- Endpunkte, 16, 17–18
- Objekte, 44

Zusammenfügen (Befehl), 17–18

Zusammengesetzte Formen
- Objektmasken, 345
- Pathfinder-Effekte, 93, 304–305
- Schnittmaske, 347
- umwandeln, 91
- Verwendung, 91, 92–94
- zusammengesetzte Pfade, 92

Zusammengesetzte Pfade
- Maskieren mit zusammengesetzten Pfaden, 345, 349

Zusammengesetzte Pfade oder Formen? (Tipp), 92

Zuschneidungspfade, 344–345

Zuweisen-Register (Interaktive Farbe-Dialogfenster), 280, 282, 285

# THE SIGN OF EXCELLENCE

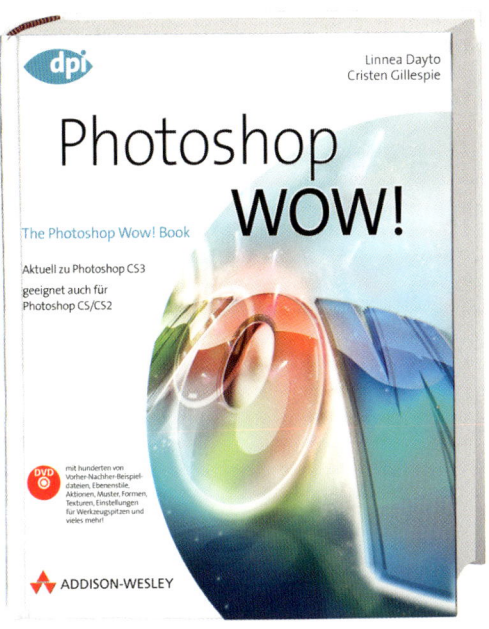

Dieses Inspirations-Wunderwerk lässt keine Fragen offen. Mit hinreißenden, professionell gestalteten Photoshop-Projekten lädt das Wow-Book zum Nachahmen ein. Erkunden Sie so alle Features von Photoshop, inklusive aller Neuheiten der CS3-Version. Aber auch Nutzer der CS/CS2-Version kommen voll auf Ihre Kosten, auf Unterschiede wird explizit aufmerksam gemacht. Besonderer Wert wird dabei auf herausragende Ergebnisse gelegt, die in möglichst kurzer Zeit verwirklicht und dabei so flexibel gestaltet werden, dass spätere Änderungen immer möglich sind.

*Linnea Dayton; Christen Gillespie*
ISBN 978-3-8273-2270-8
69.95 EUR [D]

**www.addison-wesley.de**

# THE SIGN OF EXCELLENCE

Das Buch beantwortet erfahrenen InDesign-Anwendern alle relevanten Fragen bei der professionellen Produktion von Dokumenten. Nicht die detailgetreue Beschreibung der einzelnen Werkzeuge steht im Vordergrund, sondern solide Grundlagen, fortgeschrittene Gestaltungsthemen und vor allem der produktive Workflow und die Prepress-Vorbereitung. Einen hohen Stellenwert nimmt der Themenkreis „Ausgabe" mit Problemstellungen wie reibungsloser Workflow, PDF/X und Proofing/Ausgabevorschau ein. Besonders hilfreich sind Insider-Tipps, Hinweise auf produktivitätssteigernde Extensions und Praxis-Workshops zu Hürden und Problemen, die auch erfahrene Profis weiterbringen.

*Isolde Kommer; Tilly Mersin*
ISBN 978-3-8273-2561-7
49.95 EUR [D]

www.addison-wesley.de

# THE SIGN OF EXCELLENCE

Dieses Standardwerk zur Farbkorrektur hat den Workflow einer ganzen Generation von Photoshop-Experten geprägt. Die 5. Auflage erscheint zum ersten Mal in deutscher Sprache, wurde komplett für die Digitalfotografie überarbeitet und liefert in Bestform das, wofür Dan Margulis international gefeiert wird: verblüffend effektive Techniken zur Bild- und Farbkorrektur. Die Originalfotos in dem Buch stammen von verschiedenen professionellen Fotografen; alle Übungen finden sich auf der inliegenden CD.

*Dan Margulis*
ISBN 978-3-8273-2546-4
59.95 EUR [D]

www.addison-wesley.de

# THE SIGN OF EXCELLENCE

Sabine Hamann zeigt kreative Techniken und verblüffend einfache Wege, um Businessgrafiken, Animationen und Illustrationen für verschiedene Ausgabemedien auch für den anspruchsvollsten Kunden zu erstellen. Sie liefert kristallklare Erklärungen, ausgefuchste Profitricks, um den Workflow effizienter zu gestalten und würzt mit hervorragenden Arbeitsbeispielen unterschiedlichster Genres. Lassen Sie sich inspirieren!

video2brain; Sabine Hamann
ISBN 978-3-8273-6111-0
59.95 EUR [D]

www.addison-wesley.de